KB211690

중국어 역사 문법

中國語歷史文法

CHUGOKUGO REKISHI BUNPOU (中国語歴史文法)

Copyright ⓒ 2025 TATSUO OTA
Korean translation rights arranged with HOYU SHOTEN, Kyoto
through Korea Copyright Center, Inc., Seoul

A HISTORICAL GRAMMAR
OF MODERN CHINESE

중국어 역사 문법

中國語歷史文法

오타 다쓰오 지음

종묵 옮김

눌와

추천의 글

　사람의 생각을 소리로 표현한 것이 말이고, 이 말을 글자로 표현한 것이 글이다. 글은 글자들을 묶어서 만든 것이며, 그 묶음의 체계성이 바로 어법語法이라 할 수 있다. 어법은 언어의 체계성을 보여주는 것이지만, 그렇다고 체계성이 항상 고정된 것은 아니다. 즉 지역에 따라 다를 수 있고, 시기에 따라 변화되기도 한다.

　중국어에 있어서도 이는 마찬가지이다. 고대부터 현대에 이르기까지 중국어 어법의 근간을 이루는 구조 자체가 크게 변한 것은 아니지만, 그 안에서 나름대로 지속적으로 약간씩 변화의 과정을 거쳐왔다. 그 결과 많은 세월이 흐른 현대의 시점에서 아주 오랜 옛날의 글을 읽으려면 꽤 많은 어려움을 느끼게 된다. 그 어려움 속에는 현대에는 사용하지 않는 글자도 있지만, 같은 글자이면서도 그 글자의 뜻이 바뀌어 사용되는 것도 있고, 나아가 언어의 구조도 변화된 것들까지 다양하다. 때문에 과거의 중국어 구조를 알기 위해서는 통시적인 연구가 반드시 이루어져야 한다.

　중국어의 언어 구조는 가장 기초적인 字와 詞를 바탕으로 하여, 이들이 결합되면서 句와 文이 이루어지고, 이를 통해 의미가 전달될 수 있게 되는 것이다. 그렇기 때문에 중국어법의 연구는 이들 모두에 대한 연구가 종합적으로 이루어져야 하며, 그들 간의 유기적인 관계까지도 명쾌하게 설명하는 것이어야 한다. 그것이 이루어지면 과거의 어떠한 문장이라도 큰 무리 없이 읽고 해석해 낼 수 있게 될 것이다. 그런데 오랜 옛날에는 문장은 있었지만 어법이란 개념이 없었기 때문에, 당연히 어법 연구라는 것은 존재할 수가 없었다. 이러한 상태가 오랫동안 지속되면서, 과거의 문장을 해석하는 것도 계속 어려울 수밖에 없었다. 과거의 문장을 보다 쉽게 이해할 수 있는 방법을 찾기 위해서는 과거의 어법에 대한 연구가 이루어져야 하는데, 중국에서 그것이 시작된 시기는 매우 늦었다.

중국에서 가장 먼저 출현한 어법 관련 문헌으로는 원나라 때의 『어조語助』이다. 『어조』는 노이위盧以緯가 학생들을 가르치기 위해 쓴 것으로서, 각 허사盧詞의 의미를 밝히고, 용법을 분석 정리한 연구서이다. 비록 심도 있는 전문 연구 서적이라 할 수는 없어도, 중국언어학에서 어법 분야의 영역을 열었다는 점에서 주목할 가치가 있다. 그 후 청나라 때에 이르러 유기劉淇에 의해 『조자변략助字辨略』이 편찬되었는데, 이는 허사 연구에 있어서 학술적인 연구가 본격적으로 시작되었음을 알리는 전문연구서라 할 수 있다. 그리고 왕인지王引之에 의해 『경전석사經傳釋詞』가 편찬되었다. 이 책은 주로 고서古書의 허사를 모아 각 허사의 용법을 설명한 허사 사전이다. 이 책에서는 각 허사의 용법은 물론, 그것과 관련한 예증을 하는 한편, 해당 허사의 유래까지 밝히고 있다. 다만 이들은 문자의 구조를 밝히는 것까지는 미치지 못하고, 詞에 관련된 것만 설명하는 수준에 그치고 있었다.

이러한 문헌들이 허사에 관련된 것인데 반해, 프랑스 사람인 니콜라 트리고Nicolas Trigault. 1577-1628가 저술한 『서유이목자西儒耳目資』와 독일 사람인 게오르크 폰 가벨렌츠Georg von Gabelentz가 1811년도에 저술한 『한문경위漢文經緯』는 단순한 허사 연구 범위를 벗어나 좀 더 포괄적인 어법의 영역까지 기술한 문헌이다. 다만 이들이 모두 중국인이 아니라 외국인이라는 점에서 중국어의 어법 연구가 이때부터 시작되기는 하였으나, 중국에서 중국인에 의한 어법 연구가 시작된 것은 아니다. 사실상 중국에서 본격적인 중국어법 연구는 청나라 말 마건충馬建忠이 1898년에 저술한 『마씨문통馬氏文通』으로부터 시작되었다고 보아야 할 것이다.

『마씨문통』의 어법 체계는 부분적으로 중국어의 특징을 살리고 라틴 어법 체계와 비교대조하여 이루어진 것이었기 때문에 궁극적으로는

5

서양 어법 체계와 같은 구조로 이루어졌다고 볼 수 있다. 이 책은 모두 10권으로 이루어져 있는데, 권1은 어법 용어의 정의를 내린 「정명正名」편으로, 품사 분류에 해당하는 「자류字類」와 문장 성분 요소에 해당하는 「구두句讀」편까지 모두 23개에 달하는 기본 명칭에 대한 정의를 내렸다. 권2부터 권6까지는 名字를 비롯하여 代字, 靜字, 動字와 狀字 등 실사實詞에 속하는 품사를 다루었고, 권7부터 권9까지는 介字를 비롯하여 連字, 助字와 歎字 등 허사를 다루었다. 그리고 마지막 권10은 「구두」편으로 起詞, 止詞, 語詞, 轉詞, 頓, 讀, 句 등에 대한 정의를 명확하게 구별하여 서술하였다. 따라서 이 부분은 특히 기본적인 품사 분류가 원만하게 정의되어 있을 뿐만 아니라 품사의 기능에 따른 문장 성분에 중점을 두었다고 볼 수 있다.*

다만 이 『마씨문통』에서 사용한 어법 용어 중에는 개념이 매우 혼란스러운 것들도 적지 않았다. 또 라틴어와 달리 중국어만이 갖고 있는 특이한 어법 체계가 존재함에도 불구하고 이를 모두 서양의 어법 체계에 담으려 하다 보니 적지 않은 문제점이 노출되기도 하였다. 그럼에도 불구하고 이 저술은 이후의 중국의 어법 연구를 발달시키는 데 매우 중요한 역할을 하고 있다.

1930년대 후반에 접어들면서 『마씨문통』으로 대표되는 일종의 모방주의 어법에 대하여 반기를 드는 일이 일어났다. 천왕다오陳望道. 1890~1977를 필두로 한 중국의 언어학자들과 문화계 인사들이 중국어 어법의 기본적인 본질을 보다 잘 반영할 수 있는 새로운 어법 대강大綱을 마련할 것을 주장하기 시작하였던 것이다. 이러한 주장을 한 사람들은 한결같이 구미 학자들, 이를테면 소쉬르, 예스페르센 그리고 블룸필드의 영향을 상당히 받은 사실을 부인할 수 없다. 그러한 문제들에 관한 활발한 논

---

* 이병관 외, 『중국언어학사』(하), 보성, 1999, 508쪽.

쟁이 벌어졌으며, 학술지에 그 문제에 관한 글이나 연설문이 많이 실렸다. 여기에서 주로 다루고 있는 주제는 중국어 어법의 특수성, 백화白話와 문언文言의 차이점, 어순 및 공식적인 어법 범주의 설정 등에 관한 것이었다. 이러한 논쟁의 결과로 말미암아 중국어 어법이 고전적인 서구의 모델에서 벗어나서 주체적인 입지를 확보하게 되었다.

1940년대에 이르러서는 어법 분야에 있어서 중요한 의의를 지니고 있는 두 권의 저작이 출판되었는데, 이들 모두 앞서 말한 논쟁의 영향을 받은 것이었다. 뤼수샹呂叔湘이 지은『중국문법요략中國文法要略』과 왕리王力가 저술한『중국현대어법中國現代語法』이 그러한 것인데, 이 둘 다 예스페르센, 블룸필드 같은 구미 언어학자들의 관념을 도입한 것으로서 중국어 어법의 구조에 대하여 그 자체의 개체성을 모색하는 방식으로 기술하고자 시도한 것이다. 뤼수샹의 책에서는 입말 토속어와 글말언어 두 가지 모두를 분석 대상으로 다루고 있는데, 그 두 종류의 언어가 그 당시까지만 해도 학교에서 여전히 가르쳐지고 있었기 때문에 그랬던 것 같다. 왕리의 책에서는 입말 토속어의 어법만을 대상으로 삼은 것인데, 그가 열거한 예문들은 거의 대부분이 조기의 입말 토속어의 어법만을 대상으로 삼은 것으로서, 조기의 입말 토속어로 써진 소설들, 특히『홍루몽紅樓夢』에서 인용한 것이었다.

자오위안런趙元任이 저술한『북경어 입문서Mandarin primer』는 1948년에 출판되어 당시 중국어를 배우려는 미국인 학생들에게 교과서로 활용되었다. 자오위안런의 어법 연구는 레너드 블룸필드에 의하여 주도된 미국의 구조주의 이론에 기초를 둔 것이다. 어법의 대강을 개론적으로 다루고 있는 이 책을 1952년에 리룽李榮이 중국어로 번역하여『북경구어어법北京口語語法』라는 제목으로 출판하였다. 분량이 많지 않은 이 역서는 중국에 막대한 영향을 미쳤으며, 많은 중국인 독자들이 이 구조주의 방법론을 열렬하게 인용하였다. 이러한 것은 그 책의 영향을 받아 딩성 수丁聲樹가 편집한『현대한어어법강화現代漢語語法講話』에 두드러지게 반영되어 있다. 학술지인『중국어법中國語文』에 실린 일련의 논문들이었던 이 책은 중국에서 출판된 어법 분야의 대표적인 저작들 가운데 하나로 널리 받아들여지고 있으며, 구조주의 관념이 보다 널리 알려지는 데 크게 이바지하였다.*

그 이후에는 중국어법에 대한 연구가 더욱 활발해졌다. 왕리와 뤼수샹을 이어받아 수많은 학자들이 출현하여 현대중국어의 어법 구조에 대해 체계적이면서 종합적인 연구를 진행했다. 그리고 다른 한편으로는 수많은 후진들을 양성함으로써, 이들에 의한 중국어에 대한 어법 연구는 획기적인 도약이 이루어졌으며, 그러한 연구 열풍은 지금까지 지속되고 있다. 그러나 이『중국어 역사 문법』이 써진 것은 1950년대 후반이므로, 그 이후에 이루어진 연구 경향은 생략하기로 한다.

이『중국어 역사 문법』이 출판된 시기는 1958년이다. 그리고 저자는 중국인이 아니고 일본인인 오타 다쓰오이다. 출판된 지 60년도 넘은 이 시점에, 그것도 중국인이 아닌 외국인이 저술한 책을 평가한다는 것은 약간 미묘한 생각이 들지만, 학문의 보편성이라는 측면에서 본다면 그것을 누가 저술했든, 혹은 언제 만들었든 이를 특이한 관점에서 볼 것은 아니라는 생각이다. 그런 측면에서 이 책에 대해 간략히 살펴보자면 다음과 같다.

저자가 서문에서 소개한 바와 같이 이 책은 현대어 문법을 역사적인 입장에서 설명한 것이기 때문에, 현대어와 직접적인 관계가 없는 고대어만의 문제에 대해서는 대부분 언급하지 않았다고 한다. 즉 이 책이 고대어와 현대어를 평면적으로 비교하는 것을 목적으로 하지 않고, 어디

---

* 이상 제리 노먼, 전광진 옮김,『중국언어학총론』, 동문선, 1996, 225~226쪽 참조.

까지나 현대어를 설명하는 것에 초점을 두었기 때문이라고 한다.

한편 이 책은 주로 문장론을 소개한 제1부와 주로 품사론을 소개한 제2부로 나뉘는데, 제2부의 분량이 상대적으로 제1부의 두 배에 가깝다. 그 이유에 대해 저자는 중국어 문법 변천사를 보면 문장론의 기본적인 규칙은 고금을 통해 별 차이가 없으나, 품사론적인 면에서는 큰 차이가 있다고 보았다. 또 문장에 관한 고금의 차이도, 그것이 처음부터 문장 자체로 발생한 것은 적으며, 그 대부분이 각각 품사의 변질이 문장에 영향을 미친 결과로 생긴 것이라 판단했다. 그래서 현대중국어 문법의 역사적 연구를 할 때는 품사론에 관한 사항에 중점을 두는 것은 지극히 자연스러운 일이라 여겼다. 이에 따라 문장론 중에서 품사론에 포함시킬 수 있는 것은 가능한 품사론에서 포함하고, 포함하기 어려울 경우에만 별도로 독립시켰기 때문이며, 또한 문장론 중에서 고금을 통해 변화가 없는 부분은 생략하였기 때문으로 설명하고 있다.

따라서 이 책의 가장 큰 특징은 고대문법과 비교를 통해 현대문법을 설명함으로써 문법 전반에 대한 통시적인 연구를 했다는 점이다. 주지하다시피 문법 연구는 공시적 연구는 많이 이루어지고 있고 성과도 많이 축적되었으나, 통시적 문법 연구는 상대적으로 많이 저조한 편이다. 그나마 단일 문법항목에 대한 통시적 연구는 지속적으로 이루어지고 있으나 문법 전반에 대한 통시적 연구는 아주 드물다. 특히 1950년대 말에 그것도 외국인이 이러한 성과를 낼 수 있었다는 것은 각고의 노력과 집념의 결과가 아닐까 한다. 이러한 관점에서 볼 때 이 책은 중국어 문법 연구에 기여하는 바가 크다고 하겠다.

그리고 문장론, 품사론에서의 분류를 보면 『마씨문통』이래의 중국 본토의 분류와 다른 일본어(알타이어)식 분류가 보이는데, 이는 저자가 일본인이어서 일본어 문법의 분류법을 적용한 것이 아닐까 하는 생각이 든다. 그러나 이 또한 문법연구자들에게 새로운 시각을 제공함으로써 중국어 문법현상 해석에 있어서 하나의 방법론을 제공했다고 볼 수 있을 것이다.

다음은 구체적인 특징 몇 가지를 적어보았다.

1. 문장론:

1) 포함구包含句: 현대중국어에서는 이런 용어를 사용하지 않음

2) 복술어구復述語句: 현대중국어에서는 '연동구連動句'라는 용어를 사용함.

3) 상어狀語, 정어定語를 구분하지 않고 수식어에 포함시킨 것.

4) 동위어同位語를 문장성분으로 본 것.

5) 문장론에서 문장유형을 다루지 않고 품사론에서 의문문만 다룬 것.

6) 보어는 문장론에서 간단하게 설명하고, 품사론에서 좀 더 자세히 설명했다는 것.

2. 품사론:

1) 품사마다 매우 세밀하게 분류하였다는 것.

2) 동사에 '복합동사 사성使成·결과結果'를 포함시킨 것 또한 특이하다. 현대중국어에서는 '學好'는 句로 보고 있는데 저자는 이를 복합동사로 보고 있다.

3) 현대중국어에서는 조사를 동태조사動態助詞, 결구조사結構助詞, 어기조사語氣助詞로 분류하고 있는데, 필자는 사조조사詞組助詞, 구말조사句末助詞, 준구말조사准句末助詞로 분류하고 있는 점이 특이하다.

앞에서도 언급한 바와 같이, 이 책은 중국인이 아닌 외국인이 저술한 중국어법 연구서이다. 저자는 외국인에도 불구하고 고대와 현대의 중국어에 대한 해박한 지식을 바탕으로 현대중국어 어법의 전반적인 부분을 포괄적으로 다루고 있다. 아울러 연구의 깊이도 상당하여 나름대로 중

국어법을 이해하는 데 있어서 훌륭한 지침서가 되고 있다. 이러한 연구서를 중국인도 아니고 일본인도 아닌 한국인이 다시 한국어로 번역하여 중국어법을 공부하는 한국 사람들에게 제공하고 있다.

이 책을 번역한 종묵 스님은 이 분야에 대해 오랜 기간 동안 관심을 가지고 연구하신 분이다. 일찍이 일본의 교토로 유학을 떠나 그곳에서 불교학을 연구하는 한편, 한자로 기록된 불교 문헌을 이해하는 데 도움을 얻기 위한 방편으로써 중국어법에 대해 많은 공부를 한 바가 있다. 후에 귀국하여 해인사에서 강주講主로 주석하시면서 그동안 연구한 바를 후배 스님들에게 가르치는 일을 상당 기간 동안 하셨다. 그러다가 뜻한 바가 있어 중국 베이징으로 가서 다시 중국어법을 계속 연구하신 분이다.

중국어법을 연구하기 위해 중국과 일본을 다니면서 수많은 학자들과 학문을 토론하고 교류한 한국의 학자는 매우 드물다. 일본 학자의 시각과 중국 학자의 관점을 통합하고 한국인의 생각을 더하여 중국어법 연구에 대한 새로운 지평을 열어놓은 학자는 없었다. 그런 의미에서 종묵 스님이 중국어법학계에 차지하는 비중은 상당하지 않을 수 없다. 그러한 스님께서 이 책을 번역하여 상재上梓하게 됨은 매우 반가운 일이다. 이 책은 분량도 상당히 많은 편에 속한다. 그런데도 세납歲納이 칠십 중반을 넘어선 스님께서 노구에도 불구하고 그 힘든 번역 작업에 몰두하시어 완성을 보셨으니 그간의 노고는 말로 표현하기 어려우리라 생각된다. 같은 학계에 몸담고 있는 후학으로서 종묵 스님의 열정에 실로 고마워하지 않을 수가 없다. 부디 많은 분들이 이 책을 읽고 중국어학에 대해 안계眼界를 넓힐 수 있는 기회를 가질 수 있기를 기대한다.

연세대학교 중어중문과 명예교수

이규갑

들어가며

이 책은 현대 중국어 문법의 역사적 연구이다. 문법은 일반적으로 사론詞論(품사론)과 구론句論(문장론)으로 나눌 수 있다. 중국의 고대어와 현대어 문법을 비교해서 간략히 말하자면, 구론의 기본적인 규칙은 별 차이가 없으나, 사론의 면에서는 큰 차이가 있다. 句에 관한 고금의 차이도, 그것이 처음부터 句 자체로 발생한 것은 적으며, 그 대부분이 각각 詞의 변질이 句에 영향을 미친 결과로 생긴 것이다. 그런 까닭에 현대중국어 문법의 역사적 연구를 할 때는 사론에 관한 사항에 중점을 두는 것은 지극히 자연스러운 일이다.

이 책에서는 이와 같은 이유에서 형식적인 사론·구론의 구별은 그만두고, 이것을 제1부와 제2부로 나누었다. 제1부는 서론으로 역사적인 입장에서 완전히 벗어나서 순수하게 현대어 문법의 개요를 서술했다. 여기에서는 구론에 중점을 두고 사론은 종從이 되고 있다. 이는 사론을 중심으로 하는 제2부와의 중복을 피하기 위해서이다. 제2부는 본론에 해당하며 역사적인 입장에서 현대어 문법을 고찰한 것이다. 2부에서 사론을 주로 하고 구론을 종으로 했다. 즉, 구론 중에서 사론에 포함시킬 수 있는 것은 가능한 구론에서 설명하기로 하고, 포함하기 어려울 경우에만 별도로 독립시켰다. 또한 구론 중에서 고금을 통해 변화가 없는 부분은 생략했기 때문에, 얼핏 보면 구론이 빈약하게 보인다. 그러나 역사적인 입장에서 필요한 것은 거의 빠뜨리지 않도록 했다.

앞서 말했듯이 이 책은 현대어 문법을 역사적인 입장에서 설명한 것이기 때문에, 현대어와 직접적인 관계가 없는 고대어만의 문제에 대해서는 대부분 언급하지 않았다. 이는 이 책이 고대어와 현대어를 평면적으로 비교하는 것을 목적으로 하지 않고, 어디까지나 현대어를 설명하는 것에 초점을 두었기 때문이다.

이 책의 어떤 부분은 여러 차례 원고를 고쳤으나, 여전히 고찰이 부족하며, 앞으로도 검토해야 할 것이 많다. 게다가 기술하는 방법도 미숙해서 너무 간략화하고, 마음을 다하지 못한 부분도 많아 여전히 미정고, 혹은 초고라 부를 수밖에 없다. 이것을 오늘 감히 출판하는 것은, 참으로 포전인옥抛磚引玉의 작은 뜻에 지나지 않는다. 그러나 필자 자신으로도 이 책의 개정증보는 필생의 과업으로서 앞으로도 계속하고 싶다. 여러 분들의 많은 질책과 조언을 간절히 부탁드린다.

1957년 10월 15일

오타 다쓰오太田辰夫

일러두기

Ⅰ. 시대

시대를 말할 때 대개 왕조에 의한다. 단 청나라 때는 전기(건륭까지)와 후기(가경 이후)로 나눌 수 있다. 청나라에 한해서 이렇게 나눌 수 있는 것은 구어 자료가 풍부하게 남아 있기 때문이다. 덧붙여 졸편「청대 북경어법연구의 자료에 대해淸代北京語語法硏究の資料について」를 참고하기 바란다. 또 이전과 이후라고 말할 때는 기산점起算點을 포함한다.

Ⅱ. 작품명

(1) 인용문의 출전을 밝힐 때 기초적인 자료는 약칭을 쓴다. 또한 졸저 『중국역대구어문中國歷代口語文』을 참조하기 바란다.

論=『논어論語』　　孟=『맹자孟子』　　史=『사기史記』　　世=『세설신어世說新語』
祖=조당집『祖堂集』　　三=『삼조북맹회편三朝北盟會編』　　朱=『주자어류朱子語類』
金=『금병매사화金瓶梅詞話』　　紅=『홍루몽紅樓夢』　　兒=『아녀영웅전兒女英雄傳』
珠林=『법원주림法苑珠林』　　廣記=『태평광기太平廣記』　　御覽=『태평어람太平御覽』

(2) 역경譯經: 경명 위에 붙이는 '불설佛說' 등의 말을 생략하고 일반적으로 쓰는 약칭에 의한다. 더구나 역자는 들 수 없지만, 『다이쇼신수대장경大正新修大藏經』의 의정擬定은 너무 지나치게 범람하는 부분도 있기 때문에, 『출삼장기집出三藏記集』 등에 의해 검토하지 않으면 안 된다.

(3) 시詩: 대개는 당나라 때로 다만 시인의 이름만 밝힌다. 수나라 이전과 송나라 때 작가는, 이름 앞에 왕조명을 붙인다. 원나라 이후에는 전혀 쓰지 않는다.

(4) 사詞: 다만 사인詞人의 이름만 밝힌다. 당나라·송나라로 제한하고, 원나라 이후에는 쓰지 않는다.

(5) 희곡:『원곡선元曲選』에 의한 것이 많고, 일반적으로 널리 쓰이는 약칭을 사용한다. 원간본元刊本은 특별히 신중을 기해야 할 때에만 한해서 인용하는 것에 그친다. 명곡明曲은「목단정牧丹亭」으로 제한한다.

III. 숫자

인용문 출전을 밝힐 때 아라비아 숫자는 권卷, 절折, 척齣, 회回 등을 나타낸다. 잡극雜劇의 설자楔子*는 0으로 나타낸다. 돈황본은 대개 정리번호를 붙인다. P.는 페리오본, S.는 스타인본, 북경본은 천자문에 의한다. 이 책에서 인용한 돈황본에 대해서는「돈황문학연구서목敦煌文學研究書目」에서 대략적으로 알 수 있다.

IV. 인용문

극히 간략하게 인용했다. 긴 문장은 그 일부만을 발췌한 곳도 있다. 용례는 많이 수집했지만, 시대가 빠르고 의미를 쉽게 알 수 있는 것만을 약간 골랐다.

---

* 문예 작품에서 어떤 사건을 이끌어 내기 위하여 따로 설명하는 절.-옮긴이

한국어판 일러두기

- 이 책의 번역 저본으로는 『中国語歷史文法』(太田辰夫, 朋友書店) 2013년 신장新裝 재판을 사용했다. 또한 구판 원서의 중국어판 수정역본인 『中国語历史文法』(蔣紹愚·徐昌华 옮김, 北京大學出版社) 2003년 제2판을 참조하였다.

- 본문에서 도서·경전은 『 』로, 개별 편·글·작품과 원문상의 강조는 「 」로, 논의 대상이 되는 중국어 표현은 《 》로, 인용문 출전은 【 】로 나타냈다.

- 본문의 인명 우리말 표기는 국립국어원 외래어표기법에 따랐다. 중국인 중 과거인은 한자음으로, 1911년 신해혁명 이후까지 생존한 현대인은 표준 중국어 표기법으로 적었다. 가상의 인물명은 출전 작품의 시대를 고려했다.

- 인용문 풀이에서 인명·지명 등 고유명사나 중국어상 호칭처럼, 다른 한자어 일반명사와 구별할 필요가 있거나 한자가 이해가 빠른 경우에는 한자 단독으로 표기했다. 단, 일반명사와 혼동할 우려 없이 독자에게 익숙한 고유명사나 나라명은 우리말로 표기했다.
  예) 공자, 맹자, 마오쩌둥, 금강경, 베이징, 제나라, 위나라

- 인용문 풀이에서 존대법·조사·어미 차원의 번역은 중국어 특성상 출전 작품의 맥락을 살펴야 하나, 이를 먼저 살폈을 지은이의 해석을 충실히 담고 중국어 문법을 무리 없이 이해할 수 있는 선에서 최선을 다해 옮겼다.

목 차

추천의 글 -- 4

들어가며 -- 12

일러두기 -- 14

제 1 부

1. 문文과 구句 -- 28

2. 어語 -- 34

3. 연어連語 -- 38

4. 품사品詞 -- 47

5. 접사接辭 -- 55

6. 구의 구조 I -- 60

6.1 무술어구無述語句 -- 61

6.1.1 단체사구單體詞句 -- 61

6.1.2 복체사구複體詞句(양체사구兩體詞句) ---------------- 62

6.2 단술어구單述語句 -- 64

6.2.1 단부구單部句·쌍부구雙部句 -- 65

6.3 동동사구同動詞句 -- 67

6.4 형용사구形容詞句 -- 67

6.5 동사구動詞句 -- 68

6.5.1 자동自動과 타동他動 -- 68

6.5.2 직접빈어直接賓語·간접빈어間接賓語 ---------------- 73

7. 구의 성분 -- 76

7.1 주부主部 -- 76

7.1.1 주부의 구조 -- 78

7.1.2 특수한 주부의 구조 -- 79

7.1.3 '주술위어구主述謂語句'에 대해서 ------------------ 80

7.2 빈어賓語 ------------------------------------ 83

7.3 주어·빈어의 구조 ------------------------------ 87

7.4 수식어 -------------------------------------- 89

　7.4.1 명사의 수식어 ------------------------------ 90

　7.4.2 동사의 수식어 ------------------------------ 92

　7.4.3 형용사의 수식어 ---------------------------- 93

7.5 보어補語 ------------------------------------ 94

　7.5.1 형용보어形容補語 --------------------------- 95

　7.5.2 횟수보어回數補語 --------------------------- 95

　7.5.3 기간보어期間補語 --------------------------- 96

　7.5.4 양태보어樣態補語 --------------------------- 96

　7.5.5 결과보어結果補語 --------------------------- 96

　7.5.6 정도보어程度補語 --------------------------- 99

　7.5.7 수량비교보어數量比較補語 ------------------- 100

7.6 동위어同位語 -------------------------------- 100

8. 구의 구조Ⅱ ----------------------------------- 103

8.1 포함구包含句 -------------------------------- 103

8.2 겸어구兼語句 -------------------------------- 106

　8.2.1 겸어동사兼語動詞 -------------------------- 108

8.3 복술어구復述語句 ----------------------------- 109

8.4 복구復句 ----------------------------------- 114

9. 문文의 기능(의미) ----------------------------- 118

제 2 부

10. 품사전환品詞轉換과 파독破讀 ------------------ 122

10.1 명사·형용사·동사의 의미와 기능 --------------- 122

10.2 파독破讀 ----------------------------------- 123

11. 명사名詞 -- 131

11.1 명사의 분류 ---------------------------------- 131
11.1.1 고유명사 --------------------------------- 131
11.1.2 보통명사 --------------------------------- 132
11.1.3 물질명사 --------------------------------- 132
11.1.4 불완전명사 ------------------------------- 133
11.2 명사의 기능 --------------------------------- 133
11.3 중복형식重複形式 ---------------------------- 139
11.3.1 AA형 ------------------------------------ 139
11.3.2 AABB형 ---------------------------------- 144
11.4 접두사接頭辭 -------------------------------- 145
11.4.1 《阿》 ------------------------------------ 145
11.4.2 《老》 ------------------------------------ 148
11.5 접미사接尾辭 -------------------------------- 149
11.5.1 《子》 ------------------------------------ 149
11.5.2 《頭》 ------------------------------------ 152
11.5.3 《兒》 ------------------------------------ 155
11.5.4 《家》 ------------------------------------ 159
11.5.5 《巴》 ------------------------------------ 160
11.5.6 《上》 ------------------------------------ 160
11.5.7 《下》 ------------------------------------ 161
11.5.8 《下裏, 裏下裏, 裏下》 ------------------- 161
11.5.9 《邊》 ------------------------------------ 162
11.6 조명사助名詞 -------------------------------- 162
11.6.1 《裏》 ------------------------------------ 163
11.6.2 《樣》 ------------------------------------ 163
11.6.3 《般》 ------------------------------------ 163
11.6.4 《來》 ------------------------------------ 164

12. 대명사代名詞 --------------------------------- 165

12.1 기능과 분류 ---------------------------------- 165

12.2 인칭대명사 ----------------------------------- 168

    12.2.1 3인칭--------------------------------- 169

    12.2.2 복수複數 ----------------------------- 176

    12.2.3 제외형除外形과 포괄형包括形 -------------------- 179

    12.2.4 존칭尊稱 ----------------------------- 181

    12.2.5 《你·您·咱·喒·偺·俺·恁》의 來源 付《每》 ----------- 184

    12.2.6 자칭自稱·타칭他稱·통칭統稱 ------------------ 191

    12.2.7 주관적 복수主觀的複數 --------------------- 197

    12.2.8 3인칭대명사의 조동사화助動詞化 --------------- 199

12.3 지시대명사指示代名詞 ------------------------------ 202

    12.3.1 근칭近稱 ----------------------------- 203

    12.3.2 원칭遠稱 ----------------------------- 207

    12.3.3 의문 -------------------------------- 210

    12.3.4 방향 -------------------------------- 215

12.4 연대구連代句 --------------------------------- 216

12.5 대명사의 도치 -------------------------------- 218

    12.5.1 의문구疑問句 -------------------------- 218

    12.5.2 부정구否定句 -------------------------- 220

13. 수사數詞 ----------------------------------- 222

13.1 기수基數 ------------------------------------ 222

    13.1.1 《一》 --------------------------------- 222

    13.1.2 《兩》 --------------------------------- 224

    13.1.3 《零》 --------------------------------- 227

    13.1.4 《倆·仨》 ------------------------------- 230

    13.1.5 《停》 --------------------------------- 231

13.2 부정수不定數 --------------------------------- 232

    13.2.1 수사를 2개 사용하는 것 ------------------- 232

    13.2.2 수사·조수사助數詞를 이용하는 것 -------------- 239

13.3 의문수사疑問數詞 --------------------------------------- 245

13.4 서수序數 -- 246

13.5 중복형식 -- 248

    13.5.1 AA형 --- 248

    13.5.2 AABB형 -------------------------------------- 249

13.6 연쇄구連鎖句 -- 249

14. 양사量詞 -- 252

14.1 명량사名量詞 -- 253

    14.1.1 계량計量 ------------------------------------- 253

    14.1.2 계수計數 ------------------------------------- 257

14.2 동량사動量詞 -- 263

14.3 중복형식 -- 267

14.4 접미사 --- 268

15. 형용사形用詞 -- 270

15.1 중복형식 -- 270

    15.1.1 AA형 --- 270

    15.1.2 ABB형 -- 271

    15.1.3 AABB형 -------------------------------------- 272

    15.1.4 A裏AB형 ------------------------------------- 273

15.2 조형사助形詞 -- 274

    15.2.1 비교구比較句에도 사용하는 조형사 --------------- 275

    15.2.2 비교구에는 쓰지 않는 조형사 -------------------- 276

15.3 비교구比較句 -- 281

    15.3.1 평비平比(상대적) ------------------------------ 282

    15.3.2 절대적 차비絶對的 差比 ------------------------ 283

    15.3.3 상대적 차비相對的 差比 ------------------------ 285

    15.3.4 절대적 극비絶對的 極比 ------------------------ 289

    15.3.5 상대적 극비相對的 極比 ------------------------ 291

15.4 점층 표현漸層表現 -------------------------------------- 292

15.4.1 절대적인 점층 ----------------------------------- 292

15.4.2 비례적인 점층 ----------------------------------- 293

15.4.3 시간을 나타내는 단어가 사용된 것 -------------- 294

16. 동사動詞 --- 296

16.1 접사接辭 --- 296

16.1.1 《打》 -- 296

16.1.2 《子》《兒》---------------------------------- 297

16.1.3 《見》 -- 297

16.2 중복형식 -- 300

16.2.1 AA형 --- 300

16.2.2 ABAB형 -- 303

16.2.3 AABB형 -- 304

16.3 동동사同動詞 ------------------------------------- 305

16.3.1 일치一致 -------------------------------------- 305

16.3.2 유사類似 -------------------------------------- 310

16.3.3 인정認定 -------------------------------------- 314

16.3.4 동일同一 -------------------------------------- 314

16.4 보동사補動詞 ------------------------------------- 315

16.4.1 가능可能 -------------------------------------- 316

16.4.2 의무義務·당연當然---------------------------- 321

16.4.3 필요必要 -------------------------------------- 323

16.4.4 의욕意欲 -------------------------------------- 325

16.4.5 피동被動 -------------------------------------- 327

16.4.6 난이難易·적부適否--------------------------- 328

16.5 복합동사(사성·결과)複合動詞(使成·結果) ------------------ 330

16.5.1 사성복합동사使成複合動詞 ------------------- 333

16.5.2 결과복합동사結果複合動詞 ------------------- 337

16.6 조동사助動詞 ------------------------------------- 339

16.6.1 추향趨向 -------------------------------------- 340

16.6.2 동태動態 --- 359

16.6.3 가능可能 --- 368

16.6.4 대상對象·장소場所------------------------------- 379

16.6.5 정도程度·양태樣態------------------------------- 382

16.6.6 결정決定 --- 383

16.6.7 보어補語를 이끄는 것《~得》《~個》 ------------- 385

16.7 겸어동사兼語動詞------------------------------------- 386

16.7.1 사역使役 --- 386

16.7.2 겸어동사를 사용하지 않는 사역표현-------------- 389

16.7.3 피동被動 --- 391

16.7.4 복잡한 피동구被動句------------------------------- 397

17. 개사介詞 --- 399

17.1 소재所在 --- 402

17.2 기점起點 --- 403

17.3 방향方向 --- 405

17.4 관련關連 --- 407

17.5 도달到達 --- 408

17.6 거리距離 --- 409

17.7 경유經由 --- 409

17.8 원인原因 --- 409

17.9 목적目的 --- 410

17.10 대체代替 --- 413

17.11 재료材料·용구用具 ------------------------------- 413

17.12 처치處置 --- 415

17.13 의거依據 --- 422

17.14 제외除外 --- 423

17.15 공동共同 --- 424

17.16 비교比較 --- 427

17.17 포괄包括·강조强調 ------------------------------- 427

18. 부사副詞 --- 429

18.1 접미사 --- 429

18.2 정도부사程度副詞 ---------------------------------- 430

18.2.1 강도強度를 나타내는 것 -------------------- 430

18.2.2 약도弱度를 나타내는 것 -------------------- 435

18.3 시간부사 -------------------------------------- 437

18.3.1 과거 ------------------------------------- 437

18.3.2 현재 ------------------------------------- 441

18.3.3 미래 ------------------------------------- 443

18.3.4 부정시不定時 ----------------------------- 444

18.3.5 불변不變 --------------------------------- 447

18.3.6 중복 ------------------------------------- 448

18.3.7 다차多次 --------------------------------- 449

18.4 범위부사 -------------------------------------- 450

18.4.1 단독單獨 --------------------------------- 450

18.4.2 개별個別 --------------------------------- 452

18.4.3 상호相互 --------------------------------- 453

18.4.4 공동共同 --------------------------------- 455

18.4.5 통괄統括 --------------------------------- 456

18.5 정태부사情態副詞 ------------------------------- 459

18.5.1 진확眞確 --------------------------------- 459

18.5.2 추세趨勢 --------------------------------- 460

18.5.3 귀착歸着 --------------------------------- 461

18.5.4 결정決定 --------------------------------- 462

18.5.5 발동發動 --------------------------------- 467

18.5.6 요행僥幸 --------------------------------- 468

18.5.7 상반相反 --------------------------------- 471

18.5.8 근차僅差 --------------------------------- 474

18.5.9 추측推測 --------------------------------- 476

18.6 부정부사否定副詞 ----------------------------------- 477

    18.6.1 고대어의 부정사 ------------------------------- 477

    18.6.2 현대어의 부정부사 ----------------------------- 482

18.7 의문·감탄·반힐부사疑問·感嘆·反詰副詞 ----------------- 488

18.8 지시부사指示副詞 ----------------------------------- 491

19. 연사連詞 --- 499

19.1 등립구等立句에 쓰이는 연사 ------------------------- 503

    19.1.1 병렬竝列 ------------------------------------- 503

    19.1.2 누가累加 ------------------------------------- 508

    19.1.3 선택選擇 ------------------------------------- 512

    19.1.4 승접承接 ------------------------------------- 517

    19.1.5 반전反轉 ------------------------------------- 520

19.2. 주종구主從句에 쓰이는 연사 I ---------------------- 525

    19.2.1 시간 --- 525

    19.2.2 비교 --- 526

19.3 주종구에 쓰이는 연사 II -------------------------- 527

    19.3.1 인과因果 ------------------------------------- 528

    19.3.2 양보讓步 ------------------------------------- 533

    19.3.3 추론推論 ------------------------------------- 535

    19.3.4 가정假定 ------------------------------------- 536

    19.3.5 종여縱予 ------------------------------------- 540

    19.3.6 한정限定 ------------------------------------- 544

    19.3.7 불한정不限定 --------------------------------- 547

20. 조사助詞 --- 551

20.1 연어조사連語助詞 ----------------------------------- 552

    20.1.1 등류等類 ------------------------------------- 552

    20.1.2 유사類似 ------------------------------------- 558

    20.1.3 접속接續 ------------------------------------- 560

    20.1.4 가정假定 ------------------------------------- 570

    20.2 구말조사句末助詞 --- 572

       20.2.1 갑류甲類 -- 574

       20.2.2 을류乙類 -- 601

    20.3 준구말조사準句末助詞 -- 622

       부록. 구말조사래원일람표句末助詞來源一覽表 ------------------ 625

21. 보어補語 --- 627

    21.1 형용보어形容補語 --- 627

    21.2 기간보어期間補語 --- 630

    21.3 횟수보어回數補語 --- 631

    21.4 양태보어樣態補語 --- 632

    21.5 결과보어結果補語 --- 634

    21.6 정도보어程度補語 --- 637

22. 의문구疑問句 -- 640

    22.1 시비의문是非疑問 --- 641

    22.2 특지의문特指疑問 --- 642

    22.3 선택의문 --- 643

    22.4 반복의문 --- 645

    22.5 승전의문承前疑問 --- 647

마치며 --- 648

인용서 목록 -- 655

색인 --- 667

오타 다쓰오의 중국어 관련 연구·저작 목록 -------------------------- 683

중국어 어법 용어 한·중·일 대조표 --------------------------------- 685

역자 후기 -- 689

中國語

歷史文法

제 1 부

1

문文과 구句

언어言語란 일정한 의미와, 그것에 대응하는 일정한 음성과의 결합으로, 말하는 사람이 자신의 생각과 느낀 것을 발표하고, 이것을 듣는 사람에게 전달하기 위해 사용하는 것이다. 그런데 우리들이 일상의 회화에서도 경험하는 것처럼, 극히 간단한 말의 교환으로 서로의 사상이나 감정을 전달하고 이해할 수 있는 것은, 언어가 행해지는 환경에 의존하기 때문이다. 이와 같이 언어를 전달과 이해에 영향을 미치고 있는 환경(시간적·공간적)을 **장**場이라 부르고, 문장으로 나타낸 것을 **문맥**文脈이라고 한다.

언어가 실제로 사용될 때, 음성은 무한히 연속하는 것이 아니라, 반드시 한 단락 한 단락의 말로서 사용된다. 이 한 단락의 말은 긴 것도 있고 짧은 것도 있다. 그러나 이것들은 모두 의미상 완결감을 가진다. 물론 그것만으로 말하고자 하는 사람의 의도가 완전히 표출된다고 단정할 수는 없다. 한 단락의 말의 의미와 내용은, 말하는 사람이 전하려 한 것의 일부에 지나지 않을지도 모른다. 그러나 그 일부분만은 어쨌든 완전히 표출되고 있는 것이다. 이와 같은 한 단락의 말을 **문**文이라고 이름 붙인다.

文의 형식상의 특징으로는 다음과 같은 점을 들 수 있다.

1) 음의 연속이고, 그 전후에 조금 긴 호흡의 정지休止가 있다.
2) 문말文末에는 특수한 음조音調가 첨가된다.
3) 문말에 한해서 사용되는 특수한 어(조사)를 쓸 수가 있다.

아래는 文의 예로서 라오서老舍의 「면자문제面子問題」의 첫머리 한 대목을 인용한 것이다(일본 又新社판 pp.2-3).

[원문]

趙: 秘書, 一封信。(單手將信放下)

佟: (高傲的) 嗯! (看趙要走) 趙動, 我問你, 你就這麼遞給「我」東西啊? 你懂得規矩不懂?

趙: (莫名其妙的) 我——

佟: 你的 (指)「那」一雙手是幹嗎的?

趙: (看了看「那」一雙手) 這——

佟: 雙手遞信! 我是你的上司!

趙: (恍然大悟, 從新遞信。) 這樣?

佟: 啊! (微一點頭, 命趙放信於桌上。) 什麼時候來的?

趙: 一點多鐘。

佟: 現在呢?

趙: 大概有三點了。

佟: 你太看不起我了! (輕輕以手撫臉) 信到, 不馬上給我送到家裏去, 現在才給我, 你太目中無人了!

[번역문]

趙: 비서, 편지입니다. (한 손으로 편지를 밑에 놓는다.)

佟: (거만하게) 응. (趙가 나가려고 하는 것을 보고) 趙勤, 도대체 넌 내게 이런 식으로밖에 못 전해주겠어? 넌 예의도 안 배웠어?

趙: (멍청하게) 저……

佟: (손가락으로 가리키며) 다른 한 손은 뭐에 쓰려고 있는 거야?

趙: (다른 한 손을 보며) 이게…….

29

佟: 양손으로 편지를 줘야 하는 것 아니야! 난 너의 상사잖아!

趙: (이유를 알고, 처음부터 편지를 다시 건네준다.) 이렇게 말입니까?

佟: 그래! (살짝 고개를 끄덕이며, 탁자 위에 놓는다.) 편지 언제 왔어?

趙: 1시 좀 넘어서요.

佟: 지금 몇 시야?

趙: 아마 3시쯤 됐을 것입니다.

佟: 너, 나를 바보로 아냐! (손으로 조용히 얼굴을 어루만진다.) 편지가
   와도 바로 집으로 보내주지도 않고, 지금에야 건네주다니, 내가
   사람으로 안 보이지!

앞의 예문에서도 알 수 있는 것처럼, 문장에는 긴 것도 있고 짧은 것도 있다. 예를 들면 《嗯!》《啊!》는 1음절이고, 《這樣?》은 2음절이고, 3음절의 예로서는 《現在呢?》와 같은 것이 있다. 또 긴 예문으로는 《信到, 不馬上給我送到家裏去, 現在才給我, 你太目中無人了!》와 같은 것이 있다. 그러나 길고 짧음에 관계없이, 이들이 1개의 문장임은 변함이 없다.

다음으로 문맥이 문장의 의미를 어떻게 지탱하는지 살펴보자. 먼저 《一封信》이라는 말이 나온다. "편지입니다"로 번역했지만 '당신에게 편지가 한 통이 와 있습니다, 이것이 그 편지입니다'라는 것으로 '이것은 편지입니다'라는 판단을 나타내는 것은 아니다. '이것은 무엇인가?'라는 물음에 대해서라면, 똑같이 《一封信》이라고 대답해도 판단을 나타내게 된다. 또 《現在呢?》는 여기서는 '지금 몇 시인가?'의 의미이지만, 이것도 문맥이 규정하고 있어서, 문맥에 따라서는 '지금은 어디에 있는 걸까?' '지금이라면 여유가 있을까?' '지금이라면 괜찮을까?' 등, 여러 의미를 가질 수 있다. 또 여기에서 보이는 의문문 중에,

你懂得規矩不懂?

你的那一隻手是幹嗎的?

30

什麼時候來的?

와 같은 경우는, 문맥의 힘을 빌릴 것도 없이 의문의 의미를 명확하게 나타내고 있지만 다음의,

你就這麼遞給我東西啊?

這樣?

과 같은 文은, 문맥의 도움뿐 아니라 특수한 문음조文音調의 첨가에 의해, 비로소 의문의 의미를 가진다. 또《雙手遞信》과 같은 것도 명령을 나타내고는 있지만, 이 역시 文 자체, 결국 文의 구조가 명령을 나타내고 있는 것은 아니며, 문맥이나 문음조 등의 작용에 의해 명령의 의미가 주어진 것에 지나지 않는다.

문음조文音調(억양)에 대해서는 현재 여전히 체계적인 연구가 이루어지지 않고 있기 때문에, 조급한 결론을 이끌어내기 어려운 상황이다. 따라서 극히 개괄적인 설명에 지나지 않을 것으로 생각되지만, 문음조의 형식을 논할 때 가장 중심이 되는 것은, 그것과 개개의 음절을 가진 고유의 높이(즉 성조, 또는 '사성四聲'이라고도 한다)와의 관계이다. 이것에는 동시적결합과 계기적결합이라는 두 종류가 있다.

(1) 동시적결합同時的結合

앞의 예문의 대사에서는《信》이라는 단어가 세 군데 사용되고 있다. 그중에,

信到, 不馬上給我送到家裏去, …

에 있어서는,《信》은 문말文末에는 없기 때문에 고유의 성조 그대로이고, 문음조의 첨가가 없다. 그러나,

秘書, 一封信。

에서는, 완결휴지完結休止를 나타내는 문음조로서 하강조下降調의 동시적결합이 나타난다. 또,

雙手遞信!

도 이것에 준해서 생각해도 좋으나, 이 경우에는 더욱더 문강세文強勢가 두드러진다고 말할 수 있다. 또 상승조上昇調의 동시적결합이 나타내는《信》은 앞 예문에는 보이지 않지만, 다음과 같은 미완결휴지未完結休止의 경우를 생각해 보면 좋다.

這是信, 那是報。(이것은 편지이고, 저것은 신문입니다)

이상과 같이 문음조가 고유성조에 대해 동시적으로 결합할 경우는, 성조형聲調型 그 자체에는 변화가 보이지 않지만, 그 폭에는 신축伸縮이 있는 것으로 해석할 수 있다. 예를 들면 양평陽平(제2성)에 하강조가 결합하면, 고유의 양평 정도로는 상승하지 않고, 또 거성去聲(제4성)에 상승조가 더해지면, 고유의 거성 정도로는 하강하지 않는 것이다.

(2) 계기적결합繼起的結合

이 현상은 앞 예문에서는《這樣?》이 가장 명료하다. 이 경우, 상승조가 계기적으로 첨가되어 비로소 의문의 의미를 가진다. 또《你就這麼遞給我東西啊?》도 대체로 이것에 준해서, 의문의 어기語氣가《啊》라고 하는 말 자체에 갖추어진 것은 아니다. 문맥 및 문음조(상승조의 계기적결합)가 여기에 의문의 의미를 부여하고 있는 것이라고 해석할 수 있다. 더구나 하강조의 계기적결합에 대해서는, 앞에서 인용한 예문에는 그 예가 없다.

문음조의 계기적결합이란, 고유의 성조가 끝나고 나서, 계속해서 상승조나 하강조가 나타나는 것이다. 그렇기 때문에 고유의 성조형에 변화가 생긴다. 예를 들면, 앞 예문의 《樣》은 거성(제4성)에서 하강조인데, 이것에 상승조의 짧은 꼬리가 붙기 때문에, 곡형谷型이 되어, 약간이지만 상성上聲(제3성)과 비슷한 느낌을 갖게 된다.

文에는 **문강세**文强勢라고 하는 것이 있다. 앞 예문에서는「 」에 들어간 말, 즉「我」와「那」에서 문강세가 보인다. 문강세는 문법상 그리 문제가 되지 않기 때문에 여기에서는 생략한다.

이상 언급한 것처럼, 文은 의미를 명확하게 하기 위해서 문맥과 문음조(특히 계기적결합)·문강세의 도움을 빌리고 있다. 따라서 이와 같은 조건을 배제하지 않고 文을 생각한다면, 文의 구조에 대한 정확한 인식을 얻을 수 없을지도 모른다. 바로 이 점이 文에서 외적 요소인 장(문맥)과, 임시적 요소인 문음조(계기적)와 문강세를 제거할 필요가 생기는 이유이다. 이 경우 이러한 것을 文에서 구별해 '**구**句'라고 이름 붙이자(더구나 문음조의 동시적결합은 제외할 필요를 인정하지 않는다). 문법 체계로서는 먼저 구론句論이 있고 그 뒤에 문론文論이 있어야 하지만, 이와 같은 이중체계는 번거롭기 때문에, 이 책에서는 句를 중심으로 하고 필요한 경우에 한해서만 文을 고려하기로 한다. 용어로서는 가능한 文과 句를 구별해서 쓰지만, 실제는 구별하지 않아도 오해가 생길 우려는 적다. 만약 특별히 구별해서 생각해야 할 경우에는, 文과 句를 대조해서 쓰겠다. 예를 들면 '앞의 예《這樣?》은 의문문이지만, 의문구는 아니다'와 같이.

2
어語

文을 숨을 쉴 수 있는(휴식지休息止) 모든 곳에서 인위적으로 나눠, 각각을 **문절**文節이라고 한다. 이와 같이 휴식지가 집중적으로 나타나는 것은, 극히 특수한 경우로 문장을 띄엄띄엄 읽는 것과 같은 경우에나 한정되지만, 그 한두 경우가 때로는 일반적인 말에 나타날 때가 적지 않다. 예를 들면,

我們 | 買點兒 | 東西 (우리들은 물건을 조금 샀습니다)

我 | 送給 | 你 | 一本 | 書 (나는 너에게 책을 한 권 줍니다)

你的 | 書 | 在 | 桌子上 (너의 책은 책상 위에 있다)

這 | 是 | 椅子嗎? (이것은 의자입니까)

위의 예에서 보이는 문절은 두 종류로 나눌 수 있다.

① 我, 你, 書, 在, 這, 是, 東西

② 我們, 買點兒, 送給, 一本, 你的, 桌子上, 椅子嗎

①에 열거한 문절은 이미 더 이상 분해할 수 없는 단위로, 文에서 1개의 단위로서 사용된다. 이와 같은 것을 **단어**單語라고 한다. 또 이들은, 단독으로 文이 될 때가 있다. 이것을 **자립어**自立語라고 한다.

②에 열거한 것은 문절로서는 1개이지만, 1개의 단어로는 인정될 수 없다. 왜냐하면 이들을 더 분해해서 사용할 수 있기 때문이다. 즉,

이 종류의 문절 앞부분(我, 你, 買, 送, 一, 桌子 등)은 단독으로 문절이 될 수 있고, 또 단독으로 文이 될 수도 있다. 따라서 이들 문절은 자립어이지만, 뒷부분(們, 的, 給, 點兒, 本, 上, 嗎 등)은 단독으로 문절이 될 수 없고, 항상 자립어에 붙어 문절을 구성한다. 이와 같은 것을 **부속어**付屬語라고 한다. 또 이와 같이 문절을 분해하고 다른 말로 교체해서 용법을 검사하는 법을 대체법代替法이라고 하지만, 대체법은 명백히 1개의 자립어로 인정되는 것에는 쓰지 않는다. 이것을 남용하면,

와 같이 《學生》《學院》《醫生》(의사)《醫院》 등이 모두 2개의 말이 되어 버린다(루즈웨이陸志韋는 일찍이 이런 오류를 범했다).

문절에는 아직 한 종류가 더 있다. 단독으로 문절이 될 수는 있지만,

35

단독으로는 文이 될 수 없는 것이다. 예를 들어, 《很》(몹시·매우), 《從》(~로부터), 《因爲》(~때문에) 등이 바로 그러하다. 이러한 것을 **준자립어**準自立語라고 명명한다. 결국 단어는 독립성의 강약에 의해, 자립어, 준자립어, 부속어로 분류된다.

	단독으로 문이 되는 기능	단독으로 문절이 되는 기능
자립어	(+)	(+)
준자립어	(−)	(+)
부속어	(−)	(−)

중국어의 문절은 일본어의 문절과 비슷하지만 다른 점도 있다. 먼저, 중국어에서는 일본어만큼 부속어가 발달하지 않고 자립어도 단음절의 것이 아주 많기 때문에, 문절이 짧다. 그 때문에 모든 문절에서 숨을 쉬는 것은 대단히 부자연스럽다. 일본어에서는 모든 문절에서 숨을 쉬어도 그 정도로 부자연스럽지는 않다. 또 중국어에서는 부속어가 붙은 문절이 그대로 文이 될 때가 많다. 그러나 일본어의 문절에서는 부속어가 붙은 채로는 文이 될 수 없거나, 되지 못하는 경향이 강하다. 또 중국어에서는 자립어가 3음절을 넘으면 숨을 쉬는 경향(휴식지)이 나타나, 의미나 용법상에서는 1개의 말이라도, 말의 중간에서 숨을 쉬지만, 이와 같은 것이 일본어에는 없다. 예를 들면,

帝國 | 主義 (음성으로는 2語. 의미·용법상으로는 1語)

中華 | 人民 | 共和國 (음성으로는 3語. 의미·용법상으로는 1語)

이와 같이 2개 이상의 문절이 의미·용법상으로 1語로 인정되는 것을 **복합어**複合語라고 한다. 또 《洗澡》(목욕하다) 《打架》(싸움하다) 《生氣》(화

36

내다)와 같이, 보통은 하나의 문절로, 대개 1개의 의미를 가진 것으로 생각되는 단어가 분리될 때가 있다. 예를 들면

洗一回澡(목욕하다)

生誰的氣(누구의 일로 화내는 거야)

이와 같이 기능적으로는 2개의 단위로 인정되는 것도 복합어에 포함한다. 단어와 복합어를 합쳐서 **어**語라고 한다.

			음성 (문절 수)	의미	용법	예
어 語	단어	부속어	(일부분)	1	1	本, 上, 們, 給, 的, 嗎, 點兒
		자립어 준자립어	1	1	1	我, 你, 書, 在, 買, 很, 從, 花兒 ········ 東西, 黑板, 學生, 因爲, 女兒, 石頭, 桌子
	복합어	자립어	2 이상	1	1	帝國主義, 中華人民共和國
			1~2	1	1~2	打架, 洗澡, 生氣

이 표의 점선보다 위는 **단음절어**單音節語, 아래는 **복음절어**複音節語이다. 또 후자 안에 접사('5 접사'에서 설명)가 있기 때문에 복음절로 된 것이 아닌 것(《黑板》《學生》《小孩子》 등)을 광의의 복합어에 넣을 때도 있다.

3
연어連語

2개 이상의 語가 연속하더라도, 아무런 문법적 관계를 형성하지 못해 의미를 갖지 못하는 것도 있지만, 또 일정한 문법적 관계를 형성하는 것도 있다. 예를 들면 《他很》이나 《昨天他》에서는 문법적 관계를 형성하지 않지만, 《很聰明》《他聰明》《他很聰明》에서는 문법적 관계를 형성하여 종합적인 의미를 구성한다. 이처럼 문법적 관계를 만들어 내는 2개 이상의 語의 결합을 **연어**連語라고 한다.

연어를 구성하는 어의 상호관계는 여러 가지 있지만, 우리는 기본적으로 이것을 인식할 수 있다는 입장에 서 있다. 물론 불명료한 경우도 적지 않지만, 대개는 그것을 인식할 수 있다는 전제로 문법은 성립한다. 만약 이 전제가 부정되면(사실, 연어에 관한 종래의 설에는 부정되어야 할 부분이 있다. 그러나 여기서 다른 설을 비판할 여유가 없다), 그것은 중국어에서 어순의 문법적 기능이 부정되는 것에 지나지 않기 때문에, 남는 부분은 허사론虛辭論 뿐이다. 중국어 문법이 허사론만으로 이루어진다고 하면 많은 비판을 초래하겠지만, 이론적으로는 대단히 확실한 것이라 할 수 있다. 왜냐하면 어순의 문법적 기능은 사실 불완전하기 때문이다. 불완전하다는 것은 전혀 없다고 하는 것과는 다르다. 또 불완전하다면 불완전한 기술도, 중국어를 해명하는데 도움이 될 것이다.

연어는 그 결합이 밀접하여 정형화하면 복합어가 되고, 또 그대로, 혹은 다시 조합되어 文으로도 쓰인다. 그런 까닭에 연어는 복합어의 구조는 물론이고, 文의 구조를 생각할 경우에도 그 기초가 되는 것이다.

연어 가운데, 2개의 자립어(준자립어를 포함해도 좋다)로 이루어진 것을 기본적인 것으로 한다. 3개 이상의 복잡한 연어도 모두 기본적인 연어의 확대 응용에 지나지 않는다. 기본적인 연어를 논할 때에 자립어로 한정하는 것은, 부속어는 본래부터 語가 놓이는 위치가 정해져 있어, 아무데나 놓이는 것이 아니라, 어순의 문법적 기능을 아는 실마리가 되지 않기 때문이다. 기본적인 연어의 구체적인 예를 들면 다음과 같다.

① 人走(사람이 걷다)　　人來(사람이 온다)　　人打(사람이 때리다)
　　馬走(말이 걷다)　　　人好(사람이 좋다)
② [走人](걷는 사람)　　來人(심부름꾼)　　　[打人]
　　[走馬](달리는 말)　　好人(좋은 사람)
③ 走人(사람이 걷는다)　　來人(사람이 온다)　　打人(사람을 때리다)
　　走馬(말을 달리게 하다, 말이 달리다)　　　[好人]

(1) 진술연어陳述連語

먼저 ①에서는 '무엇이 어떻게 하다, 무엇이 어떻다'라는 관계를 나타낸다. 이와 같은 관계를 **진술관계**라고 한다. 그리고 진술관계인 연어를 진술연어라고 하고, 진술연어 앞의 말을 **주어**主語, 뒤의 말을 **술어**述語라고 한다. 이 관계에 대한 인식은 가장 일반적이고, 개인에 의한 견해차가 거의 없다. ②③은 ①의 어순이 역으로 된 것이지만, 이 경우는 위와 같이 간단하지는 않다.

(2) 수식연어修飾連語

②의 예 가운데, 《走人》은 불안정하고, 그 의미가 되기는 어렵다. 《來人》은 분명하게 의미적인 변화를 수반하고 있고, 《打人》을 '때리는 사람'의 의미로 사용하는 경우는 없으며, 《走馬》도 불안정하다. 따라서 확

실한 것은 《好人》뿐이다. 연어에서 이와 같이 2개의 語 관계를 **수식관계**라고 부르고, 그러한 관계에 있는 연어를 수식연어라고 한다. 그리고 수식연어에서 앞의 말을 **수식어**, 뒤의 말을 **피수식어**라고 한다. 진술연어와 수식연어 사이에는 뜻과 내용이 완전한지 불완전한지의 차이는 없고, 표현상의 차이가 있을 뿐이다.

수식연어에서는 앞의 말이 종從이고, 뒤에 오는 말이 주主이다. 앞의 말은 단순히 뒤의 말에 부가되어 그 말을 명확히 하거나 제한하는 정도에 불과하다. 그렇기 때문에 수식연어가 다른 연어의 일부로서 사용된 경우는, 수식어를 제외한 피수식어만으로 생각하면 된다. 이와 같은 주종관계는 연어로 제한되기 때문에 이 점에 착안하면,

他罵人 → 他罵好人

他聰明 → 他很聰明

과 같이, 《很》도 《好》와 같은 종류의 연어를 구성하고 있다는 것을 알 수 있다. 같은 모양으로 《慢走》(천천히 걷다)《不好》(좋지 않다)《沒來》(오지 않았다) 등도 같은 연어가 된다.

(3) 지배연어支配連語

③의 예에는 아주 이질적인 것을 포함하고 있다. 먼저 《好人》은 여기에서는 성립하지 않는 것, 마치 ②에서 《打人》과 같기 때문에 이것을 제외하고, 《走人》은 사람이 걷는다는 것으로, 동작을 단순한 사실로서 볼 때는 ①의 《人走》와 같게 된다. 단, 표현은 같지 않다. 《人走》는 《人》이라고 하는 대상에 대해서 《走》라고 하는 진술이 행해지고 있는 것이지만, 《走人》에는 진술만 있고 진술된 대상이 없다. 결국 어떤 환경에서 인간의 보행이라는 현상이 보이는 것을 말하는 것에 그치지만, 이같이 진술되는 대상의 결여, 혹은 동작의 주체감主體感이 희박한 것은, 이 《走

人》이라는 연어를 종종 '자아, 나가자'라든가, '비켜라, 비켜라'라고 하는 경우에 사용하게 한다.《來人》도 이와 공통된 성격을 가지며, 누군가 사람이 오는 것, 또 누군가 사람을 보내오는 것을 말한다. 그런데《打人》은 그것들과 달리, 동작이 대상인 사람에 대해서 확실히 사용할 수 있다.《看書》(책을 읽다)와《愛他》(그를 사랑한다)라는 것은 이것과 같은 형태로 생각해도 좋다. 다음으로《走馬》는 거의《來人》에 따르고 있어서 지장이 없다. 이와 같은 것을 한 종류로 하기에는 조금 문제가 있다. 그러나 혼동하기 쉬운 경우는 이외에도 아주 많고, 이것들을 세분하게 되면 모든 경우를 전부 고려하여 명확한 기준 아래에서 행할 필요가 있다. 그렇기 때문에,《打人》《看書》《愛他》와 같은 것을 한 종류로 하고, 그 밖의 모든 것을 일괄해서 별도의 한 종류로 하는 것은, 중국어의 본질에 관해 우리들의 눈을 번쩍 뜨이게 할 분류는 아니다. 그래서 여기서는 일단 이들 전부를 일괄해서 취급한다. 이와 같은 연어에서 2개의 語의 관계를 **지배관계**라고 하고, 지배관계에 있는 연어를 지배연어라고 부른다. 그리고 앞의 말을 술어, 뒤에 오는 말을 **빈어**賓語라고 한다.

(4) 결합적 지배연어結合的支配連語

이 밖에 수식관계와 지배관계와의 중간적 존재인 특수한 관계가 있다. 예를 들면《會英文》(영어를 할 수 있다),《想家》(고향을 생각하다)와 같은 것은 분명하게 지배연어이다. 그러나《會說》(말할 수 있다)이나《想回去》(돌아가려고 생각한다. 돌아가고 싶다)에서는 지배연어인지, 수식연어인지가 명백하다고 할 수 없는 점이 있다. 이러한《會》《想》과 비슷한 단어로는《能》(할 수 있다),《要》(하고 싶다),《愛》(좋아하다), 이외에도 많은 단어가 있다. 이와 같은 것의 처리에는 3가지 방법이 있다. 첫 번째는 지배연어에 포함시키는 것으로서, 본의本義(실의實義)를 중시하는 방법이다. 이 경우와 같은 말을 술어라고 한다. 두 번째는 수식연어에 포함시키

41

는 것으로서, 이는 말의 허사화를 중시한다. 이 경우에는 수식어에 넣는다. 그러나 이와 같이 중간적인 것을 어느 한 쪽에 포함시키는 것은 반드시 좋은 방법이라고는 생각되지 않는다. 언어는 변화하는 것이고, 실사에서 허사로 이행되어 가고 있는 것에 대해서는, 역시 특별한 처리가 필요할 것이다. 여기에서는 이와 같은 것들을 **결합적 지배관계**라고 부르기로 한다.

자립어를 품사로 분류하는 규준規準[1]은 여러 가지가 있다. 그러나 자립어의 문법적 기능으로서 가장 중요한 것은 어떠한 관계의 연어를 구성하는지다. 바꿔 말하면, 句의 성분으로서 어떤 역할을 가지는지다. 이것은 語의 적극적·능동적 기능이다. 이 밖에도 자립어는 소극적·수동적 기능이라 할 만한 것이 있다. 예를 들면 명물名物을 나타내는 語는 가수성可數性이 있다든가, 동작을 나타내는 語는 태態를 가진다든가, 성질·속성을 나타내는 語는 비교를 가진다든가 하는 것과 같다. 말하자면, '감정자鑑定字'를 써서 품사를 분류하는 방법, 즉《一個》《很》《着》과 같은 것을 사용해서 그 결합이 가능한지, 아닌지를 조사하는 것, 혹은 중복형식을 사용하는 등의 방법은, 그 이유를 자세히 조사하면 이상과 같은 기능(가수성, 태, 비교 등의 유무)을 명확하게 할 수 있다. 이는 분명히 좋은 방법이지만, 그것에 의해 객관화될 수 있는 기능은 어디까지나 자립어의 수동적 기능이며, 주로 문법적 기능을 사용하고 있는 준자립어와 부속어의 기능을 어떻게 받아들여야 하는지에 있기 때문에, 분명하게 된 기능은 역시 제2의적第二義的이라고 할 수 밖에 없다. 연어를 만들 때의 상호관계가 명확하지 않은 점이 있음에도 불구하고, 자립어 품사결정의 규준으로서 가장 먼저 채택되어야 할 필요가 여기에 있다. 그런 까닭에 이것을 규준으로 하지만, 그 가운데에서도 가장 명확하고 단일한 진술

---

1   실천의 본보기가 되는 표준.-옮긴이

관계, 특히 술어가 우선 채택되어야 한다. 그래도 여전히 부족할 때는 수식관계, 지배관계, 결합적 지배관계까지 언급한다. 그리고 앞에서 언급한 것처럼 소극적·수동적 기능은, 이렇게 해서 얻어진 품사를 더욱 세분할 경우에 쓰기로 한다.

이 밖에 또 몇 종류의 기본적인 연어가 있다. 품사결정의 규준으로서 사용하는 것도 아니고, 또 불안정하고 명확함이 부족하지만 그래도 생략할 수 없는 것이 있다.

(5) 보충연어補充連語

보충관계 뒤에 오는 말이 앞의 말을 수식하는 관계를 말한다. 중국어에서는 수식할 때 앞의 말이 뒤에 오는 말을 수식하는 것이 표면상의 원칙이며, 이것이 수식연어이지만, 보충연어는 이것이 역으로 되어 있어, 특수한 경우이다. 보충연어 뒤에 오는 語를 **보어**補語라고 한다.

(6) 등립연어等立連語

이 외에 같은 종류의 말이 단순히 2개 나열된 것에 지나지 않는 연어가 있다. 이것을 임시로 등립연어라고 부르기로 하자. 등립연어는 매우 불명확·불안정하며, 문법적 기능이 겉으로 나타나 있지 않다. 이것은 광대하게 되든가, 文이 된 경우 비로소 그 관계가 명백해진다. 이 경우 네 종류의 관계(병렬, 동위, 수식, 진술)를 만들어 낼 가능성이 있다. 즉,

ⓐ**병렬관계**竝列關係. 단순한 병렬이지만 수사적인 제약을 심하게 받는다. 대개 같은 종류의 말로, 더구나 한 쪽이 다른 한 쪽에 포함되지 않도록 제한하는 경향이 있다. 예를 들면,

中國、 日木

山上、 海邊

男孩子、 女孩子

衣、 食、 住、 行

吃、 喝、 拉、 撤、 睡

이상과 같은 것은 항상 병렬관계로 인정해도 좋다. 그러나 《人》과 《小孩子》에서는 같은 종류이지만, 《小孩子》는 《人》에 포함되기 때문에 병렬관계를 만들기 어렵고, 《中國》과 《老鼠》도 같은 종류가 아니기 때문에 역시 병렬하지 않는다. 병렬관계를 만드는 2개의 말 사이의 휴식지의 유무는 일정하지 않지만, 글을 쓸 때에는 거기에 돈호頓號(、)를 사용한다.

ⓑ **동위관계**同位關係

首都, 北京…(수도, 즉 베이징 …)

北京, 中國的首都…(베이징, 즉 중국의 수도 …)

我們中國人(우리들 중국인)

他們兩個(그들 두 사람)

이상과 같이, 같은 것을 바꾸어 말하여 설명한 것이다. 제1 예시에서는 호흡 휴식지가 두 말 사이에 나타날 때, 명확하게 이 관계가 된다. 만약 휴식지가 없으면, '수도인 베이징'처럼 수식관계를 이루고 있는 것으로도 해석된다.

또 제3, 4 예시와 같은 경우는 휴식지가 필요하지 않다. 동위관계의 성질은 병렬관계와 완전히 똑같다. 다만 동위관계는 그것이 동일한 것을 나타내고 있다는 의미상의 차이가 있다.

등립연어만이 나타낼 수 있는 관계는 앞의 2가지지만, 또 등립연어가 句로서가 아닌, 文으로서 진술관계를 이루는 경우가 있다. 예를 들면,

今天星期五。(오늘은 금요일이다)

　여기서 《星期五》라는 말이 명확한 진술관계를 갖추고 있다고 오해해서는 안 된다. 왜냐하면 또 다른 관계가 될 수도 있기 때문이다. 예를 들면,
今天, 星期五, 都得去。(오늘도, 금요일도 가지 않으면 안 된다)

　위의 예시는 병렬관계를 이룬다. 또 동위관계도 될 수 있다. 즉,
他到今天星期五才回來。(그들은 금요일인 오늘에야 겨우 돌아왔다)

　이 예에서는 《今天》과 《星期五》는 동위관계를 이루고 있다. 이것에 의해서도 등립연어의 불안정함을 알 수 있을 것이다.

기본적인 연어

(1) 진술연어	人走(사람이 걷는다) 他去(그는 간다) 狗吃(개가 먹는다) 花開(꽃이 핀다) 這個大(이것은 크다) 今天好(오늘은 좋다) 去好(가는 것이 좋다) 我是[中國人](나는 중국인입니다)
(2) 수식연어	好人(좋은 사람) 壞東西(나쁜 것) 洛花(지는 꽃) 走狗(앞잡이) 錯想(잘못 생각하다) 眞好(정말로 좋다) 不去(가지 않는다)
(3) 지배연어	吃肉(고기를 먹다) 有書(책이 있다) 買三個(3개 사다) 開花(꽃이 피다) 下雨(비가 내리다) 凍氷(얼음이 얼다) 來客(손님이 오다) 下船(배에서 내리다) 來北京(베이징에 오다)
(4) 결합적 지배연어	能去(갈 수 있다) 喜歡念(읽는 것을 좋아한다) 要回去(돌아가고 싶다) 總得買(사지 않으면 안 된다) 難說(말하기 어렵다) 好使(사용하기 쉽다) 容易明白(알기 쉽다)

(5) 보충연어		看一回(한 번 보다) 踢一脚(발로 한 번 차다) 住三天(3일 머무르다) 好一點兒(조금 좋다) 長三尺(3척 정도 길다) 短一寸(한 치 짧다)
(6) 등립 연어	(a) 병렬	中國日本(중국과 일본) 茶椀茶葉(찻사발과 찻잎) 聰明勇敢(영리하고 용감하다) 吃喝拉撒睡(매일 반복되는 생활)
	(b) 동위	首都, 北京… 我們中國人 他們兩個

4
품사品詞

자립어 가운데, 句의 술어가 될 수 있는 것을 **술사**述詞라고 하고, 될 수 없는 것을 **체사**體詞라고 한다. 체사는 명사와 대명사로 나눈다. **명사**는 체사 가운데서 수식어를 취하는 것이고, **대명사**는 체사 가운데 수식어를 취하지 않는 것으로, 명사로 대체한다. 명사·대명사는 주어·빈어가 되는 것이 가장 큰 기능이다. 이 밖에 술어가 되기 어려운 것에는 **수사**數詞가 있다. 수사는 수를 나타내는 것이라고 말하는 데에 그치지 않고, 몇 종류의 기능을 조금씩 가지고 있기 때문에, 기능적인 측면에서 분류하는 품사 분류에 어려움을 느낀다. 게다가 자립어가 아닌 것도 있다. 수사의 특징은, 다른 품사가 단어로서 고정적인 것에 반해, 수사는 고정적이지 않고, 자유롭게 구성할 수 있다는 점에 있다. 더 나아가, 수사는 단어이면서 동시에 단어를 구성하는 요소이기도 하다. 수사는 자립어·부속어, 또는 단어·복합어라고 하는 분류에서 벗어난 독특한 단어이다. 이같이 품사를 분류하는 것은, 교착분류交錯分類라 하여 문법체계를 어지럽힌다. 그러나 이것만으로 명백하게 하나의 종류를 이루고 있고, 다른 것과 혼동되는 것이 적기 때문에 특별히 하나의 품사로서 분류하는 것을 예외적으로 허용하자(또한 수사를 체사 안에 넣는 경우도 있다).

술사는 타동사·자동사·동동사·보동사·형용사의 다섯 종류로 나눈다. 술사는 뒤에 체사를 취할 수 있으며, 그 경우 지배관계를 구성하지만, 수식관계를 구성하는 것과 같이 드문 것을 **타동사**他動詞라고 한다. 단, 《是》나 《像》은 이 조건에 적합하지만, 단순히 일치一致나 유사類似를 나타내는 것이므로, 일반 타동사가 목적물에 대한 동작을 나타내는 것과는 완전히 동일하지 않기 때문에, 이것만을 구별해서 **동동사**同動詞라고 한다. 술사 뒤에 체사를 취할 수 있는 것이 많지 않지만, 정확히 말하면 그 뒤에 명사를 취해 지배연어를 만들 수 있지만, 특수하고 제약이 있어, 빈어가 동작의 대상(목적물)이 되지 않고 오히려 그 주체가 되는 경우가 많고, 또 종종 수식연어가 되어버리는 경우가 있다. 술사 뒤에 대명사를 취하더라도 장소를 나타내는 대명사로 제한되며, 사람이나 사물을 나타내는 대명사를 취하지 않는 것을 **자동사**自動詞라고 한다. 의미상으로 말하면, 타동사는 확실히 동작이 가해지는 대상물을 예상하는 것이지만, 반드시 그 대상물이 句 안에 나타나 있다고는 할 수 없다. 그러나 나타나지 않더라도 동사의 성질에는 변화가 없기 때문에 타동사는 빈어의 유무에 관계없이 타동사이다. 이에 반해, 자동사는 이와 같은 대상물을 예상할 수 없고, 단순히 그 자체의 운동으로 생각되는 것을 말한다.

　결합적 지배연어를 구성하는 앞의 단어를 **보동사**補動詞라고 명명한다. 《肯》(수긍하다)나, 《應該》(마땅히 ~해야 한다)와 같이 보동사를 이루고 있는 것 이외에, 《喜歡》(~하는 것을 좋아한다)《懶待》(귀찮다)와 같이 임시적인 것도 구별하지 않고 보동사로 한다.

　자동사·타동사·동동사를 합쳐서 동사라고 부른다. 또 보동사나 뒤에 설명할 겸어동사도 동사에 포함시키는 경우도 있다.

　뒤에 명사를 취하면, 그 명사의 수식어가 되고, 또 뒤에 대명사를 취하지 않는 술사를 **형용사**라고 한다. 바꿔 말하면, 형용사는 술어로서 사용된 경우, 원칙적으로는 그 뒤에 체사를 취하지 않는다. 이들 품사의 기능을 도표로 나타내면 다음과 같다.

체사 \	명사		대명사			
	(수식)	(지배)	사람	사물	장소	
술사		吃飯	吃他	吃這個		타동사
		是飯	是他	是這個	是這兒	동동사
	來人	來人			來這兒	자동사
	好書					형용사

요컨대 자동사·타동사·형용사는 모두 진술하는 기능을 갖추고 있다는 점에서 술사가 되지만, 타동사는 지배하는 기능은 있지만 수식하는 기능이 없고, 형용사는 수식하는 기능은 있지만 지배하는 기능은 없으며, 자동사는 양쪽의 기능을 모두 가지고 있지만 충분하지는 않다.

또한《多》《少》《喜歡》과 같이 형용사와 동사의 중간에 있는 것도 있는데, 그 수가 적기 때문에 특별히 품사를 세울 필요는 없을 것이다(《喜歡》은 보동사인 것도 있다).

이 밖에 대부분의 경우, 독립해서 文을 이루는 것을 **간투사**間投詞라고 한다. 간투사가 명확한 의미 내용을 갖지 않는다고 해서 품사에서 제외시키는 사람도 있지만, 단지 의미 내용면에서 말하면, 조사보다도 그 의미 내용이 빈약하다고 말할 수 없는 것은 아닐까. 간투사의《啊》는 의미가 없고, 조사의《啊》는 의미를 가지고 있다라는 것은 있을 수 없다. 다만 간투사는 문장론文章論에서 다루는 쪽이 편리할 것이다.

준자립어는 그 자체로도 문절이 될 수 있지만, 文이 될 수 없는 것은, 그것이 句의 주요성분 이외의 것이라는 것을 나타낸다. 준자립어는 주로 자립어의 앞, 일부분은 연어 앞에서 사용된다. 준자립어 중에 술사 앞에 높여 수식하는 것을 **부사**副詞라고 한다. 부사 가운데 2음절의 것은 술사의 바로 앞 외에도, 또는 다른 단어를 사이에 두고 앞쪽에 둘 수도 있

다. 또 부사는 두 종류 이상을 겹쳐서 사용할 수 있다

　다음으로, 명사 바로 앞에 두어 부사를 수식하는 것을 **부명사**副名詞라고 한다. 형용사와 비슷하지만 술어가 될 수 없고, 명사나 대명사와 닮은 점도 있지만 자립어가 아닌 것이 부명사이다. 같은 모양이면서 수사 바로 앞에 두는 것을 **부수사**副數詞라고 부른다. 부명사·부수사와 같이, 독립성이 약해 부속어에 가까운 것을 **부용사**副用詞라고 한다.

　체사 앞에 놓이면서 술어로서 작용하지 않는 동사, 혹은 약화되어 이미 동사와는 별개의 것으로 되어 버린 것을 **개사**介詞라고 한다. 개사는 그 다음 체사와 합쳐서 1개의 수식어 역할을 하는 것이 많다. 또 단어나 연어를 연결하는 것을 **연사**連詞라고 한다. 부사와 연사를 겸한 것, 개사와 연사를 겸한 것도 있지만, 특별품사라고 하지 않고 분속시킬 수 있다. 또 부용사가 사용되어도, 명사·수사 등의 피수식어는 句의 성분으로서 변화를 받는 것은 아니다. 그런 까닭에, 부명사와 명사, 부수사와 수사라고 하는 식으로 분해하지 않고, 이것을 1개의 것으로서 편의상, 명사·수사 등으로 하는 것도 허용된다.

　부속어는 조사와 조용사로 나눠진다. **조사**라는 것은 연어에 붙기도 하고, 句의 마지막 부분을 차지하는 것으로, 이 가운데 句의 끝에 붙는 것을 특별히 **구말조사**句末助詞라고 부른다.

　조용사助用詞라는 것은 자립어 뒤에 붙는 것으로, 조명사·조수사·양사·조동사·조형사의 다섯 종류가 있다. **조명사**는 명사의 부속어이고, **조수사**는 수사의 부속어이다. **양사**量詞도 수사의 부속어이지만, 그 수가 많은데다가, 조수사와는 본질적으로 다르기 때문에 특별히 다른 명칭을 부여한다. **조동사**는 동사의 부속어이며, 말하자면 앞에 두는 조동사, 즉 이 책에서 말하는 보동사는 여기에 포함되지 않는다. 조동사는 형용사 뒤에 붙는 것도 있지만, 본질적으로는 동사의 부속어로 생각되기 때문에, 조술사라는 품사를 내세우지 않는다. **조형사**는 형용사의 부속어를

말한다. 조형사는 때로는 어떠한 종류의 동사에도 붙을 수 있다.

위에 언급한 다섯 종류의 조용사는, 자립어를 돕는 것에만 그치고, 자립어의 품사를 변화시키는 작용은 하지 않는다. 그런 까닭에, 편의적으로 자립어와 합쳐서, 조용사를 명사·수사·동사·형용사로 부르는 것 역시 허용된다. 이는 부용사와 궤도를 같이하고 있기 때문이다. 그러나 조사는 같은 부속어라고는 해도 이와 같이 할 수 없다, 결국 조사는 단어로서, 보다 독립성을 갖추고 있는 것이지만, 조용사는 그것보다도 독립성이 조금 약해서, 접미사에 접근하고 있는 것으로 봐야만 한다.

부속어는 자립어 뒤에 붙어, 자립어와의 사이에 휴식지를 가질 수 없다. 또 대부분은 경성輕聲이다. 부용사는 자립어 앞에 붙지만, 자립어와의 사이에 휴식지를 둘 수 없다고 말할 수 없는 것 같다. 왜냐하면 부용사도, 자립어도 둘 다 경성이 아니기 때문이다. 그러나 부용사와 자립어 사이의 휴식지는 없는 편이 자연스럽다는 것은 말할 필요도 없다.

본서에서는 자립어 앞에 붙는 품사에 '부副'를 쓰고 뒤에 붙는 품사에 '조助'를 사용해서 용어를 구별한다. 조사·조용사는 자립어 뒤에 붙는 부속어이다. 부용사는 단지 자립어 앞에 붙는 것에 그치지 않고 부속어와는 음성상의 차가 뚜렷해 준자립어로 취급하지만, 준자립어 중에서는 독립성이 가장 약하다. 부사 중에는 사실상, 부용사와 다르지 않는 것이 있다는 것은 이미 언급했지만, 그러나 독립성이 강한 것도 있다. 대개 1음절의 것은 독립성이 약해서 부용사라고 해도 좋은 것이 많지만, 2음절의 것은 약간의 독립성을 가진다. 이러한 기준이 있기 때문에 종래의 부사 체계는 무너뜨리지 않고 그대로 했다. 보동사는 동사 앞에 두기 때문에, 이것을 부副동사라고 불러도 괜찮지만, 반드시 동사 바로 앞에 온다고는 한정할 수 없고(예를 들면 《能早來》 빨리 올 수 있다'), 또는 단독으로 쓰이거나, 독립성이 강하다. 그런 까닭에 이것을 부명사 등과 동류의 것으로 생각할 수 없는 것이다.

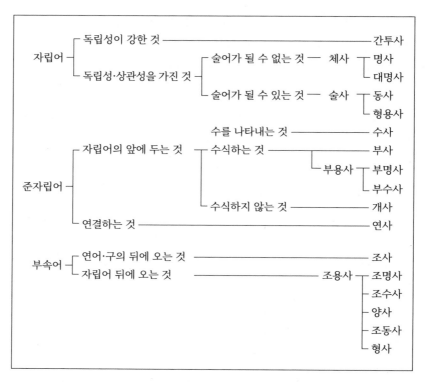

명사	人, 狗, 樹, 國家, 政治, 道德 ,外邊, 上頭, 早晨, 夜裏, 毛澤東
불완전명사	一天, 一個星期, 三個月, 三個鐘頭, 五點鐘, 三十號, 姐兒倆
부명사	男孩了, 女孩了, 公牛, 母雞, 某人, 各地, 另一个條件, 任何國家, 所謂三民主義
조명사	(방위) 桌子上, 屋裏, 門外 (유사) 天樣大, 海般深, 碗來大
대명사	我, 你, 他, 咱們, 誰, 大家, 自己, 這, 那, 哪, 這兒, 甚麼, 多嗏

수사	一, 二, 兩, 三, 十, 百, 千, 萬, 零, 幾, 些, 點兒
부수사	第一, 頭一天, 初五, 每三個, 上千上萬, 整一天
조수사	十來個, 十多個, 四十歲左右, (上下, 前後)
양사	個, 件, 隻, 張, 把, 頭, 回, 次, 下, 盪, 遍
동사	(타동사) 吃, 喝, 看, 說, 殺, 打聽, 討論, 研究 (자동사) 來, 去, 走, 坐, 站, 死
보동사	肯, 敢, 能, 會, 可以, 應該, 總得, 要, 被打, 難說, 好使, 容易明白
겸어동사	使, 讓 我叫他去, 他被我打了, 蒙您誇獎
(추향趨向)	~來, ~去, ~上, ~下, ~出來
(태)	~了, ~過, ~着, ~起來, ~下去
(가능)	~得, ~不得
조동사	~得上, ~不上, ~得·好, ~不好
(대상)	~給, ~到, ~在, ~的
(정도)	~大發了, ~得過兒
(결정)	~定
(보어)	~是, ~個
동동사	是, 像, 似乎, 如同, 髣髴, 算是, 等於
형용사	好, 壞, 大, 長, 短, 高, 紅, 黑, 偉大, 勇敢, 聰明, 乾淨
조형사	~多了, ~得多, ~多着呢, ~得慌, ~了去了, ~不過, ~極了
개사	在, 從, 向, 到, 離, 經, 因, 爲, 替, 由, 用, 依, 除, 比, 把

부사	最, 很, 太 更, 早就, 己經, 剛, 才, 正, 將要, 究竟, 永遠 暫且, 仍舊, 又, 再, 也, 往往, 單, 光, 另, 相, 一同, 都, 實在, 當然, 果然, 橫豎, 索性, 特意, 幸而, 偏, 倒, 幾乎, 大槪, 不, 沒, 別, 這麽, 那麽, 怎麽, 多麽
연사	和, 跟, 與, 及 一面…一面, 不但…而且, 不是…就是, 或者…或者, 因爲…所以, 要是, 無論, 雖然…可是
조사	們, 什麽的, 伍的, 的(得, 底, 地), 的話, 的時候, 之前, 之後, 似的, 一般, 一樣
구말조사	(갑류) 嗎, 吧, 罷了, 啊, 呀, 哇, 哪 (을류) 了(啦), 呢, 來着
준구말조사	才好, 才對, 才是, 才行, 就是, 就得了, 就結了
간투사	呀, 啊, 噯, 咳(嘻), 哦, 哼, 喂, 噓 是, 對, 對了, 不, 嗯

※ 불완전명사는 11.1.4 참조. 겸어동사는 8.2.1 참조

5

접사接辭

2음절 이상의 문절에 의미를 갖지 않거나, 혹은 불명확한 부분을 가진 것이 있다. 예를 들면,

　嘴巴(뺨)　　　　　尾巴(꼬리)

에 있어서 《巴》와 같다. 그런데 이 2가지 예만으로는 수도 적고 《巴》가 어떤 성질의 것인지 알 수 없다. 그러나 다른 예,

　結巴(말더듬이)　　啞巴(벙어리)
　劣巴(미숙한 사람. ※力巴로도 쓴다)
　催巴(잔심부름꾼)

에서는, 이 《巴》에는 확실한 의미가 없지만, 사람을 나타내는 일종의 표식이 아닐까 하는 상상이 떠오른다. 그런데 이 《巴》는, 우리들이 《巴》를 사용해 자유롭게 말語을 구성할 수 없고, 이들 문절文節이, 《結》《啞》《劣》《催》라고 하는 자립어에, 《巴》라는 부속어가 부가되어 구성된 것으로는 생각할 수 없다. 이들 문절은 말할 것도 없이 1개의 단어이며, 《巴》는 단어에서 인위적으로 뽑아낸 것이라고 밖에 말할 수 없다.

이와 같이 동일한 종류의 말(반드시 동일품사라고 할 수는 없다)의 동일한 부분(즉, 앞이면 앞, 뒤면 뒤)에 공통으로 나타나는 음절로, 의미를 갖지 않든가 혹은 그 의미가 불명확하고, 단지 그 종류의 말에 공통하는 몇 개의 특성을 나타내는 것에 불과한 부분을 **접사**接辭라고 한다. 그리고 이

경우, 단어를 분석해서 얻어낸 단위 이하의 것이라고 말할 수 있다.

접사는 조용사助用詞와는 다르다. 조용사는 독립성을 갖지 않으면서도 언어활동의 단위이다. 문절에서 조용사를 분리하기 위해 사용하는 대체법의 분석과 종합은, 우리들의 언어활동 안에서도 실제로 행해지고 있다. 그러나 접사의 경우, 이 같은 분석은 언어에 대한 특수한 성찰로서 행해지는 것에 그치고, 이것을 총합의 단계에까지 가지고 갈 수는 없다. 특히 주의해야 할 점은, 접사의 인정에는 어원 해석을 수반하는 것과, 용례의 많고 적음에 기초를 둔 가치판단이 포함되어 있다는 것이다. 그렇기 때문에 만약《嘴巴》《尾巴》에서《巴》를 문제 삼아, 이것을 신체의 일부를 나타내는 접사로 보는 사람이 있다고 해도, 바로 반대할 수 없다. 또 문자는 다르지만《尾巴》《籬笆》(울타리)의 ba를 명사접미사로 하는 사람도 있다(자오위안런趙元任). 루쭝다陸宗達·위민俞敏은《結巴》《啞巴》《劣巴》《催巴》의 4가지 말에서《巴》를 접미사로서 받아들였고, 왕리王力는《這麼》(이와 같이)《那麼》(저렇게)《怎麼》(어째서, 어떻게)《甚麼》(무엇, 어떤)의 4가지 말에서 '대사代詞'인 접미사《麼》를 언급했다. 이와 같이 접사의 인정은 다분히 주관적이다.

위에서 언급한《巴》와는 또 다른 동사접미사의《巴》가 있다. 이것은 동작의 단시短時·급속急速을 나타내는 것으로, 되는대로 거친 동작을 하는 어투라 일종의 혐오감을 불러일으키기도 한다. 또 단시태短時態와의 비슷함 때문에 중복형식이 애용된다.《試巴試巴》(잠깐 시험해 보다), 이 접미사는 많은 단음절동사에 붙어 사용범위가 매우 넓다.

| 說巴 | 試巴 | 捲巴(감다, 떠들어 대다) |
| 眨巴(눈을 깜박거리다) | 賣巴(싸구려로 팔다) | |

이와 같이 사용범위가 넓은 것은, 그만큼 부속어에 가까운 까닭이다. 이 점에서 보면 조동사와 비슷하지만, 의미라는 것이 인정되지 않기 때

문에 결국 접사 안에 넣어두는 편이 좋을 것이다.

접사 중에서 앞에 오는 것을 **접두사**接頭辭, 뒤에 오는 것을 **접미사**接尾
辭, 가운데 오는 것을 **삽입사**揷入詞라고 한다. 현대어에서는 접미사가 사
용될 때가 많지만, 접두사는 약간, 삽입사는 극히 드물다. 그 중요한 몇
가지의 예를 들어본다.

[접두사] 阿, 老, 打

[접미사] 子, 頭, (兒)

[삽입사] 裏 (糖裏糊塗와 같이)

접사는 의미를 갖지 않지만, 기능으로서는 다음과 같은 것을 갖고
있다.

(1) 단어를 만든다.

石頭   桌子   椅子   老弟

《石》《桌》《椅》《弟》등은 문자로서는 명확한 의미를 가지고 있지만,
단독으로 문절文節이 될 수 없다. 그렇다고 부속어처럼 일정한 위치를 가
지고 있는 것도 아니며, 문절의 어느 부분에나 올 가능성이 있다. 이와
같이 말을 구성하는 요소이면서 명확한 의미를 갖는 것을 **어근**語根이라
한다. 접사는 이와 같이 어근에 붙어 단어를 만드는 기능을 가질 수 있다.

(2) 단어에 붙는 것.

ⓐ 복음화로, 구두어로서의 명확성을 얻는 것이 중요하지만, 독립성
의 증가에 따라, 의미·용법상에도 변화나 한정을 보이는 것도 있다.

再也(두 번 다시)   倒也(오히려)

爲了(~을 위하여)   爲着(~을 위하여)   除了(~을 제외한)

若是(만약)   只是(단지)   還是(역시)   說是(~라고 말하는 것이다)

ⓑ 품사를 바꾸고, 새로운 말을 만드는 것.
撣(털다) → 撣子(먼지떨이)
吃(먹다) → 吃頭兒(맛)

《椅子》는 어원적으로는 다음과 같이 만들어졌을 것이다.
倚(기대다) → 倚子(기대는 것)   倚 → 椅

접사는 붙는 방법이 관용적이며, 어느 정도 경향을 볼 수는 있지만, 접
사를 가지고 다른 것을 다루어서는 안 된다. 예를 들면 《撣子》라고는 하
지만, 掃子(쓸 것, 비)라든가, 坐子(앉는 것, 걸상)라는 단어는 없다(다만, 방
언이나 고어에는 있을지도 모른다). 이에 반해 부속어에서는,
吃的(먹는 것)   喝的(마시는 것)   用的(사용하는 것)
使的(사용하는 것, 기구 등)   去的(가는 것)   來的(오는 것)

등처럼, 어떠한 동사에도 덧붙일 수 있다. 이 《的》은 부속어 안의 조사
에 속한다. 또,
工人們(노동자들)   農民們   學生們
孩字們   老爺太太們(남편들, 부인들)

등의 《們》도, 사람을 나타내는 명사나 연어라면 어떠한 것에도 붙는
다. 이 《們》도 조사이지만, 아래와 같은 북경어에서는 접미사이다.
爺們(사내 대장부)   娘兒們(계집애)

같은 모양으로 동사에 붙는 《了》, 예를 들면 다음의 것들은 완료태를

58

나타내는 조동사이지만,

　　來了　　　去了　　　走了　　　吃了
　　　·　　　　·　　　　·　　　　·

아래에 언급한 것들에서는 접미사이다.

　　爲了　　　除了
　　·　　　　·

　다음으로 조용사는, 이것을 사용하는 것에 의해 자립어의 품사를 변경하는 것이 아니기 때문에, 그 문절 전체를 자립어와 동일한 품사로 인정해도 좋다. 예를 들면 《桌子》에 《上》이라는 조명사가 붙어, 《桌子上》이 되더라도, 이것을 1개의 명사로서 취급할 수 있다. 그런데 접사에는 《擺子》의 《子》의 경우처럼, 품사를 전환시키는 기능을 가진 것이 있다. 접사와 조용사와의 차이는 이상으로 거의 분명해졌을 것이다.

59

6

구의 구조 I

句를 술어 앞(만약 술어에 수식어가 붙어 있는 경우는 그 앞)에서 둘로 나누어, 앞부분을 **주부**主部, 뒷부분을 **술부**述部라고 명명한다. 주부에 있는 중요한 말은 주어이고, 술어와 진술관계를 맺고 있다. 술부에 있는 중요한 단어는 술어이고, 경우에 따라서는 빈어를 취하며, 빈어와 지배관계를 맺고 있다. 주어, 술어, 빈어를 句의 **주요성분**主要成分이라고 한다. 또 이들 주요성분의 앞뒤에 있고, 이것들을 수식하는 **부가성분**付加成分이 있다. 이 중에서 주요성분 앞에 붙는 것을 수식어라 하고, 뒤에 붙는 것을 보어라 한다. 주어나 빈어 뒤에 놓여, 주어, 빈어와 동위관계를 가진 말을 **동위어**同位語라 한다. 또 句 안에는 **부르는 말(호칭어)**이 사용될 때가 있다. 句 안에 있으면서 독립한 것으로, 다른 말과 문법적 관계를 맺지 않는다.

이상은 句로서 갖춰진 것에 대해 서술한 것이지만, 실제로는 이들 성분이 모두 갖춰져 있는 것은 아니다. 따라서 이들이 어느 정도 갖춰져 있는가를 살펴보아야 한다. 부가성분이나 동위어, 호칭어는 句의 주요성분이 아니기 때문에 먼저 이것들을 제외하고, 주요성분에 대해 살펴봐야 하는 것은 말할 필요도 없지만, 그 가운데에서도 句의 구조를 생각할 때의 출발점으로 한 술어를 중심으로 살펴보면, 술어를 가지지 않는 句와 술어를 가지는 句로 나눌 수 있다. 그리고 후자는 다시 1개의 술어를 가진 句와 2개 이상의 술어를 가진 句로 나눌 수 있다. 이상을 무술어구, 단술어구, 복술어구라고 명명한다.

6.1 무술어구無述語句

무술어구는 술어를 갖지 않는 句이며, 술사 이외의 단어, 대부분은 체사나 간투사만으로 이루어진다. 다만 체사의 경우, 수식연어나 확대된 수식연어를 만들고 있는 것도 있다. 또 무술어구 가운데, 체사 1개만으로 이루어진 것을 단체사구, 2개 이상으로 이루어진 것을 복체사구라고 한다. 또 수사는 술사가 아니기 때문에, 무술어구에는 수사가 있는 것을 방해하지 않는다. 따라서 이 경우는 체사를 넓게 해석해서 수사도 무술어구에 포함시킨다.

무술어구는 文으로 사용될 때 비로소 명확한 표현이 가능하며, 句로서는 표현하는 바가 명확하지 않아 극히 불안정한 것이다.

6.1.1 단체사구單體詞句

단체사구의 구조는 다음과 같다.

(1) 체사 1개만으로 이루어진 것.

火!　　狼!

諸位!

甚麼?　　誰?

(誰去?) 我。　　(他打誰?) 你。

(2) 부속어가 붙어 있는 것.

兵士們!

這個嗎?

幾個?　　三個。

(3) 수식연어를 이루는 것.

好天兒!(좋은 날씨!)

親愛的朋友!(친애하는 친구여!)

誰的書? 我的書。

(4) 확대된 수식연어를 이루는 것.

(他是誰?) 我在上海的時候認識的一位文學者。

(내가 상하이에 갔을 때 알게 된 문학가)

단체사구의 기능으로서 2가지 면이 생각된다.

1) 부분적인 표출. 표출되지 않은 부분은 주로 시간적인 장, 즉, 그 전에 말해진 말에 의지하는 것. 앞의 예에서는, 이러한 문맥을 괄호에 넣어 표시했다.

2) 의미와 내용이 전개되고 있지 않는 것. 예를 들면, 늑대를 보고 "늑대다!"라고 말하고, 병사 앞에서 《兵士們!》라고 소리를 지르는 것과 같이, 공간적인 장場에 의존한다. 호소·감탄·의문 등을 나타내는 것이 많다. 앞의 예에서는 ? ! 가 구말에 붙어 있는 것이 이것이다.

6.1.2 복체사구複體詞句 (양체사구兩體詞句)

2개 이상의 체사에서 이루어지고, 술어가 빠진 句를 복체사구라고 하지만, 실제로는 2개의 체사로 된 것이 많고, 이를 양체사구라 불러도 좋다.

복체사구는 '체사위어구體詞謂語句'라고도 불린다. 이는 체사가 술어로 된 것이라는 견해에 근거하지만, '동사위어구', '형용사위어구'와 동일한 예로 논하는 것은 합당하지 않다. 어쨌든 복체사구에 있어서 진술이 행해지고 있는 것은, 이것이 文으로서 사용되고 있기 때문이고, 句로서 볼 때는 단순히 2개의 체사가 명확한 문법적 체계를 만들지 못하고 막연히 배열되어 있는 것에 지나지 않으며, 실은 등립적인 연어에 지나지 않는다. 이것이 진술관계로 되어있는 것은 전적으로 문맥의 힘이고, 문맥의 힘을 빌릴 것 없이 '위어謂語'를 만들고 있는 '동사위어구', '형용사위어구' 와는 성질이 다르다. 그런 까닭에 복체사구는 실제로는 文으로서만 취급되는 것이다. 다만 여기에서 말하는 체사란 수사를 포함한다. 그리고 중요한 것은 뒤의 체사, 즉 잘못해서 '위어'로 불리는 것에는 대명사가 없다. 또 체사에는 부속어가 붙기도 하고, 수식구조를 이루는 것은 단체 사구와 마찬가지다.

양체사구는 일치(좁은 의미의 판단)를 나타내는 것으로 제한하지는 않 는다. 양체사구의 뒤에 오는 단어는 수사가 많고, 명사라도 약간은 수적 관념을 포함하는 경향이 있다. 이는 수사에 어느 정도 술어성이 있다는 점에 의한 것일 수도 있다(수사를 체사에 포함시키지 않는다고 하는 입장은 이 점을 중시한다). 양체사구의 예로는,

今天國慶日。(오늘은 국경일이다)

我們浙江人。(우리들은 浙江省 사람이다)

一年三百六十五天。(1년은 365일이다)

一百元一斤。(한 근에 백 원)

你這個傻子!(이 바보 같은 놈!)

이들은 句로서 진술관계를 나타내고 있는 것은 아니다. 만약 그렇다 면 다음과 같은 句는 성립하지 않아야 한다.

她到了今天國慶日才買一雙皮鞋。

(그녀는 오늘 국경일이 되어서야 비로소 가죽신을 한 켤레를 샀다)

我們浙江人, 一年三百六十五天, 天天吃大米飯。

(우리들 浙江省 사람은, 1년 365일 매일 쌀을 먹고 있습니다)

我打你這個傻子!(이 바보 같은 놈을 때려주다)

你這個傻子懂得甚麼?(너 같은 바보가 무엇을 알겠는가)

복체사구는 술어가 생략된 것도 아니고, 또, 체사가 술어로 된 것도 아니다. 《你這個傻子》처럼 생략된 것이 아니라는 것은, 보충할 것이 없다는 점에 의해서도 증명되지만, 만약 보충한다면 《是》가 많고, 《有》도 있다. 또 부정형否定形을 갖지 않는다. 부정하기 위해서는 술어가 있는 구로 바꾸는 것이 필요하다.

6.2 단술어구單述語句

단술어구는 1개의 술어를 가지지만, 단술어구에는 1개의 술어만 가지는 것과, 그 밖에 구의 주요성분을 수반하는 것이 있다. 전자는 단술사구라고 불러 단체사구에 해당하며, 대개 그것에 준해서 생각해도 좋다. 하지만 단체사구에는 명령이 없지만, 단술어구에는 명령의 경우가 있다든지, 또 단체사구는 보충연어가 없지만, 단술어구에는 명령이 있는 등의 차이도 있다. 단체사구, 단술사구 안에, 부가성분이 없는 것, 즉 1개의 단어로 되어 '단어문單語文'이라고 말하는 것이 있다. 단술어구의 예로는,

　(1) 술사 1개만으로 된 것.

　　　走!　　　來!

　　　(去不去?)　　去。

　　　怎麼樣?(어떻습니까)　好。

　　　怎麼着?(어떻게 할 것인가)　幹!(할 것이다)

　(2) 부속어가 붙은 것.

　　　走嗎?(외출하는가)

　　　好多了!(훨씬 낫다)

　　　投降吧!(항복하라)

　(3) 수식연어, 보충연어를 이루는 것.

眞好啊!(정말로 좋군요)

去一趟吧!(한번 갔다 오세요)

《看看》과 같은 중복형식이나 《去不去》와 같이 의문을 나타내는 것은, 모두 단일술어(술사)로 간주한다.

술어수	명칭	
0	무술어구	단체사구
		복체사구
1	단술어구	단술사구
2~	복술어구	

6.2.1 단부구單部句·쌍부구雙部句

이상 서술한 단술사구는 단술어구 안에서 가장 간단한 것이고, 단술어구에는 주어를 가지는 것, 빈어를 가지는 것, 이 2개를 다 가지는 것이 있다. 여기에서 句를 주부와 술부로 나누는 최초의 출발점으로 되돌아가서 句를 다시 보면, 주어를 가지는 것과 주어와 빈어를 가지는 것은, 바꿔 말하자면 주부와 술부에서 이루어진 句이다. 그리고 빈어를 가지는 것은 술부만의 句가 된다. 현재는 전자를 쌍부구로, 후자를 단부구로 부른다. 단술사구는 술부의 일부이거나 전부인 것이 명백하기 때문에, 결국 단부구이다.

	주어	빈어	명칭
단술어구	−	−	단술사구 / 단부구
	−	+	
	+	−	쌍부구
	+	+	

대체로 句가 사용되는 것은, 어떤 것을 언급하기(진술하다) 위해서이다. 그렇게 하기 위해서는, 일단 언급되는 것과 언급하는 것이 필요하다. 주부·술부를 보면, 주부에는 언급되는 말이 있고, 술부는 그것에 대해 언급하고 있는 것이 있다. 단부구는 술부 밖에 없기 때문에, 진술만 있는 구라고 할 수 있고, 쌍부구는 진술의 대상과 진술을 함께 가지고 있는 구라고 할 수 있다. 다음으로 무술어구에 대해서 살펴보면, 먼저 단체사구는 장에 의존하는 것이 많지만, 시간적인 장에 의존하는 것은 진술의 대상, 혹은 진술의 일부분을 나타내고, 앞에서 언급한 부분표출이 이것이다. 또 공간적인 장에 의존하는 것은, 진술과 그 대상이 분리되지 않고 일체가 되어 있는 것이며, 이를 미전개표출未展開表出이라 한다. 복체사구를 文으로서 볼 때에는, 진술의 대상과 진술은 있지만, 그 관계가 명확하지 않기 때문에 진술 그 자체는 불충분하다고 할 수 있다. 진술의 대상을 S, 진술의 내용을 P, 진술 내용의 일부분을 p로 나타내면, 각각의 句가 文으로서 표현하는 것은 다음과 같다.

쌍부구	S+P	他去。他是浙江人。天氣好。
단부구	P	去。好。下雨。愛他。
복체사구	S, P	他浙江人。
단체사구(미전개)	$S \times P$	好天氣! 狼!
(부분표출)	S	(誰去?) 他。
(부분표출)	p	(愛誰?) 他。

술어를 가지는 句를 그 술어의 품사에 따라 나누면, 동동사구, 동사구, 형용사구로 세 종류가 된다. 동동사구는 '명사구', '판단구判斷句' 등으로도 불리며, 동사구는 '서술구', 형용사구는 '묘사구描寫句' 등으로도 불린다.

66

6.3 동동사구同動詞句

동동사에는 일치를 나타내는 《是》, 동일을 나타내는 《等於》, 유사를 나타내는 《像》《好像》《似乎》《如同》《髣髴》, 인정을 나타내는 《算是》 등이 있고, 이것들을 사용한 구를 동동사구라 한다. 그 밖에 인정을 나타내는 《叫》《叫作》《算作》 등은, 변화·취임을 나타내는 《變》《成》《變成》《當》《作》 등과 함께 同動詞로 하는 사람이 있지만, 적당하지 않다. 동동사구의 특징은 다음과 같다.

1) 빈어는 반드시 1개이다.(병렬연어는 1개로 계산한다)
2) 조동사를 사용할 수 없다.
3) 처치구(17.12에 설명)에 사용하지 않는다.

일부의 사람이 의미상 동동사라고 하는 것 안에 《叫》는 (1)에 합치하지 않고, 《變》《成》《變成》《當》《作》은 (2)에 맞지 않으며, 《叫作》《算作》은 (3)에 맞지 않는다. 그런 까닭에 이런 말들을 동동사로는 인정하지 않는다.

6.4 형용사구形容詞句

형용사구의 특징은 빈어를 갖지 않는 것이다. 그러나 보어를 취할 때가 있다.

這個好一點兒(이것은 조금 좋다)

這個布長三尺。(이 목면은 3척 정도 길다. [※ 단, 길이가 3척이라고 말할 때에도 이렇게 말하지만, 그 때는 보어가 아니다])

형용사구의 술어는 주어의 성질·상태 등을 설명한 것이지만, 상대적·비교적·일시적인 성질과 상태를 나타내는 경향이 있다(다만 이 경향은 특히 북경어에 현저히 나타나고, 없는 방언도 있을지 모른다). 그러니까 절대적·영구적인 성질과 상태에는 동동사구로 하고, 형용사를《是…的》에 끼워 쓸 때가 많다. 예를 들면,《這張紙白》은 부자연스러운 느낌을 피할 수 없고,《這張紙是白的》(이 종이는 희다)이라고 말해야 한다. 또《這個黑板白》(이 칠판은 희게 되어 있다)은 좋지만,《這個黑板黑》은 좋지 않고,《這個黑板是黑的》이라고 해야 한다. 같은 형태로서《這粉筆紅》은 좋지 않다.《這粉筆是紅的》(이 백묵은 붉다)이라고 해야 한다. 그러나《這粉筆長》은 좋다. 이 경향이 가장 명백하게 나타나는 것이 부명사이며, 수식성만으로 되어, 완전히 진술성을 상실하고 있다. 예를 들면《公牛》(수소 雄牛)의《公》처럼 부명사이지만, '수컷'이라고 말하는 것이 영구적이라는 점에서 술어로는 사용될 수 없을 것이다(동동사구로 할 수 밖에 없다).

또한 형용사는 태조동사態助動詞와 병용되어 빈어를 취하고, 혹은 대명사·수사, 또는 그것을 붙인 명사 위에 쓰여, 빈어로 할 때가 있다. 이는 형용사에 특히 동사적인 성질을 부여한 것으로, 형용사 자체에는 자유롭게 빈어를 취하는 기능은 없다.

6.5 동사구動詞句

6.5.1 자동自動과 타동他動

자동사·타동사의 구별에 대해서는 이미 언급했다. 자동사와 타동사의 구별은 단순히 의미상이 아닌, 기능으로 나타내는 것이 많다. 그런데 중국의 문법에서는, 자동·타동의 구별을 인정하지 않는 것이 많다. 왜냐하면, 동사의 기능에 대한 성찰이 충분하지 않기 때문이기도 하지만, 또 글자에 편중하고, 언어가 의미를 내용으로 하고 음성을 외형으로 한다는 것을 잊어버렸기 때문이다. 중국에서는 대개 동일한 문자로 표현되어 있는 한, 언어로서도 1개라는 생각이 있는 것 같다. 그러나 가령, 같은 문자가 사용되더라도 의미의 폭이 넓을 때는, 자동·타동으로 변화를 보일 때가 있어 이상하지는 않다. 예를 들면 《去》에는 간다는 의미 외에, 현대어에서 제거한다는 의미나 연극 등의 배역으로 분장하다의 의미가 있다. 가령 부주의하게, 막연히 《去》가 자동사라고 말해도, 그것은 《去》가 가지는 가장 일반적인 의미인 '가다'의 경우에 붙어서 말하는 것이고, 《去》라는 문자가 사용되는 한, 모두 자동사라고 말하는 것은 아니다. 또 《吃》 역시, 일반적으로 타동사라고 말하는 것은,

　　吃飯(밥을 먹다)　　　吃麵(우동을 먹다)　　　吃果子(과일을 먹다)

　　吃麵包(빵을 먹다)　　　吃藥(약을 먹다)

와 같이 가장 기본적이고 보편적인 의미·용법에 대해 말하는 것이고,

　　吃驚(놀라다)　　　吃醋(질투하다)　　　吃力(뼈가 부러지다)

　　吃飯館子(요리점에 가서 맛있는 것을 먹다)

　　吃大戶(부자에게 신세를 지다, 흉년이 들었을 때 등)

　　吃爸爸(아버지에게 얹히어 살다)　　　吃香(인기가 있다)

　　吃虧(손해를 보다)　　　吃齋(금기하다)

와 같이 복합어로 된 것에 붙어도 《吃》이라는 문자를 사용하는 한, 전부 타동사라고 말할 수 있는 것은 아니다(어원 해석은 별도이다). 근래 중국에서도, 말의 단위에 대해 상당히 생각하게 되었지만, 단위의 단일성에만 주의가 쏠려, 동일성에 대한 고찰이 충분하지 않다는 흠이 있다. 이 책에서는 동일성에 대해서는 가능한 엄격한 입장을 취하고, 동일문자, 즉 동일어와 같은 표면적인 취급은 하지 않도록 한다.

자동사·타동사의 구별은 이미 언급했다. 그러나 이 밖에도 또한 기능상의 구별을 찾아낼 수 있다. 즉, 타동사는 일부를 제외하고, 《把》에 의해 빈어의 위치 전환을 할 수 있다(《把》나, 《把》와 같은 기능의 말을 사용한 구조의 구를 처치구處置句라 한다). 그러나 자동사는 이렇게 할 수 없다. 여기에서 일부라고 하는 것은, 비자의적인 동사, 혹은 심리적인 동사, 예를 들면,

看見(보이다)	聽見(들리다)	聞見(냄새가 나다)
喜歡(좋아하다)	愛(사랑하다)	怕(두려워하다)
嫌(싫어하다)	知道(알고 있다)	明白(알다)

와 같은 것을, 임시로 타동사에 포함하여 말하는 것이다. 또,

記得(기억하고 있다)	認得(보고 알다)	懂得(듣고 알다)

와 같이 조동사와 동사가 결합하여, 복합어가 되었다고도 말할 수 있는 것 역시 처치구를 사용할 수 없다.

자동사를 타동사의 뒤에 붙여 복합어로 하는 것에 의해, 타동적으로 사용하는 용법이 있다. 이와 같은 자동사를 보어로 보는 사람도 있지만, 여기에서는 사성복합동사使成複合動詞라 부르기로 한다. 예를 들면, 《死》《倒》는 자동사이지만,

弄死	打死	弄倒	打倒	推倒	拉倒

등으로서 타동적으로 사용한다.

동사의 자동·타동에 대한 구별은 기본적으로 이상과 같지만, 기준을 가지고 있다고는 하더라도 명확하게 단정할 수 없는 것도 있다. 또, 확실한 의미상의 차별이 거의 없음에도 불구하고, 자동·타동으로 양용하는 것으로 인정되는 것도 있다. 이처럼 겸용하는 것에는 두 종류가 있다.

(1) 운동을 나타내는 것. 기본적으로는 자동이다.

出(나가다, 내다)   跑(달리다, 달리게 하다)

走(걷다, 걷게 하다)   上(오르다, 올리다)

(a) 타동으로 쓸 때. 추향趨向을 나타내는 조동사를 쓰지 않는다.

(b) 자동으로 쓸 때.

(i) 진술관계일 때에는 추향을 나타내는 조동사를 쓸 때가 많다.

(ii) 지배관계일 때에는 추향을 나타내는 조동사를 쓰지 않을 때가 많다. 단 쓸 때도 있다.

(a)의 예

跑馬(말을 달리게 하다)   走馬(同左)   出主意(생각을 내다)

出煤(석탄을 생산하다)   上糞(거름하다)   上供(제물을 올리다)

(b) (i)의 예.《來》는 추향조동사趨向助動詞.

太陽出来了。(해가 떴다)   月亮上来了。(달이 떴다)

(b) (ii)의 예

太陽出來了。(해가 떴다)   出汗(땀이 나다)

跑出駱駝來了。(낙타가 달리기 시작하다. [※ 出來는 추향조동사])

요컨대 타동에는 추향조동사를 쓰지 않고, 쓸 때에는 반드시 자동이다(단, 자동으로도 사용하지 않을 때가 있다).

(2) 순간동사의 일부

순간동사瞬間動詞란, 그 동작이 극히 짧은 시간에 끝나버리고, 그 뒤는 태조동사와의 병용에 의해 오래 계속하는 상태를 나타내는 것이다. 이 종류의 동사는 두 종류로 구별되는데, 전단계(진행 중의 동작)와 후단계(지속하는 상태)로서 자타의 변화가 없는 것과, 전단계는 타동이고 후단계는 자동으로 되는 것으로 구별된다.

    (a) 站(서다) 靠(기대다) 坐(앉다)

    (b) 開(열다) 關(닫다) 擱(그만두다) 放(놓아주다) 掛(걸다)

  (a)는 전후 모두 자타自他의 변화가 없지만, (b)는 자동에서 타동으로 바뀐다. 즉,

（ⅰ) 전단계(타동)

  開門   關門   把地圖掛在牆上

（ⅱ) 후단계(자동)

  門開着   門關着   地圖在牆上掛着

  단,《開》도《開花》와 같은 경우는, 사람의 의지를 갖고 행동할 수 없기 때문에 당연히 이 예에 들어가지 않는다.

(3) 有

  《有》는 사용 방법을 보면《有飯》《有他》《有這個》와 같이 써서, 형식적으로는 완전히 타동사이다. 그러나 의미상에서 보면,《我有書》가 사람이 물건을 소유하는 것을 나타내기 때문이라고 해서,《這兒有人》과 같은 것까지도 장소가 사람을 소유하고 있는 것으로 설명하는 것은 아무래도 억지스럽다. 이와 같은 것은 의미적으로는 자동사라고 보는 편이 좋다. 그러나《有》를 자동사라고 하는 것은 기능적인 근거가 없다. 이것은 자동·타동에 같이 쓰이는 동사로 생각할 만한 것은 아니고, 오히려 기능과 의미가 서로 동떨어져 있는 것으로 보아야 한다. 그런 까닭에《有》는 형식적인 타동사라 할만하다.

6.5.2 직접빈어直接賓語·간접빈어間接賓語

일부의 타동사는 빈어를 2개 취할 때가 있다. 무엇인가를 주기도 하고, 받기도 하는 의미를 가지고 있기 때문에 **여탈동사**與奪動詞라 부르기도 한다. 2개의 빈어 가운데 앞의 빈어(사람을 나타낼 때가 많다)를 **간접빈어**, 뒤의 빈어(사물을 나타낼 때가 많다)를 **직접빈어**라 해서 구별한다.

여탈동사의 예로는,

① 준다는 의미를 포함하는 것 (수여동사授與動詞)
　　告訴(알리다)　給(주다)　許(줄 것을 약속하다)　送(보내다)
　　敎(가르치다)　賞(포상으로서 주다)　奇(부치다)　介紹(소개하다)
　　吩咐(분부하다)

② 빼앗다, 받는다는 의미를 포함하는 것 (탈취동사奪取動詞)
　　罰(벌금을 받다)　　賺(벌다)　　問(묻다)　　奪(빼앗다)

③ 중간적인 동사

조동사《給》을 취해서 준다는 의미를 가지고, 2개의 빈어를 취한 것처럼 된다. 또한 수여동사도 이와 같은《給》을 사용할 때가 있지만, 반드시 없어서는 안 된다는 것은 아니다. 다음 표에서는 괄호에 넣어서 표시했다. 또 탈취동사일 때에는 처치구를 사용할 수 없다.

　　他把一個金表送給我。
　　母親把司馬光的故事說給孩子們。

《借》는 아주 특수한 동사로서, 빌려준다는 의미와 빌린다는 의미가 같이 사용된다. 다만, 빌려주다의 경우 간접빈어 앞에는《給》을 취한다. 그래서 간접빈어가 있는 경우는 어느 쪽의 의미인지 확실하지만, 간접

빈어가 없으면 어느 쪽인지 명확하지 않다. 즉,

我借他一百元。(나는 그에게서 백 원을 빌린다)

我借給他一百元。(나는 그에게 백 원을 빌려준다)

我借一百元。(나는 백 원 빌린다. 나는 백 원 빌려 준다)

		주어	술어	간접빈어	직접빈어
1. 수여동사	1) 2) 3) 4) 5)	他 誰 他 你 我	送(給) 教(給) 還(給) 回(給) 賞(給)	我 我們 我 他 他	一個金表。 中國話? 一百元。 一封信。 兩塊錢。
2. 탈취 동사	6) 7)	我 誰	問 罰	您 你	一件事。 一千元?
3. 중간적 동사	8) 9)	我 我	踢給 賣給	他 他	球兒。 一本書。

1) 그는 나에게 금시계를 한 개 주었다.

2) 누가 너희들에게 중국어를 가르치느냐?

3) 그는 나에게 백 원 갚았다.

4) 너는 그에게 답장을 쓴다.

5) 나는 그에게 2원을 포상으로서 주었다.

6) 나는 당신에게 하나의 일을 묻습니다.

7) 누가 너에게 벌금 천 원을 징수한 것일까?

8) 나는 그에게 공을 차서 건네주다.

9) 나는 그에게 한 권의 책을 팔다.

또 《叫》도 특수한 동사로서, 2개의 빈어를 취할 수 있다. 이 경우는 앞의 빈어가 직접빈어이고, 뒤의 빈어가 간접빈어이다. 처치식을 사용할 때에는, 앞의 빈어를 이동시킨다.

大家都叫他無敵英雄。(모두가 그를 무적영웅이라고 부른다)

《他》가 직접빈어고, 《無敵英雄》이 간접빈어다. 처치구를 쓰면,

大家都叫他做無敵英雄。

의 《做》가 생략된 것이 아닐까라고 생각된다. 이와 같이 직접빈어가 간접빈어보다도 앞에 오는 것은 특수한 것이며, 예를 들면,

喝他一盃。(한잔하다)
每天作他三篇。(매일 3편 만들다)

와 같이 《他》가 《酒》이나 《文章》 등을 대신해서 사용되고 있는 것이라면, 《他》는 직접빈어이고, 직접빈어가 앞에 오는 예가 된다. 이 《也》는 전체를 가리키고 《一盃》《三篇》은 부분을 나타낸다. 그러나,

喝他一盃酒。
每天作他三篇文章。

와 같이 말할 수도 있고, 오히려,

喝酒一盃。
每天作文章三篇。

와 같이 말할 수는 없다. 그로 미루어 보면 이 《他》를 직접빈어라고 하는 것은 적당하지 않고, 《他》는 허사화해서, 오히려 조동사의 한 종류로 생각해야 할 것이다.

7

구의 성분

7.1 주부主部

　주부에는 주어 외에 부가성분이 있다. 부가성분은 文의 구조에 그다지 관계가 없기 때문에 지금 여기에서는 언급하지 않는다.

　주어란 술어와 진술관계를 구성하고 있는 것으로 일단 정의되지만, 진술관계라고 하는 것이 실은 대단히 폭이 넓은 것으로, 예를 들면, 다음과 같은 것이 모두 진술관계라고 말할 수 있다.

我去(나는 간다)	我好(나는 좋다)	我吃(나는 먹는다)
(　　　)	飯好(밥은 좋다)	飯吃(밥은 먹는다)
今天去(오늘은 간다)	今天好(오늘은 좋다)	今天吃(오늘은 먹는다)
北京去(베이징에 간다)	北京好(베이징은 좋다)	(　　　)

　이들 가운데 《我去》《我吃》에서는, 《去》나 《吃》의 동작 주체가 《我》라는 것은 의심의 여지가 없다. 또 《北京好》에서 《好》라는 속성은 《北京》에 갖춰져 있다. 이와 같이 동작의 주체, 혹은 속성·상태를 가지고 있는 것을 나타내는 단어를 협의의 **주어**라 한다. 혹은 이것을 의미적인 주어라 불러도 좋다. 그러면 《飯吃》과 같은 것은 어떤가 하면, 이것은 '밥을 먹다'라는 표현이 아니고 '밥은 먹다', 즉 경우에 따라서는 다른 음식은 먹지 않는다는 것이다. 그렇기 때문에 《飯》이라는 주제에 대해서 《吃》이라는 설명이 되고 있다. 이와 같은 것은 형식적인 주어라 해도 의

미적으로는 **주제어**라고 해야 한다. 그러니까 주어라고 하는 용어를 좁은 뜻으로 사용할 경우는 별도로 주제어라고 하는 것이 필요하게 되는 까닭이다. 다음으로《今天去》나《北京去》는,《今天》이나《北京》은《去》를 단순히 수식하는 것에 지나지 않는다는 견해도 성립한다. 그러나 수식하지 않고《飯吃》과 마찬가지로 주제를 나타내는 것이며,《去》는 그 주제에 관해 언급하는 것이라는 견해도 가능하다 만약 전자의 경우라면《今天》《北京》은 부사적 **수식어**이며, 후자의 경우라면 주제어이다. 이것을 어느 쪽인가로 결정하기 위해서는 문맥과 실제 발음에 따라야 한다. 문맥에 대해서는 말할 것도 없으므로 생략하지만, 발음의 경우는 명확하게 그리고 그 뒤에 짧은 휴식지를 두고 발음되었다면, 주제로서 언급한 것 같은 어투를 가진다. 간단하게 무심코 발음되면, 수식어로 생각해도 좋다. 요컨대 광의의 혹은 형식적인 주어는, 협의의 혹은 의식적인 주어와 주제어로 구별되어, 경우에 따라서는 수식어로 보이는 것도 포함된다. 이하 언급하는 주어는 이러한 협의의 주어로서 사용한다.

더욱이 동동사구는 보통 단일한 주어를 가지지만, 여기에도 2가지 경우가 있다. 그 하나는 주어가 빈어와 동일한 사물을 나타내는 것으로,

他是毛澤東。(그는 마오쩌둥이다)

와 같은 것이 있지만, 이와 같은 주어는 의미적인 주어이다. 이 밖에,

你是怎麽回事?(너는 어떻게 된 것이냐?)
作飯是我。(밥 짓는 이는 저입니다)
院外是冬天。(밖은 겨울이다)

와 같은 것은 주어와 빈어가 같은 사물이 아니다. 이와 같은 주어는 의미적으로는 주제어이고, 이와 같은 文은 句로서의 성립 가능성은 적다고 해야 한다.

7.1.1 주부의 구조

다음으로 형용사구와 동사구에 있어서 주부의 구조를 조사해 본다. 이 가운데 조금 문제가 되는 것은, 시간·장소를 나타내는 체사이다(이것에 '시간사時間詞' '지위사地位詞'라는 명칭을 부여하는 일이 시행되고 있지만, 그렇게 하면, 교착분류交錯分類가 늘어날 뿐이기 때문에, '의문사' '부정사否定詞' 등과 함께 별로 쓰고 싶지 않다). 이들 체사는, 앞에 주어·주제어가 있으면, 수식어로 쓰여졌다고 보아도 좋지만, 句의 처음에 있을 때에는 주제어와 같기도 하다. 다음의 표에서 ← 표시는 이들 체사가 주제어로 이행하는 것을 나타낸다. 그 조건은 앞에서 서술한 것처럼 문맥과 실제의 발음에 따른다. 시간사, 지위사에 대해서는 句의 성분이 되는 기능에 차이가 있어, 지위사는 주어가 되는데 반해, 시간사는 되지 않는다고 설명하는 사람도 있지만, 아마 설명의 편의상 생각해 낸 설로서, 채택할 수는 없다. 다음의 표는 꽤 복잡한 것처럼 보이지만, 그 규칙은 간단하다

	주부				술부		
	수식어	주제어	수식어	주어	수식어	술어	
1				我		去	나는 간다.
2					←今天	去	오늘 간다. (←오늘은 간다)
3		這個				買	이것은 산다.
4				我	一定	去	나는 꼭 간다.
5			←今天	我		去	오늘 나는 간다. (←오늘은 내가 간다)
6		他		身體		好	그는 몸이 좋다.
7			←今天		一定	去	오늘 꼭 간다. (←오늘은 꼭 간다)
8		這個			一定	買	이것은 꼭 산다.

78

	주부				술부		
	수식어	주제어	수식어	주어	수식어	술어	
9		他		身體	一定	好	그는 몸이 틀림없이 좋다. (좋은 날이 없다)
10			←今天	我	一定	去	오늘 나는 꼭 간다. (←오늘은 나는 꼭 간다)
11		他	的確	身體		好	그는 틀림없이 몸이 좋다.
12		他	的確	身體	很	好	(이하 생략)
13	現在	他		身體		好	
14	現在	他	的確	身體		好	
15	現在	他		身體	很	好	
16	現在	他	的確	身體	很	好	

1. 주어는 주부의 맨 마지막에 위치한다.
2. 주제어는 주부의 앞에 위치한다.
3. 부사적 수식어는 주어·주제어의 앞에 온다.
4. 구 처음에 오는 부사적 수식어는 주제어와 같이 해석되는 것도 있다.

7.1.2 특수한 주부의 구조

주부에서 주어와 주제어의 위치가 바뀌고 주어가 앞에 놓이는, 정상적인 경우는 주제어로서 쓰이는 말이 뒤에 올 때가 있다. 이 말은 이미 주제를 나타낼 수 없기 때문에, 주제어라고 말하지 않고 **준주어**準主語라고 이름 붙인다. 준주어는 빈어의 위치에 있어야 할 것이 앞으로 이동한 것으로 볼 수 있지만, 이동한다면 나타내는 바가 같을 리가 없다. 그중에서 《連…都(也)…》 등을 쓰는 것은 별도로 하면, 다른 것은 대부분 부정이고, 혹은 준주어+술어가 병렬한 경우로 제한되고 있다(8.1 포함구 참조).

주부가 주어+준주어로 이루어진 구

	조건	예문	
17	전면부정	他一竅不通。	그는 전혀 모른다.
18	의문대명사와《都》, 또는《也》	我誰也不怕。	나는 누구도 무섭지 않다.
		他們甚麼都不講究。	그들은 어떤 것도 상관하지 않는다.
포 함 구	連…都(也)	他連這個都沒有。	그는 이런 것조차도 가지고 있지 않다.
	긍정·부정	他酒喝飯不吃。	그는 술은 마시지만 밥은 먹지 않는다.
	긍정병렬	他牌打酒喝。	그는 마작도 하고 술도 마신다.
	부정병렬	我天不怕地不怕。	나는 하늘을 두려워하지 않고 땅을 두려워하지 않는다.

※ 번호가 없는 것은 비슷한 구 유형으로 참고에 그치는 것 (後述)

7.1.3 '주술위어구主述謂語句'에 대해서

이른바 '주술위어구'는 진술연어가 1개의 '위어謂語'이다. 즉, 이 책에서는 술부로 된 것으로 설명하고 있다. 예를 들면,

我腦袋疼。(나는 머리가 아프다)

自行車他騎去了。(자전거는 그가 타고 갔다)

學生們功課做完了。(학생들은 공부가 끝났다)

와 같은 것으로, 밑줄 친 부분이 위어이고, 그 안에는《腦袋》《他》《功課》와 같은 작은 주어를 포함하고 있다. 句의 처음에 오는《我》《自行

車》《學生們》이 全句의 주어로 불린다.

　이와 같은 것을 특별한 句 구조 한 종류로 열거한 까닭은, 필시 주어 (사실은 이 정의가 문제지만)는 1개가 되어야 한다는 입장에서 나왔을 것 이다. 그런데 중국어에는 형태상의 격格이나 수數가 없기 때문에, 주어와 술어의 밀접한 관계는 오로지 의미상으로부터 결정된다. 따라서 주어를 넓게 해석해서, 단순히 동작의 주체, 혹은 속성·상태를 갖추고 있는 것 에 그치지 않고, 句에 있어서 주제를 나타내는 것도 주어에 넣는다는 입 장도 있는 것이다. 그 결과, 주어가 2개 있어도 전혀 지장이 없게 된다. 여기에서 주술위어구 全句의 주어를 위에 든 예문에 의해서 살펴보면, 《我》는 《腦袋疼》이라는 상태를 갖추고 있기 때문에, 협의의 주어로도 해석되지만, 일반적으로는 주제어로 보아야 하고, 《自行車》는 사실상은 동작의 대상이며, 아주 쉽게 빈어로 전환시킬 수 있다. 그러나 빈어라는 것은 표현이 다르기 때문에, 결국 주제어로 보아야 한다. 다음으로 《學 生們》은 동작의 주체이기 때문에, 명백하게 협의의 주어이다.

　다음은 全句에 포함된 진술연어의 주어를 살펴보자. 이 중에서 《腦 袋》《他》가 진술연어 안의 술어 《疼》《騎出去》의 주체인 것은 확실하 다. 그런데 《功課》는 어떤가 하면, 《做完》의 주체가 아니라 그 대상, 결 국 빈어로 전환할 수도 있다.

　이상과 같이, 全句의 주어에도, 全句의 일부를 이루는 진술연어 안의 주어에도 이질적인 것이 내포되어 있고, 주술위어구라는 것을 내세움에 따라 광의의 주어, 즉 이질적인 것을 포함한 주어가 이질적인 것을 포함 하지 않는 단일한 주어로 구별할 수 있는 것이 아니라, 주어의 복잡성이 그대로 계승되고 있다는 것을 알 수 있다. 이는 주술위어구라고 하는 사 고방식이, 이와 같은 句의 구조를 해명하는 데에는 도움이 되지 않는다 는 것을 의미한다. 주술위어구는 2개의 주어를,

　　主 ｜ 主述

와 같이 분해하여, │ 앞을 전구의 주어, │ 뒤는 위어로 한다. 만약 │ 의 부분에서 반드시 휴식지가 있다면, 이와 같은 견해도 가능하다. 그러나 경우에 따라서는,

　　他身體 │ 好

　　我腦袋 │ 疼

와 같이 말하자면 위어 안의 주어 뒤에서 휴지가 행해질 때가 있고(이 경우《他》와《我》는 수식어처럼 되기도 한다), 또 부정의《不》는 진술연어 앞에 놓이는 것은 예외이며 句로서는 불안정하다.《不》는 진술연어 안의 술어 앞에 놓는 것이 보통이다. 예를 들면《他不身體好》는 반드시 앞에《身體好》라는 단어를 말하고 있고, 상대가 그 단어를 이어받아 쓴 것으로, 말하자면《身體好》를 거기에서만 복합어로 한 기분이다. 이와 같이 문맥의 지배를 강하게 받고 있는 것을 句 구조의 한 종류로 내세우는 것은 무리이다. 경우에 따라서는, 진술연어 앞에《不》을 놓는 것이 일반적인 때가 있다. 예를 들면,

　　我不心疼。(나는 아깝지는 않다)

　　他不膽兒小。(그는 상당한 배짱이다)

와 같이 말하는 것도 있다. 그러나 이는《心疼》이나《膽兒小》가 이미 복합어로 되어 있기 때문에《不》을 그 앞에 취하고 있다고 보아야 하며, 보편성이 없기 때문에 句 구조를 생각할 때에 문제가 되지 않는다. 오히려 복합어의 문제이다. 또,

　　中國地大物博。(중국은 토지가 넓어 산물이 풍부하다)

와 같은 것을 주술위어구로 하는 사람들이 있지만, 이와 같이 특수한 것은 오히려 먼저 단문인지, 복문인지부터 논해야 하기 때문에, 곧바로

주술위어구의 전형적인 것으로 하는 것은 조금 적당하지 않다. (8.1 포함구 참조)

7.2 빈어賓語

빈어의 분류는 문법적 조건을 설정할 수 있는 범위 내에 한정시켜야 한다. 그러나 이것만으로는 너무 간단해서, 句에 있어서 빈어의 복잡성·다양성이 분명하게 되지 않는다. 그런 까닭에 부득이하게 의미를 고려해 그 표현을 분류해 보지만, 의미를 고려하는 이상, 주관에 따라 빗나갈 가능성을 가진다. 그러나 빗나간다 해도, 대강의 틀은 알 수 있을 것이다.

타동사의 빈어는 대부분의 경우 단순하게 동작을 받는 대상물을 나타낸다. 또한 이 밖에 몇 종류의 경우가 있지만, 어느 것이나 많지 않고 예외적이다.

자동사는 빈어를 취하지 않는 것도 많지만, 취할 때는 장소를 나타내는 단어라든가, 동작의 주체가 될 때가 많다. 전자는 문제가 없지만, 동작의 주체가 될 때에는 자동사를 주어의 도치倒置로 보는 사람도 있다. 그러나 도치되면 그 표현이 같을 수가 없다. 그러므로 도치된 것은, 원래는 주어이지만 이미 주어와는 다른 것으로 되었다. 이와 같은 것은 형식상·의미상으로도 주어라고 부를 수 없고 **주체빈어**主體賓語라 부르기로 한다.

《人走》와 《走人》의 차이는 이미 언급했다('3 연어' 참조). 《人走》에서는 《人》이 진술되는 대상이고, 이에 대해 《走》라는 진술이 되고 있다. 또 《人》은 이미 알고 있는 것으로서, 혹은 몇 개의 의미에서 일정한 것으로 표현되고 있다. 이에 반해 《走人》에서는 진술되는 말은 없고, 진술하는 단어뿐이다. 결국 어떤 사물에 붙어 그것이 어떻다고 하는 식으로 설명하는 것이 아니라, 단순히 현상의 존재를 말하고 있는 것에 지나지 않는다. 그리고 이러한 《人》은 미지의 것, 일정하지 않은 것, 모두 말하는 것을 나타낸다. 대명사가 주체빈어가 될 수 없는 것은, 명확한 지시성에 의해 방해받기 때문이다. 그렇기 때문에, 대명사라도 지시성이 약해진 경우에는 주체빈어가 될 수 있다.

走誰都不要緊。(누가 말해버려도 상관없다)

더구나 주체빈어로서 사용했을 때에는, 갑자기 일어난 사건과 같은 어투가 있다. 형용사는 빈어를 취하지 않는 것이 원칙이지만, 태조동사態助動詞 등을 수반함에 따라 자동사와 마찬가지로 빈어를 취할 때도 있다.

타동사의 빈어

	빈어	예문
1	동작의 대상물	1)賣報 2)當首飾 3)換衣裳 4)認字 5)選文章 6)磨刀 7)碰盃 8)(空氣)包着地球 9)綑行李 10)怕狗 11)愛錢 12)烤麵包
2	결과로서 생긴 것	13)挖窟窿 14)寫文章
		15)磨了兩個泡 16)碰了個大包
3	획득의 목표	17)賣錢 18)當銀子 19)賣二百元
4	새롭게 된 것	20)換了新的 21)換誰 22)認兒子
5	(수동의)	23)選了應天府

	빈어	예문
6	재료·도구	24)包着糖的毒藥 25)包上兩塊紅布 26)綑繩子 27)烤火 28)吃大碗 29)照鏡子
7	(사역使役의)	30)怕人 31)愛人

1) 신문을 팔다

2) 장신구를 저당 잡히다

3) 옷을 바꾸다

4) 글자를 기억하다

5) 문장을 고르다

6) 칼을 갈다

7) 잔과 잔을 맞추다

8) (공기는) 지구를 감싸고 있다

9) 짐을 묶다

10) 개를 무서워하다

11) 돈을 좋아하다

12) 빵을 굽다

13) 구멍을 파다

14) 문장을 쓰다

15) 스쳐서 물집이 2개 생겼다

16) 부딪쳐서 큰 혹이 생겼다

17) 팔아서 돈으로 바꾸다

18) 저당 잡혀 은으로 바꾸다

19) 2백 원에 팔다

20) 새 것인데도 바꿨다

21) 누구로 바꿨을까

22) 양자로 하다

23) 응천부의 직위를 받다
(選은 옛날에는 거성去聲,《選文章》과는 다른 단어라고 말할 수 있다)

24) 독약의 당의정糖衣錠

25) 두 장의 빨간 천으로 감싸다

26) 줄로 묶다

27) 불로 말리다

28) 큰 밥공기로 먹다

29) 거울에 비추다

30) 사람을 두렵게 하다, 무의식중에 무서워지다

31) 무의식중에 사랑스러워지다

자동사의 빈어

	빈어	예문	비고
1	장소	1)走路 2)上山 3)出國 4)出門 5)來北京 6)去上海 7)坐這兒 8)起炕 9)走後門 10)住怡紅院	
2	시각	11)起五更	
3	주체빈어	12)下雨 13)打雷 14)開花 15)走味兒 16)出汗 17)來一個客人 18)鬧賊 19)鬧耗子 20)死了母親 21)落白事 22)紅了臉了	현상·사건 예상되지 않는 것 불명확한 것 일정하지 않은 것
4	주체의 일부	23)他們死了人 24)他們來了三個 25)鳥兒下來一隻 26)他們跟了好幾個去	
5	결과로서 생긴 것	27)凍冰 28)長了十來歲	
		29)跑個大窟窿 30)累了一腦門子汗	
6	대상물	31)來個一電報 32)來個人兒呀	불명확한 타동적 용법
7	(사역적인)	33)一間住人, 一間坐客 34)長江可以走大輪船	
8	이유	35)你跑什麽? 36)跑賬	

1) 길을 걷다

2) 산에 오르다

3) 출국하다

4) 외출하다

5) 베이징에 오다

6) 상하이에 가다

7) 여기에 허리를 내리다

8) 병상에서 일어나다(病後 등)

9) 뒷문으로 출입하다

10) 怡紅院에 살다

11) 오경(오전3시~5시)에 일어나다   12) 비가 내리다

13) 천둥이 치다   14) 꽃이 피다

15) 향기와 맛이 없어지다   16) 땀을 흘리다

17) 손님이 한 명 오다   18) 도둑이 들다

19) 쥐가 떠들다

20) 어머니가 죽다
(어머니가 죽을 수 있다, 어머니를 잃다의 어투로도 해석할 수 있다)

21) 불행(사람이 죽는 등)이 일어나다   22) 얼굴이 빨갛게 되었다

23) 그들 중에서 죽은 사람이 나왔다   24) 그들은 3명 왔다

25) 새가 한 마리 내려오다   26) 그들은 몇 명이나 그 뒤에 따라갔다

27) 얼음이 얼다   28) 열 몇 개 되다

29) 달렸기 때문에 큰 구멍이 생겼다   30) 피로해서 이마 한쪽에 땀이 흘렀다

31) 전보를 보내오다   32) 사람을 보내라(누군가 오너라)

33) 한 칸은 사람을 머물게 하고, 한 칸은 손님을 앉게 하다

34) 長江은 큰 기선을 달리게 하다   35) 너 무슨 이유로 달리는 것이냐?

36) 외상값을 수금하러 다니다

7.3 주어·빈어의 구조

광의의 주어(즉, 의미적인 주어와 주제어)나 빈어가 되는 것은 보통은 체
사(수사를 이것에 포함시킨다)이지만, 이 밖에도 동사·형용사·연어도 될 수
있다. 동사·형용사가 주어나 빈어가 될 수 있다고 하는 것은, 그것이 그
대로 체사화한다는 것에 지나지 않는다. 중국어에서는 추상명사가 부족
하고, 동작이나 상태·속성 등으로부터 그것을 '事'로서 추상화하고, 이
것을 별도의 단어로서 독립시키지는 않는다. 그렇기 때문에 동사·형용

사는 그대로 '事'의 의미가 된다. 다만 체사화해도 '物'이 되는 것은 거의 없다. 여기에서 체사가 주어·빈어로 된 예는 생략하고, 그 밖의 예를 소개하고 싶다.

(1) 동사·형용사

去好, 不去不好。(가는 것이 좋다, 가지 않는 것은 좋지 않다)

哭管什麼事?(울어서 어떻게 될 것인가)

走能幇助消化。(걷는 것은 소화를 돕는다)

坐着比站着舒服。(걸터앉는 편이 서 있는 것보다 편하다)

不怕慢, 只怕站。(서두르지 않고, 쉬지 않고)

大有大的難處。(크면 큰대로 어려움이 있다)

窮也有好處。(가난에도 좋은 것이 있다)

我們不怕辛苦。(우리들은 고생을 마다하지 않는다)

咱們應該征服困難。(우리들은 어려움을 정복해야 한다)

(2) 연어

(a) 진술연어

我去不如你來。(내가 가는 것보다 네가 오는 편이 낫다)

歡迎諸位參觀!(여러분들의 참관을 환영합니다)

(b) 수식연어

中國的面積很大。(중국의 면적은 아주 크다)

(c) 지배연어

騙人是可恥的行爲。

(사람을 속이는 행위는 당연히 부끄러워해야 할 행위이다)

過日子很困難。(생활이 대단히 어렵다)

게다가 보동사補動詞 뒤에 붙는 동사와 빈어를, 지배연어가 빈어로 된

것이라고도 생각된다.《會說中國話》(중국어를 말할 수 있다)의 경우《會》
는 동사가 된다.

    (d) 보충연어

        研究一下是要緊的。(한번 연구해 보는 것이 중요하다)

  지배연어와 마찬가지로, 보동사補動詞를 내세우지 않고 동사로 할 때
는,《我想去一趟》(한번 갔다 오려고 생각합니다)에서《去一趟》이 보충연
어이고, 빈어《想》은 동사가 된다.

    (e) 조합된 연어

        你們過幸福的生活是我的希望。

        (너희들이 행복하게 사는 것은 나의 희망이다)

        我希望你們過幸福的生活。

        (나는 너희들이 행복하게 사는 것을 희망한다)

  (3) 연어군連語群

        他去我也去是不行的。(그도 누구도 가버려서는 안 된다)

7.4 수식어

  수식어 가운데 주어, 빈어 앞에 붙는 것을 **형용사적 수식어**(정어定語)
라고 하고, 술어 앞에 붙는 것을 **부사적 수식어**(상어狀語)라고 한다. 형용
사적 수식어는 명사의 수식어이고, 부사적 수식어에는 동사의 수식어와
형용사의 수식어가 있다.

7.4.1 명사의 수식어

형용사적 수식어가 될 수 있는 것은 다음과 같다.

① 명사

《的》을 쓰는 것과 쓰지 않는 것이 있다.

中國歷史　　　中國的歷史

② 대명사

(a) 인칭대명사에서는 《的》을 사용하는 것과 사용하지 않는 것이 있다. 친족호칭에 대명사가 수식어로서 사용될 때는 때때로 생략된다. 또한 대명사 앞에 다시 다른 형용사적 수식어를 사용하는 것은 없다.

他的父親　　　他的書　　　我媽

(b) 物을 지시하는 대명사에는 《的》을 쓰지 않는다.

這人　　　這個人(이 사람)　　　這些人　　　這些個人(이 사람들)

(c) 장소를 지시하는 것은 《的》을 쓴다.

這裏的房子(이곳의 집)　　　那裡的人(저쪽 사람)

(d) 대명사를 2개 쓸 때에는 반드시 인칭대명사가 앞에 온다.

他的這個見解(그의 이 견해)

③ 수사

양사量詞, 또는 명사를 임시적으로 양사화한 것을 수사의 부속어로서 수식어를 만든다. 아래 예시에서 《一車煤》와 같은 명사 《車》가 양사화되어 있기 때문에, 《一輛車煤》와 양사를 취하는 것은 없다. 또 《一大堆》의 《大》와 같이 형용사를 양사로 같이 쓸 수 있다.

一本書(한 권의 책)　　　一件衣裳 (한 벌의 옷)

一尺布(한 자의 목면)　　　一大堆橘子(큰 무더기의 귤)

一車煤(차 한 대의 석탄)

④ 형용사

단음절의 형용사는 《的》을 사용하지 않는 것이 많고, 복음절의 형용사는 《的》을 사용할 때가 많지만, 그 어느 것이나 사용하지 않으면 복합어처럼 된다.

好人(선한 사람)　好的人(좋은 사람)　聰明人(총명한 사람)

聰明的人(영리한 사람)　美麗的花兒(아름다운 꽃)　糊塗東西(바보)

⑤ 동사

원칙적으로는 《的》을 사용한다. 만약 사용하지 않으면 명사는 그 동사의 빈어처럼 되어버릴 우려도 있다. 그러나 문어文語 계열의 단어나, 복합어화한 것은 쓰지 않는 것도 있다.

活人(살아 있는 인간)　落花流水　走狗(앞잡이)

去的人(가는 사람)　看的書(읽는 책)

⑥ 연어

여러 가지 연어도 형용사적 수식어가 된다. 그 가운데 지배연어를 수식어로 하는 경우는, 의미상의 혼란을 일으키는 것이 많다.

建設社會主議的中國 [a] (사회주의를 건설하는 중국)

　　　　　　　　　　[b] (사회주의 중국을 건설한다)

　→ [a]:《建設社會主義》란 지배연어가,

　　　　《中國》의 수식어로 되어 있다는 견해

　→ [b]:《社會主義的中國》이란 수식연어가,

　　　　동사 《建設》의 빈어로 되어 있다는 견해

7.4.2 동사의 수식어

① 명사

시간·장소·재료·방법·양태를 나타낸다.

今天來(오늘 오다)   屋裏坐(방에 앉다)

石頭做(돌로 만들다)   鐵製(철로 만들다)

冰鎭(얼음으로 차게 하다) 面談   筆談

大聲叫(큰 소리로 부르다) 小聲兒說(작은 소리로 말하다) 粉碎

② 대명사

장소를 나타내는 것에 제한한다.

這兒來(여기로 오다)   那兒去(저기로 가다)

③ 수사

수사 그대로, 혹은 동량사動量詞 이외의 것을 병용한다.

一看(한 번 보다)   一把拉住(꽉 만류하다)

一天能走四十公里(하루에 40㎞를 걸을 수 있다)

④ 동사

조동사《着》을 쓰는 경우를 제외하고, 그다지 자유롭게 쓸 수 없다.

走着去(걸어서 가다)   笑着說(웃으면서 말하다)

飛跑(나는 것처럼 달린다)

⑤ 형용사

중복형식으로 하면 비교적 자유롭게 수식어로서 쓰인다.

慢慢兒走(천천히 걷는다)   明明白白的講(명백하게 설명하다)

快去(빨리 가다)   慢來(천천히 오다)

貴賣(비싸게 팔다)　　　早起晚睡(일찍 일어나고 늦게 잔다)

⑥ 연어

지배연어가 자주 쓰인다(개사와 체사로 이루어진 것도 지배연어에 포함된다).

　　坐火車去(기차로 가다)　　　從家裏來(집에서 오다)

이상과 같은 종류가 있지만, 그러나 이미 1개의 단어로 된 것이나, 문어, 혹은 여러 가지 제한이 있는 것이 많다. 이러한 부족을 보어가 보충하고 있다.

7.4.3 형용사의 수식어

① 명사

'~과 같이'의 의미가 가장 먼저다. 조명사《樣》《般》 등을 사용하면 비교적 자유롭게 쓰인다.

　　冰冷(얼음처럼 차다)　　　　火熱(불처럼 뜨겁다)
　　鐵靑(쇠처럼 푸르다, 검푸르다)　土黃(흙 같은 황색의, 카키색)
　　指頭大(손가락 정도 크다)　　豆兒大(콩 정도 크다)
　　碗大(사발 정도 크다)　　　斗大(한 되 정도 크다)
　　海樣深(바다처럼 깊다)

② 동사

극히 드물며, 더구나 복합어화되고 있다.

　　飛快(나는 것처럼 빠르다)　　滾熱(펄펄 끓어오르는 것처럼 뜨겁다)

③ 연어

개사와 체사로부터 된 것. 그러나 많지 않다.

比昨天冷(어제보다 춥다)
· · ·

형용사의 수식어도 고정화되어 자유롭게 사용할 수 없는 것이 많고, 부족한 점을 보어가 돕고 있다.

7.5 보어補語

句를 구성하는 성분으로, 술어·빈어 뒤에 사용되어 수식하거나, 또는 수식적 경향을 가진 것을 **보어**라고 한다.

1) 보어는 句를 구성하는 것이기 때문에, 부속어만을 보어로 하는 것은 아니다. 부속어는 문절을 구성하는 것이고, 句를 구성하는 것은 아니기 때문이다.

2) 체사는 보어라고 하지 않는다. 원래 체사가 보어로 된 것이라고 말해지는 가운데, 체사 뒤에 놓이는 체사는 동위어라고 하고, 동사 뒤의 체사는 빈어라고 한다. 빈어 안에도 수식적 경향이 보이지 않는 것은 아니다. 예를 들면 타동사일 때의 재료·도구를 나타내는 빈어(85쪽 표의 6)나, 자동사일 때의 장소·시간 등을 나타내는 빈어(86쪽 표의 1, 2)는 수식적인 의미를 가지고, 대부분 개사를 사용한 연어로 바꿔 놓을 수 있다. 그러나 이러한 것들을 의미상 보어라고는 하지 않는다. 또한 수사가 동량사·불완전명사로 병용된 것은 보어라고 하지만, 명량사와 병용된 것 가운데, 분명하게 명사를 예상할 수 있는 것은, 명사를 보충할 수 없어도 보어라고는 하지 않는다.

3) 보어의 기능은 수식하는 것이지만, 수식어라 할 만큼 명확하지 않는 점도 있다. 다만, 그 경우에도 수식적 경향이 전혀 상실되지는 않는다.

94

4) 보어는 여러 가지의 것으로 이루어져, 기능도 단일하지 않다. 그래서 가능하면 형태적인 공통점을 중시하고, 의미·기능적인 면은 어느 정도 종속적인 취급을 하는 것이 편리하다. 또 보어는 수식어와 마찬가지로 형용사적인 것과 부사적인 것으로 나눌 수 있지만, 형용사적인 것은 한 종류밖에 없기 때문에 특별히 이 구별을 내세울 필요는 없다.

7.5.1 형용보어形容補語

有飯吃(먹을 밥이 있다)　　　　沒有錢買書(책을 살 돈이 없다)

형용보어는 빈어(명사)에 붙는 동사, 또는 지배연어이고, 빈어와의 사이에 휴식지를 갖지 않는 것으로부터 수식성을 얻는다. 단지《有》《沒有》일 때에는 제한된다. 또한《有人來》《沒有人去》와 같은 것은 겸어구兼語句이다.

7.5.2 횟수보어回數補語

看一下(한번 보다)　　　看一眼(잠깐 보다)　　　　看一看
打他一下(그를 한번 치다)　　踢我一靴子脚(장화로 나를 한번 찼다)

횟수보어는 동사 뒤에 붙어 횟수를 나타내는 것이다.《一下》처럼 수사와 동량사動量詞를 사용할 경우,《一眼》처럼 수사와 명사를 사용할 경우(단, 그 사이에 명량사名量詞를 넣지 않는다), 또는《看一看》과 같이 동사의 중복형식을 써서, 그 사이에《一》을 넣는 것이 있다. 단, 이것은 보어에 넣지 않는 것도 생각할 수 있다. 명사의 경우는 동작이 행해지는 도구나 신체의 일부 등을 나타내고 있다. 또 빈어와 병용되는 경우는, 빈어가 명사이면 보어는 그 앞에 쓰고, 대명사이면 보어는 그 뒤에 쓴다.

看我一看　　　看一看鐘

罵他一下　　罵一下兒子

7.5.3 기간보어期間補語

去一天(종일 걷고 있다)　　　住了三個月(3개월 머물렀다)

等一會兒(잠시 기다리다)　　　等你一天(너를 종일 기다리다)

기간보어는 동작의 기간을 나타내는 것이고, 수사와 불완전명사를 사용할 때가 많다. 동작을 부정할 때에는 수식어로서 사용한다.

三天沒去 (사흘간 가지 않았다)

7.5.4 양태보어樣態補語(《個》를 수반하는 보어)

(a) 說個明白(확실히 말하다)　　　打了個半死(죽을 만큼 때렸다)

(b) 罵個不休(언제까지나 떠들어대다)

(c) 殺個鷄犬不留(살아 있는 것은 남기지 않고 죽이다)

(d) 打得個落花流水(마구 때리다)

모두 동사 뒤에 《個》를 취해 쓰이게 되는 보어지만, (a)는 형용사, (b)는 동사의 부정, (c)는 성어成語, (d)는 성어이지만 동사의 바로 뒤에는 조동사 《得》을 취한다. 이것은 《得》을 수반하는 보어와 《個》를 수반하는 보어와의 혼합형식이다.

7.5.5 결과보어結果補語(조동사 《得》을 수반하는 보어)

(a) 寫得好(쓰는 법이 뛰어나다, 훌륭하게 쓰고 있다)

寫得不好(쓰는 법이 서투르다, 잘 쓰지 못했다)

(b) 氣得發抖(화나서 떨리다)

睏得我要死了(졸려서 아무리 해도 되지 않는다)

(c) 熱得發狂(더워서 정신이 이상해졌답니다)

靜得一根針掉在地下都聽得見

(조용해서 바늘 1개가 땅에 떨어진 것도 들릴 정도다)

《得》을 수반하는 보어는 수식성이 약하고, 또 의미상 단일하지 않다. 따라서 이것들을 보어로서 일괄하는 것은 그다지 합리적이지 않다. 그러나 이같이 중간적인 존재는 어떻게 처리해도 반드시 석연치 않은 부분이 있다. 그렇기 때문에 결국 형태적인 특징을 주로 해서, 이것들을 일괄해서 보어로 하는 방법은 인정될 수 있다고 생각한다.

(a)는 형용사를 보어로 하는 것이지만, 이것을 진술연어로 볼 수도 있다. 그 경우, 《寫得好》는 '쓰는 법이 능숙하다'로 번역된다. 그러나 예를 들면,

他辦得好(그의 하는 방식은 능숙하다, 능숙하게 하다)

(的)辦法好(그가 하는 방식은 능숙하다)

와 같은 것을 비교해 보면, 후자가 완전한 진술인 것에 반해, 전자는 그 정도로 완전한 진술이라고는 생각되지 않는다. 《好》에 의해, 《辦》을 수식하고 있는 것 같은 어기도 느껴진다. 즉, 《他辦得好》는 하는 법이 능숙하다고 하는 의미와도 같이 해석되지만, 또 동시에 '능숙하게 하다'라는 의미로도 해석된다, 그러나 그 수식성은 명확하지 않고,

好好兒的辦(잘 한다, 능숙하게 하다)

와 같은 것은 구별되어야 한다. 그러면 이 《他辦得好》는 어떤 것이냐 하면, 번역하면 어렵지만 요컨대 동작의 양태의 결과적 표현이다. 여기에서,

1 說個明白 (양태보어)

97

2 說得明白 (결과보어)
　　　•　•

　　를 비교해 보면, 둘 다 명확히 말하는 것이지만, 전자는 분명히 말할 필요를 인정하고, 의식해서 확실히 말하는 것이다. 그런데 후자는 그와 같은 의식으로써 동작《說》을 행하는 것이 아니라, 동작의 양태《明白》가 결과적으로 인정된 것에 지나지 않는다. 전자는 동작의 양태를 행하는 자의 주관으로 표현하고, 후자는 그것을 보는 자의 객관으로 표현한다. 그렇다고 해서 현대어의《說得明白》은, '말한 결과 확실했다'고 말하는 것과는 의미가 다르고, 결과를 언급하고 있는 것도 아니다. 이것을 결과보어라고 하는 것은, 조금 오해를 일으킬 우려가 있지만, 간략하게 따르는 것이어서 앞에서 설명한 것처럼 양태의 결과적 표현이라는 의미이다.

　　결과보어 (a)의 긍정은, 가능조동사와 같은 형태이지만, 부정의 경우는 다르다. 또, 가능조동사일 때에는 그 앞에 휴식지가 일어나지 않는다.

　　說得 ｜ 好 —— 說得 ｜ 不好 (결과보어)

　　說得好 —— 說不好 (가능·불가능)

　　※ ' ｜ ' 는 휴식지가 가능한 부분을 표시한다.

　　(b)는 동사, 혹은 동사를 포함하는 연어를 보어로 하는 것이지만, 나타내는 것이 결과인지 정도인지 뚜렷이 구별되지 않는 것이 많다. 즉,《氣得發抖》는 임시로 '화나서 떨리다'로 해석했지만, 실은 그와 같은 결과를 말하는 것인지, 또는 몸이 떨릴 정도로 화났다(결국 정도를 말한다)는 것인지, 문맥에 따라 어느 쪽으로든 고정할 수 있지만, 구별이 되지 않는 것도 많다. 기원적으로는 결과로서의 표현이 앞이고, 이것을 정도로 사용하는 것은, 비유적 용법으로 생각된다. 그러나 현대어의 경향으로서는 오히려 후자로 사용되는 편이 많다. 이와 같은 정도의 표현은 수식어

로 말할 수 없기 때문이다. 예를 들면《氣得發抖》의 의미를 수식어에 의해 말한다면《發抖地生氣》로 할 수 밖에 없지만, 이와 같이 말하는 법은 구화어법歐化語法은 별도로 하고, 중국어로서는 부자유스러운 느낌을 피할 수 없다. 그래서 자연스럽게 보어 형식이 취해진 것이다. 무엇보다도 (b)에 속한다고는 말하면서,

  說得大家都笑起來了(그렇게 말했기 때문에 모두 웃기 시작했다)

  와 같은 것은, 순수한 결과이며 정도는 아니다. 그러나 이와 같은 것을 특별한 취급을 한다면, 별도로 특수한 句의 구조를 내세울 필요가 있다 (왕리王力는 이것을 '긴축구緊縮句'라고 했다). 그래서 여기서는 형태적인 공통점을 중시하여, 당분간 개별적인 것으로 하지 않고 결과보어에 넣어 둔다.
  (c)는 (b)와 같은 형태이지만, 형용사에《得》을 붙여 보어를 취하는 것이다. 이것도 결과의 것도 있고 비유적으로 양태를 말하는 경우도 있다.

7.5.6 정도보어程度補語

好一點兒(조금 좋다)　　　喜歡得了不得(참을 수 없이 기쁘다)
冷得利害(매우 춥다)　　　熱得要命(매우 덥다)

  형용사나 일부 심리적인 동사(喜歡, 悶, 餓, 睏, 疼 등)에 붙는다. 단 여기에도 이질적인 것을 포함한다.《喜歡得了不得》(기뻐서 견딜 수 없다)이나《熱得要命》(더워서 죽을 것 같다)과 같이, 이것을 결과보어로 하는 것 역시 불가능한 것은 아니다. 그러나《了不得》이나《要命》과 같은 것은, 원래 의미에서 벗어나 다만 정도가 심한 것을 나타내는 단어로서 쓰이는 경향이 강하기 때문에, 당분간 정도보어에 속하게 한 것이다.

7.5.7 수량비교보어數量比較補語

長三尺(세 자 정도 길다)　　短一寸(한 치 짧다)

형용사 뒤에 수사(양사를 수반하다)를 써서 비교의 뜻을 나타낸다. 이 보어는 빈어와 아주 유사하다. 즉,

多一個(한 개 정도 많다)　　短三個(세 개 부족하다)

少三個人(세 명 적다)

이상과 같은 것은 동사와 빈어에서 된 것이고, 명사는 사용하지 않는 것도 있지만 보충할 수 있다. 이것들은 주체의 일부를 나타내는 자동사의 빈어(86쪽 표의 4)에 속한다. 수량비교보어는 이것과는 달리, 명사를 보충한다고 생각할 수는 없다. 또 양사는 도량형의 단위인 것이 많다. 더구나 《長三尺》은 '길이가 3자이다'라는 의미도 있지만, 그 경우에는 2개의 체사로 된 양체사구이다,

이상 일곱 종류의 보어 중에, (1)형용보어에서 (4)양태보어까지는 보어로서 명확한 것이라고 할 수 있지만, (5)(6)(7)은 조금 불안정하다고 할 수 있다. 보어는 다른 句의 성분과 비교하면 역사가 새로운 것이 많지만, 조금 불안정한 것은 여기에 원인이 있을 것이다.

7.6 동위어同位語

체사體詞 뒤에 놓이는 체사이고, 앞의 체사를 알기 쉽게 풀이하거나, 또는 부족한 것을 보충하여 덧붙이는 것으로, 다시 한번 고쳐 말하는 것을 **동위어**라 한다. 그리고 동위어 앞의 체사는 **본위어**本位語라 한다. 본위어와 동위어의 결합을 동위연어라 한다. 동위연어의 특징은 두 단어

가 같은 사물인 것, 두 단어 사이에 휴식지가 있다는 점이다. 다만 본위어가 대명사인 것은 동위어와의 사이에 휴식지를 필요로 하지 않는 것도 있다. 동위어와 형용보어의 구별 방법으로,

1) 동위어는 체사, 형용보어는 동사이다.
2) 동위어는 그 앞에 휴식지가 있는 것이 많고, 형용보어는 그 앞에 휴식지를 취하는 것이 없다.

이상과 같이 정의하면, 어디에도 속하지 않는 것이 생긴다. 이들은 술어, 혹은 수식어이고, 조금 특수한 것이다.

  (i) 他買了一輛車, 頂漂亮。
    [복구復句의 아래 구가 《頂漂亮》이라는 술어만으로 이루어진 것]
    (그는 한 대의 자동차를 샀다, 대단히 훌륭하다)

  (ii) 他買了一輛車, 頂漂亮的。
    [《頂漂亮的》은 동위어의 수식어이지만, 수식되는 동위어는 생략되어 있다]
    (그는 한 대의 자동차를 샀다, 대단히 훌륭한 차를)

	동일물 여부	**휴식지 여부**	
동립연어	동일	있음	中國的首都, 北京… 北京, 中國的首都… 她, 你的媽媽…
		없음	我們浙江人… 你這個傻子… 他們三個…

	동일물 여부	휴식지 여부	
(동위적) 수식연어	동일	없음	中國的首都北京… 村長廣聚… 姐姐小娥…
병렬연어	다름	일정치 않음	中國, 日本… 北京, 上海…

8
구의 구조 II

8.1 포함구包含句

句 안에 사용되는 술사 역시 1개로 제한하지 않는다. 그중에서 수식어
나 보어가 되는 것은 句의 주요성분이 아니기 때문에. 句의 구조를 생각
할 때 고려할 필요가 없다. 그래서 주어, 빈어로 되어 있는 것을 살펴보
면, 단독으로 주어나 빈어로 되는 것 이외에, 연어를 만든 후에 1개의 체
사처럼 사용되는 것도 있다('7.3 주어·빈어의 구조'). 그 가운데 진술연어
(아래의 예문에서 밑줄 친 부분)가 주어, 또는 빈어로 되어 있는 것을 **포함
구**라 한다. 예를 들면,

他不來是一件怪事。(그가 오지 않는 것은 이상한 일이다)

你喜歡他老實。(너는 그가 정직하다는 것을 기뻐한다)

我看見他來。(나는 그가 오는 것을 보았다)

포함구에 포함된 진술연어가 1개의 체사처럼 사용되고 있다고 말한
것은, 진술연어가 의미적으로 1개의 내용으로서 의식되고 있기 때문이
다. 이것이 어떻게 증명되는가 하면, 포함구에 포함된 진술연어가 이것
을《甚麼》로 바꿀 수 있다. 즉,

甚麼是一件怪事?

你喜歡甚麼?

我看見甚麼?

103

또, 이들 포함구 안의 진술연어에 부사적 수식어를 사용한 경우, 그 위치는 2가지 경우가 가능하다.

　　你喜歡他<u>近來</u>老實。(a)

　　你喜歡<u>近來</u>他老實。(b)

　　我看見他<u>剛才</u>來。(a)

　　我看見<u>剛才</u>他来。(b)

이와 같이 부사적 수식어가 진술연어의 술어 앞 (a)뿐만 아니라, 술어가 주어 앞, 즉 句로서의 술어 뒤에 오는 (b)처럼 될 수 있다는 것은, 술어(여기서는《喜歡》《看見》)와 그 뒤의 체사(여기서는《他》)가 지배관계를 이루는 것이 아니라는 것을 말하고 있다) 포함구에 있어서 술어와, 그 안에 포함되는 연결어의 주어라는 것이 직접적으로 지배관계를 만들고 있다면 지배연어 사이에 부사가 들어가는 등의 일은 있을 수 없다. 연어 전체가 1개의 빈어로 되어 있기 때문에, 句의 처음에 올 수 있는 부사라면, 포함구에 포함된 연결어의 처음에도 올 수가 있다.

이 밖에 진술연어가 포함구의 술어를 이루고 있는 경우가 있다. 이는 앞에서도 언급한,

　　中國地大物博。

　　他酒喝飯不吃。

　　他牌打酒喝。

　　我天不怕地不怕。

와 같은 것으로, 이들의 특징으로는《地大》《物博》《酒喝》《飯不吃》과 같이 반드시 2개의 진술연어가 사용된다는 것이다. 현재 일반적인 진술연어의 특징으로는 다음의 2가지를 들 수 있다.

1) 주어와 술어와의 사이에 부사를 사용할 수 있고, 사용하더라도 그것이 진술관계인 점은 변화가 없다.

2) 주어와 술어와의 사이에《的》을 사용할 수 없다. 설사 사용할 수 있더라도, 진술관계가 아닌 것이 된다. 예를 들면,

他去。
1) 他去確去 ········ ○
2) 他的去   ········ ×

지금 이 특징을 적용시켜 보면,

我腦袋疼。
1) 我的確腦袋疼 ········ ○
2) 我的腦袋疼   ········ ○
這個我買。
1) 這個的確我買 ········ ×
2) 這個的我買   ········ ×

이상과 같은 결과가 되어,《腦袋疼》《我買》가 술어로서의 특징을 갖지 않는다는 것을 알 수 있다. 그러나 다음 예문에서는,

中國地大物博。
1) 中國的確地大物博 ········ ○
2) 中國的地大物博   ········ ×

와 같이 거의 술어로서의 특징을 갖추고 있다. (단, 1의 경우에는, 가장 일반적인 부사《不》을 사용하는 것이 적다. 사용하더라도 특수한 경우에 해당하는 이유는 술어성이 근본부터 술사일 만큼 완전하지 않다는 것을 나타내기 때문이다.) 그런 까닭에 이와 같은 2개(혹은 그 이상)의 진술연어인 경우에 한

해서, 이것이 술어로 되어 있다고 인정하기로 한다. 요컨대 이는 복구複
句를 술어로 하는 포함구이기 때문에, 이 점으로부터 진술연어가 일반적
으로 술어가 될 수 있다고 말할 수 없다.

8.2 겸어구兼語句

이 밖에 포함구와 비슷하지만, 실은 포함구와는 다른 것이 있다. 예를
들면,

他叫我去。(그는 나를 보내다)

你請他吃飯。(너는 그에게 밥을 대접하다)

張三派李四去。(張三이 李四를 보내다)

他帶我們參觀他的編輯室。

(그는 우리들을 안내하여 그의 편집실을 참관시켜 주었다)

司令官打發通訊員叫排長來

(사령관은 통신원에게 소대장을 불러오게 했다)

이들 구의 술어(《叫》《請》《派》《帶》《打發》)에 붙는 부분이 포함구와 같
이 1개의 빈어와 완전히 동일한 것으로 볼 수 있을 것인지 물으면, 그렇
다고 보기는 어렵다. 왜냐하면 술어의 뒷부분이 그것만으로 1개의 내용
으로 의식되지 않기 때문이다. 이는 조금 전에 언급한 포함구의 2개의
조건, 즉 포함되어 있는 연어가 《甚麼》로 바꿀 수 있는 것과 연어의 처
음에 부사를 놓을 수 있는 것, 이상의 2가지에 합치되지 않는 점으로부
터도 증명할 수 있다. 그러면 이와 같은 句는 어떻게 해석해야 하는가 하
면, 술어 뒤에 오는 체사(위의 예문에서 밑줄 친 부분)는 술어의 빈어이고,
동시에 다음 동사의 주어로 해석해야 한다. 이와 같은 점으로부터 이것

을 **겸어**라 부르고, 이러한 구를 **겸어구**라 한다. 마지막 예는 겸어를 2개 가진 겸어구이다. 겸어구는 사역의 의미를 가진 것이 많지만, 이 밖에 수동을 나타내는 겸어구도 있다.

　　我被他打。(나는 그에게 맞았다)

　　小孩子讓汽車軋死了。(어린이가 자동차에 치어 죽었다)

　　[　]蒙您誇獎。(칭찬받게 되어 황공합니다)

　이와 같은 《被》는 대부분 개사가 된다. 그런데 《被》는 일반 개사와는 심하게 성격을 달리한다. 예를 들면 개사 《拿》는,

　　我拿棍子打。(나는 몽둥이로 때린다)

와 같이 사용해서, 《拿棍子》라는 지배연어(개사에 의한 것 역시 지배연어의 일종으로 한다)는 수식어를 이룬다. 비록 《拿》의 동작성을 중시하는 입장에 섰더라도, 이는 단지 연술구(114쪽 참조)라고 말할 뿐이다. 그런데 《被他》는 단순한 수식 기능을 가진 것만이 아니라, 文의 주요성분으로서 수동을 나타내는 역할을 한다.

　지금 만약 《我拿棍子打》에서 수식어를 빼고, 《我打》라고 해도 문장이 나타내는 의미에는 근본적인 변화가 없다. 그런데 《我被他打》에서 《被他》를 제외하고 《我打》로 하면, 단순히 누구에게 맞았는지 알 수 없을 뿐만 아니라, 맞았다는 것 자체도 결국은 피동의 의미까지 소실되어 버린다.

　《被》는 '그에게 맞았다'의 '~에게'에 해당하는 것이 아니라는 것은 앞에서 언급한, 《他叫我去》의 《叫》가 단순히 '~을'에 해당하는 것이 아닌 것과 같다. 특히 《我拿打》라고는 말하지 않지만, 《我被打》라고는 말할 수 있고, 또 이와 같이 생략하는 것에 의해서도 피동의 의미가 변하지 않는다는 점에서 보아도, 《被》는 개사와는 다른 것이라는 것을 알 수 있다.

무엇보다도 단순하게《我打了》에서 피동의 의미를 나타내는 것 역시 없다고는 하지 않는다. 그러나 이는 文으로서 피동의 의미를 부여할 수 있는 경우도 있다는 것에 그치기 때문에, 句로서 피동의 의미를 표현하는 것은 아니다. 그렇기 때문에《被他》를 수식어로는 볼 수 없고, 또《被》가 단순히 동작을 행하는 편을 나타내는 것은 아니다.

겸어구에는 또한《有》혹은《是》를 제1동사로 사용하는 것이 있다. 예를 들면,

외邊有位客人找你。(밖에서 손님이 너를 찾고 있다)

[ ]是誰要這樣辦?(누가 이렇게 하려고 했는가)

이와 같은 종류의 겸어구는 중국어에서 아주 자주 사용되며, 문장을 주의해서 읽는다면 곳곳마다 사용되고 있는 부분을 알 수 있을 것이다.

我有書讀。(나에게는 읽을 책이 있습니다)

我沒有錢買。(나는 살 돈이 없다)

와 같은 것은《書》라는 빈어에《讀》이라는 보어가 붙고, 《錢》이라는 빈어에《買》라는 보어가 붙은 것이어서, 겸어구는 아니다. 왜냐하면 두 동사는 의미상의 주어가 모두 같은《我》이기 때문이다. 그렇다고 해도 이것은 뒤에 언급할 연어구도 아니다. 왜냐하면《讀》이나《買》가 결코 술어로서 사용되는 것이 아니기 때문이다. 위의 예시들이, '나는 책이 있기 때문에 읽는다' '나는 돈이 없어서 판다'의 의미가 아닌 것에 의해서도,《讀》《買》가 술어가 아니라는 것을 알 수 있을 것이다.

8.2.1 겸어동사兼語動詞

겸어구에 사용되는 동사를 보자면, 제2의 동사에는 별도의 제한이 없지만, 제1의 동사는 명령, 청구, 사역, 수동, 존재 등을 나타내는(또는 그

것에 관련을 갖는) 것이 많다. 이 가운데 자립어도 많지만,《叫》《使》《讓》《蒙》《被》 등은 동사성이 명확하면서도 자립어는 아니다. 예를 들어 《叫》는 사역·피동의 뜻을 나타내는 것으로 그것만으로 사용하지 않으며,《鳥兒叫》의《叫》와는 다르다(이《叫》는 보통의 동사, 즉 자립어인 것은 말할 것도 없다). 말하자면 이들은 불완전동사라고 부를 만한 것들이지만, 겸어구에 사용되기 때문에 특별히 겸어동사라 부른다, 상례의《吩咐》《打發》 등은 겸어구의 제1동사로 자주 사용하지만 단지 동사일 뿐, 겸어동사는 아니다. 게다가《被》 등은 동사의 바로 앞에 사용될 때가 있다. 이때는 보동사에 속하는 것으로 한다.

8.3 복술어구複述語句

대개 2개 이상의 술어를 가진 句를 복술어구라 한다. 복술어구는 다음의 네 종류로 나눠진다. (주어 S, 술어 P)

1) P-P
2) S-P-P
3) P-S-P
4) S-P-S-P

▪ 1)은 주어를 갖지 않지만, 이는 잠시 밀쳐놓고 2)부터 고찰하겠다. 2)는 더욱 다섯 종류로 나눠 생각할 수 있다.
　① 他走過去開門。(그가 걸어가서 문을 열다)
　　他拿起筆來寫字。(그는 붓을 집어 들어 글을 쓴다)
　　他翻身坐起來問。(그는 몸을 뒤집어, 일어나서 물었다)

② 他說完, 就背起行李走了。

　　(그는 말을 다 하자마자, 짐을 짊어지고 떠났다)

　　他脫了鞋, 走進屋里去。(그는 구두를 벗고 방에 들어갔다)

　　我們想到這里, 感到重大的責任。

　　(우리들은 여기까지 생각해서 중대한 책임을 느꼈다)

③ 旅客都又飢又渴。(여행하는 손님들은 모두 배가 고프고 목이 말랐다)

　　他一邊走一邊想。(그는 걸으면서 생각했다)

　　淮河忽漲忽落。(淮河는 수량이 늘었다 줄었다 했다)

④ 我們唱歌, 跳舞, 朗誦詩歌, 演奏樂器。

　　(우리들은 노래를 부르고, 춤을 추고, 시가를 낭독하고, 악기를 연주
　　했다)

　　拉出去的不是活人, 是死屍。

　　(잡아당겨 꺼낸 것은 살아 있는 사람이 아니라, 사체였다)

　　他聰明老實。(그는 영리하고 온순하다)

⑤ 我有一個朋友, 對語法很有研究。

　　(나에게는 한 명의 친구가 있고 어법에 대한 연구를 하고 있다)

　　他背誦了一段文章, 是周恩來總理的政治報告。

　　(그는 한 단락의 문장을 암송했다, 그것은 周恩來 총리의 정치보고
　　이다)

　　위에서 ①은 동작을 긴밀하게 연속하는 것으로 표현한 것이고, 제2·제
3의 술어 앞에 주어를 보충할 수 없는 것이다. ②는 1개의 동작 종료에
이어서 제2의 동작이 행해지는 것을 나타낸 것이며, 제1술어 앞의 주어
를 생략하여 제2술어 앞에 놓을 수도 있다. ③은 동작과 상태 등의 병렬,
혹은 번갈아 행하는 것을 나타내는 것으로, 주어를 보충할 수 없는 것이
다. ④가 나타내는 바는 동일하지 않지만, 주어를 보충할 수 있는 것이다.

⑤는 제2술어의 주어는 나타나 있지 않지만, 제1술어의 주어가 아니라 빈어이다. 이 구 유형은 겸어구와 비슷하다.

- 기본적으로는 이상의 다섯 종류로 좋다고 생각하지만, 혼동하기 쉬운 예도 역시 있다. 앞에 있는 술어가 자칫 가볍게 되어, 수식어와 같은 어투로 바뀌기 쉽기 때문이다. 예를 들면,

　　大家喝着水, 抽着煙, 看着表演。

　　(모두는 물을 마시고 담배를 피우면서 연기를 보고 있다)

이것은 거의 ④에 준하는 것일까 싶지만, 반드시 완전하게 병렬하는 것은 아니고,《喝着水, 抽着煙》은 수식어의 어투를 띠고 있는 것으로도 해석된다. 같은 형태의 것으로는,

　　他笑着說話。(그는 웃으면서 말을 한다)

　　我看着報吃飯。(나는 신문을 읽으면서 밥을 먹는다)

여기의《笑着》《看着》은 대개 수식어로 해석해도 좋다고 생각한다. 그러나《我一面看報, 一面吃飯》으로도 말할 수 있기 때문에,《看着》의 술어성은 상당히 강하다는 것을 알 수 있다.

①과 비슷한 것으로는, 아래와 같은 것이 있고, 제1동사는 술어로 인정하지 않는 편이 자연스럽지만, 또한 완전히 술어성을 상실했다고는 말할 수 없다.

　　我坐汽車去。(나는 자동차로[를 타고] 간다)

　　我拿筷子吃飯。(나는 젓가락으로[을 가지고] 밥을 먹는다)

개사는 이와 같은 술어가 퇴화하고, 동사로서 움직일 수 없게 된 것이지만,《坐》는 단순히 동사가 되는 것에 반해,《拿》는 개사로도 사용된

다. 그것은 다음과 같이 가질 수 없는 것에도 사용되기 때문에, 앞의 경우도 《拿》는 개사라고도 말할 수 있다.

我拿中國話說吧。(나는 중국어로 말하겠습니다)

특히 퇴화가 표면적으로 그친 개사에서는 뒤의 술어가 생략되어 동사로 되돌아가는 것이 많다. 예를 들면,

上北京去　→　上北京

到這兒來　→　到這兒

在屋里念書　→　在屋里

- 3) P-S-P 형식의 句는 다음의 두 종류로 구별된다.

  ① 說完, 他就背起行李走了。

    脫了鞋, 他走進屋里去。

    想到這里, 我們感到重大的責任。

  ② 要下雨了, 咱們回去吧。

①은 2) S-P-P 와 주어의 위치를 달리할 뿐이다. ②는 제1술어로 일반적으로는 주어를 필요로 하지 않는 것이지만, 의미상으로는 제2술어의 주어와 다른 것을 나타낸다.

- 4) S-P-S-P. 복술어구의 주어가 2개(혹은 그 이상) 있는 것은 다음의 세 종류로 구별된다.

  ① 주어가 동일하고 술어가 다른 것.

    他聰明, 他老實。

    她美, 她年輕, 她要强, 她勤儉。

    (그녀는 아름답고, 그녀는 젊고, 그녀는 노력가이고, 그녀는 근검하다)

112

我們不能寬恕他, 我們應該消滅他。

(우리들은 그를 용서할 수 없고, 우리들은 그를 말살해야 한다)

이렇게 주어를 되풀이하는 것은 어투를 강하게, 혹은 文의 구조를 조정하기 위해서지만, 주로 형용사구 혹은 그것과 비슷한 것에 사용된다. 또한 일반적으로는 처음의 주어만으로 충분히 그 뜻을 전할 수 있다.

② 주어가 다르고, 술어(술부)가 같은 것.

他去, 我去, 大家都去。(그도 가고, 나도 가고, 모두 간다)

이와 같은 종류의 것은 두 번째 술어 앞에 《也》를 사용할 때가 많지만, 첫 술어 앞에도 사용한다.

這個好, 那個也好。(이것은 좋고, 저것도 좋다)

杏花也開了, 桃花也開了。(살구꽃이 피었고, 복숭아꽃도 피었다)

술어가 빈어를 취할 때는, 빈어 역시 포함해서 동일하지 않으면 이와 같은 《也》는 쓸 수 없다.

我看報, 他也看報。(나는 신문을 읽고, 그도 신문을 읽는다)

따라서 다음의 것은 술어(술부)가 동일한 예에 들어가지 않는다.

我吃飯, 他吃麵。(나는 밥을 먹고, 그는 우동을 먹는다)

③ 주어가 다르고, 술어(술부)도 다른 것

我去, 他不去。(나는 가지만, 그는 가지 않는다)

我買書, 他賣書。(나는 책을 사고, 그는 책을 판다)

我看報, 他看雜誌。(나는 신문을 읽고, 그는 잡지를 읽는다)

이상의 세 종류 모두 제2·제3의 주어 앞에는 반드시 짧은 쉼표가 있다.

8.4 복구複句

句를 단구와 복구로 나누는 것이 널리 쓰이고 있다. 이상 언급한 복술어구는 어느 쪽에 포함시켜야 할까. 먼저 '4) S-P-S-P'가 복구인 것은 틀림없다. 문제는 주어가 1개인 것과 혹은 없는 것이다. 그 가운데 '3) P-S-P'의 것은 句의 처음에 와야 할 S가 중간에 오고 있어 형식적으로는 복구이다. 만약 이것이 단구라면, 앞의 P는 술어가 아니라 수식어가 되어야 한다. 다음으로 '2) S-P-P'의 가운데, ⑤와 같은 것은 2개의 주어가 다르기 때문에 복구로 보아야 하는 것이고, ②·④는 이것을 단구로 보아도 복구로 보아도 좋지만, ①·③은 단구로 밖에 볼 수 없고, 복구로는 생각되지 않는다. ①·②·③·④와 같이 1개의 주어에 대해, 2개 이상의 술어가 있는 것을 **연술구**連述句라 부른다. 주어가 없는 것은 결정하기 어렵지만, 위에 근거해서 생각할 수밖에 없다.

복구를 앞의 술어 끝부분에서 단락 지은 각각의 것을 분구分句라 한다. 그리고 앞의 분구를 전구前句(상구上句), 뒤의 분구를 후구後句라 이름 붙인다. 복구는 2개의 분구로 된다고 제한하지 않고, 3개 이상의 것도 있지만, 기본적인 것은 2개의 분구로 구성된다.

복구에는 분구와 분구와의 관계를 나타내는 연사를 가진 것과, 갖지 않은 것이 있다. 연사를 가지지 않은 것은, 분구와 분구와의 관계가 완전히 문맥에 의지하기 때문에 불안정하다. 복구는 등립구, 주종구의 두 종류로 구별된다. **등립구**等立句란 분구가 대등하게 놓여 있는 것이고, **주종구**主從句란 1개의 분구가 다른 분구에 종속되어 있는 것을 말한다. 연사를 사용하지 않는 복구에서는 이 구별도 문맥에 의한다. 주종구의 종속

114

하는 분구를 **종구**從句, 종속하지 않는 분구를 **주구**主句라 한다. 종구는 접속사를 사용하지 않는 복구에서는 반드시 전구이고, 접속사를 사용하는 복구에 있어서도 거의 모든 경우 전구이다. 종구는 한정하고 조건 붙이는 것이지만, 이 기능에 비슷한 것을 단구 안에서 찾는다면, 주부에 있는 부사적 수식어, 또는 주제어가 이것을 떠맡고 있다. 복구의 주구는, 단구에서는 주제어 등에 이어지는 부분에 해당한다. 예를 들면,

明天不能去。(내일은 가지 않는다)

: 단구.《明天》은 주제어, 또는 부사적 수식어.《不能去》는 술어.

(因爲)有事, 不能去。(일이 있기 때문에 갈 수 없다)

: 복구.《因爲有事》는 종구,《不能去》는 술어만으로 된 주구.

		주어 수	주어 위치	주어와 뒤의 술어와의 관계	
복술어구	P-P	0			(부정)
	S-P-P	1	전	유	연술구
	P-S-P	1	후	무	복구
	S-P-S-P	2	전후		

앞의 예에서《明天》과《有事》는 대단히 비슷한 작용을 하고 있다.《明天》이기 때문에 갈 수 없는 것이고,《明天》이 아니면 갈 수 있을 지도 모른다는 것이다.《有事》도 같은 형태로서,《有事》이기 때문에 갈 수 없는 것이고,《有事》가 아니면 갈 수 있을지도 모른다는 것이다. 이와 같은 의미적인 비슷함으로 인해, 부사적 수식어와 비슷한 부분의 종구는, 필연적으로 주구 앞에 오는 것은 당연하다. 구화어법歐化語法에서는 경우에 따라서는 종구도 뒤에 두지만 불안정하다.

단구	무술어구		단체사구	1) 誰呀? 2) 我。3) 狼! 4) 好天氣! 5) 你呢?
			복체사구	6) 我們浙江人。7) 今天星期三。
	단술어구	단부구	단술사구	8) 去! 9) 慢慢兒走吧! 10) 不能來。 11) 好。12) 太多了!
			(빈어를 가지는 것)	13) 吃飯。14) 洗澡了吧? 15) 下雨了。
		쌍부구	(동동사구) (형용사구) (동사구) 겸어구	16) 我們是浙江人。17) 他像猴兒。 18) 天氣好! 19) 他身量高。 20) 我吃飯。21) 你洗澡了吧? 22) 天要下雨了。 23) 我叫他去。24) 我們强迫他們勞動。 25) 我被他打了。
	복술어구		포함구	26) 他不來是一件怪事。27) 我喜歡他老實。 28) 中國地大物博。29) 他酒喝飯不吃。
			연술구	30) 他走過去開門。
복구			(등립구)	31) 我也來了, 你也來了。
			(주종구)	32) 因爲我太愛抽煙, 所以我的氣管不好。 33) 雖然年紀大, 可是精神好。

1) 누구야?

2) 저입니다.

3) 늑대다.

4) 좋은 날씨다.

5) 너는?

6) 우리들은 浙江 사람.

7) 오늘은 수요일

8) 가라.

9) 천천히 걸으세요.

10) 올 수 없습니다.

11) 좋다.

12) 너무 많다.

13) 밥을 먹다.

14) 목욕 끝났겠지요.

15) 비가 내렸다.　　　　　　　　16) 우리들은 浙江人이다.

17) 그는 원숭이와 닮았다.　　　　18) 좋은 날씨군.

19) 그는 키가 크다.　　　　　　　20) 나는 밥을 먹는다.

21) 너 목욕 끝났지.　　　　　　　22) 비가 내릴 것 같다.

23) 나는 그를 가게 한다.　　　　24) 우리들은, 그들에게 노동을 강요한다.

25) 나는 그에게 맞았다.　　　　26) 그가 오지 않는 것은 이상한 일이다.

27) 나는 그가 정직한 것을 기뻐한다.

28) 중국은 토지가 넓고 생산물이 풍부하다.

29) 그는 술을 마시지만, 밥은 먹지 않는다.

30) 그는 걸어가서 문을 열다.　　31) 나도 오고, 너도 왔다.

32) 나는 담배를 너무 좋아하기 때문에, 그래서 기관지가 나쁩니다.

33) 나이를 먹었지만 건강하다.

9

文의 기능(의미)

　언어의 기능은 말하는 사람의 생각이나 느낌을 듣는 사람에게 알리는 것이다. 그런데 말하는 사람의 생각이 듣는 사람에게 전해지기만 하면, 그것으로 끝나는가 하면 그렇지는 않다. 말하는 사람은 자신의 생각을 전달하기 위한 동기나 목적이 있다. 요컨대 언어행동은 상대에게 무엇인가를 기대하고 요구하는 것이다. 이하의 文은 이와 같은 기능을 중심으로 살펴본 것이다.

　어떤 말이라도 듣는 사람이 이해하는 것을 기대하지 않는 사람은 없을 것이다. 따라서 이는 모든 종류의 언어행동에 통하는 것으로, 듣는 사람에게 기대하거나 요구하고 있다고 따로 언급하기에는 부족할 것이다. 그래서 이러한 정도의 文은 **무요구문**無要求文이라 이름 붙인다. 그런데 여기서 또 일단 적극적·능동적인 것이 되면 듣는 사람에 대해 무엇인가를 기대하고 요구한다. 이러한 文을 **요구문**要求文이라 이름 붙인다. 무요구문에서 듣는 사람은 가만히 듣기만 하면 충분하다. 그런데 요구문의 경우 그처럼 순수하게 수동적인 자세를 취할 수는 없다. 요구문에는 세 종류가 있다. 첫째는 말하는 사람의 감정표출에 지나지 않는 것이지만, 듣는 사람의 공감을 마음으로는 기대하고 요구하는 것이다. 그러나 듣는 사람이 공감을 표출하는 것까지를, 표면적으로 요구할 수는 없다. 예를 들면,

　　多麽好哇! (아, 얼마나 좋습니까!)

둘째는 듣는 사람에게 어떤 해답을 요구하는 것. 셋째는 듣는 사람에게 행동을 요구하는 것이다. 일반적으로 무요구문을 평서문이라고 하며, 요구문의 첫째를 **감탄문**, 둘째를 **의문문**, 셋째를 **명령문**이라 부른다. 文의 이와 같은 분류는 언어행동의 가장 근본적인 기능에 기초하고 있다.

요구문도 무요구문도 文인 이상 완결감을 가진다. 그러나 요구문이 절대적인 완결감을 가지는 것에 반해, 무요구문이 가지는 완결감은 상대적인 것이다. 그렇기 때문에 무요구문을 1개 말하더라도, 듣는 사람은 바로 그것에 응할 태도를 취하지 못하고, 다음 말을 기다리는 것이 보통이다(무요구문이 회답回答으로서 말해질 때에는 문맥에 의해 절대적인 완결감이 생기지만, 이는 별도이다). 이렇게 해서 무요구문은 차례차례 말해지고, **'일단화**一段話'를 구성하는 것이 많다. 그런데 요구문은 절대적인 완결감을 가지기 때문에 두 번째가 계속해서 말해지는 것은 오히려 예외이고, 원칙으로서는 첫 요구문이 '일단화'를 구성한다. 이 차이는 그대로 句의 구조에 반영되고 있다. 즉, 무요구문에는 복구가 있지만, 요구문에는 복구가 적은 것이다. 때로 주구가 요구문일 경우도 있지만, 이것은 무요구문에서 생기는 '일단화'의 최후가 때때로 요구문으로 되어 끝나는 것과 궤를 같이 한다. 왜냐하면 보통, 주구는 복구의 후부를 차지하기 때문이다.

요구문의 세 종류 가운데, 중국어에서 의문구는 존재하지만 감탄구는 극히 드물다. 명령구는 존재하지 않고, 무요구구無要求句를 빌려서 임시적으로 명령문으로 하는 것에 그친다. 단, 부정의 경우에 사용하는 금지구는 있지만 이것도 다소 불안정하다. 중국어의 요구문은 특수 어순을 가진다고는 말할 수 없기 때문에, 이와 같은 분류는 타국어의 경우와 같은 중요성은 갖지 않는 것으로 간주해야 할 것이다.

文을 긍정과 부정으로 나눌 때가 있다. 이를 기능적 분류로 말할 수 있을지 어떨지는 의문이며, 위에서 언급한 분류와 교착분류交錯分類가 되지만, 文의 기능을 생각할 때 중요한 것이 있다. 긍정·부정이 의문을 중심축으로 해서 文으로서 서로 전환하는 것이다. 말하자면 반어反語가 이것이다.

[평서문 (긍정)]　　　→　　　[의문문 (긍정)]　　　→　　　[평서문 (부정)]

1) 紙還包得往火。　　　2) ~?　　　　　　　　3) ~!

(1. 종이로도 불을 감쌀 수가 있다)

(2. 종이로도 불을 감쌀 수 있을까)

(3. 종이로는 불을 감쌀 수 없다. [불이 없는 곳에 연기는 나지 않는다, 비밀은 탄로 난다])

[평서문 (부정)]　　　→　　　[의문문 (긍정)]　　　→　　　[평서문 (긍정)]

4) 沙子龍不把你打扁了。 5) ~?　　　　　　　　6) ~!

(4. 沙子龍[인명]은 너를 때려눕히지 않는다)

(5. 沙子龍은 너를 때려눕히지 않을까)

(6. 沙子龍은 너를 확실히 때려눕힐 것이다!)

무요구문(구)		我昨天到北海去。 我不知道。
요구문(구)	감탄구 감탄문	多麽好哇! 眞好!
	의문구 의문문	這是甚麽? 這是你的?
	명령문 금지구	走吧! 別說話!

中國語 歷史文法

제 2 부

10

품사전환品詞轉換과 파독破讀

10.1 명사·형용사·동사의 의미와 기능

중국어의 명사·형용사·동사는 다른 언어와는 현저하게 다르다. 여기에서 이 3개를 의미상에서 대략적으로 살펴보면, 대략 다음과 같다.

명사: 실체를 나타낸다.
형용사: 속성·상태를 나타낸다.
동사: 동작을 나타낸다.

명사는 보통 사물을 나타내는 것을 말하며, 중국문법에서도 이러한 정의를 사용하는 사람이 많다. 그러나 중국어에서는 이 명사 정의가 적당하지 않다. 중국어에서는 사물의 개념이 하나로 되어 있지 않고, '事'의 개념은 오히려 동작속성 등과 하나로 되어있다. 가까운 단어를 예로서 설명하자면,

好(상성)　　형용사　　좋다　　　　좋음
好(거성)　　동사　　　좋아하다　　좋아함

예를 더 들어보면, 일본어에서는 '가까움' '접근함'은 둘 다 명사로서 생각되고, '가깝다'는 형용사, '가까이 가다'는 동사이다. 그런데 중국어의 《近》은 성조가 고대어에서는 '가깝다'와 '가까움'의 경우 상성, '가까

이 가다'와 '접근함'은 거성이므로, 결국 2개의 개념으로 되어 있는 것을 알 수 있다(현대어에서는 동사는 없고, 형용사만 있지만, 상성은 변해서 거성으로 됐다. 이는 《近》이 군모羣母(전탁全濁)이기 때문이다(126쪽 고금성조대조표 참조). 요건대 '가깝다' '가까이 가다'라고 하는 구체적인 속성이나 동작에서 '가까움'이나 '접근함'이라는 추상적인 개념이 분리 독립해서 별도의 단어로 되지 않는다.

이와 같은 이유로, 명사는 주로 '物'을 나타내는 것이고, '事'는 동사나 형용사 역시 이것을 나타내는 역할을 분담하고 있다. 그런 까닭에 동사·형용사는 그대로 주어나 빈어가 될 수 있다. 단지 그 경우에도 동작이나 속성을 '事'로서 나타내고 있을 뿐이고, 그 주체가 되는 사물이나 그 밖의 개념을 나타낼 수는 없다. 여기에서 현대어의 명사·형용사·동사의 기능을 句 성분의 면에서 살펴보면 다음과 같다.

	명사	형용사	동사
(1) 진술하는 기능	−	+	+
(2) 지배하는 기능	−	−	+
(3) 진술지배되는 기능	+	+	+
(4) 수식하는 기능	(+)	+	−

10.2 파독破讀

《好》에 상성·거성이 있고, 《近》의 중고음中古音에 상성·거성이 있었다고 하는 것과 같은 일자양독一字兩讀의 현상을 파독이라 한다. 파독은 새로운 의미를 만들어 내기 위한 것이며, 이를 바로 문법적인 기능이라고 생각하는 것은 적당하지 않다. 그러나 문법적 기능은 의미에 기반을 두고 있으므로, 문법체계 안의 의미와 동떨어지지 않는다는 점에서 문법적인 면에서 다루어도 불합리한 것은 아니다. 그러나 이것은 일정 조건 하에서 모든 단어에 통하는 규율은 아니다. 바꿔 말하면, 이것을 통합의 단계에까지 미치게 할 수는 없다. 이런 점에서 말하면, 파독은 접사接辭의 기능에 가까운 점이 있다. 파독 현상은 오래된『안씨가훈顔氏家訓』에 다음과 같이 보인다.

> 夫物體自有精麁, 精麁謂之好惡 ; 人心有所去取, 去取謂之好惡。(上呼號反, 下烏故反) 此音見於葛洪, 徐邈, 而河北學士讀尙書云 : 好(呼號反)生惡(於各反)殺。是爲一論物體, 一就人情, 殊不通矣。【卷7音辭】
> (대체로 사물에는 정밀하고 거친 것이 있으며 이를 '호악好惡'이라 한다. 사람의 마음에는 이것을 좋아하는 것과 싫어하는 것이 있다. 이를 일컫는 好惡은 '호오[haù wù]'이라 한다. 이 음은 葛洪, 徐邈의 책에서 보이지만, 河北의 학자는 『尙書』의 "好生惡殺[삶을 즐기고 죽는 것을 싫어하다]"를 읽을 때, '호好[haù]·악惡[è]'이라 한다. 이는 한 가지는 사물 그것에 대해 말하고, 또 한 가지는 인정에 대해서 말하고 있는 것으로 아주 불합리하다)

이 부분의 의미는,《好》《惡》은 형용사일 때와 동사일 때 발음이 다른데, 동사인《好》를 동사 발음으로 읽으면서, 동사인《惡》를 형용사 발음으로 읽은 것을 비난하고 있는 것이다.

전대흔錢大昕은『양신록養新錄』에서 이 문장을 빼고 다음과 같이 말하고 있다.

> 依顔氏所說, 是一字兩讀起於葛洪, 而江左學士, 轉相增益, 其時河北諸儒, 猶未深信。逮陸法言切韻行, 遂幷爲一談, 牢不何破矣。【卷5】
> (顔氏의 설에서는 일자양독은 葛洪에서 시작되어, 강동의 학자가 점점 많아졌고, 그때 河北의 여러 유학자들은 이것을 깊이 믿지 않았다. 陸法言의

절운이 행해짐으로써 통설이 되어, 움직이지 않는 것이 됐다)

이와 같이 파독은 인위적으로 나온 것으로 언어의 자연적인 현상이
아니라는 설이 상당히 강하며,『마씨문통馬氏文通』에도 다음과 같이 언급
하고 있다.

至同一字而或爲名字, 或爲別類之字, 惟以四聲區別者, 皆後人强爲之
耳；稽之古籍, 字同義異者, 音不異也。【卷1】
(동일어이지만, 혹은 명사가 되고, 혹은 다른 품사가 된다. 단지 사성만으
로 구별되는 것은 후세 사람들이 인위적으로 만든 것이며, 고전과 대조해
보면, 글자가 같고 의미가 다른 것도 음이 다르지 않다)

그러나 학자가 쓰고 읽는 법을 주장한 인공적인 발음이, 거의 체계
적으로 구어에 포함돼 현재까지 전해지고 있다고는 생각되지 않는다.
《衣》의 경우, 명사일 때에는 평성, 동사일 때에는 거성으로 불려 매우 인
위적으로 보이나, 둔황의 속문학(P. 2564 등)에는 《意錦還鄕》(비단을 입고
고향으로 돌아간다)와 같이 거성의 《意》를 《衣》에 붙이고 있다. 필시 파독
이라는 것은 실제 언어에 존재한 것으로 생각되지만, 이것이 주목받게
된 것은 음운학이 발달한 육조시대이다.『안씨가훈』이나 절운이 이것을
증명하고 있다. 이후 당나라 육덕명陸德明의『경전석문經典釋文』에는 이
것이 반절로 표시되고 있다. 송나라 때는 가창조賈昌朝의『군경음변群經
音辨』권6은 오로지 이러한 파독에 유의한 것으로서, 이것은 이후에『정
씨가숙독서분년일정程氏家塾讀書分年日程』에도 수록되고 있다. 주희朱熹는
반절, 동음자로 주음注音하는 것 이외에, 단지 사성을 주석하면 충분한
것은 "好去聲"과 같이 간편하게 하고 있다. 원나라 때에 이르면 유감劉
鑑의『경사동정자음經史動靜字音』과 같은 전서專書가 나타나고, 명대에는
장위張位의『발음록發音錄』이 생겼다.

사성을 주석하기 위해 생각된 간편한 방법은 소위 점발點發·권발圈發이다. 점발의 기원은 명확하지 않지만, 당나라 초에 성행한 것은 장수절張守節의 『사기정의논례史記正義論例』의 '발자례發字例'에 의해 알려졌다. 송나라 이후에 점은 권으로 됐다. 그 형식은,

。東　　°董　　凍°　　讀。

과 같이 일정했다. 다만 모든 글자에 이 사성을 주석한 것이 아니라 읽기가 바꿔진 글자, 그것도 틀리기 쉬운 특수한 쪽에 주로 붙였다.

이와 같이 파독이 시대가 내려감에 따라 더욱더 주의하게 된 것은 그것이 구어 안에서 소멸되어 왔기 때문에, 옛날의 바른 읽기법을 전하려고 한 노력의 결과라고 볼 수 있다. 따라서 거기에는 때로는 실제 발음에는 존재하지 않았던 인공적 요소가 섞여 있지 않았다고는 보증할 수 없다. 말하자면 파독이라는 것 안에는 여러 가지의 요소를 포함하고 있다. 그것은 '가차假借'와 유사하거나, 어두자음語頭子音 변화를 하는 것도 포함하고, 사성에 한해서도 그 안에 입성入聲이라는 단순한 성조상의 것이 아닌, 음철적요소音綴的要素를 포함하고 있는 것이 있다. 그래서 문제를 평상거平上去의 세 성조 사이의 품사 전환에 한하여, 동일어의 전용轉用이라고 확실하게 생각되는 것에만 한하여 고찰해 보자.

고금성조대조표古今聲調對照表

성모 聲母 고성조 古聲調	청淸	차탁次濁	전탁全濁
	見 溪 曉 影 知 徹 照 穿 蕃 端 透 精 淸 心 幫 滂 非 敷	疑 喩 孃 日 泥 來 明 微	羣 匣 澄 狀 禪 定 從 邪 並 奉
평平	(陰平) 開 張 他 夫	(陽平) 洋 如 年 門 求 成 同 平	

	(上聲)		(去聲)
상上	幾上小反　　　眼如里晚		下上道父
거去	(去聲)		會事大步
	看處最變　　　又認路慢		
입入	(不定)	(去聲)	(陽平)
	接國給作	業日樂密	學直昨別

1. 명사 —— 동사 (物物 —— 동작動作)

(성모聲母)	고대어		현대어	
	명사	동사	명사	동사
針	平	去	針(陰)	-
釘	平	去	釘子(陰)	釘(陰·去)
衣	平	去	衣裳(陰)	-
冠	平	去	冠子(陰)	-
王(喩)	平	去	王(陽)	-
膏	平	去	膏藥(陰)	膏(去)
雨	上	去	雨(上)	-
種	上	去	種子(上)	種(去)
枕	上	去	枕頭(上)	枕(上)
下(匣)	上	去	下頭, 底下(去)	下(去)
飯	去	上	飯(去)	-
處	去	上	[處](去)	[處](上)
樹(禪)	去	上	樹(去)	[樹](去)
卷	去	上	卷子(去)	捲(上)
數	去	上	數兒(去)	數(上)
騎(群)	去	平	-	騎(陽)
乘(牀)	去	平	-	[乘](陽)
藏(從)	去	平	-	藏(陽)
從(從)	去	平	-	[從](陽)
磨(明)	去	平	磨(去)	磨(陽)
傳(澄)	去	平	[傳](去)	傳(陽)
彈(定)	去	平	彈子(去)	彈(陽)
量(來)	去	平	[量](去)	量(陽)

이상과 같이 고대어에서는 명사가 동사로 바뀔 때, 평성 상성은 거성으로, 거성은 상성으로 바뀌는 경향이 있다. 《騎》이하와 같이 거성이 평성으로 바뀐 예도 있지만, 이것은 오히려 평성(동사)이 시초이고, 이것이 거성(명사)으로 변했다고 볼 수 있다. 옛날부터 그렇게 생각해 왔고, 또 현대어에서도 명사 쪽이 쓰이지 않는 것이 많고, 명사가 동사로 변했다고 인정되는 것과는 반대로 되어 있기 때문이다. 이상을 살펴보면, 현대어에서는 명사와 동사 중 어느 한 쪽이 소멸하거나 혹은 단음절과 복음절로 나누어져 있는 것이 많다. 그리고 단음절의 것은 대부분 접사를 취하고 있다. 이 경우 접사가 성조 변화로 대체한 것이다. 이렇게 해서 성조가 가진 중요성은 감소하고, 현대어에서는 《釘》《枕》처럼 동사일 때에도 본래의 성조, 결국 명사로서의 성조를 가지게 되는 것도 있다. 더욱이 동사가 본래이고, 이것이 명사로 바뀌었다고 생각되는 것(《騎》이하)는, 모두 탁濁의 평성이고, 북경음에서는 양평陽平이 되지만, 그 안에서 전탁全濁은 유기음有氣音으로 변화한다.

2. 형용사 —— 동사 (속성·상태 — 동작)

(성모)	고대어		현대어	
	형용사	동사	형용사	동사
强(羣)	平	上	强(陽)	[强](上)
難(泥)	平	去	難(陽)	難(去)
輕	平	去	輕(陰)	-
好	上	去	好(上)	[好](去)
近(羣)	上	去	近(去)	-
遠	上	去	遠(上)	-
大	去	去	大(去)	-
正	去	去	正(去)	-
重	去	去	動(去)	-

128

이상은 모두 형용사가 근본이고, 이것을 동사로 사용한 것으로 볼 수 있다. 이 경우, 평성은 상성 또는 거성으로, 상성은 거성으로 바뀌고, 거성은 그대로인 경향이 있다. 단, 이들 변화한 동사는 의미적으로도 원래의 형용사와는 상당히 거리가 멀고, 특히 동사라고 해도 거기에는 인정할 경우(~가 된다)는 포함되지 않는다. 단순한 인정이라면 성조의 전환은 보이지 않는 것 같다.

[동작]

恭近於禮, 遠恥辱也【論, 學而】← 함께 거성

(공손한 것이 예에 가까우면 치욕으로부터 멀어질 수 있다)

是以君子遠庖廚也【孟, 梁惠王】← 거성

(그래서 군자는 주방에서 멀어지는 것이다)

[인정]

叟不遠千里而來【孟, 梁惠王上】← 상성

(선생님은 천 리 길을 멀다 않고 오셨습니다)

현대어에서는 동사 쪽이 사용할 수 없게 된 것이 많고, 복합어로서 쓰는 것이 일반적이다.

3. 형용사 —— 명사 (속성·상태 —— 물)

고대어에서는 형용사를 사물을 나타내는 명사로 쓸 때가 있었지만, 그 경우 성조변화를 필요로 하지 않았던 것 같다. 예를 들면,

老吾老, 以及人之老, 幼吾幼, 以及人之幼【孟, 梁惠王上】

(우리 집 어른을 어른으로서 존경하고, 나아가 다른 어른에 이르고, 우리 집 아이를 아이로서 사랑하고, 다른 아이에 이른다)

현대어에서는 《老的》《好處》와 같이 접사를 쓰고, 또 복합어로서 이

것을 나타낸다. 형용사 그 자체만으로는 '物'을 표현할 수 없고, '事'를
표현한다.

고대어의 성조변화는 역시 타동사와 자동사, 타동사와 사역적인 동사
사이에서도 보인다. 그러나 그다지 보편적이지 않기 때문에 생략한다.

이상과 같은 성조변화는 새로운 말을 만들기 시작하는 방법이라고도
말할 수 있지만, 그 때에는 새롭게 문자를 만들지는 않기 때문에 일자양
음一字兩音과 같이 느껴진다. 그러나 2개의 성조의 말에 대해, 제각기 글
자가 준비될 때가 있다. 이것은 대체로 근세의 일이고 역시 파독 그 자체
도 중고中古에는 없었던 때가 있다.

명사	동사
卷 (去)	捲 (上)
扇 (去)	搧 (陰平)
背 (去)	揹 (陰平)
份 (去)	分 (陰平)

130

11
명사名詞

11.1 명사의 분류

명사를 분류할 때에는 수량표현을 기준으로 한다. 명사의 경우 중복형식도 수량표현의 하나이다. 명사는 다음과 같은 네 종류로 나눈다.

(1) 고유명사
(2) 보통명사
(3) 물질명사
(4) 불완전명사

11.1.1 고유명사

고유명사는 어떤 것을 고유의 것으로 표시하기 위해 특별히 명명한 것이다. 따라서 고유명사에는 인위적·사적인 요소를 포함하고 있다. 어법적인 특징으로는,

(a) 중복형식이 없다.

(b) 일반적으로는 수사와 양사를 쓰지 않는다. 사용할 때에는 특수한 의미를 갖는다.

(i) 고유명사가 나타내는 그것 자체를 말하는 것이 아니라, 그것으로 전형적으로 대표되는 어떤 특성을 가진 부정不定의 것을 나타낸다. '~와 같은 것', '~과 같은 형태의 것'이라는 뜻이 된다. 다음 예시의《五湖范

蠡》는 공을 세우고 은퇴한 사람이라는 의미에 불과하다.

　　　一棹歸來, 只做箇五湖范蠡【辛棄疾詞】

　　　(노를 저어 돌아와, 五湖의 范蠡가 되리라)

　(ii) 고유명사가 나타내는 것이지만 그것의 명칭만을 알고 있고, 특성에 대해서는 모르는 것. '~라고 하는 것'의 뜻이다.

　　　傍邊有箇樑根迦葉【祖7】(옆에 樑根迦葉이라는 사람이 있었다)

　　　揚州有一座黛山, 山上有個林子洞【紅19】

　　　(揚州에 黛山이라는 산이 있고, 산 위에 林子洞이라는 동굴이 있습니다)

11.1.2 보통명사

(a) 중복형식이 있는 것이 약간 있다.

(b) 수사와 양사를 취한다. (양사는 계수를 위한 명량사名量詞)

　　　一把椅子　　　　　一件東西

11.1.3 물질명사

(a) 중복형식을 갖지 않는다.

(b) 양사 가운데 계량을 위해 명량사名量詞를 취한다.

　　　一杯水　　　　　一桶水

　계수를 위한 명량사는 원칙으로 취하지 않지만, 《這個》《那個》를 취해, 그 종류를 나타낼 때가 있다.

　　　這個酒(이 술): 그 종류 전부를 가리킨다.

　　　這杯酒(이 한 잔의 술): 그 술잔에 들어있는 술만을 가리킨다.

　　　那個茶葉(저 차): 그 종류 전부를 가리킨다.

11.1.4 불완전명사

원래 명사는 자립어로 의미상으로는 명사와 조금도 다름이 없지만, 자립어가 아닌 것을 불완전명사라 한다. 불완전명사는, 반드시 수사·양사·부수사·부명사 등과 합쳐서 사용한다(강조한 부분이 불완전명사).

一天	一年	幾歲
一個禮拜	一個月	一個鐘頭　　一點鐘
上星期	每天	

불완전명사 가운데 단음절에는 중복형식이 있는 것이 있다.

11.2 명사의 기능

11.2.1

명사에는 진술하고, 지배하는 기능은 없다. 동사·형용사는 그 자체에 진술하는 기능이 있기 때문에 동사구·형용사구라는 것을 내세우지만, 명사는 그 자체에 진술하는 기능이 없기 때문에, 이른바 명사위어구라고 하는 것은 내세우지 않는다(6.1.2 참고). 만약 이와 같이 본질적인 것과 그렇지 않는 것을 혼돈하면, 탄사嘆詞(간투사)위어구라는 것도 만들 수 있다. 그러나 명사도 예외적으로 진술하는 것처럼 사용할 수가 있다.

如果你們一定要白乾, 我也可以白乾一下。

(만약 너희들이 끝끝내 고량주를 마신다면, 나도 고량주로 해도 좋다)

咱們今天也去電影一下。

(우리들은 오늘도 영화를 보러 가려고 하지 않을까)

人家母女一場, 豈有不許他去的呢【紅51】

(저 사람들도 잠시는 부모자식 사이였기 때문에, 가는 것을 허락하지 않을

수는 없을 것이다)

旣是二房一場, 也是夫婦情分【紅69】

(잠시 첩이었지만 역시 부부사이입니다)

他那麽財主, 別說是一百元, 就是一千元也現成。

(그는 그렇게 부자이기 때문에, 백 원뿐만 아니라 천 원도 언제든지 있습
니다)

一家子只有二叔滿面紅光的怪精神。

(집 안에서 두 번째 숙부만이 혈색이 좋아 매우 뻐기고 있었다)

이들 句를 보면,《一下》《一場》같은 횟수보어,《可以》《那麽》《怪》와
같은 보동사補動詞·부사를 사용함으로써, 억지로 명사를 동사적으로 사
용하고 있다. 또,

他也不茶不煙, 一言不發【兒4】

(그녀는 차도 마시지 않고 담배도 피우지 않고, 한마디도 말하지 않았다)

那兩間屋子, … 不城不村, 收捨得却甚乾淨【兒24】

(그 두 칸은, … 도회풍도 아니고 시골풍도 아니며, 깨끗하게 정리되어 있
었다)

이것은《不》로서 명사를 동사·형용사처럼 사용하고 있다. 문언文言에
서는 명사를 술어로서 사용할 때가 많고, 특히 지배관계를 만드는 것은
현대어에는 없는 경우이다. 그 용법을 보면 다분히 수식적인 것을 느끼
기는 하지만, 또한 일정한 조건 아래에서 쓰이고 있어, 고대어에서도 어
느 정도는 존재한 것으로 생각된다.

諸候之士門焉【左傳, 襄公10年】(제후의 군사가 문으로 쳐들어왔다)

士兵之!【〃, 定公10年】(사관들은 군사를 인솔해서 쳐라)

爾欲吳王我乎?【〃】(너는 나를 오나라 왕처럼 척살하려고 하느냐)

134

勇士入其大門, 則無人門焉者；入其閨, 無人閨焉者【公羊傳, 宣公6年】
(용사가 그 대문으로 들어갔더니 문을 지키는 사람은 없고, 안방에 들어갔
더니 안방에도 사람은 없었다)

君王之於越也, 繄起死人而肉白骨也【國語, 吳語】
(군왕의 월나라에 대한 것은, 죽은 사람을 살리고 백골에 살을 붙인 것과
같은 것이다)

子釣而不綱【論, 述而】(공자는 낚시는 하지만, 그물을 사용하지는 않는다)

君子不器【論, 爲政】(군자는 그릇처럼 하나의 용도에만 적합한 것은 아니다)

觚不觚【論, 雍也】(觚라고 하는 술잔은 觚가 아니다)

위의 예를 보면, 명사 뒤에 《焉·之·我》 등의 대명사를 취하거나, 또는
앞에 《不》를 취하고 있다. 말할 필요도 없이, 대명사 앞에 오는 단어는
대부분 술어이고, 《不》 뒤에 오는 것은 술사이다. 이 점을 이용해 명사
를 술어화했다. 또 《肉白骨》과 같은 것은, 《起死人》을 먼저 내놓고, 그
뒤에 이어지는 연어의 관계를 암시하고 있다. 단, 《不》를 사용한 것은,
그것이 동사나 형용사도 부정할 수 있기 때문에 술사로서 사용된 것임
을 알더라도, 동작을 말하는 것인지, 속성과 상태를 말하는 것인지는 분
명치 않다. 또 같은 《門》을 동사화하더라도, 단순히 門이 관계하는 동작
을 말하는 것에 그치며, 門을 어떻게 할 것인가는 문맥에 의해 판단할 수
밖에 없다. 《不器》《不觚》와 같은 것도 번역한 말이 그 의미를 정확하게
나타낼 수 없지만, 요컨대 부정판단을 나타내는 것은 아니며, 묘사(또는
서술)하는 것이다.

賢賢易色【論, 學而】(현자를 존경하여 好色의 마음을 바꾼다)

君君, 臣臣, 父父, 子子, … 君不君, 臣不臣, 父不父, 子不子…【論, 顏淵】
(임금은 임금답게, 신하는 신하답게, 아버지는 아버지답게, 자식은 자식답
게, … 임금은 임금 같지 않고, 신하는 신하 같지 않고, 아버지는 아버지 같

지 않고, 자식은 자식 같지 않고)

위와 같이 단순히 같은 말을 늘어놓는 것만으로는, 어느 쪽이 술어인지 연어로는 나타나 있지 않다. 《賢賢》이 지배관계에 있는 이상, 《君君》도 같은 형태일 수 있기 때문에, 군군을 군군으로 읽어도 좋고, 《君君》이 진술관계이므로, 《賢賢》도 마찬가지로, 현현은 현현답다고 해도 지장이 없을 것이다. 그러나 그 뒤에 이어지는 것이 있고, 《易色》《君不君》이 앞의 연어 관계를 규정하고 있다. 즉, 《易色》이 지배관계에 있기 때문에, 《賢賢》도 지배관계가 되고, 《君不君》이 진술관계이기 때문에 《君君》도 진술관계로 해석된다.

11.2.2
명사는 진술되고 지배되는 것이 많다. 이것이 명사의 가장 근본적인 용법인 것은 말할 것도 없다.

11.2.3
명사는 또 다른 명사를 수식하는 기능을 가진다. 특히 단음절의 명사는 수식성이 풍부해서, 때때로 피수식어와 결합하여 복합어가 된다. 복음절의 수식성은 이에 뒤떨어지고, 현대어에서는 《的》, 고대어에서는 《之》를 취해 수식어가 될 때가 많다. 단, 고대의 문장에서는 이에 구애되지 않고, 단순히 우수偶數 음절을 만들기 위해 《之》를 쓰기도 하고 쓰지 않기도 하는 경향도 보인다.

玉人(옥을 연마하는 사람)　　工師(工人의 우두머리)

天殃(하늘의 재앙)　　民力(백성의 힘)　　天下之民(천하의 백성)

庠序之敎(지방의 학교에서 가르침)　　君之倉廩(임금의 창고)

雞豚狗彘之畜(닭, 돼지새끼, 개, 어미돼지라는 가축)

또 현대어에서는 《的》을 몇 개 사용할 때, 처음 것은 생략하는 것도 있
는데, 고대어의 《之》도 같은 형태이다.

　　王(之)車馬之音【以上, 孟, 梁惠王】(왕의 수레 소리)

11.2.4 동사를 수식하는 기능

시문·장소·재료·방법·양태로 다섯 종류가 있다. 그 가운데 시간·장소
를 나타내는 것에 대해서는 말할 필요가 없기 때문에 생략한다.

　ⓐ 재료를 나타내는 것. 자유롭게 쓸 수 있다.

　　木頭做(나무로 만든다)　　　　　　銅製
　　磚瓦蓋(벽돌이나 기와로 [집을] 짓다)　毛織(털로 짜다)
　　柳技兒編的小藍兒, 竹子根兒挖的香盒兒, 膠泥堁的風爐子兒【紅27】
　　(버드나무 가지로 엮은 작은 바구니, 대나무 뿌리에 구멍을 뚫은 향 그릇,
　　점토로 만든 풍로)

　ⓑ 방법을 나타내는 것. 문어적으로 복합어화됐고, 혹은 제한이 있어
자유롭게 쓸 수 있는 것은 아니다(마음대로 사용하려면 개사가 필요하다).

　　面談　　筆談(붓으로 대화를 통하다)
　　大聲嚷(큰소리로 떠들다)

　ⓒ 양태를 나타내는 것. 현대어에서는 아주 적으며, 복합어가 되기도
하고, 또는 정형화하고 있다.

　　粉碎(산산조각 깨지다)　　　鬼混(빈둥빈둥 놀다, 방해하다)
　　一字排開(일자로 늘어서다)
　　又有五六個老嬤嬤雁翅在兩旁【紅42】
　　(또 5, 6명의 나이 먹은 유모가 기러기 날개처럼 양쪽으로 늘어서 있다)
　　一溜烟抱了肩跑出來【紅12】

(살며시 양손으로 어깨를 껴안고 달려 나갔다)

一窩蜂跑到書房【兒18】([한꺼번에] 우르르 서재로 밀어닥쳤다)

문어에서는 아주 많은데, 복합어 같은 느낌이 강하다

席卷(석권하다)　　雲集(구름과 같이 모이다)　　人立(사람처럼 서다)

瓜分(2개로 나눈다)　　　蠶食(누에가 먹는 것처럼, 먹어 들어가다)

冰解(얼음처럼 녹아버리다)　　　玉碎　　　瓦全

庶民子來【詩, 靈臺】(서민의 아이처럼 오다)

11.2.5 형용사를 수식하는 기능

ⓐ 양태를 나타내는 것. 한정되고 자유롭지 않다. 대부분 복합어로 변하고 있다.

鐵靑(철과 같이 검푸르다)　　　紛嫩(가루처럼 부드럽다)

雪白(눈처럼 희다)　　　漆墨(새카만)

土黃(땅처럼 누렇다)　　　火熱(불처럼 뜨겁다)

冰冷(얼음처럼 차다)

倒在我眼皮子底下把人家房土地下糟塌了個土平【兒31】

(오히려 내 눈 앞에서 사람의 지붕에서 지면까지 땅처럼 평평하게 [여지없이] 밟아 뭉갰다)

ⓑ 크기를 나타낸 것. 자유롭게 쓰인다.

芝麻點兒大(참깨 알맹이 정도 크다)

豆兒大(콩 정도 크기)　　　指頭大(손가락 정도 크기)

碗口大(밥공기 주둥이 정도의 크기)

斗大(한 말 정도 크기)　　　屋子大(방 정도 크기)

일반적으로 명사를 형용사의 수식어로 하려면, 조명사《來》《般》《樣》, 조사《一樣》《一般》, 또는《那麼》등을 쓴다.

　　筆記本兒那麼厚 (노트 정도로 두껍다[두께])

11.3 중복형식重複形式

11.3.1 AA형

(1) 축지逐指

《每》《逐》의 뜻. 현대어에서는 명사 일반에서 볼 수 없으며,《人人》《家家》《千千》《年年》《處處》《步步》《聲聲》등, 극히 제한되어 있다. 이들은 불완전명사라든가, 또는 수사를 바로 수식어로 만들 수 있는 명사로서 조금 특수하다. 그리고 부사화하여 쓰는 것도 많다.

이 형식은 고대에는 그다지 발달하지 않았다. 예를 들면『사기』에《人人》《國國》《世世》《時時》등이 보이는 정도이며, 이후 중세에 이르러 상당히 발달했다.

　　人人親其親, 長其長, 而天下平【孟, 離婁上】
　　(사람들이 그 부모에게는 부모답게 섬기고, 윗사람에게는 윗사람답게 섬기면 천하는 평온하게 된다)

　　旦旦而伐之, 可以爲美乎?【孟, 告子】
　　(매일 아침 양심이라고 하는 것을 베어버린다면, 그 사람을 훌륭하다고 할 수 있을까)

　　匈奴使持單于一信, 則國國傳送, 食不敢留苦【史123】
　　(흉노의 사신이 單于[흉노의 임금]의 신표를 가지고 있었다면, 나라에서 나라로 전송하고, 먹을 것을 주고, 감히 붙잡아 두고 괴롭히지 않는다)

使少者得成其長, 老者安其處, 世世平樂【史110】

(젊은 사람으로 하여금 그 장점을 이루게 하고, 나이든 사람으로 하여금 그 있는 곳에 안주시키고, 오래도록 편안하게 하도록)

仰頭相向鳴, 夜夜達五更【古時爲焦仲卿妻作】

(머리를 들어 서로 마주보며 한탄하여 울고, 밤마다 五更에 이르렀다)

其奴日日捕魚爲業【賢愚經5】

(그 노예는 매일 물고기 잡는 것을 업으로 삼았다)

於是冠盜處處蟻合【世, 識鑒】

(그래서 도적들이 곳곳에서 모여들었다)

郗司空家有傖奴, 知及文章, 事事有意【世, 品藻】

(郗司空의 집에 中原의 노예가 있는데, 문장까지 잘 알고, 모든 일에 의견을 가지고 있었다)

行至諸城, 城城皆是地獄【冥祥記 珠林55引】

(모든 성에 오면, 어떤 성이든 모두 지옥이다)

器器標題【〃 86引】(어느 그릇에나 제목이 붙어 있다)

또 대체로 같지만, 축지와 조금 다른 것이 있다.

枝枝相覆蓋, 葉葉相交通【古詩爲焦仲卿妻作】

(가지와 가지가 서로 겹쳐지고, 잎과 잎이 엇갈리고 있다)

이것은 '가지와 가지' '잎과 잎' 이라고 하는 것이지만, 이와 같은 의미가 된 것은 《相》이 있기 때문일 것이다.

(2) 점층漸層

명사를 중복한 것을 부사적 수식어로서 사용해서, '점점 ~이 되다'라는 의미를 나타낸다. 이 용법은 현대어에도 없는 것은 아니지만, 아마 초기 백화의 독특한 용법이 아닌가 생각되며, 고대어에는 없다. 《日日》《年年》《歲歲》와 같은 시간을 나타내는 명사를 쓰고, 술어는 형용사가 많다.

日日衣寬, 朝朝帶緩【遊仙窟】
(날이 갈수록 옷은 느슨하게 되고, 아침마다 띠가 느슨해진다)
幽苦日日深, 老力步步微【孟郊時】
(외롭고 괴로운 것은 날이 갈수록 깊고, 노인의 힘은 한 걸음 한 걸음 약해진다)

이와 같이 말하는 것은 당나라 때 시작되었지만, 옛날에는 시간을 나타내는 말 한 글자뿐이거나, 또는 그것에 《益》을 붙여서 사용했다.

其友皆好矜奮, 創作比周, 則家日損, 身日危, 名日辱【墨子, 所染】
(그 친구들 모두 자랑하고 잘난 체하는 것을 좋아해, 제멋대로 일은 시작하고 패거리를 만들어 작당하고, 집은 날로 가세가 기울고, 몸은 날로 위태로워지고, 이름은 갈수록 업신여김을 당하게 된다)
法令誅罰, 日益刻深【史87, 李斯傳】
(법령과 죄인 처벌이 날이 갈수록 심각해졌다)

(3) 친속칭호親屬稱呼

현대어의 친속명칭은 같은 두 글자로 된 것이 많다. 이들은 완전한 한 단어를 이루는데, 어원적으로는 역시 중복형식이다. 이런 종류는 고대어에는 없고, 당나라 때 편찬된 북조北朝의 정사正使에 처음으로 보이고, 더욱이 그 예는 특수한 것이 많다.

綽兄弟皆呼父爲兄兄, 嫡母爲家家, 乳母爲姊姊, 婦爲妹妹【北齊書, 南陽王綽傳. 또 北史52】
(綽의 형제는 모두 아버지를 형이라 부르고, 아버지의 본처를 시어머니[姑]

라 부르고, 유모는 언니라 부르고, 또한 처를 누이동생이라 불렀다)

《家家》는 즉 《姑姑》이다. 위 예문은 매우 특수한 기재이지만, 특수하기 때문에 문헌에 기록된 것으로, 兄을 《兄兄》으로 부르는 것은, 너무 오래되어 기록되지 않았던 것으로 생각된다. 용례는 이것에만 그치지 않기 때문에, 반드시 당나라 때까지 시대를 낮출 필요는 없을 것이다. 이 밖에 같은 형식의 것으로서 오래된 것은,

情願替孃孃長受苦【目連變文, 麗85】
(어머니를 대신해서 오랫동안 고생하기를 원한다)

娘娘努力守空房【好住娘, 乃14】(어머니들이여, 애써 빈방을 지켜라)

怕六姨姨不歡【玄怪錄, 廣記329引】
(여섯 번째 아주머니가 즐거워하지 않는 것이 걱정입니다)

姊姊敎人且抱兒【司空圖詩】
(누님은 잠시 다른 사람에게 아이를 안고 있게 하였다)

醉後愛稱嬌姐姐, 夜來留得好哥哥【孫光憲詞】
(취할 때는 반드시 사랑스러운 언니라고 말하지만, 그런데 지난밤부터 좋아하는 남자를 붙잡아 놓고 있다)

왕리王力는 이런 종류를 존칭이라고 하지만, 실은 유아어幼兒語가 일반 언어 속에 정착한 것이라고 말해야 한다.

(4) 보통명사

옛 『시경』에 《燕燕于飛》(제비가 날려고 한다)와 같은 용례를 찾을 수 있다. 『모전毛傳』에, 《燕燕, 鳦也》로 되어 있어 《燕燕》을 한 단어로 보는 것 같다. 『집전集傳』에는 《燕, 鳦也。謂之燕燕者, 重言之也》로 되어 있어, 두 단어로 보고 있기 때문이다. 이 밖에 《猩猩》(『예기禮記』), 《狒狒》(『이아

『爾雅』) 등이 보이는데, 《燕燕》과는 달리 한 글자로 쓸 수 없으며, 아마 외래어라고 생각된다. 당나라 때는 이 외에 《鶯鶯》《蘭蘭》 등이 보이지만, 축지는 아니고, 1개의 단어로 되어 있는 것 같다. 또한 남자 아이 이름 앞에는 《甋甋》, 여자 아이 이름에 《星星》도 쓴다. 아마 유아어로서 甋이나 星을 그와 같이 말한 것에서 붙여진 것으로, 고유명사로서만 사용된 것은 아닐 것이다.

燕燕飛上天, 天上女兒鋪白氈【唐天寶中童謠, 新唐書五行志】
(제비가 하늘 위로 날고, 선녀는 흰 양탄자를 깔았다)

燕燕巢時羅幕卷, 鶯鶯啼處鳳樓空【憑延己詞】
(제비가 새집을 지을 때 羅幕을 감고, 휘파람새가 우는 곳 봉루는 비어 있다)

蘭蘭是小草【盧소詩】(난은 작은 풀이다)

근세近世에 보이는 용례로는,

等我買幾個波波來來吃咱【馮玉蘭1】
(자, 내가 간식을 조금 사왔으니 드세요)

這是一盒各樣內造小餑餑兒【紅42】
(이것은 각종 궁중에서 만든 상급의 간식입니다)

我買餞餞你吃【酷寒停2】(만두를 사줄 테니 드세요)

怎看得庵似小哇哇【盆兒鬼4】(어째서 나를 아기처럼 본 것일까)

敢是要養娃娃也【兒女團圓2】(아마 아이가 태어난 것 같다)

見了星星月亮…【紅18】(별이나 달을 보면 …)

我的乖乖【紅44】(내 착한 아들)

這是蟈蟈【紅40】(이것은 귀뚜라미이다)

위의 예시에서 형식상으로는 같은 음절이 반복되고 있지만, 한 음절로는 쓰지 않는 것, 또 의성어 같은 것도 있다. 현대 북경어에서 쓰는 것

143

은, 앞의 것 외에는 많지 않지만, 관화官話 지구의 일부(산시陝西, 쓰촨四川, 윈난雲南 등)에서는 극히 많이 쓰인다. 그러나 소형의, 자질구레한 것에 사용되는 경향이 현저하다. 예를 들면,

瓶瓶	罐罐	盒盒	蓋蓋
抽抽(서랍)	包包	本本(책장)	皮皮
葉葉	坷坷(구멍)	碟碟(접시)	鍾鍾(밥공기)
袋袋			

[※ 번역을 붙이지 않은 것은 한 글자의 의미와 같다]

11.3.2 AABB형

이 형식은 축지를 나타낸다. 조금 오래된 용례는 있지만 현재에는 많이 쓰이지 않는다.

子子孫孫, 勿替引之【詩, 楚茨】
(자자손손, 폐하지 말고 오래도록 이것을 행하라)

朝朝暮暮, 陽臺之下【宋玉, 高唐賦】
(아침이나 저녁이나 베란다 아래에 있습니다)

年年歲歲一牀書【盧照鄰詩】(해마다 해마다 한 권의 책이 있을 뿐)

이 밖에 당나라 때는《年年月月》《歲歲年年》《世世生生》《朝朝日日》《朝朝夜夜》《枝枝葉葉》《水水山山》《窗窗戶戶》《層層節節》《支支節節》등 많다. 이는 요컨대 2음절 단어의 AA형 축지지만, 당나라 때는 AA형의 축지가 많기 때문에, 이에 따라 자연히 AABB형도 많아졌을 것이다.

11.4 접두사接頭辭

11.4.1《阿》

명사의 접두사로 친족호칭 및 인명에 붙는《阿》는 현대 북경어에서는
사용하지 않게 되었지만, 방언 및 조금 오래된 백화에는 극히 많이 쓰였
다. 그 기원은 옛날부터이고 일부는 한나라 때부터 있었고, 위진 이후에
특히 발달했다. 또한 인칭대명사의 접두사로서 쓰인 경우도 있었다. 수
나라 이전의 예를 들면,

- 친족호칭
  《阿婆》　　阿婆不嫁女, 那得孫兒抱?【梁鼓角橫吹曲, 折楊柳技歌, 樂府
  　　　　　　詩集】
  　　　　　　(어머니가 딸을 시집보내지 않으면 어떻게 손자를 안을 수
  　　　　　　있을까)
  《阿妹》　　擧言謂阿妹【古詩爲焦仲卿妻作】(입 벌리고 누이에게 말하다)
  《阿母》　　阿母常仁惻【漢, 蔡琰詩】(어머니는 항상 사랑이 깊었다)
  　　　　　　※《阿母》는 어머니지만, 또 유모로 쓰인 예도 많다
  《阿父》　　阿父, 大丈夫當橫屍戰場, 奈何狼藉都市【南史, 謝晦傳】
  　　　　　　(아버지, 훌륭한 남자는 주검을 전쟁터에 묻어야 함이 마땅한데,
  　　　　　　어찌하여 거리에서 보기 흉한 모습을 보이시는 것입니까)
  《阿妳》　　謂之乾阿妳【北齊書恩倖傳】(이것을 의리의 유모라고 부른다)
  《阿孃》　　阿孃阿孃, 我父是誰, 今在何處?【佛本行集經, 卷38】
  　　　　　　(어머니 어머니, 내 아버지는 누구이며, 지금 어디에 있습니까)
  《阿奴》　　呼其三子曰 : 阿奴當備淺色黃衫【北史麥鐵杖傳, 또 隋書64】
  　　　　　　(세 자식을 불러서 이르기를, 너희들은 연한 색의 황삼을 준
  　　　　　　비하라)

奕於是改容曰：阿奴欲放去耶?【世說, 德行】

(奕은 그러자 안색을 고치고 말하기를, 너는 놔주려고 하느냐)

※ 앞의 예는 아버지가 자식을 부르고, 뒤의 예는 형이
동생을 칭하고 있지만, 요컨대 천박한 호칭이다.

《阿女》　阿母謂阿女【古詩爲焦仲卿妻作】(어머니가 딸에게 말하다)

《阿姑》　落索阿姑餐【顏氏家訓卷1】(시어머니에게 찬밥. 푸대접하는 것)

《阿家》　妻云：罪人阿家莫念【宋書, 范曄傳】

(처가 말하기를, 죄인의 일은 시어머니가 걱정하지 마시고)

《阿公》　又非君家阿公【南史, 顏延之傳】(당신들 집의 아버지도 아니다)

《阿舅》　秖有阿舅無外甥【隨書五行志引北國童謠】

(아저씨만 있고 조카는 없다)

《阿兄》　阿兄得聞之, 悵然心中煩【古詩爲焦仲卿妻作】

(형님은 이것을 듣자, 분하여 가슴이 답답했다)

《阿叔》　願與阿叔作奴【北齊書券12】

(아저씨를 위해 노예가 되기를 원합니다)

《阿姉》　阿姉見汝, 不能不憐【始記】

(이 언니가 너를 보더라도, 좋아하지 않을 수 없다)

《阿子》　仍聞蠻嫗哭聲, 但呼阿子【述異記】

(또 오랑캐 노파가 우는 소리로, 자꾸만 '얘야' 라고 부르는
소리가 들렸다)

《阿姨》　若使阿姨因此和勝, 願諸佛令華竟齋不萎【南史晉安王子懋傳】

(만약 어머니가 이것으로 병이 낫는다면, 제발 부처님, 이 꽃
을 재가 끝날 때까지 시들지 않도록 해 주십시오)

《阿爺》　阿爺無大兒【木蘭詩】(아버지에게는 장성한 아들이 없다)

《阿翁》　阿翁詎宜以子戲父?【世說, 排調】

(할아버지, 자식이면서도 아버지를 희롱하는 것은 좋지 않습니다)

- 인명人名에 붙는 것

위진 이후에 많다. 대개는 젊을 때의 자字이다. 예를 들면,

《阿斗》　　蜀後主, 劉禪

《阿瞞》　　**魏**, 曹操

《阿戎》　　晉, 王戎

《阿咸》　　晉, 阮咸

《阿乞》　　晉, 郗恢

《阿連》　　劉宋, 謝惠連

또한 『한무고사漢武故事』에는 《阿嬌》, 『한무내전漢武內傳』에는 《阿環》 등이 있다. 이 외에 배행排行에 《阿》를 붙여서 부르는 것도 같은 시기에 많다. 예를 들면 큰 아들은 《阿大》, 셋째면 《阿三》과 같이 붙인다.

恐阿大非爾之友【晉書王蘊傳】(아마 첫째는 너의 친구가 아니지)

上數與同坐, 呼爲阿三【隋書卷44】

(上[高祖]은 자주 동석하여 그를 阿三으로 불렀다)

蘭陵公主字阿五, 高祖第五女也【隋書卷80】

(蘭陵공주는 字를 阿五라 하며, 高祖의 다섯 번째 딸이다)

- 인칭대명사에 쓰인 예

《阿誰》《阿儂》《阿你》가 있다.

向者之論, 阿誰爲失?【三國志, 龐統傳】

(지난번 논의는 누군가가 담당하고 있지 않느냐)

道逢鄕里人, 家中有阿誰?【漢詩, 十五從軍征】

(길에서 고향 사람을 만나, 집에 누가 있는지 물었다)

阿儂己復得壺矣【幽明錄, 廣記324引】(나는 또 壺를 손에 넣었다)

吳人之鬼住居建康, 小作冠帽, 短製衣裳, 自呼阿儂【洛陽伽藍記2】

(오나라 사람의 귀신은 建康에 살고, 관모는 작게 만들고, 의상을 짧게 하여, 스스로 '阿儂'이라 부른다)

11.4.2 《老》

명사의 접두사로 성명·호칭에 쓰이는 것 이외에, 약간의 동물을 나타내는 명사에도 쓴다. 《阿》보다는 발달이 늦지만, 현대 북경어에도 쓰인다.

- 성명에 붙인 예.

曜持絹一匹, 謂武都曰 : 此是老石機杼, 聊以奉贈【北史卷81】

(石曜는 비단 한 필을 들고 武都에게 말했다, 이것은 老石의 틀로 짠 것으로 성의를 바칩니다)

每被老元倫格律【白居易詩】(항상 元씨에게 格律을 모방당했다)

還攜小蠻去, 試覓老劉看【白居易詩】

(또 小蠻[술통의 이름]을 지니고 가서, 시험 삼아 劉씨를 방문해 보았다)

- 호칭에 쓰인 예

汝詎復足與老兄計?【世說, 忿狷】(너는 어찌하여 老兄과 싸울 수 있느냐)

辛苦老師看守處【王建詩】(수고스럽게도 스승이 지키고 있었더니)

- 동물에 쓰인 예

是老鼠所作【靈鬼志, 廣記卷322引】(쥐의 소행이다)

百生千劫, 願我託生猫兒, 阿武爲老鼠【大唐新語卷12】

(이 이후 몇천 년이라도 나는 고양이로 환생하고, 阿武[則天武后]는 쥐로 환생하기를 원한다)

此是天上老鴉鳴, 人間老鴉鍵無此聲【顧況試】

(이는 천상의 까마귀가 울었기 때문에, 속세의 까마귀에겐 이 소리는 없다)

老虎把客人一箇箇都路上吃了【金12】

(호랑이는 손님을 차례차례로 도중에 다 잡아먹었다)

11.5 접미사接尾辭

11.5.1《子》

명사의 접미사 중 가장 일찍 발달했다.

몇 가지 용법 중에서 사람을 나타내는 명사에 붙는 용법이 가장 오래되었다.

寡君之使婢子侍執巾櫛 以固子也【左傳僖22年】

(我君[아버지를 가리킴]이 婢子[나, 겸칭]로 하여금, 당신의 시중을 들게 한 것은 당신과의 관계를 유지해 두기 위함입니다)

雖大男子, 裁如嬰兒【戰國策, 燕策上】

(몸이 큰 남자라고 해도 겨우 갓난아기 같다)

妻子因毀新今, 如故袴【韓非子, 外儲說左上】

(아내는 거기서 새로 지은 바지를 찢어 헌 바지처럼 만들었다)

使兩女子洗足【史, 高祖本紀】(두 여자에게 발을 씻기게 했다)

何物漢子, 我與官不肯就【北齊書卷23】

(뭐하는 사내냐, 내가 관직을 하사해도 받으려고 하지 않는 것은)

此郎子有好相表, 大必爲良將【北齊書卷41】

(이 도령은 좋은 상을 갖고 있다, 크면 꼭 훌륭한 장수가 되겠지요)

一妻耳順, 尙稱娘子【北齊書卷39】

(아내가 60이 되어도, 여전히 '낭자'라고 부른다)

寄書與婦母, 好看新婦子【隋書卷22】

(편지를 며느리의 모친에게 보내, 젊은 며느리를 잘 부탁한다[고 말해주다]) [※【樂府詩集卷89】에서는 書를 言으로, 婦母를 父母로 쓴다]

淑女總角時, 喚作小姑子【樂府詩集45 歡好曲】

(정숙한 아가씨는 쌍상투 머리를 했을 때, '小姑子'라고 불렸다)

작은 덩어리, 둥근 것에 붙인 용법도 예전부터 있었다.

存乎人者莫良於眸子【孟, 離婁上】

(인체에 구비되어 있는 것으로는 눈동자만큼 좋은 것은 없다)

舜目蓋重瞳子【史, 項羽本紀】

(舜의 눈은 눈동자가 이중으로 되어 있는 것 같다)

三十年後, 唯時吞小石子【冥祥記, 珠林卷27引】

(30년 후에는 다만 가끔씩 작은 돌을 삼켰다)

《子》를 동물에 쓰는 것은 시대가 조금 내려가지만, 당나라 이전에도 상당히 많다.

時聚落中, 有一猫子【雜寶藏經卷3】(그때 부락에 고양이 한 마리가 있었다)

汝今見此地中蟻子不耶?【賢愚經卷10】(너는 지금 이 땅속의 개미를 보았는가)

妻嘗妒, 乃罵秀貉子【世說, 惑溺】

(아내는 제멋대로 질투하고, 秀를 오소리라고 매도했다)

鷂子經天飛, 羣雀兩向波【企喩歌辭, 樂府詩集卷25】

(매가 하늘을 날아다니자, 참새들은 양쪽으로 물결처럼 갈라져 매를 피한다)

秋去春還雙燕子【北魏, 胡太后詩, 樂府詩集73】

(가을에 떠나 봄에 돌아오는 한 쌍의 제비)

기구에 쓰인 예. 이것도 동물에 붙는 것과 대체로 같은 시기부터 쓰였다.

前時刀子何在?【冥祥記】(예전의 작은 칼은 어디에 있습니까)

飛花塼子, 次第須安【北周, 庾信, 鏡賦】

(모양이 있는 벽돌을 층층이 줄지어 쌓아야 한다 [장식할 때의 형용])

上有小籠子【靈鬼志, 珠林卷61】(위에 작은 바구니가 있다)

今日百姓造瓮子【洛陽伽藍記卷5】(지금은 백성이 항아리를 만들고 있다)

위의 예시는 거의 당나라 이전의 상태이지만, 당나라 때가 되면 대부분 모든 명사의 접미사가 되었다.

큰 물체에 붙는 용법은 일부는 당 이전에도 있었다. 예를 들면,

松樹子非不楚楚可憐, 但永無棟梁用耳【世, 言語】

(소나무는 청초하고 가련하지 않다고는 할 수 없지만, 단 영원히 대들보의 용도로는 되지 못한다)

당나라 때 이르러《子》는 상당히 큰 것에도 붙게 되었다.《車子》《船子》《亭子》《閣子》《宅子》《案子》등.

車子過橋時, 近車子立【無雙傳】

(수레가 다리를 지날 때 수레 근처에 선다)

遙見一船子, 上有數人【靈怪錄, 廣記卷453】

(저 멀리 네다섯 명이 타고 있는 배를 보았다)

紅泥亭子赤欄干【李白詩】(붉은 진흙의 정자와 붉은 난간)

遂聞至南廊, 有閣子【玉堂閑話, 廣記卷353】

(드디어 귀를 기울여 들으며 남쪽 회랑에 이르자 작은 방이 있었다)

此宅子甚好【封氏聞見記, 卷9】(이 집은 매우 좋다)

時擧子率以白紙糊案子【摭言, 廣記251】

(때때로 과거를 치르는 자는 대체로 백지로 책상을 깔았다)

동사를 명사화하여 그 동작을 행하는 도구를 나타내는 용법도 당나라 때 시작됐다. 예를 들면, 《拂子》(터는 것, 扒子), 《托子》(받치는 것, 찻잔을 받치는 작은 접시), 《注子》(따르는 것, 술항아리), 《合子》(합친 것, 뚜껑 있는 도자기), 《繃子》(싸는 것, 갓난아기의 기저귀), 《刷子》(솔), 《篦子》(빗는 것, 참빗), 《投子》(던지는 것, 주사위), 《倚子》(기대는 것), 《兜子》(山駕籠, 산길에서 쓰던 대나무로 만든 간단한 가마. 兜는 보자기 따위에 물건을 넣어, 양손에 매다는 것 같은 동작. 아마 매우 원시적인 대나무 가마), 《隔子》(가로 막는 것, 칸막이), 《障子》 등. 또 나중에 새로운 문자가 이것에 대해 준비되기도 했다. 合→盒, 投→骰, 倚→椅, 兜→篼, 隔→槅 등.

또 현대어에서 《傻子》(바보) 《瘋子》(미치광이) 《瞎子》(장님)처럼, 형용사에 붙어 그 사람을 나타내는 것도 오대五代 무렵부터 보인다. 다만, 이 《子》는 그 본뜻이 강해 접미사라고는 할 수 없을지도 모른다.

凝式恐事泄, 卽日佯狂, 時謂之風子【五代史補, 通鑑考異28引】

(楊凝式은 일이 누설되는 것을 두려워하여, 그날로부터 미친 척했던 것으로, 그 시대의 사람은 이것을 風子라고 불렀다)

此等諸癡子【寒山詩】(이들의 대부분은 바보)

君看矮子仰高人, 只識長身那識面?【宋, 楊萬里詩】

(생각해 보기 전에 키가 작은 자가 키 큰 사람을 우러러 볼 때, 큰 몸집은 알지만, 어떻게 얼굴을 알 수 있을까)

11.5.2 《頭》

《頭》를 접미사로서 쓴 예로서, 수나라 이전에 볼 수 있는 것은 대개 방위를 나타내는 말에 붙는다. 《上頭》는 현대어와는 조금 달리, 상위의 뜻일까 싶고, 특히 대부분 이외에 《前頭》《後頭》도 있다. 당나라·오대가 되면, 《下頭》《外頭》《裏頭》《心頭》《街頭》《角頭》(모퉁이) 등처럼 명사에 붙은 것도 있다. 이처럼 《頭》는 '근처'라는 의미에서 나왔을 것이다.

東方千餘騎, 夫壻居上頭【漢詩, 陌上桑】

(동방의 千餘騎, 나의 남편은 그 위에 있다)

從上頭始, 諸所更身【太子瑞應本起經下】

(위로부터 시작해 여러 곳에서 다시 태어나다)

前頭看後頭, 齊著鐵金互鉾【梁鼓角橫吹曲, 企喩歌辭】

(앞에서 뒤를 보자, 같은 철 무기를 걸치고 있다)

今歲暮春上巳, 獨立香山下頭【白居易詩】

(올 3월 삼짇날에는, 혼자 香山 아래 섰다)

乍到宮中憶外頭【王建宮詞】(막 궁에 들어 왔을 뿐인데 밖이 그립다)

趙州走入裏頭【祖6】(趙州화상은 안으로 들어와 있다)

都無一念到心頭【白居易詩】(일념조차도 마음에 와닿는 것이 없다)

誤出到街頭【白居易詩】(잘못해서 나와서 마을에 갔다)

先打角頭紅子落【王建宮詞】(우선 모퉁이의 붉은 바둑돌을 떨어뜨리다)

《頭》를 물체에 붙여 쓴 예는 수나라 이전에도 있었던 것으로 생각되지만, 분명하지는 않다. 그러나 당나라 때 이르면 많이 쓰이게 된다. 예를 들면《石頭》《枕頭》와 같은 것으로,《日頭》역시 이 종류일까 생각된다. 또 선두를 의미하는 말에서 생겨나, 단순한 명사접미사가 된 걸로 추측되는《骨頭》《指頭》《舌頭》《鼻頭》《木頭》도 당나라 때 있다.

石頭如何煥作玉?【貫休詩】(돌을 어찌하여 옥이라 부르는가)

快活枕石頭【寒山詩】(유쾌하게 돌을 베게로 삼다)

簟滑枕頭移【林楚翹詞】(대자리가 미끄럽기 때문에 베게가 움직인다)

日頭赫赤赤【朝野僉載4】(해가 쨍쨍 내리쬐고 있다)

狗齩枯骨頭【寒山詩】(개가 바짝 말라버린 뼈를 물다)

十箇指頭, 刺人心髓【遊仙窟】(열 손가락이 사람 마음속을 찌른다)

甘露舌頭漿【白居易詩】(혀에 얹자 감로즙과 같다)

悠悠似木頭【寒山詩】(태연한 것이 나무[인형]와 같다)

說著鼻頭酸【十恩德, 周87】(말하는 것만으로도 코가 찡해온다 [슬퍼지다])

《枕》은 앞에서 언급한 것처럼 명사일 때는 상성上聲, 동사일 때는 거성去聲이며, 원래 명사로 짐작되지만, 명사에 《枕頭》가 생겼기 때문에 《枕》은 동사로 취급되어 현재에는 상성으로도 읽힌다. 이렇게 명사접미사가 생겼기 때문에 원래 명사로서 동사를 겸한 것이 동사전용으로 된 예는 또 있다.

把這四樣水調勻了, 丸了龍眼大的丸子【紅7】

(이 네 길목의 물을 잘 혼합하여, 龍眼肉 정도 크기의 환약이 되는 것입니다) [※ 丸=동사, 丸子=명사]

袖了帖兒徑來尋黛玉【紅63】

(이 명함을 소매에 넣고 곧장 黛玉을 방문했다) [※ 袖=동사, 袖子=명사]

형용사에 붙여, 사람을 나타내는 용법은 송나라 때 생긴 것 같다.

樸實頭做去【朱6】(성실한 사람[처럼] 해주고 가다)

官人你好朴實頭【楊溫攔路虎傳】(당신 따위가 성실한 사람이라니)

珍大奶奶, 不是我說, 是個老實頭【紅88】

(珍의 대부인은, 내가 할 말은 아니지만, 매우 얌전한 분입니다)

동사에 붙어 이것을 '~할 가치'라는 의미의 추상명사로 하는 용법은 청나라 때 이르러 비로소 생겼다. 단,《兒》를 취한다.

沒有什麼大說頭兒【紅74】(그다지 말할 가치는 없다)

…怪有個聽頭兒的【兒32】(… 대단히 들을 가치가 있다)

11.5.3 《兒》

접미사 《兒》는 현대 북경어에는 매우 많이 쓰이는 것이지만, 그 발생은 《子》《頭》보다도 늦어, 당나라 때는 오히려 일반명사에 붙는 것은 적고, 동물을 나타내는 명사에 제한되는 경향이 강하다. 예를 들면,

蜂兒	蛾兒	胡蝶兒	魚兒	龜兒	燕兒
鴨兒	雁兒	雀兒	猫兒	狗兒	羊兒

이처럼 대체로 작고 귀여운 동물에 쓰인다. 동물 이외의 보통명사에 쓰인 예도 당나라 때 약간 보인다. 예를 들면,

餠兒	箱兒	巢兒	衫兒	眉兒	心兒

단지 용례가 드물고, 발달이 늦어진 것으로 추측된다. 그러나 송나라 때가 되면서 많아지고, 널리 일반명사에 쓰일 수 있게 되었다. 다만 작은 것, 귀여운 것이라는 의미는 여전히 남아 있었던 것 같다.

大甕子中消白日, 小車兒上看青天【宋, 邵雍詩】
([술을 넣는] 큰 가죽부대 속에서 한낮을 보내고, 작은 수레 위에서 푸른 하늘을 본다)

深注唇兒淺畫眉【宋, 蘇軾詩】(입술을 진하게 바르고 눈썹을 연하게 그리다)

또 『몽양록夢梁錄』 권13, '제색잡매諸色雜買' 조에는 어린 아이의 완구 이름으로,

鼓兒	板兒	鑼兒	刀兒	鎗兒	旗兒	馬兒

등이 보이고, 「산정아山亭兒」(『경세통언警世通言』)에는 같은 모양, 완구 이름으로,

山亭兒	庵兒	寶搭兒	石橋兒	屏風兒	人物兒

등을 들고 있지만, 이들 어미《兒》는 모두 작은 것을 나타내고 있다. 현대 북경어에도,《兒》는 작은 것(또는 귀여워할 만한 것)을 나타내고,《子》는 큰 것(또는 미워할만한 것)을 나타내는 경향이 있지만, 이런 경향은 이미 북송北宋 무렵에 볼 수 있다는 점은 앞의 소옹邵雍의 시에서도 알 수 있다. 다만 송나라 때도 반드시 작은 것이라는 의미를 갖고 있다고 볼 수 없는 예도 있지만, 원나라 때가 되면 이 경향은 더욱더 강해지고,《兒》는 지소성指小性을 전혀 갖지 않는 단순한 접미사인 것 같은 용례도 있다. 예를 들면 아래에 인용한 것과 같이 단순한 수사적 표현이라고 말할 수 있고, 이와 같은 표현을 가능하게 하는 것은, 역시 언어로서《兒》의 지소성의 약화이다.

見安排著車兒馬兒, 不由人熬熬煎煎的氣。有甚麼心情花兒靨兒打扮的嬌嬌滴滴的媚? 准備着被兒枕兒, 則索昏昏沈沈的睡。從今後衫兒袖兒都搵做重重疊疊的淚。…久已後書兒信兒索與我恓恓惶惶的寄。【西廂記4本3折】

(마차를 준비하는 것을 보면 무의식중에 마음은 애가 탄다. 비녀며, 보조개 장식이며 우아하게 치장할 마음은 더더욱 없다. 이불과 목침을 준비해 꾸벅꾸벅 잘 뿐. 지금보다 나중에는, 홑옷도 소매도 한없이 눈물로 젖을 것이다. … 오랜 뒤에는 편지도 소식도, 나를 위해 많이 보내주기 바란다)

복음절어複音節語의 뒷부분이 변해서 접미사《兒》처럼 된 것은 청나라 때 이후이다. 그중에 원래《日》이었던 것이 변한 시기는 청나라 초부터이고, 현대의 방언에서도, 시안西安이나 산시山西, 산둥山東 일부에서,《日》을《二》로 읽는 곳이 있지만, 아마 이러한 현상은 청나라 초부터 있었고 그 영향으로《日》이《兒》로 쓰이게 되었을 것이다.《今兒》《明兒》《昨兒》등은《今日》《明日》《昨日》에서 나온 것으로, 또 원나라 때《今日箇》는《今兒個》로 되었다.

156

所以今兒有些作酸呢【紅75】

(그래서 오늘 조금 시큼한 물이 솟은 것입니다)

怎麼今兒個就發起趈了?【紅77】

(오늘은 어찌하여 부끄러워하는 것입니까)

明兒飯後, 偺們娘兒們就過去【紅97】

(내일 식사 후에 우리 모자가 갈 것입니다)

後兒日子好【紅85】(모레는 날씨가 좋다)

我昨兒晚上不過要改個樣兒【紅23】

(어젯밤은 잠깐 모습을 바꿔보려고 생각했던 것이다)

前兒晚上俄睡的時候…【紅85】(그저께 밤 내가 잘 때 …)

到了大前兒晚上【紅86】(그끄저께 밤이 되자)

也不知是幾兒【紅97】(도대체 언제일까)

　　대명사에 붙는《裏》는 조금 시간이 경과한 청나라 후기부터《兒》로 변했다(205, 208쪽 참고).

　　다음으로, 북경어에 있는 특유의 불완전명사《哥兒》등의 유형에 대해 서술한다. 이런 종류의 것은 단독으로 쓰이는 일이 없고, 반드시 그 다음에《倆》《兩個》《三個》등을 수반하여 쓰이며, 그 의미는 어떤 사람과 그 당장의 사람을 합쳐서 말하는 것이다. 예를 들면《哥兒》는 형과 그 손아랫사람, 즉 남동생이건 여동생이건 간에, 그들을 합하여 일컫는 말이다. 이런 종류의 말에는 다음 다섯 종류가 있다.

　　爺兒(兩個)　(아버지와 아들)

　　娘兒(〃)　(어머니와 아들)

　　哥兒(〃)　(형과 남동생, 또는 여동생)

　　姐兒(〃)　(누나와 남동생, 또는 여동생)

　　主兒(〃)　(주인과 그 하인)

처음 두 말은 원나라 때 있고, 뒤의 셋은 청나라 때에 유추해서 생긴 것이다. 접미사와는 다르지만 첨가해 둔다.

俺爺兒兩個將着十二兩銀子糴米去【陳州糴米2】

(우리들 부모와 자식으로 열두 냥을 가지고, 쌀을 사러 가자)

愁娘兒兩箇我跟前謊【老生兒1】

(너희들 모자는 나에게 거짓말을 하는 것이냐)

老祖宗只把他哥兒兩個交給兩位太太, 一位占一個罷【紅43】

(할머니, 저 두 남매를 두 부인에게 맡기고, 각각 한 사람씩 하시면 좋을 텐데)

이《哥兒》은『홍루몽』의 등장인물 가보옥과 임대옥을 가리킨다. 두 사람이 오누이에 비견되는 것이기 때문이다.

姐兒兩個坐了車, 一時進入寧府【紅7】

(두 사람은 수레를 타고, 곧 寧國府에 들어 왔다)

이《姐兒》은 왕희봉과 가보옥을 가리킨다. 두 사람이 누나와 동생 사이에 비견되어야 하는 것이기 때문이다.

明兒也不知那一個有造化的消受你們主兒兩個呢【紅35】

(장래 어떤 운 좋은 자가 당신네들을 주인과 하인으로 맞이할까)

....

얼화운兒化韻에 대하여

《兒》의 중고음中古音은 [ȵźiě] 이지만, 이것이 [ər]로 된 것은 요대遼代이다. 현대에는《女兒》와 같은 복합어의 경우 독립된 1음절을 이루지만, 《孩兒》와 같은 접미사에서는 독립된 1음절을 이루지 않고, 앞의 음절과 합하여 1음절을 이룬다. 이와 같은 현상을 얼화兒化(아화)라고 하며, 늦어도 청나라 초에는 존재했다. 즉, 청나라 초의 북경어를 기록한『달단표

158

류기韃靼漂流記』에, '今日'을 '키우루까キウルカ'로 기록하고 있지만, 이것은《今兒個》를 의미하며, 당시 이미《兒》가 독립된 음절을 이루지 않았다는 것을 나타낸다.

⋯⋯⋯⋯⋯⋯⋯⋯⋯⋯⋯⋯⋯⋯⋯⋯⋯⋯⋯⋯⋯⋯⋯⋯⋯⋯⋯⋯⋯

11.5.4 《家》

접미사《家》는 명사에 붙어 그것에 공통되는 성질, 신분, 직업 등을 나타낸다. 예를 들면《小孩子家》(어린아이라는 것)《姑娘家》(아가씨라는 것). 이러한《家》는 당나라 때 이미 쓰였다.

霓裳禁曲無人解, 暗問梨園弟子家【于鵠詩】

(霓裳의 秘曲은 이해하는 사람이 없기 때문에, 몰래 梨園의 제자에게 묻다)

多被魔家來惱亂【維摩變文 P.2292】

(대부분 마귀에게 시달리다)

般將送與別人家【禪門十二時曲 P.2054】

(운반해 가서 다른 사람에게 주다)

청나라 때 예로는,

他是個姑娘家, 不肯發威動怒【紅55】

(저 분은 아가씨이므로, 거만하거나 성내거나 하지 않습니다)

誰知他那小孩子家不知好歹【紅10】

(그런데 저 아이는 어린애로 사리분별을 못합니다)

可知男人家見一個愛一個【紅12】

(참으로 남자란, 여자를 자주 보게 되면 점점 좋아하게 돼버립니다)

況且我是寡婦家【紅59】(더구나 나는 과부입니다)

我一個女孩兒家, 自己還鬧得沒人疼沒人顧的【紅56】

(나는 여자아이인데도, 누구에게도 귀여움 받을 수 없는 짓만 하고 있습니다)

11.5.5 《巴》

명사접미사 《巴》는 당연히 소리를 베낀 것이겠지만, 어원이 무엇언지 알 수 없다. 사람을 나타내는 것에 붙는 것은 《夫》에서 나왔을 거라고 말할 수 있지만, 역시 입증할 수 없다. 그러나 어원은 하나뿐만이 아니라 반드시 몇 개가 있어서, 이것이 동화同化된 것이 《巴》일 것이다.

尾巴已露【無門關6則】(꼬리가 이미 나타났다)

尾曰已巴【李實, 蜀語】(꼬리를 '已巴'라 한다)

你這嚼舌頭老淫婦, 掙將錢來焦尾靶【金7】

(이 수다쟁이 노파 때문에, 돈을 벌어 꼬리를 태웠다 [자손이 끊겼다])

照臉打了個嘴巴【紅29】(얼굴을 노리고 손바닥으로 뺨을 때렸다)

我也只當是個啞巴【紅29】(나는 벙어리가 되었던 셈입니다)

他有結巴毛病【鏡化綠18】(그는 말을 더듬는 버릇이 있다)

都是些力巴【兒6】(모두 형편없는 놈들뿐이다)

11.5.6 《上》

원래 上이라고 하는 것이지만, 현대어에서는 조명사로 쓰인다. 접미사 《上》은 더욱 의미를 잃어버린 것이다. 다만 조명사助名詞와 구별하기 어려운 예도 있다.

要之千頭萬緒皆從心上來【朱5】

(요컨대 모든 것의 시작은 모두 다 마음에서 비롯되는 것이다)

早上看了晚間又看【朱10】(아침에 읽고 밤에 또 읽는다)

晚上用薑湯吃【金12】(밤에 생강탕으로 마신다)

《早上》《晚上》의 《上》은 《晌》의 차자借字라고도 말하지만, 그렇게 생각되지는 않는다.

11.5.7《下》

현대어에서는 조명사에도 쓰인다. 접미사《下》는 의미를 더욱 상실한 것이다.

三更機底下, 摸著是誰梭?【張祐詩】

(밤중에 기계 밑에서 찾아낸 것은 누구의 북인가)

上面勝負未分, 他底下早己合掌矣【揮塵錄, 後錄7】

(위에서는 승부가 나지 않았는데도 밑에 있는 사람은 벌써 합장하고 있다)

地下無彌勒【祖11】(이 세상에 미륵불은 없다)

只塑孔子坐於地下【朱3】(단지 공자상을 만들어 땅바닥에 두다)

若心下有些不安穩【朱9】

(만약 마음에 조금이라도 온화하지 않은 바가 있다면)

看飛卿意下如何【金錢記2】(飛卿의 기분이 어떤지 본다)

11.5.8《下裏, 裏下裏, 裏下》

방향, 또는 길이를 나타낼 때에 쓰이는 접미사이다. 예전에는《下》만 쓰였다.

兩下雕欄玉砌【西湖三塔記】(양쪽이 조각된 난간과 옥으로 된 돌계단)

着眼西下看時【洛陽三怪記】(차근차근히 주변을 둘러보니 …)

兩下裏都思惹情牽【玉壺春1】(양쪽 모두 서로 끌리는 생각)

南北下裏…東西下裏【兒33】(南北에는 … 東西에는 …)

東西下裏排列得蜂房一般【兒34】(東西로 벌집처럼 늘어서 있다)

那個趙飛腿高裏下裏, 只書房那個屋門他便進不來【兒40】

(그 趙飛腿의 키가 크다면, 서재의 저 입구도 들어갈 수 없을 것입니다)

《裏下》는 가장 늦게 생기지 않았을까 생각된다.

11.5.9 《邊》

《邊》은 고대어에서 가장자리, 또는 국경을 말한다. 예를 들면,

續衽鉤邊【禮記, 深衣】(옷섶을 이어서 가장자리를 평평하게 하다)

其在邊邑, 曰某屛之臣某【禮記, 玉藻】

(그 주변 고을에 있는 자는, 某屛之臣某라고 한다)

《邊》이, 곁·옆의 의미로 바뀐 것은 위진魏晉 이후의 일인 것 같다.

宅邊有五柳樹, 因以爲號焉【晉, 陶潛, 五柳先生傳】

(집 옆에 버드나무 다섯 그루가 있어서, 그래서 그것을 號로 했다)

이 《宅邊》이란 현대어로 말하면 《住宅的傍邊》이라는 것으로, 《邊》은 더욱 실의實義를 가진 하나의 단어이다. 이러한 조명사가 더욱더 접미사로 변화된 것이 현대어의 《外邊》《裏邊》《旁邊》 등이고, 또 《北邊》 등도 단순히 《北》이라고 하는 것과는 다르지만, 고대어에서 《北邊》이 북쪽의 변경이라는 의미인 것과 비교하면, 역시 접미사화 되었다. 이러한 접미사의 《邊》은 당나라 때부터 있다.

老僧不語傍邊坐【劉言史詩】(노승은 이야기하지 않고 곁에 앉는다)

外邊爭學內家裝【王涯詩】(밖에서는 모두 궁중의 치장을 모방한다)

東邊復西邊【寒山詩】(동쪽 변두리, 다시 서쪽 변두리)

11.6 조명사助名詞

조명사에는, 《上》《下》《裏》《外》《邊》 등과 같이 방위를 나타내는 것과, 《樣》《般》《來》와 같이 유사類似를 나타내는 것이 있다. 이 중에서 《上》《下》《外》는 고대에도 없는 것은 아니지만, 백화에서 많이 쓰이는

162

것에 불과하기 때문에 생략한다.

11.6.1 《裏》

《裏》는 《表》에 대한 말이지만, 이것이 《中》과 같은 의미가 됐다. 위진 무렵부터 보인다.

念母勞家裏【古詩爲焦仲卿妻作】(어머니가 집 안에서 고생하는 것을 겁내다)

風出窗戶裏【晉, 郭璞詩】(바람이 창문 안에서 나오다)

11.6.2 《樣》

유사를 나타내는 조명사이고, 명사 뒤에 붙어 이것과 함께 하나의 수식어를 이루며, 다음에 오는 형용사를 수식한다. 원래는 '모양' '상태'라는 의미이다. 예를 들면,

猶戀機中錦樣新【王建詩】

(오히려 베틀 안의 비단 무늬의 새로움을 좋아한다)

連技花樣繡羅襦【白居易詩】

(가지가 연이어져 있는 꽃무늬를 수놓은 얇은 비단 저고리)

과 같이, 그 원래의 의미로 사용된 것이다. 당나라 때까지는 오히려 이러한 용례가 많지만, 송나라 이후에는 현대어와 같은 용례가 보인다.

朝家金印斗樣大【宋, 楊萬里詩】(조정의 금 도장은 한 말들이 되처럼 크다)

岷山玉樣淸, 岷水眼樣明【〃】

(岷山은 옥과 같이 맑고, 岷水는 눈처럼 밝다)

11.6.3 《般》

《般》은 《一般》의 생략이며, 같다는 의미이다. 당나라 때 많이 쓰였고,

雖是生離死一般【劉禹錫詩】(생이별이라 하더라도 죽은 거나 다름없다)

163

桂花高下一般香【李咸用詩】(목서의 꽃은 위나 아래나 향이 똑같이 좋다)

와 같이 술사述詞로서, 또는 부사처럼 쓰이기도 한다.《一》을 붙이지 않고《般》만으로 조명사로서 쓰이게 된 것은 송나라 때이다.

曉山眉樣綠, 秋水鏡般明【辛棄疾詞】

(새벽 산은 눈썹처럼 푸르고, 가을의 물은 거울처럼 환하다)

倦來睡思酒般醲【宋, 楊萬里詩】(피곤해지면 졸음이 술처럼 진해진다)

11.6.4 《來》

조명사의《來》는 조수사助數詞의《來》가 전화한 것이다. 조수사의《來》는 당나라 때 이미 있었지만, 이것이 조명사가 된 것은 송나라 때이다. 그러나 원래 조수사이기 때문에, 조명사로서 명사와 합쳐 수식어가 되어도, 수數적인 개념을 포함한 형용사, 즉《大》《小》《長》《短》《遠》《近》《重》《輕》등에 제한해서 사용한다. 이는 같은 유사를 나타내는 조명사에서도《般》《樣》과는 다른 점이다.

西湖瘦得盆來大【宋, 楊萬里詩】(西湖가 메말라 쟁반 정도의 크기가 됐다)

12
대명사代名詞

12.1 기능과 분류

대명사는 체사 가운데에서 수식어를 취하지 않고 명사를 대체하는 것으로 정의했다. 대체로 품사 분류의 기준은, 그것이 句의 어떤 성분이 충분한지에 있기 때문에, 명사로 대체한다는 것은 바꿔 말하면 명사와 같은 句 구성의 기능을 가지고 있다는 것이다. 대명사의 기본적인 특징은 이상과 같지만, 상세히 볼 때는 예외적인 점도 있다.

(1) 수식되는 기능

인칭을 나타내는 대명사는 때로는 수식어를 취할 때가 있다. 다만 단어로서는 일반적이지 않으며, 기교적인 표현이다.

此二句正如俗語罵鬼云：「你是己死我, 我是未死你」【朱3】

(이 두 句는, 마치 속담에 죽은 자의 혼에 욕을 퍼붓고 떠들며, "너는 이미 죽은 나이며, 나는 아직 죽지 않은 너다"라고 말하는 것과 같다)

若果然是照行樂圖兒上的那等一個不言不語的說不淸道不明的你, 惑者像長生牌兒似的那等一個無知無識推不動搖不動的我…【兒30】

(만약 과연 행락도에 써 있는 것 같은 그런 한 사람이 말하지 않고 이야기하지 않고, 뭐라고 해도 알 수 없는 당신이고, 혹은 살아 있는 사람의 이름을 쓴 위패와 같은 그런 한 사람의 지각없고 밀어도 때려도 움직이지 않는 것과 같은 나라면…)

또 편지 등의 정해진 문구에도 《依然故我》(구태의연한 나) 등으로도 말한다. 그러나 위와 같은 예는 예외적인 것으로 인정해야 하며, 일반적으로 대명사는 수식되지 않는 것이 원칙이다. 대명사에 수식어가 붙은 것을 구화어법歐化語法이라고 하는 사람도 있지만 그와 같은 표현이 옛날에도 없었던 것은 아니다.

(2) 주어·빈어가 되는 기능

주어와 빈어가 되는 기능을 가지는 것은 체사로 제한하지는 않지만, 체사의 가장 중요한 기능이다. 그런데 명사는 자유롭게 주어와 빈어가 될 수 있음에도 불구하고 대명사에는 이 기능이 충분치 않다. 예로,

這好, 那不好(이것은 좋고, 저것은 나쁘다)《這》《那》는 주어

這我吃, 那我不吃(이것은 먹지만, 저것은 먹지 않는다)《這》《那》는 주제어

라고는 할 수 있지만, 《我吃這, 不吃那。》와 같이 빈어가 될 수는 없다. 민국民国 이후의 문장에 가끔 이와 같은 것을 볼 수 있지만, 구두어로서의 기능으로 보기는 어렵다. 게다가 《哪》(어느 것·어느)는 보어가 될 수 없을 뿐만 아니라, 주어(주제어)가 되는 것조차 자유롭지 않다. 즉 《哪》를 주어로 하는 句에서는,

哪是桌子?(어느 것이 책상인가)

와 같이 동동사구가 가장 안정되어 있고, 형용사구는 안정감이 부족하며, 동사구는 성립하지 않는다. 이상은 요컨대 《這》《那》《哪》가 원래 한 종류의 부용사(명사·양사에 따른다)이며, 그것이 자립어로 변하고 있는 것에 기인한다. 《這》《那》는 거의 자립어에 가깝게 되었지만, 《哪》는 자립어화가 아직 되지 않았다. 이와 같은 것을 특수 품사로 하는 것은, 쓸데없이 번쇄할 뿐만 아니라, 여전히 대명사로 둔다. 또 대명사는 대부분

부용사에서 나온 것이기 때문에, 아직 부용사 단계에 있는 것도, 편리하게 대명사로서 취급한다. 단 《這麼》(이렇게) 《那麼》(저렇게)와 같은 것은, 지시하는 기능을 가지지만, 대명사는 아니다.

(3) 수식어가 되는 기능

대명사 안에는 수식어의 기능이 강한 것과 약한 것이 있다. 즉,

> (A) 술사의 수식어가 될 수 없고, 명사의 수식어가 될 수 있지만, 그 기능이 약한 것. 예를 들면,
>
> 　　他媽　　　　我們學校
> 　　•　　　　　•
> (B) 술사의 수식어가 될 수 있고, 명사의 수식어의 기능이 강한 것.
>
> 　　這兒坐　　　多嗒去　　　這書　　　那筆
> 　　• •　　　　• •　　　　•　　　　•

(A)를 **인칭대명사**人稱代名詞라 하고, (B)를 **지시대명사**指示代名詞라 한다. 의미적으로 전자는 사람을 가리키고, 후자는 사물·장소·시간 등을 가리킨다.

대명사가 수식어가 된 경우, 양사나 《的》과의 연결을 중시하고, 이것을 일반품사 분류의 기준과 같이 하는 경향이 있다. 예를 들면,

這本書	那件衣服	我的書	你的衣服
這的書	那的衣服	我本書	你件衣服

여기에서 상단上段은 성립하지만, 하단下段은 성립하지 않는다. 이와 같이 서로 다른 것에 근거해, 《這》《那》는 지시사指示詞, 《我》《你》는 대사代詞라고 하는 생각이 있다. 그러나 중요한 것은 이와 같은 사실을 단순히 지적하는 것이 아니라, 이것이 문법으로서 어떠한 의미를 갖느냐 하는 점이다. 설령 이 설명이 타당하더라도, 이것을 일반적인 품사 분류

의 기준으로는 할 수 없다. 왜냐하면 이는 대명사에만 국한된 문제이므로 대명사를 세분하는 기준이라고 할 수는 있어도, 일반 단어에서 대사와 지시사를 구분하는 기준으로는 할 수 없기 때문이다.

12.2 인칭대명사

현대어(북경어)의 인칭대명사는 다음과 같이 되어 있다.

	단수	복수		존칭
1인칭	我	我們 (제외형)	咱們 (포함형)	
2인칭	你	你們		您
3인칭	他	他們		怹
의문	誰			

고대어의 주요 인칭대명사는 다음과 같다.

1인칭	我* 吾* 卬(疑母系) 台 余 予*(喩母系) 朕(澄母系)
2인칭	若 女*(汝*) 爾* 而(日母系) 乃(泥母系)
3인칭	彼* 夫* 其* 之*
의문	誰* 孰*

이 표는 시대·지방에 근거를 두지 않은 간단한 표이다. 그래서 임시로 『맹자』에서 사용되고 있는 것은 우측에 * 표시를 붙여서 나타냈다. 단,

168

맹자 속의 인용문에 사용되고 있는 것은 성질이 다르기 때문에 제외했다. 현대어의 인칭대명사를 고대어의 인칭대명사와 비교하면, 현대어에는 3인칭, 복수형, 포괄형과 제외형의 구별 및 존칭이 있지만, 고대어에는 이런 것들이 없다고 말할 수 있다.

12.2.1 3인칭

고대어에는 3인칭을 써야 할 곳에, 대부분 명사를 반복해서 사용하거나, 생략해 자연스럽게 그 의미를 깊이 이해시키는 방법을 취하는 것이 일반적이었다. 예를 들면,

齊侯欲以文姜妻鄭太子忽, 太子忽辭【左傳桓6】

(제후는 文姜을 정나라 태자 忽의 아내로 삼으려 했지만, 태자 忽은 사퇴했다)

非神敗令尹, 令尹其不勤民, 實自敗也【左傳僖28】

(신이 令尹을 패하게 한 것이 아니라, 令尹이 백성을 위해 애쓰지 않아 스스로 패한 것이다)

夫人以告, [ ]遂使收之【左傳宣4】

(邴부인이 그 사정을 알렸으므로, [邴子는] 결국 이것을 거두게 했다)

[ ]射其左, [ ]越于手車下, [ ]射其右, [ ]斃於車中【左傳成2】

([公이] 그 왼쪽을 쏘니, [왼쪽 사람은] 차 밑으로 떨어졌다, [公이] 그 오른쪽을 쏘니 [오른쪽 사람은] 차 안으로 넘어졌다)

고대어의 3인칭대명사로《彼》《夫》《其》《之》4개를 들었지만, 이들은 어느 것이나 지시대명사에서 빌려 쓴 것이며, 1인칭·2인칭과 같은 순수한 인칭대명사는 아니다. 더구나 이 넷 가운데, 주어로서 사용할 수 있는 것은《彼》뿐이며, 다른 것은 주어로 사용될 수 없다. 또《彼》는 원래《此》에 대응하는 지시대명사이지만, 인칭대명사로서 사용된 예를 보면,

'저것'과 '이것'을 비교하는 의미를 가지고 있는 것이 많다. 예를 들면,

彼丈夫也, 我丈夫也, 吾何畏彼哉?【孟, 滕文公】

(저 사람도 대장부이고 나도 대장부이다, 나는 어째서 저 사람을 두려워하게 되는 것일까)

따라서 고대어에서는 3인칭에 유사한 것은 존재하지만, 진정한 의미에서의 3인칭은 없다고 봐야 한다. 이에 반해 현대어에서는 순수한 3인칭대명사《他》가, 그리고 약간 오래된 백화에는《渠》나《伊》가 존재한다.

▮《他》

《他》는 원래《它》이고, 뱀蛇을 의미한다. 아주 오랜 옛날에 사람들은 풀 위에서 살았기 때문에, 뱀으로 인한 피해를 두려워하여, 인사에도《無它乎》(뱀은 없습니까, 별일 없습니까) 하고 물었다고 한다. 이렇게 해서《無它》는 이상이 없고, 특별하지 않은 상황을 나타내는 뜻이 되었지만, 이《它》가 '다른 물건, 다른 것'에서, '다른 사람'이라는 뜻으로 바뀌고, 마침내 '저 사람'의 의미가 되어 3인칭대명사가 되었다. 3인칭대명사로서 사용되고 있는 확실한 예는, 당나라 때 처음 보인다. 이제까지 주목되고 있는 수나라 이전의 예는 문헌의 신빙성에 결여되는 부분이 있는지, 또는 3인칭의 일보 직전의 '다른 사람', 즉 타칭他稱을 3인칭으로 오인한 것이다.

- 주어로서 사용된 예.

  他亦甚快活, 何用哭也【廣記365引酉陽雜俎】

  (그[그의 동생을 말함]도 대단히 즐거워하고 있기 때문에, 울 일이 있을까)

  他即欲面見公【廣記130引逸史】

170

(그녀[살해된 여자]는 당신을 만나고 싶다고 생각하고 있습니다)

他亦知有李十郞名字【霍小玉傳】

(저 아가씨[霍小玉을 말함]도 李十郞의 명성을 들었습니다)

- 수식어로서 사용된 예.

某得此人大恩, 性命昔(?)在他手【廣記195引原化記】

(나는 이 사람에게 큰 은혜를 입어, 내 목숨은 이전부터 그[은인]의 손에 달려 있다)

直欲危他性命【燕子賦 P.2653】

(결국 그[雀]의 목숨까지 죽이게 됐다)

- 빈어로서 사용된 예.

玉兒不擬負他【周秦行紀】

(玉兒는 그[東昏公을 지칭]를 배신하려고 하지 않습니다)

玄宗(中略)謂肅宗曰 : 汝不及他 謂代宗曰 : 汝亦不及他。【劉賓客嘉話錄】

(玄宗이 [중략] 肅宗을 향해 말했다. "너는 그[德宗을 지칭]에게 미칠 수 없다." 또 代宗을 향해서도 말했다. "너도 그에게 미칠 수 없다")

《他》는 사람뿐만 아니라 동물, 무생물에도 사용할 때가 있다. 빈어로 쓰일 때가 많지만, 주어인 것도 있다.

栩栩無因繫得他【徐寅詩】

(즐겁게 날고 있었으므로, 그[나비]를 가둘 수가 없다)

俺道人每從來戒酒, 不用他【陳摶高臥4】

(우리들 도인들은 여기에서까지도 술을 끊었기 때문에 그것[술]은 필요 없습니다)

猶喜得我先見他【張生煮海3】

(그래도 다행히 이쪽이 먼저 그것[호랑이]을 발견했다)

好好兒的衣裳, 爲什麼燻他?【紅8】

(모처럼의 옷을, 어째서 그것[옷]에 향을 배도록 합니까)

拿五臟去煖他, 豈不受害?【紅8】

(오장으로 그것[차가운 술]을 데워서는, 해를 입지 않겠습니까)

他是第幾根, 就是第幾韻。【紅76】

(그것[난간의 기둥]이 몇 번째인가 보고, 그 몇 번째의 韻으로 합시다)

還是我們跟了他一道兒, 他保了我們一道兒, 我們可離不開他【兒21】

(뭐라고 해도, 우리들은 쭉 그것[활]과 함께 했었고 그것[활]이 우리들을 도중에 지켜주었기 때문에, 우리들은 아무리 해도 그것[활]으로부터 떨어질 수가 없습니다)

可又收起他來作甚麼呢【兒21】

(도대체 그것[벼루를 지칭]을 치워버리고 어떻게 할 것입니까)

이상과 같이 《他》는 사람(남녀)뿐 아니라 동물이나 무생물에도 쓰지만, 이것을 《他》《她》《牠》《它》 등으로 나눠 쓰는 것은 민국民國 이후의 일로, 이른바 구화어법歐化語法이다.

▌《伊》

《伊》가 원래 지시하는 기능을 가진 부명사였다는 것은 『시경』 등의 용례에 의해 알 수 있다, 이것이 나중에 자립어가 되어, 인칭대명사로 변했다.

伊必能克蜀【世, 識鑒】(그[桓公]는 반드시 촉나라에 이길 수 있을 것이다)

▌《渠》

《渠》는 《其》가 변화한 것이다, 《其》는 대명사라고는 하지만, 원래는 특수한 부용사이다. 즉 명사에 따를 뿐만 아니라, 동사, 형용사 혹은 句 앞에도 놓여, 그것들을 명사화한다(더구나 《其》는 영격領格으로 불릴 때도 있지만 이것은 편의적인 설명에 지나지 않는다. 문법은 체계이기 때문에, 격을 중국문법 체계의 일부로서 인정한다고 하는 입장을 취하지 않는 한, 그와 같은 편의적인 설명은 허용되지 않는다). 그래서 《其不往》(그[그것]가 가지 않는 것)과 같은 것은 문법적으로는 실수가 아니며, 연어連語로서는 존재하지만, 그대로 文으로서 사용되는 경우는 없다. 이것은

其不往故佳(그가 가지 않는다는 것은 말할 것도 없이 좋다)

怪其不往(그가 가지 않는 것을 이상하게 여기다)

와 같이 포함구包含句를 구성한 후에 비로소 사용할 수 있다. 위의 예시가 《其》의 고대어에 있어서 보통 용법이다. 다음의 예문인,

其之燕, 燕之處士田光先生亦善待之【史, 刺客列傳】

(그가 연나라에 갔을 때, 연나라 處士田光선생도 역시 그를 아주 우대했다)

에서 《其》도 《之燕》을 명사화하고 있는 것으로 봐야하며, 이것을 백화로 번역하면, 《他到燕國去的時候》로 해야 하고, 《他到燕國去》으로 해서는 안 되는 것이다. 그런데 《其》는 이와 같이 句의 처음에 놓는 경우가 많기 때문에, 점차 독립성을 더욱 가지게 된 것 같다. 이와 같은 연유로 《其》가 순수한 주어로 사용되게 되었는데, 다음의 예 2개 등은 시대가 조금 너무 빠른 경향이 있지만, 이미 주어로 인정해야 하는 것이다.

① 《其》를 주어로 사용한 것

客人不知其是商君也【史, 商君列傳】

(여관 주인은 그가 商君이라는 것을 몰랐었다)

其是吾弟與?【史, 刺客列傳】(그는 내 동생일까요)

더 시대가 내려가면, 이와 같은 주어의《其》는 적지 않게 볼 수 있다.

整語采音:「其道:汝偸車校具。汝何不進裏罵之。」【梁, 任昉, 奏彈劉整】

(整이 采音에게 말하였다. "그는 당신이 수레의 부속물을 훔쳤다고 말하고 있다. 당신은 어째서 안에 들어가 욕하지 않는가")

其恆自擬韓白【南齊書25垣崇祖傳】

(그는 항상 자신을 韓信·白起에 비유한다)

其猶故呻喚【經律異相44引百句譬喩經】

(그는 그래도 역시 신음하며 소리 질렀다)

我正謂其是天上人【隋書42李德林傳】

(나는 그가 하늘나라 사람인 줄만 알았다)

그리고 이 외에《其》의 고대어에는 없는 용법이 세 종류 있다.

②《其》를 간접빈어間接賓語로 쓰는 것.

有人遺其雙鶴【世, 言語】(그에게 학 두 마리를 준 사람이 있었다)

有相識小人貽其餐【世, 方正】(알고 지내는 小人이 그에게 음식을 보냈다)

敎其鮮卑語及彈琵琶【顔氏家訓, 敎子】(그에게 선비어와 비파를 가르치다)

理實不偏, 與其中名【三論玄義】

(理는 진실이고 치우치지 않아서, 그것에 中心이라는 이름을 준다)

③《其》를 겸어구兼語句의 겸어로 쓰는 것. 포함구와 유사한 구조에서 생긴다.

供所當得衣食床臥疾病醫藥,使其安隱【阿難四事經】

(당연히 받을 수 있는 의식침구와 질병에 대한 의약품을 공급하고, 그로 하여금 편안하게 하다)

令其永離生死大苦【賢愚經1】

(그로 하여금 영원히 생사의 큰 고통에서 멀어지게 하다)

便使其唱理【世, 文學】(그래서 그로 하여금 이치를 외치게 했다)

遂敎其見之【御覽884列異傳】(마침내 그로 하여금 이것에 합치게 했다)

太后卽不與之, 令其空出【廣記166引洛陽伽藍記 ※今本 卷4에는 이 한 구가 탈락됨】(태후는 그래서 이것을 주지 않고, 그들을 빈손으로 나가게 했다)

④《其》를 개사介詞 뒤에 쓰는 것. 개사는《爲》《與》《共》《隨》《從》 등이 자주 쓰인다.

因有一子, 爲其娶婦【長者子懊惱三處經】

(아들 한 명이 있으므로, 그를 위해 며느리를 맞았다)

吾於後爲其說經中要言【維摩詰經, 上】

(나는 그 뒤에 그를 위하여 경전의 중요한 말씀을 설명했다)

有異人過之, 爲其掌火, 能出五色煙【搜神記1】

(이상한 사람이 옆을 지나가고, 그를 위해 불을 피우니, 곧잘 오색연기가 났다)

命奴取水, 爲其洗足【冥祥記, 珠林28引】

(노예에게 물을 떠오게 해서, 그의 발을 씻어주었다)

婢語次者, 先與其浣【百喩經3】

(하녀는 두 번째 사람에게, 먼저 그를 위해 씻어주겠다고 말했다)

衡乃與其傭作, 而不求償【西京雜記2】

(匡衡은 그래서 그를 위해 고용되고, 보수를 바라지 않았다)

婦來見夫, 欲共其語【百喩經4】

(아내가 와서 남편을 만나, 그와 같이 이야기하려 했다)

太守卽遣人隨其往尋向所誌【晋, 陶潛, 桃花源記】

(태수는 그래서 즉시 사람을 보내, 그를 따라 가서, 전에 표시한 곳을 찾게 했다)

誰有此藥, 當分半國, 從其市之【菩薩投身飴餓虎起塔因緣經】

(이 약을 가진 사람에게는, 국토의 반을 나누어 주고. 그에게서 약을 살 것이다)

①에서 ④까지의 용법은 정식 고문古文에서는 쓰지 않는 것이 원칙이다. 그러나 ②③④는 후세의 문어에서는 가끔 볼 수 있다.

이와 같이《其》가 독립성을 가지고 3인칭대명사가 된 것에 반해, 별도로《渠》라는 문자가 대신 쓰이게 됐다.《渠》는 당나라 이후에 많이 쓰였으나, 여기서는 그보다 더 오래된 용례를 든다.

渠會永無緣【古詩爲焦仲卿妻作】

(그와는 반드시 긴 인연이 없을 것이다)

女壻昨來, 必是渠所竊【三國志, 趙達傳】

(딸의 사위가 어제 왔는데. 꼭 그가 훔친 것 같다)

今暝將渠俱不眠【北周, 庾信詩】

(오늘밤은 그《雁》와 함께 자지 않을 것이다)

12.2.2 복수複數

고대어의 인칭대명사에는 단수와 복수의 구별이 없다. 예를 들면,

1인칭 복수

百姓聞王車馬之音, 見羽旄之美, 舉疾首蹙頞, 而相告曰 : 吾王之好田獵, 夫何使我至於此極也?【孟子, 梁惠王下】

(백성들은 왕이 거느리는 마차 소리를 듣고 화려한 깃발을 보고서, 머리 아파하고 콧날을 찡그리며 서로 말하였다. "우리 왕이 수렵을 너무 좋아해서, 우리를 이렇게까지 곤궁하게 하는 것은 어찌 된 일이냐")

2인칭 복수

子路, 曾晳, 冉有, 公西華侍坐。子曰 : 以吾一日長乎爾, 毋吾以也。
【論, 先進】

(子路, 曾晳, 冉有, 公西華가 孔子를 모시고 있었다. 孔子가 말하였다. "내가 너희들보다 조금 연장이라 해서, 그런 것을 마음을 두어서는 안 된다")

3인칭 복수

王無異於百姓之以王爲愛也。以小易大, 彼惡知之。【孟子, 梁惠王上】
(왕이시여 백성들이 왕을 애석하게 생각하는 것도 무리는 아닙니다. 小를 가지고 大로 바꾼 의미를, 그들이 어찌 알겠습니까)

四人從太子, 年皆八十有餘, 鬚眉皓白, 衣冠甚偉。上怪之, 問曰 : 彼何爲者?【史, 留侯世家】
(그 네 명은 태자를 따르고 있었지만, 나이는 모두 80이 넘고. 머리카락이나 눈썹은 희고, 옷차림은 엄숙하였다. 천자는 이를 이상히 여겨 물었다. "저들은 어떠한 자들인가")

長沮桀溺耦而耕, 孔子過之【論, 微子】
(長沮와 桀溺이 나란히 경작하고 있고, 孔子가 그들[곁]을 지나갔다)

고대어의 인칭대명사에 《儕》《曹》《屬》《等》《輩》 등이 붙은 것은, 보기에는 복수형 같아 보인다. 그러나 이것들도 자세히 살펴보면 다음과 같은 점이 있고, 현대어의 인칭대명사 복수와 동일시할 수 없다는 점을 알 수 있다.

(ⅰ) 《儕》는 선진先秦에서도 보이나, 그 외에는 한漢나라 이후가 되어서야 처음으로 보일 정도다.

(ⅱ) 거의 용례가 많지 않지만, 이러한 단어를 쓰지 않고 복수를 나타내는 편이 보편적이다.

177

(iii) 독립성이 상당히 강하다. 《海中神山龜魚之屬》【史, 封禪書】, 《公之等》【史, 日者列傳】과 같이 쓰는 것이 이를 증명하고 있다.

이상과 같은 이유로, 예를 들면

夫文王猶用衆, 況吾儕乎【左傳, 成2】

(도대체 문왕조차도 대중을 이용했는데, 하물며 우리 같은 이는 말할 것도 없다)

이 《吾儕》는 '우리 같은 사람들'이라는 뜻으로, 단순한 복수로는 볼 수 없을 것 같다. 따라서 현대어에서는 《我們這一類人》에 해당한다. 《曹》 《屬》도 같은 형태이지만, 《等》《輩》(특히 《等》)은 시대가 흐르면 복수로 보아도 좋은 예문도 있다.

....

복수複數와 수사數詞

《我們》《你們》《他們》은 수사를 수식어로 취할 수 없다. 그러나 이것이 본위어本位語로 되어 수사를 동위어同位語로 사용할 수 있다. 예를 들면 《我們兩個》의 경우, 《我兩個》와 같이 앞에 오는 대명사를 복수로 하지 않아도 좋다. 이와 같이 본위어와 동위어 사이에 단수/복수의 엇갈림이 허용되는 것은, 아마도 고대어에서 단수/복수의 구별이 존재하지 않았던 흔적인 것 같다. 즉 《我兩個》에서 《我》는 단복單複을 초월한 《我》로, 동위어 《兩個》에 의해 그것을 주석적으로 명확히 하고 있는 까닭이다. 이러한 용법은 고대부터 현대에 이르기까지 계속되면서 보편적으로 보이고 있다.

我二人共貞【尙書, 洛誥】

(우리 두 명은 함께 [그의 福祥을] 맡고 있습니다)

178

疆秦之所以不敢加兵於趙者, 徒以吾兩人在也【史, 廉頗藺相如列傳】
(강대한 진나라가 조나라를 침략하지 않는 것은, 완전히 우리 두 명이 있기 때문입니다)

與我拿將他三箇出來【蝴蝶夢三】(그들 세 장수를 데려오너라)

你三個人這段姻緣眞是天作之合【兒28】
(너희 세 명의 이 인연은 참으로 하늘이 맺어준 인연이다)

我有你兩個好媳婦【老舍, 歸去來兮】(나는 너희 두 명의 좋은 아내를 얻었다)

그러나 이러한 점을 제외하면, 현대어의 인칭대명사의 단복수는 비교적 잘 지켜지고 있다. 후술하는 바와 같이, 지시대명사《這》의 복수(정확하게는 다수)는《這些》이지만 많은 것을 가리키고 물을 때에도,

這都是你的嗎?

這些都是你的喝?

의 2가지 표현법이 성립하는데 반해,

他們都是美國人嗎?

에서는 단수《他》를 사용할 수 없다.

12.2.3 제외형除外形과 포괄형包括形

현대어의 대명사 1인칭 복수에는 두 종류가 있고,《我們》은 제외형, 《咱們》(또는《偺們》《喒們》으로도 쓴다)은 포괄형이다.《我們》은 1인칭과 3인칭을 같이하고,《咱們》은 1인칭과 2인칭을 같이한다.《咱們》의 내용을 도식으로 보이면,

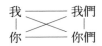

와 같이 되고, 아래의 4가지 경우가 있다.

　我 + 你
　我 + 你們
　我們 + 你
　我們 + 你們

아래 예시의 《偺們》은 '我 + 你'가 된다.
　你也不是外人, 我討個大說, 偺們姐兒們今兒碰在一塊算有緣【兒7】
　(너도 밖에서 온 사람이 아니기 때문에, 내가 언니가 되어 우리 자매 둘이
　오늘 함께 있게 된 것은 정말로 어떤 인연이 있겠지)

아래 예의 《偺們》은 '我 + 你們'이다.
　今兒原是我特帶着你們取樂, 偺們只管偺們的, 別理他們【紅22】
　(오늘은 원래 내가 특별히 너희들을 데리고 즐겁게 해줄 것이니, 우리들은
　마음대로 하고 싶은 일을 하고, 저 사람들에게는 마음 쓰지 않기로 합시다)

단, 《偺們》은 속된 느낌이 있어서, 교양 있는 인사들은 쓰지 않고, 격식 차린 말에도 쓰지 않는다. 이 경우 《你我》 또는 《我們》을 사용한다.
　你我廟裏又弄了這個「未完」, 萬一被人勘破, 追究起來, 我當如何? 走!
　走! 我們快快回去!【兒10】
　(우리들이 절에서 다시 이후에 마음에 걸릴 일을 하다가, 만일 남에게 발각
　되어 추궁당하면 어찌합니까? 어서 어서, 빨리 돌아갑시다)

이《你我》《我們》은 모두《偺們》이라고 해도 좋다.

　　你我究竟不曾好好兒的喝兩場【兒29】

　　(우리들은 결국 마음대로 충분히 마시지 못했습니다)

　　제외형과 포괄형의 구별은 고대어에는 없다. 이 구별이 생긴 것은 송나라 때이다.

	송	원	명	청
제외형	我懣, 俺	我每, 俺	我們	我們
포괄형	自家 咱, 自家懣	咱每, 偺	咱們	咱們

　　위의 표는 약표로, 다른 표기나 이전 시대에서 물려준 것을 생략한 점이 있다. 즉, 송나라 때의《懣》은《門》으로도 쓰이고, 원나라 때는《每》외에《門》도 썼다. 또《嗒》은《偺》《咱》이라고도 쓴다. 명나라 때는『노걸대老乞大』에 의했으므로 청나라 때와 동일하게 되었지만,『금병매사화』와 같은 것은 원나라 때에 가깝다. 청대는『홍루몽』『아녀영웅전』등을 표준으로 한 것은 말할 것도 없다.

12.2.4 존칭尊稱

　　고대어의 인칭대명사에는 존칭이 없다. 그래서《子》《君》《公》《卿》《先生》과 같은 명사를 빌려서 2인칭에 사용했다. 이와 같이 명사를 2인칭에 쓰는 것은 현대어에도 있고,《先生》《老哥》《老兄》《閣下》《諸君》《各位》등 적지 않다. 그러나 이것들은《您》과는 달리 대명사로 할 수는 없다. 명사를 3인칭에 사용할 때도 동일하며,《令尊》《令堂》등은《怹》과는 다르며 이것을 대명사로 할 수는 없다.

　　《您》는《恁》이라고도 써서 송나라·원나라에 사용되었는데 복수이며 존칭은 아니다. 현대어의 《您》를 이것에 결부해도 될지는 의문이다. 복수가 존칭으로 변한 예는 유럽어에도 있었으나, 그러나 중국어에서 《我們》《他們》 등이 존칭 겸칭으로 변한 예는 없다. 특히, 명나라·청나라 양대에서 《您》가 구어문학 속에 쓰인 경우가 별로 없다는 점이 이 의심을 더욱 깊게 한다.

恁兒一一依爹分付便了【滕大尹鬼斷家私, 古今小說】
(당신의 아들[저]은 일일이 아버지[당신]의 분부에 따릅니다)

명나라 때의 존칭은 《你老人家》《他老人家》였다(전자는 원곡元曲에도 보인다). 청나라 때가 되면, 이것이 간단해져서 《你老》가 되기도 했다. 몇 개의 예를 들면,

你老人家吃罷【竇娥寃2】
(어르신께서는 많이 드십시오)

你老人家還說哩【金24】
(어르신, 말이 안 되십니다)

你老人家不用動氣【紅83】
(어르신께서는 노여움을 거두시는 것이 좋겠습니다)

他老人家別的罷了, 只是心多容不的人【金74】
(저분은 다른 것은 다 좋은데, 단지 의심이 많아 남을 받아들이지 못합니다)

你老是「貴人多忘事」了【紅6】
(어르신께서는, 신분이 높은 사람은 잘 잊어버린다는 말에 해당합니다)

왕리王力는 현대어의 《您》의 근원을 《你老》에 두고 있다(王力,『中國語法理論下冊』p.21). 그러나 이것은 실증하기 힘들다. 여기에서 청나라 후기의 자료를 보면, 2인칭 존칭으로,《你能》《你儜》《儜》 등이 있다.

你能總得還個價兒【品花寶鑑3】(당신께서 어서 값을 정해주십시오)

182

你儜怎麼這樣說呢? 【正音撮要】
(당신께서는 어째서 그렇게 말씀하십니까)

我敢不恭敬你儜嗎? 【〃】
(제가 당신을 정중하게 대하지 않을 리가 있겠습니까)

儜好啊?…托儜的福, 還算平安【正音咀華】
(안녕하십니까. … 덕분에 그럭저럭 무사히 지내고 있습니다)

這一品鍋裏的物件, 都有徽號, 儜知道不知道?【老殘遊記12】
(이 냄비 속에 있는 물건에, 모두 별명이 붙어 있는데, 당신은 아십니까)

你儜京師土語, 尊稱人也。發音時惟用一儜字, 你字之音, 蓋藏而不露
者;或曰 : [你老人家] 四字之轉音也, 理或然歟?【二十年目睹之怪現狀72】
('你儜'은 서울의 토박이가 쓰는 말로, 사람에 대한 존칭이다. 발음할 때에
는 단지 '儜'만 말하고, '你'의 음은 숨겨져 나타나지 않는 것 같다. 어떤 사
람은 '你老人家'의 轉音이라고 하는데, 이치로는 그럴지 모른다)

《你儜》의《儜》음을 『정음촬요正音撮要』에서는 "泥耕切"이라 한다. 그
리고《耕》은 "歌曾切"로 하면서, "耕更又讀若經, 基青切"이라 주를 달
고 있다. 이것으로는《儜》의 음을 정하기 힘드나 아마도 전자에 속하
고, [nəŋ]로 발음된 것 같다. 그렇게 보면《你能》과《你儜》은 표기법이
다를 뿐이고, 실은 같은 단어로 봐도 좋다. 단독으로 쓰인《儜》은 아마
도 [nəŋ], 또는 [niŋ]으로 발음되었으리라 생각되며, 현대어의 nin은 이
[niŋ]의 변음變音으로, 이것에 고대부터 있었던《您》글자를 붙인 것으
로 생각된다. [niŋ]이 nin으로 변한 것은, 방언으로 nin의 음이 남아 있
었기 때문에, 이에 동화되었거나 또는 [niŋ] 음을 가지는 문자에《寧》(차
라리)과 같은 것이 있어, 약간 문어적이지만 자주 사용되면서 2인칭 존칭
과 마찬가지로 句의 첫머리에 오는 일이 많고 헷갈리기 쉬워, 이를 피하
려고 다른 음으로 한 것이 아닐까 싶다.《儜》또는《能》의 어원은 불명

확하다. 어쩌면 중근세에 보이는 《儂》과 관계가 있을지도 모른다.

현대어의 《怹》은 극히 새로운 것으로, 존칭 《您》의 유추로 민국 이후에 쓰인 것 같으며, 그다지 보급된 것은 아니다.

12.2.5 《你·您·咱·喒·偺·俺·怹》의 來源 付《每》

이것은 백화에서 상용되는 인칭대명사인데, 다음과 같은 순서로 생긴 것 같다.

당	송	원	명
自家 我 你	>咱 咱們 我懣 >俺 你懣 >您	咱每 咱們 >喒	偺

▎《你》

《你》는 爾의 고자古字 《尒》가 약자略字로서 사용되었으며, 여기에 사람인변亻이 붙어서 생긴 것으로 《爾》의 古音을 전한 것이다. 《你》는 수나라 이전에도 있었던 것 같으나, 그다지 확실한 용례는 없다. 정사正史로는 『북제서北齊書』『주서周書』『수서隋書』『북사北史』에서 보이며, 중복되는 것을 제거하면 8개의 예가 있다. 그러나 이러한 정사는 모두 당나라 때 편찬한 것이므로, 오래된 사료의 문장을 그대로 모은 것이 많을 것으로 생각되지만, 무조건 채용할 수는 없다. 수나라 이전의 역경譯經에서도 보이지만, 원전에 따라 같지 않은 부분이 있고, 오자誤字일지도 모르는 것도 있다. 예를 들면,

今遣我來至儞所【月上女經上】
(지금 나를 보내서 너가 있는 곳에 이르게 하다)

이 《儞》(실은 你를 개판할 때 무리하게 고친 것?)은 다른 텍스트에서는

《爾》으로 되어 있다.

　　卽擇五百靑衣賢明多智, 爲作儞母【過去現在因果經1】

　　(그래서 5백 명의 현명하고 지혜로운 시녀를 태자를 위해 유모로 삼았다)

　이 《儞》은 《嬭》의 착오가 아닌가 싶다. 《你》는 당나라 때에는 대단히 많이 사용된다. 단 『광운廣韻』에 따르면 "秦人呼傍人之稱"이라 하였으며, 장안을 중심으로 한 지방방언이었을 지도 모른다.

▌《您》

　《您》는 송나라 때의 《你懣》, 또는 《你門》이 축약된 것이므로, 원래 복수複數이다.

　　我去問你懣降也不降?【逢虜記, 三朝北盟會編卷59引】

　　(나는 가서 너희들이 항복할 것인지, 안할 것인지를 묻겠다)

　　是州主不降? 是你門都不降?【范仲熊北記, 三朝北盟會編卷61引】

　　(州主만 항복하지 않는가, 아니면 너희들도 항복하지 않는가)

　　不因你瞞番人在此, 如何我瞞四千里路來【齊東野語5】

　　(너희들 파수꾼이 없었다면, 어찌 우리가 4천 리 길을 올 수 있었겠는가)

　　此人發跡, 定知您也做官寮【劉知遠諸宮調】

　　(이 사람이 출세하면, 너희들도 반드시 관리가 될 것이다)

　　這裏許多軍住, 久是壞了您家人民田種【鄭望之奉使錄, 三朝北盟會編29引】

　　(여기에 많은 군대가 머물고 있으니, 머지않아 너희들 백성들의 농사에 해를 끼칠 것이다)

　《您》는 다시 《恁》을 만든다.

　　記得恁打考千千遍【劉知遠諸宮調】

　　(너희들이 몇천 번씩이나 혼이 나게 한 것을 기억하고 있다)

去年本國專遣使臣, 理會恁大國情(?)公事【燕雲奉使錄, 三朝北盟會編
11인】(작년 우리 나라는 특히 사신을 파견하여, 貴國의 일을 결정했다)

《您》는 복수이지만, 송나라 때 벌써 단수로 쓰인 예가 있고, 따라서 이 것을 다시 복수로 할 경우가 있다. 먼저 단수의 예로는,

存仁義交您歸去【劉知遠】(인의를 지켜서 너를 돌려보낸다)

같은 것은 오래된 것으로 원나라 때는 더욱 많다. 그리고 친족 등의 호칭에 쓰이는 예는 종종 보지만, 이는 가족 안에서 개인의 존재가 그다지 인정되지 않았던 것에도 기인하며, 이것을 단수라 하기에는 반드시 타당한 것은 아니다. 이것을 다시 복수형으로 한 예는,

致他死後, 便是恁瀘不肯推戴, 故殺了他也【遺史, 三朝北盟會編83인】
(그를 죽게 한다면, 그것은 너희들이 그를 추대하고 싶지 않아서 죽인 것에 틀림없다)

看者, 看者, 咱征鬪 ; 您每您每休來救。【氣英布, 元刊本】
(보아라, 보아라, 내가 싸우는 것을. 너희들은, 너희들은 구하려 하지 말지어다)

▌《咱》

《咱》은 당나라 때의 《自家》가 축약되어 생긴 것이다. 《自家》의 당나라·오대의 용례를 보면 '자기'의 뜻이지만, 송나라 이후에는 변해서 거의 1인칭이라고 부를 수 있는 것도 적지 않다.

誇道自家能走馬【王建, 宮詞】
(자기가 말에 탈 수 있는 것을 자랑하다)

自家夫壻無消息, 却恨橋頭賣卜人【施肩吾詩】
(자신의 남편으로부터 소식이 없자. 오히려 다리 옆의 점쟁이를 원망한다)

186

自家見了, 尙自魂迷；他人覩之, 定當亂意。【維摩變文, 光字94】

(내 자신이 보아도 더욱 멍해지는데, 남이 보면 틀림없이 [마음이] 흔들흔들해질 것이다)

《自家》는 송나라 때 포괄형으로 쓰인 예가 적지 않다. 그 예로,

因顧乃子浹云：自家父子, 與他死守【三朝北盟會編23】

(거기서 자신의 아들 浹을 돌아보면서 말했다. "우리 부자가 사수하자")

自家在它重圍中, 如何郤待鬪氣【秦湛回天錄, 三朝北盟會編103】

(우리들은 적의 포위 속에 있는데, 어찌 싸움질이나 하려고 하느냐)

蓋以謂本朝與契丹曾厮殺後來講和, 未若自家兩朝本無相爭便通交【燕雲奉使錄, 三朝北盟會編14】

(아마도 그것은, 우리 나라와 거란은 전에 전쟁을 하고, 후에 강화를 맺은 것이니, 우리 두 조정[宋·金]이 원래 전쟁 없이 국교를 맺은 것과는 비교가 안 된다는 의미일 것이다)

또 송나라 때는 여기에 《懣》《門》을 붙여서 같이 포괄형으로 쓰는 일도 있었다.

今來所計議事節, 與自家懣上京時說底話睞別也【燕雲奉使錄, 三朝北盟會編11引】

(여기에서까지 의논한 것은, 우리들이 상경에 있었을 때 이야기한 것과는 많이 다르다)

事已如此, 自家懣這裏鬪口做甚?【茅齊自叙, 三朝北盟會編23引】

(이미 일이 이렇게 됐는데, 우리들이 여기서 입씨름만 한들 무슨 소용 있겠는가)

莫且(如?)自家門如今把這事放著一邊, 厮殺則箇【燕雲奉使錄, 三朝北盟會編14】(우리들은 의논을 뒤로 하고, 전투를 시작합시다)

恰如自家門講究義理到熟處, 悟得爲人父確然是止於慈, 爲人子確然是止於孝【朱子語類117, 和刻本은《們》】

(이것은 마치 우리들이 義理를 강구하여 사고가 성숙되면, 사람의 아비된 자는 확실히 慈에 도달하고, 사람의 자식으로서는 확실히 孝에 도달함을 깨닫는 것과 같은 이치일 것이다)

《自家》가 합쳐서 된 것이 《咱》이며, 송나라 때부터 보이는데, 여기에는 《自家》와 같이 3가지의 의미 용법이 있었다.

我咱諳分, 隨有亦隨無【趙長卿詞】

(내 스스로 분수를 알고, 있어도 좋고 또 없어도 좋다)

你若無意向咱行, 爲甚夢中頻相見?【劉永詞】

(네가 진실로 나에게 향하는 마음이 없다면, 어째서 꿈에서 자주 만나는 것일까)

夫人但息怒, 不看是咱骨肉, 不成今朝待凌辱【劉知遠】

(부인은 이제 그만 화를 내세요, 우리들[知遠과 부인]의 육친인 것을 생각하지 않고, 오늘 그를 욕되게 할 수는 없지 않겠습니까)

咱是的(=嫡)親爹娘生長【劉知遠】

(우리들은 정통의 부모에게서 태어나고 자랐습니다)

《咱》이 복수라는 것이 그다지 의식하지 않게 되자, 여기에 다시 《門》이 붙게 됐다. 이것은 남송에서 원나라 때에 걸쳐 볼 수 있다.

咱門祖上亦是宋民, 流落在此【癸辛雜識, 續下】

(우리들 조상도 송나라 백성인데, 여기에 흘러 온 것입니다)

孫堅言咱門是猫狗之徒【三國志平話, 上】

(孫堅은 우리를 버러지 같은 놈이라고 했다)

▎《每》

원나라 때에는 이전 시대부터 있던 《門》 이외에, 《每》도 사용됐다. 전자는 남방에서, 후자는 북방에서 쓰인 경향이 있다. 이 《每》는 당나라 때부터 극히 드물게 사용된 《弭》와, 경우에 따라서는 《偉》와도 관계가 있을지 모른다.

　　我弭當家沒處得盧皮邅來【因話錄4】
　　(우리들은 집주인인데, 이 집 어느 곳에도 盧皮邅란 자는 없다)

　　당나라 때는 《偉》가 명사에 붙은 예는 있으나, 대명사에 붙은 용례는 아직 검출되지 않았다. 그러나 송나라 때는 진주秦州에 《自家偉》라는 단어가 있었다고 기록되고 있다. 원나라 때 《每》의 기원을 생각할 때, 이것이 당나라 때 《弭》에서 시작된 것이라 하면 그것으로 충분한데, 만일 《偉》와 《每》가 관계가 있다면, 송나라 때에 《俺》《您》에 《偉》를 같이 쓰면서, 《俺》《您》의 -m 운미가 《偉》의 어두에 붙어서 [mui], 즉 《每》가 생긴 것인지 모른다. 어느 것이든 《每》는 송나라 때의 《懣》을 대신해 원나라 때 널리 북방에서 사용됐다.

▎《喒》

《咱門》이라는 남방의 표기법에 대해, 원나라 때 북방에서는 《咱每》가 보편적으로 사용됐다. 이 《咱每》 또는 《咱門》의 합음合音이 《喒》이다.

　　喒從今後越索着疼熱【古今雜劇, 拜月亭】
　　(우리들은 앞으로 더욱더 서로 돌보며 위해야 한다)

　　喒是縮角兒弟兄【〃, 氣英布】
　　(우리들은 어릴 때부터 의형제이다)

　　喒便似陳雷膠漆【〃, 張千替殺妻】
　　(우리들은 陳重과 雷義처럼 친한 친구다)

嫂嫂, 咱墳園到那末里?【〃】

(누님, 우리들의 묘지에 다 왔습니까? 아직입니까)

원나라 때는 이와 같이《喒》이나《咱》이 사용됐는데《俺》자가 쓰이게 된 것은 명나라 때인 것 같다.

▌《俺》

송나라 때의 1인칭 복수는《我門》《我懣》이다.

我懣也要戰, 但無人主此事【采石戰勝錄, 三朝北盟會編242】

(우리들도 싸우고 싶으나, 앞에 나서 줄 사람이 없습니다)

如今厮刹後, 若是我門敗, 得物也做主不得【紹興甲寅通和錄, 三朝北盟會編163引】

(지금 전투를 해서 만일 우리들이 패한다면, 물건을 얻어도 아무 소용이 없다)

《俺》은《我門》《我懣》의 합음일 것이라고 하지만 다소 의심스럽다. 《俺》이 영모影母인데 반해,《我》는 의모疑母이기 때문이다. 의모·영모의 구별은 원나라 때도 대체로 존재한 것으로 보는 것이 보통이며, 이 구별이 송나라 때 이미 없었다고 보는 것은 다소 조급한 생각인 것 같다. 서위徐謂의『남사서록南詞叙錄』에는,《恁》을 "你每二字合呼爲恁",《喒》을 "咱門二字合呼爲喒"라고 했음에도 불구하고,《俺》에 대해서는 이런 언급이 없다. 이는 혹시《俺》을《我門》의 합음으로는 생각하지 않았기 때문이 아닐까.《俺》의 송나라 때 용례로는,

好恨這風兒, 催俺分離【石孝友詞】

(원망스러워라 이 바람은, 우리의 이별을 재촉한다)

俺畧起, 去洗耳【辛棄疾詞】(나는 잠시 자리를 떠나, 귀를 씻으러 갑니다)

弟兄笑曰：你發跡後, 俺向鼻內呷三斗三升釅醋【劉知遠】

190

(형제는 웃으면서 말하기를, 네가 출세하면, 우리는 코로 서 말 석 되의 진한 식초를 마실 것이다)

氣概如虹俺得知【宋, 文天祥詩】
(기개가 무지개 같은 것을 나는 알고 있다)

唵送爾燈, 唵送小番隨着, 不妨事【文天祥, 出巷難序】
(나는 당신에게 등불을 가져다주고, 어린 심부름꾼을 딸려서 보낼 것이니 염려하지 마세요)

위의 예를 살펴보면, 《俺》은 송나라 때에 이미 복수가 아닌 예가 보인다. 단지 《唵》 같은 글자가 쓰여진 것은, 발생이 새롭다는 것을 나타낸다. 원나라 때가 되면서 《俺門》《俺每》 등도 생겼다.

12.2.6 자칭自稱·타칭他稱·통칭統稱

1인칭·2인칭·3인칭은, 언어를 주고받는 현장에 있는 사람을 상대적 관계에서 직접지시하는 것이다. 그러나 이 외에도 상대적 관계에서가 아니라, 절대적 관계를 나타내는 것이 있다. 절대적 관계는 세 종류가 있으며 자칭·타칭·통칭이라고 한다. 자칭은 자기를, 타칭은 타인을 말하고, 자칭과 타칭을 합친 것이 결과적으로 통칭에 해당한다.

[자칭] - 自己   各自   各人(各은 陽平聲으로 읽음)

           自個兒(個는 上聲으로 읽음)   自己個兒

[타칭] - 別人   別人家   旁人   人家

[통칭] - 大家   大夥兒   大家夥兒

자칭은 1인칭·2인칭·3인칭의 단수·복수와 함께 병용되고, 통칭은 1인칭·2인칭·3인칭의 복수와 병용될 때가 있다. 이 경우 앞의 대명사(1인칭·2인칭·3인칭)는 본위어本位語, 뒤의 대명사(자칭·통칭)는 동위어同位語로 본다. 단 후자는 이것을 부사가 됐다고 보아도 좋다. 그리고 타칭은 1인칭·2인칭·3인칭과 병용되지는 않지만, 그중에 《人家》는 단독으로 의미적인 1인칭·3인칭 경우에는 사용할 수 있다.

▌《自己》

현대어에서는 《自己恨自己》(자기가 자기를 원망하다)와 같이 주어에도 빈어에도 사용되기 때문에, 《自己》는 대명사이다. 《自己》는 고대어의 《自》와 《己》가 복합된 것으로 당나라 말, 오대 시기에는 사용되고 있었다.

고대어의 《自》는 주어나 빈어가 될 수 없고, 또 명사에 붙어 있지도 않는다. 그래서 《自》는 대명사가 아닌 부사이다. 현대어에서는 사용하지 않게 됐다. 단지 《自顧自》(자기 밖에 모르는, 제멋대로)와 같은 용법이 있으나, 이는 1개의 성어成語 같은 것으로, 이것으로 현대어의 《自》를 대명사로는 할 수 없다. 다음으로 고대어의 《己》는 대명사로서 주어나 빈어에 모두 쓰이고, 명사의 수식어에도 쓰였다. 《自己》의 오래된 용례는,

　　自己尙似怨家【祖13】(자기조차도 원수 같다)
　　魔王自己励歡。【維摩變文, 光字94】(魔王은 자신 스스로 즐거워했다)
　　大王自己是萬乘之尊【法華經變文 P.2305】
　　(대왕 자신은 만인의 군주로 계신다)
　　酒便與你, 自己吃不了, 請幾個道伴來吃【岳陽樓1】
　　(술은 드리겠습니다만, 혼자 다 못 마시면 동료를 불러 같이 마시세요)

▌《各自》

《各自》라는 단어는 오래전부터 많이 보이고 있다. 그러나 그 용례를 찾아보면, 《各》과 《自》라는 것은 아직 복합 방법이 긴밀하지 못하며, 2개의 단어였던 것으로 생각되는 점이 많다. 다음 예는 우선 완전히 한

단어로 되어 있다고 보아도 좋은 것으로, 의미의 중점은 《各》에 있고, 《自》는 거의 접미사로 되었다. 이러한 《各自》도 현대어에 있지만, 《各》은 거성去聲이다.

其時兩弟及兩婚家, 亦各自坐他罪而族【史, 酷吏列傳】

(그 당시 두 동생과 두 인척의 집안도 역시 각각 다른 죄에 연루되어 일족이 몰살당했다)

중세 근세에 보이는 《各自》는 이러한 것이지만, 이것은 자칭이 아니다. 자칭의 《各自》의 《各》은 양평陽平으로 읽고, 북경어였으며 청나라 이후에 보인다. 이것은 《自》에 의미의 중점이 있다. 예를 들면,

這是爺各自買的, 不在貨帳裏面【紅67】

(이것은 주인 스스로 구입한 것으로, 장부에는 기재하지 않았습니다)

不拘誰做生日, 都是各自送各自的禮【紅43】

(누구 생일이든, 모두 다 각기 각자의 선물을 한다)

▎《各人》

이 《各》도 양평陽平으로 읽고, 북경어이다.

叫他各人居罷【紅45】(그 스스로 [어디든지] 갈 수 있게 하세요)

一會子你再各人打你的嘴巴子還不遲呢!【紅67】

(나중에 너 스스로 자신의 따귀를 때려도 늦지는 않을 것이다)

▎《自個兒》

《個》는 상성上聲이다. 청나라 때 문헌에는 보이지 않는다. 이 단어는 당나라 이후의 《自家》이므로, 다음과 같은 예가 이에 해당한다. 그렇게 보면 『홍루몽』에서 쓰인 방언에서는 《家》를 [ka]로 읽었는지도 모른다.

你們不去, 我自家去【紅29】(당신들이 안 간다면, 내 자신이 가겠습니다)

▌《自己個兒》

《個》는 또는 《各》로도 쓰는 상성上聲이다.

　要是你自己各兒招些邪魔外崇來弄的受了累, 那我可全不知道【兒5】

　(만일 당신 자신이 괴상한 것을 불러와서, 그로 인해 지독한 경우를 당해
도, 나는 절대로 모릅니다)

▌《別人》

타칭의 《別人》은 명사적인 느낌이 강하다. 이 단어는 당나라 때 생긴
것으로, 그 이전에는 《他人》, 또는 《他》라고 했다.

　氣味如中酒, 情懷似別人【李廓詩】

　(기분은 술에 취한 것 같고, 마음은 다른 사람 같다)

　別人喫物自家飢【十二時 P.2054】

　(다른 사람이 음식을 먹어도 자신은 시장함을 느낀다)

▌《別人家》

　別人家養女兒孝順【對玉梳1】(다른 사람은 효도하는 딸을 가지고 있다)

　別人家奴胎也得個自在【靑衫泪1】

　(다른 사람은 노예의 자식이라도 자유를 얻는다)

▌《旁人》

《傍人》으로도 쓴다. 옆에 있는 사람이라는 뜻에서 《別人》의 의미로
된 것으로, 꽤 오래전부터 보인다. 그러나 '옆'의 뜻이 완전히 없어진 것
은 아니지만, 아마도 현대어와 같이 타칭으로 보아도 좋을 것 같다.

　勿用傍人解構之言【後漢書, 隗囂傳】(남을 이간시키는 말을 하면 안 된다)

　若問傍人那得知【崔顥詩】(만일 남에게 물어본다면 어떻게 알 수 있겠습니까)

　旁人未必知心事【劉皂詩】(남들이 걱정을 알고 있다고는 할 수 없다)

▌《人家》

《人家》는 명사《人》과 접미사《家》에서 된 것이라고 말할 수 있다. 원래《人》은, 고대어에서 이것만으로 타칭을 나타냈다. 즉,

己所不欲, 勿施於人【論, 顔淵】

(자기가 바라지 않는 것은, 남에게 억지로 시켜서는 안 된다)

이 용법은 현재에도 있다.

你道「施恩不望報」, 大意不過只許人求着你, 你不肯求着人【兒19】

(당신은 "은혜는 베풀지만 보답은 바라지 않는다"라고 말했는데, 그 뜻은 다른 사람이 당신에게 부탁하는 것은 들어주지만, 당신이 다른 사람에게 부탁하지는 않는다는 뜻입니까)

《人家》는 당나라 때 아직 드물었고, 송나라·원나라 이후에 사용되게 된 것 같다.

他時後日, 魔魅人家男女去在【祖7】

(훗날 다른 사람들을 현혹하게 될 것이다)

半夜三更來人家院舍【董西廂3】

(한밤중에 남의 집에 오다)

儘着他放潑, 相甚模樣? 被人家笑話【快嘴李翠蓮記】

(저 여자가 난폭하게 구는 대로 놓아두다니, 그 꼴이 무엇이요, 남이 비웃을 거예요)

- 《人家》가 1인칭으로서 쓰인 예.

人家蓋一箇門樓, 措大家又獻言語【東原錄】

(남[자신]이 문루門樓을 하나 지으면, 가난한 선비들이 또 아첨하는 말을 올린다)

195

人家這裏費力, 你們緊着混, 我就不說了【紅54】

(남[자신]이 열심히 말하고 있는데, 당신들은 자꾸만 훼방만 놓고 있으니,

그럼 이제 그만 둘 거예요)

- 《人家》가 3인칭으로서 쓰인 예,

這一幅行樂圖, 向行家褙去, 叫人家收拾好些【牡丹亭14】

(이 행락도를 전문가에 보내서, 그들에게 잘 고치게 하세요)

你看着人家趕蚊子的分上, 也該去走走【紅36】

(저 분이 모기를 쫓아준 것으로도, 잠시 가봐야 하겠습니다)

《人家》가 이렇게 쓰이는 것은, 《我》《他》보다도 지시하는 방법이 간
접적이므로 표현의 완곡함을 좋아한 것이다. 그렇기 때문에 타칭이라고
해도 《人家》만은 특별한 것으로, 일종의 범칭泛稱으로도 볼 수 있다.

▮ 《大家》

이 단어는 원래 세가대족世家大族을 말하는데, 직접 사람을 가리킬 때
에는 존칭이었다. 당나라 때는 제왕을 일컫는 예도 많았다. 이것이 통칭
으로 사용된 예로는,

茱萸酒法大家同【王建詩】(茱萸酒를 만드는 법은 모두가 똑같다)

大家開處不須開【齊己詩】(모두가 열 때는 열지 않는 것이 좋다)

大家拍手高聲唱【杜荀鶴詩】(모두가 손뼉을 치며 큰 소리로 노래한다)

▮ 《大夥兒》

方纔連寶姐姐, 林妹妹, 大夥兒說情【紅73】

(잠시 전에 寶누나 林누이동생 등 모두 다 같이 사과했습니다)

196

▌《大家夥兒》

難道弄出饊來我一人使嗎? 也是大家夥兒分【三俠五義37】

(돈을 가로채서 너 혼자 써버리면 되겠는가, 역시 모두 나눠 가져야지)

12.2.7 주관적 복수主觀的複數

객관적으로 단수인 것을 주관적으로는 복수로 나타낼 때가 있다. 이것에 4가지 경우가 있다.

① 객관적《我》를《我們》으로 말하는 경우.

이것은 여성이 겸칭으로 사용한 것인지도 모르지만, 뒤에는 겸칭의 느낌이 사라져 버렸다. 성인 남자가 쓰는 일은 없다.

小紅道:「願意不願意, 我們也不敢說」【紅27】

(승낙하고 안 하고를, 제가 감히 대답할 수는 없습니다)

我們一個丫頭, 姑娘只是混說【紅31】

(나는 고작 하녀인데, 아가씨는 터무니없는 말씀만 하십니다)

女先兒忙笑看站起來說:「我們該死了, 不知妨奶諱!」【紅54】

(女講師는 허둥대며 애교스럽게 일어서면서 말했다. "제가 정말 실례했습니다. 부인의 이름인 줄을 모르고요")

我賤姓王。呸, 我們死鬼當家兒的姓王。【兒7】

(나는 王이라 합니다. 퉤[죽은 사람의 일을 말할 때 불길함을 기피하여 침을 내뱉는 습관], 나의 돌아가신 주인은 王氏입니다)

국어사전에도 "我們, 猶言我, 多出於女子, 小兒。"라고 있다. 《小兒》도

사용되는 이유는, 가정에서 항상 접촉하는 것은 어머니, 또는 그 외 여성이기 때문이다. 『화어월간華語月刊』84호에 다음과 같은 기사가 있다.

> 老爺兒們的話, 跟老娘兒們的話就不一樣。比方說, 一個男人的脚, 被別人給踩了一下子的時侯, 他必走說 :「嘎! 你看, 你踩了我的脚了」若是女人哪, 那可就不然了, 她準得是這麼樣兒說 :「哎喲歐! 你瞧瞧, 你踩了我們的脚巴鴨兒了」(하략)

② 객관적《我》를《咱們》으로 말하는 경우.

상대에 대한 친밀감을 나타낸다.

他爲什麼不找別人, 而單單的找咱們?【老舍, 惶惑】

(그는 왜 다른 사람을 찾아가지 않고, 일부러 나를 찾았을까)

這都是因爲咱們平日會作事!…【〃】

(이것은 전적으로 평소 내 사무능력이 뛰어나기 때문이다)

可是, 咱們也會作文章!…【〃】

(그러나, 나 역시 능통하게 할 수 있다)

③《你》를《我們》으로 쓰는 경우.

好, 他打咱們, 是他沒理, 我們絶不可以還手【惶惑】

(좋다, 그가 너를 때리면, 그것은 그가 나쁘다. 너는 결코 앙갚음을 하지 마라)

[※ 또한 이 咱們은 ④에 해당된다]

他還要打, 我們就躲開他!【〃】

(그가 그래도 때리려 하면, 너는 옆에 피해 있으면 된다)

④《你》를《咱們》으로 쓰는 경우

妹妹, 咱們可不是空身兒投到他家去了【兒10】

(당신은 빈손으로 그 집에 가서 신세만 지는 것은 아니잖아요)

12.2.8 3인칭대명사의 조동사화助動詞化

동사 뒤에 오는《他》는 그 동사의 빈어이거나, 또는 빈어의 일부, 즉 수식어가 될 것이다. 그런데《他》는 동사를 돕는 부속어로 변해, 빈어로서 역할을 하지 못할 경우가 있다. 이것에는 세 종류가 있다.

① 第一天沒拉她什麼錢【老舍, 駱駝祥子】

　　(첫날은 심지어는 거의 돈이 되지 않았다)

　　一輩子改他三百六十行【正在想】

　　(일생 동안에 360번이나 장사를 바꾸었다)

　　咱們來他兩瓶啤酒吧

　　(맥주를 마시지 않겠습니까)

　　我們來他個實地調査才好

　　(우리들은 실지조사를 해야 합니다)

② 反正這不是個長事, 給他個混吧【老舍, 牛千賜傳】

　　(어차피 이것은 오래 할 일이 아니다. 어찌됐건 적당히 해보자)

　　他得走, 想好了主義, 給他個不辭而別【駱駝祥子】

　　(그는 떠나지 않으면 안 된다는 생각이 결정되자, 말없이 나왔다)

③ 管他是誰的房呢【老舍, 猫城記】

　　(누구의 집이든 상관없다)

　　管他, 橫豎我是個局外人【兒13】

　　(상관할 것 없다. 어쨌든 나는 관계없는 사람이다)

①에 열거한 예는《他》뒤에 빈어가 오고, 그리고 거의 대부분 경우 수량의 수식을 동반하는 것. ②는《給他個》라고 하는 정형화된 표현. ③은《管他》밖에 예가 없지만, 반어反語, 즉 부정의 표현이다. ①②③을 통하여 어느 것이나 그것에 대한 무관심, 무책임, 경시에 대한 어투를 나타내는 것에 지나지 않고, 대명사로서 지시하는 바는 없다. 이러한《他》는

대단히 특수한 것이다. 특히 ①의 경우 만일《他》를 대명사로 한다면 이것도 일종의 빈어가 되고, 이로 인해 특별한 句의 구성을 세워야 될 것이다. 그러나 이러한《他》는 앞에 있는 단음절 동사에 이어져 발음되고, 그 사이에 쉼표가 없기 때문에, 음성적으로도 이것을 대명사로 하기에는 무리가 있다.《他》의 이러한 용법은 ③이 가장 오래 됐고, 무관심의 어기에서 생긴 것이다.

《他》가 무관심의 어기를 나타내는 것은 멀리 당나라 때부터 있었다. 이는 아마도《他》가 3인칭으로 되기 전에, 타칭이었던 것에서, 의미가 변화했을 것이다.

白眼看他世上人【王維詩】(냉담한 눈으로 세상의 속인을 본다)

戀他朝市求何事?【白居易特】

(도시에 연연해서 무엇을 얻으려 하나)

그 동작에 대한 무관심은 후에 동작 자체를 부정하게 됐다.《他》에 이러한 경향이 생긴 것은 송나라 때다. 송나라 때에 이러한 부정의《他》는 오로지《知他》로 나타내고 있는 것 같으나, 시대가 내려옴에 따라 쓰이지 않게 되고, 현대어에서는《管他》만 남아 있다.《知他》의 예로서는,

知他故宮何處【徽宗詞】

(고궁은 어디에 있는지 모른다)

某知他喫了人多少言語【紹興甲寅通和錄, 三朝北盟會編163】

(나는 남들로부터 얼마나 많은 말을 들었는지 모릅니다)

這婆子知他是我姑姑也不是【簡帖和尙】

(이 할머니가 내 백모인지 아닌지 알 바 아니다)

①과 같은 경우가 생긴 까닭은 기간보어나 횟수보어와의 유사에 기인한다. 즉,

俺如今故意的到他那裏, 調戲他一番【擧案齊眉3】

(나는 지금 일부러 그녀에게 가서, 그녀를 한번 놀려줄 것이다)

心中要敲他一下【靑衫泪4】

(내심 [그로부터 돈을] 한번 뜯어내려고 생각했다)

你打我幾下罷【金線池2】

(당신은 나를 몇 번이고 때려주세요)

위 예문의 대명사는 모두 확실히 지시하는 바를 가지고 있다. 그리고 그 뒤에 따르는《一番》《一下》등은 보어이다. 그런데 다음 같은 예에서는, 대명사는 명확하게 지시하는 바가 있다는 점에서는 앞의 예와 같으나, 그 뒤에 오는 단어는 보어가 아니라 빈어이다.

我一發吃他幾杯【盆兒鬼1】(나는 차라리 그것[술]을 몇 잔 마실 것이다)

我便吃上他一杯兒, 怕做甚麼【〃】(나는 그것[술]을 한 잔 마셔도 괜찮다)

이 구문은 동사《叫》가 2개의 빈어를 가질 때(예를 들면《我叫他張先生》)에 가깝다. 왜냐하면 처치구處置句를 쓸 때 전제되는 빈어는《他》이므로《他》를 직접빈어,《幾杯》등을 간접빈어로 해야 한다. 그리고 이러한 직접빈어는 전체를 나타내고, 간접빈어는 부분을 나타낸다. 그러나 이것은 대단히 특수한 구문이며, 이 경우의《他》를 명사로 바꾸어,《吃酒幾杯》로 할 수는 없다(단, 처치구일 때에는, 이것이 가능하다.《把酒吃幾杯》). 이런 특수한 빈어《他》는《他》이외의 명사·대명사로 대치할 수 없으므로 응용이 안 된다. 따라서 이 종류의 구문만이 고립해 버린다. 그래서《他》는 빈어로서의 의미나 기능이 상실되기 쉬운 상태에 있지만, 더구나《他》에는 원래 허사적인 용법이 있기 때문에, 지시하는 바가 없는《他》가 많아진 것으로 생각된다. 단, 그 경우에도 적어도 기간보어·횟수보어와 비슷하다는 조건은 확실히 지켜져서, 수량의 수식이 필요하다.

지금 이와 같이 지시하는 바가 없는《他》의 용례를 몇 개 들어본다.

再叫上他幾個泥水匠【兒32】

(그리고 미장공을 몇 사람 불러온다)

僧多早晚兒置他兩張機, 幾呀紡車子【兒33】

(우리들은 그 사이에 織造機나 紡絲機를 구입해서 …)

지시하는 곳이 없는《他》가 종종 사용되는 경우가 또 한 군데 있다. 그것은 탈취동사奪取動詞일 때이다.

議定五兩糶一石, 改做十兩, 落他些【陳州糶米0】

(一石五兩에 쌀을 팔기로 결정하면서, 十兩으로 고쳐서 일부를 몰래 떼어먹기로 했다)

託個夥計過去和參行裏要他二兩原技來【紅77】

(점원에게 부탁해 조선 인삼 도매상에서 본래대로의 인삼을 二兩 얻어오다)

위의 예문에서는,《落》《要》에 탈취奪取의 의미가 있다. 이와 같은 예문에서 만일《他》가 실제로 지시하는 것이 있다면,《他》는 간접빈어다. 단 그 경우에도 2개의 빈어에 부분과 전체라는 관계는 없고, 또 처치구를 사용할 수도 없다.

12.3 지시대명사指示代名詞

현대어의 지시대명사는《這》《那》《哪》를 기본으로 근칭近稱·원칭遠稱·의문(선택)을 구성하지만, 이외에도 의문을 나타내는 다른 계통의 것이 있다.

	근칭	원칭	의문
사물	這　　這些 這個　這些個	那　　那些 那個　那些個	哪　　哪些 哪個 哪些個 甚麼
장소	這裏　這兒 這邊 這塊兒 這哈兒	那裏　那兒 那邊 那塊兒 那哈兒	哪裏　哪兒 哪邊 哪塊兒 哪哈兒
시간	這會子 這會兒 這早晚	那會子 那會兒 那早晚	多會兒 多早晚(多喒)
(방향)	這麼	那麼	哪麼

12.3.1 근칭近稱

지시대명사의 《這》《那》는 당나라 때가 되어서야 비로소 쓰게 됐다. 《這》는 당나라 때《者》로 쓸 때가 많았고, 드물게는 《赭》로도 썼다. 송나라 때는《遮》으로도 썼지만, 당나라 자료에는 이 글자가 그리 많이 사용되지 않았다.

這度自知顔色重【王建時】
(이번에는 안색이 중요하다는 것을 알고 있습니다)

這廻歸去免來無?【白居易詩】
(이번에 돌아가면 다시 오지 않을 수 있겠는가)

這囘應見雪中人【盧仝詩】(이번에는 눈 속의 사람을 볼 것이다)

這有[相]夫人顔貌平正【有相夫人變文】
(이 有相夫人은 용모 단정하고 아름답다)

知道者身看看命謝【〃】(이 몸이 머지않아 죽을 것을 알았다)

遮阿師更不要見【撫言5】(이 스승님은 다시 만나지 못할 것이다)

203

당나라 때 《這》의 용례는 많으나, 모두 명사에 따르거나 《這度》《這般》 등과 익숙하게 쓰이며, 자립어自立語라고 볼 수는 없다. 그러나 극히 드물게 당나라 말 이후, 자립어로 인정될 만한 예가 있다.

孔雀毛衣應者是【齊己詩, 對菊】
(공작의 털옷은 반드시 이것이 그것일 것이다)
長年祗這是【寒山詩】(1년 중 내내 이렇다)

송나라 때가 되면 《這》는 주어로도 쓰이게 됐다.

只這難依口【張元幹詞】(이것만은 승낙하기 어렵다)
這是說天地無心處【朱1】
(이것은 천지무심의 경지를 설한 것이다)

《這》의 어원은 명확하지 않지만, 혹시 지시대명사의 《之》에서 온 것인지도 모른다. 『시경』이나 『장자莊子』에는 《之》를 명사에 따르는 용법이 있다. 예를 들면, 《之人》《之子》와 같은 것으로 《此》에 해당한다. 이러한 《之》는 다른 문헌에도 약간 보이지만 많이 쓰이지 않아서 문어에 넣지 않았다. 그리고 이러한 《之》를 《這》의 근원으로 보는 것은, 시대가 중단되기 때문에 확실성이 없다.

▌《這些》

《這些》는 《這》의 복수형으로 수가 많음을 강조하는 어기가 보인다 (《那些》도 같음). 송나라 때부터 사용됐지만 송나라 때는 아직 부용사副用詞 같았고, 이것이 자립어가 된 것은 원나라 때였으리라 생각된다.

亦是這些氣過了【朱3】
(역시 이러한 氣는 지나치게 과한 것입니다)
吃不了這些【東坡夢1】(그렇게 많이 먹을 수 없습니다)

┃《這個》

당나라 때부터 있고, 처음부터 자립어였다. 그 예로는,

這箇是阿誰不是【舜子至孝變文】(이것은 누가 나쁜가)

更不要苦救這箇也【大唐新語, 廣記77引】

(일부러 이것을 구할 일은 없다)

┃《這些個》

把這些個沒要緊的事撂開了也好【紅86】

(이러한 보잘것없는 일은 버려두어도 좋다)

┃《這裏》

阿堵貧兒爭敢向這裏覓宿處?【三水小牘, 廣記275】

(그 가난한 집 아이는 어째서 여기서 머물 장소를 찾는 것이냐)

┃《這兒》

《這兒》의《兒》는《裏》가 변한 것으로, 청나라 후기부터 보인다.

來不來的這兒那兒的預備【庸言知旨】

(올 것인지 오지 않을 것인지인데도 이것저것 준비를 한다)

人家大師傅叫我在這兒勸你【兒7】

(가장 높은 和尙은 나에게 여기에서[今] 당신에게 권고시키는 것입니다)

┃《這邊》

당나라 말기부터 있었다.

靑嶂這邊來已熟【齊己詩】(靑峰의 이쪽에 와서 이미 익숙해졌다)

者邊走, 那邊走【蜀主王衍, 醉妝詞】(이쪽에 갔다가, 저쪽에 갔다가)

▌《這塊兒》

怎的可憐見, 離了這塊兒也好【金38】

(부디 불쌍히 생각하시고, 이곳에서 떠나게 해 주십시오)

剛纔在這塊兒【庸言知旨2】(방금 여기에 있었다)

▌《這哈兒》

송나라 때에 장소를 나타내는 대명사《這下》《那下》가 있었는데, 아마 여기서 생겼을 것이다.《這哈兒》라는 표기는 아직 검출되지 않았으나, 명나라 때 북경어에는 이미 존재했다.

這下穿一穿又穿不着, 那下穿一穿又穿不着【朱27】

(이쪽에서 길을 뚫으려 해도 돈이 없기 때문에 뚫을 수 없고, 저쪽에서 뚫으려 해도 뚫을 수 없다)

這裡曰這會兒【燕山叢錄22】(이곳을 '這會兒'라고 한다)

▌《這會子》

청나라 때부터 쓰인다.

這會子可好些?【紅34】(지금쯤은 조금 좋아졌습니까)

▌《這會兒》

這會兒風浪越急了【來生債3】(바야흐로 풍랑은 더욱더 심해졌다)

這會兒太太二奶奶都不得閒兒呢【紅7】

(지금 큰 마님도, 젊은 둘째 마님도 여유가 없습니다)

▌《這早晚》

《早晚》은 원래 두 단어로서 각각 '빠르다'와 '늦다'의 의미다. 이것이 한 단어로 합쳐져서 '언제'라는 의미로 변했다.

早晚下三巴? 【李白詩】(언제 三巴에서 내려오실지)

이러한 《早晚》이 단순히 시간을 지칭하는 '경·쯤'을 나타내게 된 것 같고, 여기에 《這》 또는 《那》가 붙은 것이다.

這早晚搭下棚, 宰下羊 【老生兒3】(지금쯤은 작은 집을 짓고, 양을 잡아…)

12.3.2 원칭遠稱

《那》는 당나라 때부터 쓰였으나, 《這》와 같이 아직 자립어는 되지 않 았던 것으로 인정된다.

必是那狗 【朝野僉載2, 廣記259引】(반드시 저 개다)

那時離別後, 入夢到如今 【杜牧詩】(그때 이별한 뒤 지금까지 꿈에서 본다)

想得那人垂手立, 嬌羞不肯上鞦韆 【韓偓詩】

(생각하건대 그 사람은 손을 놓고 서서, 부끄러워서 그네에 오르려고 하지 않을 것입니다)

那年離別日 【劉采春詩】(그해 이별한 날)

《那》가 자립어가 된 것은 역시 송나라 때이다.

那是做人底樣子 【朱7】(그것은 인간으로서 본보기이다)

《那》의 전신前身은 남북조에 보이는 《爾》인 것 같다. 《爾》는 《爾時》 《爾日》《爾夜》《爾夕》과 같이 시간을 나타내는 말에 쓰이는 경향이 있 지만, 이것은 우연이며 《爾》 자체에 시간을 나타내는 명사와 결합해야 된다는 이유는 없는 것으로 생각한다.

爾時憔悴, 今更光澤 【中本起經, 上】

(그때는 여위어서 초라했는데, 지금은 오히려 얼굴에 윤이 납니다)

劉爾日殊不稱 【世, 排調】(劉는 그날 특히 마음에 둘지 않았다)

爾夜風恬月朗【世, 賞譽】(그날 밤은 바람이 조용하고 달이 밝았다)

《那些》

又不成那些好夢【毛滂詞】(또 그들의 좋은 꿈도 이루어지지 않고)

那些裊裊婷婷體態【董西廂1】(그리한 요염한 자태)

若是吃了那些【馬陵道3】(만일 그것들을 먹는다면)

《那個》

당나라 때 문헌에는 거의 보이지 않는다. 오대五代의 예로,

那箇人【祖堂第13】(저 사람)

那箇尼?【祖堂集4】(저것은?)

《那些個》

那些個齊管仲鄭子産【梧桐雨2】

(저들 제나라의 管仲, 정나라의 子産은 …)

《那裏》

那裏朝日方出, 還應先照西樓【韓偓詩】

(저쪽에서 아침 해가 뜨면 먼저 서쪽 누각부터 비출 것이다)

那裏何似這裏?【祖堂集10】(거기는 여기와 어때)

《那兒》

《兒》는《裏》가 변화한 것으로 청나라 후기부터 보인다.

來不來的這兒那兒的預備【廣言知旨】

(올 것인지 오지 않을 것인지인데도 이것저것 준비를 한다)

208

▮ 《那邊》

大作家在那邊【盧氏雜說, 廣記255】

(대작가는 저기에 있다)

那邊禮佛聲遼(嘹)亮, 這伴(畔)全經次第開【父母恩重變文, 河字12】

(저쪽에서는 부처님을 예배하는 소리가 드높고, 이쪽에서는 全經이 점차

진행되어 간다)

▮ 《那哈兒》

송나라 때 《那下》에서 나은 것으로, 명나라 때는 《那會兒》라는 표기

법으로 보이고 있다.

那裡曰那會兒【燕山叢錄22】(그곳을 '那會兒'라고 한다)

▮ 《那會子》

那會子不害臊, 這會子怎麼又臊了【紅32】

(그때는 부끄러워하지 않았는데, 요즈음 왜 부끄러워합니까)

▮ 《那會兒》

說的那會兒, 好, 笑嘻嘻的答應着【兒30】

(말하고 있는 [그] 때는 다행히 웃으면서 말을 듣고 있습니다)

▮ 《那早晚》

那早晚也是東廳樞密使來?【謝金吾3】

(그때에도 역시 東廳樞密使였습니까)

12.3.3 의문

▌《哪》

의문(선택)의 《哪》는 원래 《那》로 쓰였고, 《哪》로 쓰게 된 것은 극히 최근의 일이다. 의문의 《那》의 기원에 대해서는 현재 아직 확실하게 할 수 없는 점이 있다. 초기 《那》의 보편적인 방법은, 의문의 의미를 가진 부사 '어찌하여'였고, 남북조 시대에 많이 사용됐다.

　　隆和那得久【晉哀帝隆和初童謠】(隆和는 어째서 오래 계속할 것인가)
　　卿那誑我【幽明錄, 廣記321引】(당신은 어째서 나를 속였는가)

그런데 또 한편, 같은 시대의 불전佛典에는 《那》가 '어디'의 뜻으로 쓰인 것 같다. 단지 이런 용법은 불전에만 보이고, 다른 문헌에는 보이지 않는다. 그러나 장소를 묻는 대명사는 일반적으로 부사를 겸한다(예를 들면 《何》《安》《焉》《奚》, 또는 현대어에서도 《哪兒》). 그런 까닭에 《那》에도 2가지 용법이 있어도 좋은 이유이다.

　　諸妹那來?【中本起經上】(누님들은 어디에서 오셨습니까)
　　爲在何許? 當那求之?【太子瑞應本起經上】
　　(도대체 어디에 있을까, 어디서 찾으면 좋을까)

당나라 때에는 부사의 《那》가 쓰이는 것 외에 원칭遠稱도 있는데, 선택해서 묻는 말로는 《若箇》《阿那》가 있고, 선택해서 묻는 《那》는 적다. 특히 돈황 자료에는 선택해서 묻는 《那》가 적다.

　　不知竹雨竹風夜, 吟對秋山那寺燈【戴叔倫詩】
　　(대나무에 비바람이 몰아치는 밤에는, 가을 산 어느 절의 등불을 향해 음미하는지 알 수 없다)
　　雖稱李太白, 知是那星精【貫休詩】

(李太白이라 해도, 어느 별의 정기인지 알지 못한다)

이러한 의문의 《那》는 같은 문자로 나타내는 원칭의 《那》에 비하여 발달이 대단히 느렸다고 생각된다. 이것이 자립어가 된 것은 청나라 후기인 것 같다. 즉,

到底那是他的父母之命啊?【兒26】
(도대체 어느 것이 그 사람 부모의 명령입니까)

除了姐姐合姐姐那把刀, 那是他的媒? 那是我的妁呀?【兒26】
(누님들과 누님들의 저 칼을 제외하고, 누가 저 사람의 중매인이고, 누가 내 중매인이었습니까)

《那》의 자립어로서의 용례는 누락되었을지는 모르나, 송나라·명나라·원나라 때에는 보이지 않는다. 다음과 같은 예는 아주 오래된 것으로, 쉽게 따를 수 없다.

眞經知那是【王績詩】
(진실한 經은 어느 것이 그것인지를 알 것인가)

《哪些》

오래된 백화에서는 《兒》를 붙여, 영세한 것을 뜻하는 경향이 있다. 《兒》를 붙이지 않는 것이 순수한 복수이다.

那些兒不虧了馬員外來?【灰闌記】
(아무리 하찮은 것이라도 馬員外의 신세 안 진 자가 있겠는가)

我平日何等待你, 虧了你那些兒?【兒28】
(내가 평소 당신에게, 조금이라도 신세진 일이 있었습니까)

你那些還不足, 還不自在?【紅33】
(너는 아직 무엇이 부족해서, 기분이 안 좋으냐)

211

▌《哪個》

那箇骹兒射雁落?【高崇文詩, 北夢瑣言7】

(어느 것이 기러기를 쏘아 떨어지게 했는가)

那箇是文星?【齊己詩】(어느 별이 文星인가)

那箇餅牢實?【寒山詩】(어느 병이 더 단단한가)

▌《哪裏》

到那裏?【祖堂集10】(어디까지 갔었느냐)

敎我去那裏?【遺史, 三朝北盟會編70】(나를 어디에 보내려 하는가)

▌《哪兒》

你那兒走哇?【兒7】(당신 어디 가)

▌《哪邊》

蓮臺交朕那邊求?【法華經變文 P.2305】

(짐은 蓮臺를 어디에서 구할 것인가)

▌《甚麽》

《甚麽》는 당나라 초기 표기법에서는《是物》《是勿》《是沒》등으로 쓰였다.《勿》《沒》은《物》과 같은 음이라는 점에서 차자借字이다.《是》의 어원은 불명확하지만, 고대어의 지시대명사였던 것이 의문으로 바뀐 것이 아닐까 생각된다.《是物》등은 당나라 전성기에 사용된 것 같다.

既無見是物?【神會語錄, 石井本】(이미 아무 것도 없는데 무엇이 보일까)

是勿是生滅法?【〃】(무엇이 생멸법인가)

是沒是四魔?【大乘五方便 P.2270】(무엇이 四魔인가)

212

《是物》등의 음이 축약된 것이 《甚》이다. 《甚》의 당나라·오대 때의 용
례는 적지 않으나, 의심스러운 것이나 시기가 불명확한 것을 제외한 비
교적 초기의 예를 든다.

 人生隨處堪爲樂, 管甚秋香滿鬢邊【牟融詩】

 (인생 곳곳에 즐거움이 있으니, 늙음에 이르는 것도 개의치 말라)

 將甚酬他雨露恩?【唐彦謙詩】(무엇으로 큰 은혜에 보답하랴)

《甚》이 더욱 《勿》《沒》등을 취한 예가 있다.

 爲甚物入入裏許?【啓顔錄, 廣記248】

 (왜 안에 드, 드, 들어갔느냐. ※《入入》은 말더듬이의 말)

 問我作甚沒?【寶林傳6】(내게 물어서 어떻게 할 것이냐)

이러한 접미사적 《沒》이 당나라·오대에 이미 입성운미入聲韻尾를 잃은
것은, 티베트 문자의 주음註音으로 명확하지만, 이 때문에 입성入聲이 아
닌 문자가 쓰이게 됐다.

 畢竟喚作甚謨物?【大乘中宗見解】(결국 무엇으로 불러야 하는가)

오대에서는 《摩》를 쓰는 것이 보통이었고, 송나라 때에 들어와서
《麼》가 쓰이게 됐다.

 甚摩處來?【祖堂集20】(어디서 왔는가)

 甚麼處人?【景德傳燈錄8】(어느 곳의 사람인가)

 這不是心是甚麼?【張子語錄後錄】(이것이 마음이 아니고 무엇인가)

《甚麼》는 또 《什麼》라고도 쓴다. 《什麼》라는 표기법은 당나라 때 있
었다고 인정할 수는 없다. 오대에서는 《什摩》로 쓰였고, 송나라 때에 이
르러 《什麼》가 됐다.

貴姓什摩?【祖堂集4】(이름이 무엇입니까)
在什麼處?【景德傳燈錄8】(어디에 있는가)

당나라·오대의 서북西北에서는 입성운미 -p는 -b로 변화하고, 그 때문에 -m에 가까워졌다. 경우에 따라서는 -m과 같이 되어버린 것으로 생각되는 예가 있다. 예를 들면 『교방기敎坊記』에서는 《踏謠娘》을 《談容娘》으로도 칭했다. 또,

膽衫紅欄干, 三百六十橋【白居易詩 ※단, 現本에는 없음】
紅欄三百九十橋【白居易詩】

그 외에, 《十》을 《諶》로 읽는 것은 『송경문공필기宋景文公筆記』를 시작으로 여러 곳에도 설명되어 있고, 티베트 문자로 주음註音한 것에도 이것이 나타나 있다. 《二十》의 합음合音이 《念》으로 된 것도 마찬가지다. 그러나 《甚麼》《什麼》에 대해서는 예증이 부족하기 때문에, 아직 확신하기 어려운 점이 있다. 요약하자면, 《什》이 -m 운미로 발음되는 방언이 당나라·송나라에 걸쳐 존재하고, 《甚》 대신에 《什》이 쓰이게 된 것이다. 또 《甚》은 차자借字이며 《什》이 바른 문자라는 오해에서, 필획이 간단한 《什》이 쓰이게 됐을지도 모르며, 게다가 《甚》과 《什》에서는 후자가 사용빈도가 적은 것도, 《什》이 사용된 원인의 하나로 생각된다(《底》《地》보다도 사용빈도가 낮았던 《的》이 이를 대신해서 쓰이게 되었던 점을 아울러 생각해 본다).

▎《多早晚》

《多》가 의문을 나타내는 것은 원나라 때부터 있었다고 생각된다. 이것이 의문이 아닌 단지 시각을 나타내는 《早晚》과 연결된 것이 《多早晚》이다.

多早晚陞廳多早晚退衙?【陳州糶米1】

(언제쯤 등청하고, 언제쯤 퇴청합니까)

▌《多喒》

《喒》은《早晚》이 축약된 것이라 하는데, 원곡元曲 등에서 보이는《多喒》은 거의 추측의 의미를 가진 부사이다.《多早晚》이《多喒》으로 된 것이라면, 의문(언제)에서 부정不定(언젠가)로 변했고, 나아가 이것이 추측의 뜻으로 바뀐 것으로 생각되지만, 그 과정을 증명할 만한 자료가 없다. 명나라 때 보이는《多喒》은 명백하게 의문을 나타내는 지시대명사이다.

怪强盜, 三不知多咱進來?【金29】

(수상한 강도가, 기척도 없이 언제 들어왔는가)

不知多僭就弔殺在俺姨那門上【醒世姻緣傳12】

(언제인지 모르지만 아주머니 집 입구에서 목을 맸습니다)

▌《多會兒》

《這會兒》《那會兒》와 대응하는 의문의 지시대명사로, 청나라 후기에 나타났다.

你們何不求他去看看你們的棚子多會兒發財呢【品34】

(너희들은 이 사람에게 부탁해서, 너희들 오두막집은 언제쯤 돈을 벌 수 있겠는지 봐달라고 하면 어떻겠니)

12.3.4 방향

▌《這麼》《那麼》《哪麼》

이것들은 방향을 나타내는 것이 있지만, 모두 개사를 앞에 둔다. 그러므로 완전한 자립어는 아니다. 그렇다고 해서 부속어도 아니고, 대명사에 넣는다면 불완전대명사라고 칭해야 할 것이다(또는 개사와 합쳐 1개의 부사로 다루어도 좋다).

　　你老人家今日甚麼時候坐車往這麼來的?【兒21】

　　(당신은 오늘 몇 시경에 차로 여기에 오셨습니까)

12.4 연대구連代句

2개의 대명사를 써서, 특수한 의미를 가지는 구문을 연대구라 한다. 다만, 그 대명사가 의문을 나타내는 것이나 이에 준하는 구문은 연쇄구連鎖句라고 한다. 연대구에는 다음 세 종류가 있다. (A, B는 대명사)

　① A-動-A
　② A-動, B-動
　③ A-動-B, B-動-A

①은 인칭대명사를 쓰고, 뒤의 대명사에는 《的》을 쓴다. '오로지' '마음대로' '상관없이' 같은 의미로, 그 사람의 행위와 다른 사물간의 무관계無關係를 나타낸다. 고대어의 대명사에는 이러한 표현은 없었고, 백화에서도 비교적 최근인 청나라 때부터 시작되지 않았을까 싶다.

　　我死我的, 與你何干?【紅20】

　　(나는 내 마음대로 죽을 것이기 때문에 당신과는 관계가 없습니다)

　　你說你的。【紅54】(상관하지 말고 말하세요)

　　你們只管吃你們的【紅28】(당신들은 상관하지 말고 드세요)

명사가 빈어로 붙어 있어도 마찬가지이다.

你取你的碟兒去【紅37】(당신은 당신의 접시를 가지러 가세요)

(他)只顧低下頭洗他的菜【兒14】(오로지 밑을 보면서 야채를 씻고 있다)

또 2개조로 조합한 것도 있다.

你做你的官, 我們上我們的山【老舍, 上任】

(너는 너대로 관리가 되면 좋고, 우리들은 우리들대로 산에 숨겠다)

②는 다시 네 종류로 나눈다.

ⓐ《你…我…》상호간에 이뤄지는 동작을 나타낸다.

大家鼓舞起來, 別你謙我讓的【紅37】

(자 모두 용기를 냅시다, 서로 미뤄서는 안 됩니다)

薛姨媽等你言我語【紅103】(薛姨媽 등은 서로 여러 가지 이야기를 했다)

ⓑ《你…我…》위와 같으나 동사 대신 수사를 사용하는 것.

由着他那兩個你一句我一句。【金11】

(그 두 여자들이 제멋대로 이야기하게 한다)

你一杯我一盞【金14】(서로 술잔을 주고받다)

你一言我一句【金20】(서로 제멋대로 말한다)

ⓒ《這…那…》

這個一拳, 那個一拳【兒28】

(제각기 주먹으로 때린다)

張老是向這位一個揖, 向那位一個揖【兒28】

(張씨는 이쪽을 보고 절하기도 하고, 저쪽을 보고 절하기도 했다)

ⓓ《他…我…》

明兒他也來遲了, 我也來遲了【紅14】

(지금부터 모두들 제각기 늦게 온다)

家裏上千的人, 他也跑來, 我也跑来【紅52】

(집 안에 천 명이나 되는 사람들이 모두 제각기 뛰어온다)

③《你…我, 我…你》

你推我, 我打你【金22】(서로 밀기도 하고, 때리기도 하다)

你瞧我的, 我瞧你的【金29】(서로가 보여주다)

12.5 대명사의 도치

12.5.1 의문구疑問句

고대어에서 의문대명사가 빈어가 될 때는 도치되어 동사 앞에 오는 것이 보통이다. 예를 들면,

吾誰欺?【論, 子罕】(나는 누굴 속일까)

客何好?…客何能?【戰國策, 齊策】

(손님은 무엇을 좋아할까, … 손님은 무엇을 할 수 있을까)

士何事?【孟, 盡心, 上】(선비는 무엇을 명심해야 할까)

王者孰謂?【公羊傳 隱元】(왕자란 누구를 말하는 것인가)

陛下誰憚, 而久不爲此?【漢書, 賈誼傳】

(폐하는 누구를 꺼려 오랫동안 이것을 하지 않으십니까)

王誰與爲不善?【孟, 滕文公下】

(왕은 누구와 같이 不善을 할 수 있겠는가)

問臧奚事? 則挾筴讀書【莊子, 駢拇】

218

(臧에게 무엇을 하고 있었는지를 물으니, 점대를 끼우고 책을 읽고 있었다 [고 대답했다])

고대에서 이 어순에 따르지 않은 것은 극히 드물다.

陛下與誰取天下乎?【史, 留侯世家】

(폐하는 누구와 같이 천하를 도모하려고 하십니까)

현대어에서는 빈어가 의문대명사라고 해도, 특별히 도치하지 않고 보통의 어순에 따른다. 이렇게 도치하지 않았던 시기의 결정은 곤란하다. 왜냐하면 고대어의 의문대명사 그 자체가 중세에 변화되어 왔기 때문이지만, 단 하나 고금을 통해 쓰인 《誰》에 대해 살펴보면, 수나라 이전에는 현대어식 어순이 적으며, 어떤 것은 대개 다음과 같은 운문韻文으로 되어 있기 때문에 압운을 위한 것으로도 생각된다. 더구나 동사를 보면 동작이 그 대상에 대해 확실히 가해지는 것 같은 의미를 가지는 것은 적다.

愁思當告誰?【古詩十九首】(쓸쓸함을 누구에게 고하면 좋을까)

長嘆息當語誰?【漢, 蘇伯玉妻詩】

(긴 탄식을 누구에게 말해야 하는가)

繁辭將訴誰?【魏, 阮籍, 詠懷】

(자세한 이야기를 누구에게 하소연하면 좋을까)

君知思憶誰?【黃鵠曲, 樂府詩集45】

(너는 [내가] 누구를 생각하고 있는지 아느냐)

梵志大恐怖, 不知當以與誰【㮈女祇域因緣經】

(바라문은 크게 놀라 누구에게 주어야 좋을지 몰랐다)

汝天上識誰?【冥祥記, 珠林52】(너는 천상에서 누구를 알았는가)

당나라 때가 되면서 현대어식 어순이 많이 보인다.

大家嗔怨誰也?【獨異志下】(어른께서는 누구를 보고 화내고 계십니까)

12.5.2 부정구否定句

대명사가 빈어로 되는 것(예를 들어《告我》)을 부정할 때, 고대어에서는 빈어를 도치해 동사 앞에 두는 것이 보통이다(예를 들어《不我告》).

吾問狂屈, 狂屈中欲告我而不我告【莊子, 知北遊】

(나는 狂屈에게 물었는데, 狂屈은 도중에 내게 고하려 했지만 고하지 않았다)

不吾知【論, 先進】(나를 모른다)

臣未之聞也【孟, 梁惠王上】(臣은 아직 그것에 대해 듣지 못했습니다)

不患人之不己知, 患不知人也【論, 學而】

(사람들은 자기 자신을 모르는 것을 걱정하지 않고, 자신이 남을 모르는 것을 걱정한다)

간혹 도치하지 않은 예도 보지만 도치하는 예보다도 훨씬 적고, 정식正式이란 의식意識이 없었던 것 같다. 그래서 정통적인 문어문에는 도치하지 않는 현대어식 어순은 계승되지 않았다. 지금 고대어에서 도치하지 않은 예문을 몇 개 소개하겠다.

吾不知之矣。【論, 泰伯】(나는 이것을 모른다)

貴賤不在己。【莊子, 秋水】(귀천은 그 자신에게 있지 않다)

漢果不擊我矣【漢書, 趙充國傳】(한나라는 결국 우리를 공격하지 않는다)

吾不及此夫【左傳, 僖15】(내가 이렇게까지는 되지 않았을 것이다)

遂攻狄, 三月而不克之也【戰國策, 齊策】

(기어이 오랑캐를 공격했으나, 석 달이 지나도 이기지 못했다)

呂祿以爲酈兄不欺己【史, 呂后本紀】

(呂祿은 酈兄이 자기를 속이지 않는다고 생각했다)

　구두어口頭語에서 완전히 도치하지 않게 된 시기는 결정하기 어렵지만, 늦어도 당초에는 이미 현대어와 같은 어순으로 되었다고 추정된다. 『시경』「여분汝墳」의 "卽見君子, 不我遐棄" 구절의 주소孔疏에는 다음 같은 것이 있다.

　　猶云不遐棄我 ; 古之人語多倒 ; 詩之此類衆矣。

　　("不我遐棄"란 "不遐棄我"라고 하는 것으로, 옛사람들의 말은 대부분 도치된다. 시는 이런 종류의 도치가 많다)

13

수사數詞

13.1 기수基數

13.1.1 《一》

《一》의 사용법은 현대어와 고대어에서는 다음과 같다.

	현대어	고대어
10	十	十, 一十
100	一百	百, 一百
110	一百一十	百十, 一百十, 一百一十
1000	一千	千, 一千
10000	一萬	萬, 一萬

고대에서 《一》이 쓰인 예로,

次七分三銖, 日幺錢一十。【漢書食貨志下】

(다음은 [經이] 七分, [무게가] 三銖로, [文을] 幺錢一十이라 한다)

得一十八【周髀算經上之一, 注】

今有一十萬里【〃, 上之二, 注】

日道周一百七萬一千里【〃】

故知其一十三萬五千里【〃】

이상과 같이 《一》을 사용한 것은, 특히 수를 명확하게 말할 필요가 있을 때로 제한했던 것 같으며 《一》을 생략하는 경우도 많았다.

交聞文王十尺【孟, 告子下】(曹交는 文王의 키가 10척이었다고 들었다)

宋殤公立, 十年十一戰。【左傳, 桓公2】

(송의 殤公이 즉위해서 10년간 11번의 전쟁을 했다)

萬乘之國, 弑其君者必千乘之家；千乘之國, 弑其君者必百乘之家。
【孟, 梁惠王, 上】(병거 1만 대를 내는 나라에서, 그 임금을 시해하는 자는 반
드시 병거 1천 대를 낼 수 있는 가문이다. 병거 1천 대를 내는 나라에서, 그
임금을 시해하는 자는 반드시 병거 백 대를 낼 수 있는 가문이다)

至于孝平, 郡國百三, 縣邑道侯國千五百八十七【後漢書, 郡國志序】

(孝平에 이르러 군국은 103개, 縣邑道侯의 나라는 1587개)

如使予欲富, 辭十萬而受萬, 是爲欲富乎?【孟, 公孫丑, 下】

(만약 내가 부를 바랐다면, 10만 종의 녹을 사절하면서 만 종의 녹을 받는
다니, 이것이 부를 바란다는 것인가. ※《如使》만약)

吾命之以汾陽之田百萬【國語, 晉語二】

(내가 汾陽의 밭 백만 묘를 주기를 명했다)

현대어에 있어서 《一》의 용법은 고대어처럼 생략할 수도 있고, 또 생
략하지 않은 것도 있다는 식의 임의적인 것이 아니라 용법이 고정됐다.
즉, 《十》이 첫머리에 올 때는 《一》을 쓰지 않고, 《十》이 중간에 올 때는
《一》을 쓰고, 《百》《千》《萬》 등이 올 때는 《一》을 사용한다.

《一》의 용법이 언제부터 현대어처럼 되었는지는 당장에는 단정하기
어렵다. 원나라 때는 여전히 고대식의 용법이 널리 쓰였다.

如今十八歲了【玉壺春1】(이제 18살이 되었다)

年方一十八歲【牆頭馬上1】(방년 18세)

我說一百二十聲不放【昊天塔2】(나는 120번이나 '방치하지 않는다'고 말한다)

便百二十聲喒也說【氣英布1】(가령 120번이라도 나는 말한다)

13.1.2 《兩》

《兩》의 고대어에서의 용법은 《兩手》《兩目》《兩岸》《兩軍》《兩端》과 같은 예에 의해서 알려진 것처럼 2개로 한정된 것, 2개가 1벌인 것에 한해서 사용됐다.

是故易有太極, 是生兩儀。【易, 繫辭上】

(이 때문에 易에 태극이 있고, 이것이 음과 양을 낳는다)

予疇昔之夜, 夢坐奠于兩楹之間【禮記, 檀弓】

(나는 옛날[어느 날] 밤, 기둥 2개 사이에 앉아서 제사를 드리는 꿈을 꾸었다)

我叩其兩端而竭焉。【論, 子罕】(나는 그 양끝을 두드려 남은 것이 없었다)

城門之軌, 兩馬之力與【孟, 盡心下】

(성문의 바퀴 자국은 말 두 마리가 끄는 마차 한 대의 힘으로 생기는 것이 아니다)

《兩》이 보통 《二》의 의미로 쓰인 예는 많지 않지만, 고대부터 보인다.

並驅從兩肩兮…並驅從兩牡兮…並驅從兩狼兮【詩, 齊風, 還】

(나란히 몰아 두 필의 肩[세 살의 짐승]을 쫓았다 … 나란히 몰아, 두 필의 수말을 쫓았다 … 나란히 몰아, 두 마리의 늑대를 쫓았다 …)

天下無二道, 聖人無兩心【荀子, 解蔽】

(천하에는 2가지의 道가 없고 성인에게는 두 마음이 없다)

與之兩矢【左傳, 成公16】(여기에 2개의 화살을 주었다)

현재 대표적인 고전을 조사하니, 『논어』에는 15개의 《二》와 2개의 《兩》이 있고, 『맹자』에는 39개의 《二》와 2개의 《兩》이 있다. 그리고 이들 《兩》은 모두 단순히 둘(2)의 의미로 쓰이고 있는 것은 아니다. 고대에서 단순히 2를 나타낼 때는 《二》를 쓰고, 《兩》은 위에 언급한 용법이 일반적이며, 문언文言도 이것을 기준으로 삼는다.

224

현대어에서는 2를 나타낼 때《二》와《兩》을 사용한다. 그 용법은 반드시 일정하지는 않지만, 대개 다음과 같다.

① 두 개의 개수를 셀 때는《兩》
② 두 개 이상의 개수를 셀 때(예를 들면 12, 22)는《二》
③ 사물의 양을 측정할 때는《二》
④ 순서를 셀 때는《二》
⑤《二》는 문어적文語的,《兩》은 구어적口語的이다.《兩》이 보다 새로운 말투다. 이상의 규칙을 구체적으로 살펴보면,

- A. 보통의 명량사를 사용할 때는 ①에 따른다.
  兩枝毛筆　　　兩管自來水筆　　　兩把力　　　兩根棍子　　　兩條繩子
  兩座山　　　兩所房子　　　兩間屋子　　　兩道河　　　兩架鐵橋
  兩尊砲　　　兩桿槍　　　兩匹馬　　　兩頭牛

- B. 물질명사라 해도 도량형의 단위에 의한 것이 아닌 보통명사, 즉 용기를 나타내는 것으로 측정할 때는 ③이 아닌 ①에 따른다.
  兩杯茶　　　兩碗飯　　　兩盅酒　　　兩桶水　　　兩瓶酒

- C. 2가지 이상의 것은 ②에 따른다.
  十二枝毛筆　　　二十二瓶酒

이들은《十二》에《技》가 붙고,《二十二》에《瓶》이 붙어 있기 때문에, 十兩枝 등으로 말하지 않는 것은 당연하다.

- D. 도량형의 단위는 ③의 규칙에 따라《二》를 쓰는 것이 보통이다.

二石　　二斗　　二升　　二合
二斤　　二兩　　二錢　　二分
二丈　　二尺　　二寸　　二分

- E. 큰 단위나 자릿수에서는 때때로《兩》을 쓴다. 이것은 수량이 크기 때문에, 일일이 세세하게 헤아리고 있을 수 없다는 감각을 수반하는 것으로부터, 이것을 한 덩어리로 해서, 하나의 개체 같은 기분으로 취급한다. 또 이 말투는 새로운 점도 있다. 이를 ①⑤에 준용準用한다.

兩石　　兩丈　　兩千　　兩萬

북경어에서는《兩百》이라고는 하지 않지만, 상해어 등에서는 이렇게 말할 때가 있다. 이것은 북경어보다도 새로운 점으로 ⑤에 적합하다.

- F.《兩位》를《二位》라고도 한다. 양사에 붙기 때문에《兩位》라고 하는 것이 당연하겠지만, 회화에서는 문어적 표현이 선호되기 때문에《二位》라고도 한다.

도량형의 단위에도, 금전을 세는《塊》《毛》는 순수한 구어口語이며, 그 외에도《元》《角》이라는 문어적인 단위가 있기 때문에, 특히《兩》을 쓴다.

兩塊錢　　　兩毛錢
二元　　　　二角

또《兩尺二寸》《兩塊二毛》라는 것이 있다. 이것은 'E'에서 서술한 큰 단위를 상대 한 것이다.

《二》와《兩》의 적절한 사용 방법은 이상과 같이, 몇 가지 요인의 복합적인 요소가 있기 때문에, 일괄적으로 결정하기 어려운 점도 있다.

226

《兩》이 단순히 '둘'의 의미로 쓰인 예가 옛날부터 존재한 것은 이미 서술한 대로이지만, 이 경향은 구두어에서 차례로 증대해 왔던 것으로 보인다. 현재 시험 삼아 당나라 때의 상황을 추측하기 위해 『유선굴遊仙窟』을 조사해 보면 다음과 같다.

① 개수를 셀 경우《兩樹》《兩花》《兩枝》《兩垜》《兩歲》《兩人》《兩劍》《兩燕》《兩唇》등, 양사를 쓰지 않지만 반드시《兩》은 사용한다. 양사를 사용한 예로는《兩般時節》《兩箇神仙》이 있다.

②《二千年》《十二扇》

③ 용례 없음.

④ 용례 없음.

역시 고대에도 있는《兩》의 용법으로서는《兩邊》《兩眼》《兩頭》가 있다. 이상이 『유선굴』의 용례이지만, 개수를 셀 때에는 양사의 유무를 불문하고 반드시《兩》을 쓰고《二》를 쓰지 않는 것은,《二》가 개수를 셀 때 쓰이지 않게 된 것을 나타낸다. 현대어의《兩》의 용법은 이미 당나라 때 존재했던 것으로 생각해도 좋다. 다만《丈》《石》과 같은 큰 도량형 단위나《千》《萬》에《兩》을 쓰는 것은 매우 새로운 것 같고, 문헌에서는 볼 수 없다.

13.1.3《零》

현대어에서는 수의 자리를 비우고 건너뛸 경우에《零》을 쓴다. 예를 들어 108은《一百零八》이다. 그러나《零》에는 주의해야 할 특징이 2가지가 있다.

1) 자릿수가 두 개 이상 건너뛰더라도《零》은 하나면 충분하다. 즉,

1008 　　　一千零八

2) 자릿수가 건너뛰더라도《零》으로 이어지는 수가 큰 경우는《零》을 필요치 않는다.

10900 　　一萬(零)九百

고대어에서는 자릿수가 건너뛰고 있으나 특히《零》, 또는 그 이외의 것을 삽입할 필요는 없었다. 그런 연유로, 101은《百一》《一百一》, 103은《百三》《一百三》과 같이 쓰인다.

百一詩【魏, 應璩】

冬至後一百五日爲寒食【荊楚歲時記】

三十三萬三千一百八【周髀算經, 下之二, 注】

고대어에서는 끝자리에 끝수가 있을 경우《有》, 또는《又》를 쓰는 경우가 있었다. 이는 단위가 건너뛰었는지 아닌지와는 무관하다.

吾十有五而志于學【論, 爲政】

(나는 15세에 학문에 뜻을 두었다)

是後六十有五年【史, 匈奴列傳】(그 후 65년에)

一百有九盟【春秋時會盟之總數】

근세에서《零》보다 앞에 사용했던 것이《單》이고, 또 음이 같은《丹》도 썼다.

三十二日九百四十分日之六百單一【朱2】(32일과 601/940일)

內舍額二百單六人【夢梁錄15】(집안의 손님은 206명)

起天下百萬民夫, 開一千丹八里汴河【大宋宣和遺事, 元集】

(천하 백만의 백성을 움직여, 1008리의 汴河를 열었다)

展開看之, 乃二百單五年事【三國志平話, 上】

(열어 보니, 205년간의 일이 쓰여 있었다)

228

領着三百三十單三騎人馬【馬陵道0】
(333기의 사람과 말을 거느리고 있다)

《零》은 《單》보다 늦게 쓰이게 됐다. 《零》은 본디 0이라는 의미가 아니라 영세零細한 것을 나타내고, 변해서 수의 끝수를 나타내게 되었다. 《零》의 이러한 용법은 원나라 때 있었던 것 같다.

三十六丈零七尺【陳州糶米0】
一本心經念了三年零六箇月【東坡夢1】
(한 권의 심경을 3년 6개월 동안 읽는다)

원나라 때는 이와 같이 다른 단위(丈과 尺, 年과 月)에 쓰였다는 점이 특색이 있고,《一百零七》과 같은 용법은 없었던 것 같다.

ⓐ 현대어와 같은 용법.
共一百零六兩【金65】(합계 106兩)
頑石三萬六千五百零一塊【紅1】(원석 36501개)
單請一百零八眾僧人【紅1】(단지 108명의 승려를 초대하다)

ⓑ 단위가 다른 것.
只活了一年零兩個月【金59】(단지 1년 2개월 살아 있었을 뿐이다)
雖走了一個月零兩日【紅53】(1개월 2일을 여행했습니다만 …)

ⓒ 자릿수가 건너뛰지 않는 것.
仍欠六百零十兩【紅64】(여전히 610兩을 지불하지 못했다)
三千六百五十零一部金剛經【紅88】(3651부의 금강경)

《零》의 현대어와 같은 용법이 생긴 것은 명나라·청나라 무렵으로 생각되지만, 역시 ⓑⓒ처럼 현대어 용법보다 오래된 것은 주목할 만하다. 현대어에서는 《零》이 없으면 그 뒤의 숫자는 앞의 숫자의 다음 단위가 된다. 예로,

180   一百八

이는 언뜻 보기에 《零》이 사용되게 된 결과 생긴 것 같지만, 실은 그런 것이 아니라 문어에서 一丈五尺을 《丈五》라고 하는 표현 방법의 유추에 의한 것으로 짐작된다. 이 표현 방법이 언제 생겼는지는 알 수 없지만 의외로 오래됐을지도 모른다. 예를 들면,

江陵去揚州, 三千三百里, 已行一千三, 所有二千在。【懊惱歌, 樂府詩集46】 (江陸은 揚州를 떠나 3300리에 있다. 이미 1300리를 갔기에 아직 2천 리가 남았다)

江陵三千三【襄陽樂, 樂府詩集48】(江陵까지 3300리)

13.1.4 《倆·仨》

《倆》은 liǎ로 읽으며 《兩個》에 해당하고, 《仨》은 sā로 읽고 《三個》에 해당한다. 때문에 바로 명사 앞에 둔다.

倆兒子   仨人

이와 같은 말은 1에서 10까지와 《幾》에 있지만, 보편성이 부족해 위의 2개가 자주 쓰이고 있다. 《倆》의 어원은 《兩個》의 음이 축약되었다고 말할 수 있지만, 확실하지는 않다. 이 2가지는 청나라 초부터 사용했을 것으로 생각된다.

自從我出門, 離了也麼家, 只有俺倆沒有仨【浦松齡, 磨難曲7】 (나는 문을 나와 집을 떠나서부터는 단지 우리들 두 사람뿐이지, 세 명은 없다)

이 이상한 글자는 말할 것도 없이 liǎ와 sā이다.『홍루몽』에는 이들에 해당하는 말이 쓰이지 않았고,『아녀영웅전』에서《倆》은 자주 보이지만 sā는 드물다.

《仨》이라는 문자는 아주 새롭게 만들어 진 것 같다.

　叫兒們倆：朝上磕頭罷【兒26】

　(우리들 두 사람에게 위를 향해 절을 하라고 명령했다)

　撒官板兒一位【兒38】(1인당 3錢입니다. ※撒=仨)

13.1.5《停》

백화白話 특유의 분수를 나타내는 방법에는《停》을 쓰는 것이 있다. 옛날에는《亭》으로도 썼고, 원뜻은 균등한 간격으로 진열하는 것을 말하며, 당나라 때는《停燭》이라는 말이 있다. 이렇게 해서《停》에는 균등하게 나누어진다는 의미가 생겨,《三停》이라 하면 1/3을 나타낸다. 이것은 당나라·송나라의 용례이지만 이후에, 예를 들면,

　三停只報二停【金59】

　(셋은, 둘밖에 보고하지 않았다)

에서는《三停》은 3/3이고,《二停》은 2/3라는 것이 된다.『홍루몽』에 서는,

　十停方有了三停【紅48】

　(겨우 3/10 정도 완성했다)

와 같이 반드시《十停》을 먼저 쓰고, 그것을 기준으로 해서 어느 정도 인가를 말한다. 여기에서는《三停》이란 3/10이다. 그런데 현대어에서는,

　那些菊花, 三停是黃的, 一停是白的。

　(저들 국화는 노란색이 셋이고, 흰색이 하나입니다)

와 같이 말한다. 이 경우에는 《三停》이란 3/4을 말한다. 이처럼 《停》
은 문맥에 따라 실질적으로 변화하는 상대적인 분수의 표현이다.

13.2 부정수不定數

부정수를 나타낼 때는 《二三》과 같이 서로 다른 수사를 2개 사용하는
방법과, 《數》《幾》《來》《多》와 같은 수사, 또는 조동사를 쓰는 방법이
있다.

13.2.1 수사를 2개 사용하는 것
다음의 여섯 종류가 있다.

(1) 一二   (2) 三二   (3) 三五

(4) 五三   (5) 千萬   (6) 百十

(1) 작은 수 먼저 쓰고, 큰 수를 뒤에 두는 것. 그 차가 1인 것

이것은 고대어와 현대어에서 가장 보편적으로 쓰이고 있는 것이다.
기본적인 것으로는 《一二》《二三》 … 《八九》의 여덟 종류와, 백화적인
것으로는 《一兩》《兩三》이 있다.

冠者五六人, 童子六七人【論, 先進】
(관을 쓴 젊은이 5~6명, 동자 6~7명)

지금 시험 삼아 『사기』를 검토해 보면, 이 기본적인 여덟 종류는 모두
볼 수 있으며, 고대어에서도 가장 보편적인 부정수不定數였다는 것을 알
수 있다(용례 생략). 《一兩》《兩三》은 백화적이지만, 이미 『사기』에 나오
고 있다.

得來還千人一兩人耳。【史, 匈奴列傳】
(돌아올 수 있었던 사람은 천 명 중에 한두 사람 있을 뿐)

多者兩三人【史, 蕭相國世家】(많으면 2, 3명)

다음으로 이것을 기본으로 한 파생적인 것으로는 《十二三》과 같은 것이 있다. 이것은 고대어에는 쓰이지 않는다. 고대어의 《十二三》은 '2/10나, 3/10'의 의미로 분수의 부정수를 나타낸다.

戶口可得數者十二三【史18 高祖功臣侯年表】
(가구 수의 인구를 세는 것이 가능한 것은 10 중 2이나 3)

조금 더 시대가 지나자 쓰이게 됐다.

年始十八九【古詩, 爲焦仲卿妻作】(나이는 비로소 18, 19세)

昔年十四五【魏, 阮籍詩】(옛날 14, 15년)

이에 반해 《二三百》과 같은 것은 고대어에도 존재했던 것 같다.

小者五六百戶【史18】(작은 것은 5, 6백 호)

其富人至有四五千匹馬【史, 大宛列傳】
(그 부자는 4, 5천 필의 말을 갖고 있다)

凡六七萬人【史, 項羽本紀】(대략 6, 7만 명)

控弦者可一二十萬【史, 大宛列傳】(활을 쏘는 자가 10만 내지 20만 명쯤)

用其二三十萬爲河伯娶婦【史, 滑稽列傳, 褚先生補】
(그 2, 30만을 사용해서 河伯을 위해 부인을 맞아들이다)

다만 부정수의 단위가 《百》이상이고, 《十》은 『사기』에는 그 예를 볼 수 없다. 아마도 우연으로, 《十》의 경우만 성립이 늦었다는 것을 의미하는 것은 아닐 것이다. 시대가 조금 흐른 예를 들어본다.

箱簾六七十【古詩爲焦仲卿妻作】(의상이 담긴 상자가 6, 70개)

《一兩》《兩三》이 옛날부터 보이는 것은 이미 서술했지만, 이것이 《十》《百》의 앞에 오는 용례를 볼 수 없다.《千》의 앞에 오는 것은,

大約弄個兩三千金還容易【兒3】

(아마 2, 3천의 돈을 마련하는 것은 우선 쉽겠지요)

行囊裏裝着兩三千銀子【兒5】

(여행용 자루에 2, 3천 냥의 은을 넣고 있다)

와 같은 것을 보지만, 현저하게 시대가 지나게 되고,《二三》을 쓰는 것도 많다.

二三千里地呢。【兒3】(2, 3천 리의 거리입니다)

硬把他被套裏的那二三千銀子搬運過來【兒4】

(무리하게 저 이불 커버 속의 2, 3천 냥의 은을 옮겨버리다)

(2) 큰 수 먼저 쓰고, 작은 수를 나중에 쓰며, 그 차는 1인 것

고대에는,

或十年, 或七八年, 或五六年, 或四三年【書, 無逸】

과 같은 용례가 있다. 다른 것도 조금 있지만, 확실한 것으로는 칭하기 어렵다. 단《三二》, 또는《三兩》이라는 표현 방법만은 자주 보이며 현대어에도 쓰이고 있다.

以人民往觀之者三二千。【史, 滑稽列傳, 褚先生補】

(인민과 가서 이것을 본 자는 2, 3천 명)

共事三二年【古詩爲焦仲卿妻作】

(함께 시중든 지 2, 3년)

等明日慢慢湊的三二十人, 一齊好過岡子【百回本水滸23】

(내일이 되어 천천히 20~30명이 다 모이면, 모여서 고개를 넘는 것이 좋다)

欲陳三兩條事【南史何點傳】(2, 3가지의 일을 기술하려고 생각한다)

簾外芭蕉三兩窠【李煜詞】(발 바깥에 파초가 2, 3그루)

(3) 작은 수 먼저 쓰고, 큰 수를 나중에 쓰며, 그 차가 2인 것

고대어에는 이 표현 방법은 거의 없다.《三五》《五七》, 두 종류 밖에 없다. 현대어에서는《五七》은 쓰이지 않게 되었다.《三五》는 수나라 이전에도 있다.

嘒彼小星, 三五在東【詩, 小星】

(희미한 가운데 작은 별이 3, 4개 동쪽에 있다)

橫石三五片, 長松一兩株【北周, 庾信詩】

(옆으로 쓰러진 돌이 3~4개, 높은 소나무가 1~2그루)

陶於坐作詩, 隨得三五句, 後坐參軍督護隨寫取【俗說, 御覽249】

(陶는 그 자리에서 시를 짓고, 3~4句를 지을 때 마다, 뒤에 앉아 있는 參軍督護가 곧 그것을 베껴 썼다)

《五七》이 쓰이게 된 것은《三五》보다도 시대가 내려가지만, 송나라 이후에는 많다.

名高五七字【鄭谷詩】(다섯 자나 일곱 자지만 이름은 듣고 있다)

五七人共持白梃後隨之【洛陽搢紳舊聞記5】

(5, 6명이 모두 하얀 몽둥이를 가지고 뒤에서 쫓아갔다)

此劍凡殺五七十人【〃3】(이 검은 대략 50~60명을 죽였다)

金人尋得小船子十餘隻, 可載五七人【南歸錄, 三朝北盟會編27】

(金人은 5, 6명을 태울 수 있는 작은 배 10여 척을 입수했다)

(4) 큰 수를 앞에 두고, 작은 수를 뒤에 두는 것

《五三》《七五》, 두 종류뿐이다. 고대에도 없고, 또 현대에도 쓰이지 않는다.

> 此間生十七年, 餘處止五三年耳【冥祥記, 珠林52】
>
> (여기에서는 17년 살고 있습니다만, 다른 곳은 그저 4, 5년씩 입니다)
>
> 經五三日乃引見之【北史, 裵叔業傳】
>
> (4, 5일 지나서부터 겨우 접견했다)
>
> 被送公馬, 但取五三匹【隋書, 虞慶則傳】
>
> (그가 당신에게 말을 보내면, 네다섯 필만 받아두세요)

《七五》는 용례가 드물고, 구두어口頭語로서는 거의 취급되지 않았던 것으로 짐작된다.

> 茅屋七五聚【宋, 戴復古詩】(초가집이 대여섯 군데)

(5) 작은 수가 앞에, 큰 수가 뒤에 오는 것으로 자릿수가 다른 것

《百千》《千萬》 등이 있다.

> 霜竹百千竿【白居易詩】(서리가 앉은 대나무가 백, 천 그루)
>
> 擾擾百千年【寒山詩】(요란하게 백, 천 년)

《千萬》은 고대에서는 《一千萬》의 생략일 가능성이 많고, 정수定數인지 부정수인지, 결정하기 어려운 경우도 적지 않다. 예를 들면,

> 賣漿小業也, 而張氏千萬。【史, 貨殖列傳】
>
> (漿[醬?]을 파는 것은 작은 장사인데도 張씨는 천만의 재산을 가지고 있다)

와 같이 이것을 1천만으로 볼 것인지, 단순히 큰 수를 나타내는 것으로 볼 것인지 결정하기 어렵다. 아마도 전자로, 시대가 내려옴에 따라

《一千萬》의 《一》을 생략할 수 없게 되자, 《千萬》이 부정수로 고정된 것은 아닐까. 여기에서는 특히 대구對句를 이루고, 부정수가 명확한 예를 들어본다.

高低二三尺, 重疊千萬蕚【白居易詩】

(높이는 2, 3척, 1천만의 꽃받침이 겹쳐 있다)

二三餘幹在, 千萬斧刀痕【寒山詩】

(나무줄기가 2, 3개 남아 있고, 1천만 번의 도끼날의 흔적이 있다)

《百千萬》이라는 것도 있다.

百千萬劫作輪王【溫室押座文】(백천만 겁이나 輪王이 되다)

(6) 큰 수가 앞에, 작은 수가 뒤에, 단위가 다른 것

《百十》《千百》《萬千》과 같은 것이 있다.

《百十》은 고대어에는 《一百一十》일 수 있다. 이것이 부정수가 된 것은 아마 《一百一十》의 십의 단위가 《一》을 생략할 수 없게 되었기 때문일 것이다.

我見百十狗【寒山詩】(우리는 백 마리 개를 본다)

長養着百十槽衝鋒的慣戰馬【虎頭牌1】

(항상 백 개 정도의 여물통에, 돌격용 전투에 익숙한 말을 키우고 있다)

《千百》이라는 표현 방법은 고대어에는 없었던 것 같다.

時輩千百人【韓愈詩】(같은 시대의 사람이 천 명 정도)

得錢盈千百【元稹詩】(돈을 벌어 백, 천에 이른다)

현대어에서는 《千百萬》이라는 표현을 자주 쓴다. 《萬千》은 당나라 말부터 드물게 사용됐다.

237

萬千經典息通達【維摩變文S.4571】(천만의 경전에 모두 능통하다)

朝暉夕陰, 氣象萬千【宋, 范仲淹, 岳陽樓記】

(조석의 기상이 여러 가지로 변한다)

현대어 특유의 부정수不定數

《一半》

이것은 (2), 또는 (6)의 변형이다. 원래《一半》이란 1/2을 말하는 것으로,

麻姑垂兩鬢, 一半已成霜【李白詩】

(麻姑는 양쪽 살쩍을 늘어뜨리고 있지만, 반쪽은 이미 서리가 내려 있다)

이와 같이 1/2을 나타내는《一半》은 현대어에서는 대개《一半兒》라고 한다. 이에 반해,《一半》에 양사를 붙인 것이 부정수이다.

卻料着還有一半天耐頭【紅98】

(그러나 아직 반나절이나 하루는 견딘다고 생각하고 있었다)

不知輕重, 露個一半句【兒16】

(경솔하게 한 구절 내지 반 구절을 빠뜨리다)

이외에《百八十》《百兒八十》《千兒八百》《萬兒八千》등이 있다.《兒》는 또《而》로도 쓴다. 오래된 용례가 없으므로 어원적인 설명은 삼가지만,《一百》《一千》《一萬》의《一》을 생략해 없어졌기 때문에,《一》을 쓰지 않은 형태를 부정형으로 넘겨주게 된 것이 아닐까.

13.2.2 수사·조수사助數詞를 이용하는 것

현대어에서는 《好幾》《好些》《幾》《來》《多》 등을 쓰고, 때로는 고대어의 《數》《餘》를 쓸 때도 있다.

▌《好幾》

부정수不定數의 《幾》를 강조, 과장하고 수가 많은 것을 나타내는 것.

　　從古以來有好幾箇人【冤家債主3】(옛날부터 몇 명이나 있다)

　　雖然得他好幾十兩銀子【盆兒鬼2】(그로부터 몇십 량의 은을 받아도 …)

▌《好些》

《好些》는 또 《個》를 붙여서 《好些個》로도 쓴다. 극히 새로운 것 같고, 청나라 이전의 용례에는 검출되지 않는다.

　　他還記得好些小令兒哩【金61】(저 사람은 역시 많은 小曲을 알고 있어요)

　　這一隻又衲了好些了【金29】(이 한 짝[의 구두]도 어지간히 꿰맸다)

▌《些》

《些》라는 문자는 옛날부터 있지만 數에는 관계가 없고, 그 근원에는 불명확한 점이 많다. 『광운廣韻』(마운·麻韻)에는 《少也》로 설명하지만, 『조당집』에서는 《𣬠》이라는 문자를 쓸 때가 있다. 《𣬠》는 아마 작지 않다는 의미로 짐작되지만, 《些》는 반드시 數의 작음을 의미하는 것에 제한하지 않고, 많을 때도 쓴다. 예를 들면, 《好些》와 같이 《好》가 강조하는 것이라고 가정한다면, 《些》는 많다는 의미여야 된다. 또 《這些》《那些》 등도 다수를 말한다. 아마도 《些》는 명확하게 작은 것을 나타내는 것이 아니며, 또한 많은 것을 말하는 것도 아니며, 부정不定을 나타내는 것에 불과할 것이다. 그리고 그것이 쓰이는 경우에 따라서 적은 것으로도, 많은 것으로도 될 수 있는 것으로 추측된다. 또 《些》는 옛날에는 《些些》로서

쓰이는 경우가 많았다. 예를 들면,

　　獨賞些些春【孟郊詩】(혼자 약간의 봄을 즐기다)
　　還有些些惆悵事【白居易詩】(아직 몇 가지 억울한 일이 있다)

　현대어에서《些》의 용법은 매우 특수한 것으로《點兒》와 함께, 혹은 양사로도 되지만, 여기에서는 수사로 분류한다. 단, 독립성이 매우 약하기 때문에 조동사, 또는 조사적인 점이 많다. 즉, 독립어가 아님에도 불구하고 빈어가 된다. 예를 들어《給些》(조금 준다),《給他些》(그에게 조금 준다). 또《這個好些》(이것은 조금 좋다)처럼 보어로도 된다.

　또,《給他些錢》과 같이 수식어같지만《些錢》이라는 연어는 없고,《些》는 오히려《他》와 하나의 문절을 이루는 경향이 있다. 요컨대 조사화 중인 수사지만, 조사나 조용사라고 해도 괜찮다. 특히 정도를 나타내는 것은 조형사로 생각할 수도 있다.

　《些》가 수식어처럼 쓰인 예로,

　　陪些房臥不爭論【醜女緣起 P.3048】
　　(혼수 준비쯤이야 많이 가져가더라도 이러니저러니 말하지 마라)

　빈어로서 쓰인 예로,

　　僕射鬚甚繁, 可減些【洞微志】
　　(僕射의 수염은 매우 짙기 때문에 조금 적은 편이 알맞다)

　《些》가 형용사의 뒤에 붙는 용법은, 아마 형용사가 동사와 마찬가지로 술어가 될 수 있다는 점에서 유추한 것으로 생각된다. 이 경우《些》는 조동사로도 말할 수 있지만 품사는 수사 그대로고, 이것이 보어가 된 것으로 본다.

《些》는 또한《一些》로서 쓰일 때가 있다.《一些》는《些》와 달리 자립어이다.

雖千言萬語, 只是覺得他底, 在我不曾添一些。【象山語錄上】

(수없이 많은 말을 하더라도 모두 남의 것으로, 자기 자신으로는 조금도 많아진 부분이 없는 것처럼 보인다)

着一些急不得【朱8】(조금이라도 당황해서는 안 된다)

與大娘子口詞一些不差【醒世恒言33十五貫戲言成巧禍】

(본부인의 주장과 조금도 다르지 않다)

《些》는 자립어로서의 기능이 약하기 때문에,《些不差》라고는 말할 수 없다.

▎《點兒》

《點兒》는《些》와 거의 마찬가지로 사용되지만,《點兒》가 더 새롭고 현대어에서 보다 많이 사용되는 경향이 있다. 단지《些》가 많게도 적게도 될 수 있는 것에 반해,《點兒》는 명확하게 적은 것을 나타낸다.《點》이 원래 명사라는 것은 말할 필요도 없지만, 당나라 때부터는 양사로서 쓰인 예가 두드러졌다.

遙將一點淚, 遠寄如花人【李白詩】

(아득히 한 방울의 눈물을 멀리 꽃과 같은 사람에게 보낸다)

蘆荻花中一點燈【白居易詩】(갈대꽃에 한 점의 등불)

그 후 접미사《子》나《兒》가 여기에 붙게 되는 경우가 생겼다.

如蜂蟻之君臣, 只是他義上有一點子明【朱4】

(벌과 개미가 군신과 같음은, 義에 있어서 약간의 분명함을 지니는 것에 불과하다)

241

若是走透了一點兒消息,【兒女團圓2】

(만약 조금이라도 소식을 빠뜨린다면 …)

《一點》《一點兒》는《一些》와 같은 자립어이다.

若是辦得一點影兒都沒有, 又恐老爺生疑【紅94】

(만약 흔적도 없이 결말을 내렸다면, 또 노인이 의심할 우려가 있다)

竟一點兒不知道女人的苦處【紅81】(어떻게 여인의 괴로움을 조금도 모른다)

《點兒》는 이와 같이 사용할 수가 없다.《點兒》《點子》는 이《一》이 생략되어 생긴 것이지만, 명나라·청나라 때는 명사의 수식어로서 쓰인 경우가 많다.

你和馮沒點兒相交, 如何却打熱【金32】

(당신과 馮은 조금도 교류가 없었는데 어떻게 뜨겁게 되었습니까)

早些找點子什麼喫了, 歇歇去罷【紅71】

(빨리 무언가를 조금 찾아서, 먹고 나서 쉬도록 합시다)

빈어로 쓰인 것도 청나라 때에 있다.

多喝點子無妨【紅41】(조금 많이 마셔도 특별한 일은 없을 것이다)

倒不如預先防着點兒【紅34】(역시 처음부터 신경을 쓰는 편이 좋습니다)

단,《點兒》가 형용사 뒤에 붙어, 정도를 나타내는 용법(21. 6 정도보어 참고)은 청나라 후기가 되어야 볼 수 있다.

▌《數》

《數》는 고대어지만 현대어에서도 드물게 쓰인다.《數》는 그 자체만으로 명사나 양사 앞에 붙는 용법, 수를 앞이나 뒤에 수반하는 용법이 있다.

後車數十乘, 從者數百人【孟, 勝文公下】
(따르는 차 수십 대, 따르는 사람 수백 명)
可更覓數箇刀子【冥祥記】(더구나 몇 개인가의 칼을 찾아야 한다)
老僧三四人, 梵字十數卷【皮日休詩】(노스님 서너 명, 경전 수십 권)

다만《二十數》《三十數》 등으로는 말할 수 없고《二十餘》《三十餘》
와 같이 말한다.

《數》는《百數》《千數》와 같이 사용하는 경우도 있다. 단,《百》《千》은
그대로, 거기에《一》 등을 붙일 수 없다.

雖有千數丫鬟並無一個能及之者【連環計3】
(천 명 정도의 시녀가 있지만 이에 필적할 만한 자는 한 명도 없다)
暫押千數兩銀子【紅72】(잠시 천 냥 정도의 은을 빌리다)

백화白話에서《百十》이라는 것은, 어쩌면《百數》의 변음變音일지도 모
른다.

▎《幾》

《幾》도 대개《數》와 마찬가지로 쓴다.《幾》가 명사나 양사에 붙어서
부정수를 나타낸 용법은 오래됐고, 수사와 함께 쓰인 것은 새롭다. 전자
는 당시唐詩 등에도 보이지만, 의문인지 부정수인지 결정하기 어려운 예
가 많다. 후자, 즉《幾十》《幾百》《幾千》 등은《幾》를 '거의'로 읽어야
할지, 의문인지, 또는 부정수로서《數》와 같은 것인지, 결정하기 어려운
것도 많지만, 당시 등에서는 부정수로 보지 않는 편이 좋을지도 모른다.
왜냐하면 송나라와 원나라 때 등에서도 부정수로 보지 않으면 안 되는
《幾百》 등이 적기 때문이다.

數卷蠹書某處展, 幾升菰米釣前炊【皮日休詩】

(벌레 먹은 책 여러 권을 바둑 두고 있는 곳에 펼치고, 彫胡米 몇 되로 낚시 전에 밥을 짓다)

參差西北數行雁, 寥落東方幾片雲【韓偓詩】

(서북에는 기러기 몇 줄이 어지럽게 날고, 동쪽에는 구름 몇 조각이 떠돈다)

買母幇了幾十兩銀子【紅17】(買母가 수십 량을 도왔다)

上下幾百男女人【紅86】(위아래 수백 명의 사람들)

狠命的又打十幾下【紅33】(힘껏 또 10여 대를 때리다)

▌《多》

《多》에 해당하는 것을 고대어에서 찾는다면《餘》《强》이 여기에 해당한다.《多》가 쓰이게 된 것은 아마도 원나라 때로 추정된다.

有一百八十多斤的猪【東坡夢1】(180근 남짓의 돼지가 있다)

謝俺貼戶替當了二十多年【救孝子1】

(고맙게도 우리의 용병은 20년 남짓이나 대신해 주었습니다)

也有三十多年了【桃花女0】(벌써 30년 남짓이 되다)

▌《來》

《來》는 고대어의《許》《所》에 해당하지만,《以來》의 생략으로 보이기도 한다.《以來》는 고대어에서 어떤 시대보다 뒤를 가리키는 말이지만, 이것이 수량에 관해서 쓰이게 되면 '남짓'의 의미가 됐다. 또 음이 같은 《已來》로도 쓴다.

卽提一水瓶, 可受二斗以來,【仙傳拾遺, 廣記74引】

(거기서 두 말 남짓이나 들어 있는 병을 들다)

擊一大鉢, 可受三升已來【遊仙窟】(세 되 남짓이나 들어가는 큰 사발을 바치다)

約長三尺已來【乾䐑子, 廣記343】(길이는 세 척 남짓)

244

可直五千已來【朝野僉載5】(5천 남짓 가치가 있다)

年五十已來【錄異記, 廣記433引】(나이는 50 남짓)

《已來》의 용례는 당나라·오대에 많지만, 수사와 양사(또는 명사)의 사이에 이것을 쓴 용례를 볼 수 없다. 그런데 《來》는 이것을 수사와 양사(또는 명사)의 사이에 써서 현대어와 같은 용법으로 되어 있다. 그리고 《來》는 반드시 '남짓'을 말하는 것이 아니라, 대략이라는 것이므로 의미도 조금 다르다. 이 점 역시 검토가 필요하지만, 《以》가 생략되고, 의미가 조금 약해진 것으로도 생각된다. 현대어와 같은 《來》는 오대부터 보인다.

師令八百來人到洪州【祖16】(스승은 8백 명 정도를 홍주로 보냈다)

這裏有三百來衆【祖18】(여기에 3백 명 정도의 무리가 있다)

三十來年【祖10】(30년 정도)

13.3 의문수사疑問數詞

의문에 쓰이는 수사에는 《幾》《多少》가 있다. 《幾》는 적은 수, 대체로 알고 있는 수를 자세하게 물을 때 쓴다. 이것은 고대어에도 있다. 《多少》는 짐작이 가지 않는 수를 물을 때 쓰지만, 원래는 2가지 말로 많은지 적은지를 묻는 말이다. 예를 들면,

卿所典藏, 穀食多少【賢愚經5】

(당신이 관리하는 창고에는 곡물이 많은가 적은가[어느 정도인가])

馬比死多少【世, 簡傲】(요즈음 죽는 말이 많은가 적은가)

그런데 당나라 때 이르자, 《多少》는 완전한 하나의 말이 되었고, 또

《高多少》와 같이, 양이 아닌 것도 물을 수 있게 됐다.

  　本寺住來多少年【張籍詩】(이 절에서 얼마나 오래 살았는가)
  　渡却人間多少人【劉禹錫詩】(속세에서 어느 정도의 사람을 제도해 주었는가)
  　月中桂樹高多少【李商隱詩】(달 안의 계수나무는 어느 정도 높이인가)
  　競渡船共有多少【金華子雜編, 上】(경도선은 모두 어느 정도 있는가)

13.4 서수序數

　고대어에서는 기수와 서수의 구별이 없었다. 예를 들면《三月》은 3개
월(기수)과 '3월'(서수)의 2가지로 쓰였고,《三男》은 세 명의 남자(자식)라
는 의미와, 세 번째 남자(자식)라는 의미가 있다. 그러나 현대어에서는
기수와 서수를 분명히 구별한다. 즉, 기수를 명사로 쓸 때는 반드시 양사
를 수반하고, 양사를 쓰지 않을 때는 서수(이외의 경우도 있다)를 나타낸
다. 예를 들면《三月》은 3월,《三個月》은 3개월이다. 또한 그 외에 특히
서수를 나타내는 말이 생겼다.

┃《第》

《第》는 원래 명사로서 차례나 순서의 의미이다. 고대어에서는,

  　蕭何第一, 曹參次之。【史, 蕭相國世家】
  　(蕭何가 첫 번째이고 曹參이 그 다음이다)

　와 같이《第》는 수사와 만나 술어처럼 사용하지만, 바르게는 복체사
구復體詞句로 보아야 한다. 그러므로《第一章》과 같은 표현 방법은 고대
어에는 없었고,《天子章第二》와 같은 표현을 취한다.《第一章》과 같은
서수를 나타내는 말이 명사의 수식어가 된 것은 아마도 양사의 성립과

246

관계가 있을 것이다.

즉, 양사는 우선《車一兩》(차 한 대)와 같은 것으로, 이것이《一兩車》(兩=輛)으로 변했다. 이것은 술어처럼 사용된 수사가 수식어로 변한 것이지만,《第》가 수식어가 될 수 있게 된 것도 완전히 똑같다.《第》의 백화식 용법으로서 오래된 예로,

乃行第一術【吳越春秋9句踐陰謀外傳】(그래서 첫 번째 재주를 부렸다)

善哉第二術也【〃】(참 잘했다, 두 번째 재주)

云有第三郞, 窈窕世無雙【古詩爲焦仲卿妻作】

(세 번째 자식은 예뻐서, 견줄 만한 자가 없다고 했다)

第二子剛…第三子叔諧【隋書40 梁士彦傳】

(둘째 아들 剛은 … 셋째 아들 叔諧는 …)

▌《頭》

《第一》의 의미로서《頭》를 쓰는 것은 당나라 때 생겼다.

上棚先謝得頭籌【王建詩】

(선반에 올라 먼저 첫 번째의 추첨을 얻은 것을 사례하다)

敬瑄獲頭籌【北夢瑣言4】(敬瑄은 첫 번째 추첨을 얻었다)

현대어에서는《頭》에 다시《一》을 붙여《頭一》로 하는 경우가 있다. 이 경우《頭》는《第》의 뜻과 같지만《頭二》등으로는 말하지 않고,《一》에 한정하기 때문에 같은 것은 아니다. 그 예로,

頭一件不許你往走院裡去【金13】(첫 번째로 기생집에 다녀서는 안 됩니다)

這是頭一件要改的【紅19】(이것이 첫 번째로 고쳐야 할 일입니다)

현대어에서는 여전히《前》의 의미일 때도 사용한다. 이 경우《一》에 한정하지 않고《頭三天》(3일 전)과 같이 자유롭게 사용할 수 있다.

▌《大》

최연장자를 말하고 친족의 호칭에 한해서 쓰인다. 이 말은 고대에서부터 있었던 것 같다.

《大子》: 惠王之薨也, 有宋師, 大子少【左, 隱公, 元】

　　　(惠公이 죽었을 때 송나라 군대의 진격이 있었는데 태자는 어렸다)

《大男》: 廻頭指大男【杜甫詩】(뒤를 돌아보고 장남을 가리키다)

《大兄》: 大兄言辦飯【漢詩 孤兒行】

　　　(큰형은 식사 준비를 하라고 한다)

《大哥》: 再拜跪奠大哥于座前【白居易 祭浮梁大兄文】

　　　(두 번 절하고 무릎을 꿇고 형님을 좌전에 받들어 모시다)

13.5 중복형식

13.5.1 AA형

옛날부터 《一一》《兩兩》《三三》《千千》《萬萬》 등이 있고, 축지逐指를 나타낸다. 현대어에서는 거의 사용하지 않는다.

宣王死, 湣王立, 好一一聽之, 處士逃【韓非子, 內儲說上】

(宣王이 죽고, 湣王이 즉위하자, 한 사람 한 사람의 연주를 듣는 것을 즐겼기 때문에 南郭處士는 도망갔다)

魁下六星, 兩兩相比者, 名曰三能。【史, 天官書】

(우두머리 밑의 여섯 별로 둘씩 늘어서 있는 것을 '三能'이라 한다)

高祖大笑, 因擧酒曰：三三橫, 兩兩縱, 誰能辨之賜金鍾。【洛陽伽藍記3】

(高祖는 크게 웃으며, 술을 들고 말하기를, "3개씩 가로로 2개씩 세로로 되어 있다. 이 수수께끼를 아는 사람에게는 금잔을 준다")

현대어에서는 곱셈에 많이 사용한다. 오래된 예로,

六六三十六【祖8】

13.5.2 AABB형

부정수不定數의 축지逐指를 나타내는 것으로 고대에는 적고, 중세에서 볼 수 있다. 하지만 현대에서는 그다지 사용하지 않는다.《兩兩三三》《三三五五》《十十五五》《千千萬萬》등이 있다. (용례 생략)

13.6 연쇄구連鎖句

연쇄구에는 다음 2가지의 방식이 있지만, 둘 다 같은 말의 반복이 있고, 그 두 말이 함수적 관계를 가진다. Ⓐ식, Ⓑ식 모두 고대어에는 없다.

Ａ식 (수사)

有一句說一句。(말하고 싶은 것은 무엇이든 말한다)

Ｂ식 (대명사)

誰先到誰買票。(누구라도 먼저 도착한 사람이 표를 산다)

Ⓐ식은 수사《一》, 또는 의문수사를 쓰는 것이고, 그 이외의 수사를 쓸 때는 반드시《一》을 쓴 연쇄구가 선행한다.

Ⓐ식에 비슷한 것으로서 다음과 같은 고대의 예가 있다.

一日不作百日不食【史, 趙世家】

(하루 경작하지 않으면 백 일 먹을 것이 없다)

讓禮一寸, 得禮一尺【魏武帝讓禮令】

(이쪽에서 잠깐 타인에게 예의 바르게 양보하면, 타인은 10배로 갚는다)

이것들은 《一日》에 대해 《百日》을 쓰고, 또 《一寸》에 대해 《一尺》을 쓴다. 요컨대 같은 단어를 반복하는 것이 아니다. 이것이 당나라 때에 이르자 같은 단어를 사용하는 예가 생겼다.

一日不作一日不食【祖堂集14百丈傳】
(하루 일하지 않으면 하루 먹지 않는다)

一回相見一回老【法照禪師偈, 鶴林玉露12引】
(얼굴을 대할 때마다 나이를 먹고 있다)

一回花落一回新【李白詩】(꽃이 떨어질 때마다 새롭게 된다)

一寸相思一寸灰【李商隱詩】(상사는 모두 재가 된다)

《一》 이외의 단어를 사용한 예로,

見一個殺一個, 見兩個殺一雙【兒6】(발견하는 대로 모두 죽여버리다)

使多少交多少, 那裏有富餘錢【金21】
(쓸 만큼만 주었기 때문에 어디에 남은 돈이 있을까요)

Ⓑ에 유사한 것으로서 옛날에는,

有此父斯有此子【孔叢子, 居衛第七】(이 아비에 이 아들 있다)

와 같은 것이 있고, 또 부정을 쓰는,

非此母不能生此子【史, 酷吏列傳】
(이 어미가 아니면 이런 자식은 낳을 수 없다)

와 같이 말하는 경우도 있다. 당나라 때는,

自家身事自家修【十二時, P.2054】(자신의 몸은 스스로 닦아라)

또 대명사는 사용하지 않지만,

250

阿娘有罪阿娘受, 阿師造罪阿師當【目連變文, 麗字85號】

(어머니에게 죄가 있다면 어머니가 죄를 받고, 스님이 죄를 지으면 스님이 죄를 받는 것이 당연하다)

今朝有酒今朝醉, 明日愁來明日愁【羅隱詩】

(오늘 술이 있다면 오늘 취하고, 내일 근심하는 일이 생긴다면 내일 걱정한다)

와 같은 것도 있다. 이들은 의미적으로는 연쇄구와 다르지 않지만 아직 의문대명사는 사용하지 않는다. 그런데 의문은 일반적으로 부정과 공통되는 것이므로, 이러한 명사대명사를 대신해서 의문의 대명사 등이 쓰이게 됐다. 의문대명사를 쓴 예는 당나라 때는 보이지 않았다.

燒甚麼木則是甚麼氣, 亦各不同。【朱4】

(나무를 태우면 나무에 따라 다른 냄새가 나고, 제각기 다르다)

是誰就拿誰【岳陽樓3】([누구라도] 쓰여 있는 것을 붙잡다)

의문의 의미를 갖지 않는 대명사를 2개 쓰는 것은 현대어에서는 오히려 드물지만, 근세까지는 자주 사용했다.

有恁施主有恁和尙【金46】(이 시주가 있음으로 이 화상이 있다)

14

양사量詞

    양사는 수사의 부속어지만, 명사의 수식어가 되는 것과 동사의 보어가 되는 것이 있다. 전자를 명량사名量詞라고 하고 후자를 동량사動量詞라고 한다. 명량사는 사물의 수를 셈하는 것이고. 동량사는 동작의 횟수를 셈하는 것이다. 그러나 동일한 양사가 위와 같이 2가지 경우에 함께 쓰이면 구별하기 힘들 때도 있다. 예를 들면《打一頓》《吃一頓飯》에서《頓》은 동량사인지, 명량사인지 의문이 생긴다. 이때는 그 양사를 句의 첫머리에 놓고 가름해 본다. 즉,

      一頓飯也沒吃　　　……… ○

      一頓也沒吃飯　　　……… ×

      一次電影也沒看過　……… ○

      一次也沒看過電影　……… ○

    이와 같이 '수사+양사'를 명사에서 분리할 수 없는 것(《一頓》과 같은)은 명량사이고, 분리할 수 있는 것(《一次》와 같은)은 동량사로 보면 된다. 다시 말해서《頓》은 명량사이나《打一頓》의 경우는 임시적인 동량사로서 쓰이고 있다고 해석해야 한다.《吃一頓飯》처럼《一頓》은《飯》의 수식어이고,《看一次電影》에서《一次》는《看》의 보어라고 보는 편이《次》, 또는《頓》의 본래 뜻으로 보아 자연스럽다. 명량사와 동량사는 다음 같이 분류할 수 있다.

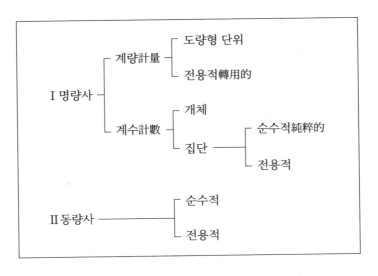

14.1 명량사名量詞

14.1.1 계량計量

현대어에서 도량형 단위는 미터법에 의한 것을 제외하고, 전통적으로 다음과 같은 단위가 옛날부터 사용되고 있다.

길이: 里　　丈 尺 寸 分
넓이: 頃　　畝
부피: 斗 升 合
무게: 斤 兩 錢

도량형 단위와 같이 정확하지 않고 대략적인 계량 방법이 있는데, 이를 전용적 계량단위라고 한다. 전용적轉用的 계량단위는 다음과 같은 것이 있으나 지금은 잘 쓰지 않는 경향이 현저하다.

길이

《庹》[tuǒ]: 두 손을 펼친 길이(일본어에서는 尋[ひろ]라 한다).

這的幾托? 滿七托。【朴通事諺解上, 第6話】

(이것은 몇 발 됩니까? 정확하게 7발 됩니다)

倭緞三十二度, 洋呢三十度【紅105】

(일본 비단 32발, 외국산 모직물 30발)

《扠》[zhǎ]: 엄지와 검지를 벌린 간격.

剛三寸, 恰半扠, 一對小小金蓮【金4】

(겨우 세 치, 마치 엄지와 검지 사이의 반 정도의 작은 전족)

《指》: 손가락의 폭 정도.

只消得二指闊的紙提條【鐵拐李1】

(단지 손가락 2개 정도 폭의 호출장이 있을 뿐이다)

《箭》: 화살이 닿는 거리.

我家與烏家隔不到一箭遠。【品32】

(우리집과 烏家는 화살이 닿을 정도의 거리도 안 됩니다)

넓이

《晌》[shǎng]: 성인이 하루에 경작할 수 있는 정도 땅의 넓이. 동북東北에서 사용했다.

只是老年的地, 不論頃畝, 只在一夫之力, 一天能種, 這塊地的多少上計算, 叫作一晌【兒33】

(그러나 옛날의 논과 밭은, 頃이나 畝로 세지 않고, 한 사람이 하루에 경작할 수 있는 넓이로 셈하여 '一晌'이라 불렀다)

부피(量)

《抱》: 껴안아지는 만큼의 양.

　昨天拿了一抱書來。(어제 책을 한 아름 가져왔다)

《捧》: 양 손으로 떠낼 수 있는 만큼의 양.

　絟馬錢與他一捧兒米便是。【朴通事諺解】

　(말을 묶어 놓은 대가로 쌀 한 봉을 주면 된다)

《把》: 한 손으로 움켜쥘 수 있는 양. 한 줌 쌀《一把米》.

　杜將一把穀來崔前【啓諺錄, 廣記250引】

　(杜는 한 줌의 곡식을 가지고 崔에게 왔다)

《口》: 입으로 물 수 있는 양.

　怎生吃你這一口湯便會死了?【灰闌記1】

　(어째서 네가 준 국을 한 입 먹자 금방 바로 죽어버렸는가)

《堆》: 하나의 산이 될 정도의 양.

　砌下梨花一堆雪【杜牧詩】(섬돌 밑의 배꽃이 쌓인 눈과도 같다)

《束》: 한 다발의 양.

《捆》: 한 묶음의 양.

　부피를 잴 때는 용기를 사용할 때도 많다. 예를 들면,《一碗飯》《一杯酒》《一瓶啤酒》《一車煤》등이다.

　고대에서도 계량을 할 때 어떤 단위사용이 불가피했다. 도량형 단위로 확정된 것은 제외하고, 임시적으로 전용된 예를 들어본다.

一簞食, 一瓢飲, 在陋巷。【論, 雍也】

(대나무 그릇 하나에 넣은 음식과, 표주박 하나에 들어 있는 음료가 있을 뿐이고, 누추한 마을에 산다)

今之爲仁者, 猶以一杯水救一車薪之火也【孟, 告子上】

(지금 仁을 행하는 자는, 한 잔의 물로 한 수레의 땔나무에 붙은 불을 끄려고 하는 일을 하고 있다)

生丈夫：二壺酒, 一犬：生女子：二壺酒, 一豚。【國語, 越語上】

(아들을 낳으면 술 두 항아리와 개 한 마리를 주고, 딸을 낳으면 술 두 항아리와 돼지 한 마리를 준다)

衛人使屠伯饋叔向羹與一篋錦。【左傳, 昭13】

(위나라 사람은 屠伯가 叔向에게 국과 한 상자의 비단을 보내게 했다)

上與病者粟, 則受三鍾與一束薪。【莊子, 人間世】

(나라에서 병자에게 쌀을 줄 때에는 쌀 三鍾과 한 다발의 나무를 받는다)

假令愚民取長陵一抔土…【史, 張釋之傳】

(가령 어리석은 백성이 長陵의 흙을 한 삽 떠낸다면 …)

今夫地, 一撮土之多【中庸】

(지금 저 땅은, 한 줌의 흙이 많이 쌓인 것이다)

　위 예문의《簞》《瓢》《杯》《車》《壺》《篋》은 모두 명사이고, 이것을 양사로 전용한 것이다. 또《抔》는《掬》의 뜻으로 손으로 떠내는 것,《撮》은 손끝으로 집는 것으로《束》과 함께, 기물에 의하지 않는 계량 방법이다.

　계량을 할 때 '수사+양사'의 위치에는 2가지 방법이 있다. 그 하나는 명사의 앞에 두는 것이며, 위의 예는 모두 여기에 해당한다. 이것은 앞으로 기술할 ⓒ식이다. 이 표현 방법이 현대어에 전해지고 있다. 또 다른 것은 명사 뒤에 두는 것으로, '수사+양사'를 술어처럼 쓰지만, 역시 복체

256

사구라고 할 수 있는 것이어서, 현대어에서는 일반적으로 쓰이지 않게 되었으나, 장부에 적는 경우에는 여전히 사용된다. 이것 역시 앞으로 기술할 Ⓑ식, Ⓐ식이다.

賜民百戶牛一, 酒十石, 加年八十孤寡布帛二匹。【史, 封禪書】

(백성들에게는 백 가구마다 소 1마리, 술 10석을 내려주시고, 80세 노인과 과부에게 베와 비단 2필을 더 주다)

14.1.2 계수計數

개체를 셈할 때에 사용되는 양사는 그 종류도 많고, 일반적으로 양사라고 말할 때 바로 상기되는 것, 즉 좁은 의미의 양사는 이것을 의미한다. 고대어에서는 이러한 계수를 위한 양사를 사용하기도 하는데, 이것은 수사를 술어처럼 사용한 것(복체사구)이다. 전자의 예는 이미 살펴보았지만, 몇 개 더 들어둔다.

一言以蔽之, 曰：思無邪。【論, 爲政】

(한마디로 말하면 생각함에 사특함이 없다는 것이다)

周監於二代, 郁郁乎文哉【論, 八佾】

(주나라는 앞의 두 왕조를 살펴봄에, 禮에 아름다운 문장이 있다)

三人行, 必有我師焉【論, 述而】

(3명이 길을 가면 그중에는 반드시 자신의 스승이 될 만한 사람이 있다)

후자의 예로는,

詩三百【論, 爲政】(시는 3백 편)

道二【孟, 離婁上】(도는 2가지뿐)

齊侯之夫人三【左傳, 僖17】(齊公의 부인은 3명이다)

禮儀三百, 威儀三千【中庸】

(예법의 대강은 3백에 이르고, 그 세목은 3천에 이른다)

양사나 명사의 양사적 용법으로는 다음 3가지 형식이 있다.

ⓐ식   명사+수사+명사   亂臣十人
ⓑ식   명사+수사+양사   車一兩
ⓒ식   수사+양사+명사   一兩車

ⓐ식은 '수사+명사'가 술어처럼 사용되고 있는 것으로 고대어에는 있지만, 현대어에서는 쓰지 않는다. 또는 《人十人》(사람이 열 사람)과 같이 두 개의 명사가 동일한 것이 있으나, 이것은 동일하지 않는 것보다 훨씬 오래된 것이다.

ⓑ식도 '수사+양사'를 술어처럼 사용한 것으로, 이것도 고대어에서만 보인다. 현대어에서는 장부 등을 기입할 때에 한해서 사용되는 것은 계량計量과 같다. 단, 여기서 말하는 양사는 고대에서 ⓑ식에 따르는 것이 보통이다.

於是齊威王乃益齊黃金千鎰, 白璧十雙, 車馬百駟,…趙王與之精兵十萬, 革車千乘。【史, 滑稽列傳】

(그리하여 제나라의 威王은 황금 천 일, 백옥 열 쌍, 사두마차 백 대를 여분으로 더 받았다. … 趙王은 여기에 정예병 10만과 혁거 천 대를 주었다)

負服矢五十箇【荀子, 議兵】(화살 50개를 맞다)

ⓒ식은 고대어에서는 계량할 때만 사용됐다는 것은 전술한 바이다. 계량할 때 ⓒ식을 사용하는 것은 고대어에는 없고, 현대어(또는 백화)의 특징이다. 단, 고전에서도 극히 드물게,

若有一个臣…【大學】

(만일 일개 신하라도 있었더라면 …)

같은 것이 있고, 이《个》가 만일 양사라면 ⓒ식이 되지만, 양사로 보기에는 무리가 있다. ⓒ식을 계수에 사용하게 된 것은, 말할 것도 없이 ⓒ식을 오래전부터 계량에 사용했을 것이라는 유추를 근거로 한다. 즉, 고대어에서 ⓑ식은 계수·계량에 같이 사용되었음에도 불구하고, ⓒ식이 계량에만 쓰이는 것을 불합리하게 여겨, ⓒ식을 계수에 사용하게 된 것 같다. 『사기』에는,

陸地…千足羊, 澤中千足彘, …安邑千樹棗, 燕秦千樹栗…【史, 貨殖列傳】
(육지의 … 양 250마리, 택지에 있는 돼지 250마리, … 安邑에 있는 대추나무 천 그루, 燕秦에 있는 밤나무 천 그루)

와 같은 문장이 있으며, 이《足》《樹》는 일종의 양사라고 볼 수 있다. 그러나《千足》이란 250마리를 말하는 것으로 양사와는 의미가 다르다. 또《樹》는 양사라기보다는 이어지는 단어와 수식관계, 또는 보충관계를 가지는 것이다.《棗》《栗》은 과실을 말하는 것은 아니고 나무를 나타내는 것으로 생각된다(이러한 용법은 양사의 생산을 생각했을 때 중요한 것일지 모르나, 다른 문헌의 용법 등을 참고해 재론하고 싶다). 요컨대 양사를 계수로서 ⓒ식에 사용하는 것은 좀 더 세월이 흐른 뒤로 짐작된다. 아래는 현대어에도 사용하는 양사로서 계수 ⓒ식에 사용된 일례들이다.

《匹》: 支道林常養數匹馬【世, 言語】
(支道林은 언제나 여러 필의 말을 키우고 있었다)
《封》: 案上有六封文書【幽明錄, 廣記276】
(책상 위에 문서 6통이 있었다)
《頭》: 驅八頭牛到北方俱多國【僧祇律, 珠林91】
(소 8마리를 몰고 북방의 俱多國으로 갔다)
《箇》: 可更覓數箇刀子【冥祥記, 珠林26】
(더구나 몇 개인가의 칼을 찾아야 한다)

259

《隻》: 以一隻鵝爲後軍別【俗說, 廣記919】

(한 쌍의 거위를 후군에게 전별로 주었다)

於是候鳧至, 擧羅張之, 但得一隻舃焉【後漢書方術傳 ※隻을 雙으로 쓰는 텍스트도 있다】(그곳에서 오리가 오기를 기다려, 그물을 쳤더니 단지 신발 하나를 얻었다)

이 밖에도 거의 같은 시대에 더 많은 용례가 있지만, 현대어에서는 사용하지 않는 양사이거나, 양사 그 자체는 사용되나 그것이 부응하는 명사가 현대어와는 다른 것이 많다. 그러나 계수의 경우, 양사를 ⓒ식으로 사용한 것이 위진 이후 성행했으리라 추측할 수 있다.

이와 같이 양사가 필수적인 것이 되어도 고대어식의 양사를 사용하지 않는 어법은, 전혀 없어져 버린 것이 아니며, 종류를 나타내는데 사용됐다. 예를 들면,

五金

五穀

三從四德

四百四病

또는 서수序數로도 사용됐다.

二月, 三月

二哥, 三哥

또는 명사를 양사(명량사·동량사라고도)로 사용할 때에도 이와 같은 방법에 의한다. 양사의 또 다른 특징으로 그 형태성形態性이라는 것이 생각된다. 양사는 단지 단위를 나타내는 것에 그치지 않고, 사물의 형태를 회화적으로 표현한다. 예를 들면,

260

一卷書(두루마리로 된 책을 말한다)

一本書(일반 책)

一套書(책갑에 든 책)

一架橋(철교, 목교 같은 다리)

一座橋(산같이 높은 다리)

一條手巾(수건처럼 긴 것)

一塊手巾(손수건 같은 것)

이 경향은 더욱 유별성類別性을 띠어 동음동자의 단어, 또는 동음이자의 단어를 구별하는데도 도움이 됐다.

一隻表(시계)

一張表(그래프 같은 것)

一句話(말)

一幅畫(회화) [※《話》와《畫》는 동음]

양사의 대량생산은 중세부터 근세에 걸쳐 행해졌고, 표현 형태가 풍부한 것을 자랑하게 되었지만, 그 반면 지나치게 번잡해서 불합리한 것으로도 의식됐다. 어떠한 양사든 처음에는 원뜻이 확실했겠지만, 세월이 흐름에 따라 원뜻이 불명확해지고 용법에도 변화가 생겼다.

예를 들면《朶》는 현대어에서는《花》로 쓰고, 또 드물게는《雲彩》에도 사용할 때가 있지만 뜻이 확실치 않다. 고대에는 그 밖에《煙》《山》등에도 사용했다. 그리고 지방에 따라 시대에 따라, 사물의 형태에 대해 느끼는 방법이 다른 것도 고려할 필요가 있다. 그래서 같은 시대에도 방언 사이에 차이가 크고, 오히려 불편한 것이 됐다. 이 때문에 최근에는《個》로 통일되어 가는 경향이 보인다고 한다.

집체集體

집체를 나타낼 때에는 순수한 명량사를 사용할 경우와, 명사를 임시로 빌려 쓰는 경우가 있다.

　[순수]　一雙鞋　一羣牛　一串珠　一隊兵　一夥强盜　一班人

　[전용]　一屋子人　一桌子菜　一天的雲彩　一地的紙

집체를 나타내는 순수한 명량사는 고대에도 있었으나, 역시 Ⓑ식으로 사용하는 것이 일반적이고, 이것을 현대어와 같이 Ⓒ식으로 사용하는 것은 위진 이후로 생각된다. 단, 집체와 계량은 구별하기 힘든 것도 있지만, 이것은 원래 보통명사와 물질명사 사이에 혼동하기 쉬운 점이 있기 때문이다.

見一羣白頸鳥, 但聞喚啞聲。【世, 輕詆】

(목이 흰 까마귀 한 무리처럼 여겨지나, 까악까악 우는 소리가 들릴 뿐이다)

常思鱠, 一雙鯉自空而至【搜神後記5】

(늘 생선회를 먹고 싶다고 생각했는데 잉어 2마리가 하늘에서 떨어졌다)

帝釋卽化作兩束草【盧至長者因緣經】

(帝釋은 곧 두 다발의 풀로 변했다)

명사를 임시로 전용轉用하는 것은《滿》《全》의 뜻으로《一》이외의 것에는 쓰지 않는다. 또《的》을 쓰기도 한다. 대체로《一》을 명사에 붙여, 《一國》《一府》《一家》《一座》《一夜》와 같이 전부를 나타내는 것은 고대부터 있었다. 이것이 더욱 명사의 수식어로도 되고, 또는《的》에 상당하는《之》를 취하여《一國之人》처럼 말하는 것은 고대어에도 흔히 있는 것으로, 현대어의 이 같은 용법 역시 이것을 계승한 것에 지나지 않는다.

14.2 동량사動量詞

동량사는 동작의 횟수를 셈할 때 수사를 돕는 것으로, 현대어에서는 다음과 같은 종류가 있다.

[순수적]　回, 次, 下, 盪

[전용적]　[명사] 打一槌, 看一眼

명사를 임시적으로 전용轉用하는 것은, 그 동작에 쓰이는 기구나 신체의 일부 등을 나타낸다. 같은 동사를 중복시켜서《打一打》《看一看》으로 하는 것도, 뒤에 동사를 임시로 동량사화한 것도 취할 수 있지만, 단순한 중복형식에《一》이 같이 사용된 것으로 취급된다.

고대어에서는 동량사는 존재하지 않고, 동작의 횟수를 나타낼 때는 수사를 직접 동사 앞에 둔다. 단, 2회라고 할 때에는《二》를 쓰지 않고, 반드시《再》를 사용한다.《再拜》와 같다.

吾日三省吾身【論, 學而】(나는 하루에 3번 나를 반성한다)

季文子三思而後行 ; 子聞之曰 : 再斯可矣。【論, 公冶長】

(季文子는 3번 생각한 후 행했다. 孔子는 그 말을 듣고 말하였다, "2번이면 족하다")

三咽然後耳有聞, 目有見【孟, 滕文公下】

(3번 이해하고 나니 귀가 들리고 눈이 보이게 됐다)

고대어의 이와 같은 표현이 어째서 현대어처럼 변했는지를 알기 위해서는 이것과 관계가 있을 것으로 추측되는 기간의 표현 방법부터 생각해야 한다.

고대어에서 기간을 표시할 때, 수사만 가지고는 부족한 점이 흡사 계량의 경우와 비슷하다. 기간을 표시할 때는 시간을 나타내는 명사를 병

263

용하는데, 이것을 동사 앞이나 뒤, 어느 쪽이든 자유롭게 배치했다. 그러나 앞에 놓으면 부사적 어투가 명확한데 반해, 뒤에 오면 진술陳述하는 것처럼 보인다.

　동사 앞에 올 때는 대개 실존하지 않는 동작에 많이 쓰이고, 뒤에 올 때는 실존하는 동작일 경우가 많다. 실존하지 않는 동작이란, 가령 가정, 원칙, 또는 부정 등의 경우이다. 동사 앞에 기간을 나타내는 단어를 사용한 예문으로,

三年學不至於穀, 不易得也【論, 泰伯】
(3년간 공부해서 녹봉 길에 오르려 하지 않는 것은 어려운 일이다)

雖有天下易生之物也, 一日暴之, 十日寒之, 未有能生者也。【孟, 告子, 上】
(천하에 잘 살아남는 생물이 있다 해도, 하루 뜨겁게 하고, 열흘 차게 한다면 살아남는 생물은 없다)

適千里者, 三月聚糧【莊子, 逍遙遊】
(천 리 길을 여행하는 자는 세 달에 걸쳐 식량을 모은다)

三年無改於父之道, 可謂孝矣【論, 學而】
(3년간, 아버지께서 하셨던 일에 손을 대지 않는 것은 효라 할 수 있다)

居於陵, 三日不食【孟, 滕文公, 下】
(능에서 사흘 먹지 않았다)

　기간을 나타내는 말을 동사 뒤에 쓴 예는,

築屋於場, 獨居三年, 然後歸【孟, 滕文公上】
(움막을 묘 옆에 짓고, 3년 동안 혼자 기거한 뒤 돌아갔다)

善人敎民七年, 亦可以卽戎矣【論, 子路】
(선인은 백성을 가르치길 7년이면 종군시키게 된다)

築特室, 席白茅, 間居三月【莊子, 在宥】
(특별한 집을 짓고 하얀 띠를 깔고 한거한 지 3개월)

264

후세에서 동사 앞에 기간을 나타내는 단어를 사용하는 것은 부정하는 경우를 제외하고는 없었다.

고대어에서 횟수를 나타내는 말은 1가지의 위치밖에 없음에도 불구하고 기간을 나타낼 때는 2가지의 어순이 가능한 것은, 횟수에서도 2가지 표현을 가능하게 하는 원인이 됐다. 그러나 횟수의 경우는, 수사만을 동사 뒤에 두는 방법은 생겨나지 않았다. 만일 그렇게 된다면 수사가 빈어처럼 취급되기 쉽고, 의미가 명확하지 않게 되며, 유추의 원인을 이룬 기간의 표현에 반드시 명사를 수반하고 있기 때문이다. 이렇게 해서 횟수의 표현이나 기간의 표현이 비슷하게 되는데, 동량사를 동반한 수사를 동사 뒤에 두는 것(결국 현대어와 같이, 보어로 쓰는 것)이 먼저 시행됐다. 이 용법은 거연한간居延漢簡[2]에서도 보이는데, 일반 문헌에 나타난 것은 위진 무렵부터이다.

《匝》: 繞樹三匝, 無技可依【魏武帝,短歌行】
　　　(나무를 세 바퀴 돌았으나, 머무를 만한 가지가 없다)

《出》: 今日與謝孝劇談一出來【世, 文學】
　　　(오늘은 謝玄과 한바탕 크게 환담하고 왔다)

《下》: 謹通進表, 叩頭百下【三國志, 吳志, 韋曜傳】
　　　(정성스레 진표를 드리고, 백 번 고두한다)

《遍》: 月下讀數遍【白居易詩】
　　　(달빛 아래에서 여러 번 읽다)

《回》: 試作兩三回【江陵樂, 樂府詩集49】
　　　(시험 삼아 2, 3번 해보다)

더구나 《次》나 《趟》은 시대가 더 내려온다.

　　且如三年一次科擧【象山語錄上】
.
　　(또 3년에 1번씩 있는 과거 같은 것 …)

　　也算是看親戚一趟【紅39】
.
　　(그저 한번 친척을 방문한 것이라 말할 수 있습니다)

　　이 종류의 동량사를 동사 앞에 놓는 용법은 시대가 조금 내려와 당나라 때에 가끔 보이지만, 현대어에서는 오히려 쓰지 않는다.
　　이상과 같이 순수한 동량사는 어느 경우에도 동사가 그 전신이었다고 생각된다. 그런데 시대가 내려옴에 따라, 명확한 명사를 임시적인 동량사로 전용하는 것이 생겼다. 동작의 횟수뿐만 아니라, 수단·방법을 합쳐서 표현했다. 이와 같은 시작은 아마도 당나라 때부터라고 생각된다.

　　尋得死屍, 且亂打一千鐵棒【地獄變文】
　　　　　　　　　.
　　(시체를 찾으면, 우선 철봉으로 천 번 정도 난타했다)

　　臣罵漢王三五口【捉季布傳文】
　　　　　.
　　(신하는 한나라 왕을 3, 4번 욕했다)

　　紙乃毆鬼一拳【報應記, 廣記103引】
　　　　　　.
　　(紙[인명]는 거기서 주먹으로 鬼를 한 번 때렸다)

　　有能捨一千貫文者卽打一槌【中朝故事, 廣記499】
　　　　　　　　　　　.
　　(능히 천 관문을 희사하는 자가 있으면 한 번 [그 종을] 쳐라)

　　月下讀數遍, 風前吟一聲【白居易詩】
　　　　　.　　　　　　.
　　(달빛 아래에서 여러 번 읽고, 바람이 불어오는 곳에서 한 번 소리 내어 읊다)

　　東西馳走, 大哭三聲【伍子胥變文 S.328】
　　　　　　　　　.
　　(동서로 뛰어 다니고, 큰 소리로 3번 정도 울었다)

　　이와 같이 고대어의 횟수 표현 방법은 현대어에서 전혀 다른 것이 되

266

었지만, 단《一》의 경우에 한해서만 연사적連詞的인 용법으로 바뀌어서 잔존하고 있다. 예를 들면《一看就明白》(잠시 보면 곧 안다)이고,《一》의 오래된 예로는,

> 一到人天便作師【白居易詩】
> ·
> (한번 군왕 앞에 나아가니 곧 그의 스승이 됐다)
> 一撥便轉【祖4】(한번 받아들이면 바로 돈다. 이해가 빠르다)
> ·

14.3 중복형식

AA형

축지逐指이다. 양사는 고대어에는 조금 있지만, 더구나 양사를 중복해서 쓰는 예는 드물다. 다만 명량사는 명사에서 출발한 것이 많았기 때문에, 현대어에서 보면 양사의 중복형식이라 할 수 있는 예는 좀 뒤에 나타난다. 그러나 역시 명사로 취급되기 좋은 예가 많다. 예를 들면,

> 軍書十二卷, 卷卷有爺名【木蘭詩】
> ··
> (군서 12권, 권마다 아버지의 이름이 있다)
> [※ 단, 類說所引에서는 '卷中'으로 되어 있다]
> 帝覽其文, 篇篇嗟賞【南史, 劉孝綽傳】
> ··
> (황제는 그 문장을 보고, 편마다 칭찬했다)

역시 당나라·오대의 용례로는, 아래와 같은 것 등이 있다.

箇箇	雙雙	對對	丈丈	寸寸	片片	條條
句句	首首	莖莖	株株	朶朶	粒粒	聲聲
頓頓	回回	場場				

또는 명사, 양사의 중복형식(AA형) 앞에《一》을 써서, 축지逐指를 나타
낼 때가 있는데, 이것도 당나라·오대부터 시작된 일이다. 예를 들면《一
人人》《一箇箇》와 같은 것이며, 당나라 이후, 근세에 많이 사용됐다. 현
대어에서 다소 사용이 다소 줄어든 경향이 보이며, 대개《一箇一箇》같
이 수사를 많이 되풀이한다. 이 경우 양사는 어떤 것이라도 좋으나, 명사
는 특정한 것에 제한되어 있다. 이러한 중복형식은, 근세에는《一個個》
와 같은 형식에 눌려 많이 쓰이지 않는다. 또 점층도 있다.

一顆一顆喫卽盡【啓諺錄 S.610】(한 알 한 알 먹다보니 다 없어졌다)

一年一年老去【韋應物詞】(해마다 늙어간다)

你問他買甚麼東西哩? 一貫一貫添【看錢奴2】

(당신은 저 사람에게서 무엇을 삽니까? 값을 조금씩 더 올리는데)

不想一日一日越重了【金6】(그런데 하루하루 더욱더 무거워졌습니다)

一個一個都從牆根兒底下慢慢的溜下來了【紅29】

(한 사람 한 사람 담 그늘에 숨어서 내려오다)

一件一件的挑與賈母看【紅29】(하나씩 골라내서 여주인에게 보였다)

14.4 접미사

양사가 접미사를 취하는 것은 드물지만, 때로는《兒》를 취할 때가 있
다. 이 경우는 양사를 명사화하는 작용으로 보이며, 따라서 그 뒤에 명사
를 취하지 않는 경향이 있지만 반드시 그런 것은 아니다.

양사에《兒》을 사용한 예는 원나라 때부터 시작된 것 같다.

我若見了這兩椿兒便是見我母親-般【伍員吹簫3】

(나는 이 두 분을 보면 모친을 만난 것 같다)

早梁山泊上好漢遇着三個兒也【爭報恩2】(벌써 梁山泊의 호한을 3명 만났다)

268

待我折一朶兒咱【碌砂擔1】(어디 한 가지 꺾어볼까)

你說一句兒【殺狗勸夫2】(당신이 한 마디 말해주세요)

명사를 수반하는 예로는,

我會一椿兒手藝【來生債3】(나는 한 가지 기예를 가지고 있다)

你記的俺庄東頭王學究說的那一句兒書麼?【漁樵記3】

(당신은 마을의 동쪽 어귀에 사는 王學究가 말한 그 책의 한 구절을 외우고 있습니까)

이상과 같이 양사에 《兒》을 붙이는 것은 현대어에서는 그다지 사용하지 않게 되었고, 다만 일부의 양사에 한해서만 명사로서 사용되는 특수한 용례를 만들었다. 예를 들면,

個兒(크기)

隻兒(《隻》로서 세는 유명한 물건, 즉 새[鳥] 등의 크기)

중복형식(AA형)에 접미사 《兒》를 붙이는 것은 현재에도 실행되고 있다. 《兒》와 같은 용법도 아마 원나라 때에 시작된 것으로 결국 명사적으로 된 것으로 생각된다.

這綳扒吊拷要椿椿兒捱過【灰闌記2】

(그런 여러 가지 고문을 하나하나 견뎌내야 한다)

喒家哩輩輩兒做了財主【來生債2】(우리 집은 대대로 부자였다)

15

형용사形用詞

15.1 중복형식

15.1.1 AA형

중복형식은 고대어에서 매우 발달했는데, 거의 모두 2음절의 의성어나 의태어라고 부를 만한 것이며, 한 글자만으로 구성된 것이 아니기 때문에 순수한 중복형식으로는 볼 수 없다. AA형 예를 보면,

翩翩(팔랑팔랑 나는 모양)

盈盈(물이 넘치는 모양)

巍巍(높은 모양)

纍纍(첩첩 쌓이는 모습)

喋喋(재잘재잘거리는 모습)

津津(물이 넘치는 상태)

孜孜(부지런히 힘쓰는 모습)

喃喃(작은 소리로 지껄이는 모습)

諾諾(예 예 하면서 타인의 말에 순종하는 모습)

諤諤(직언하는 모습)

熙熙(부드러워지는 모습)

攘攘(어지러워진 상태)

현대어와 같이 일반 형용사를 2개 중복하는 형태는 고대에도 그 예가

존재하지만, 그 수가 극히 적어서 예외적이다. 그 예로,

青青子衿, 悠悠我思【詩, 子衿】

(청청한 그대 옷깃, 언제까지 끝이 없을 내 마음)

無曰高高在上【詩, 敬之】

(높고 높은 곳에 있으려고 말하지 마라)

이것은 후한後漢에서 당나라·오대에 걸쳐 증가했다. 중복은 강조를 위한 것이지만, 부사화의 경향도 강하다.

時李松鄧曄以爲京師小小倉尙未可下, 何況長安城【漢書99下, 王莽傳】

(그때 李松, 鄧曄는 京師의 작은 창고조차도 함락시키지 못했는데, 하물며 長安城을 넘보는 것은 생각지도 못할 일이라고 생각했다)

所亡少少, 何足介意【後漢書, 列傳28度尙傳】

(잃은 것은 조금밖에 없으니 어찌 마음 쓸 일이 있겠는가)

遠遠欲何之【魏, 曹植詩】(멀리 어느 곳에 갈려고 하는가)

蒼蒼谷中蘭【晉, 陶潛詩】(울창한 골짜기의 난초)

遙遙征駕遠【劉宋, 鮑照詩】(먼 길 가는 수레는 아득히 멀고)

15.1.2 ABB형

A는 형용사나 형용사적인 것이고, BB는 동일문자를 되풀이하고, 보어적인 성질을 가진다. 옛날부터 약간의 용례가 있다. 예를 들면,

卿雲爛兮, 糺縵縵兮【舜, 卿雲歌, 尙書大傳】

(慶雲은 밝고 어지럽게 퍼진다)

穆眇眇之無垠兮, 莽芒芒之無儀【楚辭, 九章, 悲回風】

(穆眇眇로서 끝이 없고, 莽芒芒해서 의가 없다)

邈曼曼之不可量兮, 縹綿綿之不可紆【〃】

(邈曼曼해서 양을 재지 말고, 縹綿綿해서 걸쳐 입지 말고)

271

전자(「卿雲歌」)는 위작의 우려가 있고, 후자는 해석에 이설이 있지만, 우선은 ABB형으로 보아도 좋을 것이다. 또한,

一尺繒好童童, 一升粟飽蓬蓬【淮南王歌, 淮南鴻烈解叙】
(한 자의 비단도 매우 기쁘고, 한 되의 조로도 충분히 배부르다)

당나라 때가 되면 이러한 ABB형의 형용사가 아주 많이 증가했는데, 이것이 가장 집중적으로 번번히 사용된 것은 원곡元曲이다. 양정남梁廷枏의『곡화曲話』에 기재되어 있는 것만 해도 2백 종류 정도 있다. 청나라 때에도 적지 않았으며, 지금 시험 삼아《黑》에 붙은 것을『홍루몽』『아녀영웅전』에서 고르면, 아래와 같이 있다. 어두움의 미묘한 차이를 표현하고 있다.

黑洞洞(동굴처럼 휑하고 어둡다)

黑油油(기름 광택을 띄는 검은색)

黑漆漆(옻칠한 듯한, 먹물을 흘린 것 같은 검은색)

黑魆魆(괴물 같은 검은색)

黑鴉鴉(까마귀와 같은 검은색, 두발 등을 말한다)

黑壓壓(사람이나 물건이 가득차 압도되는 느낌을 어두운 색으로 표현한 것)

15.1.3 AABB형

이 종류의 중복형식은 고대에도 있는데 ,예를 들면,

戰戰兢兢, 如臨深淵, 如履薄冰【詩, 小旻】
(전전긍긍하며 깊은 연못에 임하듯 살얼음을 밟는 듯하다)

陰陽相錯, 忽忽疾疾【史, 龜策列傳】
(음양이 교차하니, 허둥거리며 침착하지 못하다)

巍巍堂堂, 猶星中月【八師經】
(높은 곳에서 당당하게 마치 별 가운데의 달처럼)

272

이것들은 형용사에도 동사에도 붙지 않는 것으로(혹은 장사狀詞라는 새로운 품사를 주장하는 사람도 있다), 2음절 형용사의 중복형식으로 존재하는 것은 아니다. 현대어에서는 AB의 2자로 된, 형용사 하나의 중복형식이다. 예를 들면,

冷淸 → 冷冷淸淸 (죽은 듯이 조용하다)

明白 → 明明白白 (확실한)

平淡 → 平平淡淡 (상냥하다)

이 형식은, 현대어에서 형용사는 강조하는 것이지만, 또 부사로 전환할 가능성이 크다. 이러한 용례는 시대가 지나면서 인정된다.

窄窄狹狹向陽屋【白居易詩】(비좁아 답답한 남향 방)

凄凄切切斷腸聲【殷堯藩詩】(쓸쓸한 단장의 소리)

長長久久樂升平【上官昭容詩】(영원히 태평을 즐긴다)

15.1.4 A裏AB형

AB의 2음절로 된 형용사의 특수한 중복형식으로《裏》라는 삽입사揷入辭를 가진다. 이런 중복형식은 말할 것도 없이 강조를 위한 것이지만, 조금 증오감憎惡感을 띠고 있다. 따라서 모든 형용사가 이 형식을 가질 수 있는 것은 아니며, 사용범위는 한정돼 있다. 현재는《裏》를《了》로 쓰기도 하지만, 이것은 조명사助名詞의《裏》가 일반적으로 [lə]로 발음하는 것에서 왔다. 'A裏AB형'의 형용사는 청나라 초까지 밖에 소급할 수 없다. 그러나 북경어뿐 아니라, 청나라 초의 오어吳語에도 나타나는 것으로 보아 그 시작은 더욱 오래된 것으로 생각된다. 이런 형식의 단어가 많이 보이는 문헌에서 가장 오래된 것은 『만한성어대대滿漢成語對待』이고, 이 책에는《糊裏糊塗》(멍청하게 있다, 바보 같은) 등 10종류가 보인다.『홍루몽』에는 이 형식의 단어는 전혀 보이지 않는데, 혹은 그 근거하는 바

273

는 방언의 차이일까. 오어吳語의 예문으로는,

　　唔身浪臘離臘塌, 那哼去見夫人介?【衣珠記私囑, 綴白裘所】
　　(당신은 그 추접스러운 모양으로, 어찌 감히 주인마님을 뵈려 하느냐)

　원곡元曲에는 많은 4음절의 의성어와 의태어가 있다. 그 가운데, A裏AB형에 유사한 것도 없는 것도 아니며,

　　吸里忽剌【殺狗勸夫2】(휴- 휴- [바람소리])
　　必丟不搭【謝天香3】(재잘재잘 지껄이는 모습)

　과 같은 것이 적지 않으나, 이들은 실은, 'h-l-h-l' 'p-t-p-t'와 같은 구조를 가진 것으로, A裏AB형과는 근본적으로 다른 것이다.

15.2 조형사助形詞

　현대어의 형용사는 부속어를 가질 때가 있다. 예를 들면, 《好多了》(아주 좋다)라고 할 때, 하나의 문절을 이루고, 그 중간에 휴식지를 놓을 수 없다. 또, 《多》 대신에, 《少》《不多》 등을 사용할 수도 없고, 《了》 대신에 《呢》《嗎》《吧》를 사용할 수 없다. 그렇기 때문에 이《多》는 형용사·부사 등이 아니며, 또《了》는 조사가 아니며, 《多了》로서 한 개의 부속어로서 취급할 수밖에 없다. 이러한 조형사는 현대어나 백화의 독특한 것으로서 고대어에는 없다. 현재 아직 완전한 부속어가 되지 못한 다소 불안전한 점도 있으나, 한 개의 품사로서 내세울 필요는 있을 것 같다. 그리고 조형사는 때로는 심리적인 동사 뒤에 붙을 때가 있지만, 형용사에 붙는 것이 원칙이므로 다른 품사와는 붙지 않는다.

　이 같은 조형사의 발달을 촉진시킨 것은 백화적인 비교구의 발달이다.

15.2.1 비교구比較句에도 사용하는 조형사

▌《~得多》

원나라 때부터 사용된 것으로 생각된다. 그러나 청나라 때의 표준어에서는 거의 찾아보기가 힘들며, 『홍루몽』『아녀영웅전』 등에는 보이지 않는다.

他的算計比你高的多【桃花女3】

(저 책략은 당신보다 한 수 위다)

張家是財主, 比梁鴻差得多【擧案齊眉1】

(張家는 부자이고, 梁鴻과는 엄청나게 다르다)

他肚子裏比我們强得多呢【品花寶鑑5】

(그 사람의 학문은 우리들보다 훨씬 위다)

《~得多》는 또한 《~的多》라고도 쓰지만, 《~得多》가 더 오래된 것이며, 원래 결과보어였던 것이 바뀐 것이다. 조형사助形詞 《~得多》는 송나라 때에는 없었던 것 같지만, 동일한 것이 결과보어로서 존재한다. 그 예를 들면,

如此逐旋崖去, 崖得多後却見頭頭道理【朱10】

(이렇게 차례차례 쫓아가서, 쫓는 수가 많아지면 일체의 조리가 명백해질 것이다)

▌《~多了》

원래 결과보어로서, '많이 ~해버리다' '과다하게 ~해버리다'라는 뜻이다. 예를 들어,

你休打多了, 則打兩鍾兒來勾了【忍字記0】

(너는 너무 마셔서는 안 된다, 단지 2잔 정도 마시면 충분하다)

이와 같이 동사 뒤에 쓰였지만, 형용사도 술어가 될 수 있다는 점에서 유추해 형용사에도 붙어서 사용하게 되었다. 그러나 명나라 때까지에는 형용사에 붙어서 비교를 나타내는 용법은 아직 보이지 않는다.

> 你比他大多了【紅92】(당신은 저 사람보다 훨씬 나이 많다)
> 這可就省事多了【兒34】(이것이면 훨씬 손쉽다)

▎《~多着呢》

원나라 때에는 《多着哩》가 있다. 원래 《着》은 조동사, 《哩》는 조사지만 정형화되어 하나의 부속어로 되었다. 고대에는 《着》을 쓰지 않을 때도 있었다.

> 你是釋迦牟尼佛? 比佛少多哩【忍字記1】
> (당신이 석가모니불이라고요? 부처님이 되려면 아직 멀었어요)
> 你嫁了我時, 比別人不强多着哩【擧案齊眉3】
> (당신이 내게 시집오면, 다른 사람에게 가는 것보다 훨씬 낫지 않겠습니까)

조사 《哩》는, 청나라 때에는 표준어로 사용되지 못하고 《呢》가 되었으며, 따라서 《多着哩》도 《多着呢》로 변했다.

> 如今的奴才比主子强多着呢【紅104】
> (지금의 노비는 [그 재간이] 주인보다 훨씬 낫다)

15.2.2 비교구에는 쓰지 않는 조형사

▎《~得很》

《很》은 원나라 때에서는 《哏》, 시대가 내려오면서 《狠》, 더 내려오면 《很》으로 쓰였다. 부사지만 원래는 아마 형용사였을 것으로 생각된다.

> 那幾箇守戶閑官老秀才, 它每都哏利害【老生兒, 元刊本】

276

(저 집들을 지키는 한직에 있는 노수재들은 모두 대단히 악랄하다)

《哏》은 원나라·명나라의 일반 문헌에는 드물게 쓰였으나,『원전장元典章』등 특수한 것에는 상당히 많이 보인다. 이것은 방언의 차이를 나타내는 것이다. 《~得很》은 원래 결과보어라고 생각되지만 부속어화하고 있다. 원나라·명나라 때에도 있었으나 드물고, 많이 쓰이게 된 것은 청나라 때이다.

> 相公惱的狠哩【金線池4】(대감은 심하게 화내고 계십니다)
> 這家子遠得狠哩【西遊記22】(이 집은 대단히 멀다)
> 這里來, 這樣熱鬧得狠【金53】(여기 오면 이렇게 매우 번잡하다)

▌《~得慌》

생리적生理的인 고통이 심한 것을 나타내지만, 어원적으로는 결과보어이고 '~해서 당황했다'는 뜻이다. 현재는 두 글자 모두 경성輕聲이고 부속성付屬性이 강하여 접미사로 보는 학자도 있다. 《~得很》이 잘못 전해져《~得慌》으로 됐다는 설이 있지만, 이는 잘못된 것이고, 양자는 각각 다르다. 원나라·명나라 때에는《~得慌》이 더 많이 사용됐다.

> 也則是打的慌, 我胡攀亂指【勘頭巾3】
> (매를 맞고 당황해서 아무렇게나 자백했을 뿐입니다)
> 被他打攪的慌【伍員吹簫3】(그가 방해해서 단단히 야단쳤다)
> 那李外傳見是武二, 諕得謊了【金9】
> (그 李外傳는 武二인 것을 알고 놀라서 당황했다)
> 好冷手, 冰的人慌【金38】(어쩌면 이렇게 찬 손, 차서 몸이 오싹하지 않는가)

이와 같이 동사 뒤에 따르는 용법이 많은 것, 특히 그것이 수동태의 표현이기도 하고 《了》를 취하기도 하며, 《的》과 《慌》을 분리하는 용례를 생각해 봐도 틀림없이 고대에는 결과보어인 것을 알 수 있다. 무엇보다도 현대어와 같은 용법도 옛날부터 보이고 있다.

　爹爹, 我餓的慌嚟【黃粱夢3】(아빠, 나 배고파서 견딜 수가 없어요)
　我恰纔口渴的慌【盆兒鬼4】(나는 방금 목이 말라서 견딜 수 없었다)

▌《~了去了》

정도가 심한 것, 수량이 초과된 것 등을 나타낸다.

　人數多了去了。(사람 수가 대단히 많다)
　屋子大了去了。(방이 아주 크다)

처럼 쓴다. 다만,

　我快六十歲了, 見過的事多了去啦【老舍, 駱駝祥子】
　(나는 이제 곧 60살이다, 꽤 많은 것을 봐왔다)

와 같이 시간의 경과에 따라서 명백하게 정도가 심해지는 것을 나타내는 것도 있다. 오래된 용례로는,

　你心地好了去了【金46】(당신은 정말 마음씨가 좋다)
　你們這些過路 人太多了去了, 一天沒有一百。也有八十個來討錢【正音撮要1】(당신들 여행자들이 너무 많아서, 하루에 100명은 아니라도, 80명은 돈을 얻으러 옵니다)

와 같은 것이 있는데 원나라 이전으로는 거슬러 올라갈 수 없다. 이 말의 중심이 되는 것은 물론《去》이다.《去》는, 당나라·오대에서는 지속에 따라 그 정도의 증가를 표시하는 용법이 생겼다.

　莫待春深去, 花時鞍馬多【白居易詩】
　(봄이 깊어지기를 기다리지 마라, 꽃이 필 때는 인파도 많으니까)

278

是箇少年皆老去【杜荀鶴詩】(소년은 누구나 다 나이를 먹는다)

이와 같은 《去》는 또 《將去》라는 것도 있고, 동사 뒤에 붙는 것은 근세에서 《下去》로 표시되는 계속태繼續態의 원류가 됐다.

不別運爲, 訝將去, 鑽將去, 研將去【祖7】
(달리 하는 일 없이, 억지로 밀어붙이고, 구멍을 뚫고, 갈기도 한다)

只是這箇理分做四段, 又分做八段, 又細碎分將去【朱6】
(단지 이 하나의 理를 네 개로 나누고, 그것을 다시 여덟 개로 나누고, 그리고 더 잘게 나눠간다)

이렇게 《將》은 '가지다[持]'라는 의미의 동사에서 전환된 조동사(또는 삽입사)로서, 근세에서는 대단히 많이 사용했으나 현재는 쓰지 않게 되었다. 현재 이 말과 극히 비슷한 것으로 《了》가 있으며, 그 예로, 《拿了來》(가지고 오다)와 같이 거의 의미라고 할 만한 것을 갖지 않는, 삽입사화되었다. 오래된 용례로는,

如遇試則入去, 據己見寫了出來【朱13】
(만일 시험을 본다면 들어가서, 자기의 생각대로 답안을 써내라)

와 같이 현대어의 삽입사화한 《了》와는 조금 달리 느껴지는 것도 있다(즉, '자기의 생각대로 답안을 쓴 후, 나와라'의 의미를 취하는 것이 바른 것인가). 그리고 이러한 《了》가 많이 사용되면, 점차로 그 뜻을 상실하고 현대어와 같이 삽입사화해 버린다.

則怕有人偸了去【昊天塔3】(누가 훔쳐갈까 두려워한다)

你如今收了去【鴛鴦被2】(당신은 여기서 거둬주세요)

이러한 《了》의 삽입사화한 용법은 원래 동사 뒤에만 한정해서 사용했

으나, 형용사에도 사용되어 《好了去》와 같은 것이 먼저 생겼고, 이에 조사의 《了》가 감탄적으로 병용되어 《好了去了》처럼 되어 정형화되었을 것이다. 그리고 보니, 이것이 시간적인 어투를 갖는 것은 어원적으로 가깝기 때문이라고 말할 수 있다.

▎《~不過》

본래 불가능을 나타내며, (행위 등이) 지나칠 수 없고, (시간을) 보낼 수 없고, (감정을) 참을 수 없다는 의미이다.

我受不過他的氣【凍蘇秦3】(나는 그의 모욕을 참을 수 없다)
我身上冷不過【看錢奴2】(나는 몸이 추워서 견딜 수 없다)

《冷不過》의 《不過》는 자기 자신이 견딜 수 없는 것, 스스로 그것을 이겨낼 수 없는 것을 뜻하는 것인데, 그 의미가 변하여 제3자가 그것을 이길 수 없는, 결국은 '최고~'라는 뜻으로 사용하게 됐다. 예컨대,

大奶奶是個心性高强聰明不過的人。【紅10】
(마님은 성질이 강하고 더없이 총명한 분이다)
這四兒是個乖巧不過的丫頭【紅21】(이 四兒는 더없이 눈치 빠른 가정부다)
世叔是最高明不過的【兒23】
(世叔[아버지의 친구로서 아버지보다 나이가 적은 사람에 대한 경칭]은 대단히 사물에 대한 이해심이 많으신 분이다)

위의 예와 같이 《最》 등을 붙이는 것도 있다.

▎《~極了》

《極》은 근세어에서는 부사로 많이 쓰인다. 그러나 이 《極》은 원래는 동사적으로 사용됐던 것으로, 《~極了》는 '극히 ~했다' '정점에 달했다'

280

등을 의미한다.

此是你虛極了。【金62】(이것은 네 허약함이 극에 달했기 때문이다)

이와 같은 《~極了》는 진술 기능을 가지고 있어, 부속어화된 것으로는 인정하기 힘들다. 이러한 용법이 조금 변화되어 형용사 뒤에 붙어서 정도를 나타내게 되었지만, 이는 청나라 때 이후에 보인다.

想張家窮極了的人, 見了銀子, 有什麼不依的。【紅64】
(張家는 대단히 가난하여 돈을 보면 승낙하지 않을 수 없습니다)

《~極了》는 또 단순히 《~極》이라고도 한다. 예로,

早極口的說 : 妙極!【紅57】
(곧 입에 침이 마르도록 "대단히 좋습니다"라고 했다)

《~極了》와 《~極》의 선후는 알 수 없으나, 아마 《~極了》가 앞이고, 그 《了》를 생략해 문인들이 고풍스럽게 말한 것으로 보인다.

15.3 비교구比較句

비교에는 평비·차비·극비가 있다. 평비平比는 유럽어에서 원급原級을 쓴 것이고, 차비差比는 비교급을 쓴 것, 극비極比는 최상급을 쓴 것이다. 비교에는 절대적인 것과 상대적인 것이 있다. 절대적인 것은 비교되는 대상이 句에 나타나 있지 않는 것이고, 상대적인 것은 비교되는 대상이 나타나 있는 것이다. 단, 평비에서는 절대적인 것이 없고, 차비 또한 절대적인 것은 명확성이 결여되는 경향이 있어 결정하기 힘들 때가 있다. 그래서 절대적인 비교에서 명확한 것은 극비뿐이다.

	절대적	상대적
평비		A는 B와 같이 ~하다 (15.3.1)
차비	A는 더욱 ~하다 (15.3.2)	A는 B보다 ~하다 (15.3.3)
극비	A는 가장 ~하다 (15.3.4)	(한정식限定式) A는 ~중에서 가장 ~하다 (15.3.5) (비한정식非限定式) A는 ~ 무엇보다 가장 ~하다 (15.3.6)

15.3.1 평비平比(상대적)

평비는 동동사同動詞에 의한 유사한 표현의 응용일 때가 많다. 고대어에서는,

君子之交淡若水, 小人之交甘若醴【莊子, 山水】
(군자의 사귐은 맑기가 물과 같고, 소인의 사귐은 달기가 감주와 같다)

猛如虎, 很如羊, 貪如狼, 彊不可使者, 皆斬之【史, 項羽本紀】
(사납기는 범 같고, 어긋나기는 양 같고, 탐욕스럽기는 늑대 같고, 강하지만 부리지 못할 자는 모두 이것을 베어라)

와 같이 비슷한 표현에 형용사를 병용한 것인데, 이때 형용사는 명사적 어투를 가진다. 즉, 《淡若水》는 《其淡若水》로 할 수 있다. 그렇게 보면, 《君子之交》는 주제어이고, 《淡》은 주어이며 《若》은 개사가 아니라 동동사라 하겠다. 현대어에서 평비는 동동사를 쓰는 것과 쓰지 않는 것이 있는데, 모두 고대어와는 어순이 다른 점을 주의해야 한다.

ⓐ 동동사를 사용한 것.

他的說像蜜那麼甜。(그 사람의 말은 꿀처럼 달다)

ⓑ 동동사를 사용하지 않은 것.

我的心思和水一般平。(내 마음은 물같이 평온하다)

282

工人的臉黑得和炭一樣。(노동자의 얼굴은 숯처럼 검다)

현대어식 평비는, 문헌 속에 보이는 용례가 극히 적어서 그 성립과정이나 시기 등은 앞으로의 조사가 기대되는 바다. 그 가운데 'ⓐ 동동사를 사용하는 것'은 형용사를 뒤에 쓰는 것이 특징이며, 아마 고대가 아닌 중세에 와서 생긴 것 같다. 예로,

> 脣像朱火明【成具光明經】(입술은 빨간 불꽃처럼 밝다)
> 仰視見開孔如井大【旌異記, 廣記99】
> (위를 우러러 보니 우물만 한 크기의 구멍이 열려 있는 것이 보였다)
> 金印酬功如斗大【韋應物詩】
> (금인 한 말 정도로 크기 때문에 그 공에 보답하다)
> 牽一胡孫如驢許大【玉堂閑話, 廣記184】
> (당나귀만 한 크기의 원숭이를 끌고 있다)
> 金之氣如何似鐵恁地硬?【朱4】(금의 기운이 어찌 철 같이 단단하겠는가)

'ⓑ 동동사를 사용하지 않는 것'에는 유사를 나타내는 조명사(樣, 般, 來)나 조사를 사용하는 것도 여기에 속한다. 약간 오래된 예를 들면,

> 他們高麗地面, 守口子渡江處的官司, 比咱們這裏一般嚴【老乞大】
> (그들의 고려에서도, 관문이나 나루터를 지키는 관리들은 여기와 똑같이 엄중합니다)
> 偏有這東西是燈草一樣脆的【金53】
> (공교롭게도 이 아이는 등심초처럼 허약합니다)

15.3.2 절대적 차비絶對的差比

절대적 차비를 나타낼 때 현대어에서는 형용사 앞에《更》을 쓴다.

> 這個更好。(이것은 더욱 좋다)

그러나 고대어에는 이에 합당한 표현 방법이 없다. 가오밍카이高名凱는 『한어어법론漢語語法論』에서 고문 중 차급差級(본서에서는 차비差比)을 표현하는 방법은 여섯 종류가 있다며, 《更》《益》《愈》《尤》《於》《較⋯爲⋯》를 열거했다. 그러나 고대의 《更》은 현대어의 《更》과는 달리 차비를 나타내는 것이 아니고, 《益》과 《愈》는 점층을 표시하는 것으로 비교는 아니다. 《尤》는 특수한 것으로 이것을 차비로 보는 것도 일리가 있지만, 극비의 한 종류로도 볼 수 있고, 《於》《較⋯爲⋯》는 차비이기는 하지만 상대적인 것으로, 특히 후자는 근세의 구어에 기초해서 만들어진 새로운 문어이다. 요약하면 고대어에는 현대어와 같은 명확한 절대적 차비는 존재하지 않았다고 말해도 과언이 아니다.

▌《更》

고대어에서 《更》은 《復》《再》의 뜻으로 같은 동작이 2번 되풀이되는 것을 의미한다. 그런 까닭에 동사의 수식어로서 사용된 것이며, 현대어와 같이 형용사를 수식하는 것이 아니다.

虞不臘矣；在此行也, 晉不更擧矣【左傳, 僖5】
(우나라는 납제를 지낼 일이 없을 것이다. 이번 출병하는 길에 우나라까지 멸망시키고, 진나라는 다시 출병할 일이 없을 것이다)

시대가 내려옴에 따라 《更》은 점층을 나타내어 '점점(더욱더)'라는 뜻으로 쓰이게 됐다.

卿更長進【世, 言語】(그대는 점점 진보됐다)
去之所以更遠【世, 德行】
(이곳을 떠나는 것은 더욱더 이곳이 멀어지는 까닭이다)
蟬噪林逾靜, 鳥鳴山更幽【梁, 王籍詩】
(매미가 분주히 울수록 숲은 더욱 적막하고, 새들이 울수록 산은 더 그윽하다)

284

이와 같이 《更》이 《遠》《幽》와 같은 형용사에 붙는 것은 점층인데도 비교의 어투가 생기기 쉽다. 따라서 두 의미의 구별은 문맥에 따를 때가 많고, 시간적으로 전후하는 2가지를 비교하면 점층이 되고 시간적인 것이 없으면 차비로 된다.

　任是深山更深處, 也應無計避征徭【杜荀鶴詩】

　(비록 심산보다 더 깊은 곳이라 해도 세금과 부역은 면할 길이 없으리라)

15.3.3 상대적 차비相對的差比

상대적 차비 중에서 단순히 'A는 B보다 ~하다'와 같은 것을 기본적인 것으로 한다. 이 밖에 이것에 절대적 차비를 병용한 것이나, 보어를 가지는 것 등이 있다. 상대적 차비에는 2가지의 어순이 있다.

　Ⓐ식　　A - 형용사 - 개사 - B

　Ⓑ식　　A - 개사 - B - 형용사

전자는 고대어에서의 어순이지만, 근세에서도 여전히 사용되고, 후자는 근세 이후에만 있는 것으로 현대어에서는 오로지 Ⓑ식을 사용한다.

Ⓐ식 (고대어식)

- 《於》를 사용하는 것.

고대부터 당나라·오대 무렵까지 사용된 것 같다.

　季氏富於周公【論, 先進】(季氏는 周公보다 더 부자였다)

　苛政猛於虎【禮記, 檀弓】(가혹한 정치는 호랑이보다도 더 무섭다)

　昔日貧於我【寒山詩】(옛날에는 나보다 더 가난했다)

- 《過》를 사용하는 것.

현재도 광시廣西 남부에서는 《金重過羽毛》(금은 깃털보다 무겁다)와 같은 어법이 있다고 한다. 고대어의 적절한 예는 보이지 않는다. 다음 같은 것은 약간 비슷하지만, 형용사 뒤에 사용된 것이 아니고, 이것을 비교구로 볼 수 있을지는 의심스럽다.

　　由也好勇過我【論, 公冶長】(由가 용맹을 좋아함은 나보다 더하다)

다음 예는 거의 비교 표현에 가까운 것으로 보아도 좋을 것이다.

　　貧於揚子兩三倍, 老過榮公六七年【白居易詩】

　　(揚子보다 2~3배 가난하고, 榮公보다 나이가 6~7세 많다)

　　直如富過石崇家, 誰免身爲墳下土【十二時 P.2714】

　　(비록 石崇보다 부자라 할지라도, 누가 무덤의 흙이 되는 것을 피할 수 있겠는가)

- 《如》를 사용하는 것.

《如》는 원래 동동사로서 유사를 나타내기 때문에 비교에 쓰이면 평비이다. 이것이 차비로 바뀐 것으로 근세에 많다. 당나라 때에 생긴 것으로 생각되지만, 평비와 구별이 되지 않는 것도 많다. 그러나 전술한 것처럼 평비에는 《如斗大》와 같은 어순이 생겼기 때문에 《大如斗》와 같은 것은 이것과 구별하여 차비로 사용된 것으로 생각된다.

　　雖然詩膽大如斗【陸龜蒙詩】

　　(詩膽은 한 말보다는 크지만. ※ 如는 一로 於를 만든다)

- 《似》를 사용하는 것.

　　本寺遠於日, 新詩高似雲【姚合詩】

　　(본사는 해보다 멀고, 새 시는 구름보다 높다)

　　更饒富似石崇家【十二時 P.2054, 前例의 異本】(가령 石崇보다 부자라도)

《似》를 쓰기 시작한 것은 당나라 때이며《如》보다 많이 사용한 것 같다.《如》와 같이 평비가 강조되어 차비로 된 것이라고 생각되지만, 이 경우《似》는 동동사에서 출발한 것이 아니라, 그것과는 별개의 조동사로서 형용사에 사용되면서 차비가 되고 뒤에《如》가 그것과 비슷하여 차비로 사용된 것인지도 모른다.

고대어에서는 차비에 부사나 보어를 병용했지만, 그 차가 어느 정도인지는 분명하지 않았다. 그러나 당나라 이후로는 이 차가 분명해졌으며, Ⓐ식 어순은 아직 충분히 발달하지 않았다. 부사를 취하는 예로는,

有狸迹, 尋之上屋, 其蹤稍大如馬【劉賓客嘉話錄】
(너구리의 발자취가 있어 옥상까지 가보니 족적은 말보다도 조금 더 컸다)
眼見的淚點兒更多如他那秋夜雨【瀟湘雨3】
(눈물이 가을밤의 비보다도 더 많다는 것은 확실하다)
你的更勝似我的【望江亭3】(당신의 것은 내 것보다 더욱 훌륭합니다)
那小厮好一身本事, 更强似我【合汗衫3】
(저 어린 스님은 참으로 대단한 솜씨로서, 나보다 더 강하다)

보어를 취하는 예로는,

貧於揚子兩三倍, 老過榮公六七年【白居易詩】
(揚子보다 2~3배 가난하고, 榮公보다 나이가 6~7세 많다)
小如員外三四十歲。【小夫人金錢贈年少, 警世通言】
(員外보다도 30~40세 젊다)

Ⓑ식 (현대어식)

Ⓑ식은 개사로써《比》를 사용했고, 그 어순도 Ⓐ식(고대어식)과는 다르다. 아마《比》가 원래 개사가 아니라 동사에서 시작된 것에서부터 생겨났을 것이다.《比》를 사용한 것은 당나라 때부터 보이나 '비교하다'

'본뜨다'의 뜻으로 생각되며, 이를 즉시 차비라고 하기에는 의심스럽다. 예를 들면,

若比李三猶自勝【白居易詩】(만약 李三에 비하면 아직 더 나은 편이다)

官職比君雖校小【白居易詩】(관직은 자네에 비하면 다소 아래지만)

와 같은 것은 아직 차비로 볼 수 없지만, 다음과 같은 것은 차비라 해도 무난할 것이다.

色比瓊漿猶嫩【郞士元詩】(색은 좋은 술보다 더욱 부드럽고)

當時心比金石堅【雲溪友議1所收詩】(그 당시 마음은 금석보다 더 굳었다)

《比》에 의한 비교구에 부사·조형사·보어를 써서 차비를 더욱 자세하게 표현하는 것은 백화白話의 특징이다.

▪ 부사를 병용하는 것.《還》《更》을 사용한다.

我這枝筆比刀子還快哩【救孝子2】(나의 이 붓은 칼보다 더 예리하다)

俺出家的…比你還受用哩【金安壽2】

(우리들 출가자는 … 너보다 훨씬 더 즐겁다)

你比我更傻【紅57】(너는 나보다 더 어리석다)

▪ 보어를 사용하는 것. 수사를 포함한 수량비교보어數量比較補語이다.

更比秋花冷淡些【蔣捷詞】(가을 피는 꽃보다 더 쓸쓸하다)

比梅花瘦幾分【程垓詞】(매화보다 얼마나 더 여위었는가)

你比那神仙多幾歲【城南柳2】(당신은 저 신선보다 나이가 몇 살 더 많은가)

比我舊腰身寬二分, 比我舊衣襟長三寸【誶范叔3】

(나의 원래 허리둘레보다 二分 넓고, 나의 원래 겉섶보다 세치 길다)

比你這淫婦好些兒【金24】(너같이 추녀보다 낫다)

288

只見那玉比先前昏暗了好些【紅95】

(그 옥은 전보다 색이 훨씬 어두워져 있었다)

15.3.4 절대적 극비絕對的極比

절대적 극비는 부사를 써서 표현하는데, 고금을 통해 어순에 변화는 없다.《最》가 고금을 통해 두루 쓰이고,《頂》은 현대어에 사용된다. 그리고 고대어의《尤》는 어투로는 극비로도 생각되지만, 근세에는 접미사《其》를 취한《尤其》와 같이《比》를 비교구에서도 사용하기 때문에 차비로도 볼 수 있다.

┃《最》

吳起與士卒最下者同衣食【史, 吳起列傳】

(吳起는 사졸의 가장 아랫사람과 의식을 같이했다)

高祖以蕭何功最盛, 封爲酇侯【史, 蕭何世家】

(高祖는 蕭何의 공이 가장 뛰어나 酇侯로 봉했다)

┃《頂》

星圖甚多, 只是難得似圓圖說得頂好【朱2】

(星圖는 대단히 많으나 圓圖가 가장 잘 설명하고 있어 이보다 나은 것이 없다)

我們這個船上, 有五個孩子, 頂好的有兩個。【品花寶鑑2】

(우리 이 배에는 5명의 소년이 있었는데 가장 좋은 아이가 2명 있었습니다)

《頂》은 원나라·명나라부터 청나라 전기까지의 자료에서는 전혀 없다고 해도 과언이 아니다. 아마 북방어北方語가 아니며, 청나라 후기에 북경어로 들어온 것으로 생각된다.

▎《尤》

《最》가 순수한 극비인데 비해, 《尤》는 극비로도 보이며, 혹은 강조된 차비일 수도 있다. 이는 고대어에서는 부사는 전부 《於》를 쓰는 비교구에는 사용하지 않았기 때문에 구의 구조를 보고 극비·차비를 구별하는 방법이 어려워, 순수하게 문장의 의미만으로 결정할 수밖에 없기 때문이다. 그 용례를 들면,

> 如大臣誅呂后時, 朱虛侯功尤大【史, 齊悼惠王世家】
>
> (처음 대신들이 呂后를 주살할 때, 朱虛侯의 공이 가장 컸다)
>
> 蒼本好書, 無所不觀, 無所不通, 而尤善律曆【史, 張丞相傳】
>
> (蒼은 원래 책을 좋아하고, 읽지 않은 것이 없고 통하지 않는 것이 없었으나, 특히 율력에 밝았다)

《尤》는 근세에서 《比》를 쓰는 비교구에 사용한다. 이러한 점을 근거하면, 특히 강조된 차비라고도 할 수 있다.

> 那婦人枕邊風月, 比娼妓尤甚【金6】
>
> (그 여인의 침방 행위는 창기보다 더 대단하다)

▎《尤其》

《尤》에 접미사 《其》가 붙어 이루어진 것이다.

> 樹枝上都像水洗過一番的, 尤其綠得可愛。【儒林外史1】
>
> (나뭇가지들은 모두 한번 물로 씻은 듯하고 유난히 사랑스러운 녹색이었다)
>
> 再講到你這塊石頭的情節, 不但可笑可憐, 尤其令人可惱。【兒5】
>
> (거듭 당신의 이 돌에 대한 이야기를 하면, 웃어야 할 만큼 가련할 뿐 아니라, 유난히 사람을 화나게 하는 것입니다)

《尤其》도 《比》를 쓴 비교구에 사용한다. 따라서 차비라고 해야 된다.

這河工…比地方官尤其難作。【兒1】

(이 黃河의 공사는 … 지방관보다 더욱 해내기 힘들다)

15.3.5 상대적 극비相對的極比

① 한정식限定式

절대적 극비는 부사적인 수식어가 선행하는 것으로, 고금을 통해 크게 문제되는 점은 없다. 예를 들면,

這一班學生裏面, 老趙最勤快。

(여기 한 조의 학생 중에서는 趙씨가 가장 성실하다)

諸子中, 勝最賢【史, 平原君列傳】(자식 중에서 勝이 제일 현명하다)

② 비한정식非限定式

이 표현법은 현대어 특유의 것으로 고대어에는 없다. 그 시작은 극히 새롭고 청나라 전기에서는 예를 들면,

這鳳姑娘年紀兒雖小, 行事兒比是人都大呢【紅6】

(여기 鳳아가씨는 나이는 적으나 하는 일은 누구보다도 확실합니다)

生日比別人都占先【紅62】(생일이 다른 사람보다도 가장 빠르다)

藥氣比一切的花香還香呢【紅51】

(약 냄새는 다른 어떤 꽃향기보다 더 좋은 향기가 납니다)

這是後纂的, 比一切的令都難。【紅62】

(이 책은 뒤에 편찬된 것으로 다른 어떤 슈보다도 어렵다)

위와 같이 《是人》《別人》《一切的令》 등은 넓게 일체를 가리키는 것을 사용하고 있으나, 의문대명사는 쓰지 않는다. 그러나 현대어에서는 주로 의문대명사를 써서,

他比誰都聰明。(그는 누구보다도 총명하다)

這個比哪個都好。(이것은 다른 어느 것보다도 좋다)

와 같이 말한다. 이는 의문이 임지任指(모든 대상을 임의로 가리킨다)로 전환하기 쉽기 때문에(예: 무엇→무엇이든지) 사용하게 되었을 것이다.

15.4 점층 표현漸層表現

점층은 때로 비교와 혼동되나 비교는 동일하게 두 물건을 비교하는 것으로 거기에 시간적 요소를 포함하지 않는다. 점층은 동일물, 또는 그에 준하는 것에 변이가 생겼을 때 상태를 비교하는 것이다. 따라서 술어는 형용사로만 제한하지 않고 동사일 때도 많으나, 여기서는 편의상 같이 언급하기로 한다. 점층구는 세 종류로 나눌 수 있다.

(1) 절대적인 것. 단순히 '점점'의 뜻을 나타내는 것에 지나지 않는다.
(2) 2가지 동작이나 사태가 비례적으로 이루어지는 것을 나타낸다. '~하면 ~할수록 ~하다'의 뜻.
(3) 시간을 나타내는 말이 사용된다. '날이 갈수록' 등.

15.4.1 절대적인 점층

고대어에서는 《益》《愈》《彌》 등을 중세에서는 《轉》을, 근세에서는 《越》《越發》《一發》 등을 사용한다. 현대에서는 이러한 것을 쓰지 않고 《越來越…》과 같은 형식을 따른다.

如水益深, 如火益熱, 亦運也已矣【孟, 梁惠王下】
(만약 물이 더 깊어지고 불이 더 뜨거워지면, 백성들은 돌아서고 도움을 다른 사람에게 요청할 것이다)

292

仰之彌高, 鑽之彌堅【論, 子罕】

(이것을 우러러 보면 더욱더 높고, 이것을 자르면 더욱더 굳어진다)

丞相逐發病死, 錯以比愈貴【史101】

(승상은 마침내 발병해서 사망하고 錯은 이것으로 더욱더 귀하고)

羌寇轉盛, 兵費日廣。【後漢書, 龐參傳】

(오랑캐와 도적이 더 번성하니 군사 경비는 날로 커지다)

以朱衣自拭, 色轉皎然【世, 容止】

(붉은 옷으로 손수 닦으니 색은 점점 더 희게 빛나고 있었다)

已曉得者越有滋味【朱10】

(이미 알고 있는 사람은 더욱 재미가 있다)

風浪越大了【楚昭公3】(풍랑이 더욱더 심해진다)

你看這老的越發老的糊突了【老生兒3】

(자, 이 노인은 나이를 먹을수록 더 노망했다)

出乖露醜, 一發不好【鴛鴦被1】(수치를 드러내어 더욱더 좋지 않다)

15.4.2 비례적인 점층

고대어에서는《愈》, 또는《逾》를 2번 쓰고, 근세에서는《越》을 2번 썼다. 다만 고대어에서는 사용하는 것이 적었다고 생각된다.

人有畏影惡迹而去之走者, 擧足愈數而迹愈多【莊子, 漁父】

(자신의 그림자를 두려워하고 족적을 미워하고, 이것을 피하려고 달아나는 자가 있었다. 그러나 발을 들어 올리는 횟수가 많을수록 족적도 많아졌다)

若只看仁字, 越看越不出【朱6】

(만일 仁이란 글자만을 보고 있으면, 보면 볼수록 그 뜻을 모르겠다)

可怎生越洗越眞了?【忍字記1】

(도대체 어떻게 씻으면 씻을수록 확실해지는가)

這妮子越打越不肯招【抱粧盒3】

(이 계집년은 때리면 때릴수록 자백하지 않는다)

你越叫, 我越打【金41】(네가 소리치면 소리칠수록 나는 때린다)

越大越沒規矩【紅20】(크면 클수록 예의가 나쁘다)

현대어에서는 종종,《越來越好》(점점 좋아졌다)처럼 쓰인다. 여기서 《來》는 단순히 시간의 경과만을 나타낼 뿐이며, 그 원뜻은 없어지고 있다. 이것은 의미로는 절대적인 점층이지만 비례적인 것에서 생겼다는 점은 말할 필요도 없다. 그 시작은 극히 새로운 것 같다.

15.4.3 시간을 나타내는 단어가 사용된 것

이 표현은 고금을 통해 아주 많이 변화했다. 먼저 가장 오래됐다고 생각되는 단순한 형식은 단순히 시간을 나타내는 명사를 부사적으로 사용한 것이다.

家日損, 身日危, 名日辱。【墨子, 所染】

(집은 날로 기울고 몸은 날로 위태롭고 이름은 날로 더럽혀지게 되다)

다시《益》을 병용하는 것도 보이고, 조금 뒤에는《益》대신에《以》《已》를 사용한 예도 있다.

法令誅罰, 日益刻深【史87, 李斯傳】(법령주벌이 날이 갈수록 심해지다)

由比驃騎日以親貴【史, 衛將軍驃騎列傳】

(이것으로 인해 驃騎는 날로 친해지고 귀하게 되었다)

相去日已遠, 衣帶日已緩【古詩19首】

(헤어진 날이 갈수록 멀어지고, 의대는 날이 갈수록 느슨해진다)

《日甚一日》(나날이 심해져 간다)와 같은 표현은 더 뒤에 생겼을 것으로 짐작된다.

堯戒曰 : 戰戰慄慄, 日愼一日【淮南子人間訓所引】
(堯가 훈계하였다. "두려워 떨면서 하루하루를 삼가라")

당나라 때가 되면 명사뿐 아니라 수사를 사용하는 표현이 생겼다.
雨滴草芽出, 一日長一日【孟郊詩】
(빗물이 뚝뚝 떨어져 풀의 싹이 트고, 나날이 더 자라고 있다)
容貌一日減一日【白居易詩】(용모가 나날이 수척해진다)

송나라 때가 되면《似》를 쓰게 되었는데 이 표현은 청나라 때까지 계속됐다.
君子上達, 一日長進似一日, 小人下達, 一日沉淪似一日【朱44】
(군자는 이치를 깨우쳐 날로 발전하고, 소인은 물욕에 얽매여 날로 타락한다)
不想他兩口兒患病, 一日重似一日【合同文字0】
(그런데 그 부부는 병에 걸려 날로 위중해졌다)
鳳姐寶玉果一日好似一日的【紅25】(鳳姐와 寶玉은 과연 나날이 좋아졌다)

『홍루몽』에서는 이와 같이《似》를 쓰는 것이 많으나 현대어식인《一天比一天好》와 같은 용법은 보이지 않는다. 당시는 현대어식 표현이 아직 없었던 것 같다. 이와 같이《比》를 사용하는 것은《似》를 사용하는 것과 어순이 다르다. 이것은 점층이 비교 표현의 응용이라는 점에 기인하지만,《似》를 그대로의 어순으로《比》와 바꿔 놓을 수는 없다. 예로 다음과 같은 것은 실재하는 언어에 근거한 것이 아니다.
中秋過後, 秋風是一天涼比一天【魯迅, 孔乙己】
(중추절이 지나가니 가을바람이 날로 차가워졌다)

295

16

동사動詞

16.1 접사接辭

16.1.1《打》

《打》는 말할 것도 없이 친다는 뜻이지만, 의미가 확대되어 널리 동작 일반에까지 사용되었다. 많이 쓰이게 된 것은 송나라 때이며, 송나라 사람들의 수필 등에는 구양수歐陽脩의 『귀전록歸田錄』을 비롯해《打》를 언급한 것이 많다. 그러나《打》가 그 뜻을 확대하는 경향은 당나라·오대부터 이미 보인다. 예를 들면 두보杜甫의 「관타어가觀打魚歌」가 있고, 더욱이,

鞦韆打困解羅裙【韓偓詩】
(그네를 타서 피곤하고 치마가 풀렸다)
尋常打酒醉【五言詩 P.3418】(항상 술을 사서 취해 있다)
桔橰打水聲嘎嘎【貫休詩】(두레박으로 물을 긷는 소리가 끽끽거린다)
六師强打精神【降魔變文, 胡氏藏】(六師는 억지로 기력을 냈다)
先須爲我打還京【施肩吾詩】(우선 나를 위해 還京의 曲을 춤추어야 한다)

와 같은 용례도 있다. 이와 같이 동사의《打》가 더욱 형식화되고, 원래 동사인 것에도 덧붙이게 되었다.

今日共師兄到此, 又只管打睡【祖7】
(오늘 사형과 함께 여기에 오면 또 졸기만 하고 있다)

이것은 오대五代의 예이지만, 이와 같은 접두사의 《打》는 송나라 때에 특히 발달했고, 《打量》(토지를 측정하다) 《打請》(받아들이다) 《打疊》(정리하다) 《打算》(계산하다) 《打扮》(분장하다) 《打聽》(듣다) 등 매우 많이 생겼다. 현대어에도 남아 있지만, 의미에 변화를 초래하고 있는 것도 많다. 《打》의 북경음은 근세음近世音, 소주음蘇州音은 중고음中古音의 계통이며, 모두 파독破讀을 갖지 않기 때문에 차자借字는 아니다. 《打》가 현대의 북경음처럼 발생하게 된 것은 늦어도 송나라 초까지는 내려가지 않는다.

16.1.2 《子》《兒》

동사접미사로서의 《子》《兒》는 《要子》《玩兒》에 한정된다. 전자는 원나라·명나라 때에, 후자는 청나라 때부터 널리 쓰였다.

> 且與你鬪三百合要子【楚昭公2】(어째든 너와 3백 번이나 싸우고 놀아주지)
> 只會玩兒, 全不像大人的樣子【紅89】
> (놀기만 해서는 전혀 어른의 모습이 아니다)

《等等兒》《坐坐兒》 등 동사의 중복형식에 《兒》를 쓰는 것에 대해서는 후술한다. 더구나 《着》《了》 등은 접미사가 아니라 조동사로 한다.

16.1.3 《見》

현대어에는 동사 《看》《聽》《聞》(냄새를 맡다)에 대응하는 비자의적인 동사 《看見》(눈에 띠다, 보이다) 《聽見》(들리다) 《聞見》(냄새를 맡다)가 있다. 이 《見》은 자의적인 동사를 비자의화하고 있는 접미사라고 할 수 있다. 또 이것이 완료의 한 종류라는 설도 있지만, 《看見》 등도 《看》과 같이 태조동사態助動詞를 쓸 수 있기 때문에 《見》이 붙은 것을 완료라고 하는 것은 적당치 않다. 이와 같은 《見》의 기원은 상당히 오래됐다. 가장 일찍 볼 수 있는 것은 《望見》이라는 말로, 옛날에는 『맹자』『전국책』

『사기』『논형論衡』『한서漢書』등에 보인다.

孟子自范之齊, 望見齊王之子【孟, 盡心上】

(맹자가 范에서 제나라 수도로 갔을 때 제나라 왕의 자식을 멀리서 보았다)

《見》의 이 같은 용법은 실은 동사의 연용連用에 지나지 않으며 아직 접미사가 된 것은 아니다. 시대를 거슬러 한위漢魏 이후, 《觀見》이라는 말이 많이 보이며 《觀見》이나 현대어에도 쓰이는 《遇見》《逢見》 등이 생겼다.

魏文帝嘗與陳思王植同輦出遊, 逢見兩牛在牆間鬪【世說, 廣記173引】

(위나라 文帝는 제멋대로 陳思王 植과 같은 마차로 놀러 나가고, 흙 담벼락 사이에서 싸우고 있는 두 필의 소를 만났다)

遇見一道人, 問所籤, 便釋然【世, 文學】

(승려 한 명을 만나 의문스런 부분을 물으니 석연해졌다)

《看見》도 같은 무렵부터 있었다.

賈女於靑璅中看見壽, 說之【世, 惑溺】

(賈의 딸이 장식 창문에서 韓壽를 보고 그를 좋아하게 됐다)

相師看見, 懷喜而言【賢遇經11】

(관상가는 이것을 보더니 기쁘게 말했다)

위의 말 가운데 《望見》《觀見》《看見》의 3가지는 《見》의 뒤뿐만 아니라, 《望》 등의 뒤에도 빈어를 취할 때가 있다. 그 때문에 《見》과 그 앞의 동사가 분리되어 버리는 예나, 《望》 등과 《見》과의 사이에 휴식지가 있었을 것으로 상상되는 예도 있다. 그러나 《觀見》《遇見》《逢見》은 그와 같은 것은 없다. 이것은 《觀》 등이 그 자체로서 비자의적이기 때문이다. 《見》이 시각에 관계있는 동사에 쓰인 예는 오래되었지만, 결국은 분명한 접미사라고는 할 수 없다. 이것이 청각에 쓰인 예가 생기고 비로소 확실하게 접미사화되었다고 할 수 있다.

> 我於彼聽見大師勸道俗, 但特金剛經一卷, 卽得見性, 直了成佛。【六祖壇經S.377】
>
> (나는 거기서 대사가 도속을 교화하는데, 단지 금강경 한 권을 지니면 바로 견성해서 성불할 수 있다고 설하는 것을 들었다)
>
> 傍人聽見時, 教我怎地做人!【陳可常端陽仙化, 警世通言】
>
> (다른 사람으로부터 들었다면 대할 면목이 없지 않은가)
>
> 聽見娘說, 便不往舖裏去【小夫人金錢贈年少, 警世通言】
>
> (모친이 그렇게 말한 것을 듣자 가게에 나오지 않게 되었다)

《聞》은 원래 《聽》에 대응하는 비자의적 동사이다. 그런데 이것이 같은 비자의적인 후각으로 변해서 사용됐다. 그 예는 옛날 한나라 때부터 보인다.

> 與善人居, 如入芝蘭之室, 久而不聞其香【孔子家語4, 六本, 또 說苑雜言】
>
> (선인과 있는 것은 지란이 있는 방으로 들어가는 것 같아 오래 지나면 그 향기를 맡을 수 없다)
>
> 譬如燒香 ; 雖人聞香, 香之燼矣【42章經】
>
> (예를 들면 향 피우는 것과 같은 것으로, 사람은 그 향기를 느끼지만 그 향기는 끝나버린다)

《聞》은 훨씬 더 시대가 흘러 명나라 때에 이르러 비로소 자의화恣意化됐다.

> 令左右 :「你聞他口裡!」那排軍聞了一聞, 稟道 :「沒酒氣」【金35】
>
> (좌우의 사람에게 "너, 이 녀석의 입 냄새를 맡아보아라"라고 명령했다. 그 군졸은 냄새를 한번 맡더니 술 냄새는 아니라고 아뢰었다)

《聞》이 자의화되자, 여기에 《見》을 붙여 비자의화하는 것이 널리 쓰이게 됐다.

> 只聞見一股幽香, 卻是從黛玉袖中發出【紅19】
>
> (黛玉의 소매에서 한 줄기의 좋은 향기가 나오는 것을 느꼈다)

16.2 중복형식

16.2.1 AA형

ⓐ 옛날에는 반복·지속을 나타냈지만, 운문 이외에는 쓰인 경우가 적다.

> 采采卷耳, 不盈頃筐【詩, 卷耳】(권이를 캐고 캐도 대바구니에 차지 않는다)
>
> 行行且止, 避驄馬御史【後漢書, 桓榮傳】
>
> (걷고 있는 자는 잠깐 멈추어 驄馬御史를 피하시오)
>
> 生人作死別, 恨恨那可論【古詩爲焦仲卿妻作】
>
> (살아 있는 자가 죽어서 이별하는 것이다. 원망스럽고 원망스러워서 좋은 모습도 없다)
>
> 黃雀得飛飛, 飛飛磨蒼天【野田黃雀行, 樂府詩集39】
>
> (참새는 날아갈 수 있고, 어디까지라도 날아서 창공에까지 닿았다)
>
> 高臺半行雲, 望望高不極【梁簡文帝詩】
>
> (높은 누각 반은 구름에 가려서, 바라보고 바라봐도 높이를 알 수 없네)
>
> 行行道轉遠, 去去情彌遲【劉宋, 謝惠連詩】
>
> (가도 가도 길은 더욱 멀고, 자꾸 멀리해도 정은 더욱더 무섭다)

또 『대학』의 《明明德》도 단옥재段玉裁에 의하면, 겹쳐진 말이기 때문에 반복을 나타낸다. 이 AA형이 반복·지속을 나타낸 하한은 명확하지 않지만, 송나라와 원나라에서는 이미 사용된 경우가 적었던 것 같다. 지금 원곡元曲에 보이는 것을 예로 들어본다.

這等哭哭到幾時?【青衫泪2】(언제까지 그렇게 울고만 있을 것인가)

心裏癢癢的好生想他【灰闌記1】

(마음속이 근질근질하게 그녀만을 생각하고 있다)

현대어에서도《癢癢》은 쓰고 있고, 또《謝謝》와 같은 것도 아마 반복을 나타낼 것이다.

ⓑ AA형은 현대어에서는 단시태短時態로서, 동작이 행해지는 시간이 짧은 것을 나타낸다. 이것은 동사를 중복시켜 그 사이에《一》을 쓰기 때문에 나온 것으로서,《一》을 생략함과 동시에 횟수를 나타내는 것이 없어진 것으로 생각된다. 동사를 중복시켜《一》을 끼워 넣는 것은 송나라 때부터 보인다.

試定精神看一看, 許多暗昧魍魅各自氷散瓦解【朱12】

(시험 삼아 정신을 가라앉혀 한번 보면, 많은 괴물은 제각기 소실되어 버린다)

却得程氏說出氣質來接一接, 便接得有首尾【朱4】

(그러나 程氏가 '기질'이라는 것을 설명하기 시작해서, 그것을 받아들인 덕택에 처음과 끝이 정리되었다)

이같이《一》이 생략되게 되었던 것은 아마 원나라 때로 생각된다. 송나라 때의 것으로 믿을 수 있는 것으로는 AA형의 단시태는 보이지 않는 것 같다.

相公在這裏坐坐不妨事【竹塢聽琴3】(도련님, 여기서 쉬어도 괜찮습니다)

也到員外家看看去【看錢奴2】(나도 員外의 집에 보러 가자)

到俺店肆中避避【看錢奴2】(우리들 가게로 피해 왔다)

301

婆婆, 這裏拜拜【老生兒3】(안주인, 여기를 봐주세요)

我開開這門【硃砂擔2】(나는 이 문을 열려고 한다)

이런 종류의 AA형 중복형식에는 접미사《兒》를 취하는 경우가 많다. 원곡元曲에서는《一》을 사용할 경우에는 뒤의 동사에《兒》를 취할 때가 있다. 예를 들면,

你與我告一告兒【金線池4】(당신이 나를 대신해서 사과해 주세요)

喒睡一睡兒咱【馮玉蘭1】(우리들은 잡시다)

이것은 두 번째의《告》나《睡》를 명사·양사처럼 의식해 명사접미사《兒》를 부가했던 것이지만,《一》을 쓰지 않는 경우는 원나라 때에는 아직《兒》를 붙이지 않았던 것 같다(위의 예 참조). 그러나 명나라·청나라 때에서는《一》을 쓰지 않는 경우에도《兒》를 쓰는 예가 보인다.

你救我救兒【金12】(당신이 나를 도와주세요)

大官人…不進裡面看他看兒【金15】

(주인은 … 안에 들어가 만나주지도 않는다)

『금병매사화』에서는 위의 예와 같이 보어로 쓰인 것에《兒》가 붙지만, 또 동사의 중복형식에 붙는 예도 있다.

你每且外邊候候兒【金15】(너희들 잠시 밖에서 기다려주게)

哥去到那裏略坐坐兒就來也罷【金21】

(형님, 저쪽으로 가서 잠시 얼굴을 보여주고 바로 와도 좋습니다)

단, 동사의 중복형식으로도《兒》를 사용하는 것은, 그것이 구말에 위치하고 빈어를 취하지 않을 때에 한한다. 청나라 때의 예에서는,

就在這裏和姐姐妹妹一處頑頑兒罷【紅8】(자, 여기서 자매들과 함께 노세요)

302

且略等等兒【紅8】(조금 기다려 주세요)

歇歇兒罷【紅82】(쉬세요)

ⓒ 강조를 위한 단순한 반복. 2개의 단술사구單術詞句로 이루어진 것으로 보아야 하며 중복형식은 아니다. 예를 들면《來! 來!》. 그러나 이것이 빠르게 발음되면 휴식지가 없어지고,《來來!》로 될 가능성이 있다. 명령에 많이 쓰이며, 중세에 있었다.

佛言, 止! 止!【中本起經】(부처님이 말씀하시기를, "멈춰라! 멈춰라!")

去! 去! 無可復用相報【世, 任誕】(가라! 가라! 답례 따위 필요 없는 짓이다)

이와 같은 명령의《看看》을 구말에 쓰는 경우도 있다. 예를 들면,

依實向我說看看【降魔變文, 胡氏藏】(있는 그대로 나에게 말해보세요)

동사의 AA형 중복형식은 현대어에서도 자주 명령에 쓰이지만, 이것은 단시태가 가진 어투의 완곡함을 빌린 것으로 본질적인 명령은 아니다.

16.2.2 ABAB형

ABAB형의 동사중복 형식은 AA형 ⓑ와 같은 단시태短時態로, 원래 2음절을 중복시킨 것이다. 그 성립과정이나 시기는 AA형 ⓑ와 같지만,《兒》를 취하지는 않는다.

累先生仔細用心, 與我叵背叵背【金12】

(선생님, 수고스럽지만 차근차근 조심해서 섞이지 않도록 해주세요)

你買分禮兒知謝知謝他, 方不失了人情【金13】

(당신이 한 세트의 선물을 사서 인사를 한다면, 의리를 거스르지 않고 사는 것입니다)

16.2.3 AABB형

고금을 통해 반복태反復態이다.

　《來來去去》(왔다리, 갔다리)

　《打打鬧鬧》(까불다가 떠들다가)

와 같은 것이다. 단, 고대의 예는 드물 뿐만 아니라 확실히 동사라고 말할 수 없는 것이 많다. 이것을 장사狀詞로 부르는 사람도 있다는 것은 앞에서 서술했다. 그러나 매우 드물게 동사와 같은 것도 있다.

　臣戰戰栗栗唯恐不終【史87李斯列傳】

　(신하는 전율하며 오직 끝나지 않은 것을 두려워한다)

이 말은,

　使民戰栗他【論, 八佾】(백성으로 하여금 전율시키게 하는 듯하다)

와 같이 쓰이기 때문에, 동사의 중복형식으로 보아도 좋을 것이다. 이런 종류가 증가했던 것은 근세이다. 약간 오래된 예로,

　溪山不必將錢買, 贏得來來去去看【杜荀鶴詩】

　(溪山은 돈으로 살 필요가 없다. 왔다 갔다 하면서 볼 수 있기 때문에)

　少刻身己都自恁地顚顚倒倒【朱11】

　(잠시 늘어진 버드나무 아래에서 소곤거리고 있다)

　在垂楊樹下遮遮掩掩【抱粧盒3】

　(늘어진 버드나무 아래에서 소곤거리고 있다)

　見母親哭哭啼啼【留鞋記3】(모친이 우는 것을 보면 …)

16.3 동동사同動詞

동동사는 일치一致·유사類似·인정認定·동일同一을 나타내는 것으로 구별된다(자립어가 아닌 것도 있지만 구별하는 것이 번거롭기 때문에 동동사로 취급한다). 현대어에 있는 예로,

[일치] 是

[유사] 像 , 好像, 似乎, 如同, 髣髴

[인정] 算, 算是

[동일] 等於

16.3.1 일치一致

고대어에서는 일치를 나타낼 때, 동동사를 쓰지 않기 때문에 단순한 등립적等立的인 연어連語가 일치를 나타내는 이유이다. 그러나 등립연어는 불명확하고 불안정하기 때문에 그대로 일치를 나타내는 경우에 사용되는 경우는 적으며, 어떠한 말을 보조적으로 사용해 의미를 명확하게 하는 것이 많다. 예를 들면,

彼丈夫也, 我丈夫也【孟, 滕文公上】(그도 대장부이고 나도 대장부이다)

仁人之安宅也, 義人之正路也【孟, 離婁上】

(仁은 사람의 안락한 집이며, 義는 사람의 바른 길이다)

와 같이 조사《也》를 사용해 판단하고 설명하는 어투를 나타낸다. 단, 이 경우에도《彼》《我》《仁》《義》등 주어 뒤에는 짧은 휴식지가 실제로는 필요했다고 짐작된다. 만약 단순한 휴식지로 주어를 표시하기에 부족하다고 생각된 경우에는 조사《者》가 쓰였다.

天下者, 高祖天下【史, 魏其列傳】(천하는 高祖의 천하이다)

《者》는 제시提示하는 기능이 있기 때문에 그것 자체로 그 앞의 말이 주어라는 것을 나타내고 있다. 요컨대 고대어의《也》나《者》는 현대어의 동동사《是》와는 같지 않다. 또 이렇게 해서 동동사가 쓰이지 않는 결과, 수식어인 부사가 피수식어 없이 쓰이는 경우로도 된다.

　　此必長沙王計也【史, 南越尉佗列傳】(이것은 반드시 長沙王의 계획이다)
　　相國, 丞相皆奏官【漢書, 百官公卿表】(상국, 승상은 모두 진나라의 관직이다)

　고대어에도《是》의 동동사와 유사한 용법이 없었던 것은 아니다. 예로,

　　富與貴, 是人之所欲也【論, 里仁】(富와 貴, 이것은 사람이 원하는 바다)
　　知之爲知之, 不知爲不知, 是知也【論, 爲政】
　　(아는 것을 안다고 하고 모르는 것을 모른다고 하는 것, 이것이 안다는 것이다)

　그러나 위와 같은《是》는 동동사가 아니며, 주어가 단일한 것이 아니기 때문에 그것을 받아서 재차 반복한 지시대명사에 지나지 않으며,《是》는 그 앞의 부분에 대한 동위어로 인정해야 한다. 왜냐하면 이와 같은《是》는 반드시 주어가 복잡한 경우로 한하며, 단일한 명사·대명사일 때에는《是》는 쓰지 않기 때문이다. 그러나《是》가 이와 같은 이유에서 쓰인다는 것이 잊혀지고, 주어가 단일한 말일 때도 역시 형식적으로《是》가 쓰이게 되었다. 여기서《是》자체에 일치를 나타내는 기능이 생겨 동동사가 된 것이다. 『사기』에는《是》를 동동사로 쓴 예가 약간 있다. 예를 들면,

　　此必是豫讓也【史, 刺客列傳】(이것은 반드시 豫讓이다)
　　此是家人言耳【史, 儒林列傳】(이것은 부하의 말일뿐)
　　客人不知其是商君也【史, 商君列傳】
　　(여관 사람은 그가 商君이라는 것을 몰랐다)

其是吾弟與【史, 刺客列傳】(그는 나의 동생일지도 모른다)

龜者是天下之寶也【史, 日者列傳, 褚先生補】(거북은 천하의 보물이다)

巫嫗弟子是女子也【史, 滑稽列傳, 褚先生補】(무구의 제자는 여자다)

후한後漢의 역경譯經에도 있지만 자료의 신빙성이 결여된 것이 많고, 문장에서도 널리 쓰이게 되었던 것은 위진 이후이다.

《是》가 동동사가 되자, 더욱더 여러 가지 역할을 떠맡았는데, 그중 하나로 원인을 나타내는 것이 있다. 예를 들면 현대어에서,

這完全是我不小心, 把工作搞壞了。

(이것은 완전히 나의 부주의로부터 공작을 실패했던 것이다)

이와 같은 《是》는 옛날부터 존재했다.

庾曰:「君復何憂慘而忽瘦?」伯仁曰:「吾無所憂, 直是清虛日來, 滓穢日去耳。」【世, 言語】

(庾가 말하였다. "너는 무엇을 걱정하여 갑자기 말랐는가?" 伯仁이 말하였다. "나는 걱정하는 것은 없지만 다만 청허함은 날로 쌓이고 더러움은 날로 사라지기 때문이겠지요")

司馬太傅問謝車騎:「惠子其書五車, 何以無一言入玄?」謝曰:「故當是其妙處不傳。」【世, 文學】

(司馬太傅가 謝車騎에게 물었다. "惠子는 그 저서가 수레로 다섯 대나 된다지만, 어찌하여 한 마디도 玄에 들어가는 것이 없는 것인가?" 謝가 말하였다. "원래 그 묘처는 전하지 않기 때문이지요")

《是》는 또,《是中國人都愛中國。》(대개 중국인은 모두 중국을 좋아한다)와 같이 일체의 것에 대해 말하는 경우가 있다. 이것은 동동사의 전용처럼 느껴지지만, 실은 지시대명사의 《是》가 범칭된 것이라고 말할 수 있다.

단, 그 뒤에《皆》《都》등이 없으면 이것을 단순한 근칭近稱으로 볼 수도 있기 때문에 혼동하기 쉽다. 예를 들면,

是處清暉滿【張九齡詩】(도처에 상쾌한 빛으로 가득 차 있다)

이것을 '이 곳~'으로 봐도 좋다.

園林是處總殘春【顧非熊詩】(원림은 모든 곳이 다 봄이 끝나갈 무렵이다)

《好是好…》라 해서 일단 인정하나 반전反轉하는 표현법은 명나라 때부터 볼 수 있다.

好是好, 只怕官人回來【古今小說 1, 珍珠衫】
(좋기는 좋지만, 남편이 돌아온다면 곤란합니다)

奴才說是說了, 還得太太告訴老太太, 想個萬全的主意纔好。【紅96】
(나는 할 말은 했습니다. 그러나 또 부인이 영감님에게 말씀하셔서 완전한 생각을 하셔야 됩니다)

그것보다도 옛날에는 고대어식으로《則》을 쓰던지 또는《卽》《便》을 사용했다. 또《是》를 함께 쓰는 것도 있다.

近則近, 遠則遠【祖11】(가깝다고 하면 가깝지만 멀다고 하면 멀다)

實卽實【祖11】(진짜인 것은 진짜다)

我醉則醉, 心上可明白【神奴兒2】(나는 취하긴 취했지만 정신은 말짱하다)

小官說則說, 則怕他不肯【金錢記2】
(제가 할 말은 했습니다만, 저 사람은 동의하지 않을 것입니다)

好便好, 只有三件事【古今小說15, 史弘肇】
(좋기는 좋지만, 그러나 세 가지 조건이 있다)

是便是了, 你且去叫他進來, 我們纔好吃【金54】
(좋은 것은 좋지만, 자네가 좀 가서 저 사람을 불러서 와준다면 마십시다)

好却是好【百回本水滸25】(좋은 것은 좋지만 …)

완곡하게, 그러나 처음부터 부정해 버리는《好是不好…》(좋다고 하는 것은 아니다, 좋을까 하는 핑계는 아니다)와 같은 것 역시 현대어에서 쓰인다. 예로,

錯是不錯【趙元任, 最後五分鐘】(그것은 그렇습니다[만])

이와 같은 표현법은 앞의 표현법의 변형일 것이다.

似則似, 是則不是【祖10】(닮은 건 닮았지만, 그런가 하면 그렇지 않다)

會卽不會, 疑卽不疑【祖3】

(이해한다고 하면 모르지만, 의심한다고 하면 의심할 이유도 없다)

像我這周長兄如此大才, 獃是不獃的了【儒林外史2】

(이 周씨와 같은 뛰어난 재주가 바보라는 것은 맞지 않습니다)

想來死是不死的【紅119】(생각건대 죽는 일은 없겠지요)

《是》의 부정否定은 현대어에서는《不是》이지만, 옛날에는 이외에도《非是》《未是》등도 쓰였다. 원래 고대어의《非》는《不是》에 해당하는 것이기 때문에 여기에 다시《是》를 붙여《非是》로 할 필요는 없겠지만, 《是》는 원래 대명사로서 부정에는《非》를 썼던 것이고, 동동사《是》에도《非》가 사용되었을 것이다. 즉,《非是》는《是》가 새로 획득한 동사성動詞性을 망각한 것에 근거한 일종의 오용誤用이라고도 말할 수 있다. 어느 것이 먼저인지는 단정 지을 수 없지만, 옛날에는《非是》가 먼저고《不是》는 늦게 생긴 것 같다. (18.6.2 현대어의 부정부사 참조)

此博掩子非是長者【生經1, 西晉笁法護譯】

(이 노름꾼의 아들은 맏아들이 아니다)

夫少單…非是輕狡不顧室家者也【三國志24, 高柔傳】

309

(남편은 젊을 때부터 혼자서 … 경박하고 가정을 돌보지 않는 자가 아니었습니다)

奈何相送者, 不是平生時【張九齡詩】

(유감스럽게도 이것을 보내는 것도 평소의 시간은 아니다)

《非是》와 《不是》는 의미적으로는 구별이 없어졌지만, 《未是》에는 시간적인 의미를 명확하게 품고 있으며 또 때때로 인정認定의 의미로도 바꾸기 쉽다.

聊持自娛樂, 未是鬪豪奢【陳, 張正見時】

(스스로 조금 즐겼을 뿐, 아직 호사를 겨룰 정도는 아니다)

16.3.2 유사類似

유사를 나타내는 고대어에는 《猶》《若》《如》《似》《類》 등을 쓰고, 현대어에서는 《像》《好像》《似乎》《如同》《髣髴》 등을 쓴다. 고대어의 《猶》는 《由》로도 쓰며, 부정의 의미를 갖지 않는다. 《若》《如》는 부정이 있지만, 그 경우에는 유사에서 전환하여 비교하는 의미를 가진다. 《似》에도 이런 경향이 있다.

文猶質也, 質猶文也【論, 顔淵】(文은 質과 같고, 質은 文과 같다)

民歸之由水之就下【孟, 梁惠王上】

(백성이 그에게 돌아가는 것이야말로 물이 아래로 흐르는 것 같다)

肌膚若冰雪, 綽約若處子【莊子, 逍遙遊】

(피부는 빙설과 같고 우아한 것은 처녀와 같다)

吾未見好德如好色者也【論, 子罕】

(나는 지금까지 덕을 즐기는 것을 색을 즐기는 것과 같이 여기는 자를 본 적이 없다)

子之哭也, 壹似重有憂者【禮記, 檀弓】

310

(그대의 곡소리는 하나같이 거듭 근심 있는 듯합니다)

臣觀吳王之色, 類有大憂【國語, 吳語】

(신, 吳왕의 얼굴색을 보니 큰 근심 있는 것 같고)

유사를 나타내는 동동사는 이에 호응하는 조사를 쓰는 것이 많다. 예로,

人之視己, 如見其肺肝然【大學】

(남이 나를 보는 것, 내 폐와 간을 보는 것과 같다)

善養生者, 若牧羊然【莊子, 達生】

(생을 잘 가꾸는 것은 양을 치는 것과 같다)

冷如鬼手馨【世, 忿狷】(유령의 손처럼 차갑다)

復有萬婆羅門, 皆如編髮等, 從四方境界來詣佛所而聽法【維摩詰經上支謙譯】(또 만 명의 바라문이 있고, 모두 머리를 땋은 것처럼 사방의 경계로부터 와서 부처님의 처소에 이르러 법문을 들었다)

他各各氣宇如王相似【祖6】(그들은 제각기 기개와 도량이 왕과 같았다)

이들 동동사는 그 사이에서 복합되어 중근세에서,

猶若　　猶如　　似若　　若似　　如似　　似類　　如類

와 같은 복합어를 만들고, 또 부사나 조동사와 복합되어,

恰如

恰似　　渾似　　欲似

와 같은 복합어를 만들었다. 현대어의 《如同》은 전자前者의 예이며, 《好像》은 후자後者의 예이다. 현대어에서 유사한 동동사로는,

▎《像》

方口含白齒, 唇像朱火明【成具光明定意經, 後漢支曜譯】

(方[芳?]口에는 하얀 이를 품고, 입술은 붉은 불과 같이 환하다)

其金剛乃頭圓像天【降魔變文, 胡氏藏】

(그 금강은 머리의 둥근 것이 하늘과 같이)

위의 예는 《像》의 용례로서 너무 옛날 것 같은 경향이 있고, 《像》이
많이 쓰이게 된 것은 원나라 때로 추정된다.

這一個像是好的【盆兒鬼3】(이것은 좋은 것 같다)

母親像有許的意思了【灰闌記0】

(모친은 허락하는 마음이 있는 것 같습니다)

《好像》은 《像》에 《好》라는 강조의 부사가 붙은 것이지만, 한 단어로
되어 있다고 봐도 좋을 것이다.

這一個走的好像俺哥哥張林【灰闌記3】

(이 사람이 걷는 모습은 형인 張林과 많이 닮았다)

公公好像一員官【金21】(시아버지는 관리인 것 같다)

▎《似乎》

《似》에 문어文語의 조사 《乎》가 붙은 것으로, 송나라 때부터 사용되
었다.

今二箇神似乎割據了兩川【朱3】

(지금 두 신은 四川 전부를 차지해 버린 것과 같다)

偸視俺小姐, 似乎不樂【㑳梅香1】

(몰래 우리 아가씨에게 신경을 쓰고 있으니 어쩐지 즐겁지 않은 것 같습니다)

不如這會子防避些, 似乎妥當【紅34】

(차라리 지금 주의하고 있는 편이 나은 것 같다)

《如同》

이것은 유사와 같이 중간에 있는 것이다. 당나라 때부터 쓰였다.

只隔門前水, 如同萬里餘【李洞詩】

(단지 문 앞의 물을 사이에 두고 있을 뿐인데, 만 리나 더 되는 것 같다)

二八如同雪【楊希道詩】(소녀는 눈과 같다)

《髣髴》

또《彷彿》등으로도 쓰였지만 예전에는 형용사·부사였다.

時髣髴以遙見兮【楚辭, 遠遊】(때로 아련히 아득하게 멀리 보인다)

山有小口, 髣髴若有光【桃花源記】

(산에 작은 구멍이 있고 아련하게 빛이 있는 것 같다)

髣髴似霞舒【竇洵直詩】(아련하게 안개가 길게 깔려 있는 것과 닮았다)

부사적으로 쓰인 위의 두 예는,《若》《似》라는 동동사를 수반하고 있다. 이와 같은 동동사가 쓰이지 않게 되자《髣髴》그 자체에 이와 같은 기능이 생겼기 때문에, 동동사로 인정하게 됐다.

髣髴曾相識【張喬詩】(예전부터 서로 안면이 있는 것 같다)

이처럼《髣髴》이《似》《若》으로 바꿔질 수 있는 용법이 생긴 때가 동동사로 된 시기라고 인정해야 할 것이다.

이들 현대어의 유사를 나타내는 동동사도, 이것에 호응하는 조사를 쓸 때가 있는 것은 고대어와 같다. 그 예를 약간 들어 둔다.

那眼腦恰像個賊也似的【合汗衫1】(저 눈은 마치 도적과 같다)

倒像拌嘴是的【紅73】(말다툼하고 있는 것 같다)

313

心中像澆了一盆冷水一般【紅57】(머리로부터 냉수를 뒤집어 쓴 것 같다)

見了他老子, 就像個避猫鼠兒一樣【紅25】

(부친을 보자 고양이를 피하는 쥐 같다)

見了我, 好像前世的寃家是的【紅88】(나를 보자 마치 전생의 원수같이 한다)

若打死一個人, 如同揑殺個蒼蠅相似【生金閣1】

(사람을 한 명 때려죽이더라도 파리를 비틀어 죽이는 것과 같다)

雖說是舅母家如同自己家一樣…【紅26】

(아주머니의 집은 자신의 집과 같다고 말하면서 …)

16.3.3 인정認定

고대어에서는 《爲》로 나타냈다. 단지 《爲》에는 변화나 취임就任(관직) 의 의미도 있다. 《爲》가 일치를 나타내는 용법은 이것들이 더욱 허화虛 化된 것이다. 현대어에서는 《算》《算是》를 쓴다. 또 의미상으로는 《算 作》도 같지만, 동동사라고는 하지 않는다.

就算你比世人好, 也不犯見一個打趣一個。【紅20】

(비록 당신이 누구보다도 훌륭하다고 하더라도 닥치는 대로 조롱하는 일은 없겠지요)

16.3.4 동일同一

《同》《等》《等於》 등을 쓴다. 《同》은 오래전부터 있었지만 형용사 처럼 쓰이는 것이 많았고 동동사로서는 당나라 무렵부터 쓰이게 된 것 같다.

筆似靑鸞, 人同白鶴【遊仙窟】

(붓은 파란 난새와 닮았고, 사람은 흰 학과 같다)

愚夫同瓦石【李白詩】(어리석은 남편은 기와돌과 같다)

《等》은 원래 등급等級·등류等類를 나타내는 명사이며, 그 뒤 같다는 의미가 생겼다. 단, 옛날에는 형용사였고 동동사는 아니다. 예를 들면,

　　與黃帝時等【史12, 李武本紀】(黃帝의 시기와 같다)
　　　　　·

이것이 동동사로 쓰인 예는,

　　無路請纓, 等終軍之弱冠【王勃, 滕王閣序】
　　　　　　　·
　　(갓끈을 청할 길이 없고, 終軍의 약관에 동등하다)
　　旣是了了見佛性, 合等於佛, 爲什摩却等文殊?【祖14】
　　　　　　　　　·　·　　　　·
　　(명백히 불성을 보는 것으로는 부처님과 같아야 할 것인데, 어째서 오히려 文殊와 같은가)

16.4 보동사補動詞

보동사는 동사 계열과 형용사 계열이 있다. 전자는 의미상으로 다음 다섯 종류로 나눌 수 있다.

(1) [가능] 能	能够	會	可以	得	耐	禁
(2) [의무·당연] 應當	該	該當	應該			
(3) [필요] 須	須要	要				
(4) [의욕] 肯	敢	願意	想	受	懶怠	
(5) [피동] 見						

필연·명령(금지)·추측·미래 등을 나타내는 것은 위의 용법이 확대된 것이다. 또 상단에서 하단으로 변한 것도 있다.

16.4.1 가능可能

┃《能》

고대부터 존재한다. 원래 능력이 있는 것을 말하지만, 현대에서는 사태事態의 가능성을 말하는 용법이 있다. 예를 들면,

怎麽能(어떻게 … 있을 수 있는가)

┃《能夠》

또 《能勾》《能彀》 등으로도 쓴다. 고대의 예로,

七日不食, 不能彀弓【漢書94上, 匈奴傳】

(7일간 먹지 않고 활을 당길 수는 없다)

에서 보이며, 《能彀》이 출전으로 되어있지만 아마 그렇지 않을 것이다.

要三個也不能勾【警世通言4, 拗相公飲恨半山堂】

(세 명이 필요하지만 안 됩니다)

不能勾相偎相傍【刎頸鴛鴦會, 淸平山堂話本】(서로 친하게 지낼 수가 없다)

我何日能勾相見也【薛仁貴2】(나는 언제 만날 수 있을까)

┃《能以》

의미는 대개 《能》과 같지만 순수한 보동사로서, 《能》과 같은 자립어는 아니다. 아마 《可以》《難以》의 유추에서 접미사 《以》가 붙었을 것이다.

你去了, 誰能以補呢?【紅62】

(당신이 가버린다면 누구에게 수선이 가능합니까)

316

▌《會》

후천적인 기능, 또는 시간의 경과에 따른 자연적인 실현·발생을 말할 경우에 쓰인다. 이와 같은 것만을 특별히 나타내는 말은 고대어에 없지만, 당나라 때가 되자 거의 이것에 해당하는 것으로 《解》가 쓰였다. 《會》는 원래 《領會》《會悟》의 의미이다.

> 洞山云 :「上坐還會摩?」師曰 :「不會。」【祖6】
>
> (洞山이 말했다. "상좌여 아는가?" 師가 말했다. "모릅니다")

송나라 때가 되면 이와 같은 '알다' 의미에서 '할 수 있다' 뜻의 동사로 바뀌고, 또한 보동사로서의 용법이 생겼다. 동사의 예로는,

> 我聞南朝人止會文章不會武藝【三4, 茅齋自叙】
>
> (나는, 송나라 사람은 문장만 가능할 뿐, 무예는 불가능하다고 듣고 있다)

보동사로서의 예로,

> 我從生來不會說脫空【三4, 燕雲奉使錄】
>
> (나는 태어나서부터 거짓말을 할 수 없었다)
>
> 至於獼猴…只不會說話而已【朱4】
>
> (원숭이에 이르러서는 단지 말을 할 수가 없을 뿐이다)

《會》가 자연적인 실현·발생을 나타내는 것으로서 사용된 것도 오래된 일이다.

> 天地會壞否?【朱1】(천지는 파괴될 때가 있습니까)

▌《可以》

고대어에는 원래 두 개의 말로, '~로 ~할 수가 있다'는 의미이다. 예를 들면,

滄浪之水淸兮, 可以濯吾纓；滄浪之水濁兮, 可以濯吾足。【楚辭, 漁父】

(滄浪의 물이 맑으면 그곳에서 내가 갓끈을 씻을 수 있다. 滄浪의 물이 탁
하면 그곳에서 발을 씻을 수 있다)

그러나《以》의 의미 대부분을 인정할 수 없는 것도 고대에 있다. 현대
어에서《可以》라고 할 때는 가능보다는 허용을 나타내며, '~해도 좋다,
지장이 없다'라는 뜻이다. 또는 완곡한 권유가 된다.

其家多什器, 可以假用【任氏傳】

(그 집은 도구가 많기 때문에 빌려 쓰기가 좋습니다)

楊家兩個孩兒成人長大, 可以着他親自當軍去【救孝子1】

(楊家의 두 자식은 장성했으니까, 그들 스스로 병역에 임하게 하는 것이 좋다)

太太不管, 奶奶可以主張了【紅15】

(太太가 말참견을 하지 않으시면 당신이 좋을 대로 하시면 됩니다)

▌《得》

현대어에는 de와 dei로 2가지 발음이 있으며, 의미와 용법도 다르기
때문에 두 개의 말처럼 보이지만, 원래는 하나의 말이다. de는 문어음文
語音, dei는 구어음口語音이다. 북경어에서는 이것을 구별해 쓰고 있다.

① de로 읽는 경우

가능可能이다. 현대어에서는 긍정으로도 쓰지만《不得》과 같이 부정
으로 쓸 때가 많았다. 그러나 동시에 문어적인 어기가 있다.《不得》의 경
우는 불가능으로 바뀌어 금지하는 의미도 된다. 이 용법도 상당히 예전
부터 볼 수 있다. 예를 들면,

說經者, 傳先師之言, 非從己出, 不得相讓【後漢書, 魯丕傳】

(경을 설하는 자는 선사의 말을 전하므로, 자신으로부터 나오는 것이

아니기 때문에 사양해서는 안 된다)

自非當世名人及與通家, 皆不得白【後漢書, 孔融傳】

(당대의 이름난 선비와 조상대부터 교제하고 있는 자 외에는 모두 거래해
서는 안 된다)

또 현대 북경어에서는 '충분히 ~할 수 있다' '자유롭게 ~할 수 있다'
'그 기회가 있다'라는 의미로도 쓰인다. 예를 들면,

一個人一桌菜, 眞得吃。

(혼자서 한 테이블의 요리라면 마음껏 먹을 수 있다)

이와 같은 용법은 북경어의 독특한 것이고, 청나라 때 이전으로 거슬
러 올라갈 수는 없다.

那一個主子不疼出力得用的人?【紅55】

(어떤 주인이 일 잘하고 도움이 되는 사람을 귀여워하지 않을 수가 있을까)

何况這話兩個人說又比一個人得說多了呢【兒30】

(더구나 이 이야기는 두 사람이 말하는 편이 한 사람이 말하는 것보다 훨씬
더 생각한 대로 말할 수 있습니다)

② dei로 읽는 경우

《得》을 dei로 읽는 경우는 필요(명령), 또는 필연을 나타낸다. 아마도
가능의 의미에서 파생되었을 것이다. 즉, 《不得》에 금지의 용법이 있다
는 것은 이미 서술했지만, 그 긍정이 필요(명령)으로 된 이유이다. 단, 금
지의 《不得》보다는 시대가 흐른 것 같다.

陛下只得敬法重人, 不可輕人慢法【歷代法寶記, 上】

(폐하는 법을 공경하는 사람을 중하게 여겨야 하며, 사람을 가볍게 여기며
법을 얕보아서는 안 됩니다)

《必然》을 나타내는 것도 가능의 의미에서 바뀐 것이다. 오래된 예로,

　目連雖是聖人, 亦得魂驚膽破【目連變文 S.2614】

　(目連은 성인이라고는 하지만, 역시 놀라 떨지 않을 수가 없었다)

　dei는 또 보동사나 부사와 복합해《須得》《必得》《總得》등으로도 쓰인다. 단,《必得》《總得》의 옛날 용법은 가능을 나타내며, 필요를 나타내지는 않는다.《須得》이 필요를 나타내는 것은《須》가 원래 필요를 나타내기 때문에, 이 경우의《得》은 오히려 접미사화됐다고 할 수 있다.

　須得對面試練, 然可定其是非【降魔變文, 胡氏藏】

　(얼굴을 맞대고 시련해서, 비로소 그 시비를 결정할 수가 있다)

　這個必得我親身取去【紅64】

　(이것은 아무리 해도 내가 스스로 잡으러 가야 합니다)

　你能總得還個價兒【品3】(당신이 어떻게 좀 값을 매겨주십시오)

▌《耐》

　'~을 견디다'의 의미이다.《耐燒》(높은 열에도 타거나 녹지 않고 잘 견디다)《耐用》(장시간의 사용에도 잘 견디다)와 같은 용법이다. 고대에 보이는 용례는 명사나 형용사의 앞에 붙으며, 현대어에 있는 용법과는 조금 다른데, 이것을 동사로 인정하는 편이 적당할 것 같다. 예를 들면,

　心不耐煩【魏嵇康, 與山巨源絶交書】(마음으로 그 괴로움을 참지 못하고)

　靑女素娥俱耐冷【李商隱詩】(靑女와 素娥 함께 추위를 견디다)

　근세에 있어서 보동사로서의 예로,

　你是城樓子上雀兒, 好耐驚耐怕的蟲蟻兒【金24】

　(당신은 성의 지붕의 참새, 어찌 그렇게 뻔뻔스러운 벌레이지요)

　況自你這蜜褐色挑繡裙子不耐汚【金40】

320

(더구나 당신의 이 연노랑색 수를 놓은 치마는 더러워지기 쉽다)

▌《禁》

'참는다'는 의미로 음평陰平으로 읽는다. 금지의 의미가 소극적으로 변해서 참는다는 의미를 나타내게 된 것 같다. 동사의 예는 옛날에는,

白髮好禁春【杜甫詩】(백발은 봄에 잘 견딘다)

年老不禁寒【白居易詩】(늙어서 추위에 견디지 못하고)

근세에서 보동사의 예로는,

這石榴紅綾最不禁染【紅62】(이 석류처럼 붉은 무늬는 얼룩이 지면 끝장이다)

16.4.2 의무義務·당연當然

▌《當》

고대어에서 널리 쓰였지만 현대어에서는 이 한 글자로는 쓰지 않는다.

▌《應》

이 말은 《當》보다는 조금 늦게, 옛날에는 적게, 후한後漢 이후 많이 쓰이게 되었다. 예를 들면,

語朋友邪, 應有切磋【馬援與楊廣書, 後漢書馬援傳】

(친구라고 말하는 데는 갈고 닦는 바가 있어야 한다)

《應》은 또 옛날에는 추량推量에도 사용했다. 그 예로,

今殿前之氣, 應爲虹蜺【後漢書, 楊賜傳】

(지금 殿前의 기운이 아마도 무지개가 된 것이지요)

321

公亦應不忘司馬之言【南史, 宋武帝紀】

(公도 또한 司馬의 말을 잊지 않았을 것이다)

《應》이나 《當》이 현대어에서 쓰이지 않게 된 대신에, 《應當》이 지금 쓰이고 있다. 그러나 이 말도 남북조南北朝 무렵부터 사용됐다.

我初生時, 手把針藥囊, 是應當爲醫也【柰女祇域因緣經】

(내가 태어났을 때 손에는 침과 약주머니를 가지고 있었는데, 이는 의사가 되어야 함을 의미한다)

一切皆悉應當如此【過去現在因果經2】(일체는 모두 이와 같이 해야 한다)

▌《該》

이 보동사는 '~해당한다'는 의미의 동사에서 변한 것으로, 원나라 때부터 사용되었을 것으로 생각된다.

本利該還他二十兩【竇娥冤1】

(본전과 이자를 합쳐서 그에게 스무 냥을 갚아야 한다)

不是我, 你就不該隨順他了【鴛鴦被3】

(내가 아니면, 시키는 대로 해서는 안 된다)

▌《該當》

那廝殺你便該當【金25】(저 녀석이 당신을 죽이는 것은 당연하다)

該當早些起來【紅22】(조금 빨리 일어나지 않으면 안 된다)

▌《應該》

也是應該避嫌疑的【紅78】(역시 혐의를 피해야 한다)

322

16.4.3 필요必要

┃《須》

고대에서는 드물고 위진魏晉 이후에 쓰이게 됐다. 예를 들면,

此小事, 何須關大將軍【漢書, 98元后傳】

(이 작은 일을 어째서 대장군에게 말할 필요가 있을까)

適有事務, 須自經營【鍵, 應璩, 與滿公琰書】

(가끔 일이 있고 스스로 해야 한다)

《須》는 현대어에는 쓰지 않게 되었고,《須得》《須要》등으로 말한다.
《須要》는 당나라 이후에 쓰게 되었다. 예를 들어,

須要及冰未合時前各到所在【會昌一品集14】

(얼음이 아직 합쳐지지 않는 동안에 제각기 그 있는 곳에 도달하는 것이 필
요하다)

須要穿來籬外生【宋, 楊萬里詩】

([구멍을] 뚫고 울타리 밖에서 자라는 것이 필요하다)

┃《要》

《要》에 대해서는 아직 불명확한 점이 있다.『광운廣韻』에 의하면, 이
글자에는 평성平聲(宵韻), 거성去聲(笑韻)의 두 소리가 있으며, 일반적으
로 평성의 경우에는 요구하는 것, 거성의 경우에는 요약이나 '반드시'의
의미이다. 보동사《要》는 요구하는 의미에서 나온 것 같으며, 그렇다면
평성으로 읽어야 한다. 혹은《要》는 반드시의 의미를 뺀 것으로,《要當》
《要須》와 같이 원래 보동사인 것에《必》의 의미인《要》가 붙어서, 결국
에는 주객이 전도되어《當》이나《須》가 없어도《要》만으로 그 뜻을 나
타내게 된 것인지도 모른다. 그 예로,

男兒要當死於邊野, 以馬革裏屍還葬耳【後漢書, 馬援傳】
(남자가 들판에서 죽어, 말가죽으로 시체를 싸서 돌아와 매장되어야 한다)

作猛獸要須成斑【隋書, 梁士彦傳】(맹수라면 반드시 얼룩이 필요하다)

《要》자체가 필요, 또는 의욕을 나타내는 보동사로서의 용법은 당나라 무렵부터 볼 수 있다.

要語連夜語, 須眼終日眼【白居易詩】
(말하고 싶을 때는 매일 밤 말하고, 자고 싶을 때는 종일이라도 잔다)

吾要採訪民間風俗事【中朝故事】(나는 민간 풍속을 채방하려고 한다)

要知要知【維摩變文, 光字94】(알지 않으면 안 된다, 알지 않으면 안 된다)

大王兮要禮仙人【法華經變文 P.2305】(대왕이여, 신선에게 예배해야 한다)

《要》는 단순히 미래를 나타내는 용법이다. 예를 들면 현대어에서 《天要下雨了》(비가 올 것 같다)와 같은 것은, 더욱더 시대가 지나서 생긴 것으로 송나라·원나라 이후에 볼 수 있다. 예를 들면,

到工夫要斷絶處, 又更增工夫, 著力不放令倒…【朱8】
(노력이 단절될 듯한 곳에 이르면, 다시 노력을 더 하고 힘을 들이고 해서 쓰러지지 않도록 하다)

人要死了, 你們還只管議論他【紅114】
(사람이 죽을 것 같은데도 당신은 여전히 자꾸 저 사람 일을 이러니저러니 말합니까)

《要》에 이러한 용법이 있는 것은 《欲》에 의욕과 미래가 있는 것과 궤를 같이한다. 아마도 《欲》에서 유추된 것일 것이다.

324

16.4.4 의욕意慾

┃《肯》

고대어에도 있었던 것은 말할 필요도 없다. 청나라 초의 북경어에는 '자주 ~한다'는 의미로 쓰였고, 전혀 의지意志와는 관계가 없는 용법이 있다. 예를 들면,

> 春天凡有殘疾的人肯犯病【紅57】
> (봄에는 대개 병 기운이 있는 사람은 자주 병이 난다)

┃《敢》

고대어에서 사용되었다. 오대五代 무렵부터 근세까지 추량推量으로 쓰이는 경우도 있었지만 현대어에서는 이 용법은 쓰이지 않게 되었다. 오래된 예로,

> 雖是後生, 敢有彫琢之分【祖6】(젊지만 장래성이 있는 것 같다)

┃《欲》

고대어에 있고, 현재에는 쓰이지 않게 되었다. 그러나 중세부터 근세까지 복음절어複音節語를 만들어 조동사로써 많이 쓰였다. 예를 들면《欲得》《欲要》《欲待》《欲擬》《欲願》《意欲》등 많다.

《欲》에는 의지와 관계없이 단순한 미래를 나타내는 경우가 있지만, 이것은 약간 시대가 흐른 것 같다. 오래된 예로,

> 朱儒飽欲死, 臣朔飢欲死【漢書, 東方朔傳】
> (朱儒는 포식하여 죽을 것 같지만, 신 朔은 굶어서 죽을 것 같습니다)

┃《願》

고대어에는 사용했지만 현재는 쓰지 않는다. 중세·근세에서는《願得》

《情願》등이 쓰였으며, 지금은 대개《願意》가 사용된다.

▌《情願》

《情願》의《情》은 '마음에서'라는 의미이지만 그 의미를 잃고 접두사
처럼 됐다.

情願替孃孃長受苦【目連變文, 麗字八五號】

(어머니 대신에 언제까지나 고통받기를 진심으로 바란다)

▌《願意》

이 말은 새로운 것 같고, 청나라가 되어서야 비로소 볼 수 있다.

誰願意穿這垈?【紅31】(누가 이렇게 많이 입고 싶어 하는 것입니까)

我也願意跟了四姑娘去修行【紅118】

(나도 넷째 아가씨를 따라 수업하러 가고 싶다고 생각합니다)

▌《愛》

愛聽松風且高臥【李白詩】

(솔바람을 듣는 것이 좋아서 어쨌든 세속을 떠나서 살고 있다)

愛詠閒詩好聽琴【白居易詩】

(한가한 시 읊는 것을 좋아하고 거문고 듣는 것을 즐긴다)

《愛》가 의욕과는 관계없이, 단지《常》《頻》의 의미로서 쓰이는 경우
가 있다. 이것은 전술의《肯》과 그 궤를 같이 한다.

時時愛被翁婆怪, 往往頻遭伯叔眞【父母恩重經變文 P.2418】

(때때로 자주 시아버지와 시어머니에게 나쁘게 보여, 종종 남편의 형제에
게 꾸중을 듣는다)

▌《懶待》

또《懶得》《懶怠》로도 쓸 수 있다.

打開只吃了兩鍾兒就懶待吃了【金34】

(열어서 두세 잔 마신다면 더 마시고 싶지 않게 됩니다)

到下半日就懶怠動了, 話也懶怠說【紅10】

(오후가 되면 움직이는 것이 귀찮아져, 말도 하고 싶지 않습니다)

16.4.5 피동被動

피동에 쓰이는 보동사로서 순수한 것은《見》뿐이다. 고대어에서는 보동사로서 널리 쓰였지만, 현대어에서는 점점 쇠퇴하여 용법이 국한되어 버렸다. 즉,

見怪(수상하게 여기다)

見笑(우습게 여기다)

와 같이 극히 소수의 동사에 붙어 접두사화되어 있다. 요컨대 고대어가 약간 문어적으로 잔류하고 있는데 그친다. 피동은 또 겸어동사《被》로도 나타낼 수 있다. 즉《被》는,

被打(맞다)

被罵(매도당하다)

와 같이 쓰이는 경우가 있다. 이 경우의《被》는 이것을 보동사로 볼 수도 있지만,《被》와《見》과는 다르다.《被》는,

被他打

被別人罵

와 같이 이것을 피동구로 할 수가 있다. 그러나《見》은 피동구로 쓸 수

가 없다. 또한 피동은 아니지만《叫》《使》와 같이 사역으로 쓰는 겸어동사도, 예전에는 보동사처럼 사용하는 경우가 있었다. 즉,

　　家有一李樹, 結子殊好；母恒使守之。【世, 德行】

　　(집에 자두나무 한 그루가 있어 정말로 아름답게 열매를 맺었다, 어머니는 언제나 이 나무를 소중히 여기게 했다)

　　遂奪了馬, 交行來。【三162, 紹興甲寅通和錄】

　　(마침내 말을 빼앗아 걸어서 오게 했다)

　　讀書無疑者須敎有疑【朱11】

　　(책을 읽고 의문이 생기지 않는 것은 의문을 갖게 하지 않으면 안 된다)

16.4.6 난이難易·적부適否

형용사 중 어떤 것은 자주 보동사로서 쓰인다. 어려움과 쉬움, 적당과 부적당을 나타내는 것에 한한다(이것을 형용사의 특수용법으로 볼 수도 있지만, 의미 변화가 심한 것이 있을 뿐만 아니라, 형용사로서 사용할 수 없는 순수한 보동사도 있다).

▎《難》

고대로부터 있었다. 예를 들면,

　　敢問何謂浩然之氣? 曰：難言也【孟, 公孫丑上】

　　("감히 여쭙겠습니다만 호연지기란 무엇을 말하는 것입니까?" 대답하기를, "그것은 말하기 어렵다")

▎《難以》

의미는 대개《難》과 같지만 이 말은 순수한 보동사이다. 이《以》는 접미사로서,《可以》《足以》등에서 유추해 붙여진 것으로 생각된다.

　　師平生苦節苦行, 難以喩言【祖14】

(스승의 평상시 고절고행은 비유할 수가 없다)

山後地土雖係所許, 難以便行交割【三19, 茅齋自叙】

(산 뒤의 토지는 떼어주는 것을 허락했지만, 즉시 인도하는 것은 어렵다)

你兄弟難以認他【漁樵記4】(나는 그를 인정할 수만은 없습니다)

這件事不明白, 難以對理【百回本水滸26】

(이 일은 분명하지 않아 처리하기 어렵다)

我又受主子家的恩典, 難以從死。【紅118】

(저는 또 주인의 은혜를 입고 있기 때문에, 따라 죽는 것은 어려웠습니다)

《容易》

'~하기 쉽다'는 것. 또 부사로도 취급된다.

斷雲夢, 容易驚殘【高觀國詞】(조각구름의 꿈은 깨기 쉽다)

容易醫他【朴通事上】(쉽게 치료합니다)

《好》

적당·용이한 것을 나타낸다. 예전에는 완곡하게 의무·당연을 나타낸 것 같다.

盛德烈壯, 好建功勳。【三國志9引 魏末傳】

(盛德烈壯이면서, 공훈을 세우기에 좋다[세워야 한다])

적당하다는 것을 나타내는 용례는 당나라 때부터 생겼다.

何處好追涼【白居易詩】

(시원한 곳은 어디가 좋을까)

嘉陵江近好遊春【白居易詩】(嘉陵江이 가깝고 봄놀이하기에 좋다)

적당하다는 의미에서 나와 숙어처럼 된 예로는,

大有好笑事【寒山詩】(우스운 일이 많이 있다)

這個人不好惹【硃砂擔1】(이 사람은 무심코 화나게 하지 않는다)

打着了不好看【楊溫攔路虎傳】(맞부딪히면 모양새가 좋지 않다)

앞의 句를 받아서 약간 연사적連詞的으로 쓰는 것으로는,

你說是什麼人, 我好渡你。【伍員吹簫2】

(당신이 어떤 사람인지 말해주십시오, 건네드릴 테니까)

你畫與我個字兒, 我明日好討【勘頭巾3】

(내가 후일 청구할 수 있도록 공증문서에 싸인해 주게)

이와 같은 《好》는 의미적으로 《以便》에 해당하지만 어순은 같지 않다.

16.5 복합동사(사성·결과) 複合動詞(使成·結果)

복합동사 가운데 행위와 그 결과를 동시에 표현한 것이 있다. 그 앞의 말은 동사이지만, 뒤의 말은 자동사인 경우와 형용사인 경우가 있다. 예로 아래와 같은 것은 그 뒤의 말 《倒》가 자동사이고,

打倒

推倒

拉倒

아래와 같은 것은 그 뒤의 말 《好》는 형용사이다.

寫好

學好

辦好

330

이 구별은 반드시 명확하지 않은 점이 있지만, 여기에서 전자를 **사성복합동사**, 후자를 **결과복합동사**라고 부른다. 이 종류의 복합동사는 복합의 방법이 반드시 충분하지 않기 때문에, 그 뒤의 말을 보어로 한다는 설도 있다. 그러나 보어로 삼는 것은 조금 적절하지 않은 것으로 이 책에서는 이것을 복합동사로 한다. 이 복합동사 두 종류는 고대어에서는 존재하지 않고, 현대어의 특징을 이루는 것으로도 말할 수 있다.

현대어의 동사는 자동·타동의 구별이 상당히 분명하며, 또 모두 중성적이며 이것을 사역적으로 쓰는 것은 예외다. 그런데 고대어에서는 중성적 동사를 사역적으로, 또 자동사를 타동사로, 형용사를 동사로 전환하는 것이 비교적 자유롭게 행해졌다. 예를 들면,

儀封人請見, 曰 :「君子之至於斯也, 吾未嘗不得見也。」從者見之。【論, 八佾】

(儀의 封人이 공자와 만나기를 청하며 말하였다. "현자가 여기에 오셨을 때, 나는 뵙지 못했던 적이 없습니다." 종자는 이 사람을 [공자와] 만나게 했다)

止子路宿, 殺雞爲黍, 而食之, 見其二子焉【論, 微子】

(子路를 멈춰서 머물게 하고, 맛있는 요리를 만들어 그에게 먹이고, 그의 아이 두 명을 [子路에게] 만나게 했다)

已而見之, 坐之堂下, 賜僕妾之食【史, 張儀列傳】

(그를 만난 뒤 그를 사당 밑에 앉히고, 하인에게 먹이는 음식을 주셨다)

且王之所求者, 鬪晉楚也【史, 越王勾踐世家】

(한편 왕을 구하는 것은 진나라와 초나라를 다투게 하는 것이다)

將尉醉, 廣故數言欲亡, 忿恚尉, 令辱之, 以激怒其衆【史, 陳涉世家】

(將尉가 취하자[?] 廣은 일부러 여러 번 '너는 도망가려고 하고 있다'고 말해 尉가 화나서 廣을 욕보이게 하여, 그 무리를 격노시켰다)

李斯因說秦王, 請先取韓, 以恐他國【史, 秦始皇本紀】

(李斯는 그곳에서 진나라 왕을 설득하여, 우선 한나라를 취하여 그 외의 나

라를 두려워하게 할 것을 청했다)

乃與趙衰等謀, 醉重耳【史, 晉世家】

(그곳에서 趙衰 등과 모의하여 重耳를 취하게 했다)

登子反之牀, 起之【左傳, 宣15】

([華元]은 子反의 평상에 올라, 그를 일으켜 세웠다)

小子鳴鼓而攻之可也【論, 先進】(너희들은 북을 울려 공격해도 좋다)

項王東擊破之, 走彭越【史, 項羽本紀】

(項王은 동쪽으로 향하여 이것을 격파하고, 彭越을 달아나게 했다)

　이상은 동사의 예이지만, 사역과 타동과의 구별이 되지 않는 것이 많다. 대개 문맥으로 판단해 동작과 그 주체와의 관계가 직접적인 것은 타동의 경향이며, 그 관계가 간접적인 것은 사역처럼 취급된다고 하는 정도이다.

　형용사의 경우에도 두 종류가 있다. 그 하나는 전환·개변改變을 나타내는 것으로, 사역적, 또는 타동의 어기가 강하다.

人絜己以進【論, 述而】

(사람이 자기 자신을 깨끗하게 함으로써 나아간다면 …)

夫子欲寡其過而未能也【論, 憲問】

(공자는 그 실수를 적게 하려는 것도 할 수 없다)

匠人斲而小之【孟, 梁惠王下】(목수가 깎아서 이것을 작게 했다)

王請大之【〃】(왕이시여, 어떻게든 이것을 크게 해주십시오)

　이것은 형용사를 동사적으로 쓴 것이지만, 빈어에는 대명사를 쓰는 경향이 강하다. 이것은 형용사는 수식 기능이 강하기 때문에, 명사로는 의미의 불명확을 일으킬 수가 있다는 점에 기인한다. 또한 형용사에는 이 외에 인정하는 경우가 있다. 예를 들면,

非富天下也【孟, 滕文公下】(천하를 넓히기 위해서가 아니다)

登太山而小天下【孟, 盡心上】(泰山에 올라 천하를 작다고 여겼다)

叟不遠千里而來【孟, 梁惠王下】(선생은 천 리를 멀다하지 않고 오셨다)

이상 서너 종류의 고대어 동사의 용법은, 일부를 제외하고 현대어에는 전해지지 않았다. 그러나 현대어에는, 거의 이것에 해당하는 다음과 같은 표현이 있다:

고대어		현대어	
중성中性 → 사역	食之	사역구	叫他吃
자동 → 타동	起之	사성복합동사	拉起
形 → 動(전환, 개변)	潔之	결과복합동사	弄乾淨
形 → 動(인정)	小天下	(처치구의 일종)	把天下認做小的

위에서 사역구使役句는 고대어에도 존재한다. 현대어에서는 사역을 나타낼 때 사역구에 따르지만, 드물게는 고대어처럼 동사를 사역화할 수가 있다.

16.5.1 사성복합동사使成複合動詞

고대어에는 자동·타동을 양용兩用하는 동사가 많다는 것은 이미 기술했다. 그런데 시대가 흐르면서 양용하는 것이 자동으로 고정되는 경향을 나타냈다. 그런 까닭에 고대어에서 타동의 기능을 계승한 것으로 사성복합동사가 필요하게 됐다. 현대어의 어감으로 보아, 사성복합동사와 유사한 것은 상당히 오래전부터 있었다. 예를 들면,

若火之燎于原 ; 不可嚮邇, 其猶可撲滅【尙書, 盤庚】

(불이 벌판에서 타는 것 같다. 이를 향해 접근할 수는 없지만, 오히려 박멸할 수 있다)

와 같이 332쪽 『사기』「항우본기」의 예문 속 《擊破》가 이것이지만, 언뜻 보기에 이것이 사성복합동사처럼 느껴지는 것은, 현대어에서는 《滅》《破》가 자동사적 경향이 강하기 때문이다. 그런데 《滅》《破》는 고대어에서는 타동으로 쓰였다. 그런 까닭에 이 예의 《撲滅》《擊破》는 등립적等立的인 복합동사로 인정해야 하며, 사성복합동사로는 인정할 수 없다. 이렇게 해서 완전히 같은 말이 고대어에서는 사성복합동사가 아닌데, 현대어에서는 사성복합동사가 된다. 사성복합동사가 생긴 시기를 정하기는 이와 같이 곤란한 점이 있지만, 어쨌든 이 형식이 많이 생긴 것은 당나라 때이며, 또 그 무렵 양용하는 동사는 이미 자동으로 고정되고 있는 중이었다고 볼 수 있기 때문에, 사성복합동사는 늦어도 당나라 때 생겼던 것으로 인정된다.

또한 이 외에, 현대어나 고대어에서 자타自他로 양용하지 않는 동사를 골라서, 그 복합방법複合方法을 조사하는 방법이 있다. 예를 들면, 《殺》과 《死》와 같이 의미적으로는 유사한 점이 있고, 타동·자동의 구별이 명확한 것에 대하여 조사하는 것이다. 《殺》은 고금을 통해 타동사이고, 《死》는 고금을 통해 자동사이다(《死了心》(체념했다)와 같은 예에 의하면, 《死》는 타동사로도 될 수 있다는 주장을 하는 사람도 있지만 이 경우는 뜻의 변화를 수반하며, 게다가 타동사로 인정해야 하는 것은 아니다). 여기에서 수나라 이전의 예를 보면,

見巨魚, 射殺一魚【史, 秦始皇本紀】
(거대한 고기를 보고, 그 한 마리를 사살했다)

拔刀刺殺解姊子【史, 遊俠列傳】(칼을 빼 解의 누이의 자식을 찔러 죽였다)

項梁已擊殺之【史, 李斯列傳】(項梁은 이미 이것을 쳐서 죽였다)

岸崩, 盡壓殺臥者【史, 外戚世家】
(벼랑이 무너져 [그 밑에서] 누워 있는 자를 다 압살했다)

打殺長鳴雞【讀曲歌, 樂府詩集】(길게 새벽을 알리는 닭을 때려죽이다)

此是毒螫物, 不可長, 我當蹋殺之【齊諧記】

(이것은 독충이므로 살려둘 수 없다. 내가 밟아서 죽여주겠다)

이상과 같이 반드시 《殺》을 쓰며, 《死》를 쓰지 않는다. 다만 극히 드물게 《死》를 쓴 예가 있지만 신빙성이 결여되어 있다. 드문 예로,

何意前二師並皆打死【旌異記, 珠林85】

(어찌하여 앞의 두 명의 스승은 모두 맞아 죽었단 말인가)

是隣家老黃狗, 乃打死之【幽明錄, 廣記438 ※단, 『古小說鉤沈』은 《殺》로 쓴다】

(그것은 이웃집의 늙은 누렁이였기 때문에 때려 죽였다)

그런데 당나라 때에 이르면, 앞의 예에서 《殺》을 썼던 곳에 《死》를 쓰는 예가 아주 많아졌다. 예를 들면,

被蠍螫死【朝野僉載5】(전갈에게 물려 죽었다)

獨坐堂中, 夜被刺死【〃3】(혼자서 당에 앉아, 밤에 칼에 찔려 죽었다)

爲某村王存射死【聞奇錄, 廣記311】

(아무개 마을의 王存이라는 자에게 사살되었다)

律師律師, 撲死佛子耶?【開天傳信記, 廣記92】

(율사여, 율사여, 부처님의 제자를 때려죽이려 하느냐)

主人欲打死之【廣古今五行記, 廣記91】(주인은 그를 타살하려고 했다)

四畔放火燒死【舜子至孝變文 P.2721】(사방에서 불을 질러 태워 죽이다)

이와 같은 사성복합동사가 성립된 원인으로 생각할 수 있는 것은 여러 가지이다. 우선 첫째로, 원래 등립적等立的인 복합동사의 뒷부분을 차지하는 동사가 자동사로서 고정됐다고 생각할 수도 있지만, 또 사역구와의 관계도 생각해야 한다. 즉,

我憎汝狀, 故破船壤耳【幽明錄, 珠林67】

(우리는 너의 죄를 미워하며, 그런 까닭에 배를 때려 부순 것이다)

當打汝口破【幽明錄, 廣記319】(너의 입을 때려 터지게 할 테다)

今當打汝前兩齒折【賢愚經11】

(지금 바로 너의 앞니 두 개를 쳐서 부러뜨릴 수 있다)

이 같은 용법은 특수하지만 일종의 사역구使役句이며 오래된 것으로,

止子路宿【論, 微子】(子路를 만류하여 숙박하게 했다)

와 같이 명확한 사역의 유추에 의해 생긴 것 같다. 그리고 여기에,

破……壞

打……破

打……折

두 동사가 결합해, 한 개의 복합동사로 된 흔적도 인정한다. 또한 주의 해야 할 것은 등립적인 복합동사와 사성복합동사와의 차이로,

壓殺 [등립]   壓死 [사성]

와 같은 것은, 의미·용법을 조금 달리한다. 즉, 빈어가 있는 경우,

壓殺一個人   壓死一個人

또는 피동의 경우는 동일하게 쓰이지만, 빈어가 없을 때,

他壓殺了   他壓死了

에서는 의미가 같다고 제한하지 않으며, 전자는 의미의 명확성을 결여하고 있다. 그래서 같은 사성복합동사라고는 하지만, 《壓死》와 같이 시대를 불문하고 그것인 것과 《撲滅》과 같이 시대에 따라 인정이 다른

것과는 본질적으로 다르다는 것을 알 수 있다. 《撲滅》처럼, 후부後部의 동사가 분명한 자동사라고 한정하지 않는 쪽이 오래전부터 보이는 것에는 이유가 없다고는 할 수 없지만, 그 영향에 의해 《壓死》와 같은 것이 조금 늦게 생겼다고 할 수 있다. 사성복합동사가 '늦어도' 당나라 때에는 생겼다고 생각되는 이유가 여기에 있다.

사성복합동사는 고대어에 있어서 동사의 사역화와는 완전히 같은 것이 아니다. 왜냐하면 고대어에서는 그 자체가 동작의 원인·방법을 나타낼 수 없기 때문이다. 그러나 시대가 흐르면, 《打》나 《弄》, 또 최근에 특히 성행하는 《搞》와 같이, 그 나타내는 동작이 특정의 것이라고는 할 수 없고, 대체성이 강한 동사가 생기면, 이것을 복합동사의 앞부분에 사용했던 것이다. 예로,

打倒(쓰러뜨리다)

弄使(죽게 하다)

搞壞(부수다)

에서는 명확하게 그 원인과 방법을 나타낼 수가 없고, 중심이 되는 의미는 뒷부분에 놓여진다. 그 결과로서 고대어에서 동사의 사역화와, 그것을 나타내는 의미가 일치하게 된다. 이것은 결과복합동사의 경우도 마찬가지다. 이제 결과복합동사도 포함해서 오랜 예를 몇 개 들어본다.

被那虛底在裏夾雜, 便將實底一齊打壞了【朱13】

(그 虛한 것이 안에 섞여 있기 때문에 實한 것까지도 못 쓰게 되어버린다)

是那個弄死的【灰闌記1】(누가 죽인 것인가)

16.5.2 결과복합동사結果複合動詞

전술한 바와 같이 고대어에는 형용사를 그대로 동사화해서, 개변·전환을 나타내는 것이 많이 쓰였다. 그런데 현대어에서는 이와 같은 것은

없고, 여기에 해당하는 것을 찾는다면 결과복합동사 외에는 없다. 그러나 결과복합동사는 고대어에서 형용사와 같은 동사화가 일어나지 않게 된 결과, 이를 대신하기 위해서 생겼다는 것은 아니다. 왜냐하면 결과복합동사는 단순한 개변·전환을 나타낼 뿐만 아니라, 원인과 방법을 이루는 동작과 그 결과를 표현하기 때문이다.

결과복합동사의 뒷부분을 차지하는 것은 형용사이지만, 형용사와 동사는 분명하게 구별하기 어려운 점도 있다. 다만 결과복합동사에서는 뒷부분의 형용사를 앞으로 가지고 갈 수 있는 것도 있다. 이 경우는 의미의 변화를 일으키는 것이 많지만 역시 비슷한 점을 가지고 있다. 예를 들면,

　① 說錯　　　去早(了) ← 무의식적
　② 錯說　　　早去　　← 의식적

와 같이 ①은 동작의 결과를 나타내며, 따라서 무의식적이지만, ②는 동작의 결과를 말할 뿐만 아니라, 처음부터 의식하고 행해진 동작을 나타낸다. 그러나 말에 따라서는 이 2개의 구별이 없는 것도 있고,《錯說》을 무의식적인 결과로도 쓴다. 이와 같이 말의 위치를 전환하는 것은 사성복합동사에는 없다. 아마 예전에는 ①은 ②에 포함되어 있었으며, 따라서 이 구별이 없었을 것이다. 예를 들면,

　① 誤嫁長安遊俠兒【崔顥詩】(잘못하여 長安의 遊俠兒에게 시집갔다)
　② 欲得周郎顧, 時時誤拂弦【李端詩】
　(周郎이 돌아보길 바라며 일부러 현을 잘못 튕기네)

위의 예에서 전자는 무의식적이고, 현대어라면 결과복합동사에 의한 표현에 해당한다. 후자는 의식적 동작으로, 현대어에서도 같은 부사적 수식어에 의한 것이다. 결과복합동사는 사성복합동사의 유추에 의해 생

긴 것이지만, 그 성립이 늦어, 당나라 때까지는 거의 쓰이지 않았다. 드물게 볼 수 있는 오래된 예는 결과복합동사와 유사하면서도, 역시 결과복합동사로 단정하기 어려운 것이 있다. 예를 들면,

> 盾食飽則出, 何故拨劍于君所【公羊傳, 宣6】
> (盾이여, 다 먹었으면 나가라, 무슨 연고로 네 앞에서 칼을 뽑을 것인가)

당나라·송나라의 용례로는,

> 喫飽卽鳴杖而驅之【朝野劍載4】
> (충분히 먹는다면 지팡이를 두드려 이것을 쫓는다)

> 此一段先儒都解錯了【朱3】
> (선대 유학자는 이 한 단락을 모두 잘못 해석하고 있다)

> 讀書有個法 : 只是刷刮淨了那心後去看【朱11】
> (독서에 좋은 방법이 있다, 그것은 마음을 깨끗이 하고 그런 연후에 읽는 것이다)

> 且以眼前言虛實眞僞是非處且要剔脫分明【朱13】
> (우선 눈앞의 말의 허실, 진위, 시비를 분명히 밝혀야 한다)

> 說道理底盡說錯了【朱13】(도리를 설명한 자는 모두 그르치고 있다)

> 不可再做錯了【朱13】(두 번 다시 실수해서는 안 된다)

> 你休打多了【忍字記0】(너 [술을] 과음해서는 안 된다)

> 娘娘去遠了也【漢宮秋3】(왕비는 이미 멀리 가버렸습니다)

> 你可也想左了【張生煮海2】(당신은 잘못 생각하고 있습니다)

16.6 조동사助動詞

조동사는 고대어에는 존재하지 않았고, 조동사의 존재는 현대어의 큰

특징을 이룬다. 조동사는 일곱 종류로 나눌 수 있다.

(1) 추향을 나타내는 것
(2) 동태를 나타내는 것
(3) 가능을 나타내는 것
(4) 대상을 나타내는 것
(5) 정도·양태를 나타내는 것
(6) 결정을 나타내는 것
(7) 보어를 이끌어 내는 것

16.6.1 추향趨向

동작의 방향, 또는 그것이 더욱더 허화虛化로 되어 단순한 추세를 나타내는 것이다.

ⓐ 단일한 것

~起	~進	~出	~上	~下	~回	~過
~開	~住		~來	~去		

ⓑ 복합된 것

상단의 7종에 다시 ~來, ~去가 붙은 것.

추향조동사는 등립적인 복합동사의 뒷부분이 허사화된 것이기 때문에, 문헌만을 재료로 해서는 구별하기가 어렵다. 또 발생적으로는 사성복합조동사와도 관계가 깊어, 구별할 수 없는 것 같은 예도 있다. 그러나 어쨌든, 단일한 추향조동사가 발달한 것은 당나라 때라고 볼 수 있다. 단, 이 중에《~進》은 원나라 이후이다. 송나라 때까지는 거의 쓰이지 않았고 이것을 대신하는 것으로《~入》이 쓰였다. 또《~回》는 예전에는《~

340

轉》을 쓰는 경우도 있었지만, 방언적 영향도 있었는지도 모른다. 복합된 추향조동사는 일부는 당나라 때에도 있었지만, 이것이 발달한 것은 송나라 때 이후이다. 상세한 것은 다음의 용례에서 살펴본다.

▌《~起》

위쪽을 향한 동작을 나타낸다. 또 실제의 동작이 없이, 추상적인 느낌만을 가질 때도 있다. 《起》가 《上》과 다른 점은, 《起》는 동작의 시작점만이 의식되고, 도달점이 의식되지 않는다. 이에 반해 《上》은 도달점이 분명하게 의식된다. 오래된 예로,

合蓋隆起, 形似酒尊【後漢書, 張衡傳】
(蓋는 산처럼 높게 되어 있고, 모양은 酒尊을 닮았다)
宿醉扶起, 書札爲之【世, 文學】
(숙취한 사람을 일으키고, 札에 써서 문장을 짓게 하다)
羆就地拾起以食之【朝野僉載5】
(羆[사람 이름]는 그것을 땅바닥에서 주워서 먹었다)
白鳥波上棲, 見人懶飛起【崔道融詩】
(백조는 물 위에 살고 사람을 보아도 날아오르려고 하지 않는다)
金砌雨來行步滑, 兩人擡起隱花裙【王建詩】
(金砌에 비가 와서 발이 미끄러우므로 두 사람은 隱花裙을 들어 올렸다)

《起》는 또 동태動態(개시開始)를 나타낸다. 조동사로서 쓰이는 이 용법은 추향을 나타내는 것보다는 늦게 생긴 것 같다. 예를 들면,

雷殷殷而響起兮【漢, 司馬相如, 長門賦】(천둥은 은은하게 울려 퍼지고)

와 같이 《響》은 명사이고 《起》는 동사로 봐야하며, 현대어로서 느껴지는 것처럼 《響》이 동사, 《起》가 조동사로 인정될 수는 없다. 왜냐하

면, 예로부터 《起》가 동사를 도아 개시를 나타내는 용례가 없기 때문이다. 또,

　　半夜美人雙唱起【王建詩】(한밤중에 미녀 두 명이 노래를 부르기 시작했다)

　와 같이 이것이 바르다면 개시를 나타내지만 『만수당인절구萬首唐人絶句』에서는 《起唱》으로 되어있는 등 문제가 있다. 결국 개시를 나타내는 《起》는 송나라 때부터 쓰였다고 생각된다.

　　且自那動處說起【朱1】(우선 그 움직이는 곳에서부터 설명하기 시작하다)
　　須是要謹行謹言, 從細處做起【朱8】
　　(마땅히 언행을 조심하고 사소한 것부터 비롯하여 …)
　　如兩邊擂起戰鼓【朱8】
　　(예를 들면 양쪽에서 전투를 알리는 북을 치기 시작한 것 같다)

▌《~起來》

　《起》보다는 늦어, 오대五代 이후에 볼 수 있다. 오래된 예로,

　　見一星火, 夾起來【祖14】(콩알 정도의 불을 발견하고 집어 들어 올렸다)
　　扶起此心來鬪【朱12】(이 마음을 확고하게 상기시켜서 싸워라)

　《起來》가 개시開始를 나타내는 예는,

　　自傳說方說起來【朱9】(전설부터 시작하여 처음부터 설명하기 시작하다)
　　待得再新整頓起來, 費多少力?【朱8】
　　(처음부터 정돈하려고 하면 어느 정도 힘이 들까)

　《起來》는 단순한 설상設想·가정假定·조건條件 그 외에도 쓰지만, 이 같은 용법도 비교적 오래전부터 볼 수 있다.

　　國相試子細思量起來, 此豈是忠言?【三61, 范仲態北記】

342

(재상이여 시험 삼아 잘 고려해 주십시오, 이것은 충언입니까)

看起來這個婦人是個不良的【神奴兒3】

(본 대로 이 부인은 좋지 않은 사람 같다)

我想起來了【救風塵3】(나는 생각해 냈다)

《~起去》

이 조동사는 사용하는 경우가 매우 드물지만, 그러나 역시 경우에 따라서는 눈에 띈다.《起來》와 대개 같지만, 동작이 말하는 장소에서 멀어져 가는 어기가 강하다.

誰着你放他這婦人來? 打起去!【漁樵記4】

(누가 너에게 이 여자를 들이라고 했던가? 저쪽으로 데리고 가서 쳐라)

慌的老早就扒起去做甚麼?【金67】

(허둥거리며 아침 일찍부터 일어나서 어떻게 할 것입니까)

給他收起去罷【紅85】(단단하게 조여주십시오)

《起去》는 라오서老舍도 때로는 사용하지만, 북경어로서는 조금 특수한 것이라고 할 수 있다.

《~進》

어떤 것의 내부로 들어가는 동작을 말한다. 이 조동사는 송나라 때까지는 거의 쓰인 일이 없고, 원나라 때 쓰이게 된 것으로 그때까지는《入》이 쓰였다.《進》은 원래 앞, 또는 위로 나아가는 것으로 안으로 들어가는 의미는 없었기 때문이다. 다음과 같은 예는 언뜻 보기에 조동사적 용법 같지만, 이것과는 다르다.

招進張湯趙禹之屬, 條定法令【漢書, 刑法志】

(張湯·趙禹의 무리를 초청하길 권해, 법령을 조항마다 정했다)

高祖招文學之士, 有高才多被引進【南史, 劉峻傳】

(高祖는 문학지사를 초청하고, 뛰어난 재능을 가진 자는 많이 끌어올렸다)

┃《~進來》

將那好段子大尺兒量進來小尺兒賣出去【碌砂擔3】

(높은 등급의 비단을 긴 자로 재서 매입하고, 짧은 자로 팔기 시작하다)

射進幾枝火箭來【馬陵道2】(몇 개의 불화살이 날아 왔다)

糞拾在筐子裏頭, 收進來【老乞大】

(대변은 바구니 속에 집어넣고, 안으로 치워주세요)

┃《~進去》

恰纔是伯娘親手兒拏進去了【合同文字3】

(방금 아주머니 자신이 들고 안으로 들어 왔습니다)

先把盒擔攞進去【金7】(우선 배달상자를 짊어지고 옮겨 넣는다)

┃《~入》

　조동사《入》은 원래 등립적等立的인 복합동사의 뒷부분이었다. 이것을 조동사로 하는 것은, 현대어에서 보았을 때 거기에 허사화虛辭化의 경향을 인정하기 때문이지만, 예전에는 반드시 조동사라고는 할 수 없는 예가 많다.《進》이 원나라 때부터 쓰이게 되었기 때문에,《入》은 점점 쓰이지 않게 되고, 현대에서는 문어적인 표현으로 남아 있다. 예를 들면,

　　不使自己走入反動波指引的錯誤路上去。

　　(자기로 하여금 반동파가 지시하는 잘못된 길로 들어가게 하지 않도록 하다)

여기에 오래된 예를 약간 들어둔다.

　　走入漢壁【史, 魏其武安侯列傳】(한나라의 진지로 달려 들어갔다)

344

噲直撞入, 立帳下【史, 樊酈滕灌列傳】
(樊噲는 곧바로 뛰어 들어가, 장막 아래 섰다)

延率吏卒, 突入其家捕之【後漢書, 虞延傳】
(延은 이졸을 이끌고, 그 집에 들어가서 그를 잡았다)

及市罷, 輒跳入壺中【後漢書, 費長房傳】
(시장이 파하자 곧 항아리 속으로 뛰어 들어갔다)

《~入來》

忽然太行雪, 昨夜飛入來【孟郊詩】
(갑자기 太行의 눈이 어젯밤에 날아들어 왔다)

多少淸香透入來【陸龜蒙詩】
(어느 정도의 맑은 향기가 통과해 들어오는 것인가)

《~入去》

《入去》는 송나라 때부터 쓰였다. 그 예로,

看書不可將自己見硬參入去【朱11】
(책을 읽을 때는 자기의 생각을 무리하게 섞어서는 안 된다)

最怕粗看了, 便易走入不好處去【朱8】
(조잡하게 보는 것이 제일 무섭다, 그럼 좋지 않은 곳에 빠지기 쉽기 때문에)

《~出》

《出》은 《進》과는 반대의 방향, 즉 외부로 향해 행해지는 동작을 말한다. 예전에는 등립적 복합동사의 뒤에 있었던 것이, 사성복합동사처럼 되거나 허사화된 것이다. 오래된 예로,

及三宥, 不對, 走出, 致形于甸人【禮記, 文王世子】
(세 번 용서해 달라고 말하기에 이르러, 대답하지 않고 힘껏 달려 甸人이

345

형벌을 집행하게 했다)

有一人從橋下走出【史, 張釋之傳】(한 사람이 다리 밑에서 달려 나왔다)

京師醴泉湧出【後漢書, 光武帝記】(수도에는 醴泉이 솟아나기 시작했다)

冰忽自解, 雙鯉跳出【晉書, 王祥傳】

(얼음이 갑자기 녹아 잉어 두 마리가 튀어나왔다)

獄中鬼神, 拔出其舌【吳, 支謙譯, 八師經】(옥 안의 귀신이 그 혀를 뽑아내다)

石便徑入, 自牽出, 同車而去【世, 仇隟】

(石은 그러자 서슴지 않고 들어와, 몸소 끌어내 같은 수레에 태워서 떠났다)

卽復口吐出一女子【荀氏靈鬼志, 珠林61】(곧 입에서 여자 한 명을 토해냈다)

民以爲死, 舁出門外【祥異記, 廣記131】

(백성들은 죽었다고 생각하고 문 밖으로 짊어지고 내놓다)

▌《~出來》

不是鳥身受業報, 並是彌陀化出來【阿彌陀經變文 P.2955】

(새의 몸으로 과보를 받은 것이 아니라, 모두 彌陀가 변한 것이다)

從自己胸襟間流將出來【祖7】(자신의 가슴 사이에서 흘러나오다)

康節却細推出來【朱1】

(康節은 오히려 이 이치를 자세히 추측해 내기 시작했다)

▌《~出去》

師便打出去【祖11】(스승은 그곳에서 때리고 내쫓았다)

自領出去!【祖19】(스스로 데리고 나가라)

《出來》와 《出去》 둘다 당말오대唐末五代부터 사용된 것 같고, 오래된 예는 조동사라고는 말할 수 없을 것 같다. 예를 들면,

漢王遁出去【史, 張丞相列傳】(한나라 왕이 달아나서 떠나다)

346

┃《~上》

위쪽 방향으로 향하는 동작으로 도달점이 명확하게 예상되는 경우에 쓴다. 따라서 빈어(장소를 나타낸다)를 수반하는 경우가 많다. 고대의 예에는 역시 조동사라고 할 수 없는 것이 많다. 예를 들면,

　　菑川國復推上公孫弘【史, 平津侯主父列傳】
　　(菑川國에서는 또 公孫弘을 추천했다)

와 같이 사성복합동사화한 것 같은 것도 있지만, 역시 단지 등립적일 것이다.

　　遂跳上般【世, 黜免】(드디어 배에 뛰어 올라탔다)
　　野鴨飛上天【紫騮馬歌辭, 樂府詩集25】(오리가 하늘로 날아올랐다)
　　如此節節推上, 亦自見得大總腦處【朱6】
　　(이처럼 한 단 한 단 밀고 가면 저절로 그 중심을 안다)

《上》은 이 외에 많은 의미용법이 있다. 그 대부분은 원나라 이후에 발달한 것이다. 부가付加, 첨가添加, 부착付着을 나타낸다.

　　我下上箇欺官枉吏四個字【鐵拐李1】(나는 '欺官枉吏'의 4자를 첨가하다)
　　來的遲呵, 加上箇頑慢二字【〃】(오는 것이 늦다면 '頑慢' 2자를 더하다)
　　裏面再挿上些泥土糠粃【陳州糶米0】
　　(속에다 진흙이랑 겨·벼쭉정이 등을 섞다)

《愛上》《看上》이라는 것도《上》에서 변했을 것이다.

　　他旣愛上你, 會說甚麽話來?【風光好4】
　　(그가 너에게 열중하여 제정신이 아니었다면, 어떤 것을 말했을까)
　　敢是你那裏看上了一個【老生兒1】
　　(대체 당신은 어디에서 마음에 드는 사람이 생겨…. ※《敢》은 추측)

어떤 수數에 꽉 차는 것을 나타낸다.

拏那大棒子着實的打上一千下【爭報恩2】

(저 두꺼운 몽둥이로 꼬박 천 번 치다)

동작의 완성을 나타낸다.

我拽上這門, 揷上這鎖【硃砂擔2】

(나는 이 문을 닫고, 자물쇠를 채운다)

我關上這門【硃砂擔1】(나는 이 문을 닫는다)

穿上這沙魚皮襖子【賺蒯通3】(이 상어가죽 웃옷을 입다)

點上燈【神奴兒2】(불을 켜다)

《上》이 개시開始를 나타내는 것이 있지만, 이것은 새로운 용법 같다.

▌《~上來》

逢見涅槃堂主, 着納衣走上來【祖16】

(涅槃堂의 주인이 납의를 입고 오는데 만났다)

他倒越追上來【生金閣3】(그는 오히려 더욱더 쫓아온다)

你扶上樓來【合汗衫1】(네가 도와서 2층으로 모셔드려라)

《上來》는 또 형용사를 도와, 상태의 완성에의 접근을 나타낼 때가 있다.

這一會兒肚皮裏有些饑上來子【㑳梅香2】

(슬슬 배가 고파왔다)

我見天陰上來, 還付了個燈籠【金67】

(하늘이 흐려졌기 때문에 나는 초롱을 준비해 갔다)

▌《~上去》

但推上去時却如理在先氣在後相似【朱1】

(그러나 끝까지 밀고 가면, 理는 앞에 있고 氣는 뒤에 있는 것 같다)

兩路抄將來, 不怕他會飛上天去【岳陽樓3】

(양쪽 길에서 협공을 한다면, 하늘에 오르더라도 걱정은 없다)

我不問那裏趕上去【岳陽樓3】 (나는 어디라도 뒤쫓아 간다)

▌《~下》

조동사의 《下》는 아래쪽을 향해 행해지는 동작을 나타낸다. 원래 동사이며 앞의 동사와 복합된 것이다.

今陛下騁六騑, 馳下峻山【史101】

(여기에서 폐하는 여섯 필의 준마를 몰아, 峻山을 달려 내려오다)

鸞鳳又集長樂宮東闕中樹上, 飛下止地【漢書, 宣帝記】

(난새와 봉황이 또 長樂宮 동궐의 나무 위에 모이고, 뛰어내려 땅에 앉았다)

遵生有勇力便牽下之【晉書, 羅企生傳】

(遵生은 힘이 강해서 그를 끌어내렸다)

又使曳下, 斬去其趾【北齊書, 高德攻傳】

(또 끌어내려서 그 발을 자르게 했다)

欻然擲下, 至地無損傷【隋書, 崔弘度傳】

(날쌔게 뛰어 내려, 지면에 부딪혀도 상처는 없었다)

《下》가 아래쪽을 향해 행해지는 동작을 나타내지 않고 단순히 기분으로 쓰인 것도 시간이 약간 지나면 볼 수 있다.

女郎剪下鴛鴦錦【劉禹錫詞】 (소녀는 원앙금을 잘라내 …)

敢諸人刀, 以殺人之刀, 換下一口【玉堂閑話, 廣記172】

(많은 사람이 칼을 쥐고, 사람을 죽인 칼을 그중의 한 개와 바꿨다)

《下》에는 또 뒷날의 일에 대비하는 어떤 행위를 해둔다는 의미일 때
가 있다. 완료태完了態의 일종으로 볼 수 있다.

> 爲君留下相思枕【李白詩】(너를 위해 相思枕을 남겨둔다)
> 樞密侍郞如今歸去後, 可辦下所有珠玉等【三33, 鄭望之奉使錄】
> (樞密侍郞이 지금부터 돌아간다면, 온갖 주옥 등을 준비해 두어야 합니다)

▌《~下來》

> 乾葉不待黃, 索索飛下來【白居易詩】
> (마른 잎은 노랗게 되는 것을 기다리지 않고 바삭바삭하게 흩날리고 있다)
> 豪傑質美, 生下來便見這道理【朱8】
> (호걸은 바탕이 좋기 때문에 태어났을 때부터 道理라는 것을 알고 있다)

《下來》에는 시간의 경과에 따르는 속성의 점증漸增을 나타내는 용법
도 있다.

> 恐怕黑下來不好使的篙子哩【馮玉蘭3】
> (아마도 어둡게 된다면, 저울을 사용하기 어려울 것이다)

▌《~下去》

> 不須流下去【李賀詩】(흘러가서는 안 된다)
> 因大駭, 急移下去【朱10】(거기서 크게 놀라, 하는 수 없이 급하게 옮겼다)

《下去》는 동작의 계속을 나타낼 경우에도 쓰인다. 예전에는 단순히
《去》라고 했던 것이지만(358쪽 참고), 시대가 조금 지나자 《下去》가 쓰이
게 됐다. 다만 용례는 많지 않다.

> 或有登科及第的, 又是小可出身 ; 或門當戶對, 又無科第 ; 乃至兩事俱
> 全, 年貌又不相稱了, 以此蹉跎下去【閒雲菴院三償寃債, 古今小說4】

350

(혹은 과거에 급제한 적이 있어도 집안이 좋지 않고, 혹은 집안이 어울리더라도 과거에 급제하지 못하고, 이 두 가지가 갖추어졌더라도 나이나 용모가 어울리지 않고, 이리하여 시기를 놓치고 있다)

敢則從這一頓起, 一念吃白齋, 九牛拉不轉, 他就這麼吃下去了【兒21】

(놀랍게도 이 식사로부터 시작해서, 일념으로 소금을 먹지 않고, 누가 뭐라고 말해도 듣지 않기 때문에 그대로 소금을 계속해 먹지 않았다)

▌《~回》

원래의 장소로 되돌아가는 동작을 나타내는 조동사.《回》는 원래 회전回轉하는 의미였지만, 이것이 되돌아가는 의미로 바뀌었다.《回》가 복합동사의 뒷부분에 사용된 것이 허사화되어 조동사로 된 것이지만, 어느 것이든 수나라 이전에는 거의 보이지 않는다.

松暮鶴飛廻【司空曙詩】

(소나무 주위가 어둡게 되자 학이 날아서 되돌아온다)

誰爲鷄鳴得放回?【胡曾詩】

(누가 닭 우는 흉내를 냈기 때문에 놓아줘서 되돌아올 수 있었던 것일까)

其馬自歸, 不見有人送回【宣室志10】

(그 말은 혼자서 돌아와, 돌려보낸 사람이 보이지 않는다)

良人的的有奇才, 何事年年被放回?【玉泉子, 廣記271】

(남편은 확실히 뛰어난 재주가 있는데도 어찌하여 매년 돌려보내는 것입니까)

▌《~回來》《~回去》

《回》보다도 더욱더 늦게, 송나라·원나라 무렵부터 쓰이게 됐다.

我信是實頭言語, 便引回去, 更不侵掠【范仲熊北記, 三61】

(나는 참된 말과 생각으로 병사를 이끌고 돌아와, 조금도 침략하지 않았다)

將擄去的人口牛羊馬匹, 都奪回來了【虎頭牌3】

(잡혀갔던 사람이나 소나 말 등 모두 빼앗아 돌려보냈다)

▮《~轉》

북경어에서는 쓰이지 않지만 강남江南에서는 이것을《回》처럼 사용한다. 오래된 예도, 역시 남쪽 지방의 방언일까 생각된다.

此僧合喚轉, 與一頓棒【祖7】

(이 승려는 소환해 몽둥이로 한번 세게 때려야 한다)

便就讀書上體認義理, 便可喚轉來【朱11】

(그래서 독서에 있어서 義理를 충분히 납득한다면 [이 마음을] 되돌릴 수 있다)

▮《~過》

두 물건 사이를 통과한다는 의미를 가진 조동사이다. 원래는 동사로 고대어에서도 복합동사의 뒷부분을 차지하고 있던 용례가 드물게 있지만, 당나라 때 이후 많이 쓰인다.

左史倚相趨過【左, 昭公12】(左史 倚相은 지나쳐 버리다)

穿過須彌, 無所罣礙【方廣大莊嚴經12】

(須彌山을 관통해서, 방해받는 바가 없다)

蝦蟇跳過雀兒浴【韓愈詩】(두꺼비는 뛰어 넘고 참새는 미역을 감고 있다)

楚將見漢將走過【王陵變文】

(초나라 장수는 한나라 장수가 달려 지나는 것을 보았다)

이와 같은 공간에 있어서 경과를 나타내는《過》가 시간의 경우에도 쓰이게 되자 완성을 나타내는 것이 됐다. 다만《了》와는 조금 의미를 달리 하며, 어떤 동작을 끝내게 한다는 느낌이 강하다. 이 용법은 송나라 때에 생겼다.

合看過底文字也未看【朱10】(읽어두어야 할 책도 읽지 않는다)

須是入去裡面逐一看過是幾多間架幾多窓櫺【朱10】

(그 안에 들어가 방은 몇 칸인지, 격자창은 몇 개인지, 일일이 봐두어야

한다)

　완성을 나타내는《過》가 과거의 경우로 쓰인 것은 겪어온 이력·경험

을 나타낸다고도 말할 수 있다. 그러나 본질적으로는 같은 것이며, 구별

할 수 없는 점도 있다.

縱饒熟看過心裡思量過也不如讀【朱10】

(비록 숙독한 적이 있고 머리로 생각한 적이 있더라도 또한 읽는 편이 낫다)

雖是舊曾看過重溫亦須子細【朱10】

(예전에 읽었던 것을 재차 복습하는 것이라도 잘 주의를 기울여야 한다)

▌《~過來》《~過去》

《過》보다는 늦고, 오대五代·송나라 이후에 쓰인다.

多少龍神送過來【長興四年中興殿應聖節講經文】

(많은 용신이 데려다줘서 왔다)

逐旋攛過珠玉來【鄭望之奉使錄, 三33】(차례차례 주옥을 짊어지고 왔다)

若這邊功夫少, 那邊必侵過來【朱13】

(만약 이쪽의 수련이 적다면, 반드시 저쪽에서 침략해 온다)

不聽打鼓, 卽放過去【前漢劉家太子傳 P.3645】

(북을 치는 것을 들어주진 않았지만, 즉시 풀어주었다)

忽然野鴨子飛過去【祖15】(갑자기 들오리가 날아갔다)

若是逐段解過去, 解得了便休, 也不濟事【朱11】

(만약 한 소절씩 풀어가고, 해석이 끝나면 그래서 끝이라고 말하는 것으로

는 아무것도 되지 않는다)

▌《~開》

열리는 동작, 또는 떨어지거나 나누어지는 것을 나타내는 조동사이다. 옛날에는 거의 쓰이지 않았으며, 당나라 무렵부터 쓰였지만 등립等立, 혹은 사성복합동사로 볼 만한 예도 많다.

見說耕人又鑿開【羅鄴詩】(들은 바에 의하면 백성이 또 파냈다고 한다)

公子踏開香徑蘚【章碣詩】(공자가 香徑의 이끼를 밟고 헤쳐 나갔다)

分開野色收新麥【杜荀鶴詩】(들판의 풀을 헤치고 새 보리를 수확하다)

有人收得虞永興與圓機書一紙, 剪開字字賣之【雲仙雜記3】

(虞世南이 圓機에게 주었던 편지 한 장을 갖고 있었던 사람이 있었는데, 잘라서 한 글자씩 팔았다)

師乃展開兩手【組14】(스승은 이에 양손을 펼쳤다)

《開》는 또 동작이 구속을 받는 일 없이 자유롭게 행해지거나, 널리 전파하는 것을 나타낼 때가 있지만, 이 용법은 상당히 시대가 흐르고 나서 생긴 것 같다.

倘或傳揚開了, 反爲不美。【紅64】

(만약 밖으로 넓어진다면, 오히려 좋지 않게 됩니다)

炕上又倂了一張桌子, 方坐開了【紅63】

(온돌 위에 탁자를 한 개 이어서, 겨우 앉을 장소가 생겼다)

《開》가 《來》《去》를 취하여 조동사로서 쓰이게 된 것은 북경어에는 없다. 그러나 방언에는 이와 같은 것이 있고, 때때로 현대의 문장에 보인다. 그 오랜 예로,

至初三方漸漸離開去【朱2】(음력 3일이 되자 점점 멀어져 간다)

▌《~住》

354

동작의 최종상태가 부동不動의 것으로 존속하는 것을 나타낸다. 원래 《住》는 머무르는 것을 의미하고, 대부분 운동에 관한 동사에 쓰인다. 그 예로,

拽住仙郎盡放嬌【和凝詞】(仙郎을 만류하여 자꾸 애교를 떨다)

勒住花驄轡【尹鶚詞】(얼룩말의 고삐를 만류하다)

被醉人纏住不放【雜纂】(술주정뱅이가 엉겨 붙어서 놓아주지 않는다)

師便把住云【祖10】(師는 곧 움켜쥐고 말했다)

《記住》와 같이 운동을 갖지 않는 심리적인 동사로 쓰인 것은 시대가 흐른 것으로 추측된다. 《住》는 또 곤란에 빠져 대책이 없는 것을 나타낸다. 그 예로,

今兒外頭也短住了【紅72】

(지금은 표면상으로도 돈에 막히고 말았습니다)

今兒三姐姐可叫林姐姐問住了【紅87】

(오늘 셋째 언니는, 완전히 林언니한테 닦달당해 아무런 말도 못했다)

▌《~定》

현대어에서는 쓰이는 경우가 적어졌지만 동작의 고정固定·확실確實을 나타내는 조동사로 《住》와 거의 구별되지 않는 경우도 있다. 그 예로,

乃一德一心, 立定厥功, 惟克永世【尙書, 泰誓】

(덕을 하나로 하여 마음을 모아, 그 공을 확립하면 세상을 오랫동안 유지할 수 있다)

目下雖稱心, 罪簿先注定【寒山詩】

(지금은 만족하고 있지만 죄악부에는 [죽지 않아] 이전부터 [그 죄가] 분명하게 기록되고 있다)

譬如前後門塞定更去不得方始是【朱10】

(예를 들어 앞뒤의 문이 완전히 막혀 있어, 갈 수 없게 된다면 비로소 좋은 것이다)

我手裏拏定這把鐵鍬【老生兒3】(나는 손에 단단히 이 가래를 쥐고 있다)

他緊靠定那棺函兒哩【曲江池2】(저 남자는 관통에 딱 붙어 있네요)

▌《~來》

동작이 말하는 사람의 방향을 향해 행해지는 것을 나타내는 조동사이다. 이것이 조동사로 될 때는 경성輕聲으로 읽혀지고 또 그 의미도 허사화되어 무언가 구체적인 동작을 나타내지 않는 것이 많기 때문이지만, 오래된 용례에서는 등립적 복합동사로 생각해야 할 것도 많다.

自其西大夏之屬皆可招來爲外臣【史, 大宛列傳】

(그 서쪽 大夏의 무리를 비롯하여, 모두 초청하여 외신으로 삼을 수가 있다)

有鷹飛來, 搏取孔雀【修行本起經, 下】(매가 날아와서, 공작을 쳐서 잡았다)

被馬速牽來【佛所行讚2】(말을 준비해서 빨리 끌고 오라)

俄而率左右十許人步來【世, 容止】

(갑자기 좌우에 열 명 정도의 사람을 데리고 걸어왔다)

遂令舁來【世, 術解】(결국 짊어지고 오게 했다)

營中咸走來視雍【錄異傳, 御覽364】

(진영 안에 있는 자는 모두 달려와서 雍을 보았다)

《來》는 이와 같이 수나라 이전의 예에서 '오다'의 의미를 잃어버리지 않고 있다. 그런데 당나라 때가 되면《起來》《覺來》《醒來》처럼, 어떠한 실제의 동작을 수반하지 않는《來》가 생겼다. 그 예로,

待調諸曲起來遲【薛能詩】(모든 곡을 정리하도록 하여 시작하는 것이 늦다)

覺來知是虛無事【李端詩】(깨어나서 그것이 허무한 일이라는 것을 알았다)

醒來愁被鬼挪揄【羅隱詩】(깨어나서는 유령에게 조롱당하는 것이 걱정이다)

《來》는 또 설상設想, 가정假定, 조건條件 등을 나타낼 때가 있지만, 이것은 동작이 화자話者에게 실제로 접근하는 것이 아니라, 심리적으로 그 접근을 알아차리는 것으로부터 생긴 것으로, 역시 당나라 때에 생겼다. 또한 송나라 이후는 조동사《起來》도 쓰인 것은 전술한 그대로이다.

　　亦有思歸客, 看來盡白頭【項斯詩】

　　(또 돌아올 것을 생각하는 손님도 있고, 보면 모두 백발이다)

　　見來深似水, 攜去重於錢【項斯詩】

　　(보면 물처럼 깊게[맑음] 지속해 가면 돈보다 무겁다)

　　算來何事不成空【杜荀鶴詩】

　　(헤아려 보면 어떤 일이 空으로 돌아가지 않겠는가)

▌《~去》

동작이 화자로부터 멀어지는 것을 나타내는 조동사이다.《去》는 원래 동사로서,《去》가 등립적 복합동사의 뒷부분을 차지하는 용법의 허사화된 것이 조동사이다. 오래된 예로는,

　　龍乃上去【史, 封禪書】(용은 그러자 올라가고 있었다)

　　陳平乃與漢王從城西門夜出去【史, 陳丞相世家】

　　(陳平은 그런 까닭으로 성의 서문으로 밤에 한나라 왕과 나갔다)

그 외에『사기』만으로도 아래와 같은 것들 등이 보인다.

引去	解去	化去	馳去	滅去	持去	辭去
遁去	亡去	釋去	除去	棄去	將去	取去
毀去	斥去					

이것들도 현대어에 있어서 조동사의 용법과 다르다고 할 수 없다. 당나라 때에 이르자 심리적인 동사로 쓰인 예도 있다.

忘去肉味, 半月如齋【雲仙雜記4】

(고기 맛을 잊어버리고 보름이나 금기하고 있는 것 같았다)

《去》는 또 동작의 계속을 나타낼 때가 있다. 이 용법은 나중에《下去》
로 되었지만, 비교적 오래전인 송나라 때부터 있었다. 또 극히 드물게는
당나라 때에도 볼 수 있다.

憑君向道休彈去【白居易詩】

(너에게 부탁하는데 연주를 계속하는 것을 그만 두지 않겠는가)

且涵養去, 久之自明?【朱9】

(어쨌든 함양해 가면, 오래 되어 저절로 안다[알게 되는 것 아닌가])

只管恁地循環去【朱1】(오로지 이렇게 순환해 간다)

隨這路子恁地做去底却又是心【朱5】

(이 길에 대하여 그렇게 해가는 것 또한 마음인 것이다)

無些間斷樸實頭做去【朱6】

(조금도 간단없이 성실하게 해간다)

단, 당나라 때 계속을 나타내는 것은 형용사 또는 동사일지라도 단순
한 상태를 나타내는 것을 도와, 계속을 수반하는 상태가 점점 심하게 되
는 것을 나타내는 것이 일반적이다. 이 용법은《上來》와 비슷하지만,
《上來》가 어떤 한도를 가진 정도의 점증漸增인 것에 반해《去》는 한도를
예상할 수 없는 점증이다. 현대어에서《下去》에 의한 정도의 점증을 나
타내는 것은, 여기에서 나온 것인지도 모른다.

老去詩篇渾漫興【杜甫詩】

(늙어가고 시편은 모두 저절로 일어나는 흥취이다)

莫待春深去【白居易詩】

(봄이 깊어가는 것을 기다리지 말지어다)

358

瘦去形如鶴【皮日休詩】(야위어가는 모습은 학처럼 되었다)

燈焰衝上, 漸漸無去【朱3】(불꽃은 위로 향해 점점 없어져 간다)

16.6.2 동태動態

동태란 동사의 시간적 상태樣態를 말한다. 동태를 나타내는 것에는, 부사·조사를 쓰거나, 또는 동사를 중복시키는 경우도 있지만 대개는 조동사에 의한다. 이 같은 조동사를 동태조동사라 한다. 동태조동사는 대개 추향조동사에서 나온 것으로, 공간개념이 시간으로 변한 것이다.

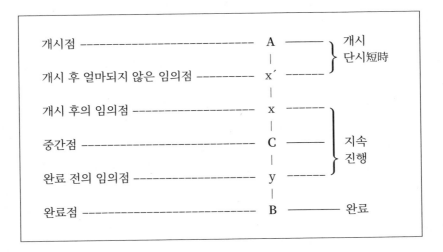

(1) 개시태開始態

① 조동사《起來》《起》를 쓴다. (既述)

② 조동사《上》을 쓴다. 이 용법은 새로운 형태 같다.

　他們唱上歌兒。(그들은 노래를 부르기 시작했다)

　許多人民都走上繁榮的道路。

　(대부분의 인민이 모두 번영의 길을 걷기 시작하다)

③ 조사《了》를 쓴다. (後述)

下雨了。(비가 내렸다)

吃飯了。(밥을 먹었다)

(2) 단시태短時態

동사의 중복형식에 따른다. (旣述)

(3) 지속태持續態

지속을 나타내는 조동사는 《~着》이다. 《着》은 예전에는 《著》로도 쓰고, 부착付著, 도착倒著 등, '붙다'라는 의미로서 쓰였다. 이것이 복합동사의 뒷부분을 차지하게 되어 조동사가 되었다. 오래된 용례로는,《執着》《愛着》등 심리적인 동작에 붙는 용법이 눈에 띈다.

此人在世, 貪著五欲【過去現在因果經2】

(이 사람은 세상에 있을 때 오욕을 탐하여 …)

皆悉疲乏, 染著睡眠【佛本行集經16】(모두 피로하여 잠을 탐하고 있다)

想著妻子, 而自繁縛【生經】(처자를 생각하여 스스로의 몸을 묶다)

愚者戀著, 殃禍由生【中本起經, 上】

(어리석은 자는 그것을 그리워하고, 재앙은 거기서부터 생긴다)

此薩薄婦, 自愛著身【賢愚經4】

(이 薩薄의 며느리는 스스로 몸을 사랑하고 …)

또 도착의 의미를 분명히 하고 있는 것도 있다. 그 예로,

先擔小兒, 度著彼岸【賢愚經3】

(먼저 어린 자식을 데리고 맞은편 해안에 건너 도착했다)

城南美人啼著曙【陳, 江總, 棲烏曲】(성남의 미인은 새벽까지 울고 있었다)

負米一斛, 送著寺中【六度集經4】(쌀 한 말을 지고 절까지 보내주었다)

360

이 외에 고대에 보이는 용법으로는 뒤에 장소를 나타내는 빈어를 취해, 《著》이 거의 개사 《在》《於》와 같이 사용되는 것이 많다. 아마 앞의 용법에서 변했을 것이다.

其身坐著殿上【六度集經2】(그 몸은 전상에 앉아 있었다)

嬖妾懸著床前【六度集經4】(폐첩은 그것을 마루 앞에 걸어 두었다)

畏王制令, 藏著瓶中【過去現在因果經1】

(왕이 내린 제도와 법령을 두려워하여 병 속에 숨겨두었다)

長文尙小, 載著車中…文若亦小, 坐著郣前【世, 德行】

(長文은 아직 어렸기 때문에 마차 안에 태우고 … 文若도 어렸기 때문에 무릎 앞에 앉아 있었다)

法力素有膂力, 便縛著堂柱【述異記, 廣記327】

(法力은 평소에 힘이 셌기 때문에 당의 기둥에 묶었다)

이상과 같이 수나라 이전의 용법도, 지속태의 일종으로 인정해도 좋지만, 약간의 제한이 있어 현대어와 다르다. 그런데 당나라·오대에 이르자 거의 현대어와 같이 쓰이게 되었다. 즉,

還應說着遠行人【白居易詩】(역시 멀리 가는 사람의 일을 말하고 있겠지)

堆著黃金無買處【王建詩】(황금을 산처럼 쌓아도 살 곳이 없다)

看著閑書睡更多【王建詩】(잡서를 보고 있으면 역시 잠이 잘 온다)

房房下著珠簾睡【王建詩】(어느 방에서나 구슬발을 내리고 자고 있다)

와 같이 동사 뒤에 오는 명사(빈어)는 동작을 받는다. 그런데 수나라 이전에는, 이와 같은 경우 빈어는 단순히 동작의 장소를 나타낼 뿐이었다. 그 외에, 당나라 때에서 《着》이 널리 동사에 붙게 되었다. 다음과 같은 것도 수나라 이전에는 없는 용법이다.

漁翁醉着無人喚【韓偓詩】(어부는 취해 있고 부를 사람이 없다)

阿姿嗔着, 終不合嘴【齟齬新婦文】

(시어머니는 화내고 있었지만 마침내 적수가 되지 않았다)

又將火箸一長一短並著【楞伽師資記】

(또 부젓가락을 한 개는 길게, 한 개는 짧게 늘어놓고 …)

看著身爲一聚灰【目連變文 S.2614】

(보고 있는 사이에 몸은 한 줌의 재가 되어 버렸다)

《着》이 형용사를 도와, 그 뒤에 빈어를 취하는 용법으로,

高著聲音唱將來【阿彌陀經變文 P.2955】(소리를 높게 해서 부르세요)

便是看義理難；又要寬着心, 又要緊着心【朱9】

(의리를 보는 것이 우선 어렵고, 마음을 느긋하게 가져야 하며, 또 주의를
기울여야 한다)

《着》이 가정, 조건처럼 쓰이는 용법으로,

遙見淸凉水, 近着變作膿河【目連變文, 麗85】

(멀리서 청량한 물을 보고 가까이 가면 고름 강으로 바뀐다)

說着來由愁煞人【捉季布傳文】(그 이유를 말하면 정말로 사람을 걱정시킨다)

一僧與人讀碑, 云：賢讀着總是字, 某讀着總是禪。【朱11】

(어떤 승려가 다른 사람과 함께 비문을 읽고 말했다, 당신이 읽으면 모두
문자지만, 내가 읽으면 모두 禪이다)

(4) 진행태進行態

《上來》《下來》《下去》가 있다. 《上來》《下來》는 형용사에 붙어서, 어
떤 성태性態의 완성접근完成接近이나, 속성이 점증漸增하는 어기를 나타
낸다. 《下來》는 동작이 계속되는 것. 이 모두 이미 추향조동사 부분에서
합쳐서 서술했다.

(5) 완료태完了態

완료를 나타내는 것으로는《了》《過》《下》《得》 등이 있다.

《了》는 예전에는 종료의 의미를 갖고 있지 않았지만, 약간 세월이 흐르면서 종료의 뜻을 나타내는 동사가 되었다. 『광아廣雅』 4, 「석고釋詁」에 "了、関、已, 訖也。"로 있기 때문에, 늦어도 위魏나라 무렵에는 '끝나다'의 의미가 생긴 것 같다.《了》가 종료의 의미를 나타내는 동사의 예로는,

吾久欲注, 尙未了【世, 文學】

(나는 예전부터 주해하려고 생각하고 있었는데 아직 마치지 않았습니다)

便足了一生【世, 任誕 ※御覽942, 可了一生哉로 되어 있다】

(즉, 일생을 마칠 만하다)

《了》가 동사 뒤에 붙게 되는 용법은 당나라 때부터 보인다. 그러나 결합하는 방법이 충분하지 않고, 그 사이에 부사를 끼운다거나, 또 빈어를 취할 경우,《了》가 빈어 뒤에 놓인다.

一曲梁州聽初了【李涉詩】(梁州의 노래를 듣는 것이 비로소 끝났다)

半坡新路畬纔了【溫庭筠詩】

(비탈길 도중까지의 새로운 길은 산을 태우는 것이 겨우 멈췄다)

이들에 있어서《初聽了》《纔畬了》로 되어 있지 않은 점에 유의해야 한다. 단, 이러한 어순도 없는 것은 아니다. (다만 아래의 예에는《旣》가 부사에서 연사로 변화된 용법으로도 취급된다)

今旣償了, 不得久住【敦煌本搜神記】

(지금 이미 보상이 끝났기 때문에 오랫동안 머무를 수는 없다)

聖君纔見了, 流淚一兩行【有相夫人變文, 羅氏藏】

(성군은 그것을 보자 눈물을 뚝뚝 흘렸다)

《了》가 빈어 뒤에 놓인 예로,

　　昨日偸閑看花了【竇羣詩】(어제는 시간을 내서 꽃을 보았다)

　　幸結白花了【杜甫詩】(다행히 하얀 꽃에 열매를 맺었다))

　　支分閒事了【白居易詩】(쓸데없는 일은 다 끝났다)

《了》가 빈어 앞에 오는 예는 당나라 때에는 매우 드문 일이지만 전혀 없는 것은 아니다.

　　將軍破了單于陣, 更把兵書仔細看【沈傳師詩】

　　(장군은 單于의 진을 부수고, 또한 병서를 쥐고 자세히 본다)

　　幾時獻了相如賦, 共向嵩山採茯苓【張喬詩】

　　(어느 날인가 相如의 賦를 바치고, 함께 嵩山에서 복령을 채취할 것이다)

　　若道不傳, 早傳了不傳之路【祖15】

　　(만약 전하지 않았다고 한다면 빨라도 전하지 않은 길을 전한 것이 된다)

　　다만 이와 같은 용법은 어디까지나 예외이거나 시대가 내려온 것으로 보아야 한다. 당나라·오대에서는 완료의 조동사로서는 《却》이 사용되고 있고 《了》가 조동사로서 많이 쓰이게 된 것은 송나라 때이다. 송나라 때의 예를 두셋 들어본다.

　　因便入衙, 殺了蕃王所差使長【洛陽搢紳舊聞記1】

　　(그래서 관청에 들어가 번왕이 보낸 사자의 우두머리를 죽였다)

　　等閒妨了繡工夫【歐陽修詞】(태연하게 자수 시간을 헛되이 해버렸다)

　　借得人馬, 過了黃河, 奪了西京以西州軍, 占了地土不少【三9, 燕雲奉使錄】

　　(인마를 빌어 黃河를 건너, 西京 이남의 주군을 빼앗아 토지를 점령하는 일은 적지 않다)

　　《了》에는 또 단순한 가정을 나타내는 용법이 있다. 동사의 경우는, 현대어에서 많이 쓰이지 않게 되었지만, 형용사일 때는 현대어에서도 많이 쓰인다. 동사로 쓰였던 오래된 예는 당나라 때부터 보인다.

洗了領花飜假錦, 走時蹄汗蹋眞珠【白居易詩】
(씻으면 아래턱의 모양은 모조 비단을 뒤집은 것 같으며, 달리면 발굽의 땀은 구슬을 뿌리는 것 같다)

死了萬事休【寒山詩】(죽으면 만사가 끝이다)

任伊鐵作心肝, 見了也須粉碎【維摩變文, 光94號】
(설사 강한 마음을 갖고 있어도, 그것을 본다면 망설이게 되어 버릴 것이다)

戴了又羞綠我老【李之儀詞】
(머리에 꽂으면 부끄럽지만 그것은 자신이 노인이기 때문이다)

《了》는 또 자주 형용사 뒤에 붙어 대개 변화를 나타낸다. 다만,《了》가 구말에 쓰인 경우는, 구말조사와의 구별이 어렵게 된다. 이 용법은 동사 뒤에 붙는 것보다도 다소 늦게 생긴 것으로 생각되지만, 상당히 옛날부터 있었다.

時來未覺權爲崇, 貴了方知退是榮【劉禹錫詩】
(운이 트여 오면 권력이라는 것이 재앙을 입힐 수 있다는 것을 깨닫지 못하지만, 신분이 높게 되고 비로소 은퇴가 영광인 것을 안다)

이 예에서 《了》는 가정의 어두도 겸하고 있지만, 본질적으로는 변화를 나타낸다고 할 수 있다. 게다가 다음과 같은 것은 완전하게 변화를 나타내고 있다.

天明了【祖13】(날이 샜다)

只見四山靑了又黃, 靑了又黃, 如是可計三十餘度【祖15】
(다만 주위의 산이 푸르게 되고 또 갈색으로 되고, 푸르게 되고 또 갈색으로 되는 것만을 보았는데, 그러한 것이 대략 30회 정도 된다)

不知不覺自好了【朱7】(모르는 사이에 저절로 좋아지다)

天色晚了【墻頭馬上2】(해가 저물었다)

《了》를 취하는 형용사 뒤에 빈어를 취하는 것은, 시대가 내려오는 것 같다. 그리고 처음에는 명확한 빈어가 아니라, 보어적인 것이 온 것 같다.

問：如此說, 則是日比天行遲了一度, 月比天行遲了十三度有奇【朱2】

(그 같이 말하면, 즉 해는 하늘의 운행보다 1번 늦고 달은 하늘의 운행보다 13번 정도 늦은 것입니까)

一個抱怨你濕了我的衣裳【紅24】

(한 명은 당신이 내 옷을 적셨다고 원망했다)

寶妹妹急的紅了臉【紅99】

(寶씨는 당황하여 얼굴을 붉혔다)

형용사 뒤에 오는 《了》가 가정·조건을 표현하는 것은 현대어에도 많다. 오래된 예로,

受迍多了解尋思【地獄變文, 衣33】

(곤란한 일을 많이 당하면, 근심에 휘둘리기 쉽다)

이 예의 《了》는 변화를 나타내는 것으로 볼 수도 있지만, 요컨대 이 두 용법은 옛날에는 명확하게 나누어져 있지 않았을 것이다. 시대가 흐르자, 명확한 가정이 많아지게 되었다.

公了方能仁, 私便不能仁【朱6】

(공평해야 비로소 仁일 수 있고, 사심이 있어서는 仁일 수 없다)

這個頑意雖好, 人少了沒趣【紅63】

(이 놀이는 좋지만 사람이 적어서 재미없습니다)

主子寬了, 你們又這樣；嚴了又抱怨【紅66】

(너희들은 주인이 관대하다고 그런 식이고, 또 엄격하다고 원망하는 것이 군요)

《過》《下》가 완료를 나타내는 것에 대해서는 앞에서 언급했다.《得》은 원래 가능을 나타내는 것이지만 때로는 실현·달성의 의미를 넘어 거의 완료라고 해도 좋을 용법도 있다. (後述)

(6) 반복태反復態
반복태를 나타낼 때는 조동사《~來~去》를 쓰고, 동사를 2번 써서,
說來說去(여러 가지로 마구 언급하다)
看來看去(반복해서 보다)

와 같이 쓴다.《~來~去》가 쓰이게 된 것은 당나라 때이지만,《飛來飛去》와 같이 이동성移動性 동사에 붙은 용법이 근본이고, 나중에 이동을 수반하지 않는 동사(아래의 예에서는《看》《睹》)에도 쓰이게 된 것으로 생각된다.
飛來飛去落誰家?【宋之問詩】(날아왔다 날아가서 누구의 집에 떨어질까)
看來看去漸成川【蔡孚詩】(몇 번이나 보고 있는 사이 점점 강이 되었다)
亦不須賭來賭去【遊仙窟】(그런 내기만을 하고 있는 것은 아니겠지요)
續來續去心腸爛【王建詩】
(몇 번이나 [실을] 잇고 있는 사이에 가슴은 산산조각이 나다)

또한 고대어에서 반복태는 동사의 중복형식을 쓴다는 것은 이미 서술한 그대로이다.

16.6.3 가능可能

현대어의 가능조동사에는 다음 세 형식이 있다.

	긍정	부정
A식	喫得	喫不得
B식	喫得了	喫不了
C식	寫得好	寫不好

긍정의 경우는 모두 《得》을 쓰지만 A식은 《得》 뒤에 단어가 없는 것, B식은 동사계의 단어가 오는 것, C식은 형용사계의 단어가 온다.

(1) A식

A식은 현대어에서 가능이라고 하면 조금 의미가 바뀌어, 허용 '~해도 좋다'라는 의미로 쓰인 것도 많다. 예를 들면,

你的病剛好, 吃得粥, 吃不得肉。
(너의 병은 이제 겨우 좋아졌을 뿐이니 죽은 먹어도 좋지만 고기는 먹어서는 안 된다)

현대어에서 빈어를 취할 경우 위의 예처럼 《得》《不得》 뒤에 놓는다. 그런데 고대의 용례에서는 《得》의 경우만 빈어를 그 뒤에 두고, 부정의 경우는 빈어를 《不得》 앞에 둔다. 이것은 《得》과 《不得》이 반드시 같은 근원에서 나온 것은 아니라는 것을 나타낸다.

《得》은 가능조동사일뿐만 아니라, 보어를 이끄는 조동사로서도 쓰인다. 대체로 《得》은 고대어에서 어떤 물건이 손에 들어온다는 것을 의미하며, 비자의적인 동사이다. 예를 들면,

求則得之, 舍則失之【孟子, 告子上】

(구하려고 하면 이것을 얻고, 버리면 이것을 잃는다)

또 비자의적인 감각에도 응용되어, 현대어에서《知道》《聽見》《看見》
등에 해당하는(다만 같은 것은 아니다) 용법도 있다.

武王得之矣【呂氏春秋, 義賞】(武王은 이것을 알고 있었다)

王右軍得人以蘭亭集序方金谷詩序, 又以己敵石崇, 甚有欣色【世, 企羨】
(王右軍은 타인이「蘭亭集序」를「金谷詩序」에 비교하고, 또 자신을 石崇에
필적한다고 하는 것을 듣고 매우 기뻐하는 것 같았다)

林盡水源, 便得一山【晉, 陶潛, 桃花源記】
(숲이 끝나자 수원이 있고 거기에 하나의 산이 보였다)

《得》은 또 동사 앞에 올 때가 있지만 이것은 보동사이다. 어느 쪽이든
고대어에서는《得》을 동사로 뒤에 놓는(후치) 용법은 극히 드물었으며,
따라서 문어에는 후치용법이 계승되지 않았다. 그렇다고 후치용법이 전
혀 없었던 것은 아니므로 몇 개의 용례를 고찰해 본다. 우선 A식 긍정에
유사한 것으로는,

臣之客有能探得趙王陰事者【史, 信陵君列傳】
(臣의 손님에게 능히 조나라 왕의 비사를 탐색할 수 있는 자가 있습니다)

乃求得趙歇【史, 張耳陳餘列傳】(그래서 구하여 趙歇을 얻었다)

其後有人盜高廟坐前玉環, 捕得【史, 張釋之馮唐列傳】
(그 뒤 高廟가 앉은 자리 아래의 옥환을 훔친 자가 있어, 그를 붙잡았다)

와 같은 것이 보이지만, 모두 가능이 아닌 획득으로, 바로 앞의 동사와
는 등립관계等立關係에 있다(혹은《得》은 그 결과를 나타내는 것으로 불러도
좋다). 후치된《得》이 가능을 나타내는 용례는 시대가 훨씬 지난 뒤이다.
오래된 예로,

値祥私起, 空斫得被【世, 德行】
(마침 祥이 便所에서 일어났을 때 蒲團을 벨 수 있었을 뿐이다)

이와 같이 후치된《得》이 가능을 나타내는 것은 수나라 이전에는 아주 드물었다. 원래 획득을 나타내는《得》이 왜 가능을 나타내게 되었는가에 대해서는, 단순히 개념이 가까웠다는 설명으로는 불충분하다. 왜냐하면《得》에 붙는 동사는,《得》이 획득인지 가능인지에 따라 그 의미가 바뀌기 때문이다. 예를 들어《賣得》는 가능이라면 '살 수 있다'이지만, 만약 획득이라면 '어떤 것을 팔아서 다른 것을 손에 넣다'라는 의미가 된다. 후치된《得》의 수나라 이전의 용례는 획득을 표현한다고 생각하는 것이 좋다. 예를 들어,

湛頭髮委地, 下爲二髦, 賣得數斛米【世, 賢媛】
(湛의 머리카락은 땅에 닿아 있었지만, 잘라서 두 개의 가발로 만들어 그것을 팔아 여러 말의 쌀을 얻었다)

《得》의 오래된 용례를 보면 대체로 '① 획득에 비슷한 동작', 또는 '② 그것을 목적으로 하는 동작을 나타내는 동사'에 쓰이는 경향이 있다. 예를 들면,

① 捕得　　捉得　　取得　　買得
② 追得　　射得　　掘得　　覓得

②에서는 획득과 가능과의 사이에는 역시 격차가 있지만, ①에서는 이 구별이 거의 없다. 이에 반해,

③ 賣得　　除得

과 같이 획득의 반대 개념을 가진 동사의 경우에서는《得》이 획득의

370

의미에서 가능으로 변화하기에는 너무나도 거리가 있다. 아마 ①과 같은 용법에 있어서《得》은 우선 가능으로 의식이 되었고, 이것이 ②에서 ③과 같은 것까지 확대되어, 가능으로 된 것은 아닐까.

또 가능은 획득에서 바로 나온 것이 아니라, 획득→실현→가능과 같은 순서도 생각할 수 있다. 그렇게 보면《得》이 완료 또는 지속을 나타내는 것은 실현에서 바뀐 것으로 그 근원은 극히 오래되었다고 봐야한다. 가능조동사로서의《得》은 당나라 때부터 많이 쓰였다.

　　數莖白髮那抛得?【杜甫詩】
　　(여러 가닥의 백발을 어떻게 던져버릴 수 있을까)
　　誰言寸草心, 報得三春暉?【孟郊詩】
　　(작은 풀의 마음이 춘삼월 볕에 보답할 수 있다고 누가 말할 것인가)
　　不醉黔中爭去得?【白居易詩】(취하지 않으면 黔中에는 어떻게 갈 수 있을까)
　　城高遮得賊【元稹詩】(성이 높으면 도적을 막을 수가 있다)
　　除得此患, 衆各思報恩矣【傳奇, 廣記441】
　　(이 재난을 막을 수가 있었기 때문에 모두 은혜를 잊지 않았습니다)

다음으로 A식 부정에 유사한 예로는,

　　漢兵夜追不得【史, 匈奴列傳】
　　(한의 병사는 밤에 추적을 했지만 [單于를] 얻을 수는 없었다)

이 예에서《得》은 획득의 뜻이지만, 가능으로 쓰인 예도 있다. 예로,

　　主父欲出不得【史, 趙世家】(主父는 나가려고 했으나 할 수 없었다)

이 예에서《不得》은 동사 뒤에 들어와 있지만 실은 보동사로서《不得出》의 의미이다. 또 다음의 예에서《不得》은 이미 조동사가 되어 있기는 하지만, 역시 보조사에서 바뀐 흔적이 분명하게 있다.

371

今壹受詔如此, 且使妾搖手不得【漢書, 外戚傳】

(지금 의외로 이 같은 조서를 받고, 첩에게 손을 흔들[반대하고 항의하다] 수 없도록 시켰기 때문입니다)

田爲王田, 賣買不得【後漢書, 隗囂傳】

(밭은 王莽의 밭이 되어 매매할 수가 없다)

於城湍墮水死, 尸喪不得【搜神記11】

(성 아래 급류에서 물에 빠져 죽어, 시체를 애도할 수가 없다)

　후치된《不得》이 불가능을 나타내는 것은 후치된《得》이 가능을 나타내는 것보다도 일찍부터 쓰였다. 이것은 조동사인《不得》이 실제로는 보동사에서 나왔기 때문에, 처음부터 가능의 의미를 갖고 있었던 것에 의한다(이에 반해 조동사《得》은 획득의 의미인 동사에서 나왔기 때문에, 가능으로 전환하기까지 시간이 필요했을 것이다). 빈어를 취할 경우, 예전에는 빈어를《不得》의 앞에 두었다. 이 경우도《不得》이 원래 보동사였던 것을 암시하고 있다.

吾不自知, 代汝迷不得 ; 汝若自見, 代得吾迷【六祖壇經 S.377】

(우리는 자신을 알지 못하기 때문에 너의 미혹을 대신할 수 없다, 네가 만약 자신을 본다면 우리의 미혹을 대신할 수 있겠지)

余時把著手子, 忍心不得【遊仙窟】

(나는 그 때 주먹을 쥔 채, 마음을 참을 수가 없었다)

一日近暮, 風雪暴至, 學童悉歸家不得【因話錄6】

(어느 날 저녁 때 눈보라가 갑자기 몰아쳐 학생들은 모두 집으로 돌아갈 수가 없었다)

太原兵敵回鶻不得【會昌一品集14】(太原의 병사는 위구르족에 당할 수 없다)

畏衹對相公不得【歷代法寶記, 下】(영주의 상대가 될 수 없는 것을 걱정했다)

每字三疋絹, 更減五分錢不得【唐闕史上, 廣記244】

(글자마다 비단 세 필의 값어치로, 그것보다 五分도 깎을 수 없다)

逆賊夢袖長是出手不得也【次柳氏舊聞】

(역적이 소매가 긴 꿈을 꾼 것은 해볼 도리가 없다는 것을 나타낸다)

若立身於矮屋中, 使人擡頭不得【開元天寶遺事】

(만약 천장이 낮은 방에 선다면 머리를 들 수 없다)

恐看五道黃紙文書不得【玄怪錄, 廣記329】

(아마 五道의 황지 문서를 볼 수 없겠지요)

당나라 때에는 앞의 예와 같이 빈어의 길이에 관계없이 《不得》은 반드시 후치했다. 송나라 때에 이르자 《不得》은 동사 바로 뒤에 위치하고, 빈어 뒤에 분리해서 놓지 않는 용법이 생겼다.

在古雖大惡在上, 一面誅殺, 亦斷不得人議論【河南程氏遺書2下】

(옛날에는 악인이 위에 있고 닥치는 대로 주살하더라도 사람의 의론을 가로막을 수가 없었다)

若理不相關, 則不得他【朱3】

(만약 도리가 관련되지 않는다면 그것을 모을 수가 없다)

(2) B식

B식은 현재,

喫得了 —— 喫不了

와 같이 대응하고 있다고 의식되고 있지만, 발생적으로는 이처럼 대응하는 것이 아니다. 즉, 《喫不了》는 《喫了》에 대응하는 부정이며, 《喫得了》에는 대응하는 부정이 결여되어 있다. 현대어에서는 빈어를 쓸 경우, '喫得了飯 —— 喫不了飯'와 같이 쓰여, 마치 《得了》와 《不了》가 대응하고 있는 것 같다. 그러나 오래된 용법에서는,

과 같이 되어 있고, 《得了》 사이에 빈어가 들어감에 따라 《得》과 《了》
가 분리되는 것에 반해, 《不了》는 분리되는 것이 아니다. 이것에 의해서
도 B식의 긍정과 부정이 대응하는 것이 아니라는 것은 상상이 간다.

B식 긍정은 당나라·오대에서 그 용례를 볼 수 있다.

若使火雲燒得動【來鵠詩】

(만약 저녁놀 구름이 [그 봉우리를] 태워 움직일 수 있다면)

將謂嶺頭閑得了【成彦雄詩】

(산 정상에서 언제까지나 한가롭게 있을 수 있을까 싶었다)

驚蛙跳得過【王貞白詩】(놀란 개구리는 뛰어넘을 수 있다)

瞑鳥飛不到, 野風吹得開【曹松詩】

(넓은 하늘의 새도 날아갈 수는 없지만, 들에서 부는 바람은 여기저기 흩뜨
릴 수 있다)

松鶴認名呼得下【方干詩】

(소나무에 있는 학은 이름을 불러서 내릴 수가 있다)

無人畫得成【方干詩】(그림으로 그릴 만한 사람이 없다)

深水有魚銜得出【杜荀鶴詩】

(깊은 곳에 물고기가 있으면 입에 물고 나올 수가 있다)

若也無人彈得破, 却還老僧【祖7】

(만약 튕겨 깰 수 있는 사람이 없으면 나에게 돌려줘)

大庾嶺頭趂得及, 爲什摩提不起?【祖6】

(大庾嶺 위에서 따라 붙을 수 있었는데, 어째서 치켜세우지 않았던 것입니까)

未過得一兩日, 念得徹【祖6】

374

(하루 이틀도 지나지 않은 사이에 다 읽었다)

이들 가운데는 반드시 가능의 의미뿐만 아니라, 결과를 나타내는 것을 취하는 것도 있다. 이것은 빈어를 취할 경우 특히 현저하게 나타나지만, 아마 결과보어의 한 종류였던 것이 가능의 조동사로 변했을 것이다. 빈어를 취한 예로,

我兒若修得倉全【舜子至孝變文 P.2721】
(자네가 만약 창고를 완전히 수리할 수 있다면)

十三學得琵琶成【白居易詩】(13살에 비파를 능숙하게 익혔다)

燒得藥成須寄我【姚合詩】(약이 다 구워지면 나에게 보내 주십시오)

我做得通判過否?【黙起】(나는 通判을 끝낼 수가 있는가)

이상과 같은 B식 긍정에는 부정이 없다. 그것은 이 형식이 원래 결과보어이고, 결과보어에는 부정이 없는 것에 기인했을 것이다.

B식 부정은《不》뒤에 동사를 취하는 것이고, 당나라·오대에도 용례가 있지만 확실한 가능(부정)으로 되어 있지 않은 것도 많다. 원래《喫不了》에 대응하는 긍정《喫了》은 단순히 다 먹었다는 것으로 거기에는 가능의 의미가 없다. 그런 연유로《喫不了》는 단지 먹어도 끝나지 않는다는 것으로, 가능의 의미는 뒤에 생긴 것이다. B식 부정의 예도 당나라·오대부터 볼 수 있지만 확실한 가능이라고 할 수 없는 점이 많은 것은 그 때문이다. 예를 들면,

碑樓功積大, 卒拽不倒【李相國論事集1】
(비루는 대단한 공사이므로 사람이 끌더라도 넘어지지 않습니다 [당겨서 쓰러뜨릴 수 없습니다])

暝鳥飛不到, 野風吹得開【曹松詩】
(暝鳥는 날아올 수 없지만, 들바람은 떨어뜨릴 수가 있다)

375

紅塵飄不到【裴度詩】(붉은 먼지도 날아오지 않는다)

長風翦不斷【盧仝詩】(큰 바람도 자를 수 없다)

大牛六十頭挽不動【廣記114引, 珠林】

(큰 소 60마리라도 끌어서 움직일 수가 없다)

百歲歸原起不來【丈夫百歲篇 S.2947】

(백 세가 되면 죽어 일어날 수 없다)

自冬歷夏, 搬運不了【談賓錄, 廣記239】

(겨울부터 여름을 지나서도 역시 다 옮기지 못하다)

狂風吹不落【白居易詩】(광풍이 불어서 떨어트릴 수 없다)

無限春風吹不開【白居易詩】(끝없는 봄바람도 불어서 열게 할 수가 없다)

그 외에 당나라·오대에는 《不及》《不盡》《不起》《不下》《不住》《不著》《不轉》《不成》《不折》《不入》《不死》《不散》《不應》 등이 있다. 그 중에는 가능(부정)으로 완전하게 되어 있지 않은 예도 있지만, 대부분에 있어서 B식 부정으로 봐도 좋다. 빈어를 수반하는 용례는 극히 적지만,

蝦跳不出斗【祖13】(새우가 되에서 튀어나올 수 없다)

遣不去無賴窮親【雜纂】(무뢰하게 가난한 친척을 쫓아버릴 수 없다)

와 같이 빈어를 뒤에 취하는 것(즉, 현대어와 같은 어순의 것)과 조동사를 분리하여 빈어를 뒤에 두는 것(이것은 현대어에서 쓰이지 않게 됐다)이 있다. 조동사를 분리하는 예는,

一百二十箇蜣蜋推一箇屎塊不上【唐摭言15】

(120마리의 풍뎅이가 한 개의 똥 덩어리를 밀어 올릴 수가 없다)

B식의 긍정과 부정이 대응되는 것으로 의식되게 된 것은 매우 오래되었고, 위에 든 예문에도 긍정·부정을 합쳐서 쓰는 경우가 그것을 가리키

고 있지만, 또 다음과 같은 예도 있다.

雲居代云 :「到這裏方知提不起。」疎山代云 :「只到這裏, 豈是提得起摩?」【祖6】(雲居가 대신하여 말하였다. "여기에 와서 비로소 제기되지 않았던 것을 알았다." 疎山이 대신해서 말하기를 "여기에 온 것만으로, 어떻게 제기되겠는가")

이 문답은 약간 난해하며, 특히 마지막 한 句는 잘못이 있었을지도 모른다. 그러나 《提不起》와 《提得起》가 대응하는 것으로 의식되고 있었던 것을 알기에는 충분한 것이라고 말할 수 있다. 또 다음과 같은 예도 있다.

耽曰 :「打得死否?」具對 : 傷腦折足, 痛楚殆極, 但打不死【芝田錄, 廣記373】(耽이 말했다. "타살할 수 있었는가?" 그러자 머리를 손상시키고 다리를 자르고 참을 수 없을 정도로 고통을 당하게 했지만, 타살할 수는 없었다고 상세하게 대답했다)

(3) C식

현대어에서는,

寫得好 —— 寫不好

와 같이 대응을 이루는 것으로 《得》《不》 뒤에 원래 형용사인 것을 쓴다. 그 긍정은 결과보어 A식 긍정과 같다. 동일한 것을 이처럼 나눌 수 있는 것은 현대어에서 음성상의 구별을 가질 수 있는 것에 의한다. 따라서 문자에만 의존하는 경우는, 이 구별이 원칙적으로 문맥에 의존하는 수밖에 없으며, 어느 쪽이나 쓰지 않는 경우도 많다. 이처럼 가능조동사 C식과 결과보어 A식은 혼동하기 쉽지만, 이 점을 역용하여, 가능조동사 B식과 C식을 구별할 수 있다. 즉, 《得》 뒤에 오는 말이 동사계인지 형용

377

사계인지 단정할 수 없는 것은, 그것이 결과보어일 경우는 자연히 가능
조동사 C식이라는 것이 된다. 아마 결과보어 A식과 가능조동사 C식과
는 원래 동일한 것으로, 가능과 양태의 결과적 표현은 예전에는 분리되
지 않고 하나로 되어 있었던 것 같다.

　이 C식은 원래,

　　　　　　　寫好 —— 寫不好

와 같이 대응을 이룬 것이었다고 생각된다. 이 경우의 긍정《寫好》는
결과복합동사이지만, 그것에 대응하는 부정《寫不好》가《寫得好》와 같
은 것으로 연결되어,

　　　　　　　寫得好 —— 寫不好

로 됐다. 그리고 이 단계에서는 역시 가능과 양태가 명확하게 분리되
어 있지 않았다. 그것이 나중에《寫得不好》와 같은 용법이 생겼기 때
문에,

와 같이 분리된 것으로 생각된다. 그 긍정의 오래된 예로,
　　取得魚必須上岸, 人便奪之 ; 取得多, 然後放, 令自喫【朝野僉載4】
　　(고기가 잡히면 물가로 옮겨 사람이 가져가버리고 많이 잡히면 비로소 놓
　　아주고 자신으로 하여금 먹게 한다)
　　清泉洗得潔【皮日休詩】(맑은 샘이 깨끗하게 씻겼다)

378

語得分明出轉難【羅隱詩】

(분명하게 말할 수 있게 되면 나가는 것이 점점 어렵게 된다)

旗下依依認得眞【捉季布傳文】

(깃발 아래 희미하게 달리고 있지만 확실하게 확인되었다)

地脉尙能縮得短【呂巖詩】(지맥에서조차도 줄여서 짧게 할 수 있다)

C식 부정의 예는 당나라 때까지는 극히 드물다. 그 이유는 대부분 결과복합동사의 부정형에서 나왔기 때문으로, 결과복합동사(의 긍정형) 그 자체가 당나라 때까지는 거의 보이지 않는 것에 의한 것 같다.

幽鳥飛不遠【賈島詩】(幽鳥는 날 때가 멀지 않았다)

一間茅屋住不穩【杜荀鶴詩】

(띠로 이은 한 칸의 집에서도 편안하게 살 수 없다)

若初且草讀一遍準擬三四遍讀, 便記不牢【朱11】

(만약 서너 편 읽을 예정으로 처음에 급히 한 편을 대충 읽는 것은 확실하게 기억할 수 없다)

若只是口裡讀心裡不思量, 看如何也記不仔細【朱10】

(만약 단지 입으로 읽을 뿐 머리로 생각하지 않으면, 아무래도 세세하게 기억할 수는 없다)

誦得熟方能通曉, 若誦不熟亦無可得思索【〃】

(술술 암송할 수 있어야 비로소 정통할 수 있으므로, 만약 술술 암송하지 않으면 사색할 방법이 없다)

16.6.4 대상對象·장소場所

대상이나 장소를 나타내는 조동사에는 《給》《到》《在》《的》 등이 있다. 《的》은 용도가 광범위하기 때문에 조동사로 분리하지 않고 조사의 한 용법으로 할 수도 있다. 이 외에는 모두 개사가 부속화한 것으로, 이것을 조동사로 하는 것은 주로 그 음성상의 특징에 기인한다. 즉, 이것들은 앞의 동사를 도와, 그 사이에 휴식지가 없이 자주 경성화輕聲化된다. 현대어로서 볼 때 이것은 개사의 한 용법이 아니라 다른 품사라고 말할 만하다.

▌《~給》

이 말이 쓰이게 된 것은 청나라 때부터이고, 그 이전에는 쓰이지 않았다. 다만 드물게 다른 표기법에 의해 나타난다. 원래《給》은 -p 입성入聲이지만, 북경어계에 있어서 -p 입성은 문어음·구어음 두 종류를 갖지 않는다. 그런 까닭에《給》에 ji와 gei의 두 음이 있다는 것이 예외적이며, gei 음은 실은 다른 글자의 음이어서, 그 음에 대해《給》글자가 잘못 적용되어 있는 것이다. 오래된 예로,

> 咱這劍也不賣歸您【五代史平話, 周上】
> (나의 이 칼은 당신에게 팔지 않습니다)
> 你做饋我一副護膝【朴通事】(나에게 무릎보호대를 만들어 주십시오)
> 拿出二兩銀來丟己人【醒世姻錄傳8】
> (두 냥의 은을 꺼내어 다른 사람에게 던져 주다)

이상,《歸》《饋》《己》와 문자는 다르지만 모두《給》과 같은 말이다.

> 反把不好挪給別人, 只圖輕省自己【滿漢成語對待1】
> (오히려 좋지 않은 것을 타인에게 시키고, 자신만 편안하게 하려고 한다)
> 我教給你一個法子【紅42】(좋은 방법을 가르쳐 드리겠습니다)

당·송·원·명을 통틀어 일반적으로 고대 백화에서는《給》을 쓰지 않고《與》를 쓴다.

▌《~到》

《到》는 원래 동사로, 이것이 복합동사의 뒷부분을 차지하게 된 것, 개사로서의 용법보다 오래됐다.

> 皆飛到阿彌陀佛所【阿彌陀三耶三佛薩樓佛壇過度人道經, 上】
>
> (모두 아미타불 곁으로 날아갔다)

▌《~在》

고대어에서는 《於》를 쓴다. 현대 북경어에서는 개사 《在》가 장소를 나타내는데 반해, 조동사 《在》는 도달의 의미가 강하다. 예를 들면 아래와 같은 것을 비교해 보자.

> 昨天我住在朋友家了。[조동사] (어제는 친구 집에 머물러버렸다)
>
> 你在那兒住? [개사] (당신은 어디에 살고 계십니까)

단 이와 같은 사용법은 북경어에 있는 특수한 용법으로, 통용 범위는 넓지 않을 것이다. 오래된 예로,

> 埋在堂屋東頭【錄異傳, 御覽728】(堂屋의 동쪽 변두리에 묻었다)
>
> 住在前郵【冥祥記, 珠林17】(앞마을에 살고 있다)

▌《~的》

현대 북경어에서,

> 坐的這兒。(여기에 앉다)
>
> 跑的那兒。(저쪽까지 달려가다)

와 같이 쓴다. 매우 새로운 형태 같다. 아마 《在》의 의미 dai(持·못) 및 《到》가 경성화輕聲化되어 변음되었기 때문에 《的》으로 쓰이게 되었을 것이다.

16.6.5 정도程度·양태樣態

《大發了》《得過兒》 등이 있으며, 수사數詞의 《些》나 《點兒》에도 이 용법이 있다.

▌《~大發了》

동작의 과도過度, 혹은 확대擴大를 나타낸다. 옛날에는《得》(的)에 의해 이끌렸기 때문에 결과보어였다. 하지만 현재에는《得》을 사용하지 않는 경우가 많고, 부속어가 되었다.

　　大娘你今日怎的這等惱的大發了【金75】

　　(큰 마님 당신 오늘은 어째서 이렇게 심하게 화를 내는 것입니까)

　　他在大奶奶屋裏, 叨登的大發了【紅63】

　　(저 사람이 부인의 방에 있기 때문에, 소란이 심하게 되었습니다)

　　你我都錯了, 錯大發了【兒21】

　　(우리들은 모두 잘못하고 있었다, 지나치게 잘못하고 있었다)

　　這是怎麼了? 樂大發了!【兒35】

　　(이것은 어떻게 된 것입니까?, 너무 좋아하시는군요)

▌《~得過兒》

적당한 정도를 나타내지만 조금 부족한 어감이 있다. 역시 북경어 같다.

　　瞧得過兒(그럭저럭 볼 수 있다)

　　吃得過兒(그럭저럭 먹을 수 있다)

　　買得過兒(사기에 적당하다)

이 말은 청나라 후기부터 쓰이게 됐다.

　　要這樣一撲心兒的勉力久了, 自然囫圇半片的儂得過兒【庸言知旨】

382

(만약 이와 같이 한마음으로 공부해서 시간이 흐르면 자연히 정리된 것을 겨우 말할 수 있게 된다)

이것은 가능조동사 B식의 《~得過》(또는 《~得過去》라고도 한다)의 변형으로 생각된다. 《~得過》는 어쨌든 그 장소를 벗어날 수 있다는 의미이지만, 여기에《兒》가 붙어 그 의미도 다시 바뀐 것이다.

但只老爺跟前怎麼瞞的過呢?【紅94】
(단지 어르신 앞을 어떻게 속일 수 있겠습니까)

你算是躲的過, 不見了【紅97】
(당신은 간신히 도망갈 수 있었다, 보이지 않게 되었다고 말할 생각이겠지요)

▌《~不多兒》《~不高兒》《~不遠兒》등

여러 가지가 있지만, 요컨대 형용사 앞에《不》뒤에《兒》가 붙는 것으로 부족不足(어느 정도로 아직 도달해 있지 않는 것)을 나타낸다. 가능조동사 C식 부정否定이 현대어에서는 불가능을 나타내는데 반해, 이것은 단순한 동작의 양태를 말하는 것이다. 예를 들면,

飛不高兒(아직 높이까지 날고 있지 않다)
走不遠兒(멀리까지 걸어가고 있지 않다)

이와 같은 말도 북경어 특유의 것 같다. 오래된 예로,

時常他弄了東西來孝敬, 究竟又喫不多兒【紅35】
(언제나 이 사람이 장만해 드린 것을, 결국 얼마 드시지 않는 것[이 아닙니까])

16.6.6 결정決定
동작·사태의 실행이나 실현이 결정적으로 된 것, 또는 그와 같은 추측

을 나타내는 조동사. 현대어에서는 《~定了》《~鐵了》가 있지만, 후자는
북경어의 속어이다.

▌《~定了》

이 말은 오랫동안 《~定》의 계통을 이끈 것으로 생각된다. 《~定》은 원
래 추향조동사의 한 종류이며, 결정 외에 고정·파지(단단히 쥐는 것)을 나
타낸다. 중세에서는 조사 《矣》《也》를 취하는 것도 있다. 결정을 나타내
는 예로는,

朕不用兵定矣【李相國論事集5】(짐은 병사를 쓰지 않기로 결정했다)
我用鄭絪定也【嘉話錄, 廣記188】(나는 鄭絪을 쓰기로 결정했다)

단지 이 같은 《定》은 빈어를 사이에 둔 뒤에 쓰기 때문에 조동사는 아
니다. 고정·파지把持 등을 나타내는 예로는,

有三百餘騎, 圍定某等。【三, 162】(3백여 기가 우리들을 포위했다)
地神專在彼處守定【取經詩話】(땅의 신이 오로지 그곳에서 단단히 지키고
있다)

현재는 고정 등을 나타낼 때는 《~定》보다도 《~住》를 쓰는 편이 많고,
《~定了》는 대부분 결정이나 분명한 추측을 나타낸다. 청나라 때의 예
로는,

依你說來說去, 是去定了?【紅19】
(너 자꾸만 여러 가지 말하는데, 나가기로 결정했느냐 [무슨 일이 있어도
나갈 것이냐])
巧姐兒死定了【紅84】(巧姐兒는 반드시 죽기로 결정되어 있습니다)
他執意不穿 是去報定了仇了。【兒16】
(저 아이는 끝까지 은혜를 입으려고 하지 않고, 원수를 갚으려고 마음먹고

384

있습니다)

坐着坡, 不上定了磨了【兒33】

(궁둥이를 땅에 대고 앉아, 끝까지 맷돌 일을 하지 않으려고 한다)

백화의 이 같은 화법에, 아주 유사한 것이 고대어에 있다. 그것은 구말에 《必矣》를 쓰는 것인데, 빈어가 있으면 동사 뒤에는 쓰지 않기 때문에 조동사는 아니다.

其爲楚害必矣【韓非子, 十過】(그 초나라의 해가 되는 것은 정해져 있습니다)

彼來請此而不與, 則移兵於韓必矣【〃】

(그가 와서 이것을 청할 때 주지 않으면 병사를 韓으로 옮길 것임에 틀림이 없다)

▎《~鐵了》

《鐵》은 명사이지만 여기서는 철과 같은 상태를 나타내는 것으로부터 다시 바뀐 것이다. 예를 들면,

越發把那個老主意拏鐵了【兒28】

(드디어 그 전부터의 생각을 확실하게 다잡았다[고집했다])

이것은 결과복합동사의 일종이지만, 이와 같은 것이 추상화되어 확정적인 추측을 나타내는 용법이 됐다.

那麼, 北平城是丟鐵了?【四世同堂, 惶惑】

(그러면 北平은 아무리 하여도 함락하는 것인가)

16.6.7 보어補語를 이끄는 것 《~得》《~個》(後述)

385

16.7 겸어동사兼語動詞

겸어동사에는 사역으로 쓰는 것과 피동으로 쓰는 것, 두 종류가 있다.

16.7.1 사역使役
현대어에는《叫》《使》《讓》을 쓴다.

▌《叫》
옛날에는《敎》라고 썼다. 교사敎唆의 뜻이 변해서 사역使役이 된 것으로 생각된다. 고대에서는 겸어구라고 말할 수 있지만, 또한 분명한 사역으로 한정되지 않는 것도 많다.

今魚方別孕；不敎魚長, 又行網罟, 貪無藝也【國語, 魯語上】
(지금 물고기는 암수가 떨어져서 새끼를 잉태하고 있는 시기인데, 물고기를 번식·성장시키지 않고 그물로 잡는 것은 너무나도 욕심이 지나치다)

이 예는 명백하게 단순한 사역이지만, 조금 너무 오래된 것인지도 모른다. 오래된 예는 아래와 같이 사역의 의미를 가지면서도 또한 완전한 사역으로는 되지 못해 원래의 뜻을 상실하지 않는 예가 많다.

客有敎燕王爲不死之道者【韓非子, 外儲說, 左上】
(손님 중에 연나라 왕에게 [가르쳐서] 죽지 않는 道를 이루게 한 자가 있었다)
趙高敎其壻咸陽令閻樂劾不知何人賊殺人移上林【史, 李斯列傳】
(趙高는 그 사위인 咸陽令 閻樂에게 정체불명의 도둑이 사람을 죽여서 上林으로 옮겼다고 탄핵시켰다)
此敎我先威衆耳【史, 陳沙世家】
(이는 나에게 우선 대중을 협박하는 것을 가르치는 것이다[협박하도록 시키는 것이다])

若敎淮陰後反乎?【史, 淮陰侯列傳】
(너는 淮陰後에게 반항하는 것을 가르쳤는가?[반항하게 했는가?])

《敎》는 『광운廣韻』에 평성과 거성이 있지만 의미상 구별은 없는 것 같다. 그러나 당시唐詩 등에서는 사역의 의미《敎》는 평성으로 읽고, 송나라 이후의 파독破讀을 설명한 것이라도 평성으로 한다. 아마 사역의 의미를 원뜻에서 구별하여 평성으로 읽었던 것은 아닐까. 《敎》는 당나라 때《交》로도 쓰였다. 수나라 이전에도 《交》는 보이지만, 같은 시기의 자료가 없기 때문에 당시의 표기법이 어떠했는지는 알 수 없다. 어찌됐건 《敎》가 먼저고 이것이 평성으로 변해《交》가 쓰이게 되었다는 것은 의심하지 않는다. 일례를 들어본다.

願得篙櫓折, 交郎到頭還【那呵灘, 樂府詩集49】
(작대기나 방패가 부러져서 남자로 하여금 결국은 돌아오게 할 수 있도록)

《叫》는 원래 부르다는 의미의 동사이다. 이것이 겸어구에 쓰이게 되어, '~을 불러서 ~시키다'라는 뜻으로 쓰이게 되어, 나중에는 순수한 사역의 의미가 됐다. 《叫》는 거성이므로 이 말이 많이 쓰이게 되자《交》는 쓰이지 않게 됐지만, 최근에는 또《敎》를 쓰는 경향이 많아졌다. 《叫》를 순수한 사역으로 쓴 것은 원나라 때에는 없고, 명나라 때에도 그다지 많지 않지만, 어쨌든 고대의 용례에는 '부르다'라는 의미를 수반하는 것이 많다.

我如今叫他出來, 好歹敎他伴你【靑衫泪2】
(나는 이제부터 저 딸을 불러내어, 어쨌든 당신의 상대로 시키겠습니다)

이 예에서, 《叫》와 《敎》가 구별되어 쓰이는 것에 주의하자. 명나라 때에도 이러한 사용법은 남아 있었다.

至晚旋叫王婆來【金8】(밤이 되자 즉시 王할머니를 불러왔다)

連忙叫迎兒收拾房中乾淨【金8】

(서둘러 迎兒를 불러 [迎兒에게] 방을 치우게 했다)

▌《使》

《使》를 사역에 쓴 것은 고대어에는 지극히 보편적이며, 현대어에서 이것을 쓰는 것은 문어적이다. 또한 현대어에서는 《使得》이라는 것도 쓴다. 이것은 원래 강남의 방언으로 《使》와 같다.

▌《讓》

'양보하다, 권고하다' 의미의 동사에서 나온 것. 오래된 용례는 겸어구 이지만, 역시 동사이다.

那佳人讓客先行【大宋宣和遺事, 亨集】

(그 가인은 손님에게 앞을 양보해서 가게 했다)

救某上山, 就讓我第二把交椅坐【黑旋風1】

(나를 구해서 산에 오르게 하고 제2의 자리를 나에게 양보했다)

衆人讓他坐吃茶【金14】

(모두는 그 여자에게 앉아서 차를 마시고 가도록 권했다)

婦人讓玳安吃了一碗, 他也吃了一碗【金23】

(여자는 玳安에게 한 그릇 먹게 하고[먹도록 권하고], 그녀도 한 그릇 먹었다)

《讓》은 그 원뜻으로 보아 완곡한 의미를 갖고 있으므로, 허용의 의미로 쓰일 때가 많다.

讓我拿了鏡子再走!【紅12】(거울을 가져가게 해주게)

388

또 허용의 의미에서 조금 변하여 자기의 의지를 나타내는 것도 있다.
　你兩個上去, 讓我送【紅63】(두 명이 타십시오, 밀어드릴 테니)

　고대어에서 사역의 겸어동사로서는《使》외에《令》《遣》가 있고, 당나라 때부터《放》《著》등이 쓰이게 됐다.《令》은 거성이지만 사역일 때는 평성, 또《著》는 명령하는 어투가 강하다. 또 중세에서 근세에 걸쳐서 이들의 복합된 것이 많이 생겼다. 예를 들면,

　令使　　令敎
　使令
　敎令　　敎著
　遣令　　遣放
　放敎
　著令　　著仰　　著落

　고대어의《令》《使》는 가정假定에도 쓰이기 때문에, 이와 같은 복합어가 생기면 의미상 구별하기 좋기 때문이다. (가정을 나타내는《令》《使》는 특별히《如》《若》《假》등과 복합되어, 이것 역시 헷갈리는 것이 없어졌다)

16.7.2 겸어동사를 사용하지 않는 사역표현
　겸어동사를 쓰지 않고 보통 동사에 의한 겸어구로 사역을 나타낼 경우, 제1동사는《請》《催》《勸》《囑付》《分付》《打發》그 밖에 여러 가지가 쓰인다. 약간의 예를 들어본다.
　　秦老留着他母子兩個吃了早飯【儒林外史1】
　　(秦老는 그들 모자 두 사람을 말려 아침밥을 먹게 했다)
　　十娘喚香兒爲少府設樂【遊仙窟】
　　(十娘은 香兒를 불러 少府를 위해 음악 준비를 시켰다)

能摧外道皆歸正【維摩變文, 羅氏藏】(外道를 잘 꺾어 正에 돌아오게 하다)

이와 같은 것도 고대에 유사한 예가 없는 것은 아니다. 예를 들면,

留子路宿【論, 微子】

仁義充塞, 則率獸食人【孟, 滕文公下】

(인의가 충색하면, 즉 짐승을 이끌고 사람을 함정에 빠뜨린다)

이것들은 언뜻 보기에 현대어의 겸어구와 동일하지만, 그러나 실제로는 같지 않다. 왜냐하면, 현대어에서는 겸어구에 의해 처음으로 제2동사에 사역의 의미가 부여된다. 그러나 고대어에서는 겸어구에 의존하지 않더라도 중성적中性的인 동사를 사역동사로 할 수가 있었다(16.5 복합동사 참조). 그런 까닭에 위와 같은 예는 겸어구가 아닌 연술구連術句로 볼 수 있다. 예를 들면《率獸而食人》으로 할 수 있는 것에 의해서도 알수 있다. 즉, 제2동사《宿》《食》은 고대어에서 겸어구로 쓰이게 됨으로써 비로소 사역의 의미를 나타낸 것은 아니다. 그러면 현대어와 같이 겸어동사를 사용하지 않고 겸어구에 의해 사역의 의미가 생긴 최초의 시기를 결정하기는 곤란하다. 왜냐하면 형식적으로는 고대어의 연술구와 현대어의 겸어구가 같을 수 있기 때문이다. 결국 중성적인 동사를 사역동사로 쓸 수 없게 된 이후부터, 겸어구로 보게 되었다는 것이다. 그러나 중국어에서는 문어의 세력이 강하기 때문에, 어떤 말이나 그 용법의 하한을 결정하는 것은 매우 어렵다. 어떤 용법의 하한을 명백하게 했을 때에만 다른 것의 상한이 명백하게 될 경우에는, 그 시대를 결정하기 어렵다. 그러나 어쨌든 현대어와 같은 겸어구가 매우 오래전부터 존재하고 있었다는 사실은 의심할 여지가 없다.

고대어의 사역동사는 현대어에서는 매우 한정적으로 전하고 있다.

ⓐ 숙어

閉月羞花(달을 가리고 꽃을 부끄럽게 한다)

富國强兵(나라를 부유하게 하고 군사를 강하게 하다)

鬪雞走狗(닭을 다투게 하고 개를 경주시킨다)

ⓑ 빈어는 '人'으로 제한하다.

怕人(사람을 두렵게 하다. 뜻하지 않게 무서워지다)

希罕人(사람을 이상하게 하다)

急人(사람을 애태우게 하다)

氣人(사람을 화나게 하다)

煩惱人(사람을 괴롭게 하다)

이와 같은 것은 당나라 이후 많다.

月明月闇總愁人【白居易詩】

(달은 밝거나 어둡거나 어느 쪽이나 사람을 슬픔에 잠기게 한다)

渾弗相貽也惱人【孫元晏詩】(전혀 보내주지 않은 것도 괘씸한 것이다)

ⓒ 주어는 장소

這張床睡三個人(이 침대는 세 명 잘 수 있다)

長江裏可以走輪船(揚子江에는 기선을 다닐 수 있게 한다)

16.7.3 피동被動

현대어에서 피동을 나타내는 겸어동사에는《被》《蒙》《叫》《讓》이 있다. 피동의 표현은 현재 옛날과 비교해 큰 차이가 있지만, 여기서는 현대어를 중심으로 해서 직접관계가 있는 것만을 서술한다.

▍《被》

《被》는 원래 동사로, '뒤집어쓰다, 받다, ~을 입다'의 의미. 따라서 《被》의 뒤에는 빈어로서 명사가 온다. 그 예로,

> 身被數十創【史, 魏其武安侯列傳】(몸에 수십의 상처를 입다)
>
> 竟被惡言【史, 魏其武安侯列傳】(마침내 나쁜 말을 듣다)
>
> 然至被刑戮, 爲人奴而不死【史, 季布欒布列傳】
>
> (그렇다 하더라도 형륙을 받고, 종이 될 사람이며 죽음에 이르지는 않는다)

그런데 다음과 같은 예에서는《被》의 뒤에 오는 것은 명사로도 취할 수가 있지만, 또 동사로도 취할 수 있다. 이것은 중국어에서 추상명사의 대부분이 그대로 동사인 것에서 기인한다.

> 信而見疑, 忠而被謗【史, 屈原賈生列傳】
>
> (믿고도 의심받고, 충성하고도 비방을 받다[비방 받다])
>
> 錯卒以被戮【史, 酷吏列傳】
>
> (錯은 결국 그 때문에 죽음을 받았다[살해당했다])
>
> 以萬乘之國被圍於趙【史, 魯仲連傳】
>
> (만승의 나라이면서 조나라 때문에 둘러싸였다)

앞의 예에서《被》는 이미 보동사라고 칭해도 지장이 없다. 이와 같이 《被》가 피동을 나타내는 보동사로 된 것은 오래됐지만, 동사의 경우에도 그 뒤에 오는 빈어는 추상명사일 때가 많고, 보통명사는 그다지 쓰이지 않는다. 그런데 명사에는 수식어를 붙일 수가 있다. 그래서《被》의 빈어인 명사에도 수식어가 붙게 된 경우가 많아졌다. 예를 들면,

> 鼠被害, 尙不能忘懷【世, 德行】
>
> (쥐가 해를 입은 것만으로도 걱정이 된다)
>
> 本作何緣, 今現得道, 被毒而死?【賢愚經10】

(원래 어떠한 인연이 되어, 지금 득도를 보이고 독약을 받고 죽는가)

와 같은 것으로 수식어가 붙은 것으로,

亮子被蘇峻害【世, 方正】
(亮의 자식은 蘇峻의 해를 입었다[蘇峻에게 살해당했다])

民被其毒, 王不覺知【孝經抄】
(백성은 그 독을 받았지만[해를 당했다], 왕은 깨닫지 못했다)

에 있어서,《害》나《毒》은 명사지만, 이것들은 또 동사로도 할 수 있기 때문에, 말하자면 명사성이 약한 것이다. 그런데《蘇峻》과 같은 것은 명사로서 고정적이며,《其》도 역시 자립어가 되는 경향은 상당히 오래 전부터 이미 현저했다. 이처럼 수식어가 체사로서 고정적인데 반해, 피수식어 쪽은 명사성이 약하고 쉽게 동사로도 쓸 수 있다. 그 결과, 주객이 전도되어 원래 수식어였던 것이 주어, 피수식어였던 것이 술어처럼 되어버렸다. 이것이 겸어동사《被》를 쓰는 현대어식의 피동구의 기원이다. 즉, 고대어에서《被》는 동사로, 또는 드물게 보동사로 쓴다. 그러나 단순히 피동의 의미가 표현될 뿐, '누구에게 ~당했다'든지, 동작을 행하는 자를 나타낼 수 없었다.

위에서 인용한 예《被圍於趙》와 같은 것은,《於》의 장소를 나타내는 기능을 빌려서 그 주체를 빗대어 말하고 있기 때문에, 동작을 행하는 자를 나타내는 방법으로서는 보편적이지 않다. 고대어에서 동작을 행하는 자를 모두 나타내는 피동에는,《爲…所…》와 같이《爲》를 쓴 句 형식에 의하는 것이 보통이다. 겸어동사《被》를 쓴 오래된 예로,

被火焚燒【生經4】(불에 탔다)

禰衡被魏武謫爲鼓吏【世, 言語】
(禰衡은 魏武帝에게 귀양당하고 鼓吏가 되었다)

被三人捉足【幽明錄, 廣記276】(세 사람에게 발을 붙잡혔다)
幸被夕風吹【梁, 費昶詩, 樂府詩集17】(다행히 저녁 바람이 불다)

《被》가 겸어동사로서 쓰이게 된 것은 대략 위진魏晉 이후로 봐도 좋을 것이다.

최근《被…所…》를 쓰는 피동 형식이 유행하고 있다. 이것은 고대어에서 가장 보편적으로 쓰인《爲…所…》에 의한 피동표현과《被》를 쓴 것과 뒤섞인 것으로, 잘못 사용된 것이라고 생각하는 사람도 있지만, 수나라·당나라 이후 역대 문헌에 나타나 있고, 또 부자연스러운 것도 아니다. 왜냐하면《被》에 잇따르는《…所…》는 명사성 연어로 봐야 하며, 원래가 동사인《被》 뒤에 놓기에 적절하기 때문이다. 그 예로,

我被煩惱箭所射【佛本行集經24】(우리는 번뇌의 화살에 맞아서 …)
因被匈奴所破, 西踰葱嶺, 遂有其國【隋書, 西域列傳】
(흉노에게 패배했기 때문에 서쪽으로 葱嶺을 넘어, 마침내 그 나라가 생겼다)
世世被虎狼所食【修心要論】(대대로 호랑이와 늑대에게 잡아먹히다)
只被他形體所拘…【朱4】(단지 그 형체에 속박되어 …)
一且被韓信所敗【金1】(잠깐 韓信에게 패해 …)

중세에서는《被…之所…》로 할 때도 많았지만 근세에는 드물다.
果被衆人之所怪笑【百喩經1】
(마지막에는 무리에게 이상하게 여겨져 조롱당했다)

또 현대어에서《被》를 쓰는 것은, 보동사일 때를 포함해, 그 동작을 받는 자에게 불리한 것, 나쁜 것에 한정되지만, 옛날에는 이와 같은 제한은 없었다. 이는 단지《被》의 어기가 변화한 것에 지나지 않는다고 생각된다.

《蒙》

현대어에서는 드물게 문어적 표현으로만 쓰인다. 예를 들면,

前天蒙您賞飯吃。(그저께는 진수성찬을 대접받았습니다)

《被》와 마찬가지로 원래는 동사이며, 보동사와 같은 용법은 여기에서 온 것 같다. 현대어에서는 또 동사로도 사용한다. 오래된 예 일부를 언급 하겠다.

數蒙恩貸【漢書, 張敞傳】(자주 은혜를 입었다)

使臣殺身以安國, 蒙誅以顯君, 臣誠願之【漢書, 諸葛豐傳】
(臣으로 하여금 자신을 죽여 나라를 편안케 하고 벌을 받아[벌 받게 되어], 君을 세우게 된다면, 臣은 마음으로부터 이것을 원하는 바입니다)

昔日深蒙救命, 甚重感恩【八卷本搜神記3】
(먼젓번 친절하게 목숨을 구해주셔서, 은혜에 깊이 감사하고 있습니다)

蒙衆娘擡擧, 奴心裏也要來【金14】
(부인이 귀하게 여겨 주셔서, 저도 진심으로 오고 싶다고 생각하고 있었습니다)

蒙大官人不棄【金16】(주인이 방치하시지 않은 덕분에 …)

《蒙》은 현대어에서는 그 동작을 받는 자에게 좋은 경우에 많이 사용 지만, 앞의 예와 같이 예전에는 나쁜 일의 경우에도 사용했다.

《叫》《讓》

현대어에서는《敎》(叫)《讓》과 함께 사역과 피동에 모두 사용되었다. 句의 형태는 대체로 같고, 때로는,

叫他打了。[피동] (그에게 맞았다)

叫他打的。[사역] (그에게 때리게 했다)

와 같이 구별되는 것도 있지만, 이 구별은 불완전하며 기본적으로는 사역과 피동이 같은 형식이라고 해도 지장이 없다.

이러한 것은 현대어나 백화에 있는 특유의 것으로, 고대어에는 없다. 사역이 피동에도 쓰인 것은 의미를 구별하기 어려운 경우가 있기 때문에, 원래 동일한 것을, 사역의 경우 《叫》 등을 동사로 하고, 피동의 경우는 개사介詞로 한다는 생각은 중국어의 본질에 기초하고 있지 않다. 《叫》 등은 어느 쪽의 경우에도 겸어동사로 해야 한다. 사역이 피동으로도 쓰이는 것은 의미상 구별하기 어려운 경우가 있기 때문이다. 원래 사역과 피동의 구별은 객관적인 사실 그 자체에 있는 것이 아니라, 주관적인 판단에 기인한다. '그에게 맞다'라는 것은 그에게 맞을 만한 일을 한지도 모른다. 만약 그렇다면 '그에게 때리게 하다'라고도 할 수 있다. 사역과 피동이 공통되는 것은 이 같은 이유에 의하지만, 어디까지나 사역이 기본이고, 피동은 거기에서 변한 것이다. 이러한 것을 피동이라고 하는 것은 혹은 정확하지 않으며, 동작의 결과를 표현하는 것이라고도 말할 수 있다. 이러한 피동이 성립하기 쉬운 조건이 3가지가 있다.

① 겸어동사의 빈어가 의지를 갖지 않는 경우.

見說上林無此樹, 只教桃柳占年芳【白居易詩】
(들어보니 上林에는 이 나무가 없기 때문에, 복숭아나 버드나무로 봄을 독점당하고 있다고)

剛被太陽收拾去, 卻教明月送將來【宋, 蘇軾詩 ※千家詩에 포함】
(이제 막 태양으로 정리되었다고 생각하자, 또 밝은 달로 되돌려 받았다)

叫雪滑倒了【紅8】(눈에서 미끄러져 넘어졌다)

② 어떤 결과가 야기된 기분을 나타낸다.

春思翻教阿母疑【和凝詞】(봄의 생각을 오히려 어머니에게 의심받게 됐다)

396

敎那西門慶聽了, 趕着孫寡嘴只顧打【金15】

(西門慶에게 듣게 되어, [그는] 孫寡嘴을 쫓아가서 매우 세게 때렸다)

這一分家私要不都叫他搬了娘家去, 我也不是個人【紅25】

(이 집 재산이 완전히 그녀의 친정으로 옮겨지지 않았다면, 목을 내놓겠소)

③ 금지를 동반하는 것.

第一莫敎漁父見【李遠詩】(결코 어부에게 보여져서는 안 된다)

莫敎人見【歷代法寶記 P.2125】(남에게 보여져서는 안 된다)

莫敎人笑汝【寒山詩】(남에게 웃음거리가 되어서는 안 된다)

別叫鳳丫頭混了我們去【紅47】(熙鳳에게 속지 않도록 하세요)

앞의 3가지는 반드시 명확하게 나누어져 있는 것은 아니지만, 어찌됐든 이 같은 경우에는 피동의《敎》《叫》가 많이 사용되고 있는 것은 분명하다.

피동의《敎》는 당나라 때부터, 또 피동의《叫》는 청나라 때부터 사용되었다.《讓》이 피동이 된 것도 같은 이유에 의한 것이라고 생각되지만, 청나라 때까지는 용례를 볼 수 없다.

16.7.4 복잡한 피동구被動句

백화의 피동구는 표현이 풍부하고 고대어에서는 표현할 수 없는 것도 많다. 주된 것은 다음과 같다.

① 동사 뒤에 빈어를 취하는 것.

莫敎人笑汝【寒山詩】

고대어에서도《汝勿爲人笑》와 같이 말하면 의미는 대개 같지만, 고대어에서는《汝》를 주어로서 사용하고 있기 때문에 같은 표현은 아니다.

寶玉…被襲人將手推開【紅21】(寶玉은 … 襲人에게 손을 밀어 제쳤다)

고대어에서는《寶玉之手爲襲人推開》라고 말할 수밖에 없지만, 표현이 다르고《推開》도 고대어로서는 적절하지 않다.

反敎天下好漢們恥笑我不英雄【百回本水滸28】

(오히려 천하의 호한들에게 내가 영웅이 아니라는 것을 조롱당했다)

② 동사가 사성·결과복합동사였거나, 또는 조동사를 취하는 것. 고대어에서는 표현 방법이 없다.

太太叫金剛菩薩支使糊塗了【紅28】

(부인은 金剛과 보살에게 잡혀서 머리가 멍하게 되어 버렸다)

③ 보어를 취하는 것.

被他打了個落花流水(그에게 호되게 맞았다)

17

개사介詞

현대어의 개사는 모두 동사가 퇴화한 것이다. 그 퇴화도 일시적이고 표면적인 퇴화에만 그치는 것과, 영구적인 것으로 되어버린 것이 있다. 예를 들면,

他在家裏看書。(그는 집에서 책을 읽고 있다)

에서는 《在》는 개사로서 사용되고 있지만 만약 《看書》가 없다면,

他在家裏。(그는 집에 있다)

로 되며 《在》는 보통의 동사에 지나지 않는다. 그래서 《在》의 개사화는 표면적인 것에 지나지 않는다는 것을 알 수 있다. 그런데,

他從家裏來。(그는 집에서 왔다)

와 같은 것에서는 《來》를 제거하면 의미를 잃게 된다. 이것은 어떤 이유인가 하면, 《從》이 이미 동사로 돌아갈 수 없기 때문이다. 즉, 《從》의 퇴화는 영구적인 것이 되었기 때문이다. 그러면,

他拿筷子吃飯。(그는 젓가락으로 밥을 먹는다)

의 경우는 어떤가. 번역문에서만 개사로서 번역하고 있지만 이것을,

他拿筷子。(그는 젓가락을 쥔다)

라고 할 수도 있다. 그래서《拿》는 개사로서 일시적으로 쓰이고 있는 것에 지나지 않는다는 것도 생각할 수 있지만 또,

　　他拿英國話說話。(그는 영어로 말을 한다)

에서는,《他拿英國話》로 할 수가 없다. 설령 그렇게 해서 의미는 통할 수는 있어도 이《拿》에는 진술의 역할은 없고, 따라서 동사로는 인정할 수 없다. 이러한《拿》는 항상 동사로서 사용된다. 그래서 원래의,

　　他拿筷子吃飯。

이지만 이《拿》는 개사로서,《拿》가 동사로 되돌아가는 것은 어떤 특정한 경우에만 한하고, 개사《拿》의 전용법全用法에 대해서 말할 수 있는 것은 아니다. 즉,《拿》는《在》보다는 개사에 가깝지만,《從》만큼 순수한 개사는 아니라는 것이다.

　어쨌든 중요한 것은 개사를 하나의 품사로서 인정하는지 여부가 아니라, 개사를 인정하지 않는 경우 句의 구조를 어떻게 해석하는가 하는 것이다. 개사를 동사로 바꾸더라도 그 동사를 술어로 볼지 여부의 문제, 나아가서 일반적인 동사의 내용이 복잡하게 된다는 문제가 생긴다.

　개사를 사용한 연어連語는 일반적으로 피수식어의 앞과 뒤에 두는 2가지 용법이 있다고 보인다. 즉,

Ⓐ 개사연어를 피수식어의 앞에 두는 용법.

　개사 — 체사 — 동사

　從家裏來。(집에서 온다)

　在上海買。(상해에서 사다)

Ⓑ 개사연어를 피수식어의 다음에 두는 용법.

　① 동사 — 개사 — 체사

來自上海。(상해에서 온다)

送給他。(그에게 주다)

② 동사 ─ 체사 ─ 개사 ─ 체사

送一本書給他。(그에게 책 한 권을 주다)

殺人以刀。(칼로 사람을 죽이다)

그런데 현대어의 개사 용법은 일반적으로 Ⓐ뿐이며, Ⓑ는 곧 개사의 용법으로는 인정할 수 없다. Ⓑ-①의《來自上海》와 같은 것은 문어의 모방이며,《送給他》와 같은 것은,《給》이 앞의 동사의 부속화가 되어 있기 때문에 개사라고 할 수 없다. 또 Ⓑ-②와 같은 화법은 북경어에는 없다. 요약하면 북경어에는 수식어(즉, 개사연어《給他》와 같은 것)를 피수식어 뒤에 두는 경우는 없다. (책에) 쓰인 것에는 종종 이 어순으로 된 것이 보이지만,《給》《在》의 용법에 익숙해 있지 않은 사람이 문어文語 등의 유추에서 사용한 것으로 참된 구어口語는 아니다.

고대어의 개사에는《於》《于》《以》《爲》《與》《自》《由》《從》 등이 있지만, 현대어만큼 종류가 많지는 않고 대체로 Ⓐ, Ⓑ의 두 용법을 가지고 있다. 현대어의 개사의 수가 많은 것은 그것이 동사로부터 파생된 것이기 때문으로, 개사로서는 같이 사용된 것이라 해도 역시 도태되지 않고 남아 있기 때문이다. 또 Ⓑ-②의 용법이 없는 것은, 그 위치가 중국어로서는 예외적인 것으로 만약 그 위치에 놓이면, 저절로 동사로 되돌아가기 때문이다. 현대어의 개사는 대개 다음과 같이 분류하면 좋을 것 같다.

(1) 소재: 在, 當

(2) 기점: 從, 打, 打從, 自從

(3) 방향: 向, 往, 望, 朝, 上

(4) 관련: 對, 對於, 關於, 至於

(5) 도달: 到, 趁, 趕, 等

(6) 거리: 離

(7) 경유: 沿(着), 順(着)

(8) 원인: 因, 因爲

(9) 목적: 爲, 給, 與

(10) 대체: 替

(11) 재료용구: 用, 拿, 把, 將

(12) 처치: 把, 將

(13) 의거: 靠, 依, 據, 按, 照

(14) 제외: 除, 除了

(15) 공동: 和, 合, 同, 跟, 以及

(16) 비교: 比

(17) 포괄강조: 和, 連

17.1 소재所在

▌《在》

고대어에서는 대부분 《於》를 사용하지만, 《在》도 사용하지 않는 것은 아니다. 다만, '존재하다' '있다'라는 의미가 없다고는 말할 수 없지만, 이 것은 현대어에서도 마찬가지이다.

子在齊聞韶。【論, 述而】(공자는 齊에서 韶를 물었다)

箕在釜下燃, 豆在釜中泣【世, 文學, 曹植詩】
(콩깍지는 가마솥 밑에서 타고, 콩은 가마솥 가운데서 울고 있다)

在兄郗邊坐【世, 德行】(형의 무릎 곁에 앉아 있다)

▎《當》

《當》은 현대어에서는 시간을 나타내는 말 앞에 놓는 것이 많고, 단순하게 장소를 나타내는 것은 적다.

　當你出門的時候, 我來了。(당신이 외출했을 때, 나는 와버렸다)

　一個巡警當街站着。(경찰이 거리에 서 있다)

《當》이 시간을 나타내는 말 앞에 놓이는 것은 오래전부터 많이 사용되었다.

　當是時, 楚兵冠諸候。【史, 項羽本紀】

　(이 때에 있어 초나라 병사는 제후 중에서 가장 강했다)

장소를 나타내는 말 앞에 사용되는 것도 오래되었지만, 단지 장소를 말하는 것뿐만 아니라, '그곳에서' '그 앞에서'의 의미인 것 같다.

　旣歌而入, 當戶而坐【禮記, 檀弓上】

　(노래를 부르자 안에 들어가 문에 앉았다)

17.2 기점起點

▎《從》

고대어부터 이용되었지만 시간을 나타내는 경우에 이용된 것은 드물고, 대개는 장소를 나타내는 경우에 사용된다.

　此從生民以來, 萬乘之地未嘗有也【史, 春申君列傳】

　(이 백성부터 이후 만승의 땅은 아직까지 있었던 적이 없었던 것이다)

　於是大風從西北而起,【史, 項羽本紀】

　(그러자 큰 바람이 서북에서 불어왔다)

▌《打》

현대어에는 시간·장소 함께 쓰이지만, 예전에는 장소에만 사용되었다.

　這裏是五路總頭, 是打那條路去好?【崔待詔生死冤家】

　(여기는 다섯 갈래 갈림길인데, 어느 길을 간다면 좋을 것인가)

　須打此地經過【張天師1】(여기를 통과함이 틀림없다)

송나라·원나라의 예에서는 이처럼 경과를 말하는 것으로, 반드시 기점을 나타내는 것은 아니다.

《打》는《道》의 변화된 것이라고 할 수 있다.《道》의 용례로는,

　旋遂之琅邪, 道上黨入【史, 秦始皇本紀】

　(돌아가서 마침내 琅邪에게 가 上黨에 들어갔다)

이처럼《道》는 경과를 나타내는 것이라고 할 수 있기 때문에, 이것을 《打》의 전신이라는 것이 반드시 부적당한 것은 아니지만, 단지《道》의 하한과《打》의 상한이 지나치게 열려 있는 경향이 있다.

《打》가 기점을 나타내는 용례로,

　到次日西門慶打廟裡來家【金40】

　(다음날 西門慶은 사당에서 집으로 돌아왔다)

　你打那裏來?【紅32】(당신은 어디에서 왔습니까)

《打》가 시간의 기점을 나타내는 용례는 더욱더 후대인 것 같다.

▌《打從》

이 개사도《打》와 마찬가지로 옛날에는 경과를 나타냈다.

　托着盒兒, 打從面前過去【小夫人金錢贈年少】

　(찬합을 손에 올려놓고 앞을 통과했다)

404

員外必然打從後門來【殺狗勸夫3】(員外는 반드시 뒷문에서 온다)

《打從》이 기점을 나타내는 예로,

如今打從那裏査起?【紅111】

(지금에 와서 어디서부터 조사해야 좋을지)

▎《自從》

自從窮蟬以至帝舜, 皆微爲庶人。【史, 五帝本紀】

(窮蟬에서 帝舜까지 모두 신분이 천해서 평민이다)

《自從》을 시간적인 경우에 사용하는 것은 오래전부터 보이며, 그래서 아주 많다.

自從分別來, 門庭日荒蕪【晉, 陶潛詩】

(헤어지고 난 뒤, 門庭은 나날이 황폐해졌다)

自從菩薩處胎以來, 摩耶夫人日更修行六波羅蜜【過去現在因果經1】

(보살이 投胎하고 난 뒤, 마야부인은 나날이 더욱더 육바라밀을 수행한다)

17.3 방향方向

▎《向》

옛날에는《鄉》, 또는《嚮》으로 썼다.

秦伯素服郊次, 鄉師而哭曰【左傳, 僖33】

(秦伯은 소복을 입고 제사를 지내며, 스승을 향해 울며 말한다)

嚮河立待良久【史, 滑稽列傳】

(강을 향해 서서 기다리는 일은 상당히 오랜만이다)

春鳥向南飛【魏明帝詩】(봄새는 남으로 향해 난다)

중세에는《向》이 단순히 소재를 나타낼 때에도 많이 사용되었다.

▌《往》
《往》을 개사로서 사용한 것은 당나라 말, 오대에 시작된 것 같다.

便往那邊去【五臺山曲子, S.467】(곧 저쪽으로 간다)

何不往彼中禮拜去?【祖16】(어찌하여 그곳에 예배하러 가지 않았는가)

▌《望》
현재에는《望》보다도《往》이 자주 사용되기 때문에,《往》은《望》대신에 사용된 것처럼도 생각할 수 있지만, 오히려《往》이 오래되고, 또 그 용법도 모두 일치하는 것은 아니다.

取路望延安府來。【水滸1】(길을 延安府쪽으로 향해 갔다)

在圍屏背後扒着望外瞧【金46】(병풍 뒤에서 붙잡혀서 밖을 보았다)

你怎的不望他題一字兒?【金44】

(너는 어찌하여 저 사람에게 한마디도 하지 않았느냐)

▌《朝》
那武松只是朝上磕頭【金10】

(저 武松은 오로지 위를 향해 절을 했다)

倒在床上面朝裡邊睡了【金12】

(침대 위에 쓰러지자 안쪽을 향해 잠이 들었다)

▌《上》
《上》이 개사로서 쓰이게 된 것은 매우 새로운 것으로 중세에도 개사

406

처럼 쓰인 예는 있지만, 어느 것도 '오르다'라는 본래의 의미를 잃지 않았다. 예를 들면,

　　寅以私錢七千贖當伯, 仍使上廣州, 去後寅喪亡【梁, 任昉, 秦彈劉整】

　　(寅은 사전 7천을 가지고 당백을 속죄하고, 따라서 廣州로 보내졌지만, 그 후 寅은 죽었다)

　이 예를《上廣州去, 後…》로 읽는 것은 적절하지 않은 것 같다. 왜냐하면 이처럼《上》을 순수한 개사로 쓰는 것은 동시대는 물론, 그보다 훨씬 이전에도 볼 수 없기 때문이다. 명나라 때의 예는,

　　僱脚夫起程, 上東京去了。【金17】

　　(마부를 고용하여 출발해, 동경으로 갔다)

　　明日要上小姐墳去【牡丹亭36】(내일 아가씨의 성묘하러 간다)

　이 같은 예에서도《上京》《上墳》이라는 말이 있기 때문에 쓰인 것이지 단순한 개사는 아니다.

17.4 관련關連

┃《對》

원래 '얼굴을 마주 대하다'에서 나온 것으로, 방향을 나타낸다.

　　對鏡貼花黃【木蘭詩】(거울을 보며 花黃을 붙인다)

　　實對你老人家說…【紅7】(진실을 말하자면…)

　《對》《對於》《關於》가 관련된 것을 나타내는 용법은 매우 새로운 것 같고 청나라 때까지의 용례를 찾을 수 없다.

《至於》

至於味, 天下期於易牙【孟, 告子下】

(맛있는 음식에 대해서는 천하는 이것을 易牙에게 기대한다)

17.5 도달到達

《到》

聞師却到鄉中去【方干詩】(스승이 고향으로 가신다고 들었다)

梁普通八年到此土來【祖13】(양나라의 普通8년에 이 나라에 왔다)

昔日戲言身後事, 今朝都到眼前來【元稹詩】

(옛날에 농담으로 사후의 일을 얘기한 것이지만, 지금 모두 눈앞에 떠오른다)

《趁》

趁暖閑眠似病人【王建詩】

(따뜻한 것을 다행이라고 편히 잠들어 있는 환자 같다)

人趁早涼行【白居易詩】(사람은 아침 서늘한 때에 간다)

《趕》

趕今日富貴, 將祖塋附近多置田莊, 房舍, 地畝【紅13】

(지금 부귀한 동안에 조상의 묘 근처에 많은 집이랑 전답을 사두고…)

《等》

等雨水晴時節, 可來取俺老小每也【爭報恩0】

(비가 그치면 우리 가족을 마중 와주세요)

17.6 거리距離

┃ 《離》

這裏離城有的五里路【老乞大, 上, 第51話】

(여기는 성에서 5리의 거리에 있다)

這離三月裏也快了【兒1】(머지않아 곧 3월입니다)

17.7 경유經由

┃ 《沿》

叫俺沿路上體訪安危【牡丹亭49】(나로 하여금 도중에 안위를 찾게 했다)

┃ 《順》

你順着我的手瞧【兒14】(당신, 내 손에 매달려 보세요)

順着沁芳溪看了一回金魚。【紅26】

(沁芳溪에 따라서 잠시 금붕어를 보고 있었다)

17.8 원인原因

┃ 《因》

고대어에 있다. 현대에 이것을 사용하는 것은 약간 문어적이다.

因前使絕國功, 封騫博望侯【史, 衛將軍驃騎列傳】

(먼저 먼 나라에 사신으로 간 공로로 인해 騫을 博望侯로 봉한다)

▌《因爲》

연사連詞로 된 것이 많지만, 단순히 체사 앞에 오는 경우도 있다.

因爲你上, 就那日回到狀元橋下【百回本水滸4】

(너 때문에 어느 날, 狀元橋로 돌아왔다)

17.9 목적目的

▌《爲》

현재에는《爲了》《爲着》이라는 것이 많다.《爲》는 고대어에는 아주
많이 쓰인다.

爲人謀而不忠乎?【論, 學而】(타인을 위해 도모하니 불충이 아닌가)

▌《給》

이 말은 청나라 때의 북경어에 처음으로 보인다. 그것보다 이전의 용
례는 매우 드물지만, 약간 쓰이고 있다.

却討個生活歸您做【五代史平話, 周上】(일을 찾아서 당신에게 시키다)

你饋我尋見了拿將來【朴通事上, 第16話】

(당신, 나를 위해 찾아서 데리고 와주게)

快己他做道袍子【醒世姻緣傳8】(빨리 저 사람에게 도포를 만들어 주세요)

이상과 같은《歸》《饋》《己》는 모두《給》에 해당하는 것으로 생각된
다. 어원은 명확하지 않지만, 아마 '주다'라는 의미의 동사로부터 나온
것으로 추측된다.《給》은 동사·조동사인 것도 있지만(既述), 개사 또는
겸어동사로 쓰이고 있는 것도 있다. 그 경우 句의 구조는 '주어+給+체사
+술어'와 같이 되어야 하지만 그중에,

410

① 주어+(給+체사)+술어
　　　　수식어

와 같이 되는 경우에 한해서 《給》을 개사로 쓴다. 만약,

② 주어+給+겸어+술어

와 같이 이루어지는 경우에는 《給》은 겸어동사이기 때문에 개사로는
될 수 없다. 완전히 동일한 것이 이 2가지로 되는 것은 조금 이상하지만,
예를 들면,

　　我給你看看　① 나는 당신 때문에 봐드립니다. [개사]
　　　　　　　　② 나는 당신에게 보여 드립니다. [겸어동사]

　요약하면 《給》이 개사의 경우에는 목적 또는 대체代替를 나타내고, 겸
어동사일 때는 사역 또는 수동의 의미를 띤다. 개사의 《給》은 보통 '어떤
것을 위해~'라는 것을 나타내는 것이 보통이며, 오래된 예는 모두 이것
이다. 예를 들면,

　　你快給我進來!【紅40】(빨리 들어와 주십시오)

또 대체를 나타내는 것을 수반하는 것으로,

　　快給我找去!【紅93】(빨리 나 대신에 찾으러 가세요)

또 단순히 방향을 나타내는 것을 같이 취하는 것으로,

　　每年連頭也不給我們磕一個【紅62】
　　(매년 우리들을 향해 절 한 번 하지 않는다)

앞의 것들은 모두 어떤 것을 위한 것으로 그 뜻에 따라 그 이해利害를

411

생각해서 하는 것을 의미한다. 그렇지만 시대가 내려오면 '어떤 것을 위해 할 수 없는 것을 하다' 즉, 어떤 것의 뜻을 거역하고, 또 그 불이익을 위하는 경우에도 쓰일 수 있게 되었다.

接了人家兩三吊錢, 給人擱下, 人家依嗎?【兒4】

(남에게 2, 3천 냥이나 받아서, [그 편지를 남의 이익이 되지 않도록] 방치해 두었다면, 사람들은 승낙하지 않을 것이다)

老爺待要不接, 又怕給他掉在地下惹出事來【兒38】

(노야는 받아들이지 않겠지만, 또 그것을 지면으로 떨어뜨려 성가신 일이 생기는 것을 두려워했다)

▌《與》

명나라 이전에는, 《給》 또는 그 계통의 말은 거의 이용되지 않고, 대개는 《與》를 사용했다. 《與》를 《爲》의 의미의 개사로서 쓰인 것은 고대로부터 있었던 것 같다. 『경전석사經傳釋詞』에서 2가지 예를 인용하겠다.

所欲, 與之聚之 ; 所惡, 勿施爾也【孟, 離婁】

(백성이 원하는 것은 이것이기 때문에 이것을 모으고, 미워하는 것은 이것을 베풀지 않았기 때문이다)

或與中期說秦王【戰國策, 秦策】

(어떤 사람이 中期를 위해 진나라 왕에게 설명했다)

《與》를 '불이익이 되는 것을 위해'의 의미로 쓰인 것은 없다. 또 《與》는 조동사로서도 이용될 수 있지만, 고대어 용법에는 없다. 그 예로,

我有禁方, 年老欲傳與公【史, 扁鵲倉公列傳】

(나에게 비전의 처방이 있는데, 늙어서 너에게 전해주고 싶다)

將一大牛, 肥盛有力, 賣與此城中人【生經4】

(살찌고 힘 있는 큰 소 한 마리를 이 성에 있는 사람에게 팔았다)

412

脫身衣服, 送與其夫【賢愚經5】
(자신이 입고 있던 옷을 벗어 남편에게 보냈다)

《與》를 이처럼 개사·조동사로서 사용한 것은 명나라 때까지 이어졌다.

17.10 대체代替

《替》

低紅如解替君愁【白居易詩】
(붉은 꽃을 낮게 드리워 너 대신 걱정하고 있는 것을 아는 것 같다)
我身替孃長受苦【目連變交】
(나 자신이 어머니를 대신해 오랫동안 고통을 받자)

청나라 때에는《替》를 방향·공동共同에 쓰는 것도 있지만 방언적이다.

17.11 재료材料·용구用具

《用》
재료·용구를 나타내는 개사로서 고대어에는 대체로《以》를 쓴다. 그러나《用》을 쓰는 것도 없는 것은 아니다.

《拿》
《拿》를 쓰게 된 것은 원나라 때는 아닐까 생각된다.
我拿一塊磚頭打的那狗叫, 必有人出來【勘頭巾1】

(내가 벽돌로 저 개를 때려 울리면, 반드시 사람이 나오겠지)

挈那大棒子着實的打上一千下【爭報恩2】(그 곤봉으로 힘껏 1천 번 치다)

▮《把》

현재 북경어에서는《把》는 처치處置를 나타내는 것에 쓰이고, 재료·용구를 나타내는 것은 없어졌지만, 그 이외의 방언에서는 재료·용구를 나타내는 것도 있고, 또 예전부터 그렇게 쓰인 것이 있다.《把》는 동사로서는 '손에 쥐다' 또는 '손으로 잡다'라는 뜻으로 쓰이지만 이것이 확실한 동작으로 제한하는 것은 아니며, 널리 쓰일 수 있도록 한 것이 개사로서의 용법이다.《把》가 재료·용구를 나타내는 개사로서 쓰인 예는 당나라 이후에 볼 수 있다.

莫把金籠閉鸚鵡【蘇郁詩, 또는 吳英秀詩라고도 한다】

(금바구니에 앵무새를 가두어서는 안 된다)

錯把黃金買詞賦【崔道融詩】(실수로 황금으로 詞賦를 샀다)

無一人肯把錢買藥喫【續仙傳, 廣記37】

(누구 한 명 돈으로 약을 사먹으려는 이가 없다)

▮《將》

《將》은 재료·용구를 나타내는 것 이외에도 처치處置에도 쓰지만, 모두 현대어에는 쓰지 않게 되었다. 그러나 근세에는 많이 쓰인다.《將》이 재료·용구를 나타내는 오래된 예로는,

奴遂以斧斫我背, 將帽塞口【還寃志】

(녀석은 마침내 도끼로 내 등을 치고, 모자로 입을 막았다)

巧將衣障口 能用被遮身【遊仙窟】

(교묘하게 옷으로 입을 막고, 被로서 몸을 잘 가렸다)

414

17.12 처치處置

처치處置란《把》《將》등을 써서, 빈어를 술어 앞으로 옮기는 것을 말하지만, 대개의 경우는 약간 복잡한 句 유형을 이룬다. 현대어에서는 이 방법에 의한 것 이외에는 표현할 방법이 없는 것도 있다. 처치구는 처치를 여섯 종류로 나누어 생각해 볼 수 있지만, 역시 경우에 따라서는 재료·용구를 나타내는 것과 구별하기 어려운 것도 있다.

┃《把》
① 두 개의 빈어(직접·간접)가 있는 것

把米與雞呼朱朱【洛陽伽藍記4】
(쌀을 닭에게 줄 때 '추추'라고 부른다)

祗把空書奇故鄕【王建詩, 또는 杜荀鶴詩라고도 한다】
(단지 편지만을 고향으로 부친다)

應把淸風遺子孫【方干詩】(청풍을 자손으로 남겨야 한다)

獨把孤寒問阿誰【杜荀鶴詩】
(혼자 고독함을 누구에게 묻는다면 좋을까)

莫把壺中秘訣, 輕傳塵裏遊人【李中詩】
(壺中의 비결을 경솔하게 塵裏의 나그네에게 전해서는 안 된다)

이런 종류의 처치구는 고대어에도 있고,《把》 대신에《以》를 쓴다.

天子不能以天下與人【孟, 萬章上】
(천자는 천하를 사람에게 줄 수 없다)

齊侯以許讓公【左, 隱公11】(제후는 허나라를 隱公에게 양보했다)

因以文繡千匹, 好女百人, 遺義渠君【戰國策, 秦上】
(그곳에서 아름다운 자수비단 천 필과 미인 백 명을 義渠君에게 보냈다)

② 인정認定·충당充當하는 것

　他把身爲究竟身, 便把體爲究竟體【維摩變文 光94】

　(저 사람들은 身을 究竟의 身으로 하고, 거기에 體를 究竟의 體로 하고 있다)

　便把江山爲己有【秦韜玉詩】(그곳에서 강산을 내 것으로 했다)

이 종류의 처치구도 고대어에 있으며, 역시 《以》를 사용한다.

　堯以不得舜爲己憂【孟, 滕文公上】

　(堯는 舜을 얻을 수 없는 것을 자신의 근심으로 삼았다)

　吾必以仲子爲巨擘焉【孟, 滕文公上】

　(나는 반드시 仲子를 엄지[거물]로 삼을 거야)

　景帝立, 以唐爲楚相【史, 張釋之馮唐列傳】

　(景帝가 등극하자 馮唐을 초나라 재상으로 삼았다)

③ 비교·비유

　若把君書比仲將【顧況詩】

　(만약 너의 글을 仲將[魏, 韋誕의 字]에 비한다면)

　若把長江比湘浦【黃滔詩】(만약 長江을 湘浦에 비한다면)

현대어에서는 이 경우에 《拿》를 쓰는 경우가 있다.

　拿着我比戲子, 給眾人取笑兒【紅22】

　(나를 배우와 비교해서, 모두의 웃음거리로 만들다)

이런 종류의 처치구도 아마 고대어에도 있고, 《以》를 써서 나타내는 것으로 생각된다. 즉 일반적으로는,

　若將比予於文木邪?【莊子, 人間世】

　(너는 나를 쓸모 있는 나무에 비교하는 것인가)

416

와 같이 《於》를 쓰며, 《以》는 쓰지 않고, 그 어순도 《以》를 쓰는 것과는 다른 것이 보통인 것 같다. 그러나

吾何脩而可以比於先王觀也【孟, 梁惠王下】

(내가 어떤 일을 해야만 선왕들이 遊觀했던 것과 비교할 수 있을까)

와 같은 용례가 있기 때문에, 아마, '以 A 比 (於) B'의 어순이 가능할 것으로 생각된다.

④ 개변改變

개변을 나타내는 것은 다음과 같은 것을 말한다.

高祖把白蛇斬成兩段。(高祖는 백사를 둘로 베었다)

이와 같이 개변하는 것을 《把》를 써서 나타내는 것은 당나라 때에는 없었다.

天天悶得人來殺, 把深恩都變做仇。【董西廂, 上】

(날마다 사람을 싫증날 정도로 괴로워하게 하고, 깊은 은혜를 모두 원수로
바꾸었다)

고대어에서는 《以》를 《把》로 바꾸어 동일 어순으로 할 수는 없고, 《斬
白蛇爲兩段》처럼 말한다. 단, 개변의 의미가 그다지 강하지 않은 동사에
서는 이것이 가능한 것도 있다.

⑤ 명명命名

誰把相思號此河【令狐楚詩】(누가 이 강을 相思라고 이름 붙였는가)

有人把椿樹, 喚作白栴檀。【寒山詩】

(어떤 사람이 동백나무를 白栴檀으로 부른다)

《把》를 이용하여 명명命名하는 것은 당나라 때부터 있다. 고대어에서는, 이《把》를《以》에 의해 바꿔 놓을 수 없고, 다음과 같이 말하는 경우가 많다.

生之謂性。【孟, 告子上】(삶은 이것을 性이라고 한다)

⑥ 일반적인 처치구

이상 서술한 ①~⑤는 모두 2개의 빈어를 취하는 것으로 약간 특수한 것이다. 보통 처치구는 이처럼 2개의 빈어를 취하지 않고, 동사 뒤에는 보어, 또는 조동사가 오든지, 또는 동사를 중복 사용한다. 이런 종류의 처치구는 고대어에는 없고, 당나라 때부터 사용되었다. 단, 현대어에는 동사를 단독으로 쓰는 경우는 없지만, 예전에는 가능했다.

惜無載酒人, 徒把涼泉掬【宋之問詩】

(애석하게도 술을 싣고 오는 사람 없고, 장난으로 涼泉을 퍼 올리는 것을)

이 예에서는《把》가 '손에 들다'의 의미가 있다고도 생각할 수 있지만, 그러나《掬》과는 전혀 다른 동작인 것은 아니다. 그런 까닭으로 이것을 이미 처치구화된 것으로 인정하는 것도 불가한 것은 아니다. 단지 다음과 같은 것에서《把》는 역시 동사이며,《看》과 함께 2개의 술어로 되어 있다.

醉把茱萸仔細看【杜補詩】(취해서 茱萸를 들고 자세히 본다)

《把》를 이용한 처치구는 예전에는 동사를 하나만 쓰는 경우가 많다. 대부분은 운문이지만, 구두어에 있어서도 동사를 하나만 사용했다고 생각한다.

偷把金箱筆硯開【王建詩】(몰래 금상자의 筆硯을 열다)

先把黃金鍊【孟郊詩】(우선 황금을 연마하다)

418

莫把杭州剌史欺【白居易詩】(杭州의 자사를 속이지 말라)

不堪星斗柄, 猶把歲寒量【高蟾詩】

(별무늬가 역시 추운 계절을 헤아릴 수 없다)

다음과 같이 동사를 단용單用하지 않는 것을 약간 소개하겠다. 우선 동사 앞에 수식어를 붙인 예는,

把君詩一吟【崔塗詩】(너의 시를 한번 읊다)

好把仙方次第傳【翁承贊詩】(좋은 仙方을 잇달아 전해주게)

若把白衣輕易脫【杜荀鶴詩】(만약 흰옷을 경망스럽게 벗었다면)

동사가 복합하거나, 조동사를 취하거나 하는 예는,

圖把一春皆占斷【奏韜王詩】(봄을 전부 독점해 버리려고 도모하다)

應是天仙狂醉, 亂把白雲揉碎【李白詞, 尊前集에 보인다. 다만 위작일까】

(아마 하늘의 신선이 매우 취해서, 뒤죽박죽으로 구름을 부순 것일 것이다)

把他堂印將去【劉賓客嘉話錄】(그의 堂印을 가지고 갔다)

誰把金絲裁剪却?【歐陽烱詞】(누가 금사를 잘라버렸는가)

師便把火筋放下【祖14】(스승은 그러자 부젓가락을 놓았다)

동사 뒤에 보어를 취하는 예로,

潙山把一枝木吹兩三下【祖14】(潙山은 나뭇가지 하나를 두세 번 불었다)

▌《將》

《將》은 '거느리다' '동반하다'라는 의미에서 '가지다'라는 의미로도 사용되었다. 이것이 《把》와 같이 처치를 나타내게 된 것이다. 현재 《將》은 약간 문어스럽게 쓰일 경우가 있지만, 구어에는 쓰지 않는다.

《把》와 용법이 같으므로 고대어와의 비교는 모두 《把》항으로 미룬다.

① 2개의 빈어가 있는 것

盡將田宅借鄰伍【張謂詩】(모두 논이랑 집을 이웃에게 빌려 주었다)

却將春色寄苔痕【長孫佐輔詩】(오히려 春色을 이끼의 흔적에 맡기다)

却將家信托袁師【呂溫詩】(오히려 집으로의 소식을 袁師에게 부탁했다)

那將最劇郡, 付與苦慵人?【白居易詩】

(어찌하여 가장 바쁜 고을을 매우 게으른 사람에게 하사했을까)

莫將天人施沙門, 休把嬌姿與菩薩【維摩變文, 光94】

(天人을 사문에게 베풀지 말라, 嬌姿를 보살에게 줄 수 있게 하지 말라)

② 인정, 충당充當하는 것

解將無事當無爲【朱灣詩】(일이 없는 것을 無爲로 삼는 것을 알게 되었다)

將此茶芽爲信【歷代法寶記】(이 차의 싹을 표징으로 삼다)

且將詩句代離歌【杜荀鶴詩】(잠시 시구로써 이별의 노래를 대신하다)

欲往蓬萊山, 將此充糧食【寒山詩】

(봉래산에 오르려고, 이것을 식량으로 충당했다)

③ 비교·비유

莫將邊地比京都【王縉詩】(변두리를 京都와 비교하지 말라)

以小計大, 將鍮喩金【維摩變文 P.2292】

(小로써 大를 재고, 놋쇠를 금에 비유하다)

將縑來比素, 新人不如故【古詩, 上山采蘼蕪】

(細絹을 가지고 와서 白絹과 비교하면, 새로운 사람은 본 부인에게 대적
할 수 없다)

마지막 예는 매우 오래되었지만, 《將》은 '가지다'라는 의미로 풀어야
하며, 역시 동사로 해야 할 것이다.

④ 개변改變

將新變故易, 持故爲新難【孟郊詩】

(새로운 것을 낡게 하는 것은 쉽지만, 오래된 것을 새롭게 하는 것은 어렵다)

[※ 이《持》도《把》《將》과 같다]

有人將衣物換酒【桂苑叢談】(옷을 술로 바꾼 사람이 있었다)

⑤ 명명命名

將佗儒行篇, 喚作賊盜律【寒山詩】(저 儒行篇을 도적의 법이라고 부르다)

公只是仁之理, 不可將公便做仁【河南程氏遺書15】

(公은 仁의 도리에 지나지 않기 때문에, 公을 직접 仁으로 불러서는 안 된다)

⑥ 일반적인 처치구

동사를 단용하는 것은 오래전부터 많다.

將少府安置【遊仙窟】(少府를 쉬게 하다)

那將人世戀, 不去上淸宮?【韋渠牟詩】

(어찌하여 인간의 세계를 그리워하고, 떠나서 淸宮에 오르지 않는 것인가)

동사에 수식어 등이 붙은 예로,

恨不將身自滅亡【伍子胥變文 S.328】

(이 몸을 스스로 소멸시키고 싶다는 생각만 하다)

須是常常將故底只管溫習自有新意【朱9】

(언제나 오래된 것을 오로지 온습하여, 자연스럽게 새로운 의미가 생기게

하지 않으면 안 된다)

被那虛底在裏來夾雜, 便將實底一齊打壞了【朱13】

(그 허무한 것의 속에 들어가게 되면, 실제인 것을 함께 깨지고 부서지고

말 것이다)

421

17.13 의거依據

┃《靠》

《靠》는『설문해자』에서는 "相違也"로서, '서로 등지다'라는 의미이다.
아마 서로 등을 등지는 것으로 거기에서 '등에 기대다'라는 뜻이 생긴 것
같다.

　　靠月坐蒼山【曹松詩】(달을 등지고 蒼山에 앉다)

　이《靠》는 이미 의거依據를 나타낸다. 즉, '달을 의지해서'의 뜻으로도
해석할 수 있다. 근세의 속어에서는 다음과 같이《賴》와 반대로 쓰이며,
전혀 '기대다' 뜻이 인정되지 않는 예도 많다.

　　靠天吃飯, 賴天穿依。【兒33】(의식을 하늘에 의존하다)

┃《依》

《依》는 원래 '의존하다'라는 것으로, 예를 들면,

　　依於仁, 遊於藝【論, 述而】(仁에 의지하고, 藝에 노닌다)

와 같이 쓰인다. 부사《依舊》(본래의)는, 당나라 때부터 볼 수 있지만,
개사를 쓰는 연어가 복합되어 부사화된 것이다.

　　多才依舊能潦倒【杜甫詩】(재주 많은 사람은 원래 이렇게 출세하지 못한다)

　현대어에서 동사로서의《依》는 '동의하다'라는 뜻으로, 고대어의 의미
는 오히려 개사로 전해지고 있다고도 말할 수 있다.

　　姓何何名依實說【董永變文 S.2204】
　　(姓이 무엇이며 이름이 무엇인지 사실대로 말해)
　　依你說叫去【牡丹亭52】(당신이 말한 대로 부르려고 갑니다)

┃《據》

　據你的大名, 這表人物, 必不是等閒之人【水滸9】

　(당신의 유명함과 이 훌륭한 용모에 의하면, 반드시 평범한 사람은 아닙니다)

　據你說來, 我是有造化的, 你們姑娘也是有造化的【紅118】

　(당신의 의견으로는, 나는 행복하고, 당신 집의 딸도 행복하다는 뜻이군요)

┃《按》

　朕按圖臨幸【漢宮秋0】(짐은 그림을 살펴 臨幸하는 것이 어떨까)

┃《照》

　개사로써 쓰이는 것 이외에, 《照舊》《照例》와 같이 복합하여 부사로써 쓰이는 경우도 많다.

　照舊去當差【紅62】(본래의 일을 하다)

17.14 제외除外

┃《除》《除了》

　除了我老張還有那個?【薛仁貴1】

　(이 노장을 제외하고 그 밖에 누가 있는가)

　但這裏除你, 還有誰會界線?【紅52】

　(그러나 여기에는 당신 외에 누가 짜깁기가 가능합니까)

　除了自己留用之外, 一分一分配合妥當【紅67】

　(자신이 여유로 남겨둔 것을 제외하고, 일인분씩 적당하게 조합시켰다)

17.15 공동共同

공동을 나타내는 개사에는, 《和》《合》《同》《跟》《與》 등이 있다. 모두 연사連詞로써의 용법을 가지고 있으며, 그 구별은 다음과 같다. 이 양자는 관계가 없는 것이 아니므로, 편의상 연사의 경우도 함께 여기에서 설명한다.

```
A   和   B ·············· 개사 (A는 B와 …)
주어  수식어

A   和   B ·············· 연사 (A와 B …)
     병렬
```

▎《與》

현재 구어에서는 쓰이지 않게 되었지만 문어적으로는 쓰이는 것도 있다. 고대어부터 있다.

개사로서의 용법으로,

諸君子皆與驩言, 孟子獨不與驩言, 是簡驩也【孟, 離婁下】

(모든 군자가 모두 기쁘게 이야기를 하는데, 孟子만은 기쁘게 이야기를 하지 않는 것은 驩을 소홀히 여기는 것이다)

연사로서의 용법으로,

富與貴是人之所欲也【論, 里仁】(富와 貴는 사람이 원하는 곳이다)

▎《和》

개사로서의 《和》는 당나라 때부터 쓰였지만, 대개는 포괄을 나타내는 것으로, 공동을 나타내는 것은 그다지 많지 않은 것 같다. 공동을 나타내

424

는 예로는,

　　愁心和雨到昭陽【劉皂詩】(근심의 情은 비와 함께 昭陽宮에 닿았다)

　　見客入來和笑走【韓偓詩】

　　(손님이 들어오는 것을 보자 웃음과 함께[웃으면서] 가버렸다)

　　현대어의《和》는 어느 정도 방향을 나타내는 것에 가깝게 되어 있다. 그 오래된 예로,

　　我和你說【岳陽樓2】(나는 너에게 말한다)

　　我數番家要和你說【小尉遲1】(나는 여러 번 너에게 말하려고 생각했다)

　　연사로서 쓰인 예로,

　　雀兒和燕子, 合作開元歌【燕子賊 P.2653】

　　(참새와 제비가 함께 開元의 노래를 지었다)

　　酒和羊車上物【救風塵4】(술과 羊車 위의 물건)

　　與我這女兒和這姪兒【老生兒0】(나의 이 딸과 이 조카에게 주다)

　　《和》에 상당하는 말에 hai 또는 han으로 발음되는 것이 있다. 이 경우에도《和》자를 쓰지만 아마도 바르지 않고,《還》의 음이 변화된 것일까 생각된다. hai와 han의 선후先後는 실증하기 어렵지만, 아마 'huan → han → hai'와 같이 변화해서 생긴 것 같다. 단,《還》자를 쓴 예는 없다. 아래의《害》는《和》의 의미이다.

　　誰害他頑?【正音撮要, 1丁下】(누가 저런 자와 노는 것인가)

▮《合》

　　《和》와 같이 쓰이지만, 그 시대는 아득하게 내려간다. 개사로서의 용법으로,

合誰慪了氣了?【紅81】(누구와 싸웠는가)

起來便合那個莊客嚷道…【兒39】

(일어서자 곧 머슴에게 큰 소리로 말했다 …)

▎《同》《同着》

梅熟許同朱老喫, 松高擬對阮生論【杜甫詩】

(매실을 숙성시켜서는 朱老와 함께 먹는 것을 허락하고, 소나무를 높게 해서는 阮生에 대해 논할 수 없는 것과 비견한다)

他旣降唐, 怎生不同你來【小慰遲4】

(그는 당나라에서 내려왔는데도 왜 너와 함께 오지 않는 것인가)

同着魯智深一徑離山寨【李逵負荊1】(魯智深과 함께 곧장 산채를 떠났다)

《同》은 이상과 같이 대부분 개사로서 쓰지만 때로는 연사로서 쓰는 경우도 있다.

賈政同馮紫英又說了一遍給賈赦聽【紅92】

(賈政과 馮紫英은 또 한 번 이야기하고 賈赦에게 듣게 했다)

▎《跟》

동사로서는 어떤 사람의 뒤에 따르는 것. 이것이 개사화된 것으로 역시 '수행하다'의 뜻을 잃지 않았다. 예를 들면,

我們只在太太屋裏屋子, 不大跟太太姑娘出門【紅82】

(나는 다만 부인의 방에서 망을 볼 뿐, 그다지 부인의 따님을 따라서 밖으로 나가는 일은 없습니다)

공동의 개사, 또는 연사로서 쓰인 예는 매우 새로운 것 같다. 공동을 나타내는 개사가 또 연사를 겸하는 것은, 매우 혼동하기 쉽다. 예를 들면,

426

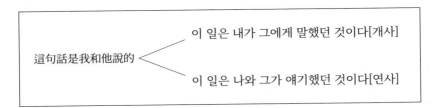

여기에서 개사의 경우는 《同》을, 연사의 경우는 《和》또는 《合》을 쓰는 것은 어떨까 하는 의견이 나온 경우가 있다. 《與》는 문어적, 《跟》은 너무도 구어적이므로 이 2가지를 제외한 것일 것이다.

17.16 비교比較

《比》를 쓰지만 이미 서술했으므로 생략한다(15.3.3 B식 참조).

17.17 포괄包括·강조强調

현대어에선 《連》을 쓰지만, 포괄뿐만 아니라 강조의 것도 있다. 최근 《包括》도 쓰지만 여기에는 강조는 없다. 예전에는 《和》도 사용되었다.

▌《和》
'~마다' '~대로'의 의미로 쓰이는 것이 예전에 있었다.

因和網沒漚麻池中【廣異記, 廣記451引】
(그러므로 그물마다 麻를 담그는 연못 속에 넣었다)

所食物餘者便和椀與犬食【廣記437】
(먹는 것이 남는다면 사발째로 개에게 주어 먹게 한다)

天上碧桃和露種【高蟾時(천상의 벽도는 이슬채로 심는다)

'~조차도'로 강조하는 표현의 예로,

憶君和夢稀【毛熙震詞】(너를 기억하는 것은 꿈에서조차도 드물게 되었다)

《和》에 의해 이렇게 강조하는 표현법은 송나라·원나라에 많다.

▌《連》

《連》이 포괄을 나타내는 개사로써 사용된 예는 당나라 때부터이다.

若數西山得道者, 連予便是十三人【施肩吾詩】

(만약 서산에서 道를 얻었던 자를 센다면, 나를 포함해, 즉 13명이다)

何時猛風来, 為我連根拔【白居易詩】

(언제 맹렬한 바람이 불어, 날 위해 뿌리째로 뽑아줄 것인가)

《連》이 강조를 나타내게 된 것은 늦게 송나라 때부터이다.

今人連寫也自厭煩了【朱10】

(지금의 사람은 그리는 것조차도 번거롭고 싫어하게 되었다)

18
부사副詞

부사는 동사와 형용사를 수식한다. 그래서 부사는 동사만을 수식, 형용사만을 수식, 동사와 형용사 모두 수식하는 것 세 종류로 나눌 수 있다. 그러나 어느 부사가 어떤 말을 수식하는 것인가에 대해서는, 이들 사이에 의미상의 관계가 형성되는지에 따라 다르다. 예를 들어 특정 부사가 동사만을 수식한다고 해도 그 부사가 예외 없이 모든 동사를 수식한다고 말할 수 없다. 그러므로 잠시 의미적으로 세분화시켜 보겠다. 다만 분류는 모두 편의적인 것에 불과하다. 또, 부사 그 자체가 고금을 통해 거의 어휘적인 변화만 인정받지 못하고, 어구의 구조에 영향을 미친 점은 적다. 따라서 그 대부분에 대해서는 단지 오래된 용례들을 살펴보는 정도에서 소개하겠다.

18.1 접미사

부사의 접미사는 대부분 문어 계통을 이어받은 것이지만, 고대어에는 없고 중·근세에 이르러 생긴 것이 많다. 고대어에 있는 것이라 해도 단순히 문자가 일치한 것일 뿐, 그 용법은 다르다. 부사의 접미사 중에서 주된 것을 소개하겠지만, 각각의 의미와 용례는 후술하겠다.

然: 忽然　偶然　自然　果然　居然

來: 從來　向來　本來　元來　近來　後來

是: 還是　也是　總是　卻是　或是

爲: 最爲　尤爲　稍爲　較爲

也: 再也　倒也　再也　可也

且: 暫且　權且　姑且　聊且

而: 幸而　偶而　反而

乎: 斷乎　幾乎　幾幾乎

在: 現在　正在　實在　好在

其: 極其　尤其

經: 已經　曾經　業經

18.2 정도부사程度副詞

정도부사는 주로 형용사나 일부분의 심리적인 동사를 수식한다. 이것을 강도强度를 나타내는 것과 약도弱度를 나타내는 것으로 나누어 생각할 수 있다.

18.2.1 강도强度를 나타내는 것

강도를 나타내는 것으로는 두 종류가 있다. 극한 비교(최상급)에 사용하는 《極》《極其》《最》《最爲》《頂》 등과, 단순히 심한 정도를 나타내는 《太》《忒》《怪》《很》《挺》《頗》 등이 있다.

▌《極》

고대어부터 쓰였다.

且吾所爲者極難耳【史, 刺客列傳】(또 내가 할 일이 매우 어렵다)

430

❙ 《極其》

이 《極》은 원래 부사가 아니라 동사였다. 예를 들면,

低幃暱枕, 極基歡愛【霍小玉傳】

(장막을 내리고 베개를 가까이 대고 사랑과 기쁨에 이르렀다)

그러나 다음의 예에서는, 《極》이 동사가 아닌 부사로, 《其》는 접미사화되었다.

使者晏子, 極其醜陋【晏子賦 P.2564】

(사자인 晏子는 매우 못 생기고 천한 신분이다)

❙ 《最》《最爲》

《最》도 고대어에 쓰인다. 《最爲》는 '가장 ~이다'라는 의미가 있으나, 《爲》가 접미사화되는 경향이 옛날부터 있었다. 예를 들면,

慶於諸子中, 最爲簡易矣。【史, 萬石張叔列傳】

(경은 형제 중에서 가장 손쉬웠다)

七十子之徒, 賜最爲饒益。【史, 貨殖列傳】

(70명의 제자 중에서는 賜[子貢]가 가장 부유했다)

이와 같이 《最》는 직접적으로는 《爲》를 수식한다. 하지만 가장 중점이 되는 것은 뒤에 오는 말(《簡易》, 《饒》)에 있으며, 《爲》는 그다지 중요한 말이 아니다. 그래서 《最爲》가 하나의 어휘가 되고, 《爲》가 접미사가되었다.

❙ 《頂》

《頂》이란 원래 머리의 정수리를 의미하지만, 넓게는 사물의 가장 높은 곳을 가리킨다. 이것이 부사가 되어 《最》의 의미로 쓰이게 되었다. 오

래된 예로,

> 星圖甚多, 只是難得似圓圖說得頂好。【朱2】
>
> (星圖는 매우 많다. 하지만, 圓圖가 가장 잘 설명하고 있어 이에 견줄 만한 것이 없다)

이처럼 부사의 《頂》은 그 후 오랫동안 그 용례를 찾아볼 수 없었다. 청나라 때의 북경어에서도 일반적으로는 사용되지 않았으나, 청나라 후기부터 보이게 되었다. 혹은 남방의 방언에는 있지 않았을까 생각한다.

> 你說那個頂好的叫什麼名字?【品花寶鑑2】
>
> (저기, 가장 좋은 것의 이름이 뭐예요)

▌《太》

《太》가 '매우' '너무나도'의 뜻으로 사용된 예는 고대어에 있다. 옛날에는 《泰》로도 썼다.

> 物禁太盛【史, 李斯列傳】(物은 너무 성행하는 것을 꺼린다)

▌《忒》

《忒》은 송나라 때부터 쓰였다. 《太》의 의미로, 발음이 바뀐 것으로 보기도 한다. 또는 《特》에서 나온 글자일 수도 있다.

> 奈東風忒冷, 紅綃單薄【蔣捷詞】
>
> (동풍은 매우 차고, 홍초가 얇음을 어찌하랴)

근세에는 《太》는 《太煞》으로도 쓰였다. 《忒》도 마찬가지로 《忒煞》로도 쓰였다. 이 《煞》도 '매우'라는 뜻이다.

> 周禮忒煞繁細, 亦自難行【朱23】
>
> (주례는 너무나도 번쇄해서 행하기 어렵다)

432

▌《怪》

《怪》는 말할 것도 없이 '괴이하다' '의심스럽다'의 의미이지만, '이상하게' '심하게'의 뜻으로 바뀌었다. 아마도 명나라 때 이후에 부사가 된 것 같다.

嗓子兒怪疼的要不得【金54】

(목이 너무 아파서 참을 수 없다)

婦女淫曰浪起來, 極曰狠浪, 又曰怪浪。【燕山叢錄22】

(부녀가 음한 것을 '浪起來'라고 말하며, 매우 음한 것을 '狠浪', 또는 '怪浪'이라고 말한다)

▌《很》

《很》은 원래 '돌아가다' '거스르다'라는 뜻이지만, 송나라·금나라 때는 '화나다' '흉악한' '지독한'의 의미로 쓰였다.

有忿狠底心便沒了禮之根【朱60】

(화내는 마음이 있으면 예의 근본을 잊어버린다)

論匹夫心腸狠, 龐涓不是毒【劉知遠】

(이놈 성품의 흉악함은 龐涓도 무색할 정도이다)

《很》이 부사로 사용된 예는 원나라 때부터 보인다. 다만 특정 문헌에 한정되어 나타나며, 몽고인과 접촉할 기회가 많았던 북방인들 사이에서 사용한 속어였을 것으로 추정된다. 원곡元曲 등에서 매우 드물게 쓰이고 있는데, 이는 필시 한족들은 별로 사용하지 않았던 것 같다. 또 원나라 때에는 많이 《哏》으로 썼다.

▌《哏》 이것저것

事務哏多【元曲章, 朝綱1】(일이 매우 많다)

煎鹽的竈戶哏生受有【元曲章, 戶部8】

(소금을 만드는 분은 매우 고생하고 있다)

二三年田禾不曾收來, 氣力哏消乏了【經世大典, 永樂大典卷19423引】

(이삼 년 작물을 수확하지 못해 기운을 완전히 잃었다)

那幾箇守戶閑官老秀才, 它每哏利害【元刊本老生兒】

(저들의 집을 지키는 한직의 노수재, 그들은 매우 잔인한 짓을 한다)

명나라 때 문헌에서도 많이 나타났다고는 말할 수 없다. 그러나 북경에서는 확실히 사용했다. 문학작품에서 그다지 많이 보이지 않는 것은 《哏》이 북경어와는 상당히 다른 방언이라는 것을 의미한다. 『연산총록燕山叢錄』의 예는 《怪》에서 인용하였기 때문에 생략하고, 『서유기』의 예를 들어보겠다.

這家子遠得狠哩【西遊記22】(그 집은 매우 멀다)

他這等熱得很【〃 59】(여기는 이렇게도 매우 덥다)

《很》은 청나라 때가 되어서야 비로소 많이 쓰이게 되었다.

▍《挺》

《挺》이란 직립하는 것, 혹은 똑바로 펴는 것을 말한다. 부사처럼 사용된 예는 청나라 때부터 보이지만, 오래된 예에서는 반드시 《挺硬》과 함께 쓴다. 《挺硬》은 '똑바로 되다'라는 의미가 '굳어지다'나 '딱딱하다'는 의미와 공통점을 가지고 있기 때문일 것이다.

但覺那老婆子的臉冰涼挺硬的【紅41】

(이 노파의 얼굴이 얼음처럼 차갑고 딱딱해진 것을 알아챘다)

정확히 말하면, 『홍루몽』의 이 예는 정도부사라고는 말하기 어렵다.

오히려《硬》의 상태를 나타내서《精濕》(흠뻑 젖었다)《滾熱》(펄펄 끓는 것처럼 뜨겁다)와 유사하다. 그런데 후대로 가면『아녀영웅전』에서, 이외에

挺大

挺深

挺長

挺橫(심하게 건방진)

挺累贅(심하게 귀찮음)

와 같이 많은 형용사가 뒤에 올 수 있게 되었기 때문에 정도부사가 되었다고 봐도 무방하다. 그러나 적극적이고 강한 의미의 말에 쓰이는 경향이 남아 있다. 예를 들어《挺小》《挺軟》《挺薄》과 같이 사용한 예는 더욱 시대가 후대로 간다.

┃《頗》

《頗》는《甚也》《稍也》등으로 일컬어진다. 하지만 강약을 동시에 나타내지는 않는다. 필시 단순히 편향을 나타낼 뿐, 편향의 방법이 강한지 약한지와는 관계없다. 고대어부터 쓰여 왔으며, 현대에는 문어적으로 쓰일 뿐이다.

18.2.2 약도弱度를 나타내는 것

약한 정도를 나타내는 것은 모두《比》를 사용한 비교구이다. 다만 그 가운데《尤其》《尤爲》는 의미상 일종의 극한 비교가 아닐까 생각되지만,《比》를 사용한 비교구로 사용되므로 임시로 여기에서 소개하겠다.

┃《尤》《尤其》

《尤》는 고대부터 사용되었다. 하지만 고대에는《比》를 사용한 비교구

는 없었고, 《於》를 사용한 비교구에서도 《尤》를 병용하는 일이 없었다. 근세에 이르러, 《比》를 사용한 비교구에 《尤》를 사용하는 예가 보인다.

那婦人枕邊風月, 比娼妓尤甚。【金7】

(그 여자의 베갯머리 송사가 창기보다 더 대단하다)

《尤其》의 예로,

樹枝上都像水洗過一番的, 尤其綠得可愛。【儒林外史1】

(나뭇가지가 물로 한번 씻어놓은 듯 유난히 사랑스러운 녹색을 띠고 있다)

這河工…比地方官尤其難作。【兒1】

(이 강의 공사는 … 지방관보다도 훨씬 하기 어렵다)

▌《稍微》《稍爲》

《稍》는 고대어부터 사용되었는데, 시간적 의미를 지닌 《漸》의 의미도 있다. 《稍微》가 생긴 것은 매우 새로운 일인 것 같다.

稍爲輕便値錢一點的首飾就掖在腰裏去了【老殘遊記4】

(다소 들고 다니기에 편하고 가치 있는 장신구는 허리에 찔러 넣었다)

▌《更》

《更》은 고대에는 '더욱이' '새로이'의 의미로써 동작의 횟수와 관계된 말투이다. 시대가 흐르면서 '점점'의 의미가 되어 점층을 나타내게 되었다. 그런데 점층은 형용사와 관계된 말로 형용사의 비교를 나타내는 방식과 혼동된다. 그런 까닭에 《更》은 단순 비교에 쓰이게 되었다.

王之學華, 皆是形骸之外, 去之所以更遠【世, 德行】

(王朗이 華歆을 배우는 것은 모두 겉치레일 뿐, 거리가 점점 멀어진 것은 그 때문이다)

위와 같이 《更》은 점층도 되지만, 비교로도 생각할 수 있다.

火山六月應更熟【岑參詩】(화산 근처의 6월은 분명 더욱 뜨거울 것이다)

我更不會。【祖4】(나는 더욱 모르겠다)

18.3 시간부사

18.3.1 과거

┃《從前》

從前枉多病【劉得仁詩】(예전엔 쓸데없이 병이 많았다)

┃《從來》

此亭從來殺人【幽明錄】(이 정자에서는 예전에 사람이 살해되었다)

從來山水韻, 不使俗人聞【王績詩】

(지금까지 산수의 운율은 속인에게 들려주지 않았다)

┃《當初》

當初是我十年兄【白居易詩】(처음부터 나보다 10년이나 연상이었다)

┃《起初》

옛날에는 《起初時》라고 했다.

起初時性命也似愛他【魯齋郞1】(처음에는 목숨처럼 사랑했다)

┃《早就》

不然, 早就飛了來了【紅20】(만약 그렇지 않다면 벌써 날아왔을 거야)

437

▌《早已》

《早》는 오래전에는 《蚤》으로도 썼으나 같은 것이다.

> 高情遠致, 弟子蚤已服膺【世, 品藻】
>
> (高情遠致는 제자가 일찍부터 마음속에 간직하고 있습니다)

▌《向來》

《向》은 '지난번'의 의미로 《鄕》《嚮》으로도 쓰인다. 《來》는 '이후以後'의 뜻일 것이다.

> 向來何以都不言【世, 文學】(요전에는 무슨 이유로 전혀 말하지 않았습니까)
>
> 向來同賞處【張九齡詩】(지금까지 함께 경사스러운 곳)

▌《本來》

> 本來淸淨所【王昌齡詩】(본래 청정한 곳)

▌《元來》

당나라 때는 '원래'를 《原來》라고 쓰지 않았다. 연인본鉛印本 등에 《原來》로 쓰인 부분들은 모두 잘못이다.

> 元來不相識【遊仙窟】(원래 모르는 사람이다)

▌《近來》

> 鄕曲近來佳此味【賀知章詩】(고향에서는 요즘 이 맛이 좋다)
>
> 近來唯此樂, 傳得美人情【王灣詩】
>
> (요즘은 이 노래만이 미인의 정을 전할 수 있다)

▌《已經》

원래 두 단어로 '이미 ~을 지나다'라는 의미이다. 예를 들면,

己經三年, 女卽恚死【敦煌本搜神記】(3년이 지나자 여자는 화로 죽었다)

또《經》은 '지나다'라는 의미에서 '~이 되었다'라는 의미로 쓰인 적도 있다.

蕩子他州去, 已經新歲未歸還【雲謠集】

(탕자가 타지로 떠나고 벌써 새해가 되었는데, 아직도 돌아오지 않네)

《經》이 접미사화되어《己》만의 의미가 된 것은 훨씬 후대의 일 같다.

晴雯已經好了【紅77】(晴雯은 이미 건강해졌습니다)

▌《曾經》

어원적으로는 '일찍이 ~을 지났다'는 의미일 것이지만,《經》이 접사화해서 단순히《曾》과 같은 의미가 되었다.

曾經學舞度芳年【盧照鄰詩】(일찍이 춤을 배우며 방년을 보냈다)

▌《剛》

현대어에서는 매우 가까운 과거를 말하지만, 원래《剛》은 단단하고 강한 것을 가리키는 형용사이다. 이것이 부사로 쓰여 '강하게' '억지로' '구태여' '어디까지나' '공교롭게도' 등 정태를 나타내게 되었다. 그리고 여기에서 단지 하나만을 강하게 지정하여 범위를 나타내게 된 것 같다. 이상과 같은 용법은 중세·근세에 많다. 이후 시간적 의미의 '마침' '정확히'로 변해서 현대어에서 사용된 것 같다. 더욱이 이것들은 유사한 의미이기 때문에, 그중 어떤 것에 상응하는지 판단하기 어려운 것도 많다. 예를 들면,

剛有下水船【孟郊詩】(마침 강을 내려가는 배편이 있다)

纔成好夢剛驚破【陸龜蒙詩】

(드디어 꿈에 들어가려고 할 때, 바로 그 때[공교롭게도] 꿈에서 깨버렸다)

당나라 때까지만 해도 현대어와는 달랐다. 다음과 같은 예는 현대어와 동일하게 생각해도 좋다.

　剛被太陽收拾去, 卻教明月送將來【宋, 蘇軾詩】

　(방금 태양 때문에 정리했다고 생각했더니, 다시 달로 바뀌었다)

　可惜嫂嫂姪兒剛下水去, 這風浪就寧息了【楚昭公3】

　(유감스럽게도 형수와 조카가 조금 전에 물속에 들어가자, 이 바람과 물결이 금방 잠잠해졌다)

▌《纔》《才》

오래전에는《裁》《財》로 쓰였으며, 일반적으로《僅》의 의미로 쓰이게 된 것이 보통이다.

　雖大男子, 裁如嬰兒。【史, 張儀列傳】

　(성인 남자라 해도 그저 어린 아기와 같다)

《纔》이《始》의 의미로 쓰이게 된 것은 조금 후대이다. 무엇보다도 숫자(연령, 기간 등) 앞에 쓰는 것이 있는데, 이것이《僅》의 의미인지《始》의 의미인지 구별하기 어려운 것도 있기 때문에, 여기에서는 동사 앞에 쓰이는 예를 들어보겠다.

　早潮纔落晚潮來【白居易詩】

　(조조가 물러갔다고 생각했더니 석조가 밀려온다)

당나라 때 이후에는《纔始》로도 썼다.

　纔始似出頭, 又卻遭沈溺【寒山詩】

　(처음으로 머리를 내미는가 싶더니, 다시 가라앉았다)

440

▎《剛纔》

剛纔老爺上己賞過了【金30】(방금 남편 처소에서 받았습니다)

▎《方纔》

頭裡未曾鬧時, 還是午時 ; 方纔鬧了, 他可早交酉時了【張天師2】
(처음에 소란하지 않았을 때는 아직 정오였는데, 방금 소란스럽더니 어느
새 유시가 되었다)

《方纔》는 위의 어구를 받아 '비로소'의 의미로도 쓰인다.
請一位下水, 方纔有救【楚昭公4】
(누군가 한 사람이 물속에 들어가서 비로소 구할 수 있습니다)

18.3.2 현재

▎《現在》

현재라는 말은 오래전부터 있었다. 불교용어로는『과거현재인과경過
去現在因果經』처럼 경전 이름을 통해서도 알 수 있다. 중·근세에는 '현재'
가 지금의 의미로 사용되지 않았다. 주로《如今》《而今》등을 사용했다.
『홍루몽』에서도 '현재'라는 말은 극히 드물게 사용되었다. 그것도 대부
분은 사실이 정확하게 존재한다는 것을 강조하기 위해 쓰였고, 시간을
말하는 것은 아니었다. 다음의 예는 거의 현재 사용하는 의미로 봐도 무
방하지만 예외적인 것이다.

奶奶現在養神呢【紅113】(부인께서는 지금 조용히 안정을 취하고 계십니다)

《現在》는《如今》과 병행하더라도 대부분이 지금의 의미가 아니었다.
但如今現在出了兩箇小旦竟是神仙落劫【品花寶鑑2】

(하지만 지금 현재[틀림없이] 이 세상 사람이 아닌 듯한 여인이 나타났다)

《현재》가 지금의 의미로 흔히 사용된 것은 청나라 말기부터이다.

▌《正》

《正》을 '바로 그때'의 의미로 사용한 것은 고대부터였다. 또《政》으로 쓰기도 한다.

> 我思舜, 正鬱陶【史, 五帝本紀】(나는 舜을 생각해서 걱정하고 있던 참이다)
> 丞相嘗夏月至石頭看庾公；庾公正料事【世, 政事】
> (승상이 예전 여름에 石頭로 庾公을 만나러 갔는데, 庾公은 그때 정사를 처리하고 있었다)

▌《正在》

> 徐信正在數錢, 猛聽得有婦女悲泣之聲【范鰍兒雙鏡重圓】
> (서신이 돈을 세고 있을 때, 갑자기 여인의 슬픈 울음소리가 들렸다)
> 小生正在攻書, 忽聽母親呼喚【王粲登樓0】
> (내가 마침 공부하고 있을 때, 갑자기 어머니가 부르는 소리를 들었다)

《正在》는 약간 문어적 표현으로 청나라 때에는 구어로 사용되지 않았다. 『홍루몽』이나 『아녀영웅전』에도 보이지만, 지문地文(서술 부분)에만 나타난다. 대화 부분에서 보이는 것은 여기에서 말하는 부사로서의《正在》가 아니다. 예를 들면,

> 正在有趣兒, 偏又沒了。【紅63】
> (막 재미있어졌을 때, 마침 [술이] 떨어졌다)

와 같은 것은 의미적으로는《正在有趣兒的時候》가 생략된 것이다.

▌《在》

《正在》를 생략해서 《在》라고도 한다. 이러한 방법은 청나라 때까지는 없었다. 다음의 예는,

> 若是還在應考, 賢契留意看看。【儒林外史7】
>
> (만약에 또 시험을 치르신다면, 부디 조심해 보십시오)

여기에서는 《還在應考之中》이라고 해석해야 하지만, 그러한 생략이 보이지 않더라도 《還》이라는 문자가 있는 것에 주의해야 한다. 《還》은 《正》을 바꾼 것과 같은 것으로, 단순히 《在》만 가지고는 현재의 어느 동작이 일어나고 있다는 것을 보여줄 수 없음을 의미한다.

18.3.3 미래

▌《將來》

이 말은 중세부터 쓰였다. 아마 '바야흐로 ~오려고 한다'라는 의미로 《來》가 접미사화 된 것일 것이다.

> 若連姻貴族, 將來或大益。【世, 賢媛】
>
> (만약 귀족과 결혼한다면 바야흐로 어쩌면, 큰 이익이 있을 것이다)

▌《後來》

이 말은 원래 과거와 현재의 중간을 의미한다. 즉, 과거에 어떤 사정이 있어 '그 후에'라는 것이다. 그러므로 실은 과거의 일종이지만, 지금은 이것을 미래에 쓰고 있는 것 같다(그러나 그와 같은 용법은 올바른 북경어라고 말할 수 없다). 원래 의미는 말할 것도 없이 뒤에 오는데, 후진後進, 후생後生을 말하는 용례도 중세에 많다.

> 後來出人郗嘉賓【世, 賞譽】(후배 중에서 재능 있는 사람은 郗嘉賓이다)

443

현대어처럼 부사가 된 예로는,

> 後來富貴已零落【劉禹錫詩】(그 후로 부귀는 이미 몰락했다)
> 後來惟有杜紅兒【羅虯詩】(그 후는 다만 杜紅兒가 있을 뿐)

▌《究竟》

현대어에서는 '결국'이라는 의미로, 이것을 미래로 하는 것은 반드시 맞는 것은 아니다. 원래 의미는 '완성시키다' '끝까지 탐구하다'라는 뜻이다. 예를 들면,

> 殫變極態, 上下究竟【後漢書, 馬融傳】
> (變을 만들고 態를 궁리해, 상하를 궁구해 완성하다)

중세에는 불교용어로 사용되는 경우가 많다. 범어 'Uttara'의 번역, 사리事理의 궁극을 의미한다. 그러나 '드디어, 끝날 때까지'의 뜻도 있어 약간은 미래를 나타내는 것에 가깝다.

> 既見佛已, 究竟不復更受女身【金剛明最勝王經3】
> (이미 부처님을 만난 뒤로는 마침내 두 번 다시 여자의 몸을 받지 않는다)

18.3.4 부정시不定時

▌《常常》

고대어에 있던 《常》을 중복시켜 강조한 것이다.

> 不知常常恁地, 只是祭祀時恁地?【朱3】
> (항상 그러는지, 제사 때만 그러는가)

▌《時時》

'항상'의 의미이지만, '자주'라는 의미로 쓰일 때도 있다. 아마 후자의

의미가 원래의 의미에 가까울 것이다.

　　時時誤拂弦【李端詩】(자주 일부러 현을 틀리게 탄다)

　　猛火時時脚不燒【目連變文 S.1614】

　　(거친 불길이 시종 발아래에서 불타고 있다)

▎《尋常》

평상, 보통이라는 뜻.

　　岐王宅裏尋常見【杜甫詩】(보통 기왕의 집에서 만난다)

　　海師兄尋常說什摩法?【祖4】(海사형은 평소에 어떤 법을 설하고 있는가)

▎《永遠》

　　若讀得熟而又思得精, 自然心與理一, 永遠不忘【朱10】

　　(만약 열심히 읽고 깊이 생각했다면 자연히 마음과 이치가 하나가 되어 영

　　원히 잊지 않는다)

▎《暫且》

《暫》은 고대부터 있으나, 이것이 복음절어로 변한 것으로,

　　你暫且廻避者【擧案齊眉1】(당신은 잠시 자리를 비워주시오)

▎《權且》

　　順吾尊意權且住【太子成道變文 P.3496】(내 뜻에 따라 잠시 멈춰 …)

▎《姑且》

《姑》도 고대어인데, 여기에 접미사《且》가 붙은 것이다.

　　姑且帶回衙門去, 照失單查對。【老殘遊記4】

　　(잠시 관청에 가지고 가서 도난신고를 해보자)

▌《聊且》

聊且夜行遊【魏, 曹植詩】(조금 밤놀이하다)

▌《趕緊》

趕緊取了一個靑銅錢【兒3】(서둘러서 청동의 동전 하나를 집어…)

▌《連忙》

驚怕非常, 連忙前來【韓擒虎話本 S.2144】(매우 놀라 서둘러 왔다)

▌《忽然》

고대어에서는 단순히 《忽》이라고 했다. 여기에 접미사 《然》이 붙은 것이다.

乃悉取其禁方書盡與扁鵲, 忽然不見【史, 扁鵲倉公列傳】

(거기에서 모든 비전의 처방을 적은 책을 扁鵲에게 건네주고, 갑자기 자취를 감추었다)

忽然上生忉利天上【六度集經3】(홀연 도리천에서 다시 태어났다)

▌《偶然》

고대어에서는 《偶》만 쓴다. 고대어에서 만약 《偶然》이라고 하면, 현대어의 《偶然如此》와 같은 의미이다. 예를 들면,

范氏之黨, 以爲偶然, 未詎怪也。【列子2】

(范씨의 무리는 그것을 우연이라 여기고 아직 그를 의심하지 않았다)

《然》이 접미사화되어 현대어와 같이 된 예는 당나라 때부터이다.

偶然植林叟【王維詩】(우연히 숲속의 노인을 만났다)

446

18.3.5 불변不變

《仍舊》

단순히 《仍》으로만 해도 대체로 같은 의미이다. 당나라 때에는 《依舊》로 많이 쓰였는데, 《依》를 대신해 《仍》으로 잘못 쓰인 것으로 보인다.

若一些子光, 工夫又歇, 仍舊一塵鏡【朱5】

(만약 조금 빛난다고 닦는 것을 그만두면 원래대로 먼지투성이 거울이 된다)

仍舊歸齋讀書【陰隲積善, 淸平山堂話本】

(원래대로 서재로 돌아가 책을 읽었다)

《依然》

柴門流水依然在【韓翃詩】

(사립문과 시냇물은 원래 그대로이다)

《還》《還是》

《還》이란 원래 '돌다, 돌아오다'의 의미이다. 그것이 바뀌어 '다시'라는 의미가 생겼다. 이것들은 중세에 많이 쓰였는데, 중복이나 상반을 나타내므로 불변을 나타내는 현대어의 용법과는 다르다. 당나라 때에는 더욱 불변을 나타내는 것으로 해석해야만 하는 예가 드물다. 예를 들면,

家中厭雞食蟲蟻, 不知雞賣還遭烹【杜甫詩】

(집에서는 닭이 벌레를 잡아먹는 것을 싫어하지만, 닭이 팔리고 나면 역시 삶아진다는 것을 생각하지 않는다)

그러나 《還》에 《是》가 붙은 용례에는 불변을 명료하게 나타내는 것이 많고, 《還》만으로도 같은 시기에는 불변을 의미한다고 생각할 수 있다. 가장 좋은 예는 《還未》에 이어진 것인데, 당나라 때에는 보이지 않는다.

447

還是昻藏一老夫【李頎詩】(의연하고 의기충천한 한 노인이다)
玉郎還是不還家【顧夐詞】(남편은 여전히 집에 돌아오지 않는다)
還是不知消息【〃】(여전히 소식을 알 수 없다)

위의 이기李頎의 시에서는《是》가 접미사로 쓰이지 않았지만, 제2, 제3의 예시에서는 이미 접미사로 변하고 있다.

18.3.6 중복

▌《又》
고대어부터 사용했기 때문에 생략한다.

▌《再》
이 글자는 고대어에서도 사용되었으나, 중복을 나타내는 부사가 아니라 동량動量을 나타내는 수사였다. 즉, 두 번, 두 차례라고 할 때《再》를 사용하므로, 이를 합쳐서 두 번을 말할 때 쓴다. 예를 들면,

季文子三思而後行, 子聞之曰 : 再斯可矣。【論, 公冶長】
(季文子는 세 번 생각하고 나서 실행에 옮겼다. 공자는 이를 듣고 두 번으로 좋다고 했다)

五年一朝, 凡再入朝【漢書, 文三王傳】
(5년에 한 번 문안을 드리는데, 모두 두 번 입조했을 뿐이다)

고대어의 수사《一》《二》《三》《四》등은 그대로 명량名量, 동량, 서수에도 쓰인다. 그런데 2만큼은 복잡하다.《二》는 명량과 서수에,《兩》과《雙》은 명량에만,《再》는 동량에만 쓰인다. 현대어에서는《再》를 동량으로 사용하는 일은 없어졌지만,《再三》으로 사용할 때만 남아있다. 근

448

세에서《再四》라고 하는 것도 동량이다. 한편 '두 번'과 '다시 한번'은 혼동하기 쉽다. 《再起》《再建》《再興》 등에서 사용하는 《再》는 '다시 한번'의 의미이지만, 이러한 말은 중세에 생긴 것이 많아 순수한 고대어와는 말투가 다르다. 현대어《再》의 근원은 여기서 온 것이다.

▮《再也》

《再》는 접미사 《也》가 부가된 것으로 부정의 경우에만 쓰인다. 부정의 경우《也》를 써서 주어를 강조하거나, 혹은 빈어를 전제로 하는 용법이 있다. 《誰也不去》《甚麼也不買》와 같은 말투의 유추에서 비롯되었을 것이다.

> 我已是對房下賭誓, 再也不去。【金21】
> (나는 이미 아내에게 맹세하고 두 번 다시 가지 않기로 했다)
> 看了半日, 再也看不明白【兒38】
> (오랫동안 보아왔지만, 전혀 모르겠다)

18.3.7 다차多次

▮《屢次》

《屢》는 고대어의 부사로 이것만으로 여러 번을 나타낸다. 동량사의 《次》를 접미사로 붙인 것이다.

> 那吳王屢次索劍【楚昭公4】
> (저 오나라 왕은 자주 검을 요구했다)

▮《往往》

《往往》이란, 원래 동사 《往》의 중복형식으로 그 반복태라고 생각된다. 이것이 현대어와 같은 부사가 된 예는 『사기』에 많다. '목적지'라는 의미로부터 변화한 것으로 보인다.

　　往往入盜於漢邊【史, 匈奴列傳】
　　·
　　(종종 들어와서 한나라 국경 근처에서 도둑질한다)

18.4 범위부사

18.4.1 단독單獨

▌《只》

고대어에서 《只》는 특수한 조사로서만 쓰일 뿐, 확실한 의미를 갖지 않았다. 《只》가 현대어처럼 단독을 나타내는 부사가 된 것은 남북조 시대이다. 고대어의 《止》《祇》가 《只》로 쓰이게 되었을 것이다. 다만 《祇》는 '정말로' '공연히'의 의미로, '다만'이라는 의미와는 조금 다르다고 설명하는 사람도 있다.

　　大福不再, 祇取辱耳【史, 楚世家】
　　　　　·
　　(큰 복은 두 번 오지 않으며, 다만 치욕을 당할 뿐이다)
　　仁義先王之蘧盧也；止可以一宿, 而不可以久處。【莊子, 天運】
　　　　　　　　　　　·
　　(인의는 선왕의 임시 거처이다. 다만 하룻밤 머무는 것뿐이지 오랫동안 머
　　물 수는 없다)

남북조 시대에 쓰인 《只》의 용법은 다음과 같다.

　　只言逐花草, 計較應非嫌【梁簡文帝詩】
　　·
　　('다만 풀꽃을 찾아 비교하고 있는 것만을 의심하지 않겠지요'라고 했다)
　　只可自怡悅, 不堪持寄君【梁, 陶弘景詩】
　　·
　　(다만 스스로를 기쁘게 할 뿐, 당신에게 전해줄 수는 없습니다)

只爲識君恩, 甘心從苦節【梁, 車敳詩】
(다만 당신의 은혜를 알기 때문에 만족하고 고생도 감내한다)

이것은 동시대 자료가 아니기 때문에 후대에 고쳐졌을지 모른다. 하지만 돈황 자료에는 《只》가 많이 쓰이기 때문에, 설사 이것들을 믿을 수 없다고 해도, 당나라·오대에 《只》가 사용되었다는 것은 의심의 여지가 없다.

▌《單》

我爲甚麼語諄諄, 單怕你醉醺醺【虎頭牌1】
(내가 뭘 위해 이렇게 자질구레하게 말하느냐 하면, 다만 네가 취해서 정신을 잃을까 걱정이다)
家裏姐姐妹妹都沒有, 單我有【紅3】
(집에 있는 자매들은 아무도 가지고 있지 않은데, 나만 가지고 있다)

▌《光》

《光》은 말할 것도 없이 '빛' '빛나다'의 뜻이다. 그런데 미끄러운 것도 광택이 있으므로 미끄러운 것 또한 《光》이라 한다. 또 미끄러운 것에는 아무것도 붙어 있지 않기 때문에 아무것도 없는 것을 《光》으로 말하기도 한다. 예를 들면, 《光身子》라고 할 때는 아무것도 없는 몸, 즉 나체를 의미한다. 몸마저 없다는 뜻은 아니고, 오히려 몸밖에 없다는 것을 말한다. 그러므로 《光》이 '~밖에 없다', 즉 '~만 있다'에도 쓰이게 된 것 같다.

大兒子, 二兒子也都死了; 光留下這個死的兒子【紅86】
(첫째 아들도 둘째 아들도 다 죽고, 다만 이번에 죽은 아들만 남아 있었던 것입니다)
再者, 也不光爲我, 就是老太太聽見也喜歡【紅101】

(게다가 나를 위해서만이 아니라 부인이 들어도 좋을 거예요)

이처럼 《光》은 오래전에는 상성上聲으로 읽혔다. 《光》은 별도로 《寡》라는 상성의 단어가 있는데 그것과 혼동한 것 같다.

　你寡長了個身子, 歲數兒還早呢【初學指南】
　(너는 몸은 크지만, 나이는 아직 어리다)

18.4.2 개별個別

┃《另》

어원은 확실하지 않지만, 다음과 같은 예가 있다.

　那染坊博士取得這水去, 陰紫陽紅, 令別是一般嬌艷【西湖三塔記, 清平山堂話本】

　(그 염색집 직원이 이 물을 길어 가면, 어두운 자주색이나 밝은 홍색 등 다른 것과는 다른 고운 색으로 물든다)

이 《令》은 현재 확실하게 《另》으로 쓰는 것이다. 《另》이 쓰이게 된 것은 오래전부터 《別》이라는 의미를 가진 《另》(補買切)이 있어 이것과 혼동된 것이 아닌가 생각한다. 단지 음은 《令》그대로 바뀌지 않았다.

　這小的另是一戶【老生兒2】(이 아이는 다른 세대입니다)

┃《另外》

　奶奶另外送你一個實地月白紗做裏子。【紅42】
　(부인이 그 밖에도 안감으로 쓸 수 있도록 두껍고 엷은 황색의 비단을 하나 드리겠습니다)

18.4.3 상호相互

┃《互相》

《互》도《相》도 '서로'라는 뜻이다. 현대어에서는 1자씩 쓰지 않고 이렇게 복합해 사용한다. 오래된 예로,

　　江南江北互相望【王勃詩】(강의 남과 북이 서로 마주 본다)

┃《相》

고대어에서는《相》을 쓴다.《相》은 원래 동작이 상호간에 일어나는 것을 말해주는 것으로 예를 들면,

　　輔車相依【左傳, 僖公5】(덧방나무와 수레는 서로 돕는다)
　　四人相視而笑【莊子, 大宗師】(4인은 서로 얼굴을 마주 보며 웃었다)

　이처럼《相》을 쓰는 어구의 특징은, 주어가 하나이든, 둘이든 관계없이 2개(혹은 그 이상)라는 것을 나타내고, 빈어가 없다. 그런데 시대가 지나면서 인칭대명사의 품위가 내려가 이것을 대신해 명사(예를 들면, 君·公·臣·僕·足下 등)를 활용하는 경향이 생겼다. 이와는 달리 인칭대명사를 피해 사용하지 않기 위해 처음부터 빈어를 쓰지 않는《相》의 어구를, 빈어 생략을 위해 차용하는 것이 유행하였다. 그 결과, 원래《相》을 쓰는 어구의 특징 중 하나, 즉 주어가 의미상 2개를 나타낸다는 것을 완전히 잊어버리게 되었다. 이와 같이 변한《相》의 용법을, 뤼수샹呂叔湘은 '편지偏指'(1개의 인칭만을 가리키는 것)라고 부르고 있으나, 오히려 가리키는 것을 생략하기 위함으로 보는 것에 가깝다. 대개 존양尊讓이나 수사적인 목적으로 사용되는 것이 대화나 서간문에 많이 보이는 것은 말할 것도 없다. 시대는 한나라 때부터 많아져 위진 이후에 성행했다. 오래된 예로만 한정하지 않고, 약간의 예를 들어보겠다.

卿何以相負?【世, 方正】(너는 왜 [나를] 배신하였느냐)

向實不病, 聊相試耳【甄異傳, 廣記321】

(조금 전에 실은 아팠던 것이 아니라, 마침 [당신을] 시험해 본 것입니다)

以王丞相末年多可恨, 每見必欲苦相規誡【世, 規箴】

(王승상은 말년에 유감스러운 일이 많았으므로, 만날 때마다 반드시 친절하게 [그를] 훈계하고자 하였다)

위의 3가지 예는 3인칭 빈어를 생략한 것인데, 대화체도 아니고 존양을 쓸 필요도 없다. 이러한 것은 수사적 용법으로《苦相規誡》라고 해도 좋다. 하지만,《苦規誡王丞相》이나《苦規誡王公》으로 해서는 뭔가 어조가 좋지 않다. 이러한 점 때문에《相》은 단순히 복음절어를 만들기 위해 쓰인 예도 있다. 그 가운데 접미사와 같이 사용되는 것이 부사인데,《互相》《遞相》《共相》《交相》《更相》등, 원래의 의미가 있었지만, 접두사로써 쓰인 동사에는《相幇》《相信》처럼 전혀 의미가 없다.

…亦扎掙過來相幇尤氏料理。【紅64】

(… 또 참고 지내오다 尤씨를 도와 지시했다)

‖ 《廝》

《相》은 송나라 때부터《廝》로 변했다. 육유陸游의『노학암필기老學庵筆記』10권에 의하면, 당나라 두보의 시의 “恰似春風相欺得”, 백낙천 시의 “爲問長安月, 如何不相離”의《相》은 속음에 따라 ‘思必切’로 읽어야 한다고 되어 있다. 북방에서는《相》을《廝》로 발음한다. (송본宋本『백씨장경집白氏長慶集』을 시작으로 현재본에는《如何》를《誰敎》로 만들고, 송본에서는《相》을 ‘思必切’이라고 주를 달고 있다.) 그렇게 보면《相》이 처음에는 입성으로 바뀌고 그 후에 평성이 되어《廝》가 그에 맞추어진 것일지 모른다.《廝》에 대한 송나라·원나라 때 용례가 많지만 모두 다 생략하겠다.

『홍루몽』에서는,

　　厮近(44회): 가까이, 친해지다

　　厮侵(58회): 서로 침해하다

　　厮鬧(35회): 함께 시끄럽게 하다

　　厮纏(22회): 휘감기다

　　厮見(4회): 만나다

　　厮混(3회): 함께 섞이다

　　厮認(3회): 대면하다

　　厮叫(87회): 서로 부르다

등이 있다. 모두가 지문에 쓰이며,《厮》가 이미 구어가 아님을 보여준다. 결국《相》도《厮》도 현대어에서는 쓰이지 않게 되었다.《相》에서 인용한 예로,《四人相視》와 같이 현대어에서는,

　　四個人, 你看我, 我看你

라고 하는 것이 가장 구어적이다.《相互》를 사용해도 좋지만, 이것 역시 약간은 문어적인 느낌이 있다.

18.4.4 공동共同

|《一齋》

　　早晚滅狼蕃, 一齋拜聖顔【菩薩蠻, P.3128】

　　(언젠가는 이리 같은 오랑캐를 멸하고 일제히 성안을 뵈올 수 있을까)

　　大眾一齋高聲啼哭【祖8】

　　(모든 대중이 일제히 큰소리로 울었다)

455

▮ 《一同》

羅童聽旨, 一同下凡【陳巡檢梅嶺失妻記, 清平山堂話本】

(羅童은 엎드려서 함께 하계로 내려왔다)

請小叔叔一同上墳去咱【殺狗勤夫0】

(남편의 동생을 불러 함께 성묘를 가자)

▮ 《一起》

《起》는《起身》《起行》에 쓰이는 동사로, 이것이 양사로서 한 무리가
되어 출발한다는 것을《一起》로 표현하는 것에서부터 한 집단이나 무리
를 말하게 되었다. 예를 들면,

將安住一起與我拿上廳來者【合同文字4】

(安住들 일동을 모두 관청에 데려와라)

이와 같은《一起》가 부사화되어 공동을 나타낸다.

人家可怎麼知道俉們是一起兒來的呢【兒38】

(다른 분들이 어떻게 우리들이 함께 온 줄 아는 것일까요)

▮ 《一塊兒》

崔寧也被扯去, 和父母四個一塊兒做鬼去了【崔待昭生死冤家, 警世通言】

(崔寧도 끌려가 부모들 4명과 함께 망자가 되었다)

18.4.5 통괄統括

▮ 《全》

이 말은 원래 구비한 것을 의미한다.《全》이 부사로서 '모두' '전혀'라
는 뜻으로 쓰인 것은 남북조 시대부터 시작된 것 같다.

全由履迹少, 倂欲上階生【梁, 庾肩吾詩】
(전혀 사람이 지나간 흔적이 적어서 계단 위에까지 풀이 나려고 한다)

▌《都》

원래는 국가의 수도라는 의미로 여기에서 통괄한다는 의미가 생겨났다. 고대어에서는 부사로서 쓰이던 일이 거의 없었지만, 한漢·위魏 시대 이후에 자주 사용되게 되었다. 또 중세의 특수한 용법으로서 부정을 강조하기 위해 쓰인 적도 많다.

置平準于京師, 都受天下委輸【史, 平準書】
(물가를 담당하는 관리를 수도에 두고, 모두가 천하의 군속에 거둬들이는 물자의 수송을 받았다)

頃撰其遺文, 都爲一集【魏文帝書】
(일전에는 그 유문을 편찬하여 모두 한 집이 되었다)

康伯都無言【世, 言語】(康伯은 아무 말도 하지 않았다)

▌《一共》

這三四日的工夫, 一共大小出了八九件呢【紅59】
(이 3, 4일 사이에 크고 작은 것을 합해서 여덟, 아홉 건이나 생겼습니다)

一共整十個人【兒6】(합계 정확히 열 명)

《一共》이라는 말은 원래 동사나 개사와 같은 말로, 뒤에 빈어를 취한 것 같다. 이후 빈어가 필요 없어져 그대로 부사로서 쓰이게 된 것으로 생각한다.

▌《也》

《也》의 어원은 분명하지 않지만 《亦》과 같은 용법으로 혹은 그 계통의 말일까도 싶다. 당나라 때부터 많이 사용되었지만, 남북조 시대에도 드물게 남아 있다.

不能片時藏匣裏, 暫出園中也自隨【北周, 庾信鏡賦】

(잠시도 그들에게 맡겨둘 수가 없어, 잠깐 정원에 나올 때도 가지고 간다)

庭草何聊賴, 也持春當春【陳何楫詩】

(정원의 풀은 아무런 맛도 느낌도 없지만, 그래도 봄이라고 하자)

당시唐詩의 용례는 당나라 초기의 것을 약간 예를 들겠다.

新樹也應裁【王績詩】(새로운 나무도 심어야 한다)

長作巢由也不辭【盧照鄰詩】

(오랫동안 巢父·許由가 되는 것도 그만두지 않았다)

可惜東園樹, 無人也作花【蘇頲詩】

(애석하게도 동쪽 뜰의 나무는 사람이 없어도 꽃을 피우고 있을 것이다)

▌《也是》

《是》는 의미 없이 단순히 《也》와 같은 것으로 《也是》가 쓰인 경우가 있다. 오래된 용례로,

春風也是多情思, 故揀繁枝析贈君【韓愈詩】

(봄바람도 꽤 정이 있어, 유난히 무성한 가지를 선택해서 잘라 자네에게 보내네)

▌《總》

'모으다' '다발을 짓다' '총괄하다' 등의 의미가 '모두' '전부'라는 뜻으로 바뀐 것이다. 부사로서 쓰인 예는 진晉나라 때부터 보인다.

雖有五男兒, 總不好紙筆。【晉, 陶潛詩】

(아들 다섯 명이 있지만, 모두 공부를 싫어한다)

458

18.5 정태부사情態副詞

18.5.1 진확眞確(진실, 정확하다)

▌《實在》

他們到底怎樣打的, 實在不知道【紅86】

(그들이 도대체 어떻게 때렸는지, 정말 모릅니다)

이《在》는 접미사화된 것인데, 원래는 실제로 존재한다는 의미가 있었을 거라고 생각한다.

▌《的確》

《的》은 '반드시' '틀림없이'의 의미로 당나라 때부터 부사로 쓰였다(조사의《的》과는 전혀 관계가 없다).

的無官職趁人來【白居易詩】

(반드시 관직이 사람을 쫓아오지는 않는다)

《確》이 확실하다는 의미를 갖는 것은 말할 것도 없이, 이것이 합해져서《的確》으로 쓰이게 된 것이다. 다만 옛날에는 형용사로 사용되었다. 예를 들면,

須看他一部書, 見得句句的確, 有必然之效方是【朱51】

(그 일부의 책을 읽고, 어느 구절이든 정확히 이해해, 반드시 효과가 있도록 해야 한다)

부사로서 쓰이게 된 것은 이보다 시대가 내려간다.

▌《一定》

打嚏耳朶熟, 一定有人說【李逵負荊3】

(재채기가 나오거나 귀가 뜨거울 때는 분명히 누군가가 내 이야기를 하는 것이다)

他見你一定不敢調嘴【快嘴李翠蓮記, 淸平山堂話本】

(저 여자도 당신 앞에서는 반드시 지껄여대는 일은 못하겠지요)

▌《準》(准)

聽說林浪中一個屍骸, 准是我那女孩兒的【救孝子2】

(숲속에 시체가 있다고 하는데, 분명 우리 딸이 틀림없다)

18.5.2 추세趨勢

▌《自然》

《自然》은 고대어에서는 2개의 말로 '저절로 그런 것 같다'의 뜻이다.
현대어의 부사로서는 '자연히' '당연히' '처음부터' 등의 의미이다.

甘泉宮恒自然有鐘鼓聲【漢武故事, 御覽88引】

(甘泉宮에서는 항상 자연스럽게 종이나 북소리가 들렸다)

南國自然勝掌上【上宮儀詩】

(남쪽 나라 미인은 원래 趙飛燕보다 더 빼어나리라)

▌《只好》

'다만 ~할 수 밖에 없다'의 뜻이다.

只好攜橈坐, 唯堪蓋蓑睡【皮日休詩】

(다만 노를 지니고 앉아 도롱이를 쓰고 잘 수밖에 없네)

轎中只好看春光【宋, 楊萬里詩】

(가마 속에서는 봄의 경치를 바라볼 뿐이다)

小娘子你有事只好供招了【簡帖和尙, 淸平山堂話本】

(젊은 부인, 기억나는 게 있으면 자백하는 게 좋을 겁니다)

18.5.3 귀착歸着

▌《果然》

고대어에서는 1자씩 각각 다른 말이었다. 《果》는 결과를 말하는데, 대부분 여기에 예측의 어기를 더한다. '생각한 대로' '역시 과연'의 뜻이다. 여기에 의외의 어기를 더하는 것도 있어, '어떻게' '예상 밖이다'의 의미도 된다. 요컨대 근본적으로는 결과로서 어떻다는 의미이다. 《然》은 '그런 것 같다'라는 뜻이다. 다음의 예문에서는 따로 1자씩 쓴 고대어에서의 용법이다.

人言鬼可憎, 果然。【幽明錄, 御覽186】

(사람은 귀신이 밉다고 하는데, 정말 그대로이다)

같은 문장을 『속담조續談助』권4에서는, 《果然如是》라고 한다. 이것은 《果然》이 이미 한 단어가 된 것으로 현대어와 같은 용법이다. 아래 예문에서 쓰인 《果然》도 현대어와 같다.

果然如其所言。【述異記, 廣記276引】(과연 말 그대로이다)

《果然》에 대한 수나라 이전의 용례는 그다지 확실하지 않지만, 당나라 이후에는 현대어와 같이 《果然》의 확실한 예가 많다.

果然田成子, 一旦弑齊君【李白詩】

(과연 田成子는 어느 날 제나라 임금을 죽였다)

461

▮《居然》

현대어에서는 애당초 예상하지 못했던 것의 결과를 나타내는 부사이지만, 이 말은 예로부터 《安然》의 뜻으로 쓰였다. 예를 들면

不康禋祀, 居然生子【詩, 生民】

(정성스레 제를 지내주자 안심이 돼서 편안하게 아이를 낳았다)

중세 근세에는 《居然》의 의미가 반드시 같지는 않지만, 다음과 같은 예문은 혹은 현대어에 가까운 것이 아닐까 생각한다.

康伯少自標置, 居然是出羣器【世, 賞譽】

(康伯은 어렸을 때부터 잘난 척했는데, 어쩌면 出羣의 그릇이었다)

근세의 예로는,

那知今日寶玉居然像個好人【紅97】

(그런데 오늘의 寶玉은 어쩌면 이렇게 [예상 밖으로] 바른 사람 같다)

18.5.4 결정決定

▮《橫豎》

'어떻든' '어느 쪽이든'이라는 뜻. 현대어에서는 《豎》를 경성으로 읽기 때문에, 《是》라고 쓰는 경우가 많다. 반대어를 합쳐서 결정을 나타내는 부사로 쓰는 것은 《反正》《左右》《好歹》《紅黑》(서남 지방의 방언, 도박할 때 쓰는 말에서 나왔을지도) 등이 있다. 따라서 이것도 '가로든, 세로든'이라는 뜻에서 나온 말로 보인다. 예전에는 아래 예문과 같이 썼으므로, 혹은 '항상 ~이다'의 뜻이 변한 것일 수도 있다.

他恆是不稀罕你錢【金67】

(저 사람은 어차피 당신 돈 따위는 갖고 싶어 하지 않는다)

你恆數不是爹的小老婆就罷了【金24】

(너는 어차피 내 남편의 첩도 되지 못할 것)

一些半些恆屬打不動兩位官府【金47】

(푼돈으로는 어차피 관리 두 사람을 움직일 수가 없다)

이《數》는 상성으로 읽고《屬》과 같은 음이다. 옛날 소설에서는 혼동되어 있기도 하다. 이《恆是》《恆數》《恆屬》등은《左右》등의 유추에서《橫豎》로 쓰이게 되었을지도 모른다.

橫豎與自己無干, 且藏在心內【紅72】

(어차피 자신과는 관계가 없으므로 가슴에 묻었다)

┃《左右》

의미는《橫豎》와 같은데 현재는 그다지 쓰이지 않는다.

左右百歲也要死【快嘴李翠蓮記】(어차피 백 세가 되면 죽는다)

左右我的女兒在家也受不得這許多氣【灰闌記0】

(어차피 저 딸아이를 집에 두어도 이렇게 울화의 원인만으로는 참을 수 없다)

┃《好歹》

이 말도 '좋든 나쁘든'의 의미에서 '어찌됐든' '무슨 일이 있어도'의 뜻으로 바뀌었다. 현대어에서는 희망하고 구하고자 할 때 쓰이지만, 예전에는 그렇지 않은 것도 있다.

好歹追他轉來, 問個明白。【十五貫戲言成巧禍, 醒世恆言】

(무슨 일이 있어도 쫓아가 잡아와서 자세한 사정을 물어야 한다)

你好歹休要燒了這文書【來生債2】

(너는 무슨 일이 있어도 이 문서를 태워버려서는 안 된다)

▌《索性》

이 말은 근세에는 《索興》으로 쓰기도 했다. 매우 어려운 말로 현대어에 한정해서 '오히려'라는 번역만으로는 부족하다. 어원은 밧줄과 같은 성질을 말하는 것 같지만, 외곬, 혹은 감정을 숨기지 않고 자기 생각대로 하는 행동을 말한다.

休要靠索性。【張協狀元】(서둘러서는 안 된다)

이 《索性》은 또한 명사이며, 외곬으로 믿는다는 것은 진중하지 않다는 의미이다. 《索性》을 부사적으로 쓸 때에도 진중하게 천천히 하지 않고 과감하고 시원시원하게 일을 처리할 때 쓰인다.

比干則索性死【朱48】(比干은 오히려 과감하게 죽었다)

다만 다음과 같은 용례는 사람에 대해 말하는 것이 아니므로 조금 특수하다.

不須如此說 ; 若說無, 便是索性無了【朱3】

(그와 같이 설명해서는 안 된다. 만약 [氣라는 것이] 없다고 한다면, 곧 없어져 버릴 것이다)

《索性》은 현대어에서 《爽性》으로도 말한다. 《爽》한 글자는 현재 쓰지 않지만, 사람의 성질에 대해서 《爽快》로 말할 때는 솔직하고 결단력이 있으며, 과감하다는 것을 말한다. 《爽性》이 부사가 된 과정은 《索性》과 같다.

▌《只管》

단지 어떤 것에만 상관한다는 의미에서 '오로지'라는 뜻으로 변했다. 오래된 예로,

雲巖得這箇信後, 只管憂愁【祖4】

(雲巖은 그 편지를 받은 후 오로지 시름에 잠겨있다)

師每日只管睡 ; 雪峯只管坐禪。【祖7】

(스승은 매일 오로지 잠만 자고, 雪峯은 오로지 좌선을 하고 있었다)

▌《簡直》

이 말은 비교적 새로운 것으로 『아녀영웅전』에는 《剪直的》으로 만들어, 반드시 《的》을 붙인다. 현재는 《的》을 쓰지 않을 때도 있지만, 그대로 쓸 때도 있다. 현대어의 의미는 '①솔직히, 노골적으로, 곧장' '②어차피' '③전혀, 마치' 등이 있다. 처음의 의미가 기반이 되었으며, 여기에서 ②③이 그것에서 파생된 것으로 보인다.

你有甚麼好花兒呀, 好吃的呀, 就剪直的給我戴, 給我吃, 不爽快些兒嗎?【兒29】

(당신에게 좋은 비녀나 맛있는 것이 있다면, 서둘러 나의 머리에 꽂아주거나 먹여주면 기분이 좋지 않겠습니까)

老爺剪直的拏白話說, 說是怎樣件事罷!【兒40】

(주인님, 차라리 말로 무슨 일인지 말씀해 주십시오)

위의 《剪直的》도 '차라리'라고 번역했다. 즉, 답답하게 말하지 않고 간단하게 한다는 뜻이다. ③에 상당하는 것은 청나라 때는 없다.

我簡直像個叫化子了!【老舍, 面子問題】(나는 마치 거지같다)

▌《敢則》《敢自》

북경어에서는 《敢自》라고도 말한다. 또 《敢情》도 동류의 말이다. 《原來》라는 의미일 때와 《自然》《當然》의 의미일 때가 있다. 오래된 용례로,

那裏是羞我, 敢則是羞你哩【馬陵道1】

(나를 부끄럽게 한 것이 아니라, 오히려 당신을 부끄럽게 만든 거예요)

這等大的快, 敢則是地肥哩【誤入桃源3】

(이렇게 빨리 자라는 것은 원래 [아마도] 땅이 비옥해서일 것입니다)

《敢則》의《敢》은 추측하는 말에서 나온 것으로(《敢》을 추측에 사용하게 된 것은 당나라 이후, 근세에 많다), 위의 두 번째 예문도 오히려 추측에 가깝다.

…笑道 : 敢自好, 只是怕你嬸子不依【紅64】

(웃으며 말하였다. "잘 알았지만 네 형수가 용납하지 않을 것이다")

이《自》는《則》이 바뀐 것으로《具》나《仔》로 쓰이는 경우도 많다.

▌《敢情》

이 표기법은 청나라 때까지는 그 용례를 찾아볼 수가 없으므로 자세히는 알 수 없다. 하지만 『금병매사화』에서《乾淨》으로 쓰인 것이 여기에 해당한다. 예를 들면,

月娘問 : 孩子怎的哭?

玉樓道 : 我去時, 不知是那里一個大黑猫, 蹲在孩子頭根前。

月娘說 : 乾淨諕着孩兒【金52】

(月娘이 물었다. "아이들이 왜 우는 거야?" 玉樓가 말한다. "제가 갔을 때, 어디선가 커다란 검은 고양이가 아이의 베개 옆에 웅크리고 앉아 있었어요." 月娘이 말하였다. "으응, 그래서 아이를 겁먹게 한 거구나")

《乾情》은 추측의 의미인《敢》과는 관계없는 다른 말일 수도 있다.

18.5.5 발동發動

▌《故意》

'일부러' '고의로'의 의미일 때, 옛날에는 《故》를 썼으나 당나라 때는 《故故》를 쓰기도 했다. 현대어에서는 이것을 《故意》라고 한다. 그 오래된 예로는,

若人故意偸他物【阿彌陀經變文 S.6551】
(만약 사람이 일부러 타인의 것을 훔치면)

莫時接了寄柬帖的人錢物, 故意不予決這件公事【簡帖和尙, 淸平山堂話本】
(편지 주인으로부터 뇌물을 받고도, 고의로 이 사건의 판결을 내리지 않는 것은 아니겠지)

▌《特地》

'일부러' '특히' '유난히'의 뜻이다. 현대어에서는 사용하지 않게 되었지만, 근세에는 많이 사용했다. 당나라 때부터 많이 쓰였다.

幾時來翠節, 特地引紅粧【杜甫詩】
(언제 푸른 나뭇가지 철이 와서 특히 미인을 초대해 안으로 들였는가)

春半邊城特地寒【韓愈詩】(봄이 한창인데 변경의 성은 유난히 춥다)

▌《特特》

근세에 많이 사용되었다. 또 얼화兒化되어 쓰인 것도 있다.

因此特特揀兩個能事的公人董超薛覇解去【灰闌記3】
(그래서 일부러 재주가 뛰어난 아전 두 사람, 董超와 薛覇를 골라 호송시켰다)

特特的給媽合妹妹帶來的東西都忘了【紅67】
(엄마와 누나가 특별히 사온 물건을 모두 잊어버렸다)

18.5.6 요행徼幸

▌《幸而》
문어계의 부사이다.
  今子幸而聽解【史, 游俠列傳】(지금 너는 다행히 말뜻을 알아들었다)

▌《幸虧》
  這還好, 幸虧不得學庸!【紅82】
  (이것은 아직 괜찮다. 다행히『대학』『중용』이 아니다)

▌《多虧》
  多虧張學究看養到今【合同文字記, 清平山堂話本】
  (다행히 張선생이 지금까지 키워 주셨습니다)

《多虧》는《幸虧》보다도 더 오래전부터 사용되었지만, 부사로서는 안정되지 않았다.《虧》는 동사로, 여기에《多》라는 수식어가 붙어 있는 것이다. 예를 들면,
  這一場大功多虧了大夫也【楚昭公4】(이 큰 공은 다 선생 덕입니다)

여기까지가 주어와 빈어를 갖추고 있는 일반적인 동사구인데, 다음과 같은 句에서는,
  [ ]多虧了呂洞賓師父救了我, 着我還魂【鐵拐李4】
  (다행히 呂洞賓사부가 도와주셔서 살아났습니다)

위의 예문에서 주어가 없는 겸어구로《呂洞賓師父》가 겸어가 된 것이다. 또《多虧了》를《多蒙》으로 고쳐도 뜻은 그대로 통한다. 다만 이와

468

같은 어구에서는 주어가 생략되는 경우가 많으므로, 원래 겸어구에서
제1의 동사인《多虧》가 부사화되므로, 이것이 겸어구라는 사실을 잊어
버린 것이다. 처음에 예를 든『합동문자기合同文字記』의 예 역시 실은 같
은 것인데, 여기에서는《虧》에《了》가 붙어있지 않기 때문에, 임시로 부
사가 되었다고 인정했다.

▮《虧》

《虧》는 ①《幸虧》《多虧》와 같이 요행을 나타내는 경우도 있지만, ②
그 반대의 경우에도 사용되어 일종의 책망하는 어기를 띄기도 한다. 또,
③ 감탄한 나머지 불가사의하게 생각할 때도 쓰인다. ③이 ①에서 나왔
다는 것은 의심할 여지가 없지만, ①과 ②와의 관계에 어떤 이유를 덧붙
일 것인가에 대해서는 역시 문제가 있다. 번역은,

① 다행히, ~덕분에
② ~주제에, 잘도~
③ 도대체~

《虧》는『설문해자』에 "氣損也"라고 있는데, 달이 많이 이지러진 경우
에 쓰인다. 또,

　　爲山九仞, 功虧一簣【書, 旅獒】
　　(산 만들기를 아홉 길이나 하였으나 공을 단번에 잃었다)

와 같이 일반적으로 '부족하다' '손해보다'의 뜻으로도 쓰인다. 근세에
는 ①, ②와 같은 의미로 바뀌었지만, 그 이유는 알 수 없다. '虧 + x (체
사)'의 연어의 의미를 생각할 때, 이것은 'x에 손해를 입혔다' 'x에 책임
지우다'의 의미이다. 바꾸어 말하자면, 그것은 다른 사람 y가 그것 때문

에 이익을 얻는 것이다. 그러므로 ①이 원래 뜻에 가까운 것으로 보인다. 그리고 이것을 빈정대면서 역설적으로 말한 특수한 경우가 ②이다. 용례로서는 ②의 경우가 많다. 그러나 동사나 동사적으로 쓰일 때는 ①이며, 옛날부터 조어 능력을 가지고 있는 것도 ①이다(《多虧》《幸虧》《虧殺》 등). ②는 ①에서 파생된 것으로, ①이 바뀌어서《多虧》등에 조금은 그임무가 양도된 것이다. 여기에서는 조금 오래된 예를 인용하겠다.

　　虧你引得那人來, 這便是想你。【金海陵縱欲亡身】← ①

　　(당신은 저분을 데려다주셨습니다. 그래서 당신을 항상 잊을 수 없습니다)

동사의 경우도 있다.

　　你說我家的這家私虧了誰來【兒女團圓0】← ①의 원래 뜻

　　(우리 집 이 재산이 누구 덕분인지 말씀해 보세요)

　　張千, 虧你也睡的着。【竇娥寃4】(張千, 너는 정말 잘도 자는구나) ← ②

　　偌大年紀, 虧你又害那臉羞。【老生兒1】← ②

　　(그 나이에 어쩌면 부끄럽지도 않은가)

청나라 때 용례에서는,

　　虧你揀着了!【紅32】(잘 주워주셨습니다) ← ①

　　虧你進士出身! 原來不通!【紅2】(당신은 진사 출신 주제에 모릅니까) ← ②

감탄으로 쓰는 것으로는,

　　這藕和瓜, 虧他怎麽種出來的!【紅26】← ③

　　(이 연근과 오이는 도대체 어떻게 재배한 것일까)

　　我因爲愛這樣兒好看; 虧他怎麽做來着!【紅41】← ③

　　(나는 이 멋진 게 맘에 드는데, 도대체 어떻게 만든 것인가)

470

이 《他》는 의미가 없으며 《齁》에 붙어 있는 것뿐이다.

▎《好在》

이 말은 당나라 때는 '건강하다' '무사하다' 의미로 쓰였다. 이것과 현대어의 '다행히도'를 나타내는 《好在》와는 어떤 관계가 있는지 잘 모르겠다. 예를 들면 다음과 같은 예문에서는,

好在書攜一束, 莫問家徒四壁【辛棄疾詞】
(다행히도 책을 한 묶음 가지고 있기 때문에, 집이 텅 비어 있어도 상관없다)

이미 현대어와 동일하게 되었다고 생각해도 좋다. 근세에는 용례가 매우 드물고, 청나라 이후부터 많이 쓰이게 되었다.

好在僧們帶着件作呢【兒11】(다행히도 우리는 검시인을 데리고 있다)
好在他們三個的貪心也不算輕, 可就下來了。【兒31】
(다행히도 그들 세 사람의 욕심도 상당해서, 그래서 그만두었습니다)

18.5.7 상반相反

▎《偏》

현대어에 쓰이는 부사로서의 《偏》에는 '공교롭게도' '어디까지나, 끝까지'의 2가지 의미가 있다. 《偏》이란 말할 것도 없이 한쪽으로 기우는 것이다. 기울게 되면 중심으로부터 멀어지므로, 생각이나 예상에 어긋날 경우도 사용한다. 한 동작이 이루어질 때, 그것이 보는 이의 뜻에 어긋난다고 해보자. 보는 이의 측면에서 말하면 공교로운 것이며, 하는 이의 측면에서 말하면 어디까지나 그렇게 된 것이다. 고대에서 《偏》의 의미는 여러 가지가 있다. 예를 들면,

471

偏守新城, 存民苦矣。【史, 張儀列傳】
(끝까지 新城을 지켜 언제까지나 백성들을 고통스럽게 했다)

이처럼 이미 현대어와 상통하는 것을 가지고 있는 것 같다. 그러나 확실한 용례가 적기 때문에 여기에서는 훨씬 시대가 뒤떨어지는 것을 예로 들겠다.

何事偏向別時圓【蘇軾詞】
(왜 일부러[공교롭게] 헤어질 때 원만해졌는가)

你要去, 我偏不去【救風塵4】
(네가 가라고 해도 나는 끝까지 가지 않을 거야)

人有好的我偏害【楚昭公2】
(사람한테 좋은 일이라면 나는 끝까지 방해할 거야)

你偏不知我的性兒【東堂老0】(너는 공교롭게도 내 성질을 모른다)

▎《偏生》

《偏》과 같다. 《生》의 기원은 알 수 없지만, 확실한 의미를 갖지 않는 접미사처럼 보인다.

偏生再做不來【擧案齊眉4】(공교롭게도 전혀 만들 수가 없다)

偏生的偌大沉重【東堂老0】(공교롭게도 이렇게 크고 무겁다)

▎《卻》(却)

현재는 이 말은 쓰이지 않게 되었지만, 조금 오래된 백화에는 매우 많이 쓰였다. 현대어의 《倒》에 해당하며, '오히려' '반대의'라는 뜻이다.

誰知嫁商賈, 令人却愁苦【李白詩】
(그런데 상인에게 시집을 가 오히려 사람을 걱정시켰다)

472

▮《倒》

我是你父親, 怎生倒執縛了我? 【小尉遲4】

(내가 네 아비인데, 어찌 오히려 나를 잡아 묶으려 하는가)

怎麼他倒有, 我倒無? 【魯齋郎0】

(어찌하여 오히려 그들이 가지고 있고, 나는 오히려 없는가)

▮《倒也》

《也》는 접미사이지만, 어기를 완곡하게 해준다.

我這會子跑了來, 倒也不爲酒飯 【紅16】

(제가 방금 온 것은, 특별히 대접받기 위해서가 아닙니다)

▮《反倒》

只有老夫忠勤廉正, 替朝廷幹事的, 反倒受人彈論 【鴛鴦被0】

(다만 저만 청렴결백하여 조정을 위해 노력했는데, 오히려 탄핵되었다니)

▮《可》

상반을 나타내는 《可》는 《倒》보다도 가볍고, '그러나·그렇지만'의 의미이다. 당나라·송나라 때는 아직 이런 의미로 쓰이지 않았던 것 같다.

我醉則醉, 心上可明白 【神奴兒2】

(나는 취한 건 취했지만, 머리는 그러나 제정신이다)

我可忘了一件 【竇娥寃4】(나, 가끔 하나 잊고 있었습니다)

我可比不得你們奶奶性兒 【紅14】

(나는, 하지만 당신들 아내처럼 선량하지는 않습니다)

▮《可也》

《也》는 접미사이지만, 어기가 부드러워진다.

不得我范雎說口, 想報冤之期, 可也不遠【誶范叔3】

(이 范雎가 큰 것을 말할 수는 없습니다만, 원수를 갚을 날이 그러나 멀지
는 않은 것 같습니다)

果然如此, 我可也見個大世面了【紅16】

(만약 그렇다면, 나는 정말 큰 세상을 볼 수 있겠군요)

18.5.8 근차僅差

▌《幾乎》

고대어에서는 《幾》한 글자만으로 '거의'의 뜻을 가지는데, 여기에
《乎》가 붙은 것이다. 《乎》는 의미가 없는 접미사로 보아도 좋다.

傳其常情, 無傳其溢言, 則幾乎全。【莊子, 人間世】

(상정을 전하여 과장하지 않는다면 아마 안전할 것이다)

兵强而不能行其威勢, 在上位而不能施其政令於下者, 其君幾乎難矣。
【吳越春秋, 夫差內傳】

(병사들이 강하여 그 위세를 떨칠 수가 없고, 윗자리에 있어도 그 명령을
아래로 내릴 수 없다면, 그 임금은 어렵다)

被趙州用減竈法, 幾乎打破蔡州【虛堂和尙語錄卷1】

(趙州화상에게 竈法을 감하는 법을 쓰게 되어 하마터면 蔡州가 타파될 지
경이었다)

小子適來逢一件怪事, 幾乎壞了性命【洛陽三怪記, 淸平山堂話本】

(나는 일전에 괴상한 일을 당하여 감하는하마터면 목숨을 잃을 뻔했다)

那黛玉把眼一閉, 往後一仰, 幾乎不曾把紫鵑壓倒。【紅97】

(저 黛玉이 눈을 감고 뒤를 향해 돌자, 자칫하면 紫鵑을 넘어뜨릴 뻔했다)

《幾乎》는 뒤에 부정이 오던, 긍정이 오던 같은 의미를 나타낸다. 위의

474

예문에서 《不曾》은 없어도 된다. 단, 부정을 쓰게 된 것은 뒤늦게 생긴 것으로 생각된다. 《幾乎》는 당나라·송나라 때에 《洎乎》라고도 썼다.

▌《幾幾乎》

원래 《幾乎》라고 써야 할 곳을 강조해서 《幾幾乎》로 썼지만, 조금 속된 느낌이 동반하는지, 문학 등에는 별로 보이지 않는다.

我幾幾乎沒有潽的笑了【初學指南】(나는 하마터면 후-하고 웃을 뻔했다)

蓬往一邊倒着, 幾幾乎挨着水險的樣兒【庸言知旨卷1】

(뜸은 한쪽으로 쓰러져 있고 하마터면 수난을 당할 뻔한 모습이다)

▌《差些兒》

當下兩個差些兒不曾打起來【金7】(그때 두 사람은 하마터면 싸울 뻔했다)

현재에는 《差點兒》라고 말하는데, 이 말은 매우 새로운 것이다. 이상의 《幾幾乎》《差些兒》《差點兒》도 《幾乎》처럼 뒤에 부정이 오건 긍정이 오건 의미에는 변함이 없다.

▌《差不多》

원래 큰 차이가 없다는 의미의 형용사이다(지금도 이 용법이 있다). 예를 들면,

我便道 : 也差不多兒【張生煮海3】(나는 거기서 갔어. 그냥 그랬어)

이것이 부사로서 쓰이는 예로는,

況且衙門裏頭的事差不多兒也要完了【紅88】

(더욱이 관청의 일은 대체로 끝나가고 있습니다)

▌《大概》

心大概似箇官人【朱5】(마음은 대개 관료를 닮았다)

聖人敎人大概只是說孝弟忠信日用常行底話。【朱8】

(성인이 사람을 가르칠 때, 대개는 孝弟忠信이라고 하는 일상에서

쓰는 말을 설한다)

18.5.9 추측推測

▌《許》《還許》

這倆小子將來就許有點出息兒【兒39】

(이 두 자식은 훗날 얼마만큼 가능성이 있을지도 모른다)

不叫翻, 我們還許回太太去呢【紅74】

(검사를 받지 않으면 우리들이 부인에게 고자질하러 갈지 몰라요)

那何玉鳳聽了「烏里雅蘇台」五個字, 耳朶裏還許有個影子, 只在那裏

愣愣兒的聽【兒40】

(저 何玉鳳은 "烏里雅蘇台" 다섯 글자를 듣자, 귓속에 희미한 기억이라도

남아 있을까 하고 다만 멍하게 듣고 있었다)

《也許》라고도 하는데, 이 말은 매우 새로운 것이다.

▌《恐怕》

원래는 '겁내다'라는 동사로, 동사가 부사화된 것이다.

恐怕污却經典【祖14】

(필시 경전을 더럽힐 것이다)

老母在家, 恐怕憂念【西湖三塔記】

(어머니께서 집에서 분명 걱정하고 계실 것이다)

恐怕在家裏終日疑心惑志【硃砂擔0】
(아마도 집에서 종일 이것저것 갈피를 못 잡고 있을 거야)

▌《或者》

고대부터 사용했다.

昔者辭以病, 今日弔 ; 或者不可乎【孟, 公孫丑下】
(전에는 병이라고 거절했는데, 오늘은 장례에 가는 것이 혹여 안 좋을지도
모른다)

▌《或是》

或是他有這念便有這夢也不可知【朱3】
(혹 그에게 그런 생각이 있었기 때문에 그런 꿈을 꾸었을지도 모른다)

18.6 부정부사否定副詞

18.6.1 고대어의 부정사

고대어에 사용하는 부정의 개념을 가진 말(이것을 부정사라고 한다)이
매우 많다. 그래서 『논어』와 『맹자』에서 사용된 부정사의 일람표를 제시
하면 다음과 같다.

	無	毋	莫	勿	亡	罔	末	靡	不	弗	非	否	未	徽	盍
논어	+	+	+	+	+	-	+	-	+	+	+	+	+	+	+
맹자	+	-	+	+	+	(+)	-	(+)	+	+	+	+	+	+	+

※ +는 사용되고 있는 것, (+)는 인용문에만 사용되고 있는 것, -는 사용되고 있지 않은 것

앞에서《毋》는『맹자』에는 쓰이지 않지만,『논어』에서는 텍스트에 따라 자주《無》와 혼동해 쓰이고 있다.『논어』에서《毋》가 쓰이고 있다는 것은 아마『논어』라는 텍스트가 혼란스럽다는 것을 보여주는 것이다.『논어』『맹자』로 대표되는 전국시대 노나라의 방언에서는《毋》가 없다는 것을 볼 수 있는 것 같다.《罔》은 부정사로서는『논어』에서 쓰이지 않고,『논어』에서는 부정사로『서경書經』의 인용문에서 하나의 예가 있다.《末》는『맹자』에는 없고『논어』에는 겨우 한 예를 볼 수 있을 뿐이다.《靡》는 인용된『시경』에 보이는 것으로 이것도 계산에 넣을 수 없다. 그래서 결국 이 방언에서 쓰인 부정사는 모두 11개가 된다.

　고대어의 부정사가 방언 하나에 한정된다 해도 이렇게 많은 것은, 단순한 부정 개념 이외에도 또 다른 개념을 포함하고 있고, 복합되어 있기 때문이다. 현대어에서는 분석적인 경향이 강하기 때문에, 단순 부정인《不》를 제외하고는 나머지는 전부 쓰이지 않게 되었다. 부정사의 용법을 자세히 적는 것은 고대어 문법의 중요한 역할이다. 여기에서는 요점만을 극히 간단하게 언급하겠다.

▍《無》

　《有》의 부정이다. 즉,《有》의 개념에 단순히 부정 개념이 어우러진 것이다. 금지에도 쓰인다. 어느 곳의 경우라도 다른 문헌에서는《毋》로 쓰이기도 한다. 시대가 내려가면《有》의 부정에는《無》를, 금지의 경우에는《毋》를 써서 구별하게 되었다.

　君子無所爭【論, 八佾】(군자는 다툴 일이 없다)

　無欲速, 無見小利【論, 子路】

　(서둘러서는 안 되며, 작은 이익에 눈이 멀어서는 안 된다)

▌《莫》

이 말은 《無…者》와 동등하다. 단순히 《無》와 같은 것이 있지만, 후대에 사용되었다(제2 예문처럼).

不患莫己知【論, 里仁】(나를 알아주지 않는 것을 걱정하지 않는다)

及平長可娶妻, 富人莫肯與者【史, 陳丞相世家】

(陳平이 성장해서 부인을 맞이할 때가 되었으나, 부자는 주려 하는 이가 없었다)

▌《勿》

빈어를 생략한 금지에 쓰인다. 즉, 《勿》 안에 빈어에 쓰이는 대명사 《之》와 같은 개념이 포함되어 있다. 아래 중 제2 예문에서는 직접빈어 《之》가 생략되고 간접빈어 《人》이 나오고 있다.

無友不如己者, 過則勿憚改【論, 學而】

(자기만 못한 자를 친구로 두지 말고, 잘못을 저질렀으면 그것을 고치는 것을 꺼리지 마라)

己所不欲, 勿施於人【論, 顔淵】(자기가 원치 않는 일은 남도 시키지 마라)

▌《亡》

《無》의 의미라고 되어 있으나, 『논어』의 용례에서는 《亡失》의 느낌이 짙다. 예를 들면,

今也則亡【論, 雍也】(지금은 없어졌다)

▌《弗》

이 말은 《不…之》에 해당하며, 부정과 빈어가 의미상 어우러져 있다.

一簞食, 一豆羹, 得之則生, 弗得則死【孟, 告子上】

(한 그릇의 밥, 한 그릇의 국만 얻을 수 있다면 살고, 얻지 못하면 죽는다)

479

▌《非》

이 말은 형용사《是》의 부정, 혹은 판단 작용에 부정이 더해진 것이다. 예를 들면,

前日之不受是, 則今日之受非也 ; 今日之受是, 則前日之不受非也【孟, 公孫丑下】(어제 [돈을] 받지 않은 것이 옳다면, 오늘 받은 것은 그릇된 것이며, 오늘 받는 것이 옳다면 어제 받지 않은 것은 그릇된 것이다)

위의 예문에서는《是》《非》가 함께 형용사(술어)로 쓰이고 있지만, 다음과 같은 경우에는 부정 판단을 나타낸다.

我非生而知之者【論, 述而】(우리는 태어나면서부터 아는 것은 아니다)

▌《否》

이 말은 그 안에 술사의 의미가 포함된 부정이다. 예를 들어 아래 예문의《否》는《不書》의 의미가 된다. 또 응대에 쓰이는 간투사[3]의 용법도 여기에서 나온 것이다.

赴以名, 則亦書之 ; 不然, 則否【左傳, 僖23】

(고하건대 이름을 갖는다면 또한 이것을 쓰고, 그렇지 않으면 쓰지 않는다)

▌《未》

《已》의 부정이다. 즉, 단순한 부정에 시간의 개념이 포함되어 있다. 예를 들어 아래 예문의《未學》은 단순히《學》의 부정이 아니라,《學矣》의 부정이다.

雖曰未學, 吾必謂之學矣。【論, 學而】

(아직 배운 적이 없다고 해도 나는 분명 이미 배웠다고 말할 것이다)

---

3 중국어의 전통표현법에 근거하면 이런 종류의 "否"는 응대부사라고 한다.-옮긴이

▎《微》

단지 《無》의 뜻으로도 쓰이지만, 가정과 함께 《無》로서 쓰이는 경우
가 많다.

微管仲, 吾其被髮左衽矣。【論, 憲問】

(만약 관중이 없었더라면 우리들은 머리를 풀어 헤치고 옷깃을 왼쪽으로
하고 있었을 것이다)

▎《盍》

《何不》의 합음이다. 그러니까 두 말이 줄어들어 한 말이 된 것이다.

盍各言爾志?【論, 公冶長】(왜 모두 그 뜻을 말하지 않는 것인가)

고대어의 부정사는 지금까지 기술한 것처럼 총합적이다. 이것이 현대
어의 부정부사와 다른 점인데, 고대어에서는 금지의 개념이 일반적인
부정의 개념과 그다지 거리가 없이 존재하는 경향이 인정된다. 《無》와
《毋》에 대해서는 앞에서 말한 것처럼, 이 2가지가 각각 다른 것이 되어
존재나 소유를 부정하는 《無》와 금지를 나타내는 《毋》로 나뉘게 된 것
은 후대의 일이다. 또, 《勿》은 거의 금지에만 쓰인다고 말할 수 있지만,
이것도 일반적인 부정에 쓰일 때가 있다. 예를 들면,

非獨賢者有是心也, 人皆有之 ; 賢者能勿喪耳【孟, 告子上】

(현자만이 이 마음을 가지고 있는 것이 아니라, 사람은 누구라도 가지고 있
다. 다만 현자는 이것을 잃어버리지 않을 뿐이다)

救趙孰與勿救?【戰國策, 齊策上】

(조나라를 구하는 것과 구하지 않는 것, 어느 쪽이 좋을까)

대략 말하자면 고대어에 쓰이는 금지가 일반적인 부정과 그다지 구별
되지 않는 경향이 있다고 말할 수 있을 것이다.

18.6.2 현대어의 부정부사

현대어의 부정부사의 주된 것은 《不》과 《沒》, 그리고 금지를 나타내는 《別》이 있으며, 그 수가 매우 적어졌다.

▌《不》

고대어에서도 많이 사용된 일반적인 단순부정이다. 현대어에서는 이 것이 《是》와 함께 고대어의 《非》를 대신했다. 《不是》 이외에도 오래된 《非是》도 있다. 《不是》는 《非是》보다 조금 늦게 생겨났을 것이라고 생각한다. 예전에는 《非是》가 더 많이 문헌에서 보였다. 이는 《是》가 동동사로 사용되었어도 지시대명사로서의 용법이 남아 있기 때문에, 《是》에 《不》를 붙이는 것을 피한 것이 아닐까 싶다.

其子言；非是正道。【阿闍世王經, 下】

(그 아이는 정도가 아니라고 말했다)

此是輪上嬉戲, 使腸結如是, 食飮不消, 非是死也【㮊女祈域因緣經】

(이는 바퀴 위에서 놀아 장이 꼬여 소화가 안 된 것이지, 죽은 것이 아니다)

妻子奴婢, 非是我有【齋經】(처자, 노비는 자기의 것이 아니다)

若以彈指間, 念此諸想之事, 皆爲精進行, 爲奉佛敎, 不是愚癡食人施也。【禪行法想經】

(만약 잠깐 사이라도 이 모든 생각의 일을 염원했다면, 모두 정진행이 되어 불교를 받드는 일이 될 것이며, 어리석은 사람의 공양을 받는 것이 아니다)

▌《沒》

《沒》은 《陷沒》《埋沒》 등에서 《沒》의 의미가 원래 뜻인데, 이 의미가 바뀌어서 당나라 때는 《無》의 뜻으로 쓰이게 되었을 것으로 생각한다.

暗去也沒雨, 明來也沒雨【權龍褒詩】

(어두워져도 비가 안 오고, 아침이 와도 비가 안 온다)

鬢髮沒情梳【袁暉詩】(머리를 빗고 싶지 않다)

暗中頭白沒人知【王建宮詞】

(모르는 사이에 머리가 하얗게 돼서 아는 사람이 없다)

深山窮谷沒人來【劉商詩】(깊은 산 작은 골짜기에는 오는 사람이 없다)

船頭一去沒廻期【白居易詩】(배는 떠난 채 돌아올 줄 모르네)

《有》의 부정이 예전에는 《無》였다. 이외에도 《不有》라고 할 때와 《無有》라고 할 때가 있다. 《不有》는 《有》를 단순히 부정하는 것이 아니라, 《有》이하 전부를 부정하는 것이라고 생각한다.

不有博奕者乎?【論, 陽貨】

(博奕[碁·雙六의 종류]이라는 것이 있지 않은가)

《不有》는 현대어에서 《不是有》라고 한다. 《無有》는 원래 소유·존재한다는 사실이 없음을 나타낸다. 하지만 실제로는 그만큼 깊은 의미로 사용된 것이 아니라, 단순히 《無》를 어조의 관계로 2음절로 늘린 것에 지나지 않는다. 예를 들면,

有叔如此, 不如無有【史, 陳丞相世家】

(이런 義弟는 있는 것보다 없는 게 낫다)

《無有》를 쓰는 것은 중·근세에 많다.

且謂駿物無有殺理【世, 汰侈】(또한 駿物이 죽일 리 없다고 생각했다)

彼尊者無有罪過【大莊嚴論經卷12】(저 존자에게는 죄가 없다)

아마도 이와 같은 용법의 《無》를 《沒》로 바꾼 것에서 《沒有》라는 표현법이 생겨난 것 같다. 그 시기는 송나라·원나라 때로 생각되지만, 그다지 확실한 용례가 보이지 않으므로 뒷사람의 연구를 기다리겠다.

更兼又沒有爹娘【一窟鬼癩道人除怪, 警世通言】(게다가 또 부모도 없다)

我從不曾見, 回說沒有【小夫人金錢贈年少, 警世通言】

(나는 지금까지 본 적이 없으므로 '없습니다'라고 대답했다)

此詩何人所作? 沒有落款。【拗相公飮恨半山堂, 警世通言】

(이 시는 누가 지었는가. 낙관이 없다)

小二云 : 粉房裏沒有呵?(기생집에 없으면?)

周舍云 : 賭房裏來尋。(노름판에 가서 찾아와)

小二云 : 賭房裏沒有呵?(노름판에 없으면?)

周舍云 : 牢房裏來尋。【救風塵3】(감방에 가서 찾아와)

《沒》《沒有》가 동사를 부정하는 것은 원나라·명나라 때 시작된 것 같다. 고대어에서는 《未》를 쓴다는 것은 앞에서도 언급했지만, 《沒》을 바로 《未》의 변화로 생각하는 것은 합당하지 않다. 왜냐하면 중 · 근세에서는 대개 《不曾》《未曾》 등을 사용하고, 《沒有》가 더 오래되었다고 생각하기 때문이다.

俺等了一早起, 沒有吃飯哩【東堂老1】

(아침 일찍부터 기다리느라 아직 밥을 먹지 않았습니다)

正末云 : 哥, 你莫不在那裏見李春梅來?

(너 어디선가 李春梅라는 사람 본 적 없어?)

王獸醫云 : 沒有見【兒女團圓2】(본 적 없습니다)

藥錢也沒有與他【金19】(약값도 그에게 주지 않았다)

你想是沒有用早飯。【金54】(너 분명 아침을 안 먹었을 거야)

因問 : 昨日歸家, 武大沒問甚麼?【金4】

(그래서 물었다. 어제 집에 돌아가서 武大는 아무것도 묻지 않았는가)

你老人家去年買春梅, 許了我幾疋大布, 還沒與我【金7】

(당신은 작년에 春梅를 살 때, 나에게 천을 몇 필인가 주신다고 약속했는

484

데, 아직도 주지 않습니다)

一夜通沒來家【金8】(밤새도록 집에 돌아가지 않았다)

還有紙爐蓋子上沒燒過【金8】

(아직 紙爐의 뚜껑을 태우지 않았다)

不知他還在那裏沒在【金13】

(저 사람이 아직 그곳에 있는지 없는지 알 수 없습니다)

▌《別》

금지를 나타내는 부사 《別》은 명나라 때에도 약간 보이지만, 많이 쓰이게 된 것은 청나라 때부터이다. 《不要》의 축약형으로 보기도 하지만 이는 옳지 않다. 《別要》로도 말하는데, 원래 의미는 '별로'에서 나와 완곡하게 금지하는 것으로 변했다.

且別教他往後邊去【金42】

(자 저 기녀들을 안쪽으로 들여보내서는 안 된다)

哥別題!【金52】(당신, 말이 안 됩니다)

我說別要使他去【金11】

(그러니까 내가 저런 것은 보내지 않는 게 좋다고 말한 것입니다)

小囚兒, 你別要說嘴【金21】

(이 애송이, 잘난 척은 그만둬라)

▌《甭》

《不用》의 합음으로 매우 최근의 것이다.

▌《休》

현대어에서는 쓰이지 않게 되었지만, 조금 오래된 백화에서는 매우 많이 쓰인 금지어이다. 원래의 의미에서 생각하자면, 현재 행하고 있는 동작을 중지하도록 하는 것이 시작이었을 것이다. 고대어에는 없고 당나라 때부터 쓰인 것 같다.

休洗紅, 洗多紅色澹【休洗紅】
(붉은 옷은 빨지 마라. 자주 빨면 붉은 색이 옅어진다)

이 시는 진晉나라 때의 것으로 보지만, 조금 너무 오랜 된 것으로 보는 것은 아닐까.

燕趙休矜出佳麗【杜甫詩】
(연나라와 조나라는 미인이 있다는 것을 자랑하지 말라)

休唱貞元供奉曲【劉禹錫詩】
(貞元을 받드는 노래는 부르지 마라)

또,《休要》라고 쓸 때도 있다. 이것은 아마《不要》를 유추해서 생긴 말일 것이다.《要》에《休》가 붙을 리가 없으므로, 일종의 잘못 쓰인 말이다.《別要》는 혹 여기에서 유추되어 생긴 것일지도 모른다.

你休要打我【救風塵3】(당신 저를 때리지 말아주십시오)

‖《莫》

고대어의《莫》에 대해서는 이미 서술하였는데, 중세부터 근세에 걸쳐 금지를 나타낸다. 이 같은 용법은 한나라 때도 보이지만, 시대가 내려오면서 더욱 성행한 것으로, 문어적으로 사용하는 것은 정통적이지 않다.

不及, 莫踐基難【史, 衞康叔世家】
(이미 늦었다고 해서 難을 겪어서는 안 된다)
[※『좌전』哀公15년에는 “弗及, 不踐其難”으로 되어 있다]

努力愛春華, 莫忘歡樂時【漢, 蘇武詩】
(노력하여 용모를 아껴서, 환락의 때를 잊지 마라)

486

初七及下九, 嬉戲莫相忘【古詩爲焦仲卿妻作】
(초7일과 29일에는 즐겁게 놀았다는 것을 잊지 말기를)

子爲蘆中人, 吾爲漁丈人;富貴莫相忘也【吳越春秋, 王僚使公子光傳】
(당신은 갈대 속의 사람이고 나는 고기잡이 노인이다. 부귀를 얻고도 잊지
말기를)

▌《不必》《未必》

현대어의《不必》도 완곡한 금지를 나타낸다. 이 말은 고대어에도 있
는데, 현대어의《不一定》《未必》과 같으며, '~하다고는 할 수 없다'의 뜻
이다.

勇者不必有仁【論, 憲問】(용감한 자가 반드시 仁이 있다고는 할 수 없다)

이 어구를 주주朱注에서는 "徒能勇者未必有仁也"라고 설명하고 있
다. 이는《未必》이라는 백화에서 쓰는 말을 사용해서, 오해를 막고자
했다.

《不必》이 현대어처럼 쓰인 예는 당나라 때부터 보인다.

升沈應已定, 不必問君平【李白詩】
(인생의 부침은 이미 정해져 있으니 君平에게 물을 필요는 없다)

《未必》이 현대어처럼 쓰인 오래된 예로,

未必然也。【史, 太史公自序】
(그렇다고도 할 수 없다)

小時了了。大未必佳【世, 言語】
(어렸을 때 영리한 애가 커서도 그렇다고는 할 수 없다)

18.7 의문·감탄·반힐부사 疑問·感嘆·反詰副詞

▍《多》

의문부사인 《多》는 '어느 정도'라는 의미이다. 《高》《長》《深》 등 많고 적음을 헤아릴 수 없는 것에 붙고, 더구나 이것들과 반대의 소극적인 개념 《低》《短》《淺》 등에는 쓰지 않는다. 《多》에는 감탄을 나타내는 경우가 있는데, 이때에는 이상과 같은 조건은 전혀 없다. 예를 들면,

[의문] 多高(얼마나 높나) 多長		多深
[감탄] (i) 多高(정말 높다) 多長		多深
(ii) 多低(정말 낮다) 多短		多淺
(iii) 多白(정말 하얗다) 多聰明(정말 똑똑한)	多厲害(정말 심하다)	

《多》가 의문에 쓰이게 된 것은 원나라 때부터이다. 예를 들면,

你多大年紀了? 【硃砂擔1】(당신은 몇 살입니까)

小娘子家有多遠? 【碧桃花1】(아가씨 집은 얼마나 멀리 있습니까)

《多》는 《多少》의 생략이다. 《多少》는 원래 많은지 적은지를 말하는데, 상반되는 의미의 형용사 2개에 의한 선택의문의 형식이다. 이것이 복합된 한 단어가 되어 '얼마나'의 의미가 되었다. 많은 수나 막연한 것을 물을 때에 쓴다.

今我藏中穀米多少? 【賢愚經, 珠林56引】

(지금 우리 집 창고에 곡물이 얼마나 있는가)

馬比死多少? 【世, 簡傲】(말은 요즘 얼마나 죽었는가)

《多少》가 한 단어가 되어 명사의 수식어로 쓰였던 예로,

渡却人間多少人? 【劉禹錫詩】(세상의 얼마나 많은 사람을 건네주었는가)

本寺住來多少年?【張籍詩】(이 절에 산 지 얼마나 되었는가)

《多少》는 원래 바로 그 수를 셀 수 있는 것에 쓰인다. 즉, 명사에 대해 사용된다. 그리고 높이나 길이와 같은 추상적 개념은 중국어에서 명사로 사용하지 않기 때문에, 이것이 많다, 적다로는 말하지 않는다. 예를 들면《米多》《人少》라고 말하지만, '高多' '長少'라고 말하지는 않는다. 따라서 이것이《多少》의 경우에도《米多少》처럼 말하기는 하지만, 이것을 높이나 길이에 사용하지는 않는다. 그런데《多少》의 의미가 변화해서《高》와 같은 추상적 개념에도 쓰이게 되었다.

月中桂樹高多少?【李商隱詩】(달 속에 계수나무는 얼마나 클까)

無縫塔闊多少, 高多少?【祖11】(卵塔은 폭이 얼마고 높이는 얼마인가)

重多少?【祖12】(무게는 얼마인가)

위의《高》등은 아마 명사(높이 등)로 쓰였을 것이다. 역으로《多少高》처럼 쓰이게 되었다고 생각하지만, 아직 용례를 본 적이 없다. 그리고 《多少》가 생략된 것이 의문부사로서의《多》였을 것이다. 이상에서 밝혀진 것처럼 의문의《多》를 부사로 생각하는 것은 반드시 옳다고는 할 수 없다. 이것은 어원적으로도 부명사에 가깝다.

《多》가 감탄에 쓰이게 된 것은 의문에서 비롯되었을 것이다. 청나라 때까지의 용례는 찾아볼 수 없어서 자세한 것은 알 수 없지만,《不知》를 쓰는 어구의 용어가 그 시작일 것이라고 생각된다. 예를 들면,

那是我小時候兒不知天多高地多厚, 信口胡說的【紅19】

(그것은 내가 어릴 적 하늘이 얼마나 높은지 땅이 얼마나 깊은지 모른 채, 멋대로 말한 것입니다)

▌《多麽》

의문, 감탄 양쪽에 다 쓰이는 부사. 《多》에 《麽》라고 하는 접미사가
붙어서 성립되었을 것이다. 그러나 용례가 매우 적어서 자세히는 알지
못한다.

　　你大概也不知道你小大師傅的少林拳有多麽覇道!【兒6】
　　(너는 대개 네 젊은 스승(어르신네)의 소림권법이 얼마나 형편없는 것인
　　지 모를 것이다)

▌《難道》

'어째서 그와 같은 일이 있을까'라고 반문할 때 사용하는 부사. 현대어
에서는 문장 끝에 《嗎》라고 호응하는 경우가 많으며, 근세에서는 여러
가지로 쓰였다. 이것을 4가지로 나누어 고찰해 보겠다.

　　① 你說你會過目成誦, 難道我就不能一目十行了?【紅23】
　　　(당신은 한 번만 보면 암송할 수 있다고 말했습니다만, 나에게는 한 번
　　　에 열 줄도 못 읽는 것은 어째서입니까)
　　② 難道這一首還不好嗎?【紅48】(이 한 수도 아직 안 되는 것입니까)
　　③ 難道叫我打劫去不成?【紅6】
　　　(설마 나에게 강도질을 하라고 하지는 않겠지)
　　④ 那銀子錢會自己跑到偺們家裏來不成?【紅6】
　　　(보물이 저절로 우리 집에 굴러들어올까)

《難道》란, 말하기 어렵다는 것이다. 거기서부터 '그럴 리가 없다'는 의
미가 나왔다. 오래된 예로,

　　今夜酒腸難道窄, 多情, 莫放紗籠蠟炬明【辛棄疾詞】
　　(오늘 밤만 술을 마실 수 없다고 할 리가 없을 터이니, 다정한 이여, 등잔 빛
　　을 밝게 해서는 안 되오)

490

《不成》은 예로부터 문장 앞에 오는데, 이것도《難道》의 뜻이다.

　　不成眞箇不思家。【辛棄疾詞】(정말 집을 생각하지 않을 리가 없다)

　　大寒後, 不成便熟, 須是且做箇春溫, 漸次到熱田地 ; 大熱後, 不成便寒, 須是且做箇秋涼, 漸次到寒田地。【朱6】

　　(혹한 뒤에 곧바로 따뜻해질 리가 없으므로, 우선은 봄의 따뜻함이 있고 점점 더 더워져 가는 것이다. 또 혹서 뒤에 곧바로 추워질 리가 없으므로, 우선은 가을의 시원함이 있고 점점 더 추워져 가는 것이다)

　송나라 때는 현대어의《難道》의 ①에 해당하는 것만 있었지만, 시대가 내려오면《不成》을 어구 끝에 두는 용법이 생겨났다. 이것을 말머리의《難道》와 호응시키게 되었다.

　　旣來了怕他回去了不成?【王粲登樓3】

　　(온 이상은 돌아갈 걱정은 없겠지)

　　難道我老婆子有這東西不成?【擧案齊眉4】

　　(설마 나 같은 노파가 그런 것을 가지고 있을 리가 없습니다)

　《難道》에《嗎》를 병용하는 것은 가장 늦게 청나라 때가 되어 널리 쓰여지게 된 것 같다(용례는 앞에서 제시하였다).

18.8 지시부사指示副詞

　《這麼》《那麼》《哪麼》《怎麼》의 4가지가 있는데, 매우 특수해서 아직 그 용법을 잘 알 수 없는 점도 있다. 특히《哪麼》라는 말은 사전이나 문법책에도 거의 수록되어 있지 않다. 현대어에서는 대체로 다음과 같이 사용한다.

	단독			복합					
	상태방법	이유	방향	~個	~些	~些個	~樣	~着	~了
這麼	+		+	+	+	+	+	+	
那麼	+		+	+	+	+	+	+	
哪麼	+?		+					+?	
怎麼	+	+		+			+	+	+

▌《這麼》《那麼》

이 2가지는 같은 종류이므로 합해서 설명하겠다. 이 말은 《這·那》에 《瀽》이나 《們》이 붙은 것으로 생각된다. 《這瀽》《那瀽》은 송나라 때 일종의 대명사였던 것으로 생각된다.

我去後, 將來必共這瀽一處【揮塵錄, 餘話卷2】

(내가 떠난 후에, 장래 꼭 이들과 함께 하겠습니까)

被那瀽引得, 滴流地一似蛾兒轉【沈端節詞】

(그들에게 끌려서 뱅글뱅글 나방처럼 돌았다)

《這們》이 부명사로 사용된 예로,

這們女壻要如何?【快嘴李翠蓮記】(이런 사위를 어떻게 하지)

이상과 같이 특수한 것은 잠시 접어두고, 지금 현대어와 거의 같은 것을 예로 들겠다.

我也心裏這們想着【老乞木, 上】(나도 마음으로 그렇게 생각하고 있었다)

我長這麼大, 纔失了一個信兒【范張雞黍1】

(나는 이렇게 커서 처음으로 한 가지 약속을 어겼습니다)

我這麼一個人去不的, 着誰去?【小尉遲2】

(나 같은 사람이 갈 수 없다면 누구를 가라고 하겠는가)

492

這們說起來…【勘頭巾3】(그리고 보니 …)

我則是那麼道【老生兒0】(나는 그렇게 생각할 뿐이다)

我那們說, 他强着奪去了【金35】

(내가 그렇게 말했는데도 그가 억지로 뺏어 갔습니다)

《這麼》《那麼》는 명나라 때까지는 별로 발달하지 않았다. 상태·방법을 나타내는 것뿐으로 방향을 나타내는 용례는 볼 수 없다. 또 복합된 것도 없는 것 같다. 수사를 쓰지 않고 이것을 바로 양사로 계속해서 쓰는 용법도 없는 것 같다.

청나라 때가 되면서 자주 쓰이게 되었다. 그 동안에 방향을 나타내는 용례는 다음과 같다.

從老遠的轟的一羣人騎着馬往這們來了【初學指南】

(매우 멀리서부터 우르르 한 무리의 사람이 말을 타고 이쪽으로 왔다)

從右邊密林裡出來一個大頭羊, 往這們來了【庸言知旨卷1】

(오른쪽 밀림에서 커다란 양 한 마리가 나와서 이쪽으로 왔다)

看見我, 問也不問, 把臉往那們一扭, 望着天過去了【初學指南】

(나를 보자, 말도 안 걸고 얼굴을 저쪽으로 돌리고 하늘을 보며 지나갔다)

이처럼 방향을 나타내는 《這麼》《那麼》는 앞에 개사가 있어 이것을 그대로 부사로 생각할 수 없다. 그렇다면 이것을 대명사로 보기에는, 그렇게 취급하는 것도 적당하지 않다. 왜냐하면 이처럼 방향을 나타내는 말을 예로 들면,

往起(위로)

往出(밖으로)

往裏(안으로)

往前(앞으로)

와 같은 것이 있다. 《裏》나 《前》은 자립어는 아니지만, 체사적이라고 말할 수 있다. 하지만 《起》와 《出》에 대해서는 그렇게 말할 수 없다. 즉, 개사(특히 《往》이 많음)를 사용해 방향을 나타낼 때 공통적으로 보이는 특수한 현상으로, 편의적으로는 개사를 포함하여 부사적으로 사용하는 것도 생각할 수 있다. 또, 《這麼》 등이 복합된 것을 품사에 귀속시키는 것도 어려운데, 《個》《些》《些個》를 취하는 것은 대명사 혹은 부명사, 《着》《了》를 취하는 것은 술사라고 말해야 할까. 게다가 청나라 때의 《這麼》《那麼》에는 시간 기타를 나타내는 것도 있으나 생략하도록 하겠다. 《這麼》《那麼》가 다른 단어와 복합한 것에는 다음과 같은 예가 있다.

這麼個嘴眼, 自然去不得【紅6】(그런 얼굴로는 물론 갈 수 없다)

倒像是客, 有這麼些套話【紅85】

(도리어 손님처럼 인사하기가 힘들다)

老太太因爲喜歡他, 纔慣的這麼樣。【紅38】

(은퇴하고 계신 노인분이 이 사람을 좋아했기 때문에 응석을 받아줘서 이렇게 되어버렸다)

別是這麼着罷【紅67】(이런 게 아닐까요)

我不過說了那麼句話【紅57】

(내가 바로 그렇게 말했을 뿐입니다)

因他那們樣的, 家下女人們嚇的縮頭縮腦的【滿漢成語對待卷2】

(그녀가 그렇기 때문에, 집의 여자들이 두려움을 모르고 목을 움츠렸다)

舍弟的藥就是那麼着了?【紅83】

(동생 약은 저렇게 하는 것이었습니다)

요컨대 청나라 때는 수사를 쓰지 않고 양사를 직접 《這麼》《那麼》에 붙이는 용법이 사용되었다. 더욱이 《這麼些》《那麼些》는 더욱이 양사를 취하는 일이 없었던 것 같다.

▌《哪麼》

청나라 때는 방향을 묻는 것에만 사용하고, 상태·방법을 묻는 것에는 사용하지 않았던 것 같다. 《那麼》《那們》으로 쓰인 것은 말할 필요도 없다.

就是放鎗的時候, 也該看是那們的風, 把火門背着風拿着放啊【庸言知旨卷1】(철포를 쏠 때에도 어느 쪽에서 바람이 부는지 보고, 입구에 바람이 들어가지 않도록 쏘는 것입니다)

葉阡兒…不由着急道 : 我葉阡兒怎麼這們時運不順? 上次是那麼着, 這次又這們着, 眞是寃枉寃哉! 包公聞聽話裏有話, 便問道 : 上次是那麼着? 快講!【三俠五義11】

(葉阡兒는 생각지도 못하고 당황해서 말했다. "나는 왜 이렇게 운이 나쁜 걸까? 이전에도 그랬고, 이번에도 또 이렇고, 정말 기억이 없는 일이다." 包公은 그 말에 무슨 사정이 있는 것 같아서 물었다. "요전에는 어땠는데, 빨리 말해봐")

이 예문에는 《那麼着》이 2개 있는데, 처음의 것은 거성, 뒤에 있는 것은 상성으로 《哪麼着》이다. 단, 이것은 이와 같은 문맥에서 처음으로 존재한 말일지도 모른다.

▌《怎麼》

당나라·오대에 《作沒》《作勿》《作摩》 등이 있으며, 《生》을 접미사로 취했다.

王侍御問 : 作沒時是定慧等?【石井本神會語錄】
(王侍御[王維]가 물었다. "어떤 때에 定과 慧가 같습니까")

위에 나온 예문 구절이 돈황본 P.3047에서는 《作物生是定[慧]等》으로 되어 있다.

作勿生卽是不分別智?【頓悟眞宗論 P.2162】

(어떠한 것이 불분별의 지혜입니까)

異沒時作物生?【石井本神會語錄】

(그럴 때는 어떻게 할까)

作摩不傳?【祖11】(왜 전할 수 없습니까)

《作》은 '하다' '이루다'의 뜻이다. 《沒》《勿》《物》은 모두 '何(무엇)'의
의미이다. '무엇을 한다'라는 의미에서 '어떻게 하다' '어째서, 왜'의 뜻이
된다. 《生》이 붙을 경우에는 현대어의 《怎麼樣》에 가깝다. 또 당나라·
오대의 것에 《作麼》라고 쓰인 것이 있는데, 당시의 표기법은 아니다. 그
리고 《作勿》 등의 음이 축약되어 한 음이 되고, 이것을 《怎》이라고 쓰는
것은 오대 시기 무렵부터 일부에서 사용하게 되었다. 따라서 《生》에 붙
은 것은 《怎生》이 되었다.

怎生得受菩提記?【維摩變文, P.2292】

(어떻게 깨달음의 수기를 받을 수 있을까)

《怎》에 《麼》가 붙어서 《怎麼》가 된 것은 송나라 때부터인 것 같다. 그
러나 송나라 때는 일반적으로 《怎生》이 많이 쓰이고, 《怎麼》는 많이 쓰
지 않았다.

至如子莫執中, 欲執此二者之中, 不知怎麼執得。【河南程氏遺書卷17】

(子莫이 가운데를 잡으려고 하는 것은, 이 두 사람 사이를 잡으려고 하는
것과 같은데, 어떻게 잡아서 얻을지는 알 수 없다)

원나라·명나라의 용례로는,

你怎麼滅自己的志氣長別人雄風?【小尉遲1】

(당신은 어째서 자신의 뜻을 꺾고, 다른 이를 함부로 설치게 만드는 것인가)

哥哥怎麼打?···這般打.【薦福碑2】

(형님 어떻게 치는 것입니까? … 이렇게 치는 것입니다)

《怎麼》는 상술한 것처럼 '무엇을 하는가'라고 하는 것에서 나온 것이므로, 이것을 동사로 쓰는 것도 부자연스러운 일은 아니기 때문에, 원나라 때는《着》이나《了》를 붙이지 않고 그대로 동사적으로 쓴 예도 많다. 이는 후술하겠다.

《怎麼》는 옛날에는 바로 명사 앞에 두는 것도 가능했던 것 같다. 예를 들면,

婦人便問怎麼緣故?【金19】(부인은 그러자 무슨 이유인지 물었다)

就瞧瞧春花兒怎麼模樣【金67】

(하는 김에 春花兒가 어떤 기량이 있는지 보자)

현대어에서는 명사에 쓰일 때《個》등의 양사를 취하는 것이 보통이다.

到底是怎麼個緣故呢?【紅16】(도대체 어떻게 된 일입니까)

不知牛黃是怎麼個樣兒?【紅84】(牛黃은 어떤 모습을 하고 있습니까)

《怎麼樣》은 원나라·명나라 때부터 쓰였다.

我委實不省的, 你着我怎麼樣招?【救孝子3】

(저는 정말 모릅니다. 당신은 저에게 어떻게 자백하라고 그러십니까)

《怎麼着》《怎麼了》의 용례로,

你到底怎麼了?···我也不怎麼着.【紅21】

(당신 도대체 어떻게 한 거야? … 나는 특별히 아무것도 하지 않았습니다)

497

我只以理待他, 他敢怎麼着我?【紅65】

(내가 이치를 가지고 저 사람을 대하면, 저 사람은 나에게 감히 어떻게 하려고 할까)

앞의 예에서 청나라 때가 되면《怎麼》만으로는 더 이상 동사로 사용하지 않게 되었다. 아래의 예문과 비교하고자 한다.

你敢怎麼我?【鐵拐李1】(너는 나를 어떻게 하려고 하는가)

19

연사連詞

　연사란, 말 또는 연어를 연결하는 준자립어로 정의된다. 여기에서는 연사를 더욱 자세히 고찰해 보겠다.

　말 혹은 연어가 문장 속에서 쓰이는 경우, ① 술어가 아닌 것, ② 술어(술부)인 것, ③ 주부와 술부인 것, 이렇게 세 종류로 나누어 생각할 수 있다. 따라서 연사도 이 세 종류를 연결하는 기능을 갖는다.

　① 술어가 아닌 것을 연결하는 것. 이것들은 병렬적으로 연결하며, 연결되는 것을 교환할 수 있다.

　　《和》,《與》,《跟》,《連…帶》

　　他和我都是中國人。(그와 나, 모두 중국인입니다)

　　連房錢帶飯錢一共得多少錢?(방세와 식비 다 합해서 얼마나 들어요)

　② 술어(술부)를 연결하는 것.

　　《一邊…一邊》,《一面…一面》,《隨…隨》

　　他們一面唱歌, 一面走路。(그들은 노래를 부르면서 걷는다)

　　他隨掙隨花(그는 벌자마자 써버린다)

　③ 주부·술부를 연결하는 것.

　　雖然天氣不好, 可是我們總得去。

　　(날씨는 좋지 않지만, 그러나 우리는 가지 않으면 안 된다)

因爲他有病, 所以我着他去。
(그가 병에 걸려서 나는 병문안을 간다)

여기에 속하는 것은 ①②를 뺀 일반적인 연사이다.

이상을 복구와 관계에서 보면, ①②에 속하는 것은, 그 사용에 의해 복구가 만들어지는 것이 아니다. 그러나 ③은 연사를 사용해서 복구로 만들어진 것이다.

다음은 연사를 사용되는 위치에 따라 보면, ①②는 새삼스럽게 언급할 필요가 없으므로 제외한다. ③에 속하는 것은 앞의 句에 쓰이는 것과 뒤의 句에 쓰이는 것으로 나뉜다. 앞의 句에 쓰이는 것이 연결하는 기능이 강하며, 뒤의 句에 쓰이는 것은 때때로 연결하는 기능이 명확하지 않다. 따라서 앞의 句에 사용하는 연사와 어울려서 처음으로 연결하는 기능이 명확하게 하게 되는 것도 있다. 예를 들면,

你旣然有病, 就不必上學了。
(너는 병에 걸린 이상, 등교하지 않아도 좋다)

이와 같은 《就》는 진짜 연사가 아닌 《旣然》과 관련이 있어 연결하는 기능을 한다. 이러한 것은 부사로 보아도 좋지만, 부사가 일반적으로 이와 같은 잠재적 연결기능을 가질 리가 없다. 그러므로 이러한 것을 가리켜 준연사라고 한다. 또 이와 비슷한 것으로, 의미상으로는 다른 句의 존재를 예상시키지만 그렇다고 반드시 복구을 만들지 않는 경우가 있다. 이 경우 연결하는 의미가 희박해서 구조상으로는 드러나기 어렵다. 하지만, 이러한 것 역시 준연사로 보아도 좋다. 예를 들면,

原來是你呀!(뭐야 너였구나)

이처럼 《原來》를 부사로 두어도 좋지만, 어기로는,

500

(我以爲是誰呢), 原來是你呀!([누군가 했더니] 뭐야 너였구나)

이처럼 무언가를 암시하는 것이 있다. 특별히 뒤에 오는 문장에 연사를 사용해 앞 문장을 드러내지 않는 일이 자주 있다. 예를 들면,

所以我說他不會來呢。(그래서 나는 '그는 올 리가 없을 거야'라고 말했다)

이처럼 앞 句는 이것을 장소에 맡기고 생략하는 경우가 있어서, 연사와 부사의 구별이 더욱더 어렵다. 이렇게 말하는 것은 '연결한다'라고 하는 의미가 명확하지 않기 때문이다. 이 구별을 명확히 하기 위해서는, 연사를 주어 앞에서만 한정해서 사용하게 하는 것도 하나의 방법이다. 그렇지만 그렇게 하면, 연사는《然而》《而且》등 극히 소수로 한정되어 범위가 필요 이상으로 좁아지므로 이 역시 타당하지 않다.

연사 이외에도 연결하는 역할을 가진 말이 있다. 예를 들면《的》《的話》이다. 그러나 이것들은 조사이며 준자립어가 아니므로, 연사와 혼동되지는 않는다.

연사와 개사의 구별도 혼동하기 쉽다. 넓게는 둘 다 관계를 나타내는 것이지만, 개사는 술어, 혹은 술어를 포함한 것 앞에 두는 경우가 없다는 점에서 연사의 ②③과 구별된다. 예를 들면,

他拿身體不好做理由。[拿=개사](그는 몸이 안 좋은 것을 이유로 삼는다)
他因爲身體不好,… [因爲=연사](그는 몸이 좋지 않으므로 …)

라고 말할 경우, 다 같이《身體不好》라는 진술연어를 쓴다.《拿》의 경우에는 이것을 체사화하고,《因爲》의 경우에는 이것을 술어로 하고 있다. 그러므로 단순히《身體不好》라는 진술연어 앞에 놓는다는 표면적인 이유에서《拿》와《因爲》가 같은 기능을 가진다고 것은 잘못된 생각이다. 또 연사 ①과 개사와의 구별은 같은 술어가 아닌 것, 즉 체사적인 것

에는 쓰이지만, 개사의 경우에는 수식어가 되어서 연사 ①이 병렬연어가 된다고 하는 점에 있다. 연사 ①도 술사를 취하는데, 이 역시 술어가 아닌 체사화가 된다. 예를 들어,

吃飯和喝酒是同一意義嗎?
(밥을 먹는 것과 술을 마시는 것이 같은 의미일까)
連吃飯帶喝酒, 一共花了一百塊錢。
(밥을 먹는 것에서 술을 마시는 것까지 합해서 전부 백 원 썼다)

《連…帶》를 쓰는 연어는 반드시 수식어로 쓰이고, 술어는 되지 않는다. 즉,

他連吃飯帶喝酒。 ……… ×

이와는 달리 술어를 연결하는 연사, 예를 들어 《一面》을 쓰면,

他一面吃飯一面喝酒。(그는 밥을 먹으면서 술을 마신다)

이처럼 《吃》《喝》은 술어로서의 역할을 한다.

연사는 말이나 연어, 혹은 단문을 연결한다. 여기에서 연사에 의해 연결된 것들의 관계를 보면, 크게 등립等立과 주종主從으로 나눌 수 있다. 하지만, 등립이나 주종의 관계도 단일화된 것이 아니므로, 이를 더욱이 (1)병렬 (2)누가累加 (3)선택 (4)승접承接 (5)반전 (6)시간 (7)비교 (8)인과 (9)양보 (10)추론 (11)가정 (12)종여縱予 (13)한정 (14)불한정으로 나눈다. (1)~(3)은 등립구에 쓰이며, (6)~(14)는 주종구에 쓰인다. (4)(5)는 등립구에 쓰이지만, 일부는 주종구에도 쓰인다.

선택, 승접, 반전 중에는 준연사로 보이는 것들이 있다. 또 시간을 나타내는 것은 거의 다 개사를 겸한다.

19.1 등립구等立句에 쓰이는 연사

19.1.1 병렬竝列

병렬연사에는 오로지 체사를 연결하는 것과 술어를 연결하는 것이 있다. 전자는 《和》《與》《跟》 등으로 모두 개사로도 사용된다. 이것들에 대해서는 개사 부분에서 서술했으므로 생략하겠다.

▌《連…帶…》

《連A帶B》에서 A와 B를 연결해 'A, B 둘 다' 'A에서 B까지 포함해서'라는 뜻을 나타낸다. 술어를 연결하는 것이 아니기 때문에,

> 一邊喝酒, 一邊抽煙。
> (술을 마시면서 담배를 피운다)
> 越看越愛。(보면 볼수록 사랑스럽다)
> 隨聽隨寫。(들으면서 쓴다)

이러한 것과는 다르다. 가령 '連喝酒帶抽煙'는 句가 되지 않는다. 다음 예문처럼 해야 비로소 句가 된다.

> 連喝酒帶抽煙, 就把一個月的薪水花完了。
> (술 마시랴 담배 피우랴, 한 달 월급을 다 써버렸다)

이 《連》은 원래 개사로서 '~와, ~와 함께'의 뜻이다(428쪽에서 서술). 《帶》는 뒤늦게 사용하게 되었지만, 의미는 같다.

> 我有父親有渾家, 帶小人可不是三口?【硃砂擔1】
> (저에게는 아버지와 아내가 있으니까 저까지 합해서 세 사람이지 않습니까)

연사인 《連…帶…》는 말할 것도 없이 이 양자가 호응형식이 된 것인

503

데, 이렇게 고정된 것은 오래되지 않았다. 청나라 때까지는 이 이외의 호응방식도 볼 수 있다. 즉,

> 您兩個帶舞帶唱, 我試看咱【金安壽4】
>
> (너희 두 사람은 춤을 추거나 노래를 해서 나에게 보여주렴)
>
> 包管明兒連車連東西一倂送來【紅93】
>
> (내일 수레부터 물건까지 전부 가져다드리는 것을 책임지겠습니다)
>
> 黛玉聽了, 不覺帶腮連耳的通紅了【紅23】
>
> (黛玉은 그것을 듣고는 그만 뺨부터 귀까지 빨갛게 되었다)
>
> 然後連皮帶骨, 一槪都化成一股灰【紅57】
>
> (그 뒤에 가죽부터 뼈까지 전부 재로 변해서⋯)

이들 네 종류의 조합 가운데《連⋯帶⋯》만이 현대어에 남았다.

▌《又⋯又⋯》

《又》는 원래 부사였는데, 이것을 2번(또는 그 이상) 반복시켜 연사화되었다. 이러한 말투는 단순히 2가지 사항이 병존하고 있다는 것을 나타내는 것뿐만 아니라, 강조하는 어기가 강하다.

> 是日劉知遠頻頻地又祝托又告三娘子【劉知遠】
>
> (그 날 劉知遠은 연달아 三娘子에게 부탁하거나 당부하거나 하였다)
>
> 又有權勢又有錢鈔【陳州糶米3】(권세도 있고 돈도 있다)
>
> 見識又淺, 嘴又笨, 心又直【紅16】
>
> (견식이 좁고 말도 어눌하지만, 마음이 정직합니다)

고대어에서는《又》를 2번 반복하지 않고,《旣⋯且⋯》《旣⋯又⋯》라고 말한다. 현대에도 약간 문어적인 말투를 쓰는 경우가 있다.《又⋯又⋯》는《旣》를 대신하기 위해《又》가 쓰인 것이다. 다만《旣⋯且⋯》는

누가累加되는 어기가 강하다.《又…又…》에도 계속 더해지는 어기가 있지만, 명확하지 않은 것도 있으므로 잠시 병렬에 넣어 두겠다.

▌《也…也…》

2가지 사항이 동시에 병존할 때《又…又…》를 쓰는 것은 변함이 없지만, 강조하는 것은 아니다.《也》가 1개 쓰일 경우에는 부사로 보지만, 그것도 연사와 같은 성질이 있다. 이것을 2번 반복하는 것은 확실하게 연사라고 말할 수 있다. 다만 그러한 경우에도 앞의 체사에 대해 역할을 하는 것과 뒤의 술사에 대해 역할을 하는 것이 있다. 예를 들면,

吃的也有, 穿的也有, 宿處也有【黃梁夢3】

(먹을 것도 있고, 입을 것도 있고, 머물 곳도 있다)

茶也休吃, 飯也休吃, 酒也休吃, 肉也休吃, 麵也休吃【爭報恩0】

(차 마시지 마, 밥도 먹지 마, 술도 마시지 마, 고기도 먹지 마, 국수도 먹지 마)

到了第二日是十六日, 年也完了, 節也完了。【紅54】

(다음 날이 되면 16일로 신년도 끝나고 원소절도 끝입니다)

이상과 같이《也》가 직접적으로 그 앞의 체사, 즉 주어를 병렬하고 있다. 그런데 아래와 같은 예문에서《也》는 뒤의 술어를 병렬하고 있다.

也解爲詩也解政【王延彬詩】(시도 쓸 줄 알고 정치도 할 수 있다)

我也不等銀子使, 也不做這樣的事【紅15】

(나는 돈이 없어 곤란한 것도 아니고, 또 그런 일은 하고 싶지도 않다)

▌《一邊…一邊…》

지금은 생략해서《邊…邊…》으로 하기도 한다.

今人却一邊去看文字, 一邊去思量外事, 只是枉費了工夫【朱11】

(요즈음 사람은 책을 읽으면서도 다른 한편으로는 다른 생각을 하고 있다.

이래서는 쓸데없는 공부를 하는 것뿐이다)

《一面…一面…》

只索一面報與親家知道, 則說是個急病證死了, 一面就在此花園中揀一
塊田地將孩兒屍首埋葬了.【碧桃花0】

(부득이하지만 한편으로는 사위의 부모에게 이 일을 알려 병으로 급사하였
다고 전하고, 또 한편으로는 이 정원 가운데에 장소를 하나 골라 우리 딸을
묻어주도록 하자)

一面收拾起身, 一面尋覓便人【五貫戲言成巧禍, 醒世恒言】

(한편으로는 떠나고 싶고, 한편으로는 계속하는 사람을 찾는다)

《隨…隨…》

한 동작이 다른 동작에 이어서 행해지며, 또 그것이 반복되는 것을 나
타낸다. 《一邊…一邊》《一面…一面》과 같이 2개의 동작이 동시에 일어
나면 그 의미가 조금 달라진다.

損盈成虧, 隨生隨死,…皮膚爪髮, 隨生隨落【列子, 天瑞】

(損盈成虧는 생기면 없애고 생기면 없애고, 피부와 손톱과 머리카락은 자
라면 떨어지고 자라면 떨어진다)

《隨》는 원래 부사로 '그것에 이어서 곧바로'라는 의미이다. 이것을 반
복해서 연사로 하는 용법은 고대어에는 없다.

隨有隨無且歸去【白居易時】

([봉록을] 받는 자리에서 없어져버리니까 차라리 벼슬을 버리고 돌아가자)

《越…越》

이미 점층 표현(15.4.2)에서 기술했는데, 연사로서 볼 때는 주어를 동

반할 수 있다. 따라서 복구가 되는 점에서는 앞에서 서술한 것과 다르다.
예를 들면,

> 你越叫, 我越打。【金41】(네가 소리 지르면 지를수록 나는 너를 때릴 것이다)

> 你越防他, 他越近你【兒5】

> (우리 쪽이 방어하면 방어할수록 저쪽에서 가까이 온다)

> 越是京城首善之地, 越不出息人【兒25】

> (도시이면 도시일수록 인간이 못쓰게 된다)

▌《一則…二則…》

약간 특수한 것으로 대부분 원인이나 이유를 분할해 이야기할 때 사용된다. 조금은 문어적이며《一來…二來…》가 오히려 구어에 가깝다.

> 一則明師難遇正法難聞, 特來禮覲祖師, 二則投師出家【祖3】

> (첫째는 고명한 스승을 만나기 어렵고 바른 법을 듣기가 어렵기 때문에, 특별히 조사를 찾아뵙는 것입니다. 둘째는 스승을 따라서 출가하고자 합니다)

▌《一來…二來…》

> 一來福州憑山負海, 東南都會富庶之邦, 二來中原多事, 可以避難。【范鰍兒雙鏡重圓, 警世通言12】

> (첫째 福州는 산을 지고 있고 바다를 끼고 있는 동남쪽의 대도시로 풍요로운 지방이다. 둘째 中原은 소란스러워서 난을 피하기에 좋다)

> 您孩兒一來進取功名, 二來探望叔父【張天師1】

> (저는 첫째 시험을 치려고 마음먹고, 둘째 숙부님을 찾아뵈었던 것입니다)

또 단순히《一…二…》로 쓰는 경우도 있다.

> 一怕你不問, 二恐你不會【祖19】

> (첫째는 네가 묻지 않는 게 두렵고, 둘째는 네가 깨닫지 못하는 게 두렵다)

19.1.2 누가累加

▌《既…又…》

약간은 문어적이지만, '~위에 ~이다'라고 하여 누가되는 경우에 쓰인다.

> 既有利權, 又執民柄, 將何懼焉?【左傳, 襄23】
> (이권을 가진데다 그 위에 상벌도 줄 수 있으니 아무것도 두려워할 것이 없다)

근세의 용례에서는 꼭 《又》가 아니라 다른 말과 호응하는 경우도 있다.

> 爲的是房子既不空落, 那些窮苦本家人等也得省些房租, 他自家却搬到
> 墳園上去居住。【兒1】
> (집이 비어 있지 않았을 뿐만 아니라, 생활이 어려운 친척들이 집세를 절약
> 해서 스스로 묘지에서 살기 때문이다)

▌《不但…》

《不但》은 예로부터 《亦》과 호응했다. 예를 들면,

> 不但今日六師之徒, 諍名利故, 求與我決, 自喪失衆, 過去世時, 亦共我
> 諍【賢愚經2】
> (오늘 육사의 무리가 명리를 위하여 다투는 까닭에, 나에게 결의를 요구했
> 다. 스스로 목숨을 잃고 많은 이들을 잃었을 뿐만 아니라, 과거에도 나와
> 다투었던 일이다)

시간이 흐르면 《也》와 호응하게 된다. 이것은 《也》가 《亦》의 입장으로 바뀐 것에 불과하다. 그 외에도 《而且》《還》 등과도 호응한다. 예를 들면,

不但我要娶他, 喜得他也有心嫁我【金線池2】
(제가 그녀와 결혼하고 싶을 뿐만 아니라, 기쁘게도 그녀 또한 제게 시집오고 싶어합니다)

不但此驛有詩, 是處皆有留題也【拗相公飲恨半山堂】
(이 숙소에만 시가 쓰여 있는 것이 아니라 어디에도 다 쓰여 있습니다)

不但不爲新奇, 而且更是可厭【紅30】
(신기하지도 않을뿐더러 더욱이 징그럽기까지 하다)

可恨彩雲不但不應, 他還擠玉釧兒, 說他偸了去了【紅61】
(밉살스럽게도 彩雲은 자기가 했다고 말하지 않았을 뿐만 아니라, 도리어 玉釧兒에게 덮어씌워서 그 아이가 훔쳤다고 말했다)

《不但》은 또 다음에 《就是》를 취하여 《也》와 호응하기도 한다.

不但說沒有方子, 就是聽也沒有聽見過【紅80】
(그런 처방은 그 후에도 없었을 뿐만 아니라 들은 적도 없습니다)

不但紫鵑和雪雁在私下裏講究, 就是衆人也都知道黛玉的病也病的奇怪, 好也好得奇怪【紅90】
(紫鵑과 雪雁이 숨어서 이런저런 소문을 낼 뿐만 아니라, 다른 이들도 黛玉의 발병이 신기하리만치 쾌차한 얘기에 대해 이상하게 여겼다)

이와 같은 《就是》는 종여縱予를 나타내는 것과 일맥상통하기도 하지만, 역시 별개의 것으로 보는 편이 좋다. 오히려 《連》에 가깝다. 따라서 《就連》과 부합하는 경우도 자주 있다.

不但我沒此事, 就連平兒, 我也可以下保的【紅74】
(나에게 그런 일이 없을 뿐만 아니라, 平兒까지도 내가 보증할 수 있습니다)

不但姑娘們委屈, 就連太太和我也過不去【紅74】
(아가씨만 억울한 것이 아니라 부인과 저도 미안하게 생각합니다)

《不但》은 또《連》과도 호응한다. 예를 들면,

不但沒說你, 連見了我也不像先時親熱。【紅91】

(당신에 대해서 아무 말도 안했을 뿐만 아니라, 제 얼굴을 보아도 원래 친한 기색이 없습니다)

이와 같은《連》은 연사라고밖에 말할 수 없지만, 만약,

連我也不知道。(나조차도 모른다)

→ (不但別人不知道), 連我也不知道。

(다른 사람이 모를 뿐만 아니라, 나조차도 모른다)

와 같이 어떠한 관계가 있는 앞 句를 예상하는 것으로 생각한다면, 이것 역시 준연사가 된다.

《不但》의《但》은《只》의 의미인데, 이 외에도《只》와 유사한 의미를 가진 말과《不》가 합해져서 생긴 연사도 같은 기능을 가진다.

▌《不獨》

不獨花稀人亦稀【白居易詩】(꽃만 드물 뿐 아니라 사람도 드물다)
不獨菱花香, 就連荷葉, 蓮蓬, 都是有一股清香的。【紅80】
(마름의 꽃이 향기로울뿐만 아니라, 연잎과 열매 역시 일종의 상쾌한 향기를 가지고 있습니다)

▌《不單》

所以不單我得靠, 連你小嬸媳婦也都省心。【紅47】
(그래서 내가 부탁하는 것뿐 아니라, 네 동생 부인이나 아들 며느리조차도 쓸데없는 걱정을 하지 않고 끝납니다)

▌《…而且…》

他眞眞是候門小姐, 而且又小【紅57】

(저분이 정말로 華族이라는 분의 따님, 그것도 작은 아이)

▌《…並且…》

寶玉說親, 卻也是年紀了, 幷且老太太常說起【紅84】

(寶玉의 혼담은 벌써 때도 됐고, 게다가 어른께서도 계속 말하고 계십니다)

▌《…況且…》

연사《況》은 고대어에도 있는데, 여기에《且》가 결부 된 것이다.

況且道士美貌淸暢【葉淨能詩 S.6836】(더구나 도사는 용모도 맑아서 …)

況且他妻莫愛, 他馬莫騎, …【十五貫戲言成巧禍, 醒世恒言】

(하물며 다른 이의 부인을 사랑하지 말라. 타인의 말은 타지 말라고 말합니다)

▌《…何況》

문어에도 쓰이고, 조금 늦게 후한 시대부터 사용한 것 같다. 앞 句를 받아서 말하는 것이지만, 그렇다고 꼭 앞 句와 맞추어 복구를 만드는 것은 아니다.

何況因萬乘之權假聖王之資乎。【漢書51, 鄒陽傳 ※史記卷83에는《何》가 없음】(더구나 만승의 권력이 있고 성왕의 자질을 갖춘 자에 있어서야)

▌《尙且》

玄宗尙且如此…【維摩變文, S.3872】(玄宗조차도 이처럼…)

今學者本文尙且未熟, 如何會有益【朱10】

(지금 배우는 자는 본문조차도 이해하지 못하고 있는데, 어떻게 나아갈 수 있겠는가)

如哥舒翰名將尙且支持不住, 那一箇是去得的【梧桐雨2】

(哥舒翰과 같은 명장조차도 견딜 수가 없는데 누가 갈 수 있겠는가)

금지의 의미로 사용되는 부사에 '말하다'라는 의미로 쓰이는 말이 복합된 것을 누가의 연사로 쓰이는 경우가 있다. 예를 들면, **《休道》《莫說》** **《別說》《慢講》.**

休道是一個, 便十個, 你兄弟也背出去了【殺狗勸夫3】

(한 개뿐이 아니라 열 개라도 제가 짊어내겠습니다)

莫說十個, 二十個也有【鴛鴦被0】

(열 개뿐이겠습니까, 스무 개도 있습니다)

別說他是個實心的傻孩子, 便是冷心腸的大人, 也要傷心。【紅57】

(아무거나 진짜로 알아듣는 어리석은 아이뿐 아니라, 냉정한 어른도 슬퍼집니다)

慢說三千金, 就是三萬金他一時也還拏得出來【兒9】

(3천 냥뿐이겠습니까, 3만 냥이라도 그 사람은 즉시 내놓을 수 있습니다)

慢道中一個進士, 就便進那座翰林院, 坐那間內閣大堂, 也不是甚麼難事。【兒1】(진사에 합격했을 뿐이겠습니까, 저 한림원에 나아가 내각의 대청에 앉는 것도 별로 어려운 일이 아닐 것입니다)

19.1.3 선택選擇

┃《或…或…》

고대어부터 존재했다. 예를 들면,

棄甲曳兵而走, 或百走而後止, 或五十步而後止【孟, 梁惠王上】

(투구를 버리고 병기를 끌고 도망가는데, 혹 100보에서 멈추거나, 혹은 50보에서 멈춘다)

512

이《或》은 대명사로 보는 것이 가능하다.

聖人之行不同也, 或遠或近, 或去或不去【孟, 萬章上】

(성인의 行은 같지 않다. 멀리하거나 가까이하거나 혹은 가거나 혹은 가지
않는다)

현대어에서는《或者》《或是》라고 쓰인다. 그러나 이것들은 근세에 혹
연或然의 부사(477쪽 참고)로서 쓰는 예가 많다. 아마 이것을 반복해서 사
용하는 것에 의해 연사화된 것일 것이다. 현대어에서는 홑으로 쓰여 말
과 말을 연결하는 것도 가능하지만, 이것은 이후에 생긴 용법이라 생각
된다.

▌《或是…或是…》

或是典或是賣, 也由的你【老生兒0】

(빌려주든지 팔든지 간에 네 마음이다)

把李春梅或是趕了或是休了【兒女團圓1】

(李春梅를 쫓아내든지 혹은 인연을 끊든지 하겠다)

한 번만 쓰는 예로는,

你們歇着去, 或是姨媽那裏說話也去【紅62】

(당신들은 자기의 쉴 곳을 찾아가든지, 그렇지 않으면 아주머니 있는 곳에
얘기하러 가세요)

▌《或者…或者…》

《或者》를 반복해서 쓰는 예는 보이지 않는다. 여기에서는 한 번만 쓰
는 예를 들어 보겠다.

一年學裏吃點心, 或者買紙筆, 每位有八兩銀子的使用【紅55】

(1년간 서당에서 간식을 드시거나 혹은 종이나 붓을 살 때, 각각 여덟 냥의 은자를 사용했습니다)

▌《有時…有時…》

이 표현은 선택하는 의미가 조금 옅으므로 이것을 병렬의 일종으로 볼 수 있다.

有時寫寫字, 有時念念書【紅70】
(때로는 습자를 하거나 때로는 책을 읽거나 합니다)

▌《還》《還是》

《還》이 선택해서 물을 때 쓰이게 된 것은 오대부터이다. 그런 경우에는 앞 분구分句에 쓰일 때와 뒤 분구에 쓰일 때가 있었다.

① 앞 분구에 쓰인 예

古人還扶入門, 不扶入門?【祖11】
(옛사람은 도와줘서 문에 들어갔을까, 아니면 도와줘서 문에 들어가지 못한 것일까)

還是借的是, 不借的是?【楚昭公4】
(빌려주는 게 좋을까, 빌려주지 않는 게 좋을까)

還是先念了開門, 是開了門念詩?【殺狗勸夫3】
(먼저 시를 읽고 나서 문을 여는 게 좋을까, 아니면 문을 열고 나서 시를 읽는 게 좋을까)

這殺人賊還是王小二, 不是王小二?【勘頭巾4】
(이 사람을 죽인 도적이 王小二인가, 王小二가 아닌가)

② 뒤 분구에 쓰인 예

秀才唯獨一身, 還別有眷屬不?【祖15】

514

(수재[독서인]여, 당신은 독신인가, 아니면 가족이 있는가)

天地之心亦靈否, 還只是漠然無爲?【朱1】

(천지의 마음도 靈利한 것입니까, 아니면 단지 막연하게 無爲인 것입니까)

且看姐夫是你絶戶, 還是我絶戶那?【兒女團圓2】

(자, 형이 아이가 없을지 내가 아이가 없을지 두고 보자)

是獨姐姐你沒看呢, 還是你也看見了不信呢?【兒26】

(도대체 언니만 보지 못했다는 겁니까, 아니면 당신도 봤는데 믿지 못하는

겁니까)

현대어에서는 앞 분구에만 쓰는 예가 사라지고, 양쪽 분구에 모두 쓰
는 경우가 생겼다.

③ 양쪽의 분구에 쓰인 예

還是賣弄你女孩兒多, 還是認眞不知王法【紅59】

(너는 네가 딸이 많은 것을 자랑하고 있는가, 아니면 정말로 인간이 가야

할 길을 모르는 것인가)

又問劉老老 ; 今日還是路過, 還是特來的?【紅6】

(또 劉老老에게 오늘은 기회가 있었던 것인가, 아니면 일부러 나온 것인

가 물었다)

《不是…就是…》

고대어에서는 《不是》 대신에 《非》《不》를, 《就是》 대신에 《卽》《則》
을 쓴다. 본래 연사가 아니라, 이러한 호응 형식에 의해 연사화된 건 말
할 필요도 없다. 《就是》 이전까지는 《便是》가 많이 사용되었다.

俺哥哥見俺, 不是打便是罵【殺狗勸夫0】

(형은 나를 보면 때리지 않으면 야단친다)

你家的富貴, 不是你祖上遺留的, 便是你自家掙起卒的【卒生債1】

(당신 집의 부귀는 선조가 쌓은 게 아니라면 당신 자신이 벌어놓은 겁니다)

不是東風壓了西風, 就是西風壓了東風【紅82】

(동풍이 서풍을 제압하는 게 아니라면 서풍이 동풍을 제압해 버린다 [한편이 한편에게 압도된다])

▍《不然》《否則》《要不然》 등

이들은 '만약 그렇지 않다면~'이라는 부정의 가정을 나타낸다. 원래는 이것만으로도 가정을 나타내는 종구(앞 句)였지만, 이것이 연사화된 것이다.《不然》은 문어에도 쓰이기 때문에 용례는 생략하겠다.

否則不但有汚尊兄淸操, 卽弟亦不屑爲矣。【紅3】

(그렇지 않다면, 당신의 절조를 더럽히는 것이 될 뿐만 아니라, 나 역시 깨끗하지 못한 것이 됩니다)

要不然, 老太太叫你進去了, 就不得展才了【紅17】

(만약 그렇지 않다면, 어르신이 당신을 안에 불러들였겠지요. 그렇게 되면 재주를 부릴 수 없었을 것입니다)

要不是, 就還芸二爺去。【紅27】

(만약 그렇지 않다면, 芸씨에게 돌려주고 오십시오)

要不, 瞧瞧林妹妹去也好。【紅64】

(그렇지 않으면 여동생 林씨를 만나러 가도 좋다)

不麽, 這會子忙的是什麽【紅16】

(만약 그렇지 않다면, 지금쯤 무엇을 바쁘게 하고 있습니까)

可就是這一頭兒沒車道得騎牲口, 不, 就坐二把手車子也行得。【兒14】

(그렇지만 이쪽에는 수레가 지나갈 길이 없으므로, 말이나 무엇인가를 타지 않으면 안 됩니다. 그렇지 않다면 일륜차 수레를 타고 갈 수 있습니다)

516

19.1.4 승접承接

승접하는 연사의 대부분은 부사로도 생각되지만, 여기에서는 당분간 연사에 포함시키겠다.

▌《就》

원래는 부사의 《就》가 복구의 뒤 구절에 쓰인다. 이것만으로는 의미하는 바가 극히 애매해 전구와 후구가 시간적 전후 관계만 있는 것인지, 아니면 조건이나 가정 등을 나타내는 것인지 명료하지 않기 때문에 문맥에 따라 판단할 수밖에 없다. 예를 들면, 아래의 두 예문은 단순히 시간적인 전후를 나타내는 것으로 볼 수 있다.

說道舖中只有官料藥, 並無什麼毒藥, 他就睜着眼道…【竇娥寃4】

([나는] 가게에는 처방약만 있지, 독약 같은 것은 없다고 말하자, 그는 원망하는 말로 …)

卿說的是 ; 就加卿爲選擇使…【漢宮秋0】

(경이 말씀하신 대로입니다. 그럼 경을 選擇使로서 …)

《就》가 가정이나 조건 등을 암시하는 것으로,

我如今得做就做【神奴兒2】

(내가 지금 할 수 있을 때 해버려야지)

你拜了我, 我就飽了, 我就醉了?【殺狗勸夫0】

(네가 나에게 절을 한다고 해서 내 배가 부르고 취하기라도 하는가)

▌《嗣後》

조금 오래전에는 《次後》라고 말했다. 그 음이 바뀌어 《嗣後》가 된 것이 아닌가 생각한다. 부사가 연사처럼 쓰였다.

二十年前敬德佐於定陽王劉武周手下爲將, 次後降唐去了【小尉遲1】

517

(20년 전 敬德은 定陽王 劉武周를 도와 그 수하의 장군이 되었고, 그 후에 당나라로 내려갔다)

先時還扎掙的住, 次後挨不住只要睡【紅19】

(처음에는 좀 참을 만했는데, 나중에는 견딜 수가 없이 아무리 해도 자고 싶어졌다)

嗣後朋友們還怎麽往你家行走呢?【初學指南】

(앞으로 친구들이 어떻게 너의 집에 다녀가겠니)

▌《於是》

문어에서 차용한 것인데, 고대에는《於是乎》로 말한 경우도 많았다.

▌《然後》

이것도 문어에서의 차용이다.

▌《這纔》

紫鵑這纔明白過來要那塊題詩的舊帕【紅97】

(紫鵑은 거기에서 처음으로 시를 쓰고, 낡은 손수건을 찾고 있는 것이란 걸 알았다)

▌《那麼》

《那麼》를 연사로 쓰는 것은 매우 새로운 것이며, 청나라 때는 대부분 《那麼着》또는《這麼着》이라고 했다. 지금《那麼》만이 연사로 되어있는 것은 강남어의 영향일 것으로 생각한다.

那麼着, 爲什麼這等傷心起來?【紅81】(그러면 왜 그렇게 슬퍼하는 것입니까)

這麼着, 我也不要了【紅26】(그렇다면 저는 필요 없습니다)

▌《至於》《至如》

둘 다 고대부터 있었으며, 이것을 현대어에는 문어적으로 썼다. 또 개사라고도 생각된다.

至於味, 天下期於易牙【孟, 告子上】
(맛에 있어서는 천하의 사람이 모두 이것을 易牙에게 기대한다)

今諸君徒能得走獸耳；至如蕭何, 發蹤指示, 功人也。【史, 蕭相國世家】
(지금 제군들은 짐승을 붙잡은 것에 지나지 않지만, 蕭何는 개를 풀어 짐승이 어디 있는지를 지시해 주었다. 따라서 공이 있는 사람이다)

▌《譬如》

고대어에도 쓰인다.

▌《比方》

원래는 동사로서 비교하는 것. 그것이 《比方說》처럼 부사화되어 단독으로 '예를 들면'이라는 의미를 가지며 연사화된 것으로 생각한다. 청나라 때 용법에는 아직 동사에 머물러 있었다.

林姑娘比方得有理【紅94】(林처자의 비교 방법은 이치에 맞다)

▌《比如》

比如你見我時節, 難道好歹不問一聲【鴛鴦被3】
(예를 들면 네가 나를 만났을 때, 왜 한 번도 인사하지 않았을까)

比如那扇子, 原是搧的【紅31】(예를 들면, 그 부채는 원래 부채질한 것입니다)

▌《怪不得》

怪不得雲丫頭說你好【紅45】
(그 때문에 湘雲은 당신이 좋은 사람이라고 말한 것입니다)

▌《原來》

고대에는 《元來》라고 썼다. 시간을 나타내지만, 연사처럼도 쓰인다 (438쪽 참고).

▌《爲的是》

목적을 나타낸다. 청나라 때는 원인·이유를 나타내기도 했다.

兒子管他, 也爲的是光宗耀祖【紅33】

(내가 저것을 도맡아 관리하는 것도 선조에게 부끄럽지 않기 위해서입니다) [목적]

見這般樣子, 心裏大怒 ; 爲的是賈政吩咐不許聲張, 只得含糊裝笑【紅93】(이 모습을 보고 마음속으로는 몹시 화가 났지만, 賈政에게 소란을 피워서는 안 된다고 들었기 때문에, 어쩔 수 없이 적당히 억지로 웃었다) [이유]

19.1.5 반전反轉

▌《然而》

고대어부터 사용되었다. '그러나'로 반전하는 경우 이외에도, 《而且》처럼 병렬로 볼 수 있는 용례도 있다.

此二人相與, 天下至驩也 ; 然而卒相禽者何也?【史, 淮陰候列傳】

(이 두 사람은 서로 사귀는데, 세상에 없이 좋은 사이였다. 그러나 결국 서로 잡아먹을 듯한 사이가 된 것은 왜일까)

▌《但是》

《但是》의 《但》은 《僅》《止》의 의미에서 나왔다.

匈奴匿其壯士肥牛馬, 但見老弱及羸畜。【史, 劉敬叔孫通列傳】

(흉노는 힘세고 살찐 소와 말을 감추고, 다만 노약하고 마른 가축이 보였다)

이렇게 한정하는 《但》이 반전에 쉽게 쓰이는 것은 《唯》《只》 등의 예에서도 알 수 있으며, 조금 시대가 내려가면 반전의 용례를 볼 수 있다.

竇氏大恨, 但安陳素行高, 亦未有以害之【後漢書, 袁安傳】

(竇氏는 크게 한이 맺혔다. 하지만 安氏와 陳氏는 평소에 그 행실이 고결했기 때문에, 그들을 해하는 일은 하지 않았다)

《但》이 《是》와 결합하여 쓰인 예는 당나라 때 많다. 하지만 《凡是》《只要是》의 의미가 많다. 이것이 반전에 쓰인 것은 조금 시대가 내려온다.

縱然子孫滿山河, 但是恩愛非前後【天下傳孝二十時, 羅氏藏】

(설령 자손이 산하에 가득 찬다 해도, 그러나 은애에는 전후가 없다)

亦能壁間寫字, 但是墨較淡【朱3】

(또 벽 위에 글씨를 쓸 수도 있었지만, 먹이 약간 옅었다)

▌《只是》

《只》는 원래 범위부사로 단독을 나타내지만, 이것이 반전을 나타내는 것으로 바뀌었다.

軒窓簾幕皆依舊, 只是堂前欠一人【白居易詩】

(창밖의 풍경은 이처럼 예전 그대로인데, 집 앞에 보이지 않는 이가 한 사람 있네)

夕陽無限好, 只是近黃昏【李商隱詩】

(석양은 한없이 좋은데, 황혼에 가깝구나)

某甲祖公在南獄, 欲得去那裏禮覲, 只是未受戒, 不敢去。【祖5】

(저의 조부님께서 南獄에 계시기 때문에 거기에 가서 찾아뵙고자 합니다만, 아직 계를 받지 못해서 갈 수 없습니다)

▮《可是》

이 말은 당나라 무렵부터 쓰였지만, 원나라·명나라쯤에는 의문을 강조하기 위해 '도대체 ~하는가'의 뜻으로 많이 쓰였다(또 이것만으로 의문을 나타내기도 한다). 청나라 때가 되면, 의문과 관계없는 용법이 나타나, 이야기를 나눌 때 시간이나 상태 등이 정확하게 일치하는 경우에 사용하게 되었다. 뜻은 '그래' '때로' '정말' '전혀' '그야말로' 등의 의미이다. 예를 들면,

> 紫鵑…便道:「姑娘也是纔好。二爺旣這麼說, 坐坐, 也該讓姑娘歇歇兒了, 別叫姑娘只是講究勞神了。」寶玉笑道:「可是我只顧愛聽, 也就忘了妹妹勞神了。」【紅86】(紫鵑이 거기서 말했다. "아가씨께서는 이제 막 쾌차하셨습니다. 寶玉님 그런 일이라면, 좀 앉으셔서 아가씨도 쉬실 수 있게 해주십시오. 그렇게 어려운 얘기를 해서 아가씨를 피곤하게 하셔서는 안 됩니다." 寶玉이 웃으며 말했다. "그래 맞다. 내가 듣는데 정신이 없어서 黛玉이 피곤하다는 걸 잊어버렸다")

> 若是他心裏有別的想頭, 成了什麼人了呢! 我可是白疼了他了【紅97】
> (만약 저 아이가 가슴 속에 뭔가를 생각하는 것이 있다면, 훌륭한 딸이라고 말할 수 있겠습니까? 저는 정말 귀여워한 것도 원망하게 될 것입니다)

이처럼 《可是》가 반전의 어기로 바뀌었을 가능성을 가진 것은 위의 제2 예문에서도 알 수 있다. 하지만 진짜 반전의 연사인 《可是》(그러나)는 청나라 때 그 예가 거의 없다. 반면 《可》라는 한 글자만 쓰는 것은 예로부터 상반相反을 나타내는 용법이 있었다. 그 예문은 이미 언급했듯이 부사로 보아야 한다. 이것이 시대가 흐르면서 부사화되었다. 예를 들면,

> 那女子是讓安公子進去, 他可不出來【兒5】
> (저 여자는 安公子를 안으로 들어오게 했지만, 그러나 그녀는 밖에 나오지 않았다)

你衆位一定要看也容易, 可得豁着挨個三拳兩脚的再去【兒28】

(여러분, 꼭 보고 싶으시다면 그건 쉬운 일입니다만, 하지만 혼날지도 모르니 그건 각오하시길 부탁드립니다)

현대어의《可是》는 이와 같은《可》에 새로운 접미사《是》가 붙은 것으로 보아야 할지, 예로부터 있었던《可是》의 의미가 변한 것으로 보아야 할지는 다음으로 기약해야 할 것 같다. 어쨌든《可是》가 반전의 연사로서 사용된 예가 청나라 때까지는 거의 없다고 보아도 좋다.

▌《不過》

극히 가볍게 반전하는 연사이다. 원래 '~에 불과하다'라는 경시, 또는 겸손 등을 나타내는 부사로 현대에는《罷了》와 호응하는 경우가 많다.

門人不過只聽得他師見成說底說【朱5】

(문인은 그의 선생님이 미리 생각하고 말한 것을 듣고 [그대로] 말한 것뿐이다)

誰又參禪, 不過是一時的頑話兒罷了【紅22】

(누가 참선이란 걸 하겠습니까, 일시적인 농담에 불과합니다)

不過感念嬤娘的恩惠過意不去罷咧【紅88】

(할머니의 은혜에 송구스럽게 생각할 뿐입니다)

이처럼《不過》의 의미가 약간 변화한 것이 반전연사의 용법이다.

我何曾說要法? 不過拿來預備着【紅8】

(내가 언제 바꾼다고 말했습니까? 다만 가져와서 준비하는 것이 금방이라서 가져와서 준비해 둔 것뿐입니다)

什麼福氣, 不過我屋裏乾淨些, 經卷也多, 都可以念念, 定定心神。【紅95】

(복이 될 이유는 아니지만, 다만 내 방은 깨끗하고 경도 많아 독송하여 정신을 가라앉힐 수 있을 때까지)

▌《其實》

원래는 부사로 확실한 것을 나타낸다. 고대어에도 쓰였다.

然而衆勞卒罷, 其實難用【史, 淮陰候列傳】

(하지만 대중은 일하고 병졸은 피곤하여 실제로 쓰기는 어렵습니다)

현대의 북경어에서는 반전할 때 쓴다. 《其實》이 반전하는 어기를 띠기 쉬운 것은 용이하게 이해할 수 있다. 다음과 같은 예문은 이미 얼마쯤 반전에 가깝다.

其在閭巷少年…不避法禁, 走死地如鶩, 其實皆爲財用耳。【史, 貨殖列傳】

(거리의 젊은이가 … 법이 금하는 것을 피하지 않고 앞서서 사지로 간 것은 실은 모두 돈이 목적이었다)

근세에 반전이 쓰인 예로,

你父親寫便這等寫, 其實沒有甚麼銀子【東堂老4】

(네 아버지는 글을 쓰는 것만은 그렇게 쓰지만, 사실은 그 아무것도 돈이 안 된다)

▌《不想》

不想隔了十幾年又生了一位公子【紅2】

(그런데 십수 년이 지나서야 또 한 사람의 공자가 태어났습니다)

▌《不料》

《料》는 헤아리는 것이다. 《不料》는 '~라고는 생각지 못했다'라는 뜻이다. 이것이 '생각지도 못했는데' '그런데'라는 뜻으로 바뀌어 연사처럼 되었다.

不料中秋最明夜, 洞庭湖上見當天【李涉詩】

(그런데 중추 달 밝은 밤, 동정호수 위에서 하늘에 달이 걸린 것을 보리라
고는 생각지도 못했다)

19.2. 주종구主從句에 쓰이는 연사 I

19.2.1 시간

시간을 나타내는 부사의 대부분은 개사의 용법과 구별할 수 없다. 여
기에서는 연사적인 용법으로 사용되는 경우가 많은 것을 몇 가지 예를
들겠다. 그러나 시간연사는 예를 들 필요가 없다고 생각한다.

▮《等》

等打完了結子, 給你換下那舊的來【紅64】

(이 편물이 다 되면 당신의 그 낡은 것과 바꾸어 드리겠습니다)

等鬧出來, 反悔之不及【紅74】

(소동이 일어난 다음에 후회해도 때는 늦었다)

▮《等到》

等到晚上園門關了的時節, 內外不通風, 我們竟給他們個冷不防【紅74】

(밤에 정원 문을 닫을 때가 돼서 안팎의 연락을 끊었다. 우리는 결국 그들
에게 무방비 상태가 되었다)

▮《直到》

直到我這孩子到了淮安, 說起路上的事來我越聽越是他…【兒16】

(내 아들이 淮安에 도착해서 도중에 있었던 얘기를 시작했을 때, 들으면 들
을수록 그녀가 틀림없었습니다)

525

▌《及至》

문어에도 쓰인다.

及至南越反, 上使馳義候因犍爲發南夷兵【史, 西南夷列傳】

(남월이 거역하자 천자는 馳義候로 하여금 犍爲를 시켜 南夷의 병사를 출발시켰다)

19.2.2 비교

▌《與其…不如》

이 형식은 '~하기보다는 ~하는 편이 낫다'는 것을 나타낸다. 고대어에서도 쓰이지만,《不如》가 아니라《寧》《豈若》《不若》등을 쓰는 경우도 많다.

與其譽堯而非桀也, 不如兩忘而化其道。【莊子, 大宗師】

(堯를 칭찬하고 桀을 비방하기보다는, 둘 다 잊고 자연의 大道에 동화하는 것이 좋다)

《與其》는《毋寧》과 호응하는 경우가 있다. 이와 같은 호응은 고대어에 없다.《毋寧》은 중세나 되어 생긴 문어적인 표현일 것이다. 어느 쪽이든 간에 현대어에서는《與其》에 의해 비교를 나타내는 것은 얼마 안 남았다.

▌《寧可…》《寧肯…》

《與其》를 쓸 때는 뒤에 오는 句에 나타나는 사항이 더 우위에 있다. 그러나《寧可》《寧肯》을 쓸 때는 앞 문장에 나타난 사항이 더 우위에 있게 된다.《寧》을 비교에 쓰는 것은 고대어에 있으며, 뒤의 句에 쓴다. 이것은《與其》와 호응할 때만 한정되어 쓰이며《寧》만을 쓸 때는 앞의 句

에 쓴다. 이렇게 앞 句에 쓰는 《寧》에 《可》 또는 《肯》이 붙는 것은 현대어의 비교연사이다. 《寧肯》을 연사로 쓴 것은 가까운 시일 내에 일어난 일인 듯하다.

大丈夫寧可玉碎, 不能瓦全【北齊書, 元景安傳】
(대장부는 오히려 영예롭게 죽을지언정 비겁하게 살아남을 수는 없다)

今兒寧可不見太太, 倒得見他一面【紅6】
(오늘은 부인을 만나 뵙지 못하더라도, 저분은 만나 뵙지 않으면 안 됩니다)

19.3 주종구에 쓰이는 연사 II

인과, 양보 등 7종의 연사와 상호관계가 밀접하다. 더구나 혼동하기 쉬운 점이 있다. 여기서는 그 관계를 표로 제시하겠다.

A \ B	반전하지 않는다		반전한다	
기정 既定	인과	因爲A, 所以B	양보	雖然A, 可是B
	추론	既然A, 就B		
미정 未定	가정	要是A, 就B	종여從予	卽使A. 也B
	한정	只要A, 就B	불한정	無論A, 也B

이 표에서 A는 앞의 句, B는 뒤의 句를 나타낸다. 인과·양보·추론의 3가지는 모두 기정사실 A에 대해서 말한다. 그리고 인과·양보에는 B가 기정사실이 되지만, 추론에 있어서는 B는 A에서 추론된 미정사실을 나타낸다. 인과·양보의 차이는 반전하는지의 여부에 달려있다. 가정·종여縱予·한정·불한정은 모두 앞의 句 A에서 미정의 사실을 들어서 그것을

기반으로 말한 것이다. 넓은 의미로 말하자면 모든 것이 조건이라고 할 수 있다. 그 가운데, A는 제한과는 관계가 없다. 그것도 뒤의 句 B에서 반전하지 않는 것은 가장 순수한 것이므로, 이것을 특히 가정이라고 말한다. 또 종여는 그 반전하는 것이다. 다음에 그 가정에 대해 한정이 더해진 것과 불한정이 특히 허용되는 것이 있다. 이를 한정의 연사, 불한정의 연사라고 부르기로 하겠다(가정연사는 한정이 더해진 것도 아니고, 또 불한정이 허용된 것도 아니다. 그 점에 있어서는 전혀 백지 상태를 말한다).

19.3.1 인과因果

원인·이유·목적·결과 등을 나타내며, 주종구를 만드는 것을 인과연사因果連詞라고 한다.

▍《因爲》

《因》과 《爲》가 복합된 것은 말할 것도 없다. 《因》은 고대어에서는 개사이지만, 백화에서는 이따금 이것을 연사로 쓴다.

因逢牧羊小子, 詰問逗留【降魔變文, 羅氏藏】
(양 치는 소년과 만났기 때문에 붙잡고 물어봤다)

今日因吃了麵, 怕停食, 所以多頑一回【紅63】
(오늘은 면을 먹었으므로, 체하면 안 되기 때문에 그래서 조금 오랫동안 놀았습니다)

원인, 이유, 목적 등을 나타내는 《爲》는 고대어에서는 역시 개사로 보아야 한다. 즉, 연사와 유사한 용법이 있는데, 예를 들면,

天子爲其絶遠非人所樂往, 聽其言予節。【史, 大宛列傳】
(천자는 그곳은 매우 멀어서 사람이 즐거이 갈 만한 곳이 아니라는 말을 듣고 節을 내렸다)

528

天不爲人之惡寒而輟其冬, 地不爲人之惡險而輟其廣【漢書, 東方朔傳】
(하늘은 사람이 추위를 싫어한다고 해서 겨울을 없애지 않고, 땅은 사람이 험한 곳을 싫어한다고 해서 넓은 곳을 없애지 않는다)

이상의《其絶遠非人所樂往》《人之惡寒》《人之惡險》등에서는, 이것이 명사적 연어라는 것이 구조상(즉,《其》《之》에 의해) 나타나 있다. 하지만 이러한《爲》는 의미상으로는 연사로서 변함없는 역할을 다한다. 여기서부터《爲》가 연사로서 쓰인 길이 펼쳐진다. 완전한 연사로서 쓰인 예로서,

爲他善能按劍, 且留與後來。【祖13】
(그가 검을 만진 게 오래되었으니, 잠시 멈추고 후래에게 준다)

古人爲明異中異, 所以重洗面。【祖9】
(고인은 이방인 중에서도 이방인을 밝히기 위해 여러 번 얼굴을 씻게 했다)

이와 같은《因》《爲》가 복합되어《因爲》가 되는 것은 매우 자연스러운 것이다.

時方被酒, 因爲衣襟冐挂樹根而墜穽中【集異記, 廣記429】
(당시 술에 취해 있어서, 옷자락이 나무뿌리에 걸려서 구덩이에 빠졌다)

因爲著力, 得免回【廣異記, 廣記304】
(잘 다독여주었기 때문에, 용서받고 돌아갈 수 있었다)

《因爲》는 이처럼 종구從句(앞의 句)에 사용하는 것이 옛날부터의 용법이지만, 현대어에서는 또 이것을 주구主句에 쓰는 용법도 있다. 다만 그 상한은 분명하지 않다.

▌《所以》

고대어에서 《所以》는 그 앞에 두는 체사와 그 뒤에 두는 술사를 합해 명사적인 연어 하나를 구성하는 일을 한다. 그리고 이 연어가 주어나 빈어로 쓰이는 것은 명사와 같다. 주어로 쓰일 때는 대부분 《者》와 호응하며, 현대어의 《…的緣故》에 상당한다.

　　此心之所以合於王者何也? 【孟, 梁惠王上】
　　(이 마음이 왕다움에 어울리는 이유는 무엇인가)

빈어로서 쓰인 예로,

　　敢問其所以異【孟, 公孫丑上】(감히 다른 곳을 묻겠습니다)

동일한 판단을 나타내는 예로,

　　夏曰校, 殷曰序, 周曰庠 ; 學則三代共之 ; 皆所以明人倫也【孟, 滕文公上】
　　(하나라에서는 校라고 말하고, 은나라에서는 序라고 말하며, 주나라에서는
　　庠이라고 말한다. 學이라는 것은 세 왕조가 공통적으로 부르는 말이다. [이
　　것들은] 모두 다 인간의 도리를 밝히기 위한 것이다)

　　言飽乎仁義也, 所以不願人之膏粱之味也【孟, 告子上】
　　([이것은] 인의는 만족하는 것을 말하는 것이다. [이것이] 다른 이의 맛있는
　　음식을 탐하지 않는 것이다)

다음에 제시할 예문처럼, 주어가 생략된 것은 《所以》가 '그렇기 때문에' '그러한 연유로'의 의미로 바뀌기 쉽다. 왜냐하면 이러한 형태는 원래 결과를 뒤에 기술하기 때문이다. 『맹자』의 예에서도 '그렇기 때문에 타인의 미식을 탐하지 않는 것이다'라고 말해도 전혀 잘못된 것이 아니다. 특히 문장 끝의 《也》조차 쓰지 않는 것은 이미 연사로 변했다고 보아도 좋다.

嬌制以令天下, 宗廟所以危【史, 呂后本紀】
(거짓으로 천자의 명이라고 칭하여 천하를 호령한다. 그래서 종묘가 위험한 것이다)

偸本非禮, 所以不拜【世說, 言語】
(도둑질은 원래 예에 어긋나는 것이다. 따라서 절하지 않는다)

官本是臭腐, 所以將得而夢棺屍【世說, 文學】
(벼슬은 원래 악취가 나는 것입니다. 그렇기 때문에, 얻기 전에 관의 주검 꿈을 꾸는 것입니다)

　　다만 여기에서 주의해야 할 점은《所以》의 어순이다.《宗廟》처럼 주어가 있으면 반드시《所以》의 앞에 두는 것이 옛날 용법이다. 이것은《宗廟所以危》가《此宗廟之所以危也》처럼 생략한 형식에 근원을 두기 때문이다. 그런데 현대어에서는《所以》뒤에 주어를 두기도 한다. 이와 같은 어순이 생긴 것은 당나라 때부터인데, 이는《是以》등과 같이《所以》에 유사한 말의 용법에서 유추된 것으로 보인다. 즉,《是以》(그래서, 그렇기 때문에)는 주어의 앞과 뒤 모두 올 수 있어서,《所以》에도 주어 앞에 두는 용법이 생긴 것 같다. 이렇게《所以》를 문장 앞에 두는 것은 당나라 때부터이다.

所以尹婕好, 羞見邢夫人【李白時】
(그래서 尹婕好는 그런 邢夫人을 만나는 것을 부끄러워한다)

都緣解搦生靈物, 所以人人道俊哉【劉禹錫詩】
(산 것을 잡을 수 있다고 해서 사람들이 대단하다고 하는 것입니다)

造惡人多修福少, 所以衆生長受貧【道安法師念佛讚 S.2985】
(악을 행하는 사람은 많지만, 복을 닦는 사람은 적다. 그래서 중생은 언제까지나 궁핍하게 산다)

《所以》를 앞의 句에 사용하는 용법도 현대어에 전해진 문어적이다. 이 경우에는 《…之所以…是因爲…》의 호응형식에 의한 경우가 많다. 최근 문장에서 많이 보인다. 이《因爲》는 다음과 같이 문장의《以》에 해당한다.

　　夫燕之所以不犯寇被兵者, 以趙之爲蔽於其南也【戰國策, 燕策】

　　(도대체 연나라가 도둑을 당하고도 병사를 피해 입지 않은 것은 조나라가
　　그 남쪽에서 역할을 다하고 있었기 때문이다)

또, 《所以》는《之故》에 해당하는 것이 현대어에서는, 《所以…的綠故, 是因爲…》의 형식을 쓰는 경우도 있다.

▌《是以》

'이것을 가지고'라는 의미에서 '그래서'가 되었다(《以是》라고 하는 것도 있다).《是以》는 대부분 주어 앞에 둔다. 이 말은 『노자』에 특히 많다. 현대어에서는 별로 쓰이지 않는다.

　　紂之不善, 不知是之甚也. 是以君子惡居下流【論, 子張】

　　(紂의 선하지 않음은 말하는 것처럼 심한 것은 아니지만, 이는 체면을
　　차리느라 그렇게 된 것이다. 그래서 군자는 하류에 있는 것을 싫어하는
　　것이다)

　　明府初臨, 堯德未彰, 是以賤民顛倒衣裳耳【世說, 言語】

　　(귀관이 정치하기를 희망했을 뿐, 요나라와 같은 덕이 아직 나타나지 않았
　　기 때문에, 천민이 옷을 잘못 입었습니다)

▌《因此》

고대어부터 쓰였다. '개사+체사'의 연어가 하나가 된 것이다.

　　佗因此以兵威邊。【史, 南越尉佗列傳】

(그래서 佗는 병사를 데리고 가 변경을 위협했다)

▮《因而》

《因此而》의 뜻이었으며, 《此》가 생략된 것이다. 이렇게 개사의 뒤에 있는 체사를 생략하고, 개사만을 쓴 경우가 고대에는 많다. 《而》는 '그리고'의 의미인데, 거의 그 의미를 잃고, 접미사로 본다. 《因而》는 《因爾》라고도 쓰인다. 하지만 《因爾》가 더 시대가 내려가는 것 같다. 육조시대에 《爾》라는 지시대명사가 많이 쓰였기 때문에, 《因此》에서 유추해서 《而》가 오자인 것으로 오해하고, 《因爾》라고 쓴 것이 아닐까 한다. 《而》와 《爾》가 통용하는 예는 그 밖에도 많다.

主意所不欲, 因而毀之 ; 主意所欲, 因而譽之。【史, 汲鄭列傳】
(군주가 하고자 하지 않는 일이면 비방하고, 군주가 하고자 하는 일이면 칭찬한다)

因爾奉法, 遂獲長年【宣驗記, 辯正論引】
(그래서 법을 받들고, 드디어 장수를 얻었다)

19.3.2 양보讓步

기정사실을 인정하지만 반전하는 것으로는 《雖然》《儘管》 등이 있으며, 뒤의 句에 《可是》 등 전환시키는 연사를 쓰는 경우가 많다.

▮《雖然》

고대어에서는 두 말로 '그렇다 하더라도'의 의미이다. 《然》이 그 의미를 잃고, 접미사로 변했기 때문에 하나의 말이 된 것으로 당나라 때부터이다.

雖然經濟日, 無忘幽棲時【張九齡詩】
(국정을 맡고 있을 때에도, 재야에 숨어 살던 때를 잊지 마라)

明主雖然棄, 丹心亦未休【岑參詩】

(현명한 군주에게 버려진다 해도 일편단심은 역시 바뀌지 않는다)

雖然如是, 見與凡夫不同【石井本神會語錄】

(이와 같다고 해도 보는 것은 범부와 같지 않다)

▌《雖則》

《雖則》은 옛날부터 『시경』에서 보이는데, 용법은 조금 다른 것 같다.

…王室如燬. 雖則如燬, 父母孔邇。【詩, 汝墳】

(왕실은 불타는 듯 가혹하다. 불타는 듯 가혹하여도 부모는 바로 옆에 있다)

…有女如荼. 雖則如荼, 匪我思且。【詩, 出其東門】

(여인들 띠풀 꽃같이 예쁘네. 비록 띠풀 꽃같이 예뻐도 내 마음에 없네)

이처럼 반복하는 중간에 둔다. 단지 수사적인 것으로 단어로 현대어
에서처럼 자유롭게 쓰였는지는 알 수 없다. 조금 시대가 내려오면서 현
대어처럼 쓰인 예가 보여지게 되었다.

衆律其器, 士嘉其良, 雖則童稚, 令聞芬芳【漢, 蔡邕, 袁滿來碑銘】

(대중은 그 그릇을 표본으로 삼고, 선비는 그의 어짊을 기뻐했다. 어린아이
이지만, 좋은 평판이 많았다)

雖則追慕, 予思罔宣【魏, 王粲詩】(추모해도 내 생각은 커지지 않는다)

▌《雖說》

이 《說》에는 반드시 '말하다'라는 의미가 있는 것이 아니라, 《雖然》과
같이 보는 것이 좋다. 조금 옛날부터 《雖云》《雖道》로도 말하는데, 《雖
說》도 같은 종류의 말이다.

中間雖說不是玉, 卻是絶好的硝子石【紅92】

(중간은 옥이 아닙니다만, 최상의 유리석입니다)

534

▌《儘管》

원래는 부사로 (오로지) '상관없이~ 점점~'의 뜻이다. 《只管》《儘自》처럼 합쳐져서 《儘管》이 된 것이지만, 상당히 새로운 말로 용례를 볼 수 없다.

19.3.3 추론推論

▌《旣然》《旣是》

'~한 이상에는'과 어떤 사실을 승인하고 그것을 논거로 해서 더욱 추론하는 것이다. 고대어에서는 이런 경우에 단순히 《旣》라고 쓰는데, 여기에 접미사 《然》《是》가 붙은 것이다. 고대어에서처럼 《旣》만으로도 현재도 사용하지 않는 것은 아니다. 《旣》는 과거의 완성을 나타내는 부사이지만, 시간의 관념을 바꾸어서 승인·추론하는 것이 된다.

今旣遇矣, 不如戰也。【左傳, 成2】
(지금 적을 만난 이상에는 싸우는 편이 낫다)

고대어의 《旣然》은 두 말로 '이미 그대로'의 뜻이다. 연사로서는 오대 무렵부터 처음으로 쓰였다.

旣然如此有佳名, 更莫推辭問疾去【維摩變文, P.2292】
(그렇게 좋은 평판을 얻은 이상에는 더욱이 병문안 가는 것을 그만둘 일이 아니다)

旣然如此, 何用行脚?【祖13】
(그렇게 됐다면, 왜 행각할 필요가 있는 것인가)

《旣是》도 거의 같은 때부터 연사가 되었다.

旣是巡營, 有號也無?【王陵變文, P.3627】(巡營이라면 호를 가지고 있는가)

旣是騎馬, 爲什摩不踏鐙?【祖8】

(말을 타고 있는데 왜 등자를 밟지 않는가)

19.3.4 가정假定

┃《假如》

고대어의 가정연사《假》와《如》가 복합된 것으로 당나라 때부터 쓰였다.

假如賢者至, 閣下乃一見之, 愚者至, 不得見焉;則賢者莫不至, 而愚者日遠矣。【韓愈, 與鳳翔邢尙書書】

(만약 현자가 찾아왔을 때는 각하가 한 번 만나보고, 어리석은 자가
왔을 때는 만나지 않았다면, 현자는 찾아오지 않는 이가 없을 것이고,
어리석은 자는 나날이 멀어질 것이다)

예전에는《假如》를 종여縱予에 쓰는 예도 있었지만, 그것은 문맥에 의한 것이다.

假如屈原醒, 其奈一國醉。【盧仝詩】

(설령 屈原은 술이 깨었다고 해도 그 나라가 취해 있는 건 어떻게 할 수 없다)

假如宰相池亭好, 作客何如作主人。【白居易詩】

(설령 재상의 정원이 좋다고 해도, 객의 몸으로 어찌 주인에 이르겠는가)

┃《假使》

《使》는 원래 사역을 나타내는 것인데, 이것이 가정으로 바뀐 것이다.
고대어에도 있다.

假使臣得同行於箕子, 可以有補所賢之主, 是臣之大榮也, 臣有何恥?
【史, 范睢蔡澤列傳】

536

(만약 신이 箕子와 똑같은 행동을 하게 되더라도, 현명하게 주군을 보좌할 수 있다면, 그것은 신의 큰 명예입니다. 어찌 부끄럽겠습니까)

▌《如果》

《果》도 고대어에서 가정의 연사로 쓰는 경우가 있었다. 이것은 《如》와 복합된 것이다.

> 如果能曉得此理, 如何不與大家知?【朱4】
> (만약 이 이치를 깨쳤다면, 왜 모두에게 알리지 않는가)

▌《若是》

《若》을 가정에 쓴 것은 고대어부터인데, 여기에 접미사 《是》가 붙은 것으로 수나라·당나라 때부터 쓰였다.

> 若是諸部所說乖大小乘經自立義者, 則破而不取【三論玄義】
> (만약 여러 부파의 소설이 대소승경에 어긋나게 스스로 뜻을 세운다면, [이것을] 깨고 취하지 않는다)
> 若是無指的, 萬均必是有辭【魏鄭公諫錄2】
> (만약에 확증이 없다면 萬均은 반드시 변명할 것이다)

《若》은 고대어뿐만 아니라, 현대어에도 사용한다. 《若》은 주어 뒤, 술어 앞에 둔다. 주어 앞에 두는 일도 있지만, 현대어로는 부자연스럽다. 그런데 《若是》는 옛날부터 어느 쪽에나 올 수 있었다. 왜냐하면 접미사를 취해서 2음절이 된 결과, 독립성이 증가했기 때문이다.

> 壺中若是有天地, 又向壺中傷別離【李商隱詩】
> (항아리 속에 천지가 있다면, 또 항아리 안에서 이별을 슬퍼할 것이다)
> 若是吳陵公子見, 買時應不啻千金【羅虯詩】
> (만약 吳陵의 공자가 찾아서 살 때는 분명 천금 이상일 것이다)

▌《要》《要是》

《要》는 의욕을 나타내는 보동사로, 이것이 가정으로 바뀐 것이다. 《要》를 가정에 쓰게 된 것은 청나라 때이다. 처음에는 인간을 나타내는 주어 뒤에 한정해서 쓰였는데, 마침내 이것이 힘을 얻어 그때까지 있었던 《若》《若是》를 대신하게 된 것 같다.

> 你要看了, 連飯也不想吃呢!【庚辰本石頭記24】
>
> (당신이 만약 읽는다면 밥도 잊어버릴 거야)
>
> 老太太要說不給, 這事便作死了【〃46】
>
> (어르신께서 만일 그만두신다고 말씀하시면 이 일은 그만두겠습니다)
>
> 老太太要問我, 只說我病了【〃】
>
> (어르신께서 만일 저에 관해 물으시면, 병이라고 말씀해 주십시오)

다음과 같이 《要》를 순수한 가정으로만 쓰는 것은, 적어도 당나라 초의 용법은 아니었던 것 같다. 이 《要》를 경진본庚辰本에서는 《若》을 쓴다.

> 這首詩要使得, 我就還學；要還不好, 我就死了這做詩的心了。【紅49, 亞東版程乙本】(이 시가 만약 좋다면 저는 더욱 배울 것입니다. 만약 별로 좋지 않다면 저는 시 짓는 것을 그만두겠습니다)

《要是》의 예로,

> 我要是假心, 立刻死在你跟前【庚辰本石頭記47】
>
> (내가 만일 거짓말을 하고 있다면 여기에서 바로 당신 앞에서 죽겠습니다)

▌《若要》

이 단어는 옛날에는 두 말로, 《若欲》 '만일 ~하고 싶다면'의 의미이지만, 또 한 단어가 되어, 단지 가정의 연사로도 쓴다.

> 若要欲得眼親逢【無常經講經文, P.2305】

538

(만일 그 눈으로 친히 만나고 싶다면…)

若要隨人脚蹤走去, 縱使字句精工, 已落第二義【紅64】

(만일 사람의 자취를 쫓아간다고 하면, 설령 문구가 정교하다 해도 이미 제2의 의미로 떨어져 버린다)

一個人若要使起家人們的錢來, 便了不得了【紅114】

(적어도 사람이 만약 하인의 돈을 축내버리면 끝장이다)

이처럼 《若要》가 앞에 있어서, 이것이 동의어 2가지가 복합한 것이라고 의식되어, 《要》만으로도 가정을 나타낼 수 있다고 생각할 수 있지만, 이것은 다음의 연구를 기대하겠다. 다만 《若》을 《要》라고 읽는 방언이 있다. 그래서 《若》 대신에 《要》자를 넣는다는 설은 성립되기 어렵다.

▌《倘或》

《倘》은 또 《儻》으로 쓰며 고대어에서도 사용되었다. 《或》과 복합된 예는 당나라 때부터 보인다.

倘或自効, 理固合宣【李相國論事集3】

(만약에 스스로 다할 것 같으면 이치에도 본디 맞습니다)

▌《倘然》

儻然重結社, 願作掃壇人【貫休詩】

(만약 겹치게 詩社를 맺는다면 기꺼이 돕겠습니다)

倘然去了不來, 豈不誤了人家一輩子的大事?【紅66】

(만약 가버린 채 돌아오지 않는다면, 사람의 일생의 대사를 그르치는 게 아니겠습니까)

19.3.5 종여縱予

가정의 반전으로 '가령 ~라도'의 뜻을 나타낸다. 현대어의 자주 쓰이는 표현에 《就是》가 있다. 《就算》《就讓》나, 조금 문어적이지만, 《縱然》《縱使》《卽使》 등도 있다.

▌《縱然》

《縱》은 고대어에서도 가장 명확히 종여를 나타내는 연사이다.

縱我不往, 子寧不來? 【詩, 子衿】

(가령 내가 가지 않는다고 하더라도 너는 왜 와주지 않는 거니)

이것에 《然》이라는 접미사가 붙은 것은 당나라 때이다.

縱然一夜風吹去, 只在蘆花淺水邊 【司空曙詩】

(가령 밤중에 바람에 나부낀다 해도, 갈대꽃 피는 얕은 물가에 있을 뿐이리라)

縱然更相逢, 握手唯是悲 【于鵠詩】

(설령 또 만났다고 해도 손을 잡고 슬퍼할 뿐이리라)

《縱》은 송나라 이후에 또 《總》으로도 쓰게 되었다.

便總有千種風情, 更與何人說? 【柳永詞】

(가령 갖가지 풍치가 있다 하더라도 도대체 누구에게 말할 것인가)

總有幾個錢來, 隨手就光的 【紅47】

(가령 얼마의 돈이 들어와도 오른쪽에서 왼쪽에서 없어져 버립니다)

我總然鈔去, 也算不得一種奇書 【紅1】

(제가 설령 썼다고 해도 귀한 책이라고 말할 수는 없습니다)

▌《縱使》

《使》는 사역에서 바뀌어 가정, 종여에 자주 쓰인 것. 《縱》과 복합된 것은 당나라 때이다.

> 縱使晴明無雨色, 入雲深處亦沾衣【張旭詩】
>
> (가령 맑아서 비 내릴 조짐이 없다고 해도 구름이 깊은 곳에 들어가면 옷이
> 젖는다)

▌《卽使》

《卽使》의《卽》은 고대어에도 있는데, 일반적으로《若》과 동일하게 취급한다. 그러나 같은 가정을 나타내도《若》과《卽》은 조금 다르다.《若》은 단순한 가정이지만,《卽》은《萬一》의 의미이며, 고려의 여지를 갖지 않는 극한을 말한다.

> 朔之婦有遺腹, 若幸而男, 吾奉之, 卽女也, 我徐死耳【史, 趙世家】
>
> (趙朔의 부인은 뱃속에 유복자가 있다. 만약 다행히 남자아이라면 내가
> 봉양할 것이다. [만일] 여자라면 나는 서서히 죽을 뿐이다)

《卽》을 종여에 쓰는 것은 고대어에는 없는 것 같지만, 문어에는 이 용법이 있다. 아마 중세나 근세에 생긴 것일 것이다.《卽使》는 이《卽》에 사역의《使》가 복합된 것으로 고대어에는 있지만, 역시 단순한 가설로 반전하는 것이 아니다. 예를 들면,

> 卽使文王疎呂尙而弗與深言, 是周無天子之德而文武無與成其王也【戰
> 國策, 秦策】
>
> (만약 文王이 呂尙을 싫어하여 함께 깊은 말을 하지 않았다면, 주나라에는
> 천자의 덕 없이 문왕과 무왕이 함께 왕업을 이룰 수 없었을 것이다)

《卽使》가 종여로 바꾸어서 쓰게 된 상한上限 시기는 분명하지 않다. 혹은《就使》라는 말이 있으므로 이것을 문어답게 보이도록《卽使》라고 고친 것일 수도 있다.

▎《就》

《就》가 종여에 쓰인 것은 후한 이후이다. 동시에 단순한 가정에도 쓰이기 때문에 반전 여부에 대한 구별은 문맥에 따라서 보아야 한다. 예문으로,

就有所疑, 當求其便安【後漢書, 霍諝傳】

(만일 의심스러운 곳이 있다면[설령 의심할 만한 곳이 있다 해도], 온건한 방법을 구해야 할 것이다)

法孝直若在則制主上令不東行；就復東行必不傾危矣。【三國志, 法正傳】

(法孝直이 만약 있다면 주상을 만류해 동방을 정벌하지 않았을 것이다. 만약 정벌했더라도 위태로운 일을 겪었을 것이다)

옛날에는 또《就使》《就令》등으로도 말했다. 이런 경우에는 반드시 종여의 의미이다.

就使當今沙礫化作南金, 瓦石變爲和玉, 使百姓渴無所飮飢無所養…
【後漢書, 劉陶傳】

(가령 지금 사력이 남금으로 변하고 와석이 화옥으로 변한다 해도, 백성이 목마른데 마실 것 없고 굶주리는데 먹을 것이 없다고 한다면 …)

就令亡還, 適見中國之弘耳【晉書, 文帝紀】

(설령 도망쳐 돌아간다 해도 간혹 중국이 넓다는 것을 알게 될 뿐이다)

종여의《就》는 이처럼 상당히 오래전부터 있었지만,《就是》가 종여에 쓰이게 된 때는 원나라·명나라부터이다.《就讓》《就算》등은 이에 비해 조금 늦은 듯하다.

既沒了合酪, 就是饅頭燒餅也買幾個來。【勘頭巾3】

(기계제의 면류가 없으면, 설령 만두나 소병이라도 좋으니 몇 개만 사와라)

就是家中有事, 那裡丟我恁個半月, 音信不送一個兒?【金8】

(설사 집에 일이 있다 하더라도, 어떻게 제게는 반달 동안이나 내버려두고 소식 한 장 주지 않을 수 있습니까)

他就是有十萬兩銀子, 你只好看他一眼罷了【金7】

(그가 10만 냥을 가지고 있다고 해도 너는 손가락만 물고 있을 수밖에 없다)

就是上司准了, 也是個廢人【紅90】

(설령 상사가 용서했다고 해도 폐인이나 다름없습니다)

就是哭出兩缸淚來, 也醫不好棒瘡【紅34】

(눈물을 아무리 많이 흘린다고 해도, 몽둥이로 맞은 상처는 낫지 않습니다)

就讓有多少男人也不怕【紅111】

(설령 아무리 남자들이 많이 있다고 해도 무섭지 않다)

就算他有本事罷, 一個女孩兒家可怎麼合你同行同住呢?【兒12】

(설령 그녀가 솜씨가 뛰어난 여자라 해도, 겨우 여자아이에 지나지 않는데, 어째서 너와 함께 여행하고 숙박할 수가 있는 것이냐)

조금 오래된 백화에서는 또 《使》를 종여로 쓰고, 《便是》《便總》《就便》 등과 같이 복합하기도 한다.

▌《便》

《便》은 고대어의 《卽》, 근세어의 《就》와 유사하며 중세부터 쓰였다. 이것이 종여에 쓰이게 된 것은 오대부터이다.

願作樂中箏; 得近玉人纖手子, 砑羅裙上放嬌聲, 便死也爲榮。【崔懷寶詞】

(원컨대 음악을 연주하는 거문고가 되고 싶다. 그리고 미인의 부드러운 손에 가까이 다가가 빛나는 치마 위에서 아름다운 소리를 낼 수 있다면, 설령 죽는다고 해도 영광이다)

便是有般發, 也須容市沽【裴說詩】

(설령 출항하는 배가 있다고 해도 시장에서 사는 것처럼 좋을 듯한 것인데)

便是客中主尙不辦得, 作摩生辦得主中主?【祖6】

(가령 객 속의 주인이라고 말하는 것도 불가능한데, 어떻게 주인 속의 주인이라고 말할 수 있겠는가)

慢講照這樣辦法沒有差錯, 就便有些差錯, 老爺日後要怪, 就算你我一同商量的都使得【兒3】

(이렇게 하는 것이 틀림없다는 것은 말할 것도 없지만, 설령 얼마쯤 틀려서 훗날 주인어른께서 언짢아하신다고 해도 저희들이 함께 상의해서 했다고 해주시면 됩니다)

▌《哪怕》

那怕負心强人陰寒死了, 奴也不疼他【金8】

(설령 변심한 놈이 얼어 죽었다고 해도 불쌍하다는 생각은 안 들 것이다)

那怕毒死了, 也要吃盡了【紅40】

(설령 독 때문에 죽어도 전부 먹어버리겠습니다)

19.3.6 한정限定

▌《只要》

원래 '다만 ~하는 것을 필요로 한다'는 뜻이다. 당나라 때 용례에서는 아직 연사로 쓰이지 않았다.

只要明是非, 何曾虞禍福【白居易詩】

(다만 시비를 가리려고 하지 않고, 화복을 심사숙고할 수 없다)

연사로서 쓰인 예는 시대가 늦어진다. 즉,

只要借得秦兵呵, (唱)恁時節吳兵自還, 楚城無患【楚昭公1】

(진나라 병사를 빌려주기라도 한다면, [노래를 부르다] 그때는 오나라 병사

가 스스로 돌아갈 테니, 초나라 성은 걱정할 것 없다)

《只有》

《只有》는 《才》와 호응하며, 강하게 한정할 때 쓰인다. 현대어, 특히
문장에서 극히 많이 쓰이지만, 결코 오래된 용법은 아니다. 근래 들어
《惟有》《唯有》의 《唯》를 《只》로 바꾸어, 한 부분을 구어적인 것으로 만
든 것 같다. 원래 《惟有》는 크게 반전할 때 쓰이지만, 이 《有》에는 거의
의미가 없으므로 《唯其》 등과 혼동되어 한정하는 연사가 된 것 같다.

　　寶釵尚自猶豫, 惟有襲人看他愛講文章, 提到下場, 更又欣然【紅118】
　　(寶釵는 주저하고 있었는데, 襲人은 그가 좋아서 문장을 만들고, 시험 보러
　　가는 이야기를 하는 것을 보고 더욱 기뻤다)
　　唯其如此, 他才更能顯出絞盡腦汁的樣子, 替她思索【偸生, 老舍】
　　(그래서 그가 드디어 지혜를 짜는 모습을 하고, 그녀를 위해 생각하는 척
　　할 수 있다)

《除非》

이 말은 당나라 때부터 쓰였다. 원래는 두 말로 '~아닌 것을 제외하고'
라는 의미에서, '~만'이라고 한정하는 것이 된 것 같다. 거의 《只有》에
상당하며, 개사와 연사를 겸한다.

　　除非寒食節, 子孫塚旁泣【五言詩 P.3211】
　　(한식일 때에만 자손이 묘 옆에서 운다)
　　除非聽受法花經, 如此災殃方得出【法華經變文 P.2305】
　　(법화경을 듣고 비로소 이와 같은 재난에서 벗어날 수 있었다)

　그러나 뒤의 문장에 기타의 의미의 말들이 놓이게 되는 경우가 있으
며, 'x가 아닌 것을 뺀 것(경우)을 제외한, 기타는'이라는 의미가 된다. 하

지만 이것만으로는 기타가 무엇을 가리키는 것인지 명확하지 않다. 기타란 x를 말하는 것인가, 아니면 x가 아니라는 것인가. 만약 x를 말하는 것이라면, 일부러 기타라는 것을 뒤 구절에 쓰지 않아도 된다. 따라서 이런 경우에는 자연히 x가 아니라는 것을 가리키게 된다. 그렇다면 단순히 x를 빼버리면 된다. 거기에서 앞부분의 의미가 바뀌어 'x를 뺀 기타는'의 의미가 되었을 것이다.

> 除非奉朝謁, 此外無別牽【白居易詩】
> (아침에 아뢰는 것을 제외하고는, 그 밖에 달리 걸리는 것이 없다)

> 除非物外者, 誰就此經過【上官昭容詩】
> (이방인을 제외하면 누가 여기를 거쳤다고 할까)

> 除非却應奉君王, 時人未可趨顏【雲謠集】
> (군왕에게 응봉하는 것을 제외하고는 세상 사람들이 용안을 뵐 수가 없다)

위의 예문에서 《誰》《時人》는 둘 다 앞 문장에서 말하고자 하는 것 이외의 것을 가리키고 있다. 이처럼 앞 구절에서 제외된 것이 뒤 구절에 오게 되면, 《除非》는 단지 《除》의 의미만 된다.

《除非》는 뒤의 句에 쓰이는 경우도 있다.

> 春無蹤跡誰知? 除非問取黃鸝【黃庭堅詞】
> (봄은 자취도 없어 아무도 모른다. 다만 꾀꼬리에게 물어볼 수밖에)

> 問相思, 甚了其? 除非相見期【晏幾道詞】
> (상사가 언제 끝날지 물으면, 다만 만날 수 있을 때라고만 말한다)

▌《除是》

《除非》와 같다. 현대어에서는 거의 쓰이지 않게 되었다.

> 欲犯我者, 除是飛來【宋史, 岳飛傳】
> (우리를 범하고자 하는 자는, 날아오는 것 말고는 방법이 없다)

19.3.7 불한정不限定

┃《無論》

불한정을 나타내는《無論》은 그 뒤에 의문구 혹은 의문사를 취한다. 다음과 같은 예에서는 불한정을 나타내는 것에 가깝지만, 단순히 병렬하는 말 앞에 쓰여 현대어의 용법과는 약간 거리가 있다.

無論去與住, 俱是夢中人【王勃詩】

(가는 사람과 머무는 사람을 물을 것 없이 누구나 다 꿈속의 사람이다)

《無論》이 현대어와 같이 연사로서 쓰이게 된 것은 매우 새로운 것이다. 오래된 백화에서는《不論》《不揀》《不管》《不拘》《不問》및《憑》《任憑》등이 쓰였다. 그러나 현대어에서는《無論》이 가장 많이 사용된다.

無論你有多大的學問, 未必强似公公【兒30】

(당신이 학문을 얼마나 많이 익혔더라도 아버님보다 훌륭하다고는 말할 수 없습니다)

只要我一意讀書, 無論怎樣都是甘心情願的【兒32】

(내가 일심으로 공부만 하면, [자기들이] 어떻게 하든지 조금도 불만 없다)

┃《不論》

현대어에서도 쓰인다.《無論》처럼 예전에는 명확한 의문의 경우가 아니라 단지 병렬하는 것 앞에 두었다.

不問可否, 不論曲直, 非秦者去, 爲客者逐【史, 李斯列傳】

(옳고 그름을 묻지 말고, 굽은 것과 곧은 것을 논하지 말며, 진나라에 어긋나는 것은 떠나보내고, 객은 물리쳐라)

이것이 의문구나 의문의 말을 취해 연사가 된 예는,

故不論甚物事皆透過【朱8】

(따라서 어떠한 것이라도 모두 투과하는 것이다)

不論多少, 賚發些盤纏使用【灰闌記1】

(얼마라도 좋으니 여행비용을 주세요)

▌《不問》

不問那裏趕將去【金錢記1】(어디든지 쫓아가겠다)

不問那個大衙門裏告他走一遭去【魯齋郎0】

(어딘가 큰 관청이라도 그를 고발하러 다녀오겠다)

▌《不拘》

不拘甚麼飲食, 我吃不下去了【兩世姻緣2】

(어떤 음식이라도 나는 삼킬 수 없게 되었다)

《不拘》는 청나라 때는 매우 많이 사용했다.

▌《不管》

不管那裡, 我救兄弟去走一遭【趙禮讓肥2】

(어떤 곳이 되든 나는 동생을 구하러 다녀오겠다)

不管在那裏祭一祭罷了【紅44】

(어디에서 한번 제사 지내면 좋겠습니다)

이상 각 단어의 용례는 연사의 용례로서 볼 때 그다지 적당하지 않은
것도 있지만, 실제 연사로 사용되었다는 점에는 의심의 여지가 없다.

《憑》《任憑》《隨》 등은 이것을 불한정을 나타내는 것으로 볼 것인지,
아니면 종여를 나타내는 것으로 볼 것인지 불분명한 부분이 있다. 현대

어에서는《無論》등과 같이 반드시 그 뒤에 의문을 나타내는 말 등을 취하여, 합해서 불한정을 나타내는 말이 되었다.

《憑》

《憑》은 원래 '맡기다' 혹은 '닮았다'라는 의미로 원나라·명나라까지는 연사로 쓰지 않았다.

你將這女兒或是丟在河裏井裏, 憑你將的去【兒女團圓2】

(당신, 이 여자아이를 강에 버리든지, 우물에 버리든지 마음대로 데려가시오)

이것이 연사로 쓰인 예로,

憑誰來說親, 橫豎不中用【紅90】

(그 누가 혼담을 가지고 와도 어느 쪽도 안 됩니다)

憑他怎麼着, 還有老爺太太管他呢【紅20】

(그가 어떻게 하고 있어도, 할아버지와 할머니는 그를 다잡을 것입니다)

《任憑》

《任》은 당나라 때부터 종여에 쓰였으며, 여러 가지에 복합되었다.

任是無情也動人【羅隱】(설령 정이 없다 해도, 역시 사람 마음을 움직인다)

현대어의 부명사《任何》도 의문사와 복합되어 무제한을 나타내게 되었다. 그러나《任憑》은 이러한《任》이《憑》과 복합되어 처음에는 종여를 나타내는 연사로 쓰였으나, 그 후에 의문을 나타내는 句에 붙어 불한정을 나타내게 된 것 같다.

任憑你惡叉白賴尋爭競, 常拚個同歸青塚【曲江池3】

(설령 당신이 악하게 덤벼온다고 해도 우리는 함께 죽을 각오입니다) [종여]

549

任憑怎麼使勁兒, 再也作不下去了【三俠五義35】
(아무리 애를 써도 그 이상은 만들 수 없게 되었습니다) [불한정]

▌《隨》

《隨》도 '맡기다'의 뜻으로 연사가 변한 것이다. 현대어에서는 역시 의문과 병용해서 불한정을 나타내지만, 오래된 백화에서는 종여를 나타낸다. 말하자면 불한정을 나타내는 것은 종여의 의미에서 나와 의문과 맺어진 특수한 것이다.

隨他念殺天書也不靈【馬陵道3】
(설령 그가 아무리 天書를 숙독했다고 해도 효험이 없다) [종여]

隨姐姐敎我出多少, 奴出便了【金21】
(당신이 얼마만큼 내라고 말씀하셔도 저는 낼 것입니다) [불한정]

20
조사助詞

 부속어 중에, 연어連語 뒤에 붙을 수 있는 것을 조사라고 한다. 그것이 하나의 단어 뒤에 붙어 있는 경우라도, 연어 뒤에 붙을 수 있는 가능성을 가진다면 역시 조사라고 한다. 조사 가운데 일반적으로 연어 뒤에 붙어서 문장 끝에 오든지 말든지 관계없는 것을 연어조사라고 한다. 그리고 어구 끝에만 쓰는 것을 구말조사라고 한다. 또 그에 준하는 것으로, 허사화가 충분치 못하다고 생각하는 것을 준구말조사라고 한다. 현대어의 조사에는 다음과 같은 것이 있다.

① 연어조사
   [등류等類] 等 們   甚麼的 伍的
   [유사] 也似 似的 一般   一樣
   [접속] 的(底, 地)
   [가정] 的話 的時候

② 구말조사
   [갑류] 嗎 呢 哪 吧 罷了 啊 呀 哇 了(啦)
   [을류] 呢 了 來着

③ 준구말조사
   才好   才是

就好了　就是了　就完了　就有了　就結了

沒有　　不是

20.1 연어조사連語助詞

20.1.1 등류等類

▌《等》

《等》은 현대어에서 문어적인 표현의 경우에 쓰이지만, 원래는 고대어의 명사, 혹은 조사이다.《等》의 용법에는 3가지가 있다.

Ⓐ 부정수(복수)

　① 한 글자에 붙는 것.

　　公等遇雨【史, 陳涉世家】(그대들은 비를 만났다)

　　臣等義不受辱【史, 留侯世家】(신 등은 義로서 굴욕을 받을 수는 없습니다)

　　卿等盡不?【世, 文學】(경들은 죄다 말했습니까)

　② 두 글자 이상의 단어에 붙는 것. 사용되지 않은 것 같다.

Ⓑ 동류同類(그 밖의 것)

　① 한 글자에 붙는 것.

　　是以竇太后滋不說魏其等【史, 魏其列傳】

　　(그것 때문에 竇太后는 드디어 魏其 등을 좋아하지 않았다)

　② 두 글자 이상 단어에 붙는 것, 현대어에선《等等》이라고도 한다.

　　貳師將軍與哆、始成等計【史, 大宛列傳】

　　(貳師將軍은 哆, 始成 들과 상의했다)

絹帛金銀竝是草及死人骨蛇魅等。【幽明錄, 珠林31】
(비단금은은 [실은] 모두 풀이나 죽은 사람의 뼈, 뱀, 도깨비 등이었다)

ⓒ 열거

與樊噲、夏侯嬰、靳彊、紀信等四人持劍盾步走。【史, 項羽本紀】
(樊噲, 夏侯嬰, 靳彊, 紀信 등 네 명과 검과 방패를 가지고 걸어갔다)
遣兩將軍郭昌、衛廣等往擊昆明之遮漢使者【史, 大宛列傳】
(두 장군 郭昌과 衛廣으로 하여금, 가서 한나라 사신을 막는 昆明의 무리
를 공격하게 했다)
眼、耳、鼻、舌、身等爲五根。
(눈, 귀, 코, 혀, 몸을 五根이라 한다)

ⓑ-②의 존재를 인정하지 않고, ⓒ라고 하는 설도 있지만, 과연 그럴
지는 확인할 수 없으므로, 여기서는 잠시 이상과 같이 나누어 두겠다.

┃《們》

현대어의 《們》의 용법을 앞에서 언급한 《等》의 용법에 비교해 보면
다음과 같다.

Ⓐ 부정수(복수)
　① 小孩子們　　　　兵士們
　② 老爺太太們　　　老師同學們

Ⓑ 동류
　① 小順們(小順들)
　② 四狗子和小禿們(四狗子와 小禿들)

ⓒ 열거. 보통은 사용하지 않는다.

Ⓐ는 부정수를 나타내지만, 일반적으로 복수로 불린다. 그러나 이것을 복수로 부르는 것은 그다지 정확하지 않다. 《們》은 부정수로서 명확한 의의를 가지고 있으므로, 정수를 나타내는 수식어를 취하는 것이 불가능하다(예를 들면, 《三個孩子們》이라고는 말하지 않는다). 그것뿐만 아니라 부정수의 수식어를 취할 수도 없다(예를 들면, 《兩三個孩子們》《幾個孩子們》으로 말하지 않는다). 이것은《們》이 막연한 부정수의 표식이 아니라 부정수로서 명확한 의미를 가지므로, 중복을 피해 부정수의 수식어를 거부하는 것으로 이해할 수 있다.

《們》은 또 인간 이외의 것을 나타내지 않는다는 점에서 《等》과는 다르다. 동화童話 등에서는 《花兒們》《石頭們》 등이 있지만, 이것은 의인화한 수사적 용법으로 실제 언어에는 존재하지 않는다. 다음과 같은 경우에는 비방하는 말로 역시 인간에 대해 쓰이고 있다.

畜生懣悄地! 【劉知遠】(이놈들, 조용히 해)

別跟着那不長進的東西們學! 【紅8】

(저렇게 장래성 없는 놈들의 흉내를 내서는 안 됩니다)

다만, 한아漢兒언어는 가축 등에 《們》을 썼다. 이것은 문자와 실제 언어 모두 사용한 것으로 보인다.

這頭口們多有不喫的 【老乞大】

(가축들은 먹지 않는 것이 많다)

我這馬們不曾飮水裏 【〃】

(제 말들에게는 물을 주지 않겠습니다)

騸馬每放得肥着 【元祕史(總譯)】

(거세한 말들을 살찌게 해라)

554

위 예의 《懣》이나 《每》는 《們》과 같거나 또는 같은 계통의 말이다. 《們》의 어원은 《門》으로 '일문一門의 사람'이라는 뜻일 수 있을까. 이 《門》은 송나라 때부터 《懣》 등과 함께 사용되었다. 다만 《門》은 남방, 《懣》은 북방에서 통용한 표기법이었던 것 같다. 그렇다고 《門》이 《懣》보다 오래되었다고 볼 수는 없다. 하지만 속어의 허사를 나타낼 때, 입구변口이나 사람인변亻 등을 붙여 새로운 문자를 만드는 것 이외에, 잘 사용하지 않는 문자를 빌리는 방법도 있다. 아마 《懣》은 그러한 이유를 근거로 쓴 것이며, 전후는 별도로 하더라도, 어원적으로는 《門》이 더 그 뜻을 잘 전해주는 것이 아닌가 싶다. 송나라 때는 이외에 《瞞》《滿》으로도 쓰였다. 또 《們》이 쓰이게 된 것은 명나라 때이다. 한편 원나라 때는 《門》 이외에 《每》도 사용되었다. 송나라와 같이 《門》은 남방, 《每》는 북방으로 구별했던 것 같다. 《每》는 당나라 때 문헌에 극히 드물게 보이는 《弭》, 혹은 《偉》의 계통을 이끄는 것 같다. 또 이것들은 대명사에 붙는 용법도 있다. (前述)

兒郎偉, 重重祝願, 一一誇張【唐, 司空圖, 障車文】
(젊은이들이여, 거듭 기원하고 일일이 기세를 높여라)

孫兒懣切記之, 是年且莫敎我喫冷湯水。【默記, 知不足齋本】
(손자들은 잘 기억하고 있다가 그 해가 되면 내게 찬 음료를 마시게 해서는 안 된다)

問桃杏, 賢瞞怎生向前爭得?【劉燾詞, 樂府雅詞, 拾遺上】
(복숭아, 살구에게 묻는다. '당신들은 어찌 앞을 다툴 수 있습니까')

使副門此者緣何事來?【三63, 山西軍前和議奉使錄】
(사자들이 이번에는 무슨 일로 왔습니까)

이하 《們》의 용법을 시대를 거슬러 올라가 고찰하겠다.

Ⓐ 부정수

① 每常令兒子門作事只是說箇大綱與它【朱13】

(항상 자식들에게 일을 시킬 때는, 다만 대략적인 것만을 말해준다)

② 始初內臣宮嬪門皆攜筆在後抄錄【河南程氏遺書19】

(처음에는 내신이나 빈궁들이 붓을 가지고 뒤에서 적었다)

二則他又常往兩個府裏去, 太太姑娘們是見的【紅29】

(두 번째로, 그는 항상 양쪽 집을 드나들며 부인이나 아가씨들을 만

난다)

Ⓑ 동류

① 因說前輩如李泰伯門議論…【朱129】

(하는 김에 설하는데, 선배인 李泰伯들 같은 논의는 …)

② 胡五峯說性, 多從東坡子由門見識說去【朱5】

(胡五峯이 性을 설하는 것은 대부분이 東坡나 子由 등의 생각으로부

터 나왔다)

Ⓒ 열거

보통은 쓰지 않는다. Ⓑ-②에 든 예 같은 것도 아마 Ⓒ는 아닐 것이다.
다음의 예는 이것과 조금 유사하지만, 열거의《等》은 생략이 가능한 데
반해 이《門》은 생략이 안 된다. 역시 특수한 것으로 보아야 할 것이다.

我知道你的心裏多嫌我們娘兒們。【紅35】

(당신이 마음속으로는 우리들 모자를 거북해한다는 것을 알고 있습니다)

▌《甚麼的》

《甚麼的》은《等》의 Ⓑ용법에 해당한다. 이 말은 역사가 짧아 오래된
문헌에는 거의 보이지 않는다. 원래는《甚麼》와《的》에서 생긴 두 글자

가 복합된 것이다.

조사 《的》에는 등류를 나타내는 용법이 있다. 예를 들면,

明兒就叫「四兒」, 不必什麼蕙香蘭氣的【紅21】

(이후로는 '四兒'란 이름으로 해라. 蕙香이나 蘭氣 등으로 불러서는 안 된다)

衣裳, 裙子, 別混曬混晾的【紅24】

(옷이나 치마를 함부로 양지에 널거나 말리면 안 됩니다)

이와 같은 《的》은 이 밖에도 《糖兒豆兒的》《打酒買油的》과 같이 네 글자 이상의 병렬언어에 붙는 경향이 있으며, 등류等類를 나타내는 기능은 《甚麼的》처럼 충분하지 않다. 하지만 역시 등류를 나타내는 것으로 인정해도 좋을 거라고 생각한다. 한편 열거할 경우 《啊》를 병용하는 경우도 있다. 예를 들면,

風啊雨的橫豎淋不到你頭上來【紅65】

(바람이든 비든 어느 쪽이 됐건 네 머리까지 오지는 않을 것이다 [너는 야단맞지 않는다])

什麼窮啊富的, 只要深知那姑娘的脾性兒好, 模樣兒周正的就好【紅84】

(궁핍하건 부자건 본인의 마음씨가 좋고 얼굴이 단정하다는 것을 잘 알고 있는 딸아이라면 좋다)

위의 예문 가운데에서도 《什麼》가 쓰인 것이 제2 예문인데, 이것들은 병렬된 말 앞에 온다. 그런데 이것을 뒤에 두어도 지장을 받지 않을 것이다. 시대가 내려오면 그러한 용법이 생긴 것이다. 먼저 생긴 것은,

忽然鬼啊甚麼作起祟來了【初學指南】

(갑자기 유령인지 뭔지가 재앙을 일으키기 시작했다)

想來老爺們都餓了, 飯啊甚麼都叫剪決些【〃】

(분명 모두 배가 고플 테니까 밥이라도 빨리 준비시켜 두시오)

557

이와 같은 말투이다. 여기에 앞에서의 《的》을 쓰는 형식이 합해져서 《啊甚麽的》이 생겼다고 생각된다. 그 《啊》가 생략되어 현대어에서처럼 단순히 《甚麽的》으로 쓰게 된 거 같다.

這個鼻烟壺兒, 做的花兒什麼的很巧【庸言知指】

(이 코담배 단지는 모양까지 아주 잘 만들었다)

요컨대 《甚麽的》은 청나라 후기부터 쓰였다. 이 밖에도 《甚麽的》과 같은 것에 《伍的》《唧噹兒的》이 있다. 《伍的》은 《唔的》으로 쓰기도 한다. 혹은 '무리' '동료'의 뜻에서 변한 것일지도 모른다.

洋服, 大氅, 皮鞋唧噹兒的【老舍, 毛毛虫】(양복, 코트, 피혁 등)

門口兒亂七八糟擺着他賣的東西唔的【陳士和, 云翠仙】

(입구에 난잡하게 그가 파는 물건들이 놓여 있다)

20.1.2 유사類似

▌《也似》

오래된 예에는 명사를 돕는 용법이 많았으나, 단지 명사뿐 아니라 연어 뒤에 붙는 용법도 있다. 명사에 붙는 예로,

花枝也似渾家【簡帖和尙】(꽃 같은 아내)

起初時性命也似愛他【魯齋郎1】(처음엔 목숨처럼 그녀를 사랑했다)

지배연어에 붙는 예로,

正熟睡, 傾盆也似雨降【劉知遠】

(마침 푹 자고 있을 때, 쟁반이 기울어지는 것처럼 비가 내리기 시작했다)

打的妮子殺猪也似叫【金8】

(맞아서 소녀는 죽어가는 돼지처럼 부르짖었다)

또《的》을 취하기도 한다.

　忽然看見山坡前走將一個牛也似的大蟲【合汗衫3】

　(갑자기 고개 앞에 소만 한 호랑이가 걸어오는 게 보였다)

　兩片嘴必溜不剌瀉馬屁眼也似的【救孝子2】

　(입이 픽 픽, 말이 설사하듯 지껄인다)

《似》는《是》라고 쓰일 때가 있다.

　拶的殺猪也是叫【金44】(고랑을 차고 돼지가 도살될 때처럼 울부짖는다)

▌《似的》

《也似的》의《也》가 생략된 것이다.

　一個熱突突人兒, 指頭兒似的, 少了一個, 如何不想不疼不題念的【金73】

　(친한 사람이 손가락처럼 하나라도 빠지면, 어찌 여러 생각이 들지 않을 수
　있겠습니까)

또《是的》라고 쓸 때도 있다. 더욱이『홍루몽』에서는《是的》을 많이
쓴다.

　在書房里把門兒插着, 揑殺蠅子兒是的【金35】

　(서재 안에서 입구에 자물쇠를 걸고 파리라도 잡으려고 하는 것 같습니다)

　倒像拌嘴是的【紅73】(왠지 말싸움을 하고 있었던 것 같습니다)

▌《一般》

《一般》이라는 말은 당나라 때부터 쓰여, '한 종류' 혹은 '같은'의 의미
이다. 수사와 양사에서 나온 연어가 형용사화했다. 예를 들면,

　雖是生離死一般【劉禹錫詩】

　(생이별이라니 죽은 것이나 다름없다)

조금 시간이 흘러 명사를 돕게 되었으며, 이후 조사가 되었다.

大人纔見兩僧生佛一般禮拜【祖14】

(아버지께서 두 승려를 보고는 생불처럼 예배했다)

如人看水一般【朱4】(사람이 [물이] 흐름을 보는 것과 같은 것이다)

▌《一樣》

당나라 때부터 사용했으며, '같은 모양' 혹은 '한 종류'의 의미이다. 조사로 쓰인 것은 원나라 때이지 않을까 싶다.

如一箇模兒脫的一樣【兩世姻緣4】

(한 틀에서 뽑아낸 것 같다 [많이 닮았다])

20.1.3 접속接續

▌《的》

《的》의 용법은 매우 복잡하지만, 파생적인 특수한 것은 제외하고, 대개 다음과 같은 것을 생각하면 좋을 것이다.

(a) 부사적 수식어에 붙는다.

慢慢的走

(b) 형용사적 수식어에 붙는다.

我的書　　人的手　　紅的花　　走的人　　走路的人

(c) 위의 복수식어가 없는 형태

我的　　　人的　　　紅的　　　走的　　　走路的

(d) 동사 바로 뒤, 句 가운데 쓰여, 동작에 동반된 여러 사항을 설명한다.

我昨天到的北京。(나는 어제 北京에 도착했습니다)

(e) 구말에 쓰이며, 설명하는 어기를 나타낸다.

560

他不會打你的。(그가 너를 때릴 리가 없다)

你什麼時候來的?(너는 언제 왔니)

(f) 동사의 바로 뒤 붙어 동작이 행해지는 장소나 도달점을 나타낸다.

坐的這兒(여기에 앉다)

跑的那兒(저쪽으로 달려간다)

(g) 보어를 이끄는 것

說的大家都笑了。(그렇게 말해서 모두가 웃었다)

冷的發抖(추워서 떨린다)

《的》라는 문자를 쓰게 된 것은 원나라 때이다. 앞의 《的》은 이것을 시작된 근원에 따라 (a)地, (b)(c)(d)(e)底, (f)到, 在, (g)得으로 나뉜다. (f)(g)에 쓰인 것은 《的》이 사용되었어도 별도의 것으로 조동사로 보아야 한다. 조사 《的》은 《地》《底》의 계통에서 나온 것에 한한다.

(a) 부사적 수식어에 붙는 것

부사적인 수식어에 쓰는 조사 《的》은 옛날에는 《地》로 쓰였다. 《地》는 말할 것도 없이 '토지' '장소'의 의미인데, 변해서 동작이나 상태의 환경을 나타내는 부사적 수식어로 사용하게 되었다. 예를 들면 당나라 때부터 보이는 《暗地》는 '어두운 곳 → 어두운 곳에서 → 남몰래'의 의미로 변한 것 같다. 같은 말로 《暗中》《暗裏》가 있으며 부사로서 쓰였는데, 이와 같은 《中》이나 《裏》는 마침내 발달하지 않았다. 《地》의 이러한 용법은 수나라 때 이전에는 매우 드물었다. 다음의 예들이 그러한 예이지 않을까하고 생각한다.

使君如馨地, 寧可鬥戰求勝?【世, 方正】

(使君이여, 이런 곳에서 왜 싸워서 이기기를 바랍니까)

《地》가 많이 쓰이게 된 것은 당나라 이후이다. 당나라 때는 아직 널리 쓰이지 않고 일정한 복합어로서 사용하는 경향이 있었다. 비교적 많이 사용한 예로 다음과 같은 것이 있다.

驀地(갑자기)

忽地(순식간에)

特地(특히)

暗地(남몰래)

私地(남몰래)

당나라·오대에서는 형용사의 AA형 중복형식에 《地》를 쓴 예는 보이지 않는 것 같다. 하지만 ABB형이나 AABB형에 쓰인 것은 오대부터 보인다.

有人長歡喜, 有人嗔迫迫地。【祖12】

(항상 기뻐하는 사람도 있고, 노발대발 화내는 사람도 있다)

이 《嗔迫迫地》는 부사가 술어로서 쓰인 것이다. 이것은 의미상 동사가 필요 없다. 즉, 《嗔迫迫地》는 '화내면서'라는 의미로, 그 자체가 하나의 상태를 나타내고 있기 때문에, 화를 내면서 무엇을 하는지 동사로 표현하는 '하는 것'이란 말은 필요가 없어져 버린다. 같은 예를 더 들면,

畜生薀悄地!【劉知遠】(이놈들, 조용히 해!)

《悄地》는 '조용히'라는 의미의 부사인데, 이것을 술어로 쓸 수 있는 것은 조용히만 한다면 무엇을 해도 따질 필요가 없기 때문이다. 일본어에서 '조용히 하다'라고 말하지만, 중국어에서는 구체적으로 어떠한 것을 할 것인지 말할 필요가 없으면, 동사를 쓰지 않아도 된다. 즉, 《悄地說》이나 《悄地走》라는 표현은 할 수 있지만, 막연하게 '조용히 하다'라는 경

우에는 적당한 동사가 없다. 현대어에서도 《慢慢兒的!》(천천히)라고 하면, 부사가 술어로 쓰이기 때문이다.

《慢慢地》처럼 형용사 AA형 중복형식에 《地》를 써서 부사로 하는 것은 송나라 때부터 보인다. 왜 이것이 ABB형이나 AABB형보다 뒤늦게 문헌에 나타나게 되었는지는 분명하지 않다. 혹은 우연히도 문헌에는 그다지 기록되지 않았을지도 모른다.

一向不察氣稟之害只昏昏地去又不得【朱4】

(조금도 기품의 폐해를 살펴보지 않고, 다만 멍하게 지내는 것도 좋지 않다)

若悠悠地似做不做, 如捕風捉影, 有甚長進?【朱8】

(만일 느긋하게 한 듯 안한 듯, 바람과 그림자를 잡듯이 종잡을 수 없으면 어떻게 진보가 있겠는가)

若只畧畧地看過, 恐終久不能得脫離)【朱10】

(만일 단지 대충 다 읽었더라면 아마 끝내 떨어지지는 않았을 것이다)

自從一個黃巢反, 荒荒地五十余年【劉知遠諸宮調】

(한 사람의 黃巢가 반역한 이래 황량하게 50여 년이 지났다)

是日劉知遠頻頻地又祝托又告三娘子【〃】

(그날 劉知遠은 계속해서 三娘에게 부탁했다)

三萬六千排日醉, 鬢毛只恁青青地【辛棄疾詞】

(3만 6천 일을 매일[?] 취하면서도, 귀밑털은 이렇게 푸르구나)

你咱妻女好好地去後免殘生。【劉知遠諸宮調】

(너[…?] 얌전하게 나가면 목숨만큼은 살려주겠다)

의성어에 《地》를 쓰는 것으로,

更怎禁傍邊兩個妻聒聒地向耳邊唆送, 快與凌持。【劉知遠諸宮調】

(게다가 옆에서는 두 부인이 왁자지껄 떠들고, 귓전에서는 혼내주라고 부추기니 참을 수가 없다)

李洪信叨叨地何曾住口【〃】(李洪信은 장황하게 도무지 입 다물지 않는다)

동사에 수식어나 빈어를 붙인 것에《地》가 첨가된 예로,
只不住地說得一箇【朱10】(다만 멈추는 일 없이 한 가지를 설했다)
手凭凋鞍揪肩地喘【劉知遠】
(손을 안장에 걸치고 어깨를 상하로 흔들고 있었다)

《地》는 원나라 때가 되면서《的》으로 쓰게 되었다. 이것은 이 두 글자
가 비슷한 음을 가지고 있기 때문이며, 널리 쓰이고 실질적인 뜻을 갖는
《地》자를 피해 잘 쓰이지 않는《的》으로 대체했기 때문일 것이다.
官裏緊緊的相留【西蜀夢, 元刊本】(군왕은 계속해서 붙잡을 수 있다)
慢慢的枉步【拜月亭, 元刊本】(천천히 걷다[?])

현대어에서는 형용사 중복형식인 AA형에서 나온 부사일 경우에는 자
주《兒》를 붙여서 쓴다. 원나라·명나라 무렵부터 쓰인 것 같다.
綁得緊緊兒的【爭報恩1】(꼭 묶어두었다)
分的平平兒的也【兒女團圓0】(딱 반으로 나누었다)

『원곡선元曲選』에서는 이상과 같이 보어로 쓰인 것과 기타 용법이 보
인다. 그러나 수식어로서의 용법은 없는 것 같다. 수식어의 경우에는
《兒》를 취하지 않는다. 예를 들면,
你好好的從實招了者【蝴蝶夢2】(너 순순히 진실을 말해라)
回來慢慢的打你【救風塵2】(나중에 천천히 때려 주겠다)

이상과 같은 것이 과연 원나라 때 용법 그대로인지는 조사가 필요하
다. 다만 명나라 때가 되면 확실한 예가 있다.

564

鍋兒是鐵打的, 也等慢慢兒的來【金11】

(솥은 철로 되어 있기는 해도 천천히 하지 않으면)

小大官兒好好兒在屋裏妳子抱着【金2】

(도련님은 애써 유모가 방에서 안고 있었는데 …)

《地》(《地》에서 나온 《的》)는 부사의 접미사로도 본다. 부사의 접미사는 종류가 많지만, 《地》처럼 자유롭게 사용할 수 없다. 하지만 《地》는 지배 연어를 돕기 때문에 조사이다. 특히 현대어에서는 다음과 같이 중간에 연사를 쓴 긴 연어에 붙는 경우도 있다.

她很驚訝而又很感動地說…

(그녀는 대단히 신기하다는 듯, 또 정말로 감동했다는 듯이 말했다)

(b)(c) 형용사적 수식어에 붙는 것

(b)(c)는 옛날에는 《底》를 썼다. (b)는 고대어에서는 《之》, (c)는 《者》에 거의 상당하기 때문에, 《的》은 고대어의 《之》에서 나온 것으로 보인다. 실은 《底》는 오히려 《者》에서 나온 것으로 《者》가 《底》로 변화하기 이전에 이미 《者》가 《之》를 대신하는 경향이 있었다.

有先天地生者物邪【莊子, 知北遊】

(천지보다 앞서 생긴 것이 있는가) [※王先謙註, 者, 之也]

十二月生者豚, 一宿蒸之【齊民要術, 養猪】(12월 태어난 돼지는 하룻밤 찐다)

이처럼 《之》에 상당하는 《者》는, 《底》가 쓰이게 된 후에도 통속적인 문어문에서는 사용했다. 예를 들면,

《底》는 당나라 때는 특수한 예문만 있다. 예를 들면,

定知幨帽底, 儀容似大哥【朝野僉載, 廣記254引】

(幨帽를 쓴 자의 용모가 큰형을 닮은 것이 틀림없다)

湜驚美久之, 謂同官曰 : 知無? 張底乃我輩一般人, 此終是其坐處.【隋
唐嘉話】(湜은 놀라서 감탄을 잠시 멈추고, 동료에게 말했다. "알고 있어? 張
은 우리와 마찬가지인데, 결국 여기는 그가 살 곳이 될 거야")

앞의 예《幞帽底》란《載幞帽底》,《張底》란《姓張底》의 의미로《的》
의 용법의 (c), 즉 복수식어가 없는 것에 해당된다. 지배연어의 동사를
생략하고 빈어에 바로《底》를 붙인 것이라고 해야 할 것이다.

(b)(c)의 용법은 오대가 되면 확실히 나타나게 된다. 즉, (b)에 속한 것
으로는,

　　[대명사＋底＋명사]

　　　(없음)

　　[명사＋底＋대명사]

　　　大業底人爲什摩閻羅天子覓不得?【祖8】

　　　(대업을 이룬 사람은 어째서 염라대왕의 눈에 띄지 않는 것입니까)

　　[형용사＋底＋명사]

　　　不安底上座喚同行云【祖6】

　　　(병에 걸린 상좌가 동행한 자를 부르고 있다)

　　[동사＋底＋명사]

　　　設有亦無展底功夫【祖8】

　　　(설령 있다고 해도 그것을 펼칠 틈이 없습니다)

　　[동명사＋底＋명사]

　　　不辨生死底人作摩生?【祖8】(생사를 분별하지 않는 사람은 어떠한가)

이상과 같이 '대명사＋底＋명사'의 예문만 보이지 않는다. 이것은 아
마도 대명사가 그대로 수식어가 되어 구태여《底》를 쓸 필요가 없어서
문헌에는 보이지 않는다. 하지만 언어로는 혹 존재했을 수도 있다. 대신

566

해서 송나라 때의 예를 들겠다.

或一日或兩日只看一段, 則這一段便是我底脚踏這一段了【朱10】

(하루이틀에 한 단락 읽은 것에 지나지 않는다고 해도, 그 한 단락은 자기의 발로 그것을 밟은 것이다)

다음의 (c)에 속하는 것에는,

[대명사+底]

汝底與阿誰去也?【祖5】(네 것은 누구에게 줘버렸느냐)

[명사+底]

背後底是什摩?【祖4】(등 뒤에 있는 것은 무엇입니까)

[형용사+底]

覓一箇癡鈍底不可得【祖15】(둔한 놈을 하나 찾아도 없네)

[동사+底]

卽今問底在阿那箇頭?【祖17】(지금 들은 것은 어느 쪽에 있는가)

[동명사+底]

只解尋得有蹤跡底【祖8】(발자취 있는 것만 찾을 수 있다)

(d) 句의 중간에 오는 것

《的》을 동사 뒤에 쓰고, 그 뒤에 빈어가 온다. 따라서 《的》은 句의 중간에 위치한다. 예를 들면,

我昨天到的北京。(나는 어제 北京에 도착했습니다)

他在這兒喝的茶。(그는 여기에서 차를 마셨다)

他去年生的男孩兒。(그는 작년에 남자아이를 얻었다)

이것들은 이미 지나간 사실에 대해 쓴 것이다. 그러나 표현의 중점은 동작 그 자체가 아니라 그것에 부수된 사항으로, 동작이 일어난 시기·장소·

그 밖의 것들에 대해서 설명하는 것이다. 예를 들면 앞의 《我昨天到的北京》은 단순히 '북경에 도착했다'는 것을 말하고 있는 것이 아니라, '북경에 도착한 날이 다른 날이 아닌 바로 어제였다'라는 의미이다. 따라서 《的》이 과거를 나타낸다는 것은 생각할 수 없다. 이와 같은 용법은 원나라·명나라 무렵부터 보인다.

　① 你害的甚麼病?【張天師2】(당신은 어떤 병에 걸렸습니까)
　　　·
　② 書童小奴才, 穿的誰的衣服?【金35】
　　　　　　　·
　　(서동 그 녀석은 누구 옷을 입었는가)

　③ 旣是這等起的病, 你如今只不要氣, 慢慢的將養【冤家債主2】
　　　　　　·
　　(그렇게 해서 병이 났다면, 일어나지 말고 편히 쉬세요)

　④ 你是那里討來的藥?【金50】(너는 어디서 약을 구했니)
　　　　　　　·
　⑤ 他家大娘子, 也是我說的媒。【金3】(이분의 부인도 제가 중매했습니다)
　　　　　　　　　　　·

　이와 같은 《的》의 근원이 반드시 분명한 것은 아니다. 왜냐하면 이 용법이 송나라 때는 없고, 《的》이 널리 쓰이게 되면서부터 나타났기 때문이다. 하지만 이것은 《地》 계통을 이은 것이 아니기 때문에, 《底》나 《得》 어느 한쪽이라고 말하게 된다. 조동사 《得》이 완료를 나타내는 경우는 원나라·명나라 때도 있다. 그렇지만 위의 예에서 볼 때, 《的》이 《得》에서 나왔다고 하는 것은 무리가 있다. 《是》가 많이 쓰인 것으로 보아, 동동사구同動詞句의 《是…的》 형식의 변형으로 보아야 할 것이다. 따라서, 《的》은 《底》 계통에 속한다고 해야 할 것이다. 위의 예문에서 ①②는 둘 다 《是》를 보충하는 보통의 동동사구가 되었다.

　你害的是甚麼病?
　　　·
　穿的是誰的衣服?
　　·

　③④⑤는 모두 동동사구의 비논리적 표현으로 볼 수 있다. 이 가운데

③은《是》의 주어가 없는 것으로 의미상 상정된 주어는《你》이다. 이것을 보충하면 아래와 같이 된다.

　　你旣是這等起的病…

　《你》와《病》은 전혀 다른 것이기 때문에 여기에《是》를 쓰는 것은 비논리적 표현이 되며,《你》는 주어가 아니라 의미상으로는 주제어이다. 따라서 이것을 '그렇게 해서 생긴 병이라면 …'으로 해석하는 것이 오히려 원뜻에 가깝다. 그런데 ③④에서《的》의 전후만을 잘라보면,

　　這等起的病
　　買來的藥

　여기에서는 수식연어의 명사적인 것이 된다. 그러나 ⑤의《說的媒》에서는 수식연어가 아닌 지배연어라고 할 수 밖에 없다. 그러므로 ⑤처럼 단지 동동사구의 비논리적 표현에 그치지 않고 형식상 유사해서 명사화된 수식연어가 아닌 것을《是》의 빈어로 하는 점에서 한층 특이하다고 말할 수 있다. 위의 예에서는《到的北京》이 여기에 해당한다. 이러한 용법이 생긴 이상,《的》은 이미《底》의 계통을 이끄는 것으로 인식되지 않고,《得》의 계통으로 의심된 것도 무리는 아니다. 요컨대 (d)의《的》은《底》계통에 속하지만, 句의 구조변화 입장에서 경솔하게 이것을 보면《底》의 계통으로 볼 수 없다.

(e) 구말에 오는 것

　《的》은 句의 끝에 오는 것으로 역시 설명하는 어기를 갖는다. 예를 들면,

　　他不會打你的。(그가 너를 때릴 리가 없다)
　　你什麼時候來的?(너는 언제 왔니)

《的》도 《是…的》의 《是》가 생략된 것이다. 따라서 《的》은 《底》계통에 속한다. 설명하는 어기는 원래 《是》가 가지고 있던 것으로, 《是》가 생략된 뒤에는 《的》이 설명을 나타내는 것처럼 느껴진다. 이와 같은 《的》은 언뜻 보기에는 어기를 표현하는 구말조사 같지만, 《嗎》《吧》와는 본질적으로 달라, 접속의 조사가 句의 말미에 나타난 것에 불과하다. 《的》을 이렇게 쓰는 것은 청나라 때는 많았지만, 명나라 때에도 보인다.

> 此門面房空着, 專一與遠來看棋的人閒坐, 趁幾文茶錢的【小道人一着饒天下, 二刻拍案驚奇2】
>
> (이 길에 면한 집은 비어 있는데, 오로지 멀리서 바둑 보러 오는 사람을 쉬게 하고, 얼마간의 찻값을 받도록 하고 있습니다)

(f) 동사 바로 뒤에 붙는 것

이 용법은 매우 새로운 것으로 문헌에는 별로 보이지 않는다. 아마 《在》와 같은 뜻인 dai(《待》《呆》라고 쓴다)와, 《到》가 경성으로 음이 변해 《的》으로 쓰게 된 것 같다. 계통이 전혀 다르며, 동사에만 붙기 때문에 조동사로 봐야 한다.

(g) 보어를 이끄는 것

보어를 이끄는 《的》은 원래 《得》으로 쓰였다. 동사 뒤에만 붙고 연어 뒤에는 붙지 않는다. 또 계통도 달라서 조동사로 봐야 한다.

20.1.4 가정假定

▌《的時候》

오래된 백화에서는 단지 《時》를 쓴다. 《若》 등과 호응하는 경우가 많다. 예전에는 《者》《處》《後》 등도 마찬가지로 가정을 나타냈지만, 《時》

와 호문互文을 이루는 경우도 많다.

聞容病時慙體健, 見人忙處覺心閑【白居易詩】

(손님이 몸이 안 좋다고 들으면 자신의 건강이 부끄럽고, 사람이 바쁜 것을 보면 자기 마음이 한가한 것을 느낀다)

逢師僧時, 遣家僮打棒, 見孤老者, 放狗咬之【目連緣起, P.2193】

(사승을 만나면 가업을 때려치우게 하고, 고아와 노인을 보면 개에게 물리게 한다)

世尊若差我去時, 今日定當過丈室【維摩變文, 羅氏藏】

(세존께서 제게 시키신다면, 오늘 반드시 [維摩居士의] 방장으로 가겠습니다)

후에 명사의 《時》가 《時候》로 복음절이 되었기 때문에, 이러한 가정의 《時》도 《時候》가 되었으며, 구조口調 관계로부터 《的》을 취해 현재의 《的時候》가 되었다.

若發了病的時候兒, 拏出來吃一丸【紅7】

(만약 병이 생긴다면 꺼내서 한 알 먹겠습니다)

▌《的話》

《的話》도 현대어에서 가정에 사용한다. 예를 들면,

若是跌倒的話, 這二位一定是一齊倒下【老舍, 有聲電影】

(만약 차질이 생겨 넘어진다면, 이 두 사람은 반드시 함께 넘어질 것이다)

이상과 같이 쓰는 경우 《若是》가 있으므로 가정을 나타내는 것으로 보인다. 하지만 이와 같은 가정의 연사를 쓰지 않는 것도 많다. 예를 들면, 《不然的話》(만약 그렇지 않으면). 이렇게 《的話》를 쓰는 용례는 아직 검출되지 않았다. 아마도 극히 새로운 것일지도 모른다. 《的話》는 말할 것도 없이, '~의 이야기는' '~의 일은'의 뜻이지만, 이것이 《至於》《對於》

처럼 논급論及하는 어기로 바뀐 예가 있다. 가정은 여기에서 다시 바뀐 것일 것이다.

　　這項銀子, 可關乎者老爺的大事；大爺的話, 路上就有護送你的人, 可也得加倍小心【兒3】

　　(이 은에는 어르신의 대사가 걸려 있습니다. 어르신은 도중에 지켜주는 사람이 있다고 해도, 특별히 조심하셔야 합니다)

20.2 구말조사句末助詞

　어기를 나타내는 데에는 조사 이외에도 어조와 부사 등에 의한다. 어조에 의한 어의 표출은 명확성이 부족한 경우가 많다. 이것에 반해, 부사는 명확성이 풍부하므로, 확실한 의미를 가진 것처럼 느껴진다. 조사는 그 중간적인 존재인데, 조사 안에서도 어기에 농담濃淡의 차이가 있다. 예를 들면《嗎》는 확실한 의문의 어기를 갖고 있지만,《啊》와 같은 것은 어기조차도 희박하여 감탄에 많이 쓰여서 감탄의 어기로 명명한다. 이것의 응용의 범위는 매우 광범위해 감탄에 한정하지 않는다. 지금 부사와 구말조사를 비교해 보자면, 부사《可》와 조사《嗎》는 함께 의문을,《偏》과《嘛》는 함께 불평불만을,《也許》《大概》와《吧》는 함께 추측을,《還》과《呢》는 다 존재·불변화를,《已經》과《了》는 다 이연已然을,《曾》과《來着》은 모두 증연曾然(과거)을 나타내는 것처럼 거의 공통된 것도 있다.

　구말조사는 갑을의 두 부류로 나뉜다. 현대어로 말하면,

　[갑류]:　嗎, 呢, 吧, 啵, 罷了, 啊, 呀, 哇, 哪, 了(啦)
　[을류]:　呢, 了(啦), 來着

572

갑류는 句의 마지막에 위치하며, 句 전체에 대해 의문과 추측, 그리고 그 밖에 각종 비서실적非叙實的 어기를 첨가한다. 을류에는 2가지 용법이 있다. 첫째는 갑류와 같은 것으로 놓인 위치도 갑류처럼 구말에 온다. 둘째는 서실적叙實的 어기를 나타내는 것으로 구말에만 위치하지 않고(즉, 그 뒤에 더욱 다른 비서실적 구말조사를 취하는 경우도 있다), 모든 구절뿐 아니라 술어에 대해서도 존재·이연已然·증연曾然 등 서실적 어기를 첨가하는 경우이다. 구말조사가 2개 쓰였을 때, 전자는 반드시 을류이다. 후자는 대부분 갑류인데, 을류에도 비서실적 용법이 있으므로, 때에 따라서는 뒤에 쓰는 것도 있다. 이상의 관계를 도식화하면 다음과 같다.

① ··· 비서실 [갑]

你吃飯嗎?(너 밥 먹을래)

你吃了飯吧。(너는 밥을 먹어라) [명령]

② ··· 서실 [을]

你吃飯呢。(너는 밥을 먹고 있다)

你吃了飯啦。(너는 밥을 다 먹었다)

③ ··· 서실 [을] 비서실 [갑]

你吃飯呢嗎?(너는 밥 먹고 있니)

你吃了飯啦嗎?(너는 밥을 다 먹었니)

你吃了飯啦吧。(너는 밥을 다 먹었지) [추측]

④ ··· 서실 [을] 비서실 [을]

你吃飯來着呢。(나는 밥을 먹고 있었어요)

이상의 예에 대해 서실, 비서실의 차이를 생각해보자. 서실이란, 어느 때에 있어서 실재하는 일을 서술하는 것이다. 조사《呢》《了》《來着》은 서실을 나타낼 수 있다. 그런데《嗎》《吧》등은 어떠한 사항이 실재한다는 것을 나타내는 힘이 없다. 예를 들면, ①처럼《嗎》나《吧》를 써도 '밥을 먹는다'라고 하는 행동이 실재하는 것이 되지 않는다. ②처럼《呢》나《啦》을 써야만 비로소 실재하는 '또는 이미 실재한' 것이 된다. 태態를 나타내는 조동사의 사용은 서실과 관계없다. 예를 들면《吃了飯》은 '밥 먹기를 끝내다'라고 하는 것이지 '먹었다'는 아니다. 또《吃着飯》은, 단순히 '밥을 먹고 있다'는 것은 사실과는 관계없이 말하는 것으로, 현재 먹고 있는 것이 아니며 또 과거에 먹고 있었던 것도 아니다. 앞의 분류에서는《呢》나《了》(또는《啦》으로도 쓴다)가 갑을 양쪽에 보이는데, 이것은 그 근원이 다르기 때문이다. 즉, 현재《呢》로 쓰는 것 중에는《哩》의 계통은 을류, 나머지는 갑류이다.《了》는 일반적으로 을류에 속하는데, 그 가운데《咧》계통은 갑류로 분류한다.

20.2.1 갑류甲類

┃《嗎》

시비是非의문(긍정인지 부정인지를 묻는다)에 쓰인다. 고대에서는 때로《不》《否》이외에 부정의 의미를 갖는 말을 문장 말미에 두어 의문구를 만들기도 하는데, 당나라 때가 되면《無》도 그렇게 쓰이게 되었다. 이것이《磨》《摩》로 쓰였으며, 송나라 때는《麼》가 사용되게 되었다. 또,《嗎》가 쓰이게 된 것은 청나라 때부터이다. 우선 고대어에 쓰인《不》의 예로,

　　子去寡人之楚, 亦思寡人不?【史, 張儀列傳】
　　(그대는 과인을 버리고 초나라로 갔는데, 또 과인을 생각하는가)
　　秦王以十五城請易寡人之璧, 可予不?【史, 廉頗藺相如列傳】
　　(진나라 왕이 열다섯 성을 과인의 화씨벽과 바꾸자고 한다. 이를 어찌해야 할 것인가)

《不》로 의문구를 만드는 것은 현대어에도 역시 행해지고 있다.《否》
는 예전에는 보동사補動詞《可》를 가진 句를 의문으로 하기 위해 쓰였으
나, 위진 이후에는《可》가 있는 句로 한정하지 않고 일반적으로 의문구
를 만들게 되었다.

　　丞相可得見否?【史, 秦始皇本紀】(승상을 만날 수 있습니까)

　　伯春小弟仲舒望見吉, 欲問伯春無它否?【後漢書, 馬援傳】

　　(伯春의 작은 동생 仲舒는 길함을 예견하고, 伯春이 무사한지 물으려 했다)

　　다만 시의 압운에서 보면,《不》는 우운尤韻으로 쓰였기 때문에《否》의
유운有韻과는 성조가 다를 뿐이지 동음이며, 혼용되어 쓰였을 수도 있다.
《未》는 '이미 ~했는가?'라고 말할 경우에 쓰인다.

　　君除吏已盡未?【史, 魏其武安侯列傳】

　　(당신은 관리를 임명하는 일은 다 했습니까)

　　問兒死未?【漢書外戚傳】(아이가 죽었느냐고 물었다)

　　또《非》는 판단구에 쓰인다.

　　初天子出到宣平門, 當渡橋, 氾兵數百人遮橋曰 : 是天子非? 車不得前。
　　【後漢書注引獻帝起居注】

　　(처음에 천자가 나와서 宣平門까지 와 다리를 건너려고 하자, 氾의 병사 수
　　백 명이 다리를 막고 서서 천자냐고 말하였다. 마차는 나아갈 수 없었다)

　　이렇게 부정의 말을 구말에 쓰면서 더욱이《乎》《邪》등 의문조사를
병용하는 경우도 있다.

　　《無》는 원래《有》의 부정이기 때문에, 의문에 쓰이는 경우라도《有》
를 술어로 쓰는 것이 오래된 것이다. 하지만 그 단계에서는 아직 의문조
사라고 부르지 않고, 일반적으로 쓰이게 되면서 처음으로 조사가 되었

다고 할 수 있다. 조사로서의 《無》는 성당盛唐 시대부터 쓰기 시작해, 백거이白居易가 특히 많이 썼다. 또, 조하趙嘏에게는 의문조사 《無》를 10개 사용한 「십무시十無詩」라는 시가 있다. 성당 시대의 예로,

　　秦川得及此間無? 【李白詩】(秦川은 여기에 미칠 수 있을까)

　　肯訪浣花老翁無? 【杜甫詩】(浣花溪에 사는 노인을 방문해 주겠는가)

　　笑向僬魚問樂無? 【獨孤及詩】(웃으면서 조어에게 즐거운가 묻는다)

　《無》는 '武夫切'의 미모微母인데, 『절운切韻』의 시기에는 명모明母의 일부로서 m-으로도 불렸다. 이것이 명모에서 변화된 것은 당말송초이다. 《無》가 《磨》 또는 《摩》라고 쓰이게 된 것은, 이 말이 완전한 의문조사로서 '없다'라는 원래 뜻과 관계가 없어졌기 때문이다. 그래서 《無》라는 글자를 쓰는 것이 적당하지 않게 보이기도 하지만, 미모가 성립된 후에도 이 말이 여전히 명모가 되었기 때문에, 미모가 아닌 글자로 바꾼 것에 의한다고 생각된다(또 운모에도 변화가 있었기 때문일 것이다).

　　錦衣公子見, 垂鞭立馬, 腸斷知磨? 【雲謠集】

　　(아름다운 의상의 공자는 이것을 보고 채찍으로 때려 말을 멈추었는데, 장이 끊어지는 것 같았다. 그것을 아는가)

　　張眉努目喧破羅, 牽翁及母怕你摩? 【悉曇章】

　　(눈썹을 치켜올리고 눈을 성나게 뜨고는 엄청난 소동으로 외조부모에게까지 덤벼들지만, 그런다고 너를 무서워할 것 같으냐)

　『조당집』에서는 일관되게 《摩》를 쓴다. 매우 많은데, 예 하나를 들어보겠다.

　　六祖見僧, 竪起拂子云 : 還見摩? 對云 : 見。祖師抛向背後云 : 見摩? 【祖2】(육조는 스님을 보자 불자를 세우고 말했다. "자, 보이는가?" "보입니다." 조사는 불자를 등 뒤에 던져놓고 말했다. "보이는가")

《麼》도 당나라·오대의 문헌에 보인다. 그러나 동시대 자료인 돈황본에는 보이지 않는다. 또 오래된 텍스트에서는 《麼》를 쓰지 않는 예도 보인다. 따라서 전부 후대에 고친 것으로 생각된다. 결국 《麼》가 쓰이게 된 것은 송나라 때라고 해야 할 것이다.

南齊宿雨後, 仍許重來麼?【賈島詩】

(南齊宿雨 뒤에 거듭 오는 것을 허락하는가)

説空空説得, 空得到維摩【杜荀鶴詩, 一本作「空麼」】

(空을 설해도 다만 입으로만 말할 뿐, 空까지도 空일 수 있겠는가[참으로 空에 철저한가])

위의 두순학 시는 아마 원문에는 《空得到空摩》라고 되어 있어야 한다. 《空》을 다시 고친 것이 《維摩》이며, 《摩》를 다시 고친 것이 《空麼》가 되었다고 전해지고 있기 때문이다. 송나라 때 예문을 소개하겠다.

番狗, 你識爺麼?【三143引, 金虜節要】

(이 야만스러운 개자식, 너는 나를 아느냐)

先生笑問有酒麼?【宋, 楊萬里詩】(선생님은 웃으며 물었다. 술이 있습니까)

《嗎》라는 문자가 사용되게 된 것은 청나라 때이다. 약간 용례를 들어 보겠다.

這是爆竹嗎?【紅22】(이것은 폭죽인가)

原來他也會這個嗎?【紅87】(아, 저 사람도 이것을 할 수 있습니까)

《麼》는 또 불평불만을 나타내기도 한다. 이것은 상대가 그 사실을 알지 못하거나 알면서 승인하지 않을 때 생긴다. '~한걸 뭐' '~하고 말고'라는 어기이다. 최근에는 이런 경우에 《嘛》를 사용하고, 의문의 《嗎》와 구별해 쓰는 경우가 많다. 오래된 예로,

小人不說謊, 他是罵你來麼【陳州糶米1】

(저는 거짓말하지 않습니다. 저 사람은 당신의 험담을 했지만요)

我道你不是個受貧的人麼【老生兒4】

(난 당신이 궁핍한 사람이 아니라고 생각한걸요)

我就知道麼【紅7】(저는 알고 있었던걸요)

他肚子裏的故典本來多麼【紅19】

(저 사람 머릿속에 있는 얘기가 원래 많거든요)

沒有什麼可說的麼【紅34】(아무것도 할 말 없는데요)

《麼》는 또 가정에도 쓴다.

他有情麼, 說你兩句 ; 他一翻臉, 嫂子, 你喫不了兜着走!【紅59】

(저분이 잘 봐주시면 조금만 혼날 테지만, 진짜 화나면 당신은 큰일날 거예요)

▍《呢》

갑류의《呢》는 승전의문, 가정 및 의문의 강조에 쓰인다.

① 승전의문承前疑問

승전의문은 반드시 문맥에 떠받쳐지는 것으로, 묻는 것 전체는 句에 나타나지 않으며, 구체적인 내용은 문맥에 따라 정한다. 앞에 무언가가 기술되었으며, 그것을 기반으로 하여 재차 묻는 것이다. 句의 형태는 보통 주요성분이 생략되어 있다. 예를 들면 아래와 같다. 마지막 예는 승전의문과 가정이 합해진 것이다.

我相信, 你呢?(나는 믿는데, 너는?)

我的帽子呢?(내 모자는?)

現在呢?(지금은?)

別人知道了說閑話呢?(다른 사람이 알아서 잔소리라도 하면?)

② 가정

《若》과 같이 가정을 나타내는 말을 취할 때와 취하지 않을 때가 있다.

不去呢, 她必不肯善罷甘休；去呢, 她也不一定肯饒了你。

(만약 가지 않는다면 그녀가 그냥 끝나지는 않을 테고, 만약 간다고 해도 반드시 너를 용서해 준다고는 단정할 수 없다)

③ 의문의 강조

특지特指의문(무엇, 언제, 어디서, 어느 것, 누구, 왜 등의 의미를 가진 의문대명사나 부사 등을 가지고 얘기의 내용에 대하여 묻는 것), 선택의문(상반하는 두 개의 사항을 들어 그중 어느 쪽인지를 묻는 것), 반복의문(긍정, 부정에 의한 것)에 사용된다. 의혹, 반힐反詰의 어기로 바뀌는 경우가 많다. 원래는 의문구에 첨가된 것이기 때문에, 이것을 빼더라도 의문을 나타내는 것은 변함이 없다. 이 점에서 의문구를 만드는 《嗎》와 다르다. 또, 시비의문에는 《呢》를 첨가하지 않는다.

到底是甚麼呢?(도대체 무엇입니까)

厨子怎麼不做飯呢?(요리사는 왜 밥을 짓지 않습니까)

究竟去不去呢?(도대체 가는 겁니까)

오대에서는 승전의문·의문의 강조에 《聻》을 썼다. 《聻》은 『광운廣韻』에 "乃里切, 指物貌也"라고 했으며, 《你》와 동음이다. 《指物》이란, 이런 경우에 승전의문을 가리키는 것이 아닐까 생각되어진다. 또 《尼》라고 쓰인 예도 있다.

승전의문의 예로는,

夾山曰：只今聻? 對云：非今。【祖9】

(夾山이 물었다. "지금은?" 이에 대답하였다. "지금은 아닙니다")

師曰：那箇尼? 對曰；在。【祖4】

(선사가 물었다. "저건 어떠냐?" 이에 대답하였다. "있습니다")

의문 강조의 예로는,

作摩生疑聻?【祖19】(어째서 의심하는 것인가)

《聻》은 고대어의 《爾》에서 나온 것으로 보고 있다. 정말 그렇다면 조사의 《爾》가 《聻》이 되고, 대명사의 《爾》는 《你》가 된 것이므로, 모두 古音을 전하는 것이다. 《聻》에 해당하는 것으로 보이는 《爾》의 용례가 쓰이긴 했지만, 보편적이지는 않다. 또한 불확실함을 피할 수 없는 것 같다.

然則何言爾?【公羊傳, 隱公元年, 그 외】(그럼 무엇을 말할까)

何譏爾?【〃, 隱公二年】(무엇을 비방하는가)

위의 예에서는 의문의 강조로 승전의문의 용법은 검출되지 않는다. 이 점은 더욱 이후의 조사를 기다려야 하지만, 혹 승전의문의 용법은 시간이 흘러 후대에 발생한 것일지도 모른다. 《聻》이 《呢》가 된 것은 의심할 여지가 없지만, 그 중간에 《尼》라고 쓰인 시기가 있었다는 것은 위에서 입증한 바와 같다. 《呢》라는 글자를 송나라 때 사용했는지는 의문이지만, 믿을만한 자료가 보이지 않는다. 지금 화본話本으로서 송나라 때 옛 형식을 전하는 점이 많은 「산정아山亭兒」의 예를 들겠다.

問道：山亭兒在那裏? 合哥應道：傾在河裏了。問道：擔子呢? 應道：擻在河裏。匾擔呢? 應道：擻在河裏。【山亭兒, 警世通言】

(山亭兒[장난감으로 만든 정자 등]는 어디에 있는지 물으니, 合哥는 강에 주어버렸다고 대답했다. "또 짐은?" 하고 물으니 강 속에 던져버렸다고 대답했다. "멜대는?" 하고 물으니 강 속에 던져버렸다고 대답했다)

580

원곡元曲에 쓰인《呢》를 보면 승전의문에 쓰인 예가 많다.

婆婆, 俺那孩兒的呢?【合汗衫3】(할머니, 우리 아들 것은요?)

再呢?【合汗衫4】(그리고?)

那第三箇孩兒呢?【蝴蝶夢3】(3번째의 아이는?)

술어로 쓰인 동사가 있으면 가정의 어기를 동반한 승전의문이 된다.

敲兩敲呢?…敲三敲呢?【桃花女4】(두 번 때리면? … 세 번 때리면?)

論我的武呢?…論我的智量呢?【薛仁貴1】

(나의 무예를 논한다면 어떨까? … 나의 지혜를 논한다면 어떨까)

이 경우, 가정을 나타내는《若》등을 사용하는 경우도 있다.

親隨你若吃酒呢?…李稍你若吃酒呢?【望江亭3】

(近習이여, 당신이 술을 마시면 어떻게 됩니까? … 李稍, 당신이 술을 마시

면 어떻게 됩니까)

원곡에서는 이렇게 가정해서 물을 경우가 많은데, 단지 가정만으로는

물을 수 없는 경우도 있다.

若是那女子来呢?…你問他那裏人氏, 姓甚名誰, 有甚信物要些來, 我便

饒你。【桃花女3】

(만약 그 딸아이가 오면, 어디의 누구이며 이름은 무엇인지 묻고, 무언가

증거가 될 만한 물건이 있으면 받아놓아라. 그러면 너를 용서해 주겠다)

다만《若》등의 가정을 나타내는 말은 쓰이지 않고,《呢》만이 쓰이게

된 것은 시대가 흘러 후대에 이르러서이다.

在別人呢, 一句是貼不上的。【紅83】

(만약 다른 사람이었다면, 한마디도 신경 쓰지 않았을 것이다)

의문의 강조를 나타내는《呢》도 원곡에 사용된다.

怕做甚麼呢?【鐵拐李3】(무얼 할 것인지 두려워하는가)

誰呢?【桃花女1】(누구인가)

다만 이와 같은 경우에 원곡에서는《那》를 쓰는 경우가 많다. 예를 들면,

你怎生掉了那?【後庭花2】(너 왜 떨어뜨렸지)

我可爲甚的來, 却牽連着我那?【張天師3】

(내가 어떻게 하든지 간에, 나를 연좌시킬 겁니까)

可着甚的去買那?【合汗衫3】(도대체 무엇을 가지고 팔러 갈 것입니까)

이와 같은《那》는 청나라 때 쓰인 감탄의《哪》와는 관계가 없다. 따라서 현대의 감탄은《哪》와도 관계가 없다. 조사의《那》는 매우 오래된 예가 있다.

疲倦向之久, 甫問君極那?【魏, 程曉詩 ※御覽34는 조금 다름】

(피곤한 채로 오랫동안 상대를 하고 있을 때, 당신이 처음으로 물었다. "상태가 안 좋습니까")

公是韓伯休那? 乃不二價乎?【後漢書, 韓康傳】

(당신이 韓伯休입니까? [韓伯休도 아니면서] 가격을 깎지 않습니까)

이《那》는 시비의문을 만들며, 그 점에서 보면《嗎》에 가깝다. 그러나 제2 예문에서《那》나《乎》가 쓰인 것에 착안하면,《那》는 단순한 의문보다도 그것을 부정하고 의심하는 어기가 강하여,《乎》와는 같지 않다. 이《那》는 오히려 문어의《耶》,《邪》에 해당하는 것 같다. 사실『고사전高士傳』에선 이 문자를《耶》로 한다. 하지만 시비의문이라고 해서 단지 정면에서 묻는 것이 아니기 때문에, 특지의문에 쓰는 것도 무방할 것이다.

▌《着》

북방어에서 명령을 나타낼 때 쓰는 조사이다. 대부분은 지속동사를 술어로 하는 句에 쓰인다.

> 別急, 等我把這本書看完了着。【陳乃凡:用辭例解】
>
> (좀 서두르지 말고, 내가 이 책을 다 읽을 때까지 기다려라)
>
> 當心摔了碗着。【〃】
>
> (사발을 떨어뜨려 깨지지 않도록 조심해라)

《着》을 명령의 조사로 사용하는 것은 당나라·오대부터 보인다.

> 若怪卽曳向下着。【因話錄5, 廣記250에도 인용】
>
> (만약 의심된다면 아래로 끌어라)
>
> 拽出這箇死屍着。【祖16】(이 사체를 끌어내라)
>
> 添淨瓶水着【祖5】(정병의 물을 채워라)
>
> 吐却着【祖7】(내뱉어라)
>
> 能者虔恭合掌着【維摩押座文】(잘하는 자는 정중하게 합장하시오)

《着》의 근원은 알 수 없지만, 오래된 예에서는 이렇게 반드시 지속동사에 사용되었다고 한정할 수 없다. 그러나 명나라 때가 되면 지속동사에 쓰이는 경향이 강해진다. 청나라 때 표준어에서는 많이 쓰이지 않는다.

> 等我放下這月琴着【金27】(제가 이 月琴을 둘 때까지 기다려주세요)
>
> 待我扎上這頭髮着【金31】(내가 머리카락을 말하는 것을 기다려줘)
>
> 我也告訴雪雁合柳嫂兒說了, 要弄乾淨着【紅87】
>
> (나는 雪雁에게, 깨끗하게 하도록 柳嫂에게 말해두었습니다)
>
> 使不得, 先把你們家這點禮兒完了着【兒40】
>
> (안 됩니다. 우선은 당신이 먼저 인사를 끝마치시오)

▌《吧》

《吧》라는 문자는 민국 이후에 사용하기 시작했고, 청나라 이전에는 《罷》라고 썼다. 《罷》는 신용할 만한 송나라 자료에는 용례가 검출되지 않기 때문에, 송나라 때 쓰였다고 단언하기 어렵다. 지금 잠시, 조금 오래된 화본話本의 용례를 들겠다.

- 명령

  這畫眉就是實跡了, 實招了罷!【沈小官一鳥害七命】
  (이 멧새가 증거다. 사실대로 말해라)

  你將妻子休了罷!【快嘴李翠蓮記】(당신 부인과 인연을 끊으시오)

  看老人家面上, 胡亂拿去罷【史弘肇龍虎君臣會】
  (노인을 용서하고 참고 가지고 가세요)

- 재량

  如今只閉着口兒罷。【快嘴李翠蓮記】(지금부터 입을 열지 않겠습니다)

  好好直説, 便饒你罷【沈小官一鳥害七命】
  (자세히 있는 그대로 말하면 용서해 주실 거야)

《罷》의 명령과 재량의 용법은 실은 하나로 단지 문맥(일인칭인지 이인칭인지)에 따라 결정한다. 《罷》는 본질적으로 '~하기로 하다'라는 결정을 나타낸다. 다만 그 결정이 조사 《了》와 같이 시간적인 것을 이유로 근거하는 것이 아니라, '그렇게 하면 된다, 그렇게 하는 것이 좋다'는 동작의 결과에 대한 판단이 동기가 된다. 조사 《罷》는 句의 말미에 쓰이는 《便罷》(~그러면 끝난다, 그걸로 좋다), 혹은 《也罷》(그래도 좋다)가 생략된 것으로 생각한다. 즉, 《罷》는 기원적으로는 술어로 《你去罷》라고 하면 '네가 가면 된다' '네가 가는 게 좋겠다'와 비슷한 의미였다고 보인다. 구말에 쓰이는《便罷》나《也罷》에는 진술하는 의미가 남아있는 것처럼 느껴지기 때문에, 준구말조사라고 말해야 할 것이다. 더욱이《便》이나《也》가 생략되어《罷》만 남으면, 이미 진술하는 기능은 완전히 소실되고 단순한 어기만 나타낼 수 없게 되었다. 그래서 이것을 구말조사라고 인정해야 하는 이유인 것이다.

《罷》는 추측에도 쓰인다. 추측에 쓰인 예는 명나라 이전에는 거의 없고, 청나라 때도 대부분이《大槪》《許》그 밖의 부사와 함께 쓰는 것이 보통이며, 부사를 취하지 않는 것은 조금 늦게 발달한 것 같다. 이와 같이 추측의 의미를 가진 부사와 병용하는 이유는 아마《罷》를 나타내는 결정의 어기가 완곡해, 후에는 단지 어기를 완곡하게 표현하는 것뿐이다. 아마 추측과 묶여 어울리게 된 것이 아닐까. 청나라 때의 용례, 부사를 쓴 것으로,

> 別是路上有人絆住了脚, 捨不得回來了罷【紅12】
> (어쩌면 도중에 누군가에게 붙잡혀, 돌아오는 게 어려워졌을 거야)
> 姑娘今夜大槪比往常醒的時候更早罷【紅82】
> (아가씨, 오늘 밤은 지금까지보다 눈 뜨는 것이 더 빠를 거예요)
> 這是那裏來的話? 只怕不眞罷【紅89】
> (이것은 도대체 무슨 일입니까? 아마 정말이 아니겠지요)

부사를 쓰지 않은 예로,

> 紫鵑進來問道：姑娘喝碗茶罷?【紅89】
> (紫鵑이 들어와서 물었다. "아가씨, 차 드실 거죠?")
> 請示父親：放却不好就放罷?【兒31】
> (아버님께 여쭈었습니다만, 놓아준다고 하여도 금방은 놓아줄 수는 없을 겁니다)

앞의 『홍루몽』의 예는 《問》이라고 되어 있어서 잠정적으로 추측으로 해석했다. 하지만 이것이 없으면 명령으로 봐도 좋다. 왜냐하면 명령이라고 해도 원래 극히 완곡한 권유에 가깝기 때문이다. 아마도 명령에 《問》이라는 말이 쓰인 것 같다. 《罷》에는 또한 가정과 질문의 용법이 있다. 모두 청나라 후기부터 쓰였다.

- 가정

  那時候我要說願意罷, 一個女孩兒家怎麼說得出口來? 要說不願意罷, 人也得有個天良。【兒26】(그때 내가 승낙한다고 말하려 해도, 딸에게 어떻게 그렇게 말할 수 있겠습니까? 승낙하지 않는 말하려 해도, 그러면 양심 있는 사람이라고 말할 수 없습니다)

아마 이처럼 《要》등 가정의 말을 취하는 것은 오래된 용법이다. 그러나 현재에는 없어도 된다.

  這是那種特別的天氣：在屋裏罷, 作不下工去；外邊好像有點什麼向你招手；出去罷, 也並沒什麼一定可作的事。【老舍, 犧牲】
  (그것은 이렇게 특별한 때입니다. 집에 있으려고 해도 밖에서 누군가 부르는 것 같아서 일이 손에 안 잡히고, 외출한다고 해도 특별히 할 일은 없습니다)

- 구문究問[4]

  你要作甚麼罷?【兒8】(당신 뭘 하려고 합니까)
  你們二位想着怎麼樣罷?【兒23】(두 분은 어떻게 생각하십니까)

이 용법은 매우 특수한 것으로 의문과 명령이 혼재한 구문이다. 그것

---

4 ① 충분히 알 때까지 캐어물음. ② 샅샅이 조사함.-옮긴이

은《你說》이 생략되어 있기 때문으로 바르게는,

　　你要作甚大麼? 你說罷!

　　你們二位想着怎麼樣? 請說罷!

　라고 해야 할 것으로, 이와 같이 말하면《罷》는 명령이 된다. 다음은
《罷》를 물음에 쓰면서《你說》을 쓴 것이다.

　　你打算怎麼着吧? 你說!【老舍, 龍鬚溝】(당신 어떻게 하자는 거야? 응!)

▌《啵》

　《啵》는《罷》의 변음이라고 한다. 즉, ba에 o 또는 ou가 더해져, bo 또
는 bou가 된 것이《啵》로 쓰였다고 한다.《罷》와《啵》는《啵》가 훨씬
더 감정적으로, 우쭐한다든지, 불만을 드러내는 어기를 동반한다. 용례
가 많지 않아서,《罷》의 4가지 용법이 있는지 없는지 금방 결정하기 어
렵지만, 아마《罷》와 같을 것이다. 다만《啵》의 전신으로《波》라고 하는
조사를 떠올릴 수 있다. 원나라 때는《罷》와《波》가 병용되고 있기 때
문에, 우선《罷》와《波》의 관계를 생각해야 한다. 원나라 때의《波》는
《罷》보다도 용도가 많아서 우선 검토가 필요하지만, 이것 역시《罷》의
변음으로서 보다 넓은 의미가 생긴 것이 아닐까. 명나라 때는 거의 없으
며 청나라 때는 북방의 방언으로 존재했던 것 같지만, 많이 쓰이지는 않
았다(앞에서 기술한 것처럼《啵》의 독특한 어기는 방언에서 온 것인지도 모른
다). 청나라 때《啵》는 결정·구문의 용법만 검출된다.

　　那麼着你老說啵【兒4】(그럼, 당신이 말해보시오) ← 결정(명령)

　　跟我來啵【兒15】(따라와) ← 결정(명령)

　　這麼着啵, 你老破多少錢啵【兒4】

　　(이렇게 하지요[이렇게 해주십시오]. 얼마만큼 내어주시겠습니까)

앞의 《啵》는 결정으로 단순한 명령이나 재량에도 사용되지 않는다. 후자는 구문이다. 《波》의 용법은 《罷》보다도 복잡하므로 명령과 재량만을 예로 들겠다.

　　你與我些兒吃波【瀟湘雨4】(저도 조금 먹을 수 있게 해주세요)
　　我問他波【合同文字3】(나는 그에게 물어보도록 하지요)

▌《罷了》

《罷了》에는 2가지 용법이 있다. 하나는 '그래도, 어쩔 수 없다' '뭐 괜찮아'라고 받아들이는 것의 의미로 조사화의 경향도 인정되지만, 또한 술사나 준조사로도 말해야 한다. 또 하나는 어떤 사항을 조심스럽게 말하는 것으로 적당한 표현이 없지만, 임시로 제한하는 어기라고 하겠다. 또 경우에 따라서 경시·양보·겸손 등도 되지만, 기본적으로는 과소평가를 나타낸다. 이 용법의 경우에는 조사로, 또 부사 《只》《不過》 등과 호응하는 것도 많다.

① 술사, 준조사
　　知道就說知道, 不知道就說不知道倒罷了, 撒謊作什麽呢?
　　(알고 있는 것은 알고 있다고 말하고, 모르는 것은 모른다고 말하면 되지만, 거짓말을 하는 것은 어찌할 것인가)

② 조사
　　我不說罷了, 誰還不知道!(나는 말하지 않을 뿐이다. 누가 모르겠는가)
　　一個零件罷了, 算不了什麽。
　　(고작 한 치 정도의 부분품이다. 대단한 게 아니다)

원래 《罷》는 끝난다는 의미이며, 《罷了》는 끝나버렸다는 뜻이다. 여

588

기에서 '그래도 좋다', '상관없다'는 의미가 생겼을 것이다. 《罷》와 같이
원래 술어였다. 예를 들면,

> 小姐受他這般凌辱, 你便隨順他也罷了【鴛鴦被3】
>
> (아가씨가 그를 위해서 그토록 학대받는다면, 말하는 것을 들어주어도 좋지 않겠습니까)

위의 예에서는 《罷了》가 술어로서 《也》라는 수식어를 취하고 있다.
이렇게 《也》 등을 취하는 것이 오래된 용법일까 싶지만, 이것이 생략되
어 《罷了》만이 구말에 쓰이게 되어, 술어로서의 기능이 약해져서 조사
처럼 되었다.

> 你不認他罷了, 却挈着甚些器仗打破他頭…【合同文字4】
>
> (네가 그를 [친척으로] 인정하지는 않더라도, 오히려 뭔가 도구로 그의 머리에 상처 입히고 …)
>
> 我想這一晚旣然要躲那賊, 只該悄悄的睡罷了, 還要點着燈數這硃砂顆兒做什麼?【硃砂擔4】
>
> (그날 밤 그 도적을 피하려고 했다면 조용히 자야 했다. 그것을 등에 불을 붙이고 주사 알갱이를 세고 있는 것은 어떻게 된 일인가)

제1 예문의 《罷了》는 《不但》과 유사한 진층進層의 어기를 갖고 있지
만, 진술성이 부족하다. 또 제2 예문의 《罷了》는 별다른 의미 없이 《該》
와 호응하며, 준구말조사의 《才好》와 닮았다. 이러한 《罷了》는 이미 술
어로서의 기능이 없으므로 이것을 생략해도 句의 의미가 없어지는 것은
아니다.

제한하는 것은 이상과 같은 용법에서 바뀌어 생긴 것이다. '~해도 상
관없다'는 것은 중요성을 인정하지 않기 때문에, '~그것뿐이다' '~거기까
지다'라는 어기가 된다. 즉, '그래도 좋다' '상관없다'는 정말 그렇기 때문

이 아니라, 오히려 그것을 과소평가하는 구실로 하고 싶은 것이다. 이것이 제한을 나타내는 시초인데, 원곡元曲에는 아직 쓰이지 않았다.

就屈殺了奴罷了【金12】(저에게 없는 죄를 덮어씌우려는 것뿐입니다)

이 구문을 원래 의미로 말하자면, '실은 무죄이다'라는 의미이다. 청나라 때가 되면 그 위에《不過》등을 취해서 제한의 어기가 확실해진다.

今年不過十八九歲罷了【紅6】(올해 겨우 열여덟, 아홉입니다)

▍《罷咧》

《罷了》는《罷咧》으로도 쓴다. 이《咧》은 le라고 읽으며,《了》의 변음이라고 한다. 청나라 때는 드물게《罷哩》라고 쓰였거나, 혹은 이 계통으로《罷了》와는 다른 계통일지도 모른다.《罷咧》은 술사나 준조사로서의 용법, 즉 인수忍受, 진층進層 등을 나타내지 않고 제한의 용법만 있는 것 같다.

你不過要捏我的錯兒罷咧【紅42】
(당신은 내 잘못을 잡아내려고 하고 있을 뿐이지요)

▍《啊·呀·哇·哪》

모두 감탄을 나타내는 것으로,《啊》를 기본으로 해서 앞의 음절의 종류에 따라 다음과 같이 변화한다고 설명된다.

전음절 / 후음절	A류	B류	C류	D류	E류
	zhi chi shi ri zi ci si er	-a -e -ie -üe -o -i -ü	-u -ao	-n	-ng
a	a 啊	ia 呀	ua 哇	na 哪	nga 啊

590

단, 앞의 표처럼 변화한다는 것은, 구두어에서는 모든 경우에 반드시 표처럼 발음한다는 것을 의미하지 않을 것이다. 사실 구두어라도 이처럼 발음하지 않고 원래대로 a《啊》라도 좋고, 또 그 쪽이 이성적인 말투로 들린다(변화해서 말할 때, 경우에 따라 다정한 말투, 깔보는, 천박한 말투가 되지만 결국 감정적인 말투가 된다).

이상의 같은 이유에서 앞의 표는 변화할 경우만 이렇다는 의미로, 이 이외의 변화는 없다는 점에 중점을 두어야 한다. 하지만 역사적으로 앞의 표를 볼 때 상당히 까다로운 문제가 들어있다. 여기서는 『홍루몽』과 『아녀영웅전』에서 보이는 것을 바탕으로 극히 간단히 설명하겠다.

- A류, E류

이 둘은 변화하지 않는 것으로, 실제로는 《呀》를 쓰는 것이 상당히 있다. 따라서 앞의 표와는 일치하지 않는다.

也沒聽見甚麼別的事呀? 【兒3】(뭔가 다른 것은 듣지 못했습니까)

不是湖廣葉子呀 【兒15】(湖廣의 잎담배가 아닙니다)

你也是自家要作死呀 【紅72】(너 스스로 죽기를 바라고 있네)

誰是主兒呀? 【兒15】(누가 주인인가)

你肚子疼呀? 【兒3】(배가 아프지?)

皇天菩薩救命呀! 【兒6】(하느님 살려주세요)

- B류

《啊》그대로인 것이 있다. 그러나 변화할 때는 반드시 《呀》가 되므로, 앞의 표와 일치한다. 《啊》인 채 변하지 않는 것을 예로 들겠다.

你們好樂啊! 【紅81】(정말 즐거워 보이는군요)

我既應了你, 自然給你了結啊 【紅15】

(허락한 다음에는 물론 제대로 해보이겠습니다)

591

這是東府裏的小容大奶奶啊【紅111】

(이분은 동별당 容氏의 부인입니다)

只不過隔形質, 並非隔了神氣啊【紅119】

(다만 형질을 떼어 놓는 것에 불과하지 신기를 막는 것이 아닙니다)

- C류

『홍루몽』에서는 a가《哇》로 변하는 예가 없다.《啊》그대로 쓰거나 아니면《呀》를 쓴다.『아녀영웅전』에서는《哇》를 쓰는 것도 있지만,《啊》《呀》로 쓸 때도 있다. 단,《哇》는 반드시 앞 음절이 [u]로 끝날 때 쓰며, 다른 것에는 쓰지 않는다.

- D류

거의 모두《哪》를 쓴다.《啊》그대로는 쓰는 일이 매우 드물다. 다만《哪》는『아녀영웅전』에서는 이 조건 이외에도 쓰이는데, 그것은《呢》가 변한 것으로 보아야 한다. 그 예로,

我安某若有一句作不到哪, 有如此水!【兒19】

(이 安某가 만약 한 구절이라도 실행하지 않았다면, 이 물같이 될지어다)

這纔是我鄧老九的好朋友哪【兒21】

(이래야만 비로소 鄧老九의 친구라고 할 만하지)

이상을 요약하면,《呀》는 ABCE에 쓰인 앞의 표의 조건에 맞지 않고,《呀》가 모두《啊》에서 나온 것으로 볼 수 없다.《哇》와《哪》는 표의 조건에 맞는다. 단,《哪》는 특별히《呢》에서 나온 것이며,《哇》는 청나라 후기가 되어 처음으로 사용했다.『홍루몽』에서《哇》를 쓰지 않는 것은 단순히 표기법에서《哇》가 없는 것일 뿐이다.《啊》라고 써도 실제로는 [ua]라고 발음되었을 것으로 생각되지는 않는다. 왜냐하면《哇》가 의성

592

어로 쓰이고 있으며, 조사 경우에만 쓰지 않았다는 것은 있을 수 없기 때문이다.

《啊》의 근원은 반드시 단순하지 않은 것 같다. 당나라·송나라쯤에 가정의 조사로서 쓰인 《後》가 송나라 때가 되면 《呵》라고도 쓰게 되었다. 하지만 《呵》는 《後》가 변해서 처음으로 생긴 것이 아니라, 《後》가 《呵》에 동화되어 흡수된 것 같다. 원나라 때가 되면 또 《阿》라고 하는 조사가 보인다. 이 《阿》와 어두자음語頭子音이 약해진 《呵》가 하나가 된 것이 현대어의 《啊》인 것 같다. 《啊》라는 문자는 청나라 때 사용하게 되었다.

우선 《後》의 용례로,

菱花照後容雖改, 蓍草占來命已通【劉禹錫詩】
(거울에 비추어 보면 용모는 바뀌었지만, 蓍草에 점을 치면 운이 열린다고 나왔다)

若能曉了驪珠後, 只這驪珠在我身【祖4】
(만약 驪珠라고 하는 것을 잘 이해한다면, 이 驪珠는 내 몸의 것이 된다)

《後》에 대한 송나라 때 용례는 생략한다.

《呵》가 《後》에서 나왔다는 것은 조금 어폐가 있다. 오히려 《後》가 《呵》로 변했다고 하는 편이 적당하다. 《呵》라는 조사가 원래부터 있고, 여기에 《後》가 동화·흡수된 것으로 보인다. 《呵》가 《後》에서 나왔다면, 《呵》의 용법은 우선 가정으로 나타날 것이고, 그 밖의 용법은 늦게 만들어져야 한다. 하지만 현재까지 채집된 용례로 보아선 반드시 그렇지만은 않은 것 같다. 지금 《呵》에 대한 송나라 때 용법을 보면,

① 명령·금지에 첨가

我且歸家, 你而今休呵。【歐陽修詞】
(제가 잠시 집에 가야 하니까, 당신 지금은 그만두세요)

593

功名事, 到頭須在, 休用忙呵【楊无咎詞】

(이름을 날린 일은 어쨌든 드러내야 한다. 하지만 서두를 필요는 없다)

天寒將息呵【辛棄疾詞】(날씨가 차가우니 몸조심하십시오)

② 의문·추측에 첨가

仗何人細與, 叮嚀問呵? 我如今怎向?【秦觀詞】

(누구에게 부탁해야 상세히 전해줄까? 난 지금 어떻게 하는 것이 좋을까)

那日尊前, 秖今問有誰呵?【方千里詞】

(그 옛날 술통의 앞에는 지금 누가 있을까)

莫是嗔人呵?【周邦彦詞】(다른 사람 일에 화내고 있는 것은 아닐까)

③ 가정에 사용

歸來呵, 休教獨自, 腸斷對團圓。【李之儀詞】

(돌아왔다면, 다만 혼자서 아픈 마음으로 보름달을 대하지 않기를)

위에서처럼 여러 가지 경우에 쓰이지만, 단지 명령·금지·의문·추측 등
에 가볍게 첨가되었을 뿐,《呵》가 있기 때문에 그러한 어기가 생긴 것은
아니다. 그로 판단해 보면《呵》가 지닌 어기는 매우 희박하며, 현대어의
《啊》와 흡사해서 이것을 넓은 의미의 감탄으로 말해도 좋다.

원나라 때가 되면,《阿》라는 조사가 보인다. 이《阿》는 글자 모양만
보더라도《啊》와는 口변이 없는 것만 다를 뿐,《啊》의 근원으로 볼 수도
있다. 하지만, 원곡元曲의 용례 등에서는 대부분 단어에 대해서 부르는
말로만 쓰이기 때문에 현대어의《啊》보다도 용법이 훨씬 더 국한되어
있다. 예로,

天阿! 兀的不害殺我也【瀟湘雨0】

(하늘이시여! 어찌하여 저를 이리 괴롭히십니까)

哥阿!【東堂老3】(형!)

爹爹妳妳阿!【殺狗勸夫1】(아버지, 어머니)

好阿! 我恰好一夜不曾睡【來生債1】(아이고, 나는 밤새도록 자지 못했다)

是阿!【東堂老1】(그렇다)

아마도 이러한 《阿》와 송나라·원나라 이후의 《呵》가 하나로 된 것이 《啊》일 것이다. 《啊》의 용례로,

該隨手拿出兩個來給你這妹妹裁衣裳啊【紅3】

(뭐든 두세 가지 내놓아서 이분에게 옷을 해드리지 않으면 안 됩니다)

因此, 他說沒有, 也是不便誇張的意思啊【紅3】

(그래서 저 사람은 없다고 했는데, 아마 자랑하고 싶지 않아서일 것입니다)

我旣應了你, 自然給你了結啊【紅15】

(내가 알게 된 이상은, 물론 잘해드리지요)

你要死啊?【紅9】(너 죽고 싶어?)

《阿》가 가정을 나타내기도 하지만, 그 힘은 약해졌다고 생각된다.

論那個人兒啊, 本來可眞也說話兒甜甘, 待人兒親香, 怪招人疼兒的。
【兒39】(저 여자아이와 온다면, 본래 정말로 말투가 다정다감해서, 사람들과
도 금방 친해지고 정말 귀엽습니다)

《啊》는 또 열거할 때도 쓰여진다.

只聽說金子是件寶貝, 鍍個冠簪兒啊, 丁香兒啊, 還得好些錢呢。【兒9】

(황금은 보물이기 때문에, 비녀나 귀걸이에 조금 도금하는 것만으로도 많
은 비용이 든다고 듣고 있습니다)

米呀, 茶葉呀, 蠟呀, 以至再帶上點兒香啊, 藥啊, …【兒34】

(쌀이나 찻잎과 초, 그리고 또 조금의 향과 약을 가지고 갑니다만 …)

▌《呀》

《呀》는 원나라 때부터 썼다.

　　着實打呀【灰闌記2】(힘껏 쳐라)

　　怎生這般煩惱呀【虎頭牌3】

　　(어찌하여 그토록 고뇌하는 것입니까)

또, 《嗄》로도 쓴다. 다만 이 글자는 원곡 속에서만 보인다. 아마도 이 것이 더 오래되었을 것이다. 곡 속에서 쓰인 것만 고쳐지지 않고 잔존했을 것이다. 『원곡선元曲選』의 음석音釋에서는 《呀》와 동음으로 한다.

　　我可是問你嗄【鴛鴦被2】(나는 당신에게 묻고 싶다)

원나라 때는 또 《也》라는 갑류의 조사가 있다. 이 《也》는 문언文言도 아니며, 근세에 많이 쓰인 을류의 《也》도 아니다. 예로,

① 부를 때

　　哥哥也【瀟湘雨3】(형님)

　　張千也【陳州糶米3】(張千아)

　　月也【墻頭馬上2】(달이여)

② 강조로 쓰인다.

　　兀的不害殺我也!【瀟湘雨0】(왜 나한테만 이런 일이 생기는 거야)

　　一個好秀才也!【墻頭馬上1】(훌륭한 학생이군)

③ 의문의 어기를 더한다.

　　認他做夫人可不好也?【瀟湘雨4】

　　(그녀를 부인으로 인정하면 안 되었는가)

감탄의 《也》는 청나라 때도 의고적擬古的으로 쓰였다.

嬸娘好癡也!【紅13】(숙모님 정말 이상해졌어요)

원나라 때는 《呀》《嗄》가 동음으로 [ia], 《也》는 [iɛ]라고 한다. 이것들이 후대에 하나가 되어 《呀》가 된 것이 아닐까 상상된다. 하지만 《呀》가 모두 [a]로 변음한 것은 아니다. 또 [iɛ] 계통의 말도 방언으로 남아있는 것 같다. 특히 《哪》라고 쓰이기도 했다.

到底作僥哪?【兒9】(도대체 뭐하는 겁니까)

僥倆到底也得給他老公母倆斟個盅兒哪【兒37】

(우리 둘도 저 부부에게 한잔 따라드리지 않을 수 없습니다)

청나라 때에 있어서 《呀》의 용례이고, 열거를 나타내는 것으로,

大淸早起, 死呀活的, 也不忌諱【紅28】

(이른 아침부터 죽는다느니 산다니 하고, 입 좀 조심해라)

米呀, 茶葉呀, 蠟呀【兒34】(쌀이나 찻잎과 초)

요컨대 몇 가지 《啊(呀)》를 써서 열거를 나타내는 것은 청나라 후기부터이다. 전기에는 《啊(呀)…的》의 형식을 따른 것으로 생각한다. 다음은 열거 이외의 용례를 들겠다.

他這會子就去呀, 還是等明天一早纔去呢?【紅57】

(저 사람은 지금 바로 갑니까? 아니면 내일 아침 일찍 갑니까)

姑娘, 喝水呀?【紅90】(아가씨, 물을 드시겠습니까)

問了你一聲, 也犯不着生氣呀【紅90】

(잠깐 들은 것뿐으로 화내지 않아도 되지 않을까요)

姐姐旣呀會説, 就該早來呀【紅31】

(언니가 말을 잘한다면 빨리 왔어야 했어)

你是我的媽呀【紅87】(당신은 저의 어머니이십니다)

▮ 《哇》

《哇》는 《啊》 앞에 있는 모음이 [u]일 때, 음이 변해 생긴 것이다. 하지만 문헌에서 보면 반드시 모두가 다 그렇게 변하는 것은 아니다. 예를 들면 다음과 같은 예에서는 모두 앞의 말이 [u]로 끝나지만, 역시 《啊》가 쓰이고 있다.

爲什麼昨兒纔挨窩心脚啊?【紅21】(왜 어제 흉노를 쫓아냈어)

好啊, 這麼早就睡了?【紅8】

(어머, 이렇게 빨리 잠들어 버렸네)

你怎麼這麼俗啊?【兒8】(당신은 왜 이렇게 천박하나요)

偺們打仗啊, 上路啊, 商量罷【兒9】

(우리는 싸울 것인지, 출발할 것인지 의논합시다)

哦, 你要溺尿啊?【兒11】(어머, 너 화장실 가고 싶구나)

只是你叫我們作老家兒的心裏怎麼受啊【兒12】

(그렇지만 가까운 이는 전혀 참을 수가 없습니다)

《哇》라고 하는 말은 청나라 후기부터 쓰였다. 하지만 앞에서도 말한 것처럼 [u]에 이어 《啊》가 모두 《哇》가 되는 것이 아니라, 《哇》를 쓸 때는 상스럽거나 허물없는, 또는 놀리는 듯한 말투 등이 된다.

知道哇【兒4】(알고 있어요)

傻狗哇【兒4】(어리석은 개여)

有眼淚也不該向我們女孩兒流哇【兒5】

(눈물을 흘리더라도 여자 앞에서 흘려서는 안 된다)

你不是要撒尿哇?【兒9】(당신, 소변이 아니지)

598

▌《哪》

《啊》의 전음절이 n으로 끝날 경우, na로 바뀐다고 설명된다. 예전에는 《那》로 썼다. 다음의 예는, 감탄을 나타내는 《那》로는 시대가 너무 빠른 것 같지만(오대에는 감탄의 조사 a가 보이지 않는다), 참고로 기술해 두겠다.

　　一人云：近那, 動步便到。【祖5】

　　(한 사람이 말했다. "다 왔다. 조금만 가면 된다")

　　원나라 때는 앞에서 서술한 의문을 강조하는 《那》가 있는데, 그 밖에 《那》는 감탄으로도 썼다.

　　天那天那!【瀟湘雨3】(하늘이여, 하늘이여)

　　你兄弟不是歹人那【爭報恩1】

　　(저는 나쁜 사람이 아니거든요)

　　我道你是好人那【燕靑博魚4】

　　(저는 당신이 좋은 사람이라고 생각하고 있었어요)

　　《哪》는 청나라 때가 되어서 쓰였다.

　　我想偺們家沒這個人哪【紅16】

　　(우리 집에 이런 사람은 없을 줄 알았어요)

　　比不得寶姑娘什麼金哪玉的【紅28】

　　(寶釵씨처럼 금이다, 옥이다 말할 수는 없습니다)

　　雅的很哪【紅37】(정말 풍류입니다)

　　就是纔受祭的陰靈兒也不安哪【紅43】

　　(방금 제사지낸 영혼도 불안할 거예요)

　　청나라 때의 《哪》는 반드시 전음절이 [n]으로 끝날 때 쓰이며, 이것을

599

a의 변음으로 보는 것은 잘못된 것이 아니다. 하지만 원곡 등의 《那》는 용법이 많아서, 전음절이 [n]인 것 뒤에 오는 《那》가 모두 감탄조사 na 라고는 말할 수 없다. 이 점에서 《哪》가 《那》의 후신이라는 것에 의문이 있기 때문이다.

▌《了》《啦》

열거에 쓰이는 조사 《了》는 《啦》으로도 쓴다. 다만 어원적으로는 《了》와 관계가 없으므로 보통 《了》《啦》만을 잘라내어 별개의 것으로 취급한다. 열거의 《了》《啦》는 후술하는 《哩》에서 파생되었다. 이와 같은 《哩》는 명나라 때부터 보이는데, 처음에는 열거의 일반적인 용법인 체사의 열거가 아닌, 술어로 쓰이고 있는 것에 사용되었다.

頭裡那等雷聲大雨點小, 打哩亂哩, 及到其間, 也不怎的【金20】

(처음에는 저렇게 난리를 피우며, 때리고 소란 피우더니, 마침내는 아무것도 없다)

又說他怎的拿刀弄杖, 成日做賊哩, 養漢哩, 生生兒禍弄的, 打發他出去了。【金29】(또 저 사람이 무기를 가지고 돌아다녔다던가, 하루 종일 도둑질을 했다던가, 이간질을 했다고 말을 퍼뜨려서, 억지로 소동을 크게 만들어 저이를 쫓아버렸다)

이처럼 열거하는 《哩》가 우선 술어로 쓰인 것은 《哩》가 원래 서실叙實 기능을 가지고 있기 때문이다. 그리고 서실 기능은 그 句 전체에 대해서가 아니라, 술어에 대해서만 작용하기 때문이다.

又是甚麼算命的星士哩道士哩哄我【醒世姻緣傳3】

(또, 점을 치는 성사나 도사라고 해서 나를 속이고 …)

可說如今的世道, 兒還不認的老子, 兄弟還不認的哥哩! 且講甚麼天理哩, 良心哩!【〃15】

600

(이 시대에는 아이가 부모를 부모로 생각하지 않고, 동생이 형을 형으로 생각하지 않는데, 하물며 천리나 양심이라는 것은 말할 필요도 없습니다)

《哩》가 체사를 열거하게 된 것은, 위의 예문에서 알 수 있듯이 명말청초로 추정된다. 청나라 때는 대부분 《咧》로 썼고, 《了》《啦》등은 쓰지 않았다.

　什麼扎花兒咧, 拉鎖子咧, 我雖弄不好…【紅92】
　(자수나 가장자리 장식은 잘 못합니다만 …)
　方纔我聽你刀山咧, 劍樹咧, 死呀活呀的倒像傻冲打似的【兒7】
　(아까 당신이 칼산이라든가 검의 숲이라든가, 죽었는지 살았는지 하는 무모한 얘기를 하는 것을 들었습니다만 …)

20.2.2 을류乙類

을류의 구말조사에 속하는 것은 《呢》《了(啦)》《來着》로 3가지이다. 이것들의 서실적 용법은 《呢》와 《了》가 현재를 나타내며(이야기를 하고 있는 그때가 아니라, 이야기 중에 설정된 어떤 때를 말한다. 과거·현재·미래를 묻지 않고, 주관적이며 가동적인 현재이다), 《來着》은 같은 형태의 과거이다. 을류의 비서실적 용법은 서실적 용법이 약해져 확실한 현재나 과거를 나타내지 못하고, 다른 어기로 바뀐 것인데, 명확한 차이는 인정하기 어렵다. 여기에서는 판별을 돕기 위하여 병용하는 경우를 보겠다.

▌《了》

　① 姑娘吃了飯了麼?【紅87】(아가씨, 식사는 하셨습니까)
　② 添了香了沒有?【紅87】(향을 첨가했습니까)
　③ 怎麼又動了氣了呢?【紅21】(어째서 또 화가 났습니까)

601

▌《呢》

④ 林姐姐在家裏呢麼?【紅87】(林氏는 있습니까)

⑤ 你沒看見我手裏做着活呢嗎?【兒17】

(제가 손으로 작업하고 있는 것이 보이지 않았습니까)

▌《來着》

⑥ 昨日可裏問我來着麼?【紅65】(어제 집사람이 나에 대해 묻던가)

⑦ 妹妹這兩日彈琴來着沒有?【紅89】(당신은 2, 3일간 거문고 탔습니까)

⑧ 前兒還特特的問他來着呢【紅84】(전날 일부러 그에 대해 물었습니다)

위의 예에서는 앞에 쓰인《呢》《了》《來着》이 다 을류의 서실적 용법이며, 뒤에 쓰인《麼》《沒有》《呢》는 모두 비서실적 용법이다. 단,《麼》《沒有》는 항상 갑류인 것에 반해,《呢》는 ③이 갑류이며, 의문을 강조하는 것, ⑧은 을류의 비서실적 용법이다. 같이 뒤에 쓰인《呢》에도 그 어기가 전혀 다르므로 이와 같이 구별한다. 조사를 하나만 사용하지 않은 경우, 을류가 서실인지 비서실인지는 이상과 같이 간단히 결정할 수 없는 것도 있다.

▌《呢》

서실적 기능으로서는 앞에서 말한 것처럼 현재 동작의 존재·불변화를 나타내는 것으로, 시간부사《還》《正在》등에 해당한다. 그 근원은《里》《裏》등 장소를 나타내는 말로, 드물게 당나라·오대부터 존재했다. 이것이 조사가 된 과정은 잘 알 수 없지만, 결국 어떤 장소에서 동작이나 상태의 존재를 지적하는 것에서 생긴 것이 아닐까 생각한다.

幸有光嚴童子里【維摩變文 P.2292】(다행히 光嚴童子가 여기에 있다)

他兒聟還說道里【P.3128】(저 사위는 아직도 뭔가 말하고 있다)

後明皇帝幸蜀, 至中路曰：崑郎亦一遍到此來裏【劉賓客嘉話錄, 또 廣記 150引】(후에 명나라 황제가 蜀에 갔을 때, 도중에 崑郎도 한 번은 여기에 올 것이라고 말했다)

《里》《裏》는 원래 명사나 조명사이다. 이와 같이 구말에 쓰는 것은 근세의 용법에서 볼 때, 조금 이상하다. 그래서 《里》《裏》를 《在》와 같은 동사에 관련시켜 구말에 두는 《在裏》의 생략으로 보는 것도 생각할 수 있다. 하지만 《在裏》는 시대가 더 내려오면 실증할 수 없다. 오히려 장소를 나타내는 말은 고대부터 구말에 쓰였으며(고대어의 《焉》이 그러하다), 그와 비슷한 용법으로써 뒤늦게 나타난 것이 《里》와 같은 용법이라고 생각하는 것이 좋을 것 같다. 근세에는 《在裏》《在此》《在這裏》 등을 구말에 쓰기도 한다. 이것들은 동작이 일어난 장소를 의미하지 않고, 오히려 동작의 존재를 말하는 것이다. 근세에 이와 같은 《在》를 쓰게 된 연유는 장소를 나타내는 말을 구말에 붙이지 않게 되었기 때문이다. 즉 《里》《裏》는 2가지로 나뉘어, 하나는 구말조사 《哩》가 되고, 또 다른 하나는 반대로 체사가 되어 《在裏》와 같은 표현을 사용해 이러한 계통의 《在此》《在這裏》 등이 생긴 것이 아닐까. 이것들의 용례는 현대어와 직접적인 관계가 없으므로 생략하고, 조사 《哩》로 가겠다.

《哩》가 송나라·원나라 때 쓰였는지는 역시 의문이다. 송나라 때는 《裏》가 쓰인 예가 많지만, 《哩》는 그다지 신용하기 어려운 자료에서 보인다.

如今不比當初, 忙不得哩【拗相公飮恨半山堂】
(지금은 이전처럼은 안 됩니다. 바빠서 어쩔 수 없습니다)

若還眞個有這人時, 可知好哩【一窟鬼癩道人除怪】
(만일 정말 그런 사람이 있다면 그야말로 됐습니다)

也只好奉與衙門中人做使用, 也還不夠哩【十五貫戲言成巧禍】

603

(그것도 어쩔 수 없이 관청 사람들에게 뇌물로 주었지만, 실은 그래도 부족합니다)

上了燈兒, 知是睡哩坐哩?【趙長卿詞】(등이 켜진 뒤, 잤는가, 일어났는가)

같은 화본話本 등이라도 《裏》나 《里》가 사용된 것은 위와 같은 《哩》가 후세에 수정되었음을 암시하고 있다.

未要去, 還有人里【簡帖和尙】(가는 것은 좀 기다려, 아직 사람이 있다)

行至山半路高險之處, 指招亮看一去處; 正看裏, 被康張二聖用手打一推…【史弘肇龍虎君臣會】

(산 중턱 험한 곳에 이르자, 招亮에게 [손가락으로] 가리켜 한 장소를 알렸다. 마침 보고 있으니, 康張의 二聖에게 손으로 밀어서…)

다음의 《哩》는 고친 것이다. 원본이 송나라 때 것이라면 아마 역시 《裏》가 되었을 것이 틀림없다.

正埋冤哩, 只見一個人面東背西而來【史弘肇龍虎君臣會】

(마침 중얼거리고 있을 때, 한 사람이 서쪽에서 왔다)

《哩》는 원곡에서는 매우 많이 쓰였지만, 원간본元刊本에는 《里》가 쓰이고, 《哩》가 원나라 때 그대로인지는 역시 검토가 필요하다. 그러나 표기법은 별도로 하더라도, li라는 조사가 많이 사용된 사실은 의심할 여지가 없다. 원나라 때 용례로,

① 《如今》《現(見)》《正》 등과 호응하는 것.

如今要殺壞了我哩【虎頭牌3】(지금 저를 죽이려고 합니다)

正在那裏吃酒哩【燕靑博魚3】(마침 거기서 술을 마시고 있다)

現染病哩【張天師3】(지금 병에 걸렸다)

604

見在門首哩【鐵拐李1】(지금 문 입구에 있습니다)

②《如今》등은 없지만, 마찬가지로 동작 상태의 현재에 있어서 존재를 말하는 것.

你吃什麼哩?…我吃燒餅哩。【瀟湘雨4】

(당신은 무엇을 드시고 계십니까? … 나는 구운 떡을 먹고 있습니다)

您父親煩惱哩。【老生兒3】(아버지는 화가 나 있다)

爹喚你哩【來生債1】(아버지가 불러요)

俺居士在家念佛哩【來生債1】

(거사는 집에서 염불을 하고 있다)

俺姐姐歇息哩【玉壺春2】(누님은 쉬고 있습니다)

③ 동사가 순간동사일 경우에는, 조동사《着》의 유무 여부에 따라 의미의 차이가 크다(360쪽 참고). 순간동사는《着》을 쓴 예가 많다.《着》을 쓰지 않는다고 해서 안 될 것은 없지만, 그와 같은 표현이 필요한 경우가 적기 때문이다(이에 비해 ②에 예로 든 지속동사의 경우에는,《着》의 유무 여부에 따른 차이가 크지 않다.《着》을 쓰기도 하고 쓰지 않기도 한다). 순간동사에《着》이 붙어 조사《哩》가 쓰인 예로,

他擧着影神樓兒哩。【曲江池2】(그는 초상을 넣은 망루를 내걸었다)

妳妳向着俺哩。【老生兒3】(어머니는 우리들의 편을 들고 있잖아요)

你看, 他穿着甚麼衣服哩?【墻頭馬上4】

(보시오, 어떤 옷을 입고 있는지)

이상 ①~③은 현재의 동작 상태를 나타낸다. 다음의 ④~⑥은 오히려 불변을 나타내는 것에 가깝다. 부사에서는《還》의 어기로 이것을 쓴 것도 있다.

④《還》을 쓴 것.

　還有一個哩【燕靑博魚4】(아직 한 사람 있다)

　他說道：還早哩【陳州糶米3】(그가 말했다. 아직 이릅니다)

　他還不認的我哩【陳州糶米3】(이 사람은 아직 내가 누군지 몰라요)

⑤《還》은 쓰지 않지만 같은 어기를 가진 것.

　天色早哩【玉壺春1】(시간이 아직 이르다)

　孩兒每都小哩【來生債2】(아이들이 아직 다 어리다)

　你如今年紀小哩【救風塵1】(너는 아직 나이가 젊다)

⑥《未》의 의미를 나타내는 부사《不曾》《未曾》《沒有》 등을 쓰는 것
(《還》을 병용하는 경우가 많다).

　沒有吃飯哩【東堂老1】(아직 밥을 먹지 않는다)

　未曾娶妻哩【玉壺春1】(아직 아내를 맞이하지 못했다)

　你要問包待制, 還不曾來哩【陳州糶米2】

　(너는 包待制에 대해 물었지만, 아직 오지 않았다)

　이상 ①~⑥은 현재의 어떤 동작·상태의 존재, 또는 불변화를 명확히 말하는 것으로 이것을 서실적 용법으로 한다. 이와 같은 것은 더욱 막연하게 되어 단지 상대의 주의를 재촉하는 것에 불과한 것이 비서실적 용법이다. 이것을 정경精警(묘하고 기발함)이라고 일컫는다.

⑦ 정경精警

　這沙門島好少路兒哩【瀟湘雨4】(이 沙門島는 매우 먼 여정입니다)

　若打醒了睡, 要打我哩【〃】(만약 잠에서 깨면 나는 맞을 것입니다)

　有我哩【老生兒0】(제가 있습니다[맡았습니다])

606

⑧ 원곡元曲의 용법에서는 아직《哩》를 다른 조사와 병용해서 쓰지 않는다. 예를 들면,

    釘子釘着你哩?【張天師2】(못으로 너를 박아놓았나)

    (=釘子釘着你呢麼?)

    你敢不曾吃飯哩?【東堂老3】(너는 아마 아직 밥을 안 먹었을 거야)

    (=你大概沒吃飯呢罷?)

위와 같은 것은《麼》나《罷》를 쓴 경우의 어기로 해석되지만,《哩》가 그와 같은 어기로 합해진 것은 아니다. 문맥이나 다른 말(제2 예문의《敢》)이 이것을 나타내고 있다.

청나라 때 문헌에도《哩》가 보이지만, 그 수가 적으며 방언적이기 때문에《呢》로 대체되었다. 이것은《哩》의 1이 n으로 바뀌었기 때문일 것이다. 북경음에서《弄》을 nung,《梁》을 niang이라고 한 것도 이러한 예이다.

①《如今》《正》 등과 호응하는 것.

    迎春手裏拿着一本書正看呢【紅77】

    (迎春은 손에 한 권의 책을 들고 읽고 있었습니다)

    如今三姑娘正要拿人作筏子呢【紅60】

    (지금 셋째 아가씨는 누군가에게 본때를 보일려고 하고 있습니다)

② 동작 상태의 현재에 있어서 존재를 말하는 것.

    我喝呢【紅16】(마시고 있습니다)

    看見林家的帶着雪雁在前頭走呢【紅97】

    (林氏의 아내가 雪雁을 데리고 앞에 걸어가고 있는 것을 보았다)

    原來在這裏生氣呢【紅60】(여기서 화내고 있었습니까)

③ 순간동사에 《着》을 사용한 구절에 붙는 것.

我這裏占着手呢【紅60】(저는 지금 손이 묶여 있어요)

鳳姐妝着在牀上歪着呢【紅67】

(鳳姐는 침상에서 자는 척했다)

在外面拿着傘, 點着燈籠呢【紅45】

(밖에서 우산을 들고 제등을 하고 있습니다)

④ 《還》을 쓴 것.

我們還有事呢【紅45】(우리들은 아직 일이 있습니다)

⑤ 《還》을 쓰지 않지만, 같은 어기를 갖는 것.

你九太爺小呢【兒32】(이 九太爺 님은 아직 젊잖아)

⑥ 《未》의 의미를 나타내는 부사를 쓴 것.

因林姑娘多病, 二則都還小, 所以還沒辦呢【紅66】

(林姑娘은 병약하고, 또 둘 다 젊어서 아직 하지 않습니다)

還沒醒呢媽?【紅36】(아직 잠이 깨지 않습니까)

⑦ 정경精警

有我呢【紅60】(제가 맡겠습니다)

你纏糊塗呢【紅31】(너야말로 어떻게 된 거 아니야)

前日好容易得的呢【紅31】(전날 고심해서 손에 넣은 거예요)

⑧ 《呢》만을 사용해서 의문 등의 어기를 조사에 의하지 않고, 문맥에서 표현하는 것도 있다.

那時候事情妥當了, 又無憑據, 你還理我呢?【紅25】

(그때가 되어 일이 잘된다고 하더라도 증거가 없는데, 당신이 여전히 나를
상대하겠습니까)

他專愛自己放大炮張, 還怕這個呢?【紅54】

(저 사람은 스스로 큰 폭죽 터뜨리길 좋아하는데, 이런 걸 겁내겠습니까)

《呢》는 또《哪》로 쓰기도 한다(592쪽 참고).

▮《了》

《了》가 쓰이는 위치에는 4가지가 있다. 지금 잠정적으로 술사를《吃》
로 대표시켜 보면 다음과 같다.

　① 吃了
　② 吃了飯
　③ 吃飯了
　④ 吃了飯了

이상의《了》중에서 ②는 동사에 붙지만, 더구나 구말에 붙지 않기 때
문에 조동사인 것은 말할 필요도 없다. ③④는 동사에 붙지 않고, 구말에
붙기 때문에 위치상으로 말하자면 조사이다. 단, ③④에서는《了》가 2개
쓰여 조동사의《了》는 완료를 나타내고, 조사《了》는 서실의 어기를 가
진다. 그런데 ③의《了》는 서실의 어기만의 것도 있지만, 동시에 완료를
나타내는 것도 있다. 기능 면에서는 조사와 조동사를 겸한 것이 있다. ①
은 동사에 붙어 있기 때문에 조동사로 볼 수 있지만, 구말에 두면 조사로
도 볼 수 있다. 기능이 완료를 나타내는 서실어기의 경우에는 양자를 겸
한 경우가 있다. 이와 같은 이유로 볼 때, 위치와 기능이 일치하는 것이
②와 ④의 경우뿐이다. 이와 같이 혼동하게 되어 있는 것은 조동사《了》
와 조사《了》가 같은 문자로 표현되기 때문이다. 게다가 병용하는 일 없

이 하나의 《了》에 의해 2개의 《了》를 나타내기 때문이다. 따라서 《了》를 위치만으로 조동사인지 조사인지를 구별하는 것이 불가능하므로, 기능에서 판단할 수밖에 없다. 그래서 완료를 나타내는 것은 조동사, 서실 기능을 가지는 것은 조사로 보면, 이상의 4가지는 다음과 같다.

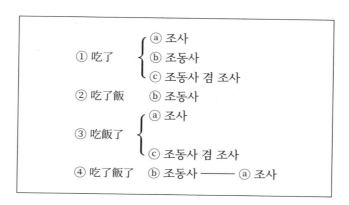

단, ①-ⓑ는 그 뒤에 짧은 쉼표를 쓴다. 그러나 句 가운데에 있으면서 句가 미완결일 경우로 한정하기 때문에, 이것을 빼면 ①과 ③은 거의 같다. 이하, 조동사만 올 수 있는 ②를 빼고 그 용법과 근원을 대강 고찰해 보겠다.

①-ⓐ 동작·상태의 도달, 또는 실현. [서실어기]

我們吃一杯就去了。【紅41】

(우리들은 한 잔 마시면 금방 돌아가겠습니다)

再說我就眞急了。【兒3】

(이 이상 말하면 나는 정말 초조합니다)

那三兒連連的答應說 : 來了! 來了!【兒5】

(이 세 아이는 계속해서 대답했다. "예, 예 지금 갑니다!")

③-ⓐ 동작·상태의 도달, 또는 실현. [서실어기]

　二爺如今念書了, 比不得頭裏【紅82】

　(도련님께서는 지금은 공부를 하게 되셨으니 예전과는 다릅니다)

　那時就見効了。【紅80】

　(그때가 되면 효과를 알 수 있습니다)

　要不聽說, 我就打得你了【紅77】

　(만약에 말을 안 들으면, 너를 때릴 것이다)

　不要時那事兒說合了蓋兒了, 老頭子顧不得這個了罷。【兒6】

　(어쩌면 그 건의 이야기가 성립돼, 노인은 그것에 상관하지 않을 수 없게

　되었을 거야)

①-ⓒ 동작의 완료의 실현. [태態+서실어기]

　素雲那裏去了?【紅40】(素雲은 어디 갔나)

　舅太太來了。【兒3】(아주머니가 오셨어요)

③-ⓒ 동작의 완료의 실현. [태態+서실어기]

　新太爺到任了【紅1】

　(새로운 지사님이 착임되었다)

　這幾樣都各包號上名字了。【紅77】

　(이 여러 종류는 모두 각 포장에 이름을 썼습니다)

　我說給你大嫂子了【紅78】(내가 당신 형수에게 말해두었습니다)

　ⓐ는 전구前句가 가정이며 후구後句가 결과일 때 특히 확실히 드러나지만, 그런 경우에만 한정된 것은 아니다. 요컨대 ⓐ와 ⓒ의 구별은 모두 문맥에 달려 있다. 단, 다음과 같이 보동사나 부사《不》를 쓰는 것은 모두 완료를 나타내지 않는다. 이것을 ⓐ'라고 하자.

611

①-ⓐ′ 부정·보동사를 동반하는 것

你不睡了麼?【紅82】(너 벌써 일어났어?)

你爲什麼又不看了?【紅81】

(당신은 어째서 또 보는 것을 그만두었습니까)

你別動了【紅82】(당신 이제 움직이지 않게 해)

③-ⓐ′ 부정·보동사를 동반하는 것

太太再不說你們了【紅82】

(부인께서 더이상 너희들을 혼내는 일은 없습니다)

明日要講書了。【紅81】(내일부터 드디어 강의다)

你可也該用功了。【紅81】(너도 지금 정말로 공부해야 할 때이다)

你也不用傷心了【紅81】(당신 이젠 걱정하지 마십시요)

薛大哥就不肯疼你了【紅79】(설형이 당신을 예뻐하지 않게 돼요)

이상의 ⓐⓐ′는 이것을 개시開始의 일종으로 넣는 것도 생각할 수 있다. 다만 개시의 방법이 심리적·순간적으로, 《~起來》와는 같지 않고, 태態로서는 특수하다. 《了》의 서실어기가 더욱 약해진 것에는 이미 조금도 시간과 관계가 없어졌으며, 단지 감탄이나 강조를 나타내게 되었다. 다만 이 경우는 동동사구·형용사구가 많다. 이는 원래 동사구처럼 시간과 관계가 깊지 않기 때문이다.

ⓐ″ 감탄·강조

你太固執了【紅78】(너도 꽤 고집쟁이구나)

這話說的太重了【〃】(어머, 그렇게 큰일 난 것처럼 말씀하시면 곤란합니다)

這就是茶了。【紅77】(이것이 차입니다)

眞是物在人亡了【紅78】(정말 물건은 있어도 사람은 없네요)

612

조사《了》는 조동사《了》에서, 따라서 또 동사《了》에서 나온 것이다, 그 과정을 밝히기는 매우 어렵지만, 지금 그 단서가 되는 원나라 때 용법을 보면 현재 사용할 수 있는 자료에서는 혼란이 있는 것 같다. 하지만 대개 ⓐ조사에는《也》나《了》를, ⓒ조동사 겸 조사에는《了也》, 또는《了》를 쓴 것 같다. 그리고 ⓑ조동사가《了》를 쓴 것은 말할 필요도 없다. 단, 이것만으로는 조사와 조동사가 확실히 구별된다고 말할 수 없지만, 조사에는《也》를 쓰고, 조동사에는《了》를 쓰는 경향은 인정된다고 할 수 있다. 다음의 예문에서는 이것들이 명확히 구별되고 있다.

　　天師云：貧道則今日拜辭了相公, 回山中修煉去也。[下]陳太守云：
　　　　　　　　　　　(b)　　　　　　　　　　　　　　　　(a)
　　眞人去了也。【張天師3】
　　　　(c)

(天師가 말하였다. "나는 오늘 주군과 이별하고 산중으로 돌아가 수련을 하려고 합니다." [퇴장] 陳太守가 말하였다. "진인은 가버렸다")

《了》를 ①③의 경우에 쓰는 것은 당나라·오대부터이다. ⓐ서실어기에는 쓰지 않고 완료에 쓰며, ⓑ와 ⓒ는 확실하게 나눠 있지 않다. 특히 ⓒ를 확실히 말할 때에는《了也》를 쓰는 경우도 있다. 예를 들면,

　　早說了也【祖4】(벌써 말해버렸다)
　　問則問了也【祖4】
　　(물을 것은 물었습니다)
　　被百姓喚作賊臣, 已撕擗了也【三63, 山西軍前和議奉使錄】
　　(백성에게 간신이라고 불려 이미 갈기갈기 찢겨졌다)

당나라·오대에서는 서실어기에《也》를 썼는데, 그 용법 일부만 보여서 모두가《也》로 쓰였다고는 말할 수 없다. 즉,

ⓐ 동작·상태의 도달, 또는 실현

新婦向房臥去也【遊仙窟】(나[신부]는 방에 쉬러 갑니다)

低聲向道人知也【馮袞詩】

(작은 소리로 이쪽을 향해서, 사람이 눈치챌 거라고 말했다)

阿與, 我死也【舊唐書安祿山傳】(어, 죽을 거야 [이젠 도움을 받지 못하다])

《也》는 완료에도 많이 쓰이는데, 용례는 생략한다.

《了》를 서실어기에 쓰는 것은 송나라 때부터 보인다. 가정을 바탕으로 해서 결과를 말할 때 많이 쓰이며, 이 점 때문에 서실어기가 미래완료에서 나왔을 것이라고 추측할 수 있다.

ⓐ 동작·상태의 도달, 또는 실현

且如四時到得多月, 萬物都歸窠了, 若不生來年便都息了【朱1】

(예를 들어 사계절이 있다고 해도 겨울이 되면 만물이 모두 집으로 돌아가고, 만약 살아남지 못하면 내년에는 모두 멸절되어 버린다)

雖都是左轉, 只有急有慢, 便覺日月似右轉了【朱2】

(모두 왼쪽으로 도는데, 빠르고 늦고 해서 해와 달이 오른쪽으로 도는 것처럼 느끼는 것이다)

但氣稟偏則理亦缺闕了【朱4】

(하지만, 가지고 태어난 기질이 편협하다면, 理 또한 결여되었다)

仁義禮智, 才去尋討他時便動了, 便不是本來底。【朱6】

(인의예지를 묻고 구해서 처음으로 움직이는 것은 본래의 것이 아니다)

若把湯去灑便死了, 若抱才住便冷了【朱8】

(만약 뜨거운 물을 뿌리면 죽어버리고, 만약 껴안는 것을 잠시라도 그만두면 차가워진다)

614

ⓐ′ 부정을 동반하는 것

若去太虛空裏觀那天, 自是日月滾得不在舊時處了【朱2】

(만일 허공에 올라가 하늘을 보았다면, 물론 해와 달이 돌아 원래 있던 곳
에는 없는 것이다)

想得高山更上去, 立人不住了。【朱2】

(생각건대, 고산을 더 높이 올라가면, 사람이 서 있는 것도 불가능해진다)

若識得些路頭, 須是莫斷了。【朱8】

(만약 이 실마리를 알았다면 반드시 중단하지 않아야 한다)

ⓐ″ 감탄·강조

哦, 遠望城南一片綠陰, 就是那株樹了【城南柳0】

(아 멀리서 보면 성 남쪽에 녹음이 있는데, 저거야말로 그 나무다)

你纔打杭州來家, 多少時兒, 又敎你往東京去, 忒辛苦了【金26】

(너는 杭州에서 돌아오자마자 또 東京으로 보내야 하는데 너무 힘들겠다)

　이상을 간추려서 말하면《了》가 조사로서 서실어기 ⓐⓐ′를 나타내게
된 것은 송나라 때부터이다. 'ⓐ″ 감탄·강조'를 나타내는 것은 원나라·
명나라 때 무렵으로 생각한다. 단, 이들《了》는 송나라·원나라 때《也》
로 쓰인 적도 많다. 이 가운데 ⓐ′의《不》를 술사 앞에 쓴 것은 송나라·
원나라 때라도《也》를 거의 쓰지 않고《了》를 썼다.

　④처럼 조동사《了》와 조사《了》를 병용하는 것은 명나라 때 생겼다.
송나라·원나라 때는 병용하지 않고, 어느 쪽이든 한쪽에《了》를 썼다.
즉, 조동사에《過》《却》등 완료를 나타내는 것을 쓸 때 조사《了》를 쓰
는 것은 가능하지만, 조동사가《了》라면 조사는《也》를 쓴다. 이《也》
는 당나라·오대에 서실어기 ⓐ를 나타내는 것으로 이미 앞에서 예를 든
것과 같은 것으로 생각되며, 고대어의 조사《也》가 아니다. 이《也》는

아마 고대어의 《矣》, 혹은 중세의 약간 구어적인 문장에서 많이 보이는 《已》(구말에 쓰인다)가 변화한 것이다. 즉 [i]에 [a]라는 매우 막연한 어기를 가진 조사가 붙어 [ia]가 된 것이 구어에 쓰였고, 이것을 나타내기 위하여 《也》라는 글자가 사용되게 된 것은 아닐까 한다. 이러한 《也》는 수나라 이전에는 거의 없고, 당나라부터 송나라·원나라 때에 주로 쓰였다. 전술한 서실어기 외에도 완료가 있는데, 대략적으로 말하면 《了》에 상당한다. 지금 다시 약간의 예를 보충해 둔다.

《了》의 ⓒ에 상당하는 용법으로,

石賢者來也, 一別二十餘年。【幽明錄】

(石님, 오셨군요. 헤어진 뒤로 20여 년이 되었습니다)

門已開也【佛本行集經17】(문은 이미 열렸다)

事事無成身老也【白居易詩】

(아무 것도 이룬 것 없이, 몸은 늙었다)

碑動也【妖亂志, 廣記290】(석비가 움직였다)

ⓐ 서실어기에 쓰인 것으로,

你在京中娶了一個小老婆, 我在家中也嫁了一個小老公, 早晚同赴京師也。【十五貫戲言成巧禍】

(당신은 서울에서 첩을 얻었다고 하던데, 나도 집에서 사내를 얻었으니 곧 함께 서울로 가겠습니다)

這些時周舍敢待來也【救風塵4】(이제 슬슬 周씨가 오겠지요)

대체로 옛날에는 완료를 나타내는 경우가 많았으나, 시대가 내려오면서 어기를 나타내는 것이 늘고 있다.

그리고 ④처럼 조동사와 조사를 병용하는 것에는 ㉠ 그 어느 것에도 《了》를 쓰지 않는 것이 가장 오래되었고, ㉡ 句 끝에 《了》를 쓰는 것이

다음이며, ⓒ 동사 바로 뒤에 《了》를 쓴 것이 그 뒤이고, ② 《了》를 어느 쪽이건 쓰는 것이 가장 늦게 생겨났다. 예로,

㉠ 《了》를 쓰지 않는 것.

上曰：汝殊未, 我打却下三豎櫃也 【大唐傳載】

(황제가 말하였다. "너는 전혀 하지 않았구나. 나는 궤짝 세 개를 치고 말 았다")

㉡ 구말에 《了》를 쓰는 것.

雪峰便放却埦水了云 【祖8】(雪峰은 그러자 사발의 물을 비우고 말했다)

有纔出門便錯了路底；有行過三兩條路了方差底；… 【朱8】

(문을 나서자마자 길을 틀린 이도 있고, 한참을 가서야 비로소 길을 틀린 이도 있고 …)

… 便使能竭力去做, 又得到狀元時, 亦自輪却這邊工夫了 【朱13】

(… 설령 힘을 다해서 장원을 얻었다 해도 이쪽 수업은 소홀하게 되어 버 린다)

㉢ 동사 바로 뒤에 《了》를 쓴 것.

致他死後, 便是恁懣不肯推戴, 故殺了他也 【三朝北盟會編83引遺史】

(만약 그를 죽게 했다면, 그건 너희들이 그를 추대하고 싶지 않아서 일부 러 죽인 것이 틀림없다)

母親許了親事也 【救風塵1】(어머니는 혼담을 승낙하셨다)

周舍咬了我的休書也 【〃4】(周舍는 나의 이혼장을 물어뜯었다)

※ 단, 옛날에는 '동사＋빈어＋了也'로 하는 것이 많으며, '동사+了＋ 빈어＋也'는 뒤늦게 성립된 것이다.

㉣《了》를 어느 쪽이건 쓰는 것.

你又吃了早酒了【金19】(너 또 해장술 했구나)

親事另改了日期了【金18】(혼례는 다른 날로 바꿨다)

你吃了飯了?【金29】(식사는 하셨습니까)

《了》는 이상과 같은 과정을 거쳐 드디어 완전한 조사가 되었다. ㉠《却…也》가 ㉡《却…了》가 된 것은 《却》이나 《過》가 처음에는 태를 나타낸 것이 아니었다. 동작의 추향趨向을 나타낸 것이었기 때문에, 여기에 완료를 나타내는 《了》를 쓰게 되었다. 때문에 《却》이나 《過》가 태를 나타내게 되었어도 습관적으로 《了》를 붙여 쓰게 된 것일 것이다. 즉 처음에는 완료태를 나타내는 것이 2개 쓰인 까닭이다. ㉢《了…也》는 본질적으로는 ㉠와 같지만, 《了》가 조동사가 되면서 생긴 것이다. ㉣《了…了》는 현대어의 말투인데, 이것은 《也》라는 을류乙類조사가 쓰이지 않게 되어 대신에 《了》를 쓰게 된 것이다.

▎《啦》《咯》

《了》le에 a가 더해져 생긴 것이 《啦》la이며 o가 더해져 생긴 것이 《咯》lo라고 하지만, 이것만으로는 설명이 불충분해서 의문이 생긴다.

《了》는 예로부터 당연히 [liau]라고 읽었다. 이 음이 변화해서 생긴 것이 《咧》lie이 아닌가 상상한다. 《咧》은 청나라 때부터 보이는데, 『홍루몽』에는 그 용례가 적고 심지어 방언적이다. 《咧》의 열거에 쓰인 것은 《哩》에서 나온 것이 분명하다. 《罷咧》은 『홍루몽』에도 많은데, 이 《咧》이 《了》에서 나온 것인지 《哩》에서 나온 것인지는 더욱 검토가 필요하다. 그 밖에 《咧》도 《哩》에서 나온 것으로 보이는 것과 《了》에서 나온 것으로 보이는 것이 있다. 예를 들면,

那裏還有吃飯的工夫咧【紅6】(어떻게 밥 먹을 여유가 있습니까)

618

그렇다면《咧》는《哩》즉《呢》에 상당하고,

　那泥胎兒可就成了精咧【紅39】(그 진흙상은 그러자 정령이 되었습니다)

그러면《咧》는《了》에 상당한다. 그러나 청나라 전기에는 또한《了》에서 나왔다고 보이는《咧》이 많지 않다. 그런데 청나라 후기가 되면《了》에 해당하는《咧》이외에,《咯》《囉》《勒》《喇》《啦》등 문헌에 따라 여러 가지로 쓰이게 되었다. 다만 어느 것이든 구말에 쓰이는 것(조사, 혹은 조동사 겸 조사)에 한정되어 조동사에는 이런 자를 사용하지 않는다.

　我們也該去拜拜年咯【正音撮要】

　(저도 새해 인사에 가지 않으면 안 됩니다)

　好說囉【正音咀華】(천만에요)

　但只來勒, 只管騷擾阿哥, 我心裡不安【清文指要】

　(그러나 와서 방해만 해서 저로서도 마음이 괴롭습니다)

　[※ 토머스 웨이드 T. Wade 의『어언자이집語言自邇集』에서는 이 부분을 다음과 같이 고치고 있다. 但只往這兒來了, 無緣無故的, 就這麼樣騷擾啊, 我心裡不安哪。]

　請坐喇【正音咀華】(자, 앉으세요)

　走着逛拉!【兒38】(걸으면서 구경합시다)

　你道如何啦阿?【兒10】(어떻다는 겁니까)

그러면 청나라 후기가 되면 조사, 혹은 조동사 겸 조사《了》가 모두 le, la, lo로 발음되었다는 것이 또한 그렇지 않고, [liau]라고 발음된 것도 적지 않았다고 생각된다. 왜냐하면《了》라는 글자가 여전히 사용한 적이 많기 때문이다. 다음과 같은 예에서도 알 수 있다.

　這就叫作「吉凶悔吝生乎動」了哇。【兒12】

(이것이야말로 吉凶悔吝은 動에서 생긴다고 말한다)

이 《了》가 [liau]로 발음되었기 때문에, 이 뒤에《哇》가 올 수 있다. 이
것을 다음 예문과 비교해 보아도, 조사《了》가 다른《了》와 구별되지 않
은 채 쓰이고 있었던 것을 알 수 있다.

往後要把這件事全靠了我, 我可了不了哇【兒28】

(지금부터 앞의 이 일을 모두에게 맡긴다고 해도 나는 할 수 있어도 하지
않겠다)

구말의《了》가 예외 없이 [liau]로 불리지 않게 된 시기는 『아녀영웅
전』등의 시대보다는 조금 더 내려가는 것 같다. 19세기 후반이 되면, 조
동사의《了》까지도 le라고 불리게 된 것은 1880년경부터일 것이라고 생
각한다.《咯》은《囉》라고 쓰지만,《囉》는 청나라 후기에 처음으로 보이
는 것이 아니라 송나라·원나라 무렵에 조사로서 쓰이고 있었다. 다만 운
문에서만 보이기 때문에 매우 일찍부터 구어에서는 사용하지 않게 되었
을 지도 모른다. 만약 그렇다면, 청나라 후기가 되어 쓰인《囉》와는 관계
가 없는 것으로 생각할 수도 있지만, 용례가 많지 않기 때문에 확실한 것
은 알 수 없다(또,《囉》에 해당되는 조사는 옛날부터 당나라 때도 있었고,《羅》
라고 썼다).

▎《來着》

《來着》은 북방어로 과거나 추억을 나타낸다. 현재 통용되는 범위는
그다지 넓지 않다. 공통어로는 단지《來》라고 한다.《來》는 당나라·오대
부터 있었으며,《來着》도 아마《來》에서 나왔고 청나라 때 처음으로 보
인다.

你在那裏來着?【紅46】(당신 어디 갔었어요)

620

我到你家, 你怎麼服侍我來着呢?【兒25】

(제가 잠깐 들렀을 때, 당신은 얼마나 잘 보살펴 주셨습니까)

我原留着來着, 那會子李奶奶來了, 喝了去了【紅8】

(제가 가만 두었는데, 아까 李奶奶가 와서 마시고 가버렸습니다)

你這妹妹原有玉來着【紅3】(아가씨는 옛날에 옥을 가지고 있었습니다)

昨日他也在這裏來着。【兒29】(어제도 그 사람은 여기 있었습니다)

難道他從那時候起就算計我來着不成?【兒25】

(어떻게 저 사람들이 그때부터 이미 나를 속이고 있었던 것일까)

我往大奶奶那裏去來着【紅52】(저는 마님 계신 곳에 가 있었습니다)

이상의 7가지 예문은 모두 과거를 나타내지만, 추억의 어기도 있다. 그 가운데 예문 제3, 제4, 제5는 지금은 그렇지 않다는 것을 말하려는 것이다. 예문 제6, 제7은 지속까지도 나타내며, 특히《去》와 같은 동사로 그 완료 후의 상태까지도 나타내는 것은 흥미롭다. 단, 예문 제3처럼 순간동사에서는《着》을 쓰지 않으면 지속을 나타낼 수 없다. 또,《來着》을 동반하는 句를 의문으로 할 때는《麼》이외에《沒有》를 쓴다(前出). 조사《來》는 말할 것도 없이 동사 '오다'에서 나왔다. 원래 어떤 일을 하고 그 후에 현재의 장소에 왔다는 의미이다. 왔다는 그 자체는 추가되었고, 과거에 어떤 일을 했다는 것에 중점이 놓이게 되었다.

今日齋時何處食來?【旌異記, 廣記99】(오늘 재 때에 어디서 먹고 왔어?)

阿父何處飮來?【談藪, 廣記173】

(아빠 어디서 마시고 왔어?[마시고 있었어])

이와 같은 용법에서는《來》가 본래의 의미대로 사용되고 있다고도 이해되므로, 연술구로도 볼 수 있다. 하지만 다음에 드는 예에서는《來》는 이미 온다는 의미가 사라지고, 조사가 되었다고 보아야 할 것이다.

木蘭曾作女郎來【白居易詩】(木蘭은 원래 소녀였다)

幾度撩人惡髮來【羅隱詩】(몇 번이나 사람의 곱슬머리를 쓰다듬었던가)

《來》는 송나라·원나라·명나라 때를 통해서 쓰였다. 《沒有》에 의해 의문구를 만들고, 순간동사로는 지속을 나타내는데《着》을 필요로 한 점 등도《來着》과 같다.

你沒廉恥貨, 進他屋裡去來沒有?【金35】

(저 부끄러운 줄 모르는 자는 저 여자 방에 들어갔었나)

在院子裡坐着來【金41】(중정에 앉아 있었습니다)

20.3 준구말조사準句末助詞

준구말조사는 다음의 3가지로 나뉜다.

① 강조(《才》가 붙는 것)

　才好　　　才是

② 제한(《就》가 붙는 것)

　就是(了)　　就完了　　　就有了　　　就結了

③ 의문

　沒有　　　不是

이 가운데 ①강조 ②제한에 속하는 것은 원래 전체 句가 술어였던 것이 퇴화해, 단순히 강조나 제한의 어기를 가지는 것에 그쳤다. 그러나 진술의 역할이 완전히 소실되었다고 보기 어려운 것도 있어, 조사에 준하여 취급한다. 강조를 나타내는 것은 원나라 때부터이며, 제한을 나타내

622

는 것은 조금 늦게 성립되었다. 이하 간단히 용례를 들겠다.

只是仍舊與我覓錢纏好。【曲江池4】

(무슨 일이 있든 지금처럼 나를 위해 벌어다 줘)

姐姐也還要選箇好日期纏是【留鞋記1】

(아가씨 역시나 길일을 정하지 않으면 안됩니다)

只消差人賺將韓信到來, 哈喇了就是【賺蒯通1】

(사람을 보내서 韓信을 속여 데려와 죽여버리면 된다)

你有書信, 交與我就是了【金8】(편지가 있으면 제게 건네주세요)

何不遠遠的打發他到莊子上去就完了【紅7】

(왜 그를 먼 莊園에 보내 버리지 않는 것입니까)

不如平準一千兩銀子送到我家就完了【紅13】

(은 천 냥을 맞춰서 우리 집에 보내주면 된다)

安心叫我們醉了, 我們都多吃兩杯就有了【紅40】

(일부러 우리들을 취하게 하려고 한다면 우리들은 더 받아 마실 것입니다)

姑娘自來也不曾見過進廟安佛是怎樣一個規矩, 只說是找個廟, 我看守着父母的墳住着, 我幹我的去就結了【兒34】

(아가씨는 지금까지 사당에 들어가 부처님을 어떻게 모시는지 본 적이 없었다. 어쨌든 사당을 찾아서 부모의 묘를 지키고 자기 스스로 하면 된다고 생각했다)

③의문을 나타내는 것은 현대어에서 《沒有》《不是》《不》 정도밖에 없다. 모두 부정 개념을 포함하고, 이것을 구말에 두어 시비是非의문구를 만든다.

他去了沒有?(그는 갔습니까)

他去了不是?(그는 가지 않았습니까? 갔지요)

你走不?(너는 돌아가겠느냐)

▋《沒有》

동사를 부정하는 부사 《沒有》에 대해서는 부정부사(18.6)에서 설명했다. 《沒有》가 준구말조사로서 사용되기까지는 《不曾》을 사용했다. 예로,

那寄書的人去了不曾?【救風塵2】

(그 편지를 가져다준 사람은 벌써 돌아갔습니까)

《沒有》 역시 완료나 과거의 경우에 사용된다. 《沒有》는 명나라 때부터 사용했다.

你灌了他些姜湯兒沒有?【金19】(당신은 생강차를 입에서 흘렸습니까)

你爹來了沒有?【金38】(아버지는 오셨습니까)

吃了些什麼兒沒有?【金75】(뭐라도 조금 드셨습니까)

▋《不是》

의문의 어기는 매우 약하고 오히려 추측이나 상대의 동의를 구하는 어기이다. 원래 《不是》를 구말에 두어서 의문구를 만드는 경우는 술어가 《是》일 때이다. 예를 들면,

你瞧瞧, 是這個不是?【紅31】 (보십시오, 이것이지요)

이와 같이 《不是》는 굳이 조사로 하기에는 맞지 않는다. 다음의 예에서는,

晴雯姐姐在這裏呢不是?【紅77】(晴雯언니는 여기 있는 게 아닙니까)

여기에서는 《不是》가 구말에 덧붙인 것 같은 느낌도 있다. 이것은 조금 특수한 것으로 《不是》가 조사화한 예로도 볼 수 있다. 더욱이 다음과 같은 예에서는 완전히 조사와 동일하다.

在那屋裏不是?【紅7】(저 방에 계시는 거죠)

他在裏間不是?【紅8】(그 아이는 안방에 있겠지요)

▌《不》

《不》가 의문구를 만들 때 사용되었다는 것은 고대어에 있다는 것은 이미 설명했다. 현대어에도 사용되고 있지만, 중세근세의 문헌에는 거의 보이지 않는 것 같다.

※ 하단 일람표 일러두기

1. 일람표에 문자가 나오는 것은 본서 안에서 그 시대의 용례를 들었다. 다만 현대에 한해서 생략된 용례도 있다.

2. 문자가 나오지 않는 것은 앞 시대의 용법을 답습하기 위해 용례를 생략한 것이다. 다만 현대에 그 문자가 없으면, 그 시대가 지난 후에는 쓰이지 않게 되었음을 의미한다.

구말조사 래원來源 일람표

당·오대	송	원	명	청	현대	서실어기	비서실어기
無, 磨, 摩	麼	麼		嗎 麼 麼	}嗎 嘛		시비의문 불평불만 가정
那, 聻 聻, 尼	呢?	那, 呢 呢 呢		(哪) 呢(哪)	}呢(哪)		의문 강조(의혹·반힐) 승전의문 가정
着			着	着	着		명령
	罷?	波		啵 罷 罷 罷, 啵	}吧, 啵		결정(명령·재량) 결정(명령·재량) 추측 가정 구문究問

		罷了	罷了	罷了, 罷咧	罷了 罷了, 罷咧		(준) 인수, 진층 제한(경시, 겸손)
後	呵 呵	阿	啊	啊	啊		가정 감탄, 강조 부르는 말 열거
		也 也 呀, 暇	哪 也 呀 呀	呀	呀		의문 감탄, 강조, 호출 감탄, 강조 열거
			哇	哇			감탄, 강조, 호출
那		那	哪	哪			(열거)
			哩	咧	了, 啦		열거
里, 裏	哩?	哩	呢	呢		존재(불변화)	정경精警
也		也				已然(변화)	
[了]	了	了	了 了	了 了 咧,咯,囉 喇, 啦	了, 啦	已然(변화) 已然(변화)	감탄, 강조 감탄, 강조
來			來	來着	來着	曾然(과거)	회억回憶

21

보어補語

21.1 형용보어形容補語

我沒有書念。(나는 읽을 책이 없다)
你有家回去。(너에게는 돌아갈 집이 있다)

위의 예문에 보이는《念》《去》와 같은 것을 형용보어라고 한다. 형용보어는 동사이면서 술어가 아니라는 점에서 연술구連述句와는 다르다. 또 빈어《書》《家》가 다음에 오는 동사의 의미상의 주어를 겸하지 않는 점에서 겸어구兼語句와도 다르다. 이러한 것을 문어에서는,

吾無書可讀。
汝有家可歸。

라고 말한다. 단, 이런 경우에《有》를 술어로 하는 句의《可歸》는 반드시 그 앞에 있는《家》를 수식한다고 말할 수 없고, 이것 역시 술어처럼 쓰이고 있는 것처럼 느껴진다. 게다가 현대어에는 없는《可》를 필요로 한다. 따라서 이것은 적어도 현대어에서 말하는 형용보어와는 다르다.

형용보어를 쓰는 句에서는《有》《沒有》를 술어로 한다. 이것은 아마《有》《無》를 가진 겸어구에서 나왔을 것이다.《有》《無》를 사용한 겸어구는 고대어에도 적다.

…而未嘗有顯者來【孟, 離婁下】(… 그러나 일찍이 명사가 방문한 적이 없다)

有朋自遠方來【論, 學而】(친구가 멀리서 왔다)
無一人還【史, 項羽本紀】(한 사람도 돌아오는 이가 없었다)

이와 같은 겸어구에서는 겸어 뒤에 있는 동사(여기서는 《來》《還》)가 겸어 《顯者》《朋》《一人》을 의미상의 주어가 되기 때문에, 전체 句의 주어 (여기서는 나오지 않는다)와는 관계가 없다. 그런데 잘못하여 이것을 전체 句의 주어와 관련시켰고, 반대로 겸어와는 주술관계가 없이 쓰이게 되었다. 이렇게 되면, 이미 겸어구가 아닌, 뒤에 오는 동사는 보어가 되기 때문이다.

뒤의 동사에 부정의 부사가 붙을 수도 있는데, 이럴 경우는 조금 다르다. 그것은 앞의 동사가 《無》라면 이중부정이 되어 《可》는 쓸 수 없게 된다. 그리고 빈어 뒤에 오는 동사에는 2가지 쓰임이 가능하다. 예를 들면,

故苟得其養, 無物不長。【孟, 告子上】

(게다가, 기르는 방법만 적당하다면 성장하지 않는 것은 없다)

이 예문에서 《物》은 《不長》의 주어가 되므로 겸어이다. 하지만, 다음과 같은 예에서는,

無尺寸之膚不愛焉, 則無尺寸之膚不養也。【孟, 告子上】

(사소한 피부도 아끼지 않는 것이 없기 때문에 사소한 피부도 기르지 않는 것이 없다)

이 예문에서 《尺寸之膚》는 《愛》《養》의 주어가 아니라, 의미상으로는 《愛》《養》의 대상이다. 따라서 《愛》《養》은 그 보어이다. 이처럼 고대어에는 이중부정의 경우에 한해서 형용보어가 존재했다. 그러나 시대가 내려오면서 앞의 동사에 대해서만 부정의 의미를 갖는 《無》《沒》을 쓰

628

고, 뒤의 동사는 부정하지 않게 되었다. 즉, 당나라 때의 예로는 다음과 같은 것이 있다.

    無路請纓【王勃, 滕王閣序】(갓 끈을 청할 길이 없어 …)

    鬢髮沒情梳【袁暉詩】(머리를 빗고 싶지 않다)

    唯怕村中沒酒沽【羅鄴詩】(마을에 살 술이 없다는 것만이 걱정이다)

    火風沒處藏【維摩變文 S.3872】(불과 바람에도 숨을 곳이 없다)

    憂念沒心求駙馬【醜女緣起】

    (걱정해서 부마를 구할 마음도 안 난다)

    種子犁牛, 無處取之【舜子至孝變文 P.2721】

    (종자나 논밭 갈 소를 가져올 곳이 없다)

《有》를 술어로 하는 구에 형용보어를 쓰면, 연술구連述句와 구별이 안 될 수도 있다. 다음의 예문은 대개 형용보어로 보아도 좋을 것이다.

    貧道有願歸山。【廬山遠公話, S.2073】

    (졸승에게는 귀산하고 싶은 바람이 있습니다)

    還有臥單蓋得也無?【祖8】(덮을 이불은 있는가)

    老僧有事問諸人【祖9】(노승은 모두에게 묻고 싶은 것이 있다)

    大王若無意發遣, 妾也不敢再言。有心令遣仕人, 聽妾今朝一計。【醜女緣起】
    (대왕이 만약 [저 처녀를] 아내로 삼으려는 생각이 없으시다면, 제가 뭐라고 드릴 말씀은 없습니다. 만약 남편으로 받들게 하고 싶으시다면, 오늘 저의 계획을 들으십시오)

이상을 요약하면, 형용보어 성립의 과정은,

    ① 他沒有書不看。(그가 읽지 않은 책은 없다)

    ② 他沒有書看。(그는 읽을 책이 없다)

    ③ 他有書看。(그는 읽을 책이 있다)

의 순서로 이루어진 것 같다. ①에 해당되는 말투는 고대어에 있으며, ②③은 뒤늦게 당나라 때 생긴 것으로 보인다.

21.2 기간보어期間補語

기간보어에 대해서는 동량사(14.2) 부분에서 간략하게 설명했다. 그 요점은 기간보어가 현대어에 있는 독특한 것이 아니라, 고대어에도 있다. 고대어에서는 긍정의 경우, 동작의 기간을 나타내는 말의 위치는 동사 앞이나 뒤 어느 쪽에도 놓을 수 있지만, 부정의 경우에는 동사 앞에 놓였다. 현대어에서는 긍정의 경우, 기간을 나타내는 말을 동사 앞에 놓지 않게 되었으며, 긍정·부정에서 기간을 나타내는 말의 위치가 달라져서 알기 쉽게 되었다. 예를 들면,

假若相公一年不來, 我等一年 ; 十年不來, 我等十年。【鴛鴦被1】
(만약 주군께서 1년 동안 돌아오지 않는다면 나는 1년을 기다릴 것이요, 10년 동안 돌아오지 않는다면 나는 10년을 기다릴 것이다)

그리고 고대어에서는 빈어가 있으면, 동사 바로 뒤에 두고, 기간을 나타내는 말은 더 그 뒤에 온다. 예를 들면,

教民七年。【論, 子路】(백성을 7년간 가르쳤다)

하지만 현대어에서는 보어를 동사와 빈어의 중간에 둔다.

我打了一日雙陸【寃家債主1】(나는 하루 쌍육[주사위놀이]을 했다)

我呌了這一日街【合汗衫3】(나는 오늘 내내 구걸하면서 걸었다)

當了三年王母【酷寒亭0】(3년간 왕의 어머니였다)

그런데 이와 같은 보어에 《的》을 쓰기도 한다. 이때에는 형식적으로 는 수식어가 되지만, 의미상으로는 역시 보어이다.

整整吃了一日的酒【誶范叔2】(하루종일 술을 마셨다)

我爲他擔了一輩子的驚【紅120】

(나는 저것 때문에 평생 조마조마 했습니다)

小人告了一年的狀,【紅4】(저는 1년 동안 소송을 했습니다)

기간보어에 대한 고금의 차이는 대개 이상과 같다.

21.3 횟수보어回數補語

고대어에서는 동작의 횟수를 나타낼 때는 동량사 등을 쓰지 않고, 수 사를 바로 동사 앞에 두었다. 이후 기간을 나타내는 방법을 통해 유추하 자면, 동량사가 생긴 것은 앞에서 이미 서술했다. 그런 까닭에 고대어에 는 횟수보어가 없다. 횟수보어는 중세부터 생겼는데, 앞에서 서술한,

繞樹三匝【魏武帝, 短歌行】

와 같은 경우, '나무를 세 번 돌았다'라고 생각할 수 있다. 이것은《匝》 의 동사성이 더욱 강하기 때문이며, 이《三匝》은 보어라고 말할 수 없을 지도 모른다. 술어처럼 쓰였다고 볼 수도 있다. 하지만,

試作兩三回【江陵樂】(시험 삼아 두세 번 해보다)

와 같은 예에서는 현대어의 횟수보어와 똑같다. 횟수보어의 뒤에 빈 어가 오기도 한다. 이런 경우에는《的》을 쓰지 않는다.

631

21.4 양태보어樣態補語

동사 뒤에《個》를 동반하는 것으로 다음의 4가지가 있다.

ⓐ [형용사] 說個明白
ⓑ [부정부사+동사] 罵個不休
ⓒ [성어成語 등] 殺個雞犬不留
ⓓ [《得個》를 쓴다. 성어 등] 打得個落花流水

ⓐ, ⓑ, ⓒ식 모두 원나라 때 생긴 것 같다. ⓐ식이 가장 오래되었을 것이다. ⓐ식은 또 옛날에는《一個》를 쓴 적도 있다.《個》나《一個》를 형용사, 혹은 형용사적인 것 앞에 써 명사화해서, 빈어처럼 쓴 것도 있었을 것이다. 다음 예는 원래 보어가 일종의 특수한 빈어로 쓰였음을 암시한다.

我只要辨箇虛實, 覷箇眞假, 審箇明白【抱粧盒2】
(나는 다만 허실을 판별하여 참인지 거짓인지를 보고, 명백히 밝히고자 한다)
[※이《虛實》《眞假》는 빈어,《明白》은 보어]
正進門, 兩個撞了個滿懷【金3】
(마침 문에 들어가려 할 때, 두 사람은 정면으로 부딪쳤다)

이《滿懷》는 빈어로도 볼 수 있지만, 단순히 체사로 볼 수도 없다.

提起這城子來, 摔一個粉碎【單鞭奪槊0】
(이 성을 들어 올려서 산산조각 쳐부숴 버리다)
問他個詳細【陳州糶米3】(자세히 묻는다)
吃個爛醉也呵【李逵負荊1】(곤드레만드레 될 때까지 마시자)
我這一到家, 都打個臭死【金12】
(내가 집에 돌아가면 모두 호되게 두들겨 패줄 것이다)

632

ⓑ식의 예,

口裏嘮嘮叨叨的說個不了【謝金吾1】

(입으로 장황하게 언제까지고 그치지 않는다)

說個不休【珍珠衫, 古今小說】(언제까지고 계속 말한다)

不料迎春在窗外聽看了個不亦樂乎【金13】

(그러나 迎春은 창밖에서 마음껏 보고 듣고 있었다)

ⓑ식 역시《一個》를 사용하기도 한다.

哭一個不住【珍珠衫, 古今小說】(우는 걸 그치지 않는다)

哭了一個不耐煩【楊八老, 古今小說】(기진맥진할 정도로 울어댄다)

ⓒ식의 예,

出門來推了箇脚梢天【鐵拐李4】

(문에서 나와서, 공중제비해서 넘어질 때까지 밀었다)

睡個日高三丈【珍珠衫, 古今小說】(해가 높이 뜰 때까지 잔다)

ⓓ식의 예,

ⓓ식도 ⓒ식과 마찬가지로 진술연어, 대체로 성어적인 것을 쓴다.

那婆子被蔣家打得箇片瓦不留【珍珠衫】

(그 할머니는 蔣家네 식구 때문에 호되게 맞았다)

ⓓ은 양태보어(《個》를 사용하는 것)과 결과보어(《得》을 쓰는 것)이 합해진 것이다. 다음의 예는 일찍 없어진 것이다. 아마 지배연어로서 양태보어 ⓓ식은 아닐 것이다.

程子謂不易之謂庸, 說得箇好。【性理字義下】

(程子는 바뀌지 않은 것을 庸이라고 말했는데, 이것은 교묘하게 말한 것이다)

21.5 결과보어結果補語

결과보어에는 3가지 특징이 있다. ① 긍정·부정 모두《得》을 쓴다. ②《得》 뒤에는 쉼표가 있어도 좋다. ③ 가능·불가능을 나타내지 않는다. 이상의 점으로, 가능조동사와 정도보어와는 구별된다. 결과보어의《得》은 원래는《到》였는데, 이것이 경성화되면서《得》이 쓰이게 되었다는 설이 있다. 그러나 그것은 사실이 아니라, 처음부터《得》이 사용되었다. 단,《得》그 자체의 의미가 확대되어《到》처럼 쓰인 예는 옛날부터 있었다. 따라서 의미상《到》와 통하는 점이 있다는 것은 사실이다.

Ⓐ식 寫得好 [긍정]   寫得不好 [부정]
Ⓑ식 氣得發抖
Ⓒ식 熱得發狂

- Ⓐ식은 형용사 또는 형용사성의 연어를 보어로 하며, 그 긍정형은 가능조동사 Ⓒ식과 동일하기 때문에, 문자만으로는 구별이 어려운 것도 있다. 단, 이쪽은 부사를 사용해《寫得極好》로 하는 경우도 있는데, 가능조동사 Ⓒ식은 그렇게 할 수 없다. 또 부정형은《得》을 필요로 하기 때문에,《得》을 쓰지 않은 가능조동사 Ⓒ식 부정과 다르지 않다. 이 Ⓐ식은 당나라 때는 더욱 드물다.

說屋子住得恰好, 必是小狹【義山雜纂】
(집이 살기에 적당한 정도인지 말하면 분명 좋은 것이다)

이 예문은 당나라 때 것으로서는 일찍 없어진 것 같다. 송나라 이후에는 많아졌다.

做得好也由你, 做得不好也由你【朱13】

634

(잘하는 것도 네 사정이고, 못하는 것도 네 사정이다)

見它人做得是便道是, 做得不是, 便知不是【朱12】

(다른 사람이 잘 해내면 잘한다고 말하고, 잘 못하면 못하는 줄 안다)

부사를 형용사 앞에 쓰는 것을 보어로 한 것으로,

說得最好【朱1】(가장 잘 설명한다)

如鬼神之事, 聖賢說得甚分明【朱3】

(귀신의 일에 대해서는 성현이 매우 확실히 설하고 있다)

晉天文志論得亦好【朱2】(『晉天文志』의 논하는 곳도 좋다)

此字寫得也好【癸辛雜識】(이 글자는 우선 잘 썼다)

只是見得不完全, 見得不的確【朱9】

(그러나 보는 것이 완전하지 않고 적확하지 않다)

빈어와 함께 쓰일 경우, 옛날에는 보어를 그 뒤에 썼다. 단, 부사를 동반한 경우가 아니라면 가능조동사 ⓒ식과 구별할 수 없다.

康節說得法密, 橫渠說得理透。【朱1】

(康節은 법을 비밀리에 설하고 있고, 橫渠는 이치를 다 설명하고 있다)

他養得此氣剛大【朱3】

(그는 氣라는 것을 길러 강대하게 하고 있다)

因見呂與叔解得此段痛快…【朱4】

(呂與叔이 이 단을 통쾌하게 풀고 있는 것을 보고 …)

掃得小處淨潔, 大處亦然【朱8】

(작은 곳을 깨끗이 청소할 수 있으면, 큰 곳도 잘할 것이다)

부사를 취하는 예로,

說得天之大體亦好【朱2】(하늘의 요점을 또 잘 설하고 있다)

叫的桂姨那甛【金21】(桂姨를 저렇게 달콤하게 부른다)

　빈어가 있을 때 옛날에는 이렇게 빈어 뒤에 보어를 가져왔지만, 시대가 내려가면서 이렇게 분리되지 않게 되었다. 그래서 다음과 같이 말하게 되었다.

　　① 字寫得好。
　　② 寫字寫得好。

　이 ①과 같은 것은 옛날부터 있었으며, 특히 말할 필요도 없지만 ②처럼 단지 빈어를 쓰기 위해 동사를 2번 써야 한다는 점은 매우 흥미롭다. 또《得》은 원나라 이후에《的》으로도 썼다.

　▪ ⓑ식은 동사 뒤에《得》을 사용하고, 여기에 동사적인 연어 혹은 진술연어를 보어로 취하는 것이다. 당나라 이전부터 있는데, 특히《感得》으로 쓰는 경우가 많다.

　　笛聲一發, 感得蜻蜓出吟【小說, 廣記202引】
　　(피리 소리가 나면 그것을 알고 귀뚜라미가 나와서 울었다)
　　當洪禁日, 感得國家牛馬不肯入欄【冥祥記】
　　(洪이 감금되었을 때 나라의 소와 말이 그것을 알고 우리에 들어가려고 하지 않았다)
　　暖得曲身成直身【孟郊詩】(따뜻해서 굽어 있던 몸이 곧게 되었다)
　　照得深紅作淺紅【皮日休詩】(해가 비치자 진홍이 엷은 붉음이 되었다)
　　啼得血流無用處【杜荀鶴詩】(울며 피를 토한다 해도 어쩔 수 없다)

　이와 같이 예전에는 동작의 양태를 말하는 것이 아니라, 그로 인해 야기된 결과를 말한다. 따라서 이것을 보어로 보기에는 여전히 적절치 않

636

다. 마지막 예의《啼得血流》는 '피를 토할 만큼 울다'로 해석할 수 있어서 보어에 가깝다. 또, 보어가 나타내는 것, 즉 야기되어 도달할 결과 중에 부정개념이 포함되는 것은 상관없지만, 그 때문에 도달이 부정되어, 그러한 결과가 야기되지 않았다는 것이 되어서는 안 된다. 예를 들면,

　　唬得魂不着體【大宋宣和遺事, 亨集】

　　(놀라서 정신을 잃어버릴 뻔했다. [정신을 잃을 정도로 놀랐다])

　　罵得梁尙賓開口不得【陳御史巧勘金釵鈿, 古今小說】

　　(혼나서 梁尙賓은 입을 열 수 없다)

　결과보어 Ⓑ식의《得》과 가능조동사 Ⓑ식 긍정(예를 들면,《喫得了》)의《得》이 원래는 같았을 것이라는 것은 이미 서술했다.

▪ Ⓒ식은 형용사에《得》을 쓰고, 여기에 동사적인 연어나 진술연어를 취한다. 대부분 정도나 비유를 나타내지만, 결과적인 어기를 가진 것도 있다. 이 형식은 아마 Ⓑ식의 모방하면서 생겨난 것으로 시대가 많이 내려가는 것 같다.

　　樹枝上都像水洗過一番的, 尤其綠得可愛。【儒林外史1】

　　(나뭇가지는 모두 물로 씻은 것 같고, 게다가 사랑스러운 녹색을 하고 있었다)

21.6 정도보어程度補語

　형용사나 심리적인 동사 뒤에 쓰여, 그 정도를 나타내며, 일부의 수사·부사·형용사가 여기에 해당한다. 이 부류의 것이 퇴화해 부속어가 된 것이 있는데, 이것을 조형사助形詞라고 한다. 이 보어에 쓰인 것은 그 수가 많지 않아서, 대개 다음과 같은 것에 한정된다.

Ⓐ《得》을 쓰지 않는 것

　　些　　一點兒　　點兒

Ⓑ《得》을 쓰는 것

　　了不得　　要不得　　不得了　　利害　　要命

┃《些》

王郎心裏莫野, 出去早些歸舍【醜女緣起】

(王郎아, 마음에 화가 나지 않게 외출하거든 빨리 돌아와라)

日遲些便欠了一度【朱2】(해가 조금 늦어지면 한 번을 뺀다)

惟您兄弟是個疎慢些的【楚昭公3】

(당신 동생만 조금 소원합니다)

則是性兒飄逸些【㑃梅香1】(그러나 성격이 조금 익살맞습니다)

另着兩個老成些的伴當【金錢記1】

(특별히 두 사람이 확실한 유대감을 갖고 …)

《些》는 또 일부 동사의 보어도 된다. 원래 독립성이 약하므로, 조동사로 보아도 좋다.

焦黃的芝蔴像些吃飽的蚊子肚兒。【老舍, 離婚】

(누렇게 타버린 참깨가 마치 피를 잔뜩 먹은 모기 배 같다)

이 《些》는 《蚊子肚兒》의 수식어가 아니라, 《像》을 수식하는 것이다. 《稍微像》으로 바꿔 써도 좋다.

┃《點兒》

這麽一件要緊點兒的事【兒33】(이렇게 중요한 일 …)

親香點兒倒不好?【兒7】(친해서 바꾸면 안 돼요?)

638

《一點兒》

這個多一點, 那個少一點【紅82】(이건 조금 많고, 저건 조금 적다)

只是兒子望他成人的性兒太急了一點【紅84】

(다만, 저는 저 아이가 훌륭한 사람이 되기를 바라는 정이 조금 성급했습니다)

二奶奶要是差一點兒的, 早叫你們這些奶奶們治倒了。【紅55】

(만약 첩이 조금만 더 약했더라면, 벌써 당신들에게 쫓겨났겠지요)

就只可惜遲了一點兒【紅118】(다만 안타깝게도 조금 늦었습니다)

《了不得》

《了不得》은 원래는 '끝낼 수 없다'라는 의미로, 어떤 동작이 언제까지나 계속되는 것을 말하는데, 이것이 정도가 심하다는 것을 나타내게 되었다.

生了個兒子, 喜歡的了不得【金34】(아기가 태어나 너무나 기쁘다)

《要不得》

兩口子喜懽的要不得【金16】(두 사람은 기뻐서 어쩔 줄 몰랐다)

爹一路上惱的要不得【金18】(주인님께서는 도중에 줄곧 화를 내셨습니다)

《不得了》《利害》《要命》 등이 보어로 사용하게 된 상한上限 시기는 분명하지 않다.

22

의문구疑問句

현대어의 의문구는 다음의 다섯 종류로 나눈다.

① 시비是非의문

조사 《嗎》를 써서 '그런가, 그렇지 않은가'를 묻는 것.

　你吃飯嗎?(너 밥 먹을래)

② 특지特指의문

의문을 나타내는 대명사·부사·술사(이것들을 의문사라고 한다)를 써서 특정 사항을 묻는 것, 예로,

　誰吃飯?(누가 밥을 먹는가)

　你吃什麼?(너는 무엇을 먹느냐)

　你吃什麼飯?(너는 어떤 밥을 먹느냐)

③ 선택의문

내용이 다른 2가지 중 어느 쪽인지 묻는 것. 중간에 짧은 쉼표가 있는 것이 많다.

　你吃飯呢, 還是吃麵呢?(너는 밥을 먹을래, 아니면 면을 먹을래)

④ 반복의문

긍정부정을 병렬해서 묻는 것. 형식적으로는 선택의문과 비슷하지만,

내용상으로는 시비의문과 다를 바 없다.

　你吃不吃?(너는 먹을래, 말래)

　⑤ 승전承前의문

문맥 속에서 처음으로 묻는 내용을 구체적으로 알 수 있는 것. 대부분이 단체사구單体詞句, 단술사구單述詞句에 붙는다.

　你呢?(너는?)

　飯呢?(밥은?)

　吃呢?(먹는다면?)

이상을 고대어와 비교해 보면, ①시비의문에서는 사용되는 조사가 다르지만(예를 들면《乎》), 그 이외의 점에서는 어순에 차이가 없다. 단, 현대어에서는 의문사를 쓰는 것이 가능하다(이 경우에는 부정을 나타낸다). ②특지의문에서는 고금의 어순에 달라지는 것이 많고, ③선택의문은 고대어에도 유사한 것이 있지만, 본질적으로는 다르다. ④반복의문은 고대어에는 없고, ⑤승전의문도 고대어에서 존재했다는 증거가 없다. 이상의 점으로 보아 의문구는 고대어와 현대어 사이에 상당히 큰 거리감이 있다고 해도 좋을 것이다.

22.1 시비의문是非疑問

시비의문에서 원래 의문을 나타내는 말이 사용되게 된 것은, 의문의 의미가 부정으로 바뀐 것으로, 이것이 시비의문이라는 점에서는 변함이 없다. 이런 형식의 의문은 시대가 내려와서 처음 생긴 것 같다.

　有什麼事嗎?【紅92】(무슨 볼일이 있나요)

반복의문 ⓒ식도 시비의문에 가깝기 때문에 같은 것이 있다.

姐姐還吃點兒甚麼不吃?【兒28】(언니, 뭔가 더 드시겠습니까)

奶奶有甚麼止疼的藥沒有?【兒31】(부인, 뭐 진통제는 없습니까)

22.2 특지의문特指疑問

현대어에서는 의문구라도 특수한 어순을 취하지 않는다. 예를 들면,

你吃甚麼? ── 我吃飯。

그런데 고대어에서는 앞에서 기술한 것처럼 의문대명사가 빈어가 될 때는 도치되어 술어 앞에 온다. 예를 들면,

吾誰欺? 欺天乎?【論, 子罕】(내가 누구를 속이겠는가, 하늘을 속이겠는가)

客何好?···客何能?【戰國策, 齋策】

(손님께서는 무엇을 좋아하십니까, ··· 손님께서는 무엇을 잘하십니까)

奚自?【論, 憲問】(어디에서 왔습니까)

이와 같은 도치가 일어나지 않게 된 시기의 결정은 곤란하다. 이는 고대어의 대명사 대부분이 중세 이후에 쓰이지 않게 되었던지, 아니면 쓰였다 하더라도 의고적擬古的인 용법이 행해졌기 때문이다. 또 고대어의 《何》처럼 중세가 된 후, 새로운 용법이 생겨 부체사副体詞가 되어 어순을 조사하는 직접적인 단서를 얻을 수 없게 되었다가 되지 않는다. 그러나 특지의문의 빈어에 의문대명사가 쓰였어도 어순에 변함없이 써지게 된 것은 한나라 때부터 조금씩 보이고, 당나라 때는 완전히 현대어처럼 된 것은 확실하다(12.5 대명사의 도치 부분 참조).

22.3 선택의문

선택의문에는 다음의 두 형식이 있다.

Ⓐ식 (조사를 쓴다)

你吃飯呢, 還是吃麵呢?

你吃飯啊, 還是吃麵呢?

Ⓑ식 (조사를 쓰지 않는다)

你吃飯吃麵?

Ⓐ식에 유사한 것은 고대어에도 있다. 예를 들면,

求之與? 抑與之與?【論, 學而】

(그것[정치에 참여]을 하려고 했습니까, 아니면 그것이 주어진 것입니까)

人生受命於天乎? 將受命於戶邪?【史, 孟嘗君傳】

(사람은 태어나 목숨을 하늘에서 받는가, 아니면 목숨을 집에서 받는가)

事齊好? 事楚好?【孟, 梁惠王下】

(제나라에서 일하는 것이 좋을까, 아니면 초나라에서 일하는 것이 좋을까)

현대어의 Ⓐ식에 쓰이는 조사는 《啊》《呢》처럼 그 자체로도 시비의문을 만들 수 없다. 하지만 고대어에서는 《乎》《歟》《耶》처럼 시비의문을 구성하는 조사를 쓴다. 위에서 소개한 고대어의 예문은 선택의문이 아니라, 2개의 시비의문으로 이루어졌다고 보아야 하며, 《抑》《將》 등으로 연결시켰을 뿐이다. 《抑》《將》 등의 연결 기능을 강하게 볼 때는, 《求之與, 抑與之與?》라고 표점으로 나타내도 좋지만, 2개의 시비의문에서 생긴 것에는 변함이 없다(백화문 Ⓐ식에 대해서는 연사 부분에서 이미 다루었다.

19.1.3 참조). Ⓑ식은 고대어에 유사하거나 그에 해당하는 것은 없는 것 같다. 때문에 선택의문은 백화 특유의 형식이라고 볼 수 있다. 우선 Ⓐ식 의 예로,

　　你是謊那, 可是眞個? 【凍蘇秦3】
　　(당신 거짓말입니까, 아니면 정말입니까)
　　且看姐夫是你絶戶, 還是我絶戶那? 【兒女團圓2】
　　(자, 형이 아이가 없을지 내가 아이가 없을지 두고 보자)

　이상과 같이 어느 한쪽 분구分句만 조사를 쓰는 것이 오래된 것이다. 양쪽에 조사를 쓰는 예는 시대가 내려온 것 같다.

　　他這會子就去呀, 還是等明天一早纔去呢? 【紅57】
　　(저 사람은 지금 바로 갑니까, 아니면 내일 아침 일찍 갑니까)
　　吃飯哪, 還等人啊? 【兒4】(식사합니까, 아니면 누구를 기다립니까)
　　是獨姐姐你沒看見呢, 還是你也看見了不信呢? 【兒26】
　　(도대체 언니만 보지 못했다는 겁니까, 아니면 당신도 봤는데 믿지 못하는 겁니까)

　Ⓑ식은 수나라 이전에도 조금 있는데, 많이 보이는 것은 당나라 이후 이다.

　　兄今在天上, 福多苦多? 【幽明錄】
　　(형은 지금 천상에 있는데, 복이 많은 것인가, 괴로움이 많은 것인가)
　　山人所住是雌山是雄山? 【祖3】
　　(당신이 살고 있는 산은 자산인가, 웅산인가)
　　身前見, 身後見? 【祖2】(몸 앞에 보이는가, 몸 뒤에 보이는가)
　　車若不行, 打車卽是, 打牛卽是? 【祖3】
　　(마차가 만일 움직이지 않는다면 마차를 쳐야 좋을까, 소를 때려야 좋을까)

644

22.4 반복의문

반복의문은 다음의 4가지로 나눈다.

Ⓐ식　你吃不吃?
Ⓑ식　你吃飯不吃飯?
Ⓒ식　你吃飯不吃?
Ⓓ식　你吃不吃飯?

- Ⓐ식

술사의 긍정·부정에 의해 의문을 나타내는 것으로 수나라·당나라 때부터 보인다.

借問行人歸不歸?【隨, 無名氏詩】

(여쭐 것이 있습니다만, 여행 갔던 사람은 돌아왔습니까)

相喚聞不聞?【孟郊詩】(부르는 것이 들립니까)

宣州太守知不知?【白居易詩】

(선주의 태수는 알고 있습니까)

問：來不來?…問：去不去?【S.2503】

- Ⓑ식

당나라·오대부터 사용되었다.

是心不是心?【無心論, S.296】

(마음인가, 마음이 아닌가)

諸上座在敎不在敎?…諸上座出手不出手?【祖13】

(여러분들은 가르침 안에 있는가, 없는가? … 여러분들은 손을 내밀 것인가, 말 것인가)

- ⓒ식

  這箇是您親姪兒不是?【合同文字4】

  (이 아이가 정말 네 친조카냐)

  有災沒有?【金12】(재앙이 있을까)

  你爹在家裡不在?【金13】(당신 남편은 집에 있습니까)

  你會唱「比翼成連理」不會?【金73】

  (당신은 「比翼成連理」를 노래 부를 수 있습니까)

  ⓒ식의 《不是》나 《沒有》가, 《是》나 《有》를 술어로 하는 句에 한정하지 않고, 일반적으로 의문구를 만들기 위해 쓰였다. 이와 같은 것은 이미 조사화한 것으로 보아야 한다. (20.3 등 준구말조사 참조)

- ⓓ식

  이 말투는 북경어에는 없던 것으로 문헌에서는 거의 보이지 않는다. 그러나 척독尺牘이나 법률 문서에는,

  有否困難(곤란한가, 그렇지 않은가)

  曾否知情(속사정을 알고 있었나, 없었나)

  라고 하는 《否》의 오용誤用이 있다. 원래 《否》는 구말에만 쓸 수 있을 뿐이며, 그 뒤에 말을 계속해서 쓸 수 없다. 정확하게는 《有困難否》《曾知情否》라고 해야 한다. 그렇다면 이와 같은 오용의 원인은 어디에 있을까. 아마도 《有困難沒有》를 《有沒困難》라고 쓸 수도 있어서 《有困難否》도 《有否困難》으로 쓸 수 있다고 오해한 것 같다. 그렇다고 보면, ⓓ식은 매우 오래되었을 것이다.

  佛是誰家種族? 先代有沒家門?【降魔變文】

  (부처는 어느 종족이며, 선대는 좋은 집안인가)

또, ⑩식과 비슷한 말투가 현대어에 많이 남아있다.

　你有沒有吃飯?(너는 밥 먹었니)

　이것이 오용되었다는 것은 말할 필요도 없지만, 이와 같은 것이 생긴 원인 또한 같다. 즉, 동사는 부사《沒有》로 부정을 나타낼 수 있다. 예를 들면,

　你沒有吃飯。(너는 밥을 먹지 않았다)

다음에 동사《沒有》는 다음과 같이 쓰인다.

　你沒有飯。(너는 밥이 없다)

　你有沒有飯?(너는 밥 있니)

　여기서부터 부사《沒有》에도《你有沒有飯》에 해당하는 말투가 생겼을 것이다.

22.5 승전의문承前疑問

　조사《呢》에서 설명했으므로 생략하겠다(578쪽 참조).

마치며

-"盡信書則不如無書"(『맹자』)

언어의 역사에 관해 연구할 때, 가장 중요한 것은 자료선택이다. 자료선택 여하에 따라 연구 결과를 '결정적으로' 좌우한다. 여기에서 그에 관한 몇 개의 예를 기술하고자 한다.

가오밍카이高名凱는 「당대선가어록에 보이는 어법성분唐代禪家語錄所見的語法成分」(『燕京學報』제34기)에서 이 책에서 말한 개사《打》의 용례는 당나라 때부터 있었다고 하며, 그에 관한 아래의 예를 들었다.

有一人不打寒巖嶺過便到這裡。【悟本第五一三頁下第五行】

예문 출전의 오본悟本은 『동산오본선사어록洞山悟本禪師語錄』으로, 텍스트는 『다이쇼신수대장경大正新脩大藏經』권47에 수록되어 있는 에인慧印교정본이다. 또 천중몐岑仲勉의 『수당사隋唐史』제68절에도 이 한 구절을 다시 간단하게 인용하고 있다. 하지만 본 책에서 소개한 용례에서는, 시대가 상당히 내려가는 화본話本이나 원곡元曲의 예만 들고 있다. 그 이유는 무엇일까.

『동산어록』의 위의 구절은, 에인교정본과 겐케이편차본玄契編次本에서도 보인다. 그러나 문제는, 이 구절이 그것보다 오래된 텍스트에는 보이지 않는다는 점이다. 바꾸어 말하면, 이 구절은 중국에서 편찬된 『동산어록』보다 오래된 텍스트에는 없으며, 후세에 일본에서 편찬된 것에만 보인다는 것이다. 겐케이편차본은 겐분3년(1738)에 편찬되었고, 겐분4년(1739)에 간행되었다. 또 에인교정본은 호레키11년(1761)의 에인의 서문이 있고, 간본은 메이와3년(1766)본이 알려져 있다. 이 구절은 이상과 같이 일본인이 편찬한 것에만 보이고, 이 구절의 전거가 무엇인지는 알 수 없다. 『조당집』의 「동산전洞山傳」은 말할 필요도 없고, 『조당집』전 20권을 검토해도 개사인 《打》가 없다. 이로부터 약 천 년의 시간이 경과한 후, 일본에서 편찬된 것에 개사 《打》가 있다는 사실은 당나라·오대의 어법을 논의할 일고의 가치도 없다.

천중몐의 『수당사』에서는 『육조단경六祖壇經』을 인용해서, 당나라 때 《恁麼》《甚麼》《什麼》 등이 있었다고 기술했다. 『단경』의 텍스트는 매우 많고, 천중몐이 무엇에 의거해 기록했는지는 알 수 없지만 가장 일반적인 것이 명장明藏의 『단경』이며, 그의 인용문 역시 이것과 일치한다. 그가 인용한 것은 「기연機緣 제7」에 보이는데, 『단경』의 돈황본(S.377)과 송간본을 오산五山시대에 복각했다는 흥성사본에서 「기연 제7」을 보면, 명장본에는 아주 많은 첨가부분이 있다. 천중몐의 인용문은 그 첨가 부분만이 존재하고, 돈황본·흥성사본에는 없다. 물론 《恁麼》《甚麼》《什麼》 등은, 소위 당대선가어록에 자주 나오기 때문에 『단경』의 오래된 텍스트에서 보이지 않더라도 당나라 때의 존재를 부정할 수 없다는 의미가 된다. 하지만 현존하는 당대선가어록은 거의 모두 후대에 편찬된 것이다. 혹은 그렇지 않더라도 후대의 수정을 거친 것이기 때문에, 이것을 당나라 구어 연구의 근본자료로 사용할 수 없다.

나아가 하나의 용례로써, 3인칭대명사 《他》의 용례를 검토하겠다. 《他》의 오래된 용례는 『후한서』 「방술전方術傳」에 보이는 《還他馬, 赦汝罪。》가 있다. 이 예에 주목한 것은 양수다楊樹達가 처음 기술한 것 같다. 그 『사전詞詮』 『고등국문법高等國文法』에서도 이 용례를 인용했으며, 이후의 사람들도 이것을 따르고 있다. 그런데 저우파가오周法高는 이것을 3인칭으로 인정하지 않고, 《別人》의 뜻(즉 본 책에서 말하는 타칭他稱)이라고 했다(「中國語法禮記」集刊第24本; 「幾個常用詞的來源」大陸雜誌第4卷第

7期). 이 용례는 해석의 차이를 낳을 가능성을 가지고 있지만, 역시 저우파가오의 견해가 타당할 것 같다. 저우파가오가 예를 들고 있는《他》의 오래된 용례, 『진서晉書』「장궤전張軌傳」에 붙어 있는「장천석전張天錫傳」에서 보이는《他自姓刁 那得韓盧後邪?》는 매우 오래된 다이텐大典 선사의 『문어해文語解』에서 기술되어 있다. 하지만 이것을 별개로 하더라도 이상의 이유로 진나라 때 용례로는 인정할 수 없다. 왜냐하면, 이 구절은 『태평광기』권246에서 인용한『계안록啓顏錄』에서 보이고, 거기에는《他人自姓…》으로 했다. 『진서』가 소설·잡서雜書의 구절을 채용한 것은 일찍이 유지기劉知幾가『사통史通』에서 비난했지만, 이것 역시 아마도『계안록』이 먼저일 것으로 생각된다. 『진서』의 이 용례만으로 진나라 때 언어라고 생각해서는 안 된다.

중국의 고문헌을 취급하는 것이 아주 곤란하다는 것은 앞에서 언급한 내용들로 알 수 있지만, 이 책에서는 이런 고증은 일체 생략했다. 만약 이것들을 일일이 주기한다면 그 분량이 이 책의 몇 배에 이르기 때문이다. 필자는 일반적으로 문헌을 두 종류로 나누어 생각했다. 지금 이것을 임시로 다음과 같이 부른다.

(1) 동시자료同時資料
(2) 후시자료後時資料

동시자료는 어떤 자료의 내용과 외형(즉, 문자)이 같은 시기에 성립된 것을 말한다. 갑골, 금석, 목간과 작가의 자필원고 등이 여기에 해당하며, 법첩法帖 역시 위조물이 아닌 이상 동시자료에 준한다. 다만 이렇게 엄격하게 생각하지 않고 대략적으로 말하면, 예를 들어, 송나라 때 사람이 저술한 송간본이라면 우선은 동시자료에 준한다고 말해도 좋다. 언어의 큰 변동은 왕조의 경질更迭과 함께 생긴 것 같다. 거기에 동일한 왕조에 해당하면, 어떤 자료의 외형성립이 내용성립보다 늦더라도, 그 사이의 차이는 크지 않다고 생각한다.

후시자료는 기본적으로 자료의 외형성립이 내용의 성립보다 늦은 것을 말한다. 즉 전사轉寫·전간轉刊을 거친 자료이지만, 동시자료를 느슨하게 규정하는 것에 의해 후시자료에서는 내용과 외형 사이에 왕조의 차이가 있는지를 중요하게 보았다. 예를 들어, 당나라 때 자료를 모은 송간본은 후시자료이다. 중국의 자료는 대부분 후시자료이며, 이것이 특히 언어연구에 지장을 주고 있다. 상식적으로 말하면, 동시자료를 기본으로 해서 후시자료를 방증으로 하지만, 동시자료가 존재하지 않는 시대는 예증의 많고 적음과, 그 전후의 시대적 상황이 어떠한가에 의해 추측할 수밖에 없다. 결국, 명확한 판단은 할 수 없다고 말해야 한다.

텍스트는 일반적으로 오래될수록 좋다. 근대의 교본校本을 추천하는 사람도 있지만, '교정이 정밀하고 빈틈없다' 등으로 평가받는 텍스트에도 신용할 수 없는 것이 있다. 이는, 언어의 변천에 관한 지식이 없고, 제멋대로 문자를 그 시대의 풍조로 고쳐버리기 때문이다. 문자를 그 시대의 풍조로 고치는 것은, 고금을 통해 모든 교정자에 의해 예외 없이 행해져 온 것 같다. 그 때문에 과거의 문헌이 일단은 읽기 쉽게 되었다는 은혜는 있지만, 반면에 오해와 어림짐작으로 고친 것이 없다고 할 수 없어 언어의 역사적 연구를 곤란스럽게 한다. 현대인의 교정을 용례로 말하자면, 런얼베이任二北의 『돈황곡교록敦煌曲校錄』 등은 독단 역시 심하다. 만약 이것이 맞다고 한다면 《實在》《沒有》《原來》 등이 당나라·오대부터 존재한 것이 되어, 이 책에서 설명하는 부분과 다르게 된다. 이와 같은 교정은 확실히 도를 넘는 것이어서 따라갈 수 없다. 텍스트는 선본善本의 영인에 의해야 하지만, 영인 역시 기술이 서툴고, 가필한 곳이 있어서 또한 주의가 필요하다. 『유지원제궁조劉知遠諸宮調』의 영인본(來薰閣) 등, 본래 사진에서는 명료한 곳도 인쇄로는 읽기 어려운 곳이 있다.

문법의 역사적 연구에 도움이 되는 자료목록은, 뤼수샹呂叔湘의『한어
어법논문집漢語語法論文集』권말의 인서목록이 좋은 참고가 된다. 단, 이
목록은 원래 동일 책에 용례가 보이는 서적 목록이며, 뤼수샹이 사용한
서적물의 일부분으로 이대로는 부족하다는 것은 말할 필요도 없다. 간
단하게 이 인서목록에 게재되지 않는 중요 자료나, 필자가 느낀 점 등을
참고로 기술하고자 한다.

당나라 이전

역경을 더 대량으로 사용해야 한다. 텍스트는『다이쇼신수대장경』으
로 의하는 것이 상식이다. 단,『다이쇼신수대장경』에 기록된 역자의
이름은 반드시 따를 수 없다. 특히 언어자료로서는 오래된 것만큼 중
요하지만, 이 부분의 역자의 의정擬定은 잘못되어 있는 점이 적지 않
다. 이 점에 관해서는, 도키와 다이조常盤大定의『후한에서 송제에 이
르는 역경총록後漢より宋齊に至る譯經總録』이 있는데, 이것 역시 하마터
면 놓치고 있다. 결국 미쓰다 신조滿田新造가『지나음운단支那音韻斷』에
의거했듯이,『출삼장기집出三藏記集』에 의거하는 것 또한 하나의 방법
이다. 무엇보다『출삼장기집』에 의거하는 것도 의심스러운 부분이 약
간 있지만, 시대 결정의 기본 자료로 하지 않는 한 지장이 없을 것이
다.『다이쇼신수대장경』에서는 텍스트의 교합이 행해지고 있다. 완전
한 형태로 전해지고 있는 것은 가장 오래된 양梁나라 때 보창寶唱 등이
편찬한『경률이상經律異相』등을 사용해도 좋지 않을까 생각한다.

당나라, 오대

당나라·오대는 소위 백화의 조형祖型으로 볼 수 있는 것이 형성된 시
기이기 때문에 매우 중요하다. 인서목록에서 첫째로 깨달은 것은『전
당시全唐詩』가 보이지 않는다는 점이다.『전당시』는 여러 평가가 있지

만, 이것만을 정리한 것이 없고, 별집이 없는 것은 우선 이것에 의거하지 않을 수 없다. 다음으로 동시자료로서 가장 중요한 돈황본 연구는 최근 큰 진전을 가져왔다. 『돈황변문집敦煌變文集』과 『돈황곡자사집敦煌曲子詞集』은 종래 공표된 것과 비교하자면 현격한 진보를 보이고 있다. 선가어록은 오래전부터 마스페로Henri Maspero가, 최근에는 가오밍카이가 선가어록을 자료로써 당나라 어법을 연구하고 있지만, 기본자료로 사용할 수 있는 것이 아니다. 필자는 오히려 『조당집』을 사용한다. 『조당집』은 중국에서는 거의 주목받지 못하고 있으며, 천위안陳垣의 『중국불교사적개론中國佛敎史籍槪論』에도 포함되지 않았지만, 일본에서는 매우 중요하게 여기는 선종사의 근본자료이다.

송나라
송나라 때 자료는 상당히 자세하게 소개할 수 있다. 『주자어류』는 정독하기가 용이한 것이 아니기 때문에, 『집략輯略』같은 손쉬운 것을 이용하는 것도 어쩔 수 없다.

금나라
『동서상董西廂』을 금나라 때 것으로 보는 것은 옳지 않다. 성립은 금나라 때여도 원래 그대로의 상태라고 볼 수 없다. 가깝게 가정嘉靖36년 간본이 영인되었지만 큰 이동은 없다.

송나라, 원나라
『삼국지평화三國志平話』는 원나라 때 것으로 보아야 하지 않을까. 『오대사평화五代史平話』 역시 원나라 때 것으로 생각했고, 『경본통속소설京本通俗小說』에 이르러서는 무취안쑨缪荃孫이 『경세통언警世通言』『성세항언醒世恒言』에서 발췌해 만든 위서僞書라고 생각된다.

원나라

『원곡장元曲章』은 원간본元刊本이 있지만, 일반적으로 보기 어렵다.『고금잡극삼십종古今雜劇三十種』역시 설백說白이 있는 것이 적고, 게다가 읽기가 너무 어렵다.『전상평화오종全相平話五種』(앞의『삼국지평화』는 이 중의 일종)은 원간본이지만, 그다지 구어적이지 않다. 결국, 원나라 때는 그다지 이용하기 쉬운 자료는 없다. 이 책에서는『원곡선元曲選』을 많이 사용했지만, 이것을 직접 원나라 때 언어로 하지 않고, 단정적인 생각들은 피했다.

명나라

『노걸대老乞大』과『박통사朴通事』는 처음부터 회화서로 만들어졌기 때문에 구어적으로 이용가치가 있다. 명나라 때 북경어는『완서잡기宛署雜記』『연산총록燕山叢錄』으로 정리된 어휘가 있는 정도로, 문학작품 등에는 이것을 기반으로 해서 쓴 것이 없는 것 같다.

청나라

『홍루몽』『아녀영웅전』을 가장 중요하게 취급하지만, 이 이외에도『만한성어대대滿漢成語對待』『용언지지庸言知旨』『초학지남初學指南』과 같은 만문滿文 관계의 것,『정음촬요正音撮要』『정음저화正音咀華』와 같은 표준어와 관계 있는 것이 있다.『품화보감品華寶鑑』도 북경어 자료로서 중요하지만, 거의 동시대의『아녀영웅전』과는 다른 방언으로 쓰여 있다고 해야 할 것이다.

인용서 목록

분류는 거의 시대별로 하고, 서열은『동방문화연구소 한적분류목록東方文化研究所漢籍分類目錄』에 따랐지만, 편의상 적정하게 고친 부분도 있다. 서적명 아래에 밑줄을 친 것은 약칭이다. 두꺼운 글자는 본문 안에서 서적명으로는 나오지 않는 것을 나타낸다.

수나라 이전

『周易』『尙書』『尙書大傳』『毛詩』『禮記』『春秋左氏傳』『春秋公羊傳』『論語』『孟子』『爾雅』『廣雅』『說文解字』『史記』『漢書』『後漢書』『三國志』『晉書』『宋書』『南齊書』『北齊書』『周書』『隋書』『南史』『北史』『洛陽伽藍記』『荊楚歲時記』『國語』『戰國策』『吳越春秋』『孔子家語』『荀子』『孔叢子』『說苑』『顔氏家訓』『韓非子』『齊民要術』『周髀算經』『墨子』『呂氏春秋』『淮南子』『太平御覽』『老子』『莊子』『列子』

· [소설가류]

『西京雜記』漢, 劉歆	漢魏叢書本
『漢武帝內傳』漢, 班固	日本刊本
『漢武故事』漢, 班固	古小說鉤沈本
『搜神記二十卷本』晉, 干寶	日本刊本
『搜神記八卷本』	
『甄異傳』晉, 戴祚	古小說鉤沈本
『荀氏靈鬼志』	〃
『搜神後記』晉, 陶潛	日本刊本
『列異傳』	古小說鉤沈本
『齊諧記』劉宋, 東陽無疑	〃
『世說新語』劉宋, 劉義慶	景尊經閣藏本
『幽明錄』劉宋, 劉義慶	古小說鉤沈本

『宣驗記』劉宋, 劉義慶 〃

『旌異記』劉宋, 侯君素 〃

『俗說』梁, 沈約 〃

『小說』梁, 殷芸 〃

『述異記』梁, 任昉 稗海本

『述異記』梁, 任昉 古小說鉤沈本

『冥神記』北齊, 王琰 〃

『還冤志』北齊, 顔之推 寶顔堂秘笈本

『妬記』 古小說鉤沈本

『錄異傳』 〃

『祥異記』 〃

· [석가류] 다이쇼신수대장경본

『四十二章經』漢, 迦葉摩騰共法蘭譯(?) No. 784

『阿闍世王經』漢, 支婁迦讖譯 No. 626

『禪行法想經』漢, 安世高譯 No. 605

『長者子懊惱三處經』漢, 安世高譯(?) No. 525

『㮈女祇域因緣經』漢, 安世高譯(?) No. 553

『成具光明定意經』漢, 支曜譯 No. 630

『修行本起經』漢, 笠大力共康孟詳譯 No. 184

『中本起經』漢, 曇果共康孟詳譯 No. 196

『阿難四事經』吳, 支謙譯 No. 493

『阿彌陀三耶三佛薩樓佛壇過度人道經』吳, 支謙譯 No. 362

『齋經 吳, 支謙譯』 No. 87

『太子瑞應本起經』吳, 支謙譯 No. 185

『孛經抄』吳, 支謙譯 No. 790

『八師經』吳, 支謙譯 No. 581

『維摩詰經』吳, 支謙譯 No. 474

『六度集經』吳, 康僧會譯 No. 152

656

『生經』晉, 竺法護譯   No. 154

『僧祇律』晉, 佛陀跋陀羅共法顯譯   No.1425

『盧至長者因緣經』失譯   No. 539

『大莊嚴論經』後秦, 鳩摩羅什譯   No. 201

『佛所行讚』北凉, 曇無讖譯(?)   No. 192

『菩薩投身飴餓虎起塔因緣經』北凉, 法盛譯 No. 172

『賢愚經』北魏, 慧覺等譯   No. 202

『雜寶藏經』北魏, 吉迦夜共曇曜譯   No. 203

『過去現在因果經』劉宋, 求那跋陀羅譯 No. 189

『百喩經』南齊, 求那毗地譯   No. 209

『經律異相』梁, 寶唱等集   No.2121

『月上女經』隋, 闍那崛多譯   No. 480

『佛本行集經』隋, 闍那崛多譯   No.190

『三論玄義』隋, 吉藏撰   No.1852

· [문집]

『楚辭』『**蔡中郎文集**』(蔡邕) 『**陶淵明集**』(陶潛) 『**庾子山集**』(庾信)

『樂府詩集』

(기타는 많은 文選, 玉臺新詠, 古詩源, 古詩賞析 등에 의하지만, 註記를 생략했다.)

당나라·오대

『舊唐書』

『新唐書』

『廣陵妖亂志』鄭廷誨 藕香零拾本

『隋唐嘉話』劉餗 顧氏文房小說本

『傳載』劉餗 說郛本

『大唐新語』劉肅 中國文學參考資料小叢書據稗海排印本

『次柳氏舊聞』李德裕 顧氏文房小說本

『因話錄』趙璘 中國文學參考資料小叢書據稗海排印本

『開天傳信記』鄭棨 景弘治本百川學海本

『中朝故事』尉遲偓 叢書集成據歷代小史排印本

『北夢瑣言』孫光憲 叢書集成據雅雨堂叢書排印本

『唐語林』王讜 中國文學參考資料小叢書據守山閣叢書排印本

『洛陽搢紳舊聞記』張齊賢 叢書集成據知不足齋書排印本

『續神仙傳』沈汾 叢書集成據夷門廣牘排印本

『仙傳拾遺』杜光庭 說郛本

『魏鄭公諫錄』王琳 叢書集成據畿輔叢書排印本

『李相國論事集』李絳 叢書集成據指海排印本

『唐摭言』王定保 中國文學參考資料小叢書據雅雨堂叢書排印本

『教坊記』崔令欽 中國文學參考資料小叢書據古今說海排印本

『封氏聞見記』封演 叢書集成景雅雨堂叢書本

『逸史』說郛本

『乾(月巽)子』溫庭筠 叢書集成據龍威祕書排印本

『劉賓客嘉話錄』韋絢 顧氏文房小說本

『盧氏雜說』盧言 說郛本

『酉陽雜俎』段成式 叢書集成據學津討原排印本

『芝田錄』丁用晦 說郛本

『金華子雜編』劉崇遠 叢書集成據讀畫齋叢書排印本

『開元天寶遺事』王仁裕 顧氏文房小說本

『談賓錄』說郛本

『朝野僉載』張鷟 寶顏堂秘笈本

『遊仙窟』張鷟 景醍醐寺本

『任氏傳』沈既濟 唐宋傳奇集本

『無雙傳』薛調 唐宋傳奇集本

『周秦行紀』牛僧孺 唐宋傳奇集本

『玄怪錄』牛僧孺

『霍小玉傳』蔣防 唐宋傳奇集本

『集異記』薛用弱 顧氏文房小說本
『獨異志』李元 叢書集成據稗海排印本
『傳奇』裴鉶
『宣室志』張讀 叢書集成據稗海排印本
『三水小牘』皇甫枚 抱經堂叢書本
『雲仙雜記』馮贄 叢書集成據唐宋叢書排印本
『闕史』高彦休 叢書集成據知不足齋叢書排印本
『廣異記』戴孚 叢書集成據龍威祕書排印本
『桂苑叢談』馮翊 寶顏堂祕笈本
『靈怪錄』說郛本
『錄異記』杜光庭 津逮祕書本
『雜纂』李商隱 叢書集成據古今說海排印本
『太平廣記』景印談刻本
『辯正論』法琳　　　　　　　　　　　　大正藏 No. 2110
『法苑珠琳』道世　　　　　　　　　　　大正藏 No. 2122
『方廣大莊嚴論經』地婆訶羅譯　　　　　大正藏 No. 187
『金光明最勝王經』義淨譯　　　　　　　大正藏 No. 665
『寶林傳』
『祖堂集』
『**韓昌黎文集校注**』韓愈撰, 馬通伯校注 古典文學出版社本
『李衛公會昌一品集』李德裕 國學基本叢書本
『司空表聖文集』司空圖 四部叢刊本
『雲溪友議』范攄 中國文學參考資料小叢書據四部叢刊續編排印本

『**전당시**全唐詩』(同文書局의 석인본 권수를 나타낸다. 별집을 참조한 것도 있지만, 주는 표기하지 않는다.)

　　1)上官昭容 2)王績·上官儀·盧照鄰 3)張九齡·宋之問·王勃·蘇頲·蔡孚 4)袁暉·賀知章·王灣·張旭 5)王維·王縉·崔顥·李頎·王昌齡 6)李白 7)韋應物·張謂·岑參 8)杜甫 9)韓翃·郎士元 10)顧況·竇羣·戴叔倫 11)李端·司空曙·王

建·劉商·朱灣·于鵠·高崇文·韋渠牟 12)令狐楚·裴度·韓愈 13)王涯·劉禹錫·呂溫 14)孟郊·張籍·盧仝·李賀·元稹 15)白居易 16)沈傳師·牟融·劉言史·長孫佐輔·劉皂·蘇郁 17)李涉·李廓·殷堯藩·施肩吾·姚合 18)竇洵直·顧非熊·張祜·李遠·杜牧 19)李商隱·劉得仁·趙嘏 20)項斯·薛能·賈島·溫庭筠 21)馮袞·皮日休 22)陸龜蒙·司空圖·張喬 23)來鵠·李咸用·胡曾·方干·羅鄴·羅隱 24)羅虬·高蟾·章碣·秦韜玉·唐彥謙·鄭谷·崔塗·韓偓 25)杜荀鶴·王貞白·翁承贊·黃滔·徐夤·崔道融 26)曹松·裴說·李洞·李中 27)成彥雄·王延彬·孫元晏·楊希道·吳英秀 28)劉采春·寒山 29)貫休·齊己 30)呂巖 31)權龍褒

『당오대사唐五代詞』文學古籍刊行社排印本

李白·韋應物·劉禹錫·崔懷寶·蜀主王衍·和凝·尹鶚·顧敻·歐陽烔·毛熙震·李煜·馮延己·孫光憲·林楚翹

· Stein MSS.

S. 296「無心論」	S.2440「維摩押座文」
S. 328「伍子胥變文」	S.2440「溫室押座文」
S.5475「六祖壇經」	S.2503「無題」
S. 467「五台山曲子」	S.2614「目連變文」
S. 610「啓顏錄」	S.2947「丈夫百歲篇」
S.1441「雲謠集」	S.2985「道安法師念佛讚」
S.2054「楞伽師資記」	S.3872「維摩變文」
S.2073「廬山遠公話」	S.4571「維摩變文」
S.2144「韓擒虎話本」	S.6836「葉淨能詩」
S.2204「董永變文」	S.2944「大乘中宗見解」

· Pelliot MSS.

P.2054「禪門十二時曲」	P.2838「雲謠集」
P.2125「歷代法寶記」	P.2955「阿彌陀經變文」
P.2162「頓悟真宗論」	P.3047「神會語錄」

P.2193「目連緣起」   P.3048「醜女緣起」

P.2270「大乘五方便」   P.3128「菩薩蠻等」

P.2292「維摩變文」   P.3211「五言詩」

P.2305「法華經變文」   P.3418「五言詩」

P.2305「無常經講經文」   P.3496「太子成道變文」

P.2564「㰱䎧新婦文」   P.3627「王陵變文」

P.2564「晏子賦」   P.3645「前漢劉家太子傳」

P.2653「燕子賦」   P.3697「捉季布傳文」

P.2714「十二時」   P.3808「長興四年中興殿應聖節講經文」

P.2721「舜子至孝變文」

· (북경본)

宇 4「修心要論」   鳥12「悉曇章」

麗85「日連變文」   乃74「好住娘」

光94「維摩變文」   衣33「地獄變文」

河12「父母恩重變文」   周87「十恩德」

· (기타)

「羅氏舊藏本」「降魔變文」「維摩變文」「有相夫人變文」「天下傳孝十二時」

「胡氏藏本」「降魔變文」

「石井氏藏本」「神會語錄」

「中村氏舊藏本」「敦煌本搜神記」

송나라

『宋史』

『資治通鑑考異』司馬光   四部叢刊本

『三朝北盟會編』徐夢莘   光緒排印本(據人文科學研究所藏鈔本校正)

  『燕雲奉使錄』趙良嗣

『茅齋自叙』馬擴

『南歸錄』沈琯

『中興遺史』趙甡之

『靖康城下奉使錄』鄭望之

『山西軍前和議奉使錄』李若水

『河東逢虜記』陶宣幹

『北記』范仲熊

『回天錄』秦湛

『金虜節要』張匯

『紹興甲寅通和錄』王繪

『采石戰勝錄』員興宗

『歸田錄』歐陽修　　　　　　　　　　四部叢刊本歐陽文忠公集所收

『默記』王銍　　　　　　　　　　　　　　　　　知不足齋叢書本

『揮塵錄』王明清　　　　　　　　　　　　　　　　　四部叢刊本

『夢梁錄』

『張子語錄』張載　　　　　　　　　　　　　　　　　四部叢刊本

『河南程氏遺書』程顥程頤　　　　　　　　　　　國學基本叢書本

『朱子語類』朱熹　　　　　　　　　　　　　　　　　　日本刊本

『象山語錄』陸九淵　　　　　　　　　四部叢刊本象山先生全集所收

『性理字義』陳淳　　　　　　　　　　　　　　　　　　日本刊本

『宋景文公筆記』宋祁　　　　　　　　　　　　景弘治本百川學海本

『東原錄』龔鼎臣　　　　　　　　　　　叢書集成據藝海珠塵排印本

『老學庵筆記』陸游　　　　　　　　　　　　　商務印書館排印本

『鶴林玉露』羅大經　　　　　　　　　　　　　　　　　日本刊本

『齊東野語』周密　　　　　　　　　　　　　　商務印書館排印本

『癸辛雜識』周密　　　　　　　　　　　　　　　　　津逮秘書本

『洞微志』錢易

『景德傳燈錄』道原　　　　　　　　　　　　　　　　四部叢刊本

『無門關』慧開　　　　　　　　　　　　　　大正藏經 No. 2005

『虛堂和尙語錄』妙源編　　　　　　　　　　　　大正藏經 No. 2000

『伊川擊壤集』邵雍　　　　　　　　　　　　　四部叢刊本

『蘇文忠詩合註』蘇軾　　　　　　　　　　　　　　刊本

『誠齋集』楊萬里　　　　　　　　　　　　　　四部叢刊本

『石屛詩集』戴復古　　　　　　　　　　　　　　　〃

『指南錄』文天祥　　　　　　　　　　　　　　日本刊本

『樂府雅詞』曾慥輯　　　　　　　　　　　叢書集成據粤雅堂叢書本

『宋六十名家詞』毛晉輯　　　　　　　　　　　國學基本叢書影印本

2)歐陽修 3)柳永 4)蘇軾 5)黃庭堅 6)秦觀 7)晏幾道 8)毛滂 10)辛棄
疾 11)周邦彦 18)蔣捷 19)程垓 21)趙長卿 24)高觀國 27)石孝友 29)方千
里 31)張元幹 38)李之儀 42)楊无咎 49)沈端節

『劉知遠諸宮調』

『大唐三藏取經詩話』

송나라·원나라(명나라)

『大宋宣和遺事』

『淸平山堂話本』

2)「簡帖和尙」 3)「西湖三塔記」 4)「合同文字記」 7)「快嘴李翠蓮記」 8)「洛陽
三怪記」 11)「陰隲積善」 12)「陳巡檢梅嶺失妻記」 14)「刎頸鴛鴦會」 15)「楊溫
攔路虎傳」

『古今小說』

15)「史弘肇龍虎君臣會」 26)「沈小官一鳥害七命」

『警世通言』

4)「拗相公飮恨半山堂」 7)「陳可常端陽仙化」 8)「崔待詔生死冤家」 12)「范鰍
兒雙鏡重圓」 14)「一窟鬼癩道人除怪」 16)「小夫人金錢贈年少」 37)「萬秀娘
仇報山亭兒」

『董解元西廂記』

『張協狀元』-『永樂大典』卷13991引

원나라

『元典章』

『經世大典』-『永樂大典』卷19423引

『元刊本古今雜劇』

「西蜀夢」「拜月亭」「老生兒」「氣英布」「張千替殺妻」

『五代史平話』

『三國志平話』

원나라·명나라

『元曲選』

1)「漢宮秋」 2)「金錢記」 3)「陳州糶米」 4)「鴛鴦被」 5)「賺蒯通」 7)「殺狗勸夫」 8)「合汗衫」 9)「謝天香」 10)「爭報恩」 11)「張天師」 12)「救風塵」 13)「東堂老」 14)「燕青博魚」 15)「瀟湘雨」 16)「曲江池」 17)「楚昭公」 18)「來生債」 19)「薛仁貴」 20)「墻頭馬上」 21)「梧桐雨」 22)「生老兒」 23)「硃砂擔」 24)「虎頭牌」 25)「合同文字」 26)「凍蘇秦」 27)「兒女團圓」 28)「玉壺春」 29)「鐵拐李」 30)「小尉遲」 31)「風光好」 33)「神奴兒」 34)「薦福碑」 35)「謝金吾」 36)「岳陽樓」 37)「蝴蝶夢」 38)「伍員吹簫」 39)「勘頭巾」 40)「黑旋風」 42)「陳摶高臥」 43)「馬陵道」 44)「救孝子」 45)「黃粱夢」 47)「王粲登樓」 48)「昊天塔」 49)「魯齋郎」 50)「漁樵記」 51)「青衫泪」 53)「舉案齊眉」 54)「後庭花」 55)「范張雞黍」 56)「兩世姻緣」 57)「趙禮讓肥」 58)「酷寒亭」 59)「桃花女」 60)「忍字記」 63)「金安壽」 64)「灰闌記」 65)「冤家債主」 66)「㑇梅香」 67)「單鞭奪槊」 68)「城南柳」 69)「誶范叔」 71)「東坡夢」 72)「金線池」 73)「留鞋記」 74)「氣英布」 78)「誤入桃源」 80)「盆兒鬼」 81)「對玉梳」 83)「竹塢聽琴」 84)「抱粧盒」 86)「竇娥冤」 87)「李逵負荊」 89)「連環計」 91)「看錢奴」 95)「望江亭」 97)「碧桃花」 98)「張生煮海」 99)「生金閣」 100)「馮玉蘭」

『西廂記』 覆郎空觀原劇本

명나라

『蜀語』李實   函海本

『元秘史』   四部叢刊本

『新刻徐比部燕山叢錄』徐昌祚   刊本

『牡丹亭』湯顯祖   國學基本叢書本

『南詞叙錄』徐謂

『**古今小說**』

　　　1)「蔣興哥重會珍珠衫」 2)「陳御史巧勘金釵鈿」 4)「閒雲菴阮三償冤債」 10)
　　　「滕大尹鬼斷家私」 18)「楊八老越國奇逢」

『**醒世恆言**』

　　　23)金海陵縱欲亡身　33)十五貫戲言成巧禍

『**二刻拍案驚奇**』

　　　2)小道人一着饒天下

『百回本水滸』   李玄伯排印本

『西遊記』   亞東圖書館排印本

『金瓶梅詞話』   影印本

『朴通事諺解』   奎章閣叢書本

『老乞大諺解』   奎章閣叢書本

청나라

(전기)

『綴白裘』汪協如校   中國書局排印本

『磨難曲』蒲松齡   文求堂排印本

『醒世姻緣傳』   亞東圖書館排印本

『儒林外史』   〃

『庚辰本石頭記』   文學古籍刊行社影印本

『紅樓夢』   亞東圖書館據程偉元第二次印本排印

『滿漢成語對待』劉順   刊本

『初學指南』富俊　　　　　　　　　　　　　乾隆59年刊本
『韃靼漂流記』　　　　　　　　　　　　　　園田一龜校注本

(후기)
『鏡花緣』　　　　　　　　　　　　　　　亞東圖書館排印本
『品花寶鑑』　　　　　　　　　　　　　　　　　刊本
『兒女英雄傳』　　　　　　　　　　　　　　　　刊本
『三俠五義』　　　　　　　　　　　　　　亞東圖書館排印本
『老殘遊記』　　　　　　　　　　　　　　　　　　〃
『二十年目睹之怪現狀』　　　　　　　　上海文化出版社排印本
『庸言知旨』宜興　　　　　　　　　　　　嘉慶7年序刊本
『清文指要』　　　　　　　　　　　　　　　　　刊本
『正音撮要』高靜亭　　　　　　　　　　　　　　刊本
『正音咀華』莎彝尊　　　　　　　　　　　　　　刊本
『語言自邇集』

현대

魯迅：「孔乙己」
老舍：「貓城記」　　　　　　　　「上任」,「犧牲」,「毛毛蟲」(『櫻海集』所收)
　　　「離婚」　　　　　　　　　　「歸去來兮」
　　　「牛天賜傳」　　　　　　　　「面子問題」
　　　「駱駝祥子」　　　　　　　　「龍鬚溝」
　　　『四世同堂』第一部惶惑 第二部偷生
曹禺：「正在想」
趙元任：「最後五分鐘」
陳士和：「評書聊齋云翠仙」

색인

1. 이 색인은 제2부에서 보이는 주요 글자만을 수록했다.

2. 견출어는 그 용법을 직관적으로 나타내기 위해 조용사·접미사와 그 앞에 '~'를 붙여 나타냈다. 부용사·접미사는 그 뒤에 '~'를 붙여 나타냈고, 삽입사는 그 전후에 '~'를 붙였다.

3. 숫자는 그 글자에서 보이는 페이지를 나타냈지만, 굵은 글자는 그 글자가 견출어로서 페이지에서 소개하고 있음을 나타냈다.

4. 품사약칭은 다음과 같다.

(名)=명사	(副名)=부명사	(助名)=조명사
(代)=대명사		
(數)=수사	(副數)=부수사	(助數)=조수사　　(量)=양사
(動)=동사	(補動)=보동사 (兼動)=겸어동사 (助動)=조동사 (同動)=동동사
(形)=형용사	(助形)=조형사	
(介)=개사	(助)=조사	
(副)=부사	(接)=접두사·접미사	
(連)=연사	(揷)=삽입사	

- 한국어판에서는 한국식 한자음대로 ㄱㄴㄷ순으로 정리했다. 두음법칙은 적용하지 않았다.

  老兄 → 'ㄹ-로' 항목　　　　力巴 → 'ㄹ-력' 항목

- 한 글자의 음이 여럿인 경우 해당 의미의 음을 우선으로 정리하고, 그 외엔 중국어 발음과 근연어를 고려했다. 어떠한 기준도 애매할 때는 부득이하게 보다 널리 쓰이는 음으로 정리했다.

  台 (代): '별·태풍 태, 나 이, 대 대…' 중 대명사의 쓰임 → 'ㅇ-이' 항목
  ~串 (量): '곶 곶, 꿰미 천…' 중 양사의 쓰임 → 'ㅊ-천' 항목
  泊乎: '계호/계호/기호' 중 근연어 幾乎와 유사한 음 → 'ㄱ-기' 항목

ㄱ

· 가

~家 (接) **159**

可 (連) 522

可 (補動) 317, 574, 627

可 (副) **473**, 522, 572

可是 (連) 499, **522**

可也 (副) **473**

可以 (補動) **317**

假使 (連) **536**

假如 (連) **536**

哥兒兩個 157

· 각

却 (副) **472**

~却 (助動) 364, 615

閣下 (名) 181

各位 (名) 181

各人 (代) **193**

各自 (代) **192**

· 간, 감, 강

趕 (介) **408**

趕緊 (副) **446**

簡直 (副) **465**

敢 (補動) **325**, 466

敢自 (副) **465**

敢情 (副) **466**

敢則 (副) **465**

剛 (副) **439**

剛纔 (副) **441**

· 개, 갱

~個 (量) 132, 261

~個 (助動) 385, 632

~開 (助動) **354**

~開去 (助動) 354

~開來 (助動) 354

更 (副) **284**, 288, **436**

· 거

據 (介) **423**

渠 (代) **172**, 176

~去 (助動) 278, 340, **357**

居然 (副) **462**

· 견, 결, 경

見 (補動) 327

~見 (接) **297**

遣 (兼動) 389

遣令 (兼動) 389

遣放 (兼動) 389

結巴 (名) 160

卿 (名) 181

~經 (接) **430**

· 고, 곤, 공

靠 (介) **422**

故故 (副) 467

故意 (副) **467**

姑且 (副) **445**

~捆 (量) 255

公 (名) 181

恐怕 (副) **476**

· 과, 광

寡 (副) 452

~夥 (量) 262

過 (介) 285

~過 (助動) **352**, 615

~過去 (助動) **353**

~過來 (助動) **353**

果然 (副) **461**

光 (副) **451**

· 괴, 교

怪 (副) **433**

怪不得 (連) 519

較 (介) 284

教(交) (兼動) 328, 386, 396

教令 (兼動) 389

教著 (兼動) 389

· 구, 군, 권, 규

~口 (量) 255

究竟 (副) **444**

668

君 (名) 181
~輩 (量) 262
權且 (副) **445**
叫 (兼動) **386, 395**

· 극, 근, 금
極 (副) **430**
~極 (助形) 280
極其 (副) **431**
~極了 (助形) **280**
跟 (介, 連) **426**
近來 (副) **438**
禁 (補動) **321**
今兒 (名) 156

· 급, 긍
給 (兼動, 介) **410**
~給 (助動) 379, **380**
給他個 199
及至 (連) **526**
肯 (補動) **325**

· 기
其 (代) 168, 172
~其 (接) 430
其實 (副, 連) **524**
既 (連) 504, **508**, 535
既是 (連) **535**
既然 (連) 500, **535**

~起 (助動) **341**, 359
~起去 (助動) **343**
~起來 (助動) **342**, 359
起初 (副) **437**
幾 (數) **243**, 245
幾幾乎 (副) **475**
幾兒 (名) 157
幾乎 (副) **474**
洎乎 (副) 475

ㄴ

· 나
拿 (介) **413**, 501
那 (代) 166, 203, **207**,
　217
那 (助) 582, 599
那個 (代) 132, **208**
那塊兒 (代) 203
那裏 (代) **208**
那麼 (連) **518**
那麼 (副, 代) 134, 139,
　215, 492
那麼個 492
那麼些 492
那麼些個 492
那麼樣 492
那麼着 492, 494, 495
那邊 (代) **209**
那些 (代) 203, 205, **208**,

　239
那些個 (代) **208**
那兒 (代) **208**
那早晚 (代) **209**
那下 (代) 206
那哈兒 (代) **209**
那會兒 (代) **209**
那會子 (代) **209**
哪 (代) 166, 202, **210**
哪 (助) 582, **590, 599**,
　609
哪個 (代) **212**
哪塊兒 (代) 203
哪裏 (代) **212**
哪麼 (副, 代) **215**, 491,
　495
哪麼着 492, 495
哪邊 (代) **212**
哪些 (代) 203, **211**
哪些個 (代) 203
哪兒 (代) 210, **212**
哪怕 (連) **544**
哪哈兒 (代) 203

· 난, 낭, 내
難 (補動) **328**
難道 (副) **490**
難以 (補動) **328**
娘兒兩個 157

669

乃 (代) 168
耐 (補動) **320**

· 념, 녕, 농, 능
念 (數) 214
儜 (代) 182
寧可 (連) **526**
寧肯 (連) **526**
儂 (代) 147, 184
能 (補動) **316**
能夠 (補動) **316**
能以 (補動) **316**

· 니, 님
聻 (助) 579, 580
尼 (助) 579, 580
呢 (助) 572, **578**, 592,
　　601, **602**, 640, 641, 643
您 (代) 168, 181, **185**, 189
您每 (代) 186
你 (代) 165, 168, 179,
　　180, **184**, 198, 216, 217
你儜 (代) 182
你能 (代) 182
你老 (代) 182
你老人家 (代) 182
你懣 (代) 184
你們 (代) 168, 178
你我 (代) 180

恁(=您) 181

ㄷ

· 다
多 (副) 214, 215, **488**
~多 (助動) **244**
~多了 (助形) **275**
多麼 (副) **490**
多少 (數) 245, 488
~多着呢 (助形) **276**
多喒 (代) **215**
多早晚兒 (代) **214**
~多着哩 (助形) 276
多會兒 (代) **215**
多虧 (副) **468**

· 단, 당
丹 (數) 228
單 (副) **451**
單 (數) 228
但是 (連) **520**
當 (介) **403**
當 (補動) **321**
當初 (副) **437**
倘然 (連) **539**
倘或 (連) **539**

· 대
對 (介) **407**

帶 (連) 499, 502, **503**
~隊 (量) 262
大 (數) 146, 147, **248**
大家 (代) **196**
大家夥兒 (代) **197**
大概 (副) **476**, 572, 585
大夥兒 (代) **196**
~大發了 (助動) **382**
大前兒 157

· 도. 동, 두
道 (介) 404
都 (副) 291, **457**
到 (介) **408**
~到 (助動) 379, **381**
倒 (副) **473**
倒也 (副) **473**
同 (介, 連) **426**
同 (同動) 314
同着 (介) **426**
頭~ (數, 副數) **247**
~頭 (量) 259
~頭 (接) **152**
~頭兒 (接) 154

· 득
得 (補動) **318**
~得 (助動) 368, **385**,
　　570, 633, 638

670

~得開 (助動) 374

~得潔 (助動) 378

~得過 (助動) 374, 375, 382

~得過兒 (助動) **382**

~得及 (助動) 374

~得起 (助動) 377

~得多 (助動) 378

~得多 (助形) **275**

~得短 (助動) 379

~得動 (助動) 374

~得了 (助動) 373

~得分明 (助動) 379

~得死 (助動) 377

~得成 (助動) 374

~得熟 (助動) 379

~得全 (助動) 375

~得眞 (助動) 379

~得徹 (助動) 375

~得出 (助動) 374

~得破 (助動) 374

~得下 (助動) 374

~得好 (助動) 368, 377

~得慌 (助形) **277**

~得很 (助形) **276**

· 등

等 (介, 連) **408, 525**

等 (同動) 314

等 (助) 177, 311, **552**

等到 (連) **525**

等等 (助) 552

等於 (同動) 314

ㄹ

· 라, 락, 랍, 랑

喇 (助) 619

羅 (助) 620

囉 (助) 619, 620

懶待 (補動) **327**

懶得 (補動) 327

懶怠 (補動) 327

咯 (助) **618**

啦 (助) 572, **600, 618**

嘟噹兒的 (助) 558

· 래

來 (助) 620

~來 (接) 429

~來 (助動) 340, **356**

~來 (助名) **164**

~來 (助數) **244**

~來~去 (助動) **367**

來着 (助) 572, **602, 620**

· 량, 력, 련, 렬

兩 (數) **224**, 448

倆 (數) **230**

力巴 (名) 160

連 (介, 連) **428**, 499, **503**, 509

連忙 (副) **446**

咧 (助) 574, 601, 618

· 령

零 (數) **227**

另 (副) **452**

另外 (副) **452**

令 (兼動) 389

令教 (兼動) 389

令堂 (名) 181

令使 (兼動) 389

令尊 (名) 181

· 로, 료

老~ (接) **148**

老哥 (名) 181

老兄 (名) 181

了 (助) 359, 572, 584, **600, 609**, 618

~了 (助動) **363**, 573, 609, 615

~了~ (挿) 279

~了去了 (助形) **278**

了不得 (動, 形) **639**

～了也 (助) 613

聊且 (副) **446**

·루, 류, 륵
屢次 (副) **449**
類 (同動) 310
勒 (助) 619

·리
離 (介) **409**
哩 (助) 574, 600, 603
裏(里) (助) 602
~裏 (助名) **163**
~裏~ (揷) 273
裏頭 (名) 152
~裏下 (接) **161**
~裏下裏 (接) **161**
利害 (形) 638

ㅁ
·마, 막
嗎 (助) 490, 572, **574**,
　640
嘛 (助) 572, 577
麼 (助) 574, 601
摩 (助) 574
磨 (助) 574
莫 **479**, **486**
莫說 (連) **512**

·만, 망
晚上 (名) 160

慢講 (連) **512**
慢道 (連) 512
慢說 (連) 512
萬兒八千 238
萬千 (數) 237
亡 **479**
望 (介) **406**

·매, 맥, 명, 몰
~每 (接, 助) 181, **189**,
　555
驀地 (副) 562
明兒 (名) 156
沒 (動, 副) **482**, 608, 628
沒有 (動, 副) 483, 606,
　627, 646
沒有 (助) 601, 602, 621,
　624

·무, 문, 물
毋 (動, 助) 478, 481
毋寧 (連) 526
無 (動, 副) **478**, 481,
　627, 628
無 (助) 574, 576
無論 (連) **547**
無有 483
~門 (接, 助) 181, 188. 555
~們 (接, 助) 178, **553**

~懑 (接, 助) 181, 555
勿 **479**, 481

·미
彌 (副) 292
微 **481**
~弭 (接) 189, 555
未 (副) **480**
未 (助) 575
未是 309
未曾 (副) 484, 606
未必 (副) **487**
尾巴 (名) 160

ㅂ
·반, 방
~班 (量) 262
~般 (助名) **163**
反倒 (副) **473**
反正 (副) 462
放 (兼動) 389
放教 (兼動) 389
髣髴 (同動) 310, **313**
方纔 (副) **441**
旁邊 (名) 132, 162
旁人 (代) **194**

·배, 백
輩 (名) 177

百十 237
百兒八十 238
百千 236
百千萬 237
百八十 (數) 238

· 변, 별
~邊 (接, 助名) **162**
別 (副) **485**, 612
別說 (連) **512**
別是 (副) 585
別要 (副) 485
別人 (代) **194**
別人家 (代) **194**

· 병, 본, 봉
並且 (連) **511**
本來 (副) **438**
~捧 (量) 255
~封 (量) 259

· 부
夫 (代) 168
否 **480**, 574, 646
~不多兒 (助動) **383**
不但 (連) **508**
不單 (連) **510**
~不斷 (助動) 376
~不到 (助動) 375

~不倒 (助動) 375
不獨 (連) **510**
~不動 (助動) 376
不得 (補動) **318**
~不得 (助動) 368
不得了 638
~不仔細 (助動) 379
不曾 (副) 484, 606, 624
否則 (連) **516**

· 불
弗 479
不 (副) 134, 135, 218,
　219, 220, **482**, 611, 645
不 (連) 514
不 (助) 574, 623, **625**
~不開 (助動) 376
~不去 (助動) 376
~不高兒 (助動) **383**
不過 (副, 連) **523**
~不過 (助形) **280**
不管 (連) **548**
不拘 (連) **548**
~不起 (助動) 374, 376,
　377
~不落 (助動) 376
~不來 (助動) 376
不論 (連) **547**
~不牢 (助動) 379

~不了 (助動) 368, 373
不料 (連) **524**
不麼 (連) 516
不問 (連) **548**
~不死 (助動) 376, 377
不想 (連) **524**
~不上 (助動) 376
不成 (副, 助) 490
~不熟 (助動) 379
不是 (同動) 310, 482,
　645, 646
不是 (連) **515**
不是 (助) 622, 623, **624**
不如 (連) **526**
不然 (連) **516**
~不穩 (助動) 379
不用 (補動) 485, 612
~不遠 (助動) 379
~不遠兒 (助動) **383**
不有 483
~不出 (助動) 376
不必 (副) **487**
~不好 (助動) 368, 377

· 비, 빙
非 309, **480**, 575
非是 (同動) 309, 482
比 (介) **287**, 289, 427
比方 (連) **519**

673

比如 (連) **519**
譬如 (連) **519**
憑 (連) **549**

人

· 사
唎 (助) 597
籹 (=些) 239
些 (數) **239**, 288, **638**
些些 (數) 239
使 (兼動) 328, **388**
使得 (兼動) 388
使令 (兼動) 389
似 (同動, 介) 283, **286**,
　295, 310
似類 (同動) 311
似若 (同動) 311
似的 (助) **559**
似乎 (同動) 310, **312**
私地 (副) 562
嗣後 (連) **517**

· 삭, 산, 삼
索性 (副) **464**
索興 (副) 464
算 (同動) 314
算是 (同動) 314
算作 (動) 314
仨 (數) **230**

三五 235

· 상
像 (同動) 282, 283, 310,
　312
~晌 (量) 254
相 (副) **453**
~相似 (助) 311, 314
上 (介) **406**
~上 (接, 助名) **160**, 162
~上 (助動) **347**, 359
~上去 (助動) **349**
上頭 (名) 152
~上來 (助動) **348**, 358,
　362
常常 (副) **444**
爽性 (副) 464
尙且 (連) **511**

· 생, 선, 소, 속
~生 (接) 495
先生 (名) 181
所以 (連) 499, **530**
屬 (名) 177
~束 (量) 255

· 수, 숙, 순
誰 (代) 168, 218, 219,
　251

隨 (連) 499, 503, **506**,
　550
數 (數) **242**
須 (補動) **323**
須得 (補動) 320, 323
須要 323
雖說 (連) **534**
雖然 (連) 499, **533**
雖則 (連) **534**
孰 (代) 168, 218
順 (介) **409**

· 시
厮 (副) **454**
時 (助) 570
時時 (副) **444**
是 (同動) 305, 306, 482,
　568
~是 (接) 430
是沒 (代) 212
是勿 (代) 212
是物 (代) 212
是以 (連) 531, **532**
是的 (助) 313, 559

· 실, 심, 십, 쌍
實在 (副) **459**
甚 (代) 213
甚摩 (代) 213

甚麼 (代) **212**, 251, 556,
  642
甚麼的 (代) **556**
甚謨 (代) 213
甚沒 (代) 213
甚物 (代) 213
尋常 (副) **445**
心下 (名) 161
十 (數) 214
什摩 (代) 213
什麼 (代) 213
雙 (數) 448
~雙 (量) 262

ㅇ

· 아

~兒 (接) **155**, 268, **297**,
  302, 564
啊 (助) 557, 572, **590**,
  597, 643
呵 (助) 593
阿 (助) 593
阿~ (接) **145**, 251
阿那 (代) 210
阿儂 (代) 147
阿你 (代) 147
阿誰 (代) 147
我 (代) 134, 165, 166,
  168, 176, 178, 197,

216, 217
我懣 (代) 181, 184, 190
我每 (代) 181
我們 (代) 168, 179, 181
我門 (代) 190
啞巴 (名) 160

· 안, 암, 앙, 애

按 (介) **423**
俺 (代) 181, **190**
暗地 (副) 561
印 (代) 168
愛 (補動) **326**

· 야

邪 (助) 575, 582
耶 (助) 582, 643
也 (連) **505**, 508
也 (副) **457**
也 (助) 305, 596, 613,
  615
~也 (接) 430
也似 (助) **558**
也似的 (助) 313
也是 (副, 連) **458**, 511
也罷 584
也許 (副) 476, 572
爺兒兩個 157

· 약, 양

若 (代) 168
若 (同動) 282, 310
若 (連) 537, 570, 581
若箇 (代) 210
若似 (同動) 311
若是 (連) **537**
若要 (連) **538**
讓 (兼動) **388**, **395**
~樣 (助名) **163**

· 어, 언

於 (介) 284, 285, 402
於是 (連) **518**
於是乎 (連) 518
焉 (助) 134, 603

· 여, 연, 영

予 (代) 168
余 (代) 168
汝(女) (代) 168
~餘 (助數) 243
與 (介, 連) **412**, **424**,
  499
與其 (連) **526**
如 (同動) 282, 283, 310,
  286
如果 (同動) **537**
如今 (名) 441, 604, 607

675

如同 (同動) 310, **313**
如類 (同動) 311
如似 (同動) 311
如使 (連) 223
沿 (介) **409**
~然 (接) 311, 429
然而 (連) 501, **520**
然後 (連) **518**
永遠 (副) **445**

· 오, 와, 왕, 외

吾 168, 176, 178
伍的 (助) 558
五三 (數) 236
五七 (數) 235
哇 (助) **590, 598**, 619
往 (介) **406**, 493
往往 (副) **449**
~外 (助名) 162
外頭 (名) 152
外邊 (名) 162

· 요, 욕, 용

要 (連) **538**, 539, 586
要 (補動) **323**, 611
要當 (補動) 323
要命 638
要不 (連) 516
要不得 **639**

要不是 (連) 516
要不然 (連) **516**
要須 (補動) 323
要是 (連) **538**
欲 (補動) **325**
欲待 (補動) 325
欲得 (補動) 325
欲似 (同動) 311
欲要 (補動) 325
欲願 (補動) 325
欲擬 (補動) 325
甭 (副) **485**
用 (介) **413**
容易 (補動) **329**

· 우

尤 (副) 284, **290, 435**
尤其 (副) **290, 435**
又 (連) **504**, 508
又 (副) **448**
~又~ (挿) 228
偶然 (副) **446**

· 원, 월, 위

願 (補動) **325**
願得 (補動) 325
願意 (補動) **326**
元來 (副) **438**
原來 (副, 連) 438, 500,

520
越 (連) 293, 503, **506**
越 (副) 292
越發 (副) 292
~偉 (接, 助) 189, 555
爲 (介, 連) **410**, 528, 529
爲 (同動) 314
~爲 (接) 430
爲了 (介) 410
爲的是 (連) **520**
爲着 (介) 410

· 유, 응, 의

愈 (副, 連) 284, 292
逾 (副, 連) 293
由(=猶) 310
有 (動) 627
~有~ (挿) 228
有時 (連) **514**
猶 (同動) 310
猶若 (同動) 309
猶如 (同動) 309
唯其 (連) 545
唯有 (連) 545
應 (補動) **321**
應當 (補動) 322
應該 (補動) **322**
矣 (助) 616
依 (介) **422**

依舊 (副) 422, 447
依然 (副) **447**
意欲 (補動) 325
意下 (名) 161

· 이
伊 (代) **172**
台 (代) 168
爾 (代) 168, 177, 207, 580
爾 (助) 580
而 (代) 168
~而 (接) 430
而且 (連) 501, 508, 509, **511**
已 294, 616
已經 (副) **438**, 572
~已來 (助數) 244
二 (數) 224, 263, 448
二來 (連) **507**
二則 (連) **507**
以 (介) 413, 415, 416
以 (副) 294
~以來 (助數) 244
以是 (連) 532

· 익, 인
益 (副) 141, 284, 292, 294

人 (名) 195, 391
人家 (代) **195**
因 (介, 連) **409**, 528
因爲 (連) 500, 501, **528**, **532**
因爲 (介) **410**
因爾 (連) 533
因而 (連) **533**
因此 (連) **532**

· 일
一 (數) **222**, 262, 267, 301, 448, 507
一個 632
一共 (副) **457**
一塊兒 (副) **456**
一起 (副) **456**
一同 (副) **456**
一來 (連) **507**
一面 (連) 499, 502, **506**
一般 (助) 283, 314, **559**
一半 (數) **238**
一半兒 (數) 238
一發 (副) 292
一邊 (連) 499, 503, **505**
一些 (數) 241
一樣 (助) 283, 314, **560**
一點 (數) 241
一點兒 (數) 242, **639**

一點子 (數) 241
一定 (副) **460**
一齊 (副) **455**
一則 (連) **507**

· 임, 입, 잉
恁 (副, 副名) 251
任 (連) 549
任憑 (連) **549**
任何 (副名) 549
~入 (助動) **344**
~入去 (助動) **345**
~入來 (助動) **345**
仍 (副) 447
仍舊 (副) 447

ㅈ

· 자
赭 (=這)
者 (助) 305, 565, 570
者 (=這)
子 (名) 181
~子 (接) **149**, 154, **297**
自 (副) 192
自家 (代) 181, 184, 186, 193, 250
自家懣 (代) 181, 187
自個兒 (代) **193**
自己 (代) **192**

自己個兒 (代) **194**
自然 (副) **460**
自從 (介) **405**

· 작, 잠, 잡, 장
作摩 495
作麼 495
作沒 495
作勿 495
昨兒 (名) 156
喒 (代) 181, 184, **189**
喒們 (代) 179
暫且 (副) **445**
~匝 (量) 265
將 (介) **414, 419**
~將~ (揷) 279
~將去 (助動) 279
將來 (副) **443**

· 재
才(纔) (副) **440**
才始 (副) 440
才是 (助) 551
才好 (助) 622
再 (副) 263, **448**
再四 (副) 449
再三 (副) 448
再也 (副) 449
在 (副) **443**

在 (介) **402**
~在 (接) 430
~在 (助動) 379, **381**
在裏 (助) 603
在這裏 (助) 603
在此 (助) 603

· 저
遮(=這)
底 (助) 565
底下 (名) 161
著 (兼動) 389
著落 (兼動) 389
著令 (兼動) 389
著仰 (兼動) 389
這 (代) 166, 179, **203**, 217
這個 (代) **205**
這塊兒 (代) **206**
這裏 (代) **205**
這麼 (副, 代) **215, 492**
這麼個 492, 494
這麼些 492, 494
這麼些個 492
這麼樣 492, 494
這邊 (代) **205**
這些 (代) 179, **204**, 239
這些個 (代) **205**
這兒 (代) **205**

這麼着 492, 494, 518
這纔 (連) **518**
這早晚 (代) **206**
這下 (代) 206
這哈兒 (代) **206**
這會兒 (代) **206**
這會子 (代) **206**
姐兒兩個 (名) 157

· 적, 전
的 (副) 459
的 (助) 136, 214, 557, **560**, 597, 631
~的 (助動) 379, **381**, 561, 570, 638
的時候 (助) **570**
的話 (助) **571**
的確 (副) 459
全 (副) **456**
~箭 (量) 254
轉 (副) 292
~轉 (助動) **352**
前頭 (名) 152
前兒 (名) 157
剪直的 (副) 465

· 점, 정, 제
點 (數) 241
點兒 (數) 240, **241, 638**

點子 (數) 241, 242
頂 (副) **289, 431**
挺 (副) **434**
~亭 (助數) 231
~停 (助數) **231**
正 (副) **442**, 604, 607
正在 (副) **442**
~定 (助動) **355**, 384
~定了 (助動) **384**
定也 (助) 384
定矣 (助) 384
情願 (補動) **326**
儕 (名) 177
第~ (副數) **246**
除 (介) **423**
除了 (介) **423**
除非 (介, 連) **545**
除是 (介, 連) **546**
諸君 (名) 181

· 조, 종, 좌, 주
朝 (介) **406**
照 (介) **423**
曹 (名) 177
早晚 206, 214
早上 (名) 160
早已 (副) **438**
早就 (副) **437**
從 (介) **403**

從來 (副) **437**
從前 (副) **437**
縱 (連) 540
縱使 (連) **540**
縱然 (連) **540**
左右 (副) **463**
~住 (助動) **354**, 384
主兒兩個 157

· 준, 즉, 즘, 증
準(准) (副) **460**
則 (連) 308
即 (連) 308, 541
即使 (連) **541**
怎麼 (副) 491, **495**
怎麼個 492, 497
怎麼了 492, 497
怎麼樣 492, 497
怎麼着 492, 497
怎生 (副) 496
曾 (副) 439, 572
曾經 (副) **439**

· 지
持 (介) 421
祇 (副) 450
止 (副) 450
~指 (量) 254
之 (助) 134, 136, 565

之 (代) 168, 177, 204,
  479
地 (助) 561
地下 (名) 161
只 (副) **450**
只管 (副) **464**
只是 (連) **521**
只要 (連) **544**
只有 (連) **545**
只怕 (副) 585
只好 (副) **460**
至於 (介, 連) **408, 519**
至如 (連) **519**

· 직, 진, 짐
直到 (連) **525**
趁 (介) **408**
~進 (助動) **343**
~進去 (助動) **344**
~進來 (助動) **344**
儘管 (副, 連) **535**
朕 (代) 168

ㅊ
· 차
此 (代) 250
~扠 (量) 254
且 (連) 504
~且 (接) **430**

679

~次 (量) 263, 266
次後 (連) 517
差不多 (形, 副) **475**
差些兒 (副) **475**
差點兒 475

· 착, 찰
着 (助) **583**
~着 (助動) **360**, 573,
　605, 608, 621
偺 (代) 184
偺們 (代) 179
咱 (代) 181, 184, **186**
咱每 (代) 181, 184
咱門 (代) 188
咱們 (代) 168, 179

· 처, 척, 천, 철
~處 (助) 570
~隻 (量) 260
~串 (量) 262
千萬 (數) 236
千百 (數) 237
千兒八百 238
~鐵了 (助動) **385**

· 체, 초, 총, 최
替 (介) **413**
稍微 (副) **436**

稍爲 (副) **436**
總 (連) 540
總 (副) **458**
總得 (補動) 320
總然 (連) 540
最 (副) **289**, 291, **431**
最爲 (副) **431**

· 출, 취, 칠
~出 (量) 265
~出 (助動) **345**
~出去 (助動) **346**
~出來 (助動) **346**
就 (連) 500, **517, 542**
就結了 (助) 622
就連 (連) 509
就令 (連) 542
就使 (連) 542
就算 (連) 542
就是 (連) 509, 512, **515**,
　542
就是 (助) 622
就是了 (助) 622
就讓 (連) 542
就完了 (助) 622
就有了 (助) 622
就便 (連) 512, 543
嘴巴 (名) 160
七五 (數) 236

E

· 타
它 (代) 170, 172
牠 (代) 172
她 (代) 172
打 (介) **404**
打~ (接) **296**
打從 (介) **404**
他 (代) 168, **170**, 179,
　194, 198, 218, 470
他老人家 (代) 182
他們 (代) 168

· 탁, 탄, 탕
~度 (量) 254
您 (代) 168, **184**
~盞 (量) 263

· 태, 퇴, 특
太 (副) **432**, 612
太煞 (副) 432
~堆 (量) 255
忒 (副) **432**
忒煞 432
特地 (副) **467**, 562
特特 (副) **467**

Ⅱ

· 파

頗 (副) **435**

波 (助) 587

啵 (助) **587**

~巴 (接) **160**

吧 (助) 572, **584**

把 (介) **414**

~把 (量) 255

罷 (助) 584, 588

罷咧 (助) 523, **590**

罷了 (助) 523, **588**

罷哩 (助) 590

· 편

~遍 (量) 265

偏 (副) **471**, 572

偏生 (副) **472**

便 (連) 308, 512, **543**

便是 (連) 512, 515, 543

便總 (連) 540, 543

便罷 584

· 포, 피, 필

~抱 (量) 255

包括 (介) 427

被 (兼動) 327, **392**

彼 (代) 168, 169, 177

~匹 (量) 259

必得 (補動) 320

必矣 (助) 385

ㅎ

· 하

呀 (助) **590, 596**

嗄 (助) 596

何 (代) 218

何況 (連) **511**

~下 (量) 263, 265

~下 (接) **161**

~下 (助動) **349**

~下去 (助動) 279, **350**, 358, 362

下頭 (名) 152

~下來 (助動) **350**, 362

~下裏 (接) **161**

· 합, 항, 해, 행

合 (介, 連) **425**

盍 **481**

恆是 (恆屬·恆數) (副) 463

奚 (代) 210, 218

該 (補動) **322**, 612

該當 (補動) **322**

幸而 (副) **468**

幸虧 (副) **468**

· 향, 허, 현, 형

鄕, 嚮(=向) 405

向 (介) **405**

向來 (副) **438**

許 (副) **476**

現 (副) 604

現在 (副) **441**

~馨 (助) 311

· 호

乎 (助) **575, 582, 641**, 643

~乎 (接) 430

好 (補動) **329**

好幾 (數) **239**

好些 (數) **239**, 288

好些個 (數) 239

好像 (同動) 310, 311

好歹 (副) **463**

好在 (副) **471**

互相 (副) **453**

· 혹, 혼, 홀, 홍

或 (連) **512**

或是 (副, 連) **477, 513**

或者 (副, 連) **477, 513**

渾似 (同動) 311

忽然 (副) **446**

忽地 (副) 562

紅黑 (副) 462

· 화, 환, 황

和 (介, 連) **424, 427**,

499, 503

還 (連) 508, **514**

還 (副) 288, 291, **447**,
572, 605, 608

還是 (連) **514**

還是 (副) **447**

還許 (副) **476**

況且 (連) **511**

· 회, 횡

會 (補動) **317**

~回 (量) 263, 265

~回 (助動) **351**

~回去 (助動) **351**

~回來 (助動) **351**

橫豎 (副) **462**

橫是 (副) 462

· 후, 휴, 흔, 흡

後 (助) 570, 593

後頭 (名) 152

後來 (副) **443**

後兒 (名) 157

虧 (副) **469**

虧殺 (副) 470

休 (副) **485**

休道 (連) **512**

休要 486

很(哏) (副) 276, **433**

恰似 (同動) 311

恰如 (同動) 311

682

오타 다쓰오의 중국어 관련 연구·저작 목록

・단행본

『中国歴代口語文』(1957)

『中国語歴史文法』(1958)

『古典中国語文法』(1964)

『中國歴代口語文 改訂版』(1982)

『西遊記の研究』(1984)

『中国語史通考』(1988)

『中国語文論集』(1995)

・번역

『西遊記』(1960)

『平妖伝』(1960)

『海上花列伝』(1969)

・논문

「近代白話文學の訓詁學的研究法(『兒
　女英雄傳』を中心として)」中国語雑誌
　1-5, 2-1, 2-2, 2-4 (1946.12-1947.6)

「『紅樓夢』・『兒女英雄傳』の辭典」中国
　研究所所報14(1948.6)

「清代の北京語について」中国語学
　34(1950.3)

「『兒女英雄傳』の言語について」中國
　語学研究會(関西)月報(1950.10)

「近代語における非恣意的動詞の形成
　について」中國語雑志5-6(1950.11)

「清代北京語語法研究の資料につい
　て」神戸外大論叢2-1(1951.4)

「中国語句終詞の歴史的研究」神戸外
　大論叢2-4(1951.12)

「'哥児倆'考」神戸外大論叢3-4(1953.2)

「『老乞大』の言語について」中国語学
　研究会論集1(1953.9)

「唐代文法試探」アジア言語研究会
　5(1953.9)

「宋代語法試探」神戸外大論叢
　4-2·3(1953.10)

「漢児言語について--白話発達史に関
　する試論」神戸外大論叢5-2(1954.7)

「'給'について」神戸外大論叢
　7-1·2·3(1956.6)

「中国語法の発達」神戸外大論叢
　7-5(1957.2)

「'罷'の歴史について-内田道夫氏論文
　をよんで」中国語学62(1957.3)

「近代漢語雑考」書架1(1978.5)

「量詞の歴史」中国語学90(1959.9)

「『論語』の文法(試稿)」中国語学研究集
　刊(1960)

「中国語動詞接尾辞'見'について」神
　戸外大論叢10(1960.3)

「『論語』文法研究」神戸外大論叢11-2,

11-4(1960)

「『孟子』文法研究」神戸外大論叢13-1, 13-3, 13-6(1962~1963)

「'底'と'地'」中国語学123(1962.8)

「『児女英雄伝』」校讀札記」清末文學語言研究會會報2(1962.10)

「『児女英雄伝』語彙調査」清末文学言語研究会会報3(1963.3)

「『檀弓』文法略説」神戸外大論叢14-3(1964.2)

「『紅楼夢』の言語について」明清文学言語研究会会報5(1964.11)

「北京語の文法特點」久重福三郎先生, 坂本一郎先生還暦記念. 中国研究(1965.6)

「『金瓶梅』を題材とした満·漢語併用の俗曲「陞官図」について」明清文学言語研究会会報6(1965.9)

「『紅楼夢』新探」神戸外大論叢16-3, 16-4(1965.11)

「'甚麼'考」神戸外大論叢19-3(1968)

「社會小説『小額』語釋及索引」私家版(1969.2)

「『小額』の語法と語彙-上-」神戸外大論叢21-3(1970.8)

「『小額』の語法と語彙-下-」神戸外大論叢23-3(1972.8)

「『児女英雄伝』の言語」日本中國學會報26(1974.10)

·자료

「中國的古漢語法研究」中国語学10(1959)

「『児女英雄伝』勘誤表」清末文学言語研究会会報1(1962.10)

「『京本通俗小説』·『清平山堂話本』語彙索引」明清文学言語研究会会報5(1964.7)

「中国語学案内」神戸外大論叢18-3(1967.8)

중국어 어법 용어 한·중·일 대조표

중국어	일본어	한국어	중국어	일본어	한국어
B			从句	从句	종속절
包括式	包括型	포괄식	**D**		
包孕句	包含句	포함문	代名词	代名词	대명사
被修饰语	被修饰语	피수식어	单部句	单部句	단문
本位语	本位语	동격어	单纯词	单语	단일단어
宾语	宾语	빈어	单体词句	单体词句	단음절문
并列关系	并列关系	병렬관계	单谓词句	单述词句	단일서술어문
补充关系	补充关系	보충관계	单音节词	单音节语	단음절어
补语	补语	보어	等立词组	等立连语	등위구
C			等立句	等立句	등위문
程度补语	程度补语	정도보어	递进	渐层	점층
陈述关系	陈述关系	서술관계	独词句	单语文	단일단어문
陈述语句	平叙文	서술문	独立词	自立语	독립어
重叠形式	重复形式	중첩형식	**F**		
词根	语根	어근	非任意的动词	非恣意的动词	비임의동사
词类	品词	품사	非叙实	非叙实	비서술
词缀	接词	접사	副词	副词	부사
词组	连语	구	副词性修饰语	副词的修饰语	부사수식어
词组助词	词组助词	구 연결조사	副动词	副动词	부동사
次数补语	回数补语	수량보어	副名词	副名词	부명사

685

중국어	일본어	한국어	중국어	일본어	한국어
副数词	副数词	부수사	兼语动词	兼语动词	겸어동사
副用词	副用词	부용사	兼语句	兼语句	겸어문
附加成分	附加成分	부가성분	结果补语	结果补语	결과보어
附属词	附属语	부가어	结合的支配关系	结合的支配关系	결합적지배관계
复句	复句	복문	介词	介词	개사
复合词	复合语	합성어	精警	精警	강조
复体词句	复体词句	합성어문	句节	文节	문절
复音节词	复音节语	복음절어	句末助词	句末助词	문말조사
G			句中重音	文强势	문중강세
感叹词	间投词	감탄사	句子	句	문장
感叹语句	感叹文	감탄어문	L		
H			连词	连词	접속사
后助语句	助语句	보조어문	连代句	连代句	연속문
后助名词	助名词	보조명사	连述句	连述句	연동서술문
后助数词	助数词	보조수사	连锁句	连锁句	연쇄문
后助形容词	助形词	보조형용사	量词	量词	양사
后助用词	助用词	보조용사	M		
后缀	接尾辞	접미사	名词	名词	명사
呼语	呼掛片语	호격어	N		
J			疑问语句	疑问语句	의문사문
间接宾语	间接宾语	간접빈어	P		
兼语	兼语	겸어	排除式	除外型	배제식

686

중국어	일본어	한국어	중국어	일본어	한국어
Q			W		
期间補語	期间補語	시간보어	谓词	述词	술어
前綴	接头词	접두사	谓语部分	述部	술부
R			无要求语句	无要求文	무요구어문
任意的动词	恣意的动词	임의동사	无述语句	无述语句	무술어문
S			X		
上下文	文脉	문맥	象声词	拟声词	의성사
數詞	數詞	수사	形容补语	形容补语	형용보어
數量比較	數量比較	수량비교	形容词	形容词	형용사
補語	補語	보어	形容词句	形容词句	형용사문
述語	述語	술어	形容词性修饰语	形容词性修饰语	형용사수식어
双部句	双部句	양분문	修饰关系	修饰关系	수식관계
瞬间动词	瞬间动词	순간동사	修饰语	修饰语	수식어
T			叙实	叙实	사실
他动	他动	타동	Y		
他动词	他动词	타동사	要求语句	要求文	요구문
态	态	태	与夺宾语	与夺宾语	여탈빈어
体词	体词	체언	语调	文音调	어조
同动词	同动词	동위동사	语句	文	문
同动词句	同动词句	동위동사문	Z		
同位关系	同位关系	동위관계	支配关系	支配关系	지배관계
同位语	同位语	동위어	直接宾语	直接宾语	직접빈어

중국어	일본어	한국어
中缀	插入词	삽입어
主从句	主从句	주절
主句	主句	주문
主题成分	主题成分	주제성분
主要成分	主要成分	주요성분
主语	主语	주어
主语部分	主部	주어구
状态补语	样态补语	상태보어
状态后助动词	态后助动词	상태보조동사
准独立词	準自立词	준독립어
自动	自动	자동
自动词	自动词	자동사
助词	助词	조사
助動詞	补动词	조동사

역자 후기

중국어 전공이 아님에도 불구하고 이 책을 번역하게 된 동기를 부끄러움을 무릅쓰고 밝히고자 한다. 처음으로 한문, 특히 불교한문에 관심을 갖기 시작한 것은 가야산 해인사로 출가한 지 열흘쯤 되었을 때였다. 이상적인 출가수행을 꿈꾸던 나는 당시 스님들의 생활 모습을 보고 실망스러워 신심이 떨어졌다. 흔히 수행자가 신심이 떨어지면 병난다고 하더니 그 지경이 되어버렸다. 그때 난 소임이 갱두, 즉 국 끓이는 일이었다. 몸이 불편해도 대중 소임은 쉴 수 없다. 250명 대중 공양 준비를 멈출 수는 없는 일이었다. 국거리를 준비하러 지금의 청백당 자리인 당시 방앗간으로 가기 위해서는 도서관이었던 경학원 앞을 거쳐 수월문을 지나야 한다. 이 수월문은 절집에서는 보기 드문 솟을대문의 격식 있는 대문이었다. 경학원은 원래 조선왕실의 왕, 왕후, 태자의 만수무강을 비는 곳이다. 창건 당시는 경홍전景洪殿이라고 이름했던 것을 환경스님이 경학원經學院으로 개칭하였다. 왕실의 복을 비는 곳이어서 대문, 축대, 건물을 왕실 건축에 준해 지었다. 이 수월문을 내려가면 방앗간 가는 길이다. 그날도 국거리를 준비해 수월문을 오르다 매일 그곳을 드나들면서도 그 때까지 한번도 보지 못했던 주련이 눈에 들어왔다. 한쪽은《淸白家風》이었고, 다른 쪽은《卽事卽理》였다. 이 주련의 의미를 당시의 내 한문 이해로는 청백가풍은 '욕심 없이 곧게 사는 것이 가풍'이고, 즉사즉리는 '일, 현상이 곧 이치, 진리이다' 정도로 이해되었다. 이어서 '지금의 이 일, 현상을 떠나 달리 무슨 수행, 공부가 있겠느냐'로 생각이 바뀌었다.

다음 날부터 소임처인 부엌의 천정부터 벽의 오랜 그을음과 먼지를 털어내고, 시멘트 한 포대를 얻어 물에 풀어 천정부터 벽을 칠하는 동안 잃었던 신심도, 몸도 회복되었다.

1년여의 행자 생활을 마치고 수계하고 승가대학에 입학했다. 당시 전통강원의 교육은 주로 조선 중기에 성립된 교과과정인 한문 경전을 읽고, 외우고, 해석하는 것이 주된 수업이었다.

수업을 하면서도 늘 주련의 《即事即理》 구절 중 《即》자가 두 번 쓰인 것에 대한 의심이 떠나지 않았다. 《即》자는 '곧'의 의미 외에는 이해가 없던 터라, 강사스님에게 물었더니 '事에 즉하고 理에 즉한다'로 해석하니, 더욱 이해가 되지 않았다. 일본, 중국에서 한문 소양을 기르면서 비로소 분명해졌다. 《即事即理》는 주격 앞의 《即》은 ① 강조 ②그대로의 의미이고, 뒤의 《即》은 동동사同動詞로 '~이다'의 의미이지만, 같은 동동사인 《是》보다 주어와 목적어를 강하게 결합시키는 것이다. 그래서 이 구절을 해석하면

①의 강조구문으로 해석하면
'일, 현상이야 말로 바로 이치, 진리이다.'
②의 '그대로'의 의미로 해석하면
'일, 현상 그대로 바로 이치, 진리이다.'

해인사는 신라 화엄십찰 중 하나였기 때문에, 곳곳에 화엄경, 화엄사상을 기반한 주련들이 많다. 이 즉사즉리도 화엄사상의 사법계설 중 '이사무애理事無碍' 법계설을 바탕으로 한 것이다.

그때나 지금이나 승가대학에서의 한문 원전 강독은 별로 달라진 것이 없다. 고대한어인 사서삼경의 문어체로 해석하는 태도이다.

그러나 불전한어佛典漢語는 2세기경부터 시작된 중고한어이고, 특히 구어 성분이 많이 혼합된 혼합한어이다. 그리고 선어록은 근대한어이

고, 당시의 선승들이 사용했던 일상어, 구어, 속어가 대량으로 포함된 한어이기 때문에 이것을 고대한어의 문어체로 해석하면 엉뚱한 뜻이 되어버린다. 일본의 임제종 하나조노대학에 유학하면서 1950년대부터 지금까지 지속적으로 운영되는 '당대어록연구반'에도 기웃거렸다. 이 '어록연구반'은 당·송나라 때의 구어 및 속어 연구를 중심으로 선어록을 새롭게 해석하여 중국, 한국 및 각국의 선어록 이해의 태도를 바꾸게 하였다. 불교학뿐만 아니라 인접 여러 분야의 전문가들이 모여 공동연구한 그 결과물을 발표하는, 70여 년을 이어오는 연구단체이다.

1990년은 중국의 중문과에서 불전한어를 연구해 학위를 받은 두 학자가 처음으로 배출된 의미 있는 해이다. 쓰촨대학에서 재직하다, 1999년 내가 베이징대학을 1년간 방문했을 때 베이징대에서 처음으로 불전한어 수업을 개설한 주칭즈朱慶之 교수와 일본의 난잔대학에 초빙되어 지금도 재직하고 있는 량샤오훙梁曉虹 교수이다. 이 두 교수 이후 90년대부터 불전한어 연구가 본격적으로 붐을 이루기 시작했다. 90년대는 근대한어를 중심으로 2000년대는 중고한어 연구가 본격화되었다. 그리고 불전한어를 중심으로 한 국제학술대회가 2년마다 정기적으로 개최되게 되었다.

하나조노대 재학 중 처음 이『중국어 역사 문법』책을 보고 놀랐다. 왜냐하면 그 때까지 거의 모든 문법책의 예문에 불교경전과 선어록이 들어있지 않았기 때문이다. 그러나 이 책은 예문에 많은 불교한문자료가 포함되었다. 더구나 근대한어 연구의 가장 중요한 자료의 하나인『조당집』이 빈번히 인용되고 있었다.

나를 더욱 놀라게 한 것은 이 책이 이미 1987년에 베이징대 중문과 교수들에 의해 번역되었다는 것이다. 자국의 중국어 역사 문법 책으로 일본인이 쓴 것이 번역되었다는 것은 이 책이 갖는 중요성을 시사하는 것이리라. 이 책이 한국어로 번역되면 불전한어를 이해하는 데에도 큰 도움이 되리라 생각하였다. 그리고 한국의 중문과 교수들에 의해 번역될 것이라 생각했다. 왜냐하면 중국의 저명한 학자의 왕리王力의 『한어사고漢語史稿』(1958년) 3冊 중 中冊은 문법에 관한 책인데 몇 교수들에 의해 『중국어어법 발전사』(1999년)로 출판되었기 때문이다. 그래서 이 책도 머지않아 번역되지 않을까 기대했다. 그러나 아무리 기다려도 출판되었다는 소식이 없었다. 어느 중문과 교수에게 여러 번 왜 이 좋은 책이 번역되지 않느냐고 물었다. 대답은 의외였다. 중문과 교수들이 중국어는 잘 알지만 일본어는 몰라서 그렇다는 것이다. 그래서 중국어 문법에는 문외한인 내가 부끄러운 줄도 모르고 번역을 시작했다. 그냥 주위에 관심 있는 몇 사람이라도 돌려볼까 싶었다.

일단 번역을 마치자 초벌 원고를 혹시나 싶어 중국어전문 출판사와 불교계 출판사에 보냈지만 다 출판사 사정이 여의치 않다며 거절 의사를 전해왔다. 아마 전문적인 학술서적의 출판은 출판사의 수익을 생각할 때 주저되었을 것이다. 몇 년을 포기한 채 원고를 묵혀 두었다.

어느 날 당시 문화체육관광부 장관인 최광식 고려대학교 명예교수가 우연히 해인사를 참배했을 때, 방에서 차를 마시면서 요즈음은 뭘 하냐는 질문에 이 책에 관한 말을 했다. 장관과는 베이징대학교에 교환교수로 왔을 때부터 인연이 있었다. 며칠 후 고려대학교 출판부로부터 연락이 와서 원고를 보내고 급속히 출판계약을 맺고 500부를 출판하기로 했다. 그러나 1년이 지나도록 소식이 없어 물어보니 에이전시를 통해 저작권 문제를 해결하기 위해 일본의 출판사에 연락하니 저작권자의 주소, 연락처를 개인정보 보호를 위해 알려줄 수 없다는 것이다. 그럼 당신네 책을 어떻게 외국에서 출판하냐고 해도, 그건 그쪽 사정이라는 투였다.

아니 이럴 수가 있나 싶어 직접 일본의 출판사에 전화해 봐도, 일본에 있는 지인을 통해 연락해도 돌아온 대답은 마찬가지였다. 방법이 없었다. 포기했다. 언젠가 복사본으로 가까운 사람과 나눠 보자 싶어 출판에 대한 생각을 접었다. 2015년이었고 7년이 지났다.

그간 제방선원에서 정진하면서 지난 3년간은 실상사 백장암선원에서 지냈다. 지난해 실상사 회주이신 도법스님이 해제 때에 실상사에서 선어록 강의를 부탁해, 강의 중에 우연히 이 책에 관한 얘기를 듣고 저작권 문제를 내가 해결하면 실상사에서 출판을 돕겠다고 제안을 했다. 아마 도법스님의 이 권유가 없었다면 이 책은 빛을 보지 못했을 것이다.

여러 날을 숙고 끝에 혹시나 싶어 하나조노대학 중문과 명예교수인 키누가와 겐지衣川賢次 선생에게 연락해 보았다. 선생이 출판사 사장과는 학교 동문이고, 저작권자는 이미 작고했고, 저작권 소유자인 아들 오타 유키오太田幸生 씨와도 연락 가능한 사이라는 것이다. 간곡히 부탁드린 며칠 후, 한국어 출판을 허락한다는 구두 연락을 받았다. 비로소 묵은 원고를 재교, 삼교를 거치는 동안 출판을 맡아 줄 출판사 찾기가 만만치 않았다.

강원 도반인 외우畏友 흥선스님의 적극적인 도움으로 눌와 출판사와 인연이 맺어졌다. 이 자리를 빌려 특히 스님에게 감사드리고 싶다. 고려대장경연구소 일로 오랫동안 인연이 있는 연세대학교 중문과 명예교수인 이규갑 선생이 장문의 추천사를 써주셨다. 전문을 읽고 교정을 봐주신 양도희 선생과 중국어 어법 용어 한·중·일 대조표 만들어주고 교정까지 봐주신 공주대학교 이경숙 교수에게도 깊은 감사를 드린다. 입력과 교정 작업을 틈틈이 도와준 경진스님과 지미령 선생에게도 감사를 드린다.

20년 가깝게 이 책 출판의 필요성을 얘기한 터라 강원 도반인 원소스님, 일수스님, 강원의 제자였던 보보스님, 무설스님의 정성스러운 지원도 잊을 수 없다.

어려운 출판사 사정에도 불구하고 팔리지 않을 학술서의 출판을 기꺼이 맡아주신 눌와의 김효형 대표와 이 책을 편집하느라 고생하신 출판사 여러분에게도 깊은 감사를 드린다. 이렇게 후기가 장황하게 된 것은

693

참으로 이 책이 빛을 보기까지 근 20년 동안의 많은 분들과의 묘한 인연과 시절 인연을 기록하지 않을 수 없기 때문이다.

모든 인연에 깊이깊이 머리 숙여 감사드린다.

이 『중국어 역사 문법』은 비록 출판된 지가 오래되었지만, 인문학 여러 분야 한문자료를 보며 문장 해독에 어려움을 겪을 때 곁에 두고 자주 살펴볼 책임을 믿어 의심치 않는다.

이 책의 번역의 오류나 해석 잘못은 전적으로 본인의 책임으로, 독자 제현의 아낌없는 질정과 조언을 부탁드린다.

2024년 1월 11일

종묵宗黙

694

지은이 **오타 다쓰오** 太田辰夫(1916~1999)

일본의 저명한 중국어 학자. 오랫동안 고베외국어대학 교수로 재직하고, 중국어의 역사 문법, 어휘 및 고대문학을 정치하게 연구했다. 저서로는 이『중국어 역사 문법』외에도『고전중국어문법古典中国語文法』,『중국어사통고中国語史通考』,『현대중일사전現代中日辞典』(공저),『서유기 연구西遊記の研究』등이 있다.

옮긴이 **종묵** 宗黙

승려. 문학박사. 조계종 기본선원 교선사. 해인사승가대학을 졸업하고 일본 임제종 하나조노대학에서 중국불교와 선불교를 전공하며『육조단경의 연구』로 학위를 취득했다. 해인사승가대학 학장을 역임하고 교수사로 은퇴했다. 하나조노대학 재외연구원, 베이징대학·칭화대학 방문학자를 지냈으며 주요 논문으로「불전한어의 시급한 새로운 인식」등이 있다.

중국어 역사 문법

초판 1쇄 인쇄일 2025년 3월 14일   **지은이** 오타 다쓰오(太田辰夫)
초판 1쇄 발행일 2025년 3월 28일   **옮긴이** 종묵

펴낸이 김효형   **페이스북** facebook.com/nulwabook
펴낸곳 (주)눌와   **인스타그램** instagram.com/nulwa1999
등록번호 1999.7.26. 제10-1795호   **블로그** blog.naver.com/nulwa
주소 서울시 마포구 월드컵북로16길 51, 2층   **전자우편** nulwa@naver.com
전화 02-3143-4633   **편집** 김선미, 김지수, 임준호
팩스 02-6021-4731   **디자인** 엄희란

제작진행 공간   **책임편집** 임준호
인쇄 더블비   **표지·본문 디자인** 엄희란
제본 비춤바인텍

ⓒ 눌와, 2025
ISBN 979-11-89074-85-2 (93720)